고조선 고구려사 연구

도서출판 신서원

고조선·고구려사 연구

2006년 12월 26일 초판1쇄 인쇄
2006년 12월 30일 초판1쇄 발행

지은이 • 조법종
펴낸이 • 임성렬
펴낸곳 • 도서출판 신서원
서울시 종로구 교남동 47-2 협신빌딩 209호
전화 : 02)739-0222·3 팩스 : (02)739-0224
등록 : 제1-1805(1994.11.9)

신서원은 부모의 서가에서 자녀의 책꽂이로
'대물림'할 수 있기를 바라며 책을 만들고 있습니다.
잘못된 책은 연락주세요.

古朝鮮
高句麗史
研究
趙法鍾 著

책을 펴내면서

I.

　고조선古朝鮮은 우리 역사의 근간이자 첫 국가로서 고구려高句麗 및 후속역사체에 의해 계승되어 우리민족의 역사정체성을 확립한 존재이다. 한국사의 인식체계에서 고조선은 '단군檀君'·'기자箕子'·'위만衛滿' 등 3개의 성격을 달리하는 역사적 존재와 연결되어 단군조선[前朝鮮]-기자조선[後朝鮮]-위만조선衛滿朝鮮 등 3조선으로 불리며 고조선으로 통칭되고 있다.

　고구려高句麗는 고조선 붕괴 후 중국과의 투쟁을 통해 고조선 영역을 회복하고 확장하여 과거 중국과 맞대결을 하였던 고조선의 역할을 계승하였다. 또한 백제百濟·신라新羅 등을 동일 언어-문화적 공동체로서 포섭하여 우리 민족사의 틀을 확립하였다.

　그런데 고조선사는 과거 우리 민족의 역사발전을 부정하고 식민을 정당화하기 위한 방편으로 일제가 '낙랑樂浪'을 부각하여 그 의미를 축소하고 우리 민족의 주체적 역사전개를 부정하였던 분야였다. 또한 고구려사는 최근 중국이 '동북공정東北工程' 및 '요하문명론遼河文明論'·'장백산문화론長白山文化論' 등을 통해 고조선사 등과 함께 역사귀속성 논란을 제기해 역사적 실체가 왜곡되고 있는 대표적인 분야로 나타나고 있다. 더욱이 국내학계 일각에서도 '요동사'라는 제3의 역사공동체 개념을 설정하여 고조선·부여·고구려를 한국사 및 중국사와 구별된 '요동의 역사'라고 주장하거나 고구려는 우리 역사의 본줄기가 아니라는 역사인식을 오도하는 견해들이 제기되었다.

이 같은 상황은 종래 우리가 당연시하였던 우리 고대사 인식체계에 대한 당위론적 역사설명에 대한 반성과 보완을 요구하고 있다. 즉 '민족의 시조 단군檀君'으로 상징화된 폐쇄적 단일민족사 인식과 선언적 역사보다는 체계적이고 명확한 역사사실과 근거에 의해 한국고대사가 폭넓게 설명되어야 함을 보여주고 있다.

본서는 이 같은 요구에 부응하기 위한 일환으로 필자가 진행하였던 최근 10여 년 동안의 연구논문을 정리한 것이다. 주요내용은 고조선-고구려로 연결되는 역사-문화적 연계성을 단군인식의 계승 연구와 고조선 및 주변세력의 독자성 연구를 통해 밝힌 것이다. 이는 일본학계가 주장한 단군인식의 고려시대창안설 및 중국학계의 중국신화 차용설에 대한 비판 및 대안을 제시한 것으로 고구려가 고조선을 영토 및 문화적으로 계승하였음을 확인해 주고 있다.

또한 고조선을 계승한 고구려가 백제 및 한반도 지역민들을 자신들과 같은 언어-문화공동체로 포용한 사실을 밝혀 동일한 역사기억을 공유하는 현재의 민족사 체계가 이 시기에 확립되었음을 밝히고자 하였다. 이는 고구려 광개토왕·장수왕이 복속민 처리과정에서 기존 고구려인과 백제 및 한예 등 한반도 지역 복속민만을 광개토왕의 무덤을 지키는 수묘인으로 함께 편제한 사실연구를 통해 확인하였다. 이 같은 사실은 고구려인들이 이들을 언어-문화적 공동체로 인식하고 있음을 보여주는 것으로 고구려·백제·신라가 하나의 역사체계로 파악되며 현재의 한국고대사 역사체계가 이 시기에 확립되었음을 증명해 주고 있다.

이 같은 연구는 고조선-고구려로 연결되는 역사문화 계승관계를 명확히 함으로써 최근 제기된 중국의 고조선-고구려의 역사귀속성 문제와 과거 일본이 제기한 역사발전의 주체적 역량 문제에 대한 나름의 논거로서 제시될 수 있다고 생각된다.

한편 이 같은 작업은 향후 우리 역사의 외연과 구성범위를 확장하고 체계화하는 연구로 연결되어야 한다고 생각한다. 즉 기존논의에 대응하여 한국고대사 체계를 민족사적 관점에서 공공히 할 뿐만 아니라 고조선 및 고구려의 국가사 관점에서 향후 보다 확대된 한국 역사체계를 세우는 연구가 함께 이루어져야 균형감있고 보편성있는 우리 역사를 구성할 수 있다고 생각된다. 앞으로 진행될 이 같은 연구를 위해 본서가 작은 디딤돌이 될 수 있기를 기원한다.

2.

필자가 대학에 진학한 1980년은 한국현대사의 큰 획이 바뀐 역사의 시대였다. 입학 이후 학창시설은 5월 '민주화의 봄'을 맞으며 최류탄과 함성 속에 파묻히고 긴 휴교와 통제된 분위기 속에서 암울한 현실에 대한 걱정으로 지내게 되었다. 이 시기 고려대학교 사학과 교수님들의 훌륭한 강의는 필자를 한국사와 새롭게 만나게 하였다. 특히 고고학·문헌사학 및 인류학을 통관하는 은사이신 김정배 교수님의 강의는 필자를 한국고대사 연구자의 길로 이끌어 주셨다.

고조선사 연구는 1984년 석사과정 시절 지도교수이신 김정배 교수님의 대학원 수업을 준비하면서부터 시작되었다. 당시 김 교수님께서는 국내 대학원 강좌로서는 처음으로 고조선 및 한군현漢郡縣 문제를 연구주제로 진행하셨다. 수업준비를 위해 필자는 출입이 제한되었던 도서관의 고문서 및 휘귀본 서고와 '아세아문제연구소'의 금서[북한서적] 서고에 들어갈 수 있었고, 그 때 접했던 새로운 역사자료들과의 만남은 본인을 고조선사에 깊이 빠져들게 하였다. 그리고 고조선 연구를 위해서는 광범한 문헌자료의 섭렵과 고고학 자료에 대한 체계적 정리와 해석이 필요함을 절감하고 한국 고대신분제와 관련된 석·박사 학위를 마친 뒤 1990년대부터 집중적인 연구를 진행하여 오늘의 작은 결실을 이루게 되었다.

한편 중국은 2002년 '동북공정東北工程'으로 대표되는 역사왜곡 프로젝트를 진행하여 특히 고구려사를 중심으로 고조선·부여·발해 및 심지어 삼한 등 한국상고사 전체계와 고대사의 대부분을 중국사로 개변하는 작업을 진행하였다. 필자는 2003년 11월 역사관련 19개 학회가 결성한 '중국고구려사왜곡대책위원회'의 일원으로서 중국고구려 유적 현장조사 및 학술 대응활동에 참여하였다.

특히 중국학계가 중국역사로 왜곡시켜 진행한 동북고민족·고조선사 관련 대응연구에 참여해 문제점 도출 및 대응논리를 제시하였다. 또한 중국의 역사왜곡에 대응하기 위해 설립된 '고구려연구재단'의 자문위원으로서 고조선 및 고구려 관련 쟁점연구에 매진하는 계기가 마련되어 관련 연구를 진행하였다. 이 과정에서 '호태왕명 청동방울好太王銘 銅鈴'을 국내학계에 소개해 광개토왕 및 고구려 연구를 심화 확대시키는 계기도 마련하였다.

또한 2004년 평양에서 개최된 '남북역사학자협의회'에 참가하여 덕흥리 고분 등 고분벽화와 고구려 평양성, 낙랑유적의 현장을 답사할 수 있었고 2005년 중국 심양에서 개최된 국제고려학회에 참가하여 북한 사회과학원 및 김일성대학 연구자들과 함께 남북최초로 환인·집안의 고구려 유적을 답사하고 토론할 수 있는 기회도 갖었다. 이 같은 일련의 경험과 남북한 및 중국 현장이해는 필자로 하여금 고조선-고구려 인식을 보다 균형감있게 연구할 수 있는 계기를 제공하였다.

이와 함께 본인은 2005년 말부터 일본과의 역사갈등 문제에 대응하기 위해 한·일 양국이 공동으로 설치한 '한일역사공동연구위원회' 2기 고대사분과위원으로 참여하여 향후 한·중·일 역사분쟁에서 미력이나마 역할을 할 수 있도록 노력하고 있다.

지도교수이신 김정배 교수님은 지론이신 "학자는 눈 뜨고 공부한 시간이 많아야 제대로 된 학자"라는 말씀을 실천하는 방법으로 새벽 7시 수업을 정년하실 때까지 진행하셨다. 새 아침을 맞는 신선함 속에 강의실을 나서시며 한국고대사 학계의 신 새벽을 일깨우신 교수님의 학문성과에 부끄럽지 않은 후학이 될 것을 다짐해 본다.

3.

이 책이 나오기까지 고려대학교 은사님들의 가르침이 미숙한 필자를 오늘에 이르게 하였다. 특히 본인이 오늘에 이를 수 있게 이끌어 주신 평생은사이신 김정배 교수님의 깨우침과 보살핌에 머리 숙여

감사드린다. 본인을 학문적으로 성숙할 수 있게 도와주신 최광식 교수님의 도움 또한 깊게 감사드린다. 함께 공부하며 큰 힘이 되어주었던 선배·동학의 격려 또한 특기하고 싶다.

본서를 마무리하며 필자가 대학에 진학했을 때 병상에 계시던 외조부께서 평양일원에서 보고 들으셨던 단군묘과 기자묘·고구려 평양성 이야기를 하시며 고조선-고구려사에 대해 연구해 보라던 말씀이 기억난다. 황해도가 고향이신 아버님도 어려서 들으셨던 구월산 단군사당 이야기를 하시며 살아계실 때 꼭 한번 같이 가보고 싶다던 말씀이 새롭게 상기된다. 아울러 평생 기도로 필자를 지켜주신 어머님과 처가의 어른, 모자란 동생을 자랑스러워하는 형제들, 그리고 말없이 본인을 위해 희생한 아내와 서현·택민에게 이 책이 이루어진 공을 나누고 싶다.

경제적 이해관계를 고려치 않으시고 본서의 간행을 흔쾌히 맡아 정성스럽게 만들어 준 도서출판 신서원 측과 편집진에게 깊은 감사를 표한다.

2006년 12월
미륵산과 모악산을 품은 호남벌을 바라보며
조법종

목 차

책을 펴내면서 · 5

목차 · 11

책을 시작하며 · 17

제I편 동이 · 고조선

제1장 동이연구사 ··· 29

1. 전통사서에 나타난 동이인식 ·· 29
   1. 중국사서에 나타난 동이인식 · 30
   2. 한국사서에 나타난 동이인식 · 36
2. 근대역사서에 나타난 동이인식 ·· 48
   1. 실학자들의 동이인식 · 48
   2. 민족주의 및 근대사학자들의 동이인식 · 51
3. 최근의 동이인식 ·· 53
   1. 재야사학의 동이인식 · 53
   2. 고대사학계의 동이인식 · 55
4. 맺음말 ·· 59

제2장 전통 역사학계의 고조선 연구 ··· 63

1. 조선시대 고조선 연구 ·· 64

2. 일본 식민사학자들의 연구 ·· 66
3. 실증사학 및 민족주의 사학자들의 연구 ························ 71
4. 1945년 이후 일본인들의 고조선 및 낙랑연구 ················ 73

제3장 북한학계의 연구 ··· 80

1. 고조선 연구 1기(해방후~1960년대 초) ························ 81
   1. 1기연구의 특성 · 81
   2. 한국전쟁 이전 고조선 연구동향(1950년까지) · 83
   3. 한국전쟁 이후 1960년까지의 연구동향 · 93
2. 고조선 연구 2기(1963~1973) ···································· 116
3. 고조선 연구 3기(1974~1993) ···································· 120
4. 고조선 연구 4기(1993 단군릉 발굴 이후~현재) ············· 126

제4장 한국학계의 연구 ··· 142

1. 단군 및 단군조선 문제 ··· 142
2. 고조선 중심지 문제 ·· 146

제5장 중국학계의 고조선 연구 ··· 151

1. 조선명칭 문제 ··· 154
2. 단군문제 ·· 163
3. 기자조선 문제 ··· 168
4. 기자와 고지진국 관련설 ·· 177
5. 동북공정과 고조선 ·· 183
6. 맺음말 ··· 189

제II편 고조선사

제1장 고조선의 사회와 영역 … 195

1. 고조선의 시조인식과 사회 ································· 195
   1. 고조선의 시조인식과 계승 · 195
   2. 고조선 사회의 시조계승 · 201
   3. 고조선의 사회구조 · 211
   4. 고조선 사회와 범금8조의 성격 · 214
2. 고조선 영역인식 ································· 221
   1. 한반도중심설 · 221
   2. 요동중심설 · 224
   3. 이동설 · 226
3. 고조선 영역에 대한 문헌적 검토 ································· 228
   1. 춘추전국시기 고조선의 영역 · 228
   2. 진과 고조선의 관계 · 232
   3. 위만조선의 성립과 한과의 관계 · 234
4. 고조선 영역의 고고학적 검토 ································· 237
   1. 지석묘 문화 · 237
   2. 비파형 동검문화 · 239
5. 맺음말 ································· 242

제2장 위만조선과 한의 전쟁 … 244

1. 위만조선과 한의 전쟁경과 ································· 246
   1. 위만조선의 붕괴과정 · 246
   2. 『사기』 조선전과 공신표 비교를 통해본 붕괴시점 · 250
2. 왕험성·낙랑군·항한제후국 검토 ································· 258
   1. 왕험성과 낙랑군의 병존 · 258

2. 한사군 명칭의 유래와 낙랑군의 위치 · 263
  3. 위만조선의 항한제후국과 한과의 전쟁 ·············· 271
    1. 항한제후국의 설치 · 271
    2. 위만조선 붕괴후 한과의 투쟁 · 276
  4. 맺음말 ·· 279

  제3장 낙랑군의 성격문제 ··· 283

  1. 낙랑의 성격관련 연구사 검토 ································ 284
    1. 평양지역 낙랑군의 성격관련 연구 · 284
    2. 『삼국사기』 낙랑에 대한 연구 · 287
  2. 유이민의 고조선 이동과 종족적 성격 ···················· 290
    1. 유이민의 고조선 이동 · 290
    2. 유이민 집단의 종족적 성격 · 292
    3. 위만조선 주변 정치세력의 양상 · 298
  3. 맺음말 ·· 305

제III편 고구려사

제1장 고구려의 고조선 계승 ··· 311

1. 고구려 사회의 이원적 시조인식 ······························ 311
    1. 고구려 주몽집단의 시조인식 · 311
    2. 비류국 송양집단의 시조인식 · 317
2. 고구려 사회의 단군인식 ·· 332
    1. 송양의 仙人지후와 주몽의 天孫의식 · 332
    2. 고구려 고분벽화에 반영된 단군인식 · 344
3. 맺음말 ·· 353

제2장 고구려의 마한계승 … 356

1. 머리말 …………………………………………………………… 356
2. 고구려와 마한 ………………………………………………… 358
   1. 고구려 시기의 마한인식 · 358
   2. 중국사서에 나타난 삼한·삼국 대응양상 · 368
3. 한국 역사인식에 나타난 마한·고구려 ………………… 373
   1. 통일신라기의 마한·고구려인식 · 373
   2. 고려시기의 마한-고구려계승론 · 379
4. 맺음말 …………………………………………………………… 387

제3장 고구려 수묘제와 광개토왕대 사회변화 … 389

1. 고구려 수묘제와 사회변화 ………………………………… 389
   1. 초기 고구려 수묘제 양상 · 390
   2. 중국의 수묘제 양상 · 395
2. 고구려 수묘제 개편과 의의 ……………………………… 404
   1. 광개토왕·장수왕의 수묘제 개편 · 404
   2. 수묘인 구성변화와 고구려 사회의 변화 · 407
3. 광개토왕 능원과 수묘인 …………………………………… 418
   1. 광개토왕릉 비정과 호대왕동령 · 418
   2. 호태왕 관련 금석문 비교 · 430
   3. 광개토왕릉 능원과 수묘제 · 439
4. 맺음말 …………………………………………………………… 454

제4장 중국의 고구려연구 … 458

1. 중국영역 내의 고구려 유적·유물 ……………………… 458

1. 고구려 도성·산성유적 · 458
　　2. 고구려 고분유적 · 465
　　3. 고구려의 유물 · 478
　　4. 중국 집안박물관 호태왕명문 방울 · 489
2. 중국의 장백산문화론과 고구려 …………………………………… 501
　　1. 장백산문화연구회와 동북공정 · 503
　　2. 장백산문화론과 고조선·고구려 귀속문제 · 510
　　3. 장백산문화론의 문제점 · 521
3. 맺음말 ……………………………………………………………… 524

책을 끝내며 · 527

부록

　　참고문헌 · 535
　　찾아보기 · 563

고조선
고구려사
연구

○ 쉼터 ○

책을 시작하며

　이 책에서 필자는 한국사의 출발이자 첫 국가인 고조선과 우리 역사영역을 확대시켜 현재의 역사체계를 형성한 고구려와의 계승관계를 연구하였다. 이를 통해 고조선의 영역뿐만 아니라 역사-문화적 전통을 고구려가 계승하여 한국고대사의 기본체계를 구성하고 있음을 밝히고자 하였다. 이를 위해 본서는 동이 및 고조선 연구경향에 대한 분석과 고조선사·고구려사 등 3부로 구성하여 이 같은 연계성에 대한 각론적 연구검토를 진행하였다.

　1부 연구사 부문에서는 동이 및 고조선사에 대한 연구를 한국 및 중국·일본 등의 연구사를 검토하여 각각의 특성을 정리하였다. 특히 동이東夷연구의 경우 상대적으로 중국민족과 관련이 많은 '전국시대戰國時代 이전 동이東夷'〔山東東夷〕와 우리 민족과 관련된 '한대 이후漢代以後 동이東夷'〔遼東東夷〕에 대한 한·중 학계의 인식내용에 가장 많은 차이가 나타나고 있음을 확인하였다. 그런데 최근 중국이 동이문제를 동북공정東北工程, 하夏·상商·주周 단대공정斷代工程 및 요하문명遼河文明 논의와 연결시켜 우리 역사침해의 근거로 활용하고 있는 점이 향후의 논란으로 발전될 소지가 많음을 확인하였다. 한편 우리 역사상에 나타난 동이표현은 조선시대 이후에야 우리 민족을 통칭하는 의미로 활용되었음도 확인하였다.

고조선 연구의 경우 실학자들 사이에서 이미 고조선 중심지 문제가 핵심논의 내용으로 부각되었으며 특히 평양설·요동설·이동설 등 근대·현대 학계에서 진행되고 있는 논의 양상이 이미 존재하였음을 확인하였다. 특히 일본학자들의 경우 낙랑문제를 동아시아 문명화의 매개로서 설정하여 한국 고대문화의 일본전파 사실을 축소하고 중국문화의 직접적 수용거점으로 이를 설정하여 일본 고대문화와 중국문화와의 연결을 설정하는 내용이 확인되고 있다. 한편 북한학계는 60년대 다양한 고조선 논쟁내용을 그 전후시기와 연결시켜 집중 검토하고 요동론적 인식을 지원하던 고고학적 인식틀이 1993년 단군릉 발견 이후 평양설로 재편되어 재조정된 후 대동강문화론으로 개념을 확장한 양상을 검토하였다. 한국학계의 연구동향은 중심지 문제에서 여러 논의과정을 통해 이동론적 인식틀로 정착되어 간 양상과 고조선 사회의 체계화를 위한 고고학적 연구양상을 검토하였다.

한편 중국학계는 이른바 기자조선을 근거로 고조선을 중국사로 재편시켜 파악하고 있다. 중심논의 내용은 기자동래설箕子東來說을 근거로 기자조선이 실질적인 고조선의 출발이며 이를 입증하는 근거로서 '조선朝鮮'명칭을 일출日出과 관련된 '해뜨는 곳'이란 한자 의미로 해석하여 중국의 양곡暘谷·부상십일신화扶桑十日神話, 『주역』의 명이明夷표현 등과 연결된 개념으로 기자동래설箕子東來說의 취약점인 기자동래설 관련기사의 후대성을 설명하고 있다. 본서에서는 이에 대한 비판으로

'기자동래'의 경우 기자가 조선지역으로 갔다는 기원전 12세기경에 정작 조선朝鮮명칭이 중국의 사서史書에 존재하지 않는 다는 문제를 해결하기 위해 중국학계가 명이明夷·우이嵎夷 및 부상십일扶桑十日신화와 이 사건을 연결시켜 설명하려는 문제점과 한계를 제기하였다. 특히 동북공정 과제로서 진행된 고조선 관련주제 및 결과물은 극단적인 '중화민족주의中華民族主義'와 연결되는 연구만이 나타나고 있는 문제점도 함께 검토하고자 한다.

2부 고조선사 분야에서는 고조선 사회의 시조인 단군인식의 연원과 그 계승성을 추적하여 단군인식이 이미 고조선의 국가형성 이전부터 계승되다가 기원전 4세기경 칭왕稱王을 통해 시조인식이 국가적 제사체계로 정립되어 고조선 사회에 존재하였으며, 고조선이 중국과 춘추전국시대 이래 지속적인 관계를 유지하였고 전국시대 연燕과는 대등한 문화와 정치-군사적 역량을 보유하였음을 파악하고자 한다. 더하여 고조선과 관련된 고고학적 문화양상 문제도 영역논의와 함께 진행하였다. 향후 이 분야는 중국학계의 연구성과에 대한 본격적인 검토를 통해 보완할 예정이다.

고조선의 영역領域과 중심지中心地 문제에 대해서는 춘추·전국春秋戰國 이래 진·한秦漢시대에 걸친 중국과의 교류내용을 검토하여 그 중심지역이 요동遼東지역임을 확인하였다. 또 낙랑군樂浪郡설치는 기원전 108년이고 위만조선衛滿朝鮮 붕괴시점은 1년 뒤인 기원전 107년이란 사실을 밝힘으로써 왕검성王儉城과 낙랑군樂浪郡이 병존한 사실과 위만조선 붕괴과정에 대한 통설에 문제가 있음을 제기하였다. 또한 낙랑군은 친중국적 토착정치체인 낙랑국樂浪國에 설치되어 토착정치체의 연장적 존재로 파악하였다.

　한편 고조선은 위만조선 단계에서 한漢과의 대결구도 속에 전쟁을 통해 정치적 붕괴와 한군현 체계에 의한 통제를 경험하였다. 그러나 이는 곧 고구려 등에 의해 축출되고 친중국적 토착세력과 연결된 낙랑으로 명맥이 유지되고 고조선은 후대 역사체에 의해 계승되었다. 이 같은 사실을 체계적으로 정리하여 제시하고자 한다.

　먼저 위만조선 관련연구에서는 한나라가 위만조선과의 전쟁에 대한 논공처리 결과를 기록한 『사기』의 건원이래후자연표建元以來侯者年表와 『한서』 경무소선원성공신표景武昭宣元成功臣表의 내용을 검토해 한의 위만조선 정벌전쟁은 결과적으로 한의 패배였으며 위만조선 내부의 친한파親漢派의 정권장악과 투항이란 형식으로 위만조선이 붕괴된 것이었음을 밝히고자 한다. 또한 한사군의 명칭은 위만조선에 복속되었던 주변 정치세력의 명칭으로 진번眞番·임둔臨屯은 이미 사료에 나타나고 있고 현토玄菟의 경우 진번국眞番國이란 기록이 있으며 낙랑樂浪의 경우 기원전 178년경에 이미 중국지역 유이민 세력과 연결된 존재였음을 밝히고자 한다.

　특히 위만조선의 도읍인 왕험성 지역에 설치된 것으로 인식되었던 낙랑군은 위만조선의 도읍인 왕험성이 함락되지 않은 상태에서 원봉 3년(108 BC) 6월 우거왕이 살해되고 니계상尼谿相 참參이 투항한 시점에 개설되어 낙랑군은 왕험성이 아닌 별도의 지역에 단지 위만조선을 복속하였다는 선언적이고 상징적인 의미를 부각하기 위하여 조선朝鮮·패수浿水 등 관련지명을 포괄하여 설치되었을 가능성을 검토하였다. 이 때 낙랑군의 위치는 위만조선이 한나라와의 교류를 차단하였던 진번방중국眞番傍衆國 지역이었을 가능성이 높으며 낙랑군은 이들과의 실질적인 교류창구의 역할을 수행하기 위한 군으로서 진번방중국 중 하나의 존재였던 낙랑樂浪에 개설되었다고 추정해 보았다.

한편 왕험성은 원봉 4년 즉 기원전 107년 3월경에 함락되었고 직후에 현토군이 개설되었기 때문에 종래 우리가 이해했던 것과는 달리 왕험성王險城은 현토군玄菟郡 영역과 연결될 가능성이 높다고 생각된다. 이 같은 사실은 위만조선 세력들이 복속 후에도 지속적인 저항을 하였다는 사실과 수차례에 걸친 현토군치玄菟郡治의 이동이 이 같은 사실을 반영하고 있다고 생각된다.

한편 위만조선衛滿朝鮮과 한漢과의 화의를 주도하였고 결국 우거왕右渠王과 대신 성이成已 등을 살해하고 한에 투항한 위만조선 지도부는 한에 의해 항한공신제후降漢功臣諸侯로 제수되었다. 그런데 이들이 제수된 제후국들의 위치를 나타내고 있는 『한서』 공신표의 지명이 발해만渤海灣 일대에 배치되고 있다는 사실에 의해 이들의 거점지역이 이 일대일 가능성이 제기되기도 했다. 그러나 이 명칭이 최초 봉지가 아닌 옮겨진 사봉지 명칭일 것이라는 견해를 감안한다면, 고조선의 영역이 발해만 일대까지일 것이라는 영역확대 이해는 쉽게 동의하기 어려운 문제이다.

이와 함께 위만조선 세력은 비록 기원전 107년 한漢에 투항형식으로 붕괴되었지만 잔여세력들이 지속적으로 저항을 하여 우거왕자右渠王子 장항張降은 모반사건을 일으켰고 니계상尼谿相 참參은 붕괴된 지 10여 년이 지난 후에 '조선망로朝鮮亡虜' 즉 계속적인 저항과정 속에서 한에 포로가 된 존재들을 후원하고 숨겨주는 사건에 연루되어 하옥되어 병사하는 등 지속적인 저항과 투쟁을 전개하였다. 또한 진번군眞番郡·임둔군臨屯郡은 개설된 지 26년 만인 소제昭帝 시원始元 5년(82 BC)에 혁파되어 사실상 존재치도 않았다. 또한 현토군에 대한 강력한 군사적 저항과 공격은 현토군치玄菟郡治가 중국내륙으로 이동하게 되어 결국 한漢의 위만조선 공략은 군사적인 실패와 전투의 지속이란 상황이 장기간 유지되어 말 그대로 한과 고조선古朝鮮 세력의 장기전쟁이 전개되었다. 따라서 기원전 2세기 이후 위만조선과 한의 관계는 중국 접경지역에서의 군사적 대립의 지속과 고구려 등에 의한 대결구도의 계승 및 해양루트를 활용한 낙랑 등 중국의 교역거점의 확보라는 관점에서 재정리되어야 하는 문제를 제기하고자 한다.

한편 낙랑은 중국 동북지역 및 발해만 연안지역에서 육로와 해로로 한반도지역으로 중국의 정치적 변동에 따라 축차적으로 유망한 친중국親中國 또는 중국문화中國文化에 익숙한 세력집단에 대한 지칭이었다. 이들 중 일부는 고조선 세력권에 포섭되어 지배층의 일부를 형성하였고 위만의 경우 이들과 연결하여 고조선 준왕準王의 왕위를 찬탈하였다. 또 일부는 중국과 더 격리되었으나 해로로는 원활하게 연결된 현재의 평양일대에 거점을 형성하여 선진 정치문화 경험과 중국과의 연결성을 바탕으로 국가적 존재로 발전해 '낙랑국樂浪國'으로 존재하였다고 파악된다. 이들 유망세력은 중국과의 중계교역의 세력으로 존재하였으나 위만조선의 성장으로 위축되었고 위만조선이 한과의 대립 및 전쟁으로 붕괴된 이후 친중국적 성향을 바탕으로 중계교역 거점적 성격이 재강화된 '낙랑군'이 재편되어 설치된 것으로 이해된다. 따라서 이들은 고조선 국가사의 일부로서 존재하였으며 그 성격은 친중국적이지만 실체는 고조선 토착세력의 일부였음을 확인하고자 한다.

3부에서는 고구려사와 관련하여 앞서 고조선 사회에 유지된 시조 단군인식이 원고구려 세력인 비류국 송양세력의 시조인식으로 계승되어 존재하였으며 주몽집단의 동명시조 인식과 함께 존재하면서 점차 그 위상이 약화되었지만 고구려 고분벽화 속에 그 인식이 표현되어 유지되었음을 밝히고자 한다. 특히 이를 통해 종래 단군인식이 고려시대 창안되었다는 일본학계의 입장 등에 대한 문헌-고고학적 대안을 제시하고 고조선-고구려 계승관계를 밝혀 우리 역사체계의 연면성을 부각하고자 한다.

또한 마한-고구려 인식의 연원과 그 근거에 대한 검토를 통해 비록 후대이지만 고조선-마한 계승인식도 고구려와 연결되고 있음을 확인하고자 한다.

이와 함께 고구려 국가의 구성방식이 다민족적 성격이 존재하며 이 같은 다종적 국가시스템을 통해 우리 역사에서 제국적 국가통치체계를 구성한 첫 국가라는 점을 밝히고자 한다. 이는 먼저 고구려 광개토왕릉 수묘인 구성방안 연구를 통해 확인하고자 한다. 즉 광개토왕·장수왕대의 수묘인 구성방식은 다종적 국가인 고구려 사회에서 고구려 구민과 백제 및 한반도 중남부 지역민인 신래한예를 동일하게 편제함으로써 현재 우리 민족의 구성범위의 원형을 만들어 주었음을 밝혀 최근 논란이 제기된 고구려사의 귀속성이 한국사임을 명확히 보여주는 역사적 사실임을 밝히고자 한다.

한편 고구려 문화의 독자성을 확인하는 일환으로 고구려 광개토왕릉비문廣開土王陵碑文에 나타난 수묘제도守墓制度와 고구려 왕릉 능원체계陵園體系에 대한 논의를 '호태왕好太王' 명문銘文 청동방울 등 관련 유적·유물에 대한 발굴보고 등을 바탕으로 검토하고자 한다. 이를 통해 광개토왕릉의 새로운 능역확인과 특히 묘도와 제대의 방향이 서로 반대에 위치하고 있는 고구려 고분들의 특성, 호태왕 방울 등 유물의 발견을 통해 기존 광개토왕비와의 위치문제가 해결되어 태왕릉이 광개토왕릉임을 재확인하는 견해를 제기하고자 한다. 이와 함께 능역에 대한 검토를 통해 제대祭臺로 명명된 제사관련 공간이 고구려의 전통 분묘양식인 기단식 적석분에 집중적으로 존재하고 있으며 이를 통해 고구려의 상·장례 문화가 중국의 장묘문화와 능묘의 공간적 구성에서도 차별화되고 있었음을 추론할 수 있다. 특히 광개토왕릉으로 확인된 태왕릉의 묘역에 나타난 내용을 통해 고구려 왕릉의 구조가 개략적으로나마 파악되었으며 수묘인들의 활동공간에 대한 이해의 심화를 모색하였다.

한편 최근 중국학계는 동북공정과 함께 중국 중화문명中華文明의 상한연대를 올리는 하상주夏商周 단대공정斷代工程과 그 이전시기를 역사화하기 위한 탐원공정探源工程 및 이와 연동된 '요하문명遼河文明' 및 '장백산 문화長白山文化'라는 개념을 새롭게 만들어 중국이 추구하는 역사 팽창주의를 선사先史와 역사歷史시대에 걸쳐 전방위적으로 진행하고 있다. 특히 중국문명을 설명하는 '황하문명黃河文明' 개념에 새로이 '장강문명長江文明'을 추가하고 과거 중국문명을 위협하고 대립하였던 동이문명東夷文明의 내용을 현재의 영토범주에 속한다는 이유만으로 요하문명이란 개념으로 새롭게 만들어 중국화하고 있다. 이는 요서遼西·

요동遼東·만주滿洲 일대의 한국민족韓國民族의 토대가 되는 청동기 문화靑銅器文化 등 문명적 현상을 요녕성遼寧省 중심으로 중국문명을 구성하는 요소로 바꾸어 '요하문명' 개념을 만들어내고 있으며, 길림성을 중심으로 한민족의 민족적 상징공간인 백두산白頭山 지역을 여진족女眞族과 연결된 공간으로 변질시켜 우리 민족의 역사적 연고권을 제거하기 위해 진행되고 있는 작업이 '장백산 문화' 논의이다.

이 책에서 검토한 '장백산 문화長白山文化' 논의에 대한 연구에서는 앞서 동북공정東北工程을 통해 설정된 중국적 역사관을 지역적으로 적용하기 위한 작업이 이들의 연구내용임을 밝히고 향후 이들의 연구작업에 대해 학문적으로 문제를 제기하고 이에 대응하는 다양한 논리와 방안이 전 시대적으로 시급히 진행되어야 함을 부각하고자 한다.

이 같은 본서의 작업을 통해 최근 중국학계가 동북공정과 장백산문화론을 통해 고조선·고구려를 우리 역사에서 중국사로 바꾸고자 하는 의도에 대한 정면대응력을 확보하고 우리 역사체계를 확립하는 기초를 이룩하는 역할을 하고자 한다.

○ 쉼터 ○

I.
동이 . 고조선 연구사

○ 쉼터 ○

제1장
동이연구사

1. 전통사서에 나타난 동이인식

　역사에 등장하는 동이족東夷族은 은殷과 더불어 서방의 화하족華夏族과 대립하여 고대 중국민족을 형성한 종족을 지칭함과 동시에 한국 상고사의 주인공인 예맥한濊貊韓 등을 포괄하고 있다는 점에서 매우 주목되는 존재이다. 구체적으로 사서에 등장하는 동이는 은주殷周시대에서 춘추전국시대까지 다양한 명칭으로 산동山東 등 중국의 동부지역에 존재한 동이東夷와 진秦·한漢 통일 이후 요동지역을 중심으로 존재한 동이로 구분되고 있다. 종래 학계에서는 이를 연결지어 파악하는 입장과 이들 존재를 구분하여 인식하는 입장이 병존하면서 이후 고조선 인식 등과 연결되어 다양한 입장차를 노정케 되었.

　여기에서는 우리 민족에 대한 가장 일반론적 표현으로 이해되고 있는 '동이東夷'에 대한 역사적 검토를 목적으로 하고 있다. 이를 위해 먼저 중국사서에 나타난 동이관련 용어를 정리하여 시대별 의미와 내용 변화과정에 대한 분석을 진행하고자 한다. 또한 우리 전통역사서에 나타난 동이관련 표현의 의미와 내용을 검토하고자 한다.

이와 함께 근대역사학의 형성과정에서 진행된 다양한 연구성과에 대한 검토를 통해 동이인식東夷認識의 변화과정과 내용에 대한 각 견해를 정리하여 현재 우리 역사 특히 상고사체계에 대한 다양한 인식양상을 검토하고자 한다. 이를 통해 기왕에 진행된 각 논쟁들에 대한 이해와 대안모색이 진행될 수 있으며 향후 연구의 자료로서 기능할 수 있다고 생각된다.

1. 중국사서에 나타난 동이인식

동이관련 중국기록은 선진先秦문헌과 사서 등 다양한 문헌 속에 나타나고 있다. 그런데 이들 기록 속에는 특정종족이나 집단을 지칭하는 고유명사적 의미로서 뿐만 아니라 보통명사로도 광범위하게 사용되고 있다. 즉 선진문헌 및 중국의 25사를 중심한 역사서에 나타난 동이관련 표현은 크게 1) 중국 주변의 구체적 종족명칭으로서의 동이, 2) 중화주의적 화이관華夷觀에 입각한 문명사적 대비개념의 동이로 대별되어 나타나고 있는 것이다. 따라서 이들 사료에 나타난 동이는 단순히 글자의 동일성에 의해 같은 존재로 파악될 수 없고 개개 사료에 대한 검토가 전제되어야 한다.

[표 1] 중국사서에 나타난 제이諸夷열전

사서명	「열전」 내용
사기	匈奴列傳, 南越列傳, 東越列傳, **朝鮮**列傳, 西南夷列傳
한서	匈奴傳, 西南夷兩奧**朝鮮**傳, 西域傳
후한서	**東夷**列傳: 夫餘 挹婁 高句驪 東沃沮 濊 三韓 倭 南蠻西南夷: 南蠻 巴郡南郡蠻 板楯蠻夷 西南夷 西南夷 夜郎 滇 哀牢 邛都 莋都 冉駹 白馬氏 西羌傳: 羌無弋爰劒 滇良 東號子麻奴 湟中月氏胡 西域傳: 拘彌 于寘 西夜 子合 德若 條支 安息 大秦 大月氏 高附 天竺 東離 栗弋 嚴 奄蔡 莎車 疏勒 焉耆 蒲類 移支 東且彌 東師 南匈奴列傳: 烏桓 鮮卑列傳: 烏桓 鮮卑
삼국지	烏桓 鮮卑 **東夷**: 夫餘 高句驪 東沃沮 挹婁 濊 三韓 倭
진서	**東夷**: 夫餘國 馬韓 辰韓 肅愼氏 倭人 裨離等十國 西戎: 吐谷渾 焉耆國 龜玆國 大宛國 康居國 大秦國 南蠻: 林邑國 扶南國 北狄: 匈奴

먼저 종족명칭으로서의 동이의 경우 시대와 장소에 따른 다양한 대상을 포괄하며 나타나고 있다. 한편 동이와 함께 관련표현으로 나타나고 있는 것은 구이九夷·구려九黎·사이四夷·만이蠻夷·이맥夷貊 등으로 이들 표현의 대상과 내용은 동이에 비해 상당히 넓은 양상으로 보여주고 있다. 이 같은 표현은 선진문헌 이래로 다양한 문헌 속에서 나타나고 있다.

우선 중국사서에 나타난 내용을 중심으로 접근하면 다음과 같다. 사료검색을 통해 확인된 내용을 보면 25사에 나타난 '동이'표현은 총 242개가 나타나고 있다. 이를 정리한 것이 [표 1]의 내용이다. 표의 내용에서 주목되는 것은 동이관련 본문기록이 위진남북조魏晋南北朝 시기에 집중되고 있는 점이다. 즉 중국의 사서에서 언급되는 동이자료의 상당수는 이 시기에 집중되어 언급되고 있음을 보여준다.

이들 사서의 내용중 선진시기의 상황에 대응하는 내용1)은 사료에 나타나고 있는 것처럼 주로 은주殷周시기 화하족華夏族과의 갈등양상이 부각된 사건이 중심이 되거나 중국적 화이관華夷觀이 표현된 내용이다.

이후의 사서에 나타난 자료 속에서 가장 주목되는 부분은 5세기 중엽 범엽范曄이 편찬한 『후한서後漢書』 동이전東夷傳 서에 나타난 동이 관련 내용이다. 이전의 사서에서는 중국주변의 종족중 중국과의 관계가 가장 부각된 존재만을 「열전」에서 언급하던 방식을 벗어나 최초로 동이전東夷傳을 설정하고 그에 대한 중국역사 속에서의 정리를 진행하여 동이관을 정립하고 있는 것이다. 내용에서는 『삼국지三國志』의 내용을 대부분 전제했지만 「서序」에서 동이의 전체적인 성격과 그 역사적인 전개를 소급 서술하면서 요순堯舜 이래 삼대三代를 거쳐 진秦에 이르는 시기를 산동일대를 중심으로 한 동이의 역사로 기술하여 한대漢代 이후 사서에 나오는 동이의 연원을 이들과 연결짓고 있다.2)

『후한서』의 열전 85, 동이열전 75 서 「왕제王制」에 이르기를 "동방東方을 이夷라 한다"고 했다. 이夷란 근본根本이다. 그 의미는 이夷가 어질어 생명

---

1) "於是舜歸而言於帝 請流共工於幽陵 以變北狄 ; 放驩兜於崇山 以變南蠻 ; 遷三苗於三危 以變西戎 ; 殛鯀於羽山 以變東夷 : 四罪而天下咸服."[『史記』, 「本紀」 卷1, 五帝本紀第1 帝堯]
  "周公爲師 東伐淮夷 殘奄 遷其君薄姑… 成王旣伐東夷 息愼來賀 王賜榮伯作賄息愼之命."[『史記』, 「本紀」 卷4, 周本紀第4]
  "靈王三年六月…. 靈王已盟 有驕色・伍擧曰 : '桀爲有仍之會 有緡叛之・紂爲黎山之會 東夷叛之・幽王爲太室之盟 戎・翟叛之君其愼終.'"[『史記』, 「世家」 卷40, 楚世家第10]
2) 李成珪, 「先秦文獻에 보이는 '東夷'의 성격」(『한국고대사논총』 1, 1991), 98~100쪽.

을 좋아하므로 만물이 땅에 근본하여 산출되는 것과 같다는 말이다. 그러므로 '이'는 천성이 유순하여 도리로서 다스리기 쉽기 때문에 군자국君子國과 불사국不死國이 있기까지 하다. '이'에는 아홉 종류가 있으니 견이畎夷·우이于夷·방이方夷·황이黃夷·백이白夷·적이赤夷·현이玄夷·풍이風夷·양이陽夷가 그것이다. 그러므로 공자孔子도 9이九夷에 살고 싶어했다.

옛날 요堯임금이 희중羲仲을 우이嵎夷에 살도록 명하면서 '양곡暘谷'이라 했으니 그 곳은 대체로 해가 돋는 곳이다.

하후씨夏后氏의 태강太康이 덕을 잃자, 이인夷人들이 처음으로 반하기 시작했다. 소강少康 이후부터는 대대로 왕화에 감복되어 왕실에 복종하고 그들의 음악과 춤을 바치게 되었다.

걸桀이 포악해지니 제이諸夷가 내지에 침입하여 왔는데, 은殷의 탕왕湯王이 혁명革命하고 난 뒤 이들을 정벌하여 평정했다. 중정仲丁 때에 이르러 남이藍夷가 침입했다. 이로부터 복종하고 배반하기를 3백여 년간 계속했다. 무을武乙에 이르러 은殷이 쇠약해지자, 동이東夷가 점차 강성해져서 드디어 회수淮水와 대산岱山으로 나뉘어 옮겨오더니 점차 중토中土에까지 뻗어와 살게 되었다.

주무왕周武王이 은의 주紂를 멸망시킴에 이르러 숙신肅愼이 와서 석노石砮와 고시楛矢〔화살〕를 바쳤다. 관숙管叔과 채숙蔡叔이 주나라를 배반하고 이적夷狄을 초유招誘했는데, 주공周公이 이들을 정벌함으로서 동이가 드디어 평정되었다. 강왕康王 때에 숙신肅愼이 다시 왔다.

그 뒤에 서이徐夷가 참람되어 왕호를 칭하며 9이를 거느리고 종주宗周를 쳐서 서쪽으로 황하의 상류에까지 이르렀다. 목왕穆王은 그 세력이 한창 떨침을 두려워하여 동방제후를 분리시켜 서언왕徐偃王에게 명하여 다스리게 했다. 언왕偃王은 황지潢池 동쪽에 살았는데 국토가 500리였으며, 인의를 행하니 육로로 와서 조회하는 나라가 36국이나 되었다. 목왕穆王이 뒤에 적기赤驥·록이騄耳 등의 말을 얻어서 조부造父로 하여금 그

말을 몰고 초楚나라에 알려서 서국徐國을 치게 하니, 조부造父는 하룻만에 초나라에 도착했다. 이에 초문왕이 대병을 일으켜 서국徐國을 멸망시켰다. 언왕偃王이 어질기만 하고 권도가 없어서 차마 그 백성을 데리고 싸우지 못했으므로 패하기에 이른 것이다. 이리하여 북으로 팽성彭城 무원현武原縣 동산東山 아래로 달아났는데, 따라간 백성이 만 명이나 되었으며, 이로 말미암아 그 산의 이름을 서산徐山이라고 했다.

여왕厲王이 무도하자, 회이淮夷가 쳐들어 왔다. 왕이 괵중虢仲에게 명하여 정벌했으나 이기지 못했는데, 선왕宣王이 다시 소공召公에게 정벌하도록 명하여 그들을 평정했다.

유왕幽王대에 이르러 왕실이 음란해지자 4이四夷가 번갈아 침범하여 왔는데, 제환공齊桓公이 패업을 닦고 물리쳤다. 초령왕楚靈王이 신申에서 회맹할 적에는 그들도 회맹에 참여했다. 그 뒤 월越이 낭야琅邪로 옮기고 나서 그들과 함께 전쟁을 일으켜, 마침내 중국中國의 여러 나라들을 능멸하고 작은 나라들을 침략하여 멸망시켰다.

<u>진秦나라가 6국을 합병한 뒤 회수淮水와 사수泗水지방의 이夷를 모두 분산시켜 진秦의 백성으로 만들었다. 진섭陳涉이 기병하여 진의 천하가 허물어지자, 연燕나라 사람 위만衛滿이 조선朝鮮으로 피난하여 와서 그 나라의 왕이 되었다. 백 년쯤 지나 무제武帝가 그를 멸망시키니 이에 동이가 처음으로 상경上京에 통하게 되었다.</u>

왕망王莽이 위位를 찬탈하여 황제가 되자, 맥인貊人이 변경에 쳐들어와서 노략질했다. 건무建武(AD 25~55: 高句麗 大武神王 8~太祖王 3) 초에는 동이가 다시 와서 조공했다. 이 때 요동태수 제융祭彤의 위세가 북방을 떨게 하고 명성이 해외에까지 진동하니, 이에 예濊·맥貊·왜倭·한韓 등이 만 리 밖에서 조공했다. 그리하여 장제章帝·화제和帝 시대 이후로 사절이 왕래하다가 영초永初 연간(AD 107~113: 고구려 태조왕 55~61)에 국내정치가 다난하게 되자, 드디어 중국을 침입하여 노략질했으며, 환제桓帝·영제靈帝가

제1장 동이연구사 35

실정하여 국내가 어지럽게 되자 이런 일이 점점 잦아지게 되었다.
　한漢나라가 중흥한 뒤로부터 사이四夷의 빈공賓貢이 때에 따라 어기거나 반함은 있었으나, 사자使者와 통역通譯이 끊이지 않았기 때문에 그들의 풍속과 풍토를 대략 기록할 수 있게 되었다.
　동이東夷는 거의 모두 토착민으로서, 술마시고 노래하며 춤추기를 좋아하고, 관冠으로는 고깔[弁]을 쓰고 비단옷을 입으며, 그릇은 조두俎豆를 사용했으니, 이른바 중국이 예禮를 잃으면 4이夷에게서 구했던 것이다. 보통 만蠻·이夷·융戎·적狄을 통틀어 4이라고 부르는 것은 공公·후侯·백伯·자子·남男을 모두 제후諸侯라고 부르는 것과 같다.3)

　위의 사료에서 중시될 부분은 전국戰國-진秦-한초漢初에 이르는 동이역사를 표현한 밑줄 친 부분이다.

　<u>진秦나라가 6국을 합병한 뒤 회수淮水와 사수泗水지방의 이夷를 모두 분산시켜 진秦의 백성으로 만들었다. 진섭陳涉이 기병하여 진의 천하가 허물어지자 연燕나라 사람 위만衛滿이 조선朝鮮으로 피난하여 와서 그 나라의 왕이 되었다.</u>[秦幷六國 其淮 泗夷皆散爲民戶 陳涉起兵 天下崩潰 燕人衛滿避地朝鮮 因王其國]

　이 사료는 진의 통일 이후 회수淮水와 사수泗水유역의 제이諸夷가 일반 군현의 민호로 편성됨에 따라 삼대 이래의 전통적인 산동일대 동이가 사실상 소멸되었고 한대 이후 중국인들이 인식한 '동이'는 조선朝鮮과 그 주변의 세력이었음을 보여주는 내용이다.4) 이 같은 사실은 25사 편목에 나타나고 있는 주변세력에 대한 「열전列傳」의 내용에서도 잘

---

3) 국사편찬위원회, 『中國正史朝鮮傳』 譯註1(1987), 110-112쪽.
4) 이성규, 전게논문(1991), 99쪽.

나타나고 있다. 따라서 동이東夷는 원래 중국의 서북부에 있다가 동쪽으로 이동, 한 갈래는 산동반도山東半島 쪽으로 들어가고, 다른 한 갈래는 다시 동진하여 발해만渤海灣을 따라 요동지방을 거쳐 한반도韓半島에 들어오게 된 것으로 파악된다.5) 결국 동이는 산동반도로부터 회수유역에 거주했던 우이嵎夷·회이淮夷·내이萊夷·서융徐戎 등 중국사를 구성한 계통과 발해渤海·황해黃海를 둘러싼 황하黃河·요하遼河·대동강大同江 등 요동반도와 한반도를 둘러싼 지역에 마제형馬蹄形으로 분포되어 살던 종족을 지칭하는 표현으로 양분되어 있음을 알 있다.6)

그런데 〔표 1〕에 나타나고 있듯이 『사기史記』·『한서漢書』 단계에서는 조선朝鮮으로 대표되는 존재에 대한 인식만이 열전으로 나타났다가 이후 『후한서後漢書』에서부터는 동이東夷열전으로 정리되어 동이로 포괄되는 주변세력 전체에 대해 정연한 체제가 정리되고 있다. 이같은 사실은 조선과 동이가 당시 인식 속에서 동치적인 개념어로 사용되고 있음을 보여주는 대표적인 기록이다.

2. 한국사서에 나타난 동이인식

1) 금석문 및 『삼국사기』·『삼국유사』 동이관련 기사

『삼국사기』에 나타난 '동이'관련 기록은 총 9회 나타나고 있다. 이

---
5) 金庠基, 「韓·濊·貊 移動考」(『史海』1, 1948).
6) 傅斯年, 『東北史綱』(1935).

가운데 중국에서 삼국의 왕에게 하사한 작호 등에 포함된 '동이교위 東夷校尉' 및 '동이중랑장東夷中郞將'·'동이호군東夷護軍' 표현이 6회 나타나고 있다.7) '동이교위'는 공손씨公孫氏 멸망 후 서진西晉이 동이제국을 통제하는 것으로 목적으로 설치한 관직으로 주로 요서·고구려 지역의 독립지역 왕王 등에게 사여되었고 565년 북제北齊가 신라 진평왕에게 마지막으로 사여한 이후 소멸되었다.8) 이는 '사흉노중랑장使匈奴中郞將'을 시작으로 한 이민족 통치자에 대한 후한대의 관직사여의 연장선에서 나타난 것이었다. 『삼국사기』에 나타난 동이관련 표현은 대부분 이들 동이교위 관직명에 연결된 동이였고 '동이'가 별개의 의미로 나타난 것은 3차례뿐이다.

먼저 나타나고 있는 내용은 당태종의 고구려 정벌시 수隋의 패퇴 사실에 대한 경고차원에서 동이[高句麗]가 산성전山城戰에 능숙하다는 것을 지적한 표현9)과 백제의 시조 구태仇台관련 설명 가운데 국력이 성장하여 '동이강국東夷强國'이 되었다는 표현,10) 그리고 백제부흥군을 공

---

7) 『삼국사기』 18, 「고구려본기」 6, 고국원왕 19년: "王送前東夷護軍宋晃于燕. 燕王雋赦之 更名曰活 拜爲中尉"; 동, 장수왕 23년: "夏六月 王遣使入魏朝貢…. 拜王爲都督遼海諸軍事征東將軍領護東夷中郞將遼東郡開國公高句麗王"; 동, 문자명왕 원년: "三月 魏孝文帝遣使拜王 爲使持節都督遼海諸軍事征東將軍領東夷中郞將遼東郡開國公高句麗王 賜衣冠·服物·車旗之節"; 동 19, 「고구려본기」 7, 안장왕 2년: "春正月 遣使入梁朝貢. 二月… 魏封王爲安東將軍領護東夷校尉遼東郡開國公高句麗王"; 동 22, 「고구려본기」 10 보장왕 17년: "夏六月 唐營州都督兼東夷都護程名振·右領軍中郞將薛仁貴 將兵來攻 不能克"; 동 4, 「신라본기」 4, 진흥왕 26년: "春二月 北齊武成皇帝詔 以王爲使持節東夷校尉樂浪郡公新羅王."
8) 張國慶, 「西晉至北魏時期 '護東夷校尉'初探」(『中央民族學院學報』 1989-3); 三崎良章, 「東夷校尉考 -その設置と「東夷」への授與」(『東アジア史の展開と日本』, 2000), 227~237쪽.
9) 『삼국사기』 21, 「고구려본기」 9, 보장왕 3년: "帝以其嘗從隋煬帝伐高句麗 召詣行在問之. 對曰: '遼東道遠 糧轉艱阻 東夷善守城 不可猝下.' 帝曰: '今日非隋之比 公但聽之.'"
10) 『삼국사기』 23, 「백제본기」 1, 온조왕 1년: "北史及隋書皆云: '東明之後有仇台 篤於仁信. 初立國于帶方故地 漢遼東太守公孫度以女妻之 遂爲東夷強國.' 未知孰是."

격하는 과정에서 유인궤劉仁軌가 백제지역 등을 '동이'로 표현한 것11)에서만 나타나고 있다. 그런데 이들 내용 역시 중국인들 입장에서 우리 민족을 지칭한 표현일 뿐 삼국시대 당대인들의 의식과는 관련이 없는 표현이다. 따라서『삼국사기』상에서 동이와 관련된 삼국시대의 관련인식은 찾기 어렵다. 그런데 주목되는 점은 당시의 금석문 자료와『삼국유사三國遺事』에 남아 있는 자료의 내용이다.

먼저 '중원고구려비中原高句麗碑'에 나타나고 있는 '동이'표현을 보면 다음과 같다.

五月中高麗大王相王公□新羅
寐錦世世爲願如兄如弟」
…敎東夷寐錦遝還來節敎賜寐錦土內諸衆人□□□□王國土」…
十二月卄三日甲寅東夷寐錦上下至于伐城…12)

비문에서 주목되는 것은 '고려대왕高麗大王〔高句麗王〕'과 '신라매금新羅寐錦〔新羅王〕'이라는 표현이다. 이는 고구려적 천하관에 입각한 화이론적 인식으로 신라를 파악하고 있는 표현이다.13) 더욱 주목되는 것은 고구려가 신라를 동이로 칭하면서 신라왕에게 종주국으로서 의복을 하사하고 있는 사실이다. 즉 신라왕을 본문중에서 '동이매금東夷寐錦'이라 칭하고 있는 것은 중국적 화이개념을 원용하여 고구려가 고구려 중

---

11)『삼국사기』28,「백제본기」6, 의자왕 20년: "武王從子福信 嘗將兵 乃與浮屠道琛 據周留城 叛… 起劉仁軌檢校帶方州刺史 將王文度之衆 便道發新羅兵 以救仁願. 仁軌喜曰: "天將富貴 此翁矣." 請唐曆及廟諱而行 曰: '吾欲搖平東夷 頒大唐正朔於海表.'"
12)『譯註 韓國古代金石文』1〈고구려·백제·낙랑편〉, 44쪽.
13) 盧泰敦,「5세기 金石文에 보이는 高句麗人의 天下觀」(『韓國史論』19, 1988).

심의 천하관에 입각하여 주변 복속세력에 적용하는 용어로 사용하고 있음을 보여주고 있다.

이 같은 사실은 '동이'라는 용어가 당시에 중국에 의해 고구려 등에 사용되었지만 고구려 자신은 이를 인정치 않고 자신의 세계관에 입각하여 주변복속체의 지칭용어로 재사용하는 보통명사로 사용하고 있음을 보여준다. 즉 고구려는 중국과는 별도의 천하인식에 입각하여 '동이'라는 표현을 종족적 개념이 아닌 '복속세력'에 대한 통칭의 의미로서 사용함으로써 당시 고구려인들의 인식을 극명하게 보여주었다.

이러한 개념변용과 활용은 신라와 관련된 '9한九韓'표현에서도 나타나고 있다. 이미 동이와 함께 동이를 구성하는 다양한 종족에 대한 구체적 표현이 9이九夷라는 표현이 사용되었는데, 신라 또한 신라중심의 세계관이 형성되면서 주변세력을 9이개념에 포용시켜 '9한九韓'이라는 표현으로 사용하고 있는 것이다. 즉 신라 선덕여왕 때 자장에 의해 건립된 황룡사 9층탑은 주변의 세력들의 복속을 염두에 둔 것으로 주변세력을 구한이라 표현했다. 즉 『삼국유사』에는 동이표현이 두 차례 나타나고 있는데 그 가운데 '마한馬韓'조에 남아 있는 자료는 중국의 동이관념을 바탕으로 중국의 동이東夷=9이九夷개념을 신라중심의 9한九韓과 예맥濊貊으로 바꾼 부분이다.

4이四夷는 9이九夷와 9한九韓과 예穢와 맥貊이니 『주례周禮』에 직방씨職方氏가 4이·9맥九貊을 맡았다고 한 것은 동이의 종족이니 곧 9이이다. [『삼국유사』 권제1, 기이, 제1 마한]

『삼국사三國史』에는 "명주溟州는 옛 예국穢國인데 야인野人이 밭을 갈다가 예왕穢王의 인장을 얻어 바치었다" 하고, 또 춘주春州는 전의 우수주牛首州니 옛 맥국이요, 혹은 지금 삭주朔州를 맥국이라 하고 혹은 평양성을 맥貊이라고도 했다.『회남자주淮南子註』에 "동이가 9종이 있다" 하고,『논어정의論語正義』에 "9이九夷는 1. 현토玄菟, 2. 낙랑樂浪, 3. 고려高麗, 4. 만식滿飾, 5. 부이鳧夷, 6 소가素家, 7. 동도東屠, 8. 왜인倭人, 9. 천비天鄙"라고 했다.『해동안홍기海東安弘記』에는 구한九韓은 1. 일본日本, 2. 중화中華, 3. 오월吳越, 4. 탁라乇羅, 5. 응유鷹遊, 6. 말갈靺鞨, 7. 단국丹國, 8. 여진女眞, 9. 예맥穢貊이라 했다.〔『삼국유사』 권제1,「기이」제1, 마한〕

위의 내용은 현존 역사서 가운데 동이관념을 새롭게 한국사에 적용했다는 점에서 매우 주목되는 부분이다. 또한 후속부분에서 예맥濊貊과 9한의 구체적 내용을 예穢〔穢國〕·맥貊〔貊國 또는 平壤〕·구한九韓〔각 대응세력〕으로 설명했고『해동안홍기』를 원용해 9한의 구체내용을 신라중심으로 재구성했는데, 이는 철저히 신라중심적 인식체계로 재편한 내용이었다. 이는 중국의 9이개념을 차용하여 나름의 신라중심적 세계관에 입각하여 주변세력을 9이개념으로 파악한 것으로 이해된다.14) 이 같은 인식은 황룡사구층탑皇龍寺九層塔조에서 극명하게 표출되고 있다.

신라 제 27대 선덕왕 즉위 5년인 정관貞觀 10년 병신에 자장慈藏법사가 서로 유학하여 오대산五臺山에서 문수보살의 수법授法을 감득感得할새… 문수가 또 이르되 너희 국왕은 천축찰리족天竺刹利族의 왕이니 미리 불기佛記를 받았으므로 별다른 인연이 있음이요, 동이 공공共工의 족과는 같

---

14) 趙法鍾,「百濟別稱'鷹準'考」(『韓國史研究』 66, 1989).

지 아니하다.〔『삼국유사』 권제3, 「탑상」 제4, 皇龍寺九層塔〕

위의 사료에서는 신라왕실이 불교와 인연이 있음을 강조한 내용인데 왕족을 '천축찰리족'이라 칭하며 '동이공공의 족〔東夷族〕'과 같지 않다는 점을 강조하여 앞서 검토한 신라중심적 천하관이 구체적으로 나타나고 있다.

이같이 고구려·신라에서 나타나고 있는 동이·9한개념의 주변세력 적용은 이들 표현이 당대인들에게는 우리 민족과 관련된 표현으로 인식되기보다는 복속세력에 대한 폄칭貶稱의미로 인식되었고 이를 자국중심 입장에서 재적용하는 양상이었음을 보여주고 있다. 따라서 삼국시대에는 동이표현으로 우리 민족 전체를 바로 대응시키는 인식은 존재치 않았다고 파악된다.

2) 고려시기의 동이관련 표현

『고려사高麗史』와 고려시기 금석문 및 여러 『문집』에 나타난 동이관련 표현은 『고려사』에서만 단 2번 등장하고 있다. 그 내용은 중국 측의 화이관에 입각하여 고려를 지칭한 표현어였다.15) 이는 고려시

---

15) 『고려사』 135, 「열전」 48, 신우 3 신우 을축 11년(1385): "명나라 황제가 주는 조서를 전했는데 거기에 이르기를 '…고려는 동이(東夷)의 나라로서 지형이 험준하고 거리도 멀다.'"
『고려사』 136, 「열전」 49 신우 4, 신우 정묘 13년(1387): "예부의 자문에 이르기를 '황제의 교시를 전달한다. 고려는 바다와 강으로 뚜렷이 격리되어 있고 풍속도 판이하다. 중화와 四夷를 가지고 논할진대 본래 東夷이며 사실 중국에서 다스리던 땅이 아니었다.'"

대인들 역시 동이라는 표현을 거의 사용하지 않았으며 이 같은 사실은 동이표현을 폄칭적 성격의 부정적 표현어로 이해하여 사용하지 않았다고 파악된다. 반면 '기자箕子'관련 기록이 『고려사』기록에는 상당수 존재하며 기자가 봉해진 지역으로서의 의미와 기자교화箕子敎化의 대상이라는 의미가 강조되어 나타나고 있다.16)

이 같은 점은 중국측이 고려왕을 책봉하는 교서 등에서도 나타나고 있다.17) 또한 주목되는 점은 고려인들도 이 같은 인식을 유지하면서 특히 그 영토문제와 관련하여 기자箕子의 의미를 강조하고 있는 점이 주목된다. 즉 요하를 기점으로 한 요동지역 또는 압록강 일대가 기자가 봉해진 지역이며 이 일대가 우리의 영역이라는 인식을 중국과의 영토문제 등이 발생했을 때 강하게 피력하고 있었다.18) 이 같은

---

16) 선종 갑자 원년(1084), "계사일에 문종에게 제사를 지냈다. 祝文내용은 다음과 같다. '경사로운 전통을 이어 선왕의 봉토를 통치하여 왔다. 기자의 유훈을 본받아 예의를 숭상하고 한결같은 마음으로 우리나라에 성의를 다했다.'"
　　충숙왕 을축 12년(1325); "을미일에 왕이 교서를 내리기를… '箕子가 처음 우리나라에 왔을 때부터 예악과 교화가 성행되었으니 응당 평양부에 사당을 지어 제사할 것이며…'"
　　공민왕 임진 원년(1352); "…기자는 이 나라에 책봉되어 禮와 樂으로 주민을 교화하여 그의 남긴 덕택이 지금까지 미치고 있다. 그러므로 평양부에 명하여 그의 祠堂을 수축하고 그 제사를 받들게 할 것이며…"
17) 태조 계사 16년(933), 봄 3월 신사일에 당나라에서 王瓊·楊昭業 등을 보내 왕을 책봉했다. 책봉조서는 이러했다.… "權和高麗國王事 建은… 朱蒙의 건국한 전통을 계승하여 그 곳의 임금으로 되었으며 箕子가 藩臣으로 있던 옛사실을 본받아 나의 교화를 넓히고 있다."
　　성종 병신 15년(996), 봄 3월에 거란이 한림학사 張幹과 忠正軍절도사 蕭熟葛을 보내 왕을 책봉했는데 …고려국왕 王治는 땅은 바닷가에 위치하여 여러 번국들을 제압하고 있으며 조상들의 훌륭한 공적을 계승하여 箕子의 옛나라를 다스리며 그 문화는 족히 예절을 갖추고 지혜는 족히 정세를 판단하여 큰 나라에 대한 태도를 옳게 가지며 모든 일을 적중하게 처리하고 있다.
18) 문종 을미 9년(1055), 7월 초하루… "거란정부에 사절을 파견하여 실정을 알도록 해야 된다고 생각합니다." 이에 동경 유수에게 다음과 같은 국서를 보내었다. "기자의 옛 국토 그대로 압록강을 국경으로 삼아왔을 뿐만 아니라 귀국의 이전 태후 황제가 은혜로운 책

사실은 동이東夷로 표현되는 명칭에 대한 민족계통적 인식은 부각되지 않았지만 기자와 관련된 지역에 대한 기본적 인식은 존재했던 것으로 보이며 이에 대한 표현이 지역적 표현인 요동遼東[19]·요하遼河·요심遼瀋으로 나타난 것으로 이해된다.

3) 『조선왕조실록』에 나타난 동이

『조선왕조실록』에는 앞서 『고려사』와는 달리 동이東夷관련 표현이 산견되며 그 의미와 내용도 중국인의 관점에서 중화中華에 대비되는 오랑캐나 주변국에 대한 폄칭적貶稱的 표현과 함께 우리 민족에 대한 통칭적通稱的 표현으로 나타나기 시작했다. 실록에 나타난 동이관련 기사는 총 14개이다. 이들 기사의 성격을 구분해 정리하면 다음과 같다.
먼저 중국측에서 기왕에 이해하고 있는 화이론적 관념에 입각한 동이東夷표현이다.

조림趙琳이 중국 남경南京으로부터 돌아와 …예부禮部의 자문咨文을 받들

문을 보낼 때에도 역시 이 압록강을 계선으로 인정했던 것이다."
　문종 임자 26년(1072), "기자가 원래 요하 동쪽에서 봉지를 받았었고…" 지용수: … 금주와 복주 등처에 붙인 방문에는 "우리나라는 堯와 때를 같이 해 건국했으며 周나라 武王은 기자를 조선에 봉하고 영지를 주니 그 지역이 서쪽으로 요하에 이르렀다. 이 강토를 대대로 지켜 내려오던바 원나라가 천하를 통일한 뒤 公主를 출가시키고 遼瀋지역을 그 采地로 삼았으며 이를 계기로 해 分省을 설치했던 것이다. 말기에 이르러 나라가 영락하고 임금이 외지로 망명하자 요심의 두목 관리들은 임금을 따르지도 않고 또 우리나라에 대한 응당한 의무를 이행하지도 않았다.
19) 이승휴, 『帝王韻紀』, 遼東別有一乾坤.

어 전달했다. 그 자문은 이러했다…. 고려는 산이 경계를 이루고 바다가 가로막아 하늘이 동이를 만들었으므로, 우리 중국이 통치할 바는 아니다. 〔『조선왕조실록』 권2, 태조 1년 11월 27일(갑진)〕

주문사奏聞使 한상질韓尙質이 와서 예부의 자문을 전하니,… 그 조칙에 동이의 국호에 다만 조선朝鮮의 칭호가 아름답고, 또 이것이 전래한 지가 오래 되었으니…. 〔『조선왕조실록』 권3, 태조2년 2월 15일(경인)〕

또한 조선시대인들 스스로 자신을 지칭하는 표현으로 동이가 사용되고 있다.

…선왕께서 반드시 말씀하시기를 "혁명한 지 오래 되지 아니하여 민정이 인정되지 아니했으니, 동이의 습속을 갑자기 바꾸어 여러 사람들을 놀라게 할 수가 없다"고 했을 것이오. 〔『조선왕조실록』 권86, 성종8년 11월26일(기축)〕

정축 10월 어느 날에 나는 밀성密城으로부터 경산京山으로 향하여 답계역踏溪驛에서 자는데, 꿈에 신神이 칠장七章의 의복을 입고 헌칠한 모양으로 와서 스스로 말하기를 "나는 초楚나라 회왕懷王 손심孫心인데, 서초패왕西楚霸王에게 살해되어 빈강彬江에 잠겼다" 하고 문득 보이지 아니했다. 나는 꿈을 깨어 놀라며 생각하기를 "회왕은 남초南楚사람이요, 나는 동이사람으로 지역의 거리가 만여 리가 될 뿐이 아니며, 세대의 선후도 역시 천 년이 훨씬 넘는데, 꿈속에 와서 감응하니, 이것이 무슨 상서일까? 또 역사를 상고해 보아도 강에 잠겼다는 말은 없으니, 정녕 항우項羽가 사람을 시켜서 비밀리에 쳐죽이고 그 시체를 물에 던진 것일까? 이는 알 수 없는 일이다" 하고, 드디어 글을 지어 조문한다. 〔『조선왕조실록』 권3, 연산 4년 7월 17일(신해)〕

이들 사료는 '동이東夷'가 더 이상 비칭卑稱이나 화이관華夷觀에 입각한 중국예속적 개념으로 의식되지 않고 중국과의 대비성 또는 중국과 대등한 관점에서의 동이관東夷觀이 형성되고 있음을 보여주고 있다. 이는 이미 조선초기부터 강조된 사실로서 정도전은 응제시에서 단군檀君을 동이왕東夷王이라 표현하여 이를 잘 보여주고 있다.[20] 특히 이 같은 사실은 고려시대 이래 강조되어 온 기자교화箕子敎化 지역으로서의 의미[21]와 함께 순舜임금이 동이출신이라는 맹자孟子 이래의 인식[22]을 바탕을 한 중국과의 대등성 강조이다.

"성절사 채수蔡壽가 북경[京師]으로부터 돌아와 …성聖자를 번왕蕃王에게 붙이는 것은 적당하지 않습니다" 하기에 신이 대답하기를 "순임금은 동이의 사람이고, 문왕文王은 서이西夷의 사람입니다. 현인賢人·성인聖人이 나는 바를 어찌 화이華夷로 구분하겠습니까? 공자孔子도 또한 필부이면서 성인이시거늘, 어찌 우리 전하께서 해외에 거居한다 해서 성인이 되지 못한단 말입니까?"라고 했습니다.[『조선왕조실록』, 성종 19년 8월 24일(을묘)]

『맹자孟子』에 "순舜은 제풍諸馮에서 났으니 동이사람이고 문왕은 기주岐

---

20) 『陽村先生文集』 제1권, 응제시: "상고시대 開闢한 東夷王: 옛날에 神人이 檀木 아래 하강 자 나라사람들이 그를 임금으로 세우고 따라서 檀君이라 호했다. 때는 唐堯 원년(무진)이었다.
21) 『세종실록』 권 40 10년 4월 .29일(신사) 판우군부사 변계량이 지어올린 기자묘비의 비명: "판우군부사 변계량이 箕子墓碑의 비명을 지어올리니 '옛날 주나라 무왕이 은나라를 정복하고 은의 태사를 우리나라에 봉하여 그의 신하 노릇하지 않으려는 뜻을 이루게 했도다. 우리나라의 문물과 예악이 중국과 比肩함이 지금까지 2천여 년에 이르게 된 것은 오직 기자의 교화에 힘입은 것이로다.' …명에 말하기를 '…東夷를 中華로 만들었다고 唐나라의 비문에 있네…'"
22) "孟子曰: 舜生於諸馮 遷於負夏 卒於鳴條 東夷之人也·文王生於岐周 卒於畢郢 西夷之人也."[『孟子』第8卷, 第8篇 離婁]

周에서 났으니 서이西夷사람인데, 전성前聖과 후성後聖이 그 규모는 한가지이다" 했습니다. 우리나라는 동쪽에 치우쳐 있으나… 순·문왕의 심법을 터득하고 백성을 이끄는 정치의 요점을 체득하신다면, 동국東國백성의 성품도 순·문왕의 백성의 성품과 조금도 다를 것이 없으니, 우虞·주周의 정치를 어찌 동국에서 다시 볼 수 없겠습니까.〔『조선왕조실록』 권7, 선조 6년 9월21일(무술)〕

위의 사료에서는 중국황제와 대등하게 성군聖君표현을 사용한 것에 대한 중국측의 지적에 대해 역시 순舜이 동이출신임을 강조하며 화이華夷의 구분이 의미없음을 강조하는 인식이 나타났다. 순과 같은 자질만 있으면 중국과 다를 바가 없다는 인식이 강하게 나타나기 시작했다.

한편 다음 사료에는 동이東夷=소중화小中華 인식이 제시되어 동이관련 인식이 중국과의 대등성을 강조하는 내용으로 발전하고 있음을 보여주고 있다.

남원군南原君 양성지梁誠之가 상언하였다. "…생각건대 우리나라는 요수遼水의 동쪽 장백산長白山의 남쪽에 있어서 3면이 바다와 접하고 한쪽만이 육지에 연달아 있으며 지역의 넓이가 만 리나 됩니다. 단군이 요堯와 함께 즉위한 때부터 기자조선箕子朝鮮·신라新羅가 모두 1천 년을 누렸고 전조의 왕씨王氏 또한 5백 년을 누렸습니다.… 따로 하나의 나라를 이루어 소중화小中華하고 부르면서 3천9백 년이나 되었습니다."〔『조선왕조실록』 권134. 성종 12년 10월 17일(무오)〕

이 같은 인식은 결국 조선왕조의 주변국으로서 조선에 조공을 바치는 존재가 '동이東夷'로 표현되는 양상으로 발전하기도 했다. 이는 조선중심주의가 강화되어 독자화하는 모습의 단초라고 이해된다.
이천도夷千島의 서계에 일렀다.

> 남염부주南閻浮州 동해로東海路 이천도夷千島의 왕 하차遐叉는 조선국 전하께 올립니다. 짐의 나라에는 원래 불법佛法이 없었는데, …삼가 『대장경』을 하사하시어 짐의 삼보三寶를 완전하게 하여 주신다면, 귀국의 왕화王化와 불법이 멀리 동이에게까지 모조리 전파되는 것입니다.[『조선왕조실록』 권140, 성종 13년 4월 9일(정미)]

이는 앞서 파악한 바와 같이 중국적 화이관에 입각한 동이인식이 중국과의 대등성 또는 별개의 소중화로서의 '동이'인식이 형성되면서 조선朝鮮을 중심한 주변국을 동이로 파악하는 양상으로 전개되었다.

> 대마주 태수 평조신平朝臣 종성장宗盛長은 삼가 조선국 예조대인禮曹大人 족하께 우격羽檄을 띄웁니다. 1월 20일 일본의 전래에 따르면 "동이東夷・서융西戎이 중국을 침범하고자 서해에 띄운 크고 작은 배가 수백 척인데, 그들은 은밀히 의논하기를 '전에 중국을 노략질할 때는 패하지 않았는데 지난해 초에 조선에 갔다가 패한 것은 대마도가 날마다 통신하여 조선에 알렸기 때문이니 지금 기계奇計를 내어 먼저 대마도를 치고 동이・서융의 용감한 자들을 모아 밤낮으로 조선을 노략한다면 어찌 성공하지 못할 리가 있겠는가'라고 했다" 했습니다.[『조선왕조실록』 권20, 명종 11년 2월 30일(기미)]

이 같은 인식은 결국 후속하는 실학자들에 의한 새로운 '동이'인식 형성의 기반으로서 작용했다고 파악된다.

2. 근대역사서에 나타난 동이인식

1. 실학자들의 동이인식

실학자들의 역사관련 저술에서 '동이'인식을 가장 체계적으로 정리한 것은 한치윤韓致奫의 『해동역사海東繹史』이다. 한치윤은 『해동역사』 제1권에서 '동이총기東夷總記'를 기록하여 동이관련 중국기록을 망라하여 정리했다.23) 먼저 그는 동이관련 중국기록으로 『산해경山海經』의 군자국君子國 기록과 『논어』의 공자가 '9이九夷'에 살고자 했던 사실 등을 소개하면서 동이성격을 중국적 화이관이 아닌 독자문화 중심 측면에서 논의를 전개했다.

또한 동이에 대한 대부분의 설명을 『후한서』 동이전 서序의 내용을 기본으로 하는 동이관을 소개했다. 이 같은 이해는 이후 동이인식의 기본 틀로서 자리잡아 활용되었다. 즉 산동지역 동이와 요동지역 동이를 함께 망라한 『후한서』 동이전 서의 내용체계를 수용하여 동이인식의 시공간적 폭을 확대했다.

성호星湖 이익李瀷은 『성호사설星湖僿說』에서 요동지역이 우리 민족사의 범위에 포섭됨을 도처에서 강조했는데 동이와 관련된 별도의 안

---
23) 한치윤은 '夷'자를 '大'를 위에 '弓'을 아래에 위치한 글자로 기록하여 夷에 대한 새로운 관념을 표시했다.

설案說은 개진하지 않았지만 요동지역을 강조하면서 동이언급을 포함했다.24) 특히 순임금이 동이사람이라는 인식에 근거한 논의가 중심논거로 활용되고 있으며 공자가 9이九夷지역에 살고 싶다는 사실을 강조하여 결국 순舜·기자箕子·공자孔子로 연결되는 대표적 성인이 모두 동이지역과 관련이 있거나 이 곳을 안식처로 희구했음을 강조하였다.25)

한편 안정복安鼎福은『동사강목東史綱目』범례 '사군이부삼한四君二府三韓'에서 "遼東之地 本屬東夷 而檀箕以後 常爲我地 故詳記得失"이라 하여 동이의 지리적 영역과 계통적 연결에 대한 언급을 통해 단군·기자와 연결되고 있음을 강조했다. 또한『동사강목』제1상 '기묘조선'에서 기자와 단군에 대한 내용을 소개하면서『후한서』와『통전』의「동이전東夷傳」에 수록된 9이九夷의 시말을 소개했다. 이에 대한 안설에서 안정복은 매우 중요한 지적을 다음과 같이 했다.

누가 묻기를 "동이東夷는 예전에 종락種落이 번성하여 땅과 호칭을 각각 달리했으므로 반드시 모두가 우리 땅에 있지는 않았었는데 그대가 여기에 편입한 것은 무슨 까닭인가?" 한다면 나는 이렇게 답하리라. "그 종

---

24) 李瀷,『星湖僿說』17, 人事門 傳說築北海: "古竹의 옛터가 오늘의 遼瀋에 있으면서 북해의 바닷가로 일컬어지는 것이다.… 요심은 옛날 幽州의 지경이며 舜이 터전을 닦은 곳이다. …. 또 舜은 본디 동이사람인데… 주나라에 이르러 箕子가 이 곳에 봉함을 받았으니 태평한 고장이라는 이름을 얻었음이 마땅한 것이다."
25) 李瀷,『星湖僿說』23, 經史門 東周: "夫子가 일찍이 九夷에 살고 싶다고 했고 또 '떼를 타고 바다로 떠나가겠다'라고 했으니 이 바다는 바로 동해이다. 떼를 타고 와서 머무를 만한 곳이 朝鮮이 아니고 어디였겠는가? 舜도 본래 동이사람이었으니 朝鮮이 반드시 그 교화를 먼저 받았을 것이며 기자도 그 교화를 더욱 돈독히 함에 따라 仁義之邦이라는 칭호를 얻게 된 것이다."

족은 하나가 아닐지라도 그 땅은 요심遼瀋 안팎의 땅에서 벗어나지 않았으니 단씨檀氏도 9이九夷의 하나이었을지 어찌 알랴"26)라고 했다.

여기서 주목되는 사실은 이미 동이를 우리 민족을 지칭하는 단순 용어로 인식하지 않았다는 사실과 함께 요동지역이 이들의 중심거점이었으며 단군檀君으로 상징되는 우리 민족이 이들 동이의 일원이었다는 점을 인식하고 있다는 사실이다. 즉 안정복은 '동이 전체'가 바로 '우리 민족'을 의미하는 표현이라는 인식은 보유하고 있지 않았으며 '동이일부'가 우리 민족과 관계가 있고 그 중심무대가 요동지역이라는 인식을 갖고 있었다.

한편 다산茶山 정약용丁若鏞은 동쪽 오랑캐가 인후함을 강조하면서 광의의 동이에 포괄되는 종족의 온순성을 역사 속에서 정리하여 기술했다.27) 여기서도 주목되는 점은 동이로 포괄되는 존재가 단순히 우리 민족만이 아니라는 점이다. 즉 선비鮮卑·여진女眞과 함께 우리 민족을 광의의 동이개념 속에 포괄하여 설명하고 있다.

이 같은 인식은 조선후기 성리학의 명분론인 화이론적 세계관을

---

26) 『東史綱目』第1上, 朝鮮: "按或問東夷古初種落寔繁 此別號殊未必皆在我疆 則子之編于此者何也 曰其種號不一 而其地要不出遼瀋內外之地 檀氏亦安知非九夷之一乎."
27) 『茶山詩文集』제12권, 論東胡論: "…북방사람은 대체적으로 강하고 사나운 까닭에 흉노·突厥·蒙古 등속은 모두 사람 죽이기를 즐기고 잔폭한 짓에 익숙하다. 西羌 또한 간사하고 변덕이 많다. 유독 동방에 있는 오랑캐[東狄]만은 모두 인후하고 성실하고 신중하여 칭찬할 만하다. 拓跋魏는 선비족이다.… 女眞은 두 번이나 중국에 들어가 임금노릇을 했다.… 역사에서 동이를 仁善하다고 칭찬함은 진실로 이유가 있는 것이다. 더구나 조선은 정동쪽 땅에 위치한 까닭으로 그 풍속이 예절을 좋아하고 무력을 천하게 여김은 물론 차라리 유약할지라도 난폭하지 않았으니 군자의 나라임에 틀림없다. 아 이미 중국에 살 수 없을진댄 살 곳은 동이뿐이다."

공유하고 있던 동북아시아 세계에서 17세기 전반 명明·청淸이 교체되자 중화의 실체였던 명나라의 정통계승자는 조선이므로 조선이 바로 중화라는 조선중화의식朝鮮中華意識이 형성되었고 이에서 말미암은 조선중화주의는 조선문화제일주의를 형성했다28)는 이해와 연결된다. 그리고 이 같은 상황은 동이를 더 이상 폄칭이나 주변부적 존재에 대한 표현이기보다는 화하華夏에 대응하는 동등개념으로 인식하는 상황이 정립되게 되었다.

2. 민족주의 및 근대사학자들의 동이인식

단재丹齋 신채호申采浩는 『조선상고사朝鮮上古史』 등 역사관련 저술에서 동이민족이라는 개념보다는 단군과 신·불·말조선의 3조선三朝鮮의 역사를 강조하여 상고사체계를 구성했다. 그러나 서언왕徐偃王 관련 부분을 강조하면서 서徐·회淮 두 지역이 단군구족檀君九族의 식민지29)라는 표현을 통해 중국 회수淮水 일대의 동이문화東夷文化가 단군 고조선 문화와 연결됨을 언급했다.

정인보鄭寅普는 『조선사연구朝鮮史研究』에서 '이夷'는 중국인이 '동방인'의 표덕表德한 칭호를 지은 것으로 『설문說文』의 설과 『백호통白虎通』의 설을 소개하면서 『예기』 왕제의 "夷者 柢也 言仁而好生 萬物柢地而出"

---

28) 정옥자, 『조선후기 조선중화사상연구』(일지사, 1998), 234쪽.
29) 신채호, 『조선상고문화사』(1948) 〔『단재 신채호전집』 중(1972), 412쪽〕.

을 근거로 이는 곧 인仁이라고 해석한 장병인章炳麟의 견해를 제시하여 중국인들의 조선을 어떻게 보았는지를 강조했다.30) 또한 동이구종東夷九種에 대한 설명에서 '구九'란 원래 다수의 극을 표한 수자로 동이족 가운데 무한한 소국이 존재했고 동이東夷는 표덕명表德明이고 조선朝鮮은 치권칭治圈稱이라는 개념으로 상호보완적인 대응 표현임을 강조했다. 이 같은 이해와 함께 기본적으로 『후한서』 동이전에 제시된 회이淮夷·서이徐夷 등의 상황과 『해동역사海東繹史』에서 인용한 서목의 내용을 참조한 언급이 제시되고 있다.31)

최남선崔南善은 『불함문화론不咸文化論』에서 동이에 대한 구체적 논증은 생략한 채 "지나문화支那文化에 있어서의 동이소 불함소東夷素不咸素"라는 절에서 동이는 가장 일찍부터 지나민족과 인접하여 다량의 유물을 남긴 종족임을 강조했다.32) 또한 서언왕설화를 강조하면서 동이형의 문화재가 유존하여 문화-사상적 교류와 연결을 강조했다.33)

이같이 신채호·최남선 등은 동이와 관련된 구체적 논급은 진행하지 않았지만 동이문화 및 우리 민족의 범칭적 성격의 표현어로서 동이를 사용했고 구체적 사안으로서 서언왕 사실을 중심으로 논의를 진행했다. 한편 정인보는 동이와 관련된 구체적 논급을 진행했는데 그 내용의 대강은 『후한서』에 기준한 동이관의 수용이었고 특히 『해동역사』에 수록된 자료범주의 이해를 제시하고 있다.

---

30) 정인보, 『조선사연구』 상(1946)〔『담원정인보전집』 3, 51쪽〕.
31) 상게서 52~56쪽.
32) 최남선, 『불함문화론』〔『육당최남선전집』 2(1973), 65쪽〕.
33) 최남선, 『불함문화론』〔『육당최남선전집』 2(1973), 68쪽〕.

3. 최근의 동이인식

1. 재야사학의 동이인식

한국학계에서 재야사학은 한국고대사를 중심으로 기존의 사학계와는 인식폭과 내용에서 상당한 편차를 보이며 나름의 영역을 유지했다. 특히 동이문제는 한국사의 첫 민족명칭과 관련되어 있어 많은 논의가 진행되었다. 이 글에서는 이들 연구내용 전체를 포괄치 못하고 기존연구에서 대표적인 저술 일부만을 정리 소개한다.

먼저 재야사학적 인식의 일단은 김교헌金敎獻의 『신단민사神檀民史』에서 나타났다.34) 여기에서는 개괄적인 9이의 구성과 분포 등이 언급되었다. 한편 문정창文定昌은 『한국고대사韓國古代史』에서 중국계의 황제黃帝와 동이계의 치우蚩尤의 대결을 강조한 이해를 제시했다.35)

최동崔棟은 『조선상고민족사朝鮮上古民族史』에서 「중국본토내 동이문화 건설」이라는 별도의 장에서 동이관련 논의를 본격적으로 진행했다.36) 최동은 태고조선민족의 범주에 동이東夷・9이九夷・예濊・맥貊・한韓을 포괄하고 9이 가운데 우이嵎夷・여이呂夷・내이萊夷・양이陽夷・양이

---

34) 金敎獻, 『神檀民史』(서울: 大倧敎總本司, 1946).
35) 文定昌, 『韓國古代史』(相文堂, 1964).
36) 崔棟, 『朝鮮上古民族史』(東國文化社, 1966).

낭야良夷瑯邪 등이 산동山東지역과 회수淮水·사수泗水가 있는 강소성江蘇省 일대를 중심으로 존재하여 산동지역은 동이족의 식민지이며 북경·천진 지방은 맥과 숙신이 분포했다고 파악하여 중국본토에 존재한 동이를 강조했다. 또 은을 동이가 건국했음을 재차 강조하였다. 이를 바탕으로 중국문명은 동이문화에 근거한 산동에서 발원하여 발전했다는 것을 삼각정三脚鼎과 청동기靑銅器 관련 연구성과를 원용하여 강조했다.37)

이 같은 논의를 더욱 체계화하고 강화한 것은 안호상安浩相이다. 안호상은 일련의 논저를 통해 동이관련 연구를 진행했다.38) 논의의 기본자료는 앞서 검토한 것처럼 『예기』 왕제王制편의 9이九夷사료와 『후한서』 동이전의 내용과 『규원사화揆園史話』 등의 자료가 기본자료로서 활용되어 제시되었다. 즉 중국의 기주冀州·청주靑州·서주徐州·양주楊州·형주荊州 등 산동을 포괄한 중국 동북부의 상당수 지역이 동이지역이고 태호복희太昊伏羲·수인燧人·신농神農·치우蚩尤·소호금천少昊金天·전욱고양顓頊高陽·제곡고신帝嚳高辛 등과 요·순·우禹·탕湯·문文·무왕武王 등 중국의 삼황오제三皇五帝 등 성인으로 지칭되는 존재들 대부분이 배달·동이사람이며 공자孔子도 배달·동이사람이며 진시황秦始皇까지도 배달·동이겨레의 자손으로 파악하여 재야사학적 인식의 틀과 내용을 제시했다.

이 같은 인식과 같은 맥락의 연구는 이후 다양한 논자들의 논의

---

37) 최동의 연구에서 고고학적 근거로 제시한 고구려의 鼎과 백제의 三足土器 등은 중국과의 시차를 고려치 않은 단순대입의 문제가 지적될 수 있다.
38) 안호상, 『배달·동이의 한 옛역사』(배영출판사, 1971)[『배달·동이겨레는 동아문화의 창조자』(배영출판사, 1975)].

속에서 재부연 강조 확대되고 있다.39) 이들 연구의 기본적 특성은 앞서 지적된 것과 같이 산동지역 동이와 요동 및 동북지역 동이를 동일계통으로 인식하여 논의를 전개하고 있다는 점이다.

2. 고대사학계의 동이인식

우리학계의 동이관련 본격연구는 앞서 실학자들의 연구를 계승하는 선상에서 김상기金庠基의 연구40)를 시작으로 산동성과 회하유역의 동이족에 대한 이동론적 접근을 진행했다. 즉 상고중국의 북변에 거주하던 동이종족은 동으로 이동하여 한 줄기는 중국 산동방면으로 내려가고 다른 한 줄기는 만주·한반도 일대로 이동했으며 산동방면 이동세력은 은대 한족과 교섭을 가졌다는 견해이다.

이 견해는 김정학金廷鶴의「한국민족형성사韓國民族形成史」41)에 연결되어 산동·하북·요동·한반도가 하나의 문화권으로 중국 동북부에

---

39) 박문기,『貊夷(정신세계사, 1987) ; 산호,『대쥬신제국사』전3권(東亞出版社, 1993) ; 鄭逸永,『古代史 東方大帝國』(大邱:마당, 1997) ; 유창균,『文字에 숨겨진 民族의 淵源』(집문당, 1999) ; 吳在城,『우리는 東夷民族이다』(서울:黎民族史硏究會, 1995) ; 박용숙,『지중해 문명과 단군조선』(집문당, 1996) ; 지승,『符都와 桓檀의 이야기-단군 이전의 역사』(대원출판사, 1996) ; 林均澤,「東夷 韓民族의 根源史的 考察」(『人文科學論文集』22(大田大學校, 1996) ; 高東永,『韓國上古體育史』(뿌리, 1995) ; 李勳燮,「韓國傳統의 東夷族에 관한 硏究」(『韓國傳統商學硏究』9, 1996) ; 崔在仁,『上古朝鮮三千年史』(정신문화사, 2000). 이들 논저 외에 다양한 논의가 있으나 필자의 조사 내용범위에서 정리한 것임.
40) 金庠基,「韓濊貊移動考」(『史海』創刊號, 1948).
41) 李丙燾,「韓國民族形成史」(『韓國文化史大系』I, 高麗大 民族文化硏究所, 1970).

선주한 부족이 동이계 민족이었다는 김상기의 견해를 수용 소개했다. 또한 김철준金哲埈은 『한국사』 2에서 「산동성 및 회하유역의 동이족 세력의 해체와 유이민」이라는 절을 통해 이를 부연했다.42)

이 같은 견해 이후 동이와 관련된 구체적 논문이 없다가 최근 이성규李成珪의 논문43)과 기수연奇修延의 논문44)을 통해 심도있게 논의가 진행되었다. 이성규는 앞서 진행된 논의와는 반대되는 입장에서 「전국시대 이전 동이戰國時代以前東夷」와 「한대 이후 동이漢代以後東夷」를 구분하여 '전국동이戰國東夷'는 중국사적 영역에서 이해될 존재이고 '한대동이漢代東夷'는 우리 역사범주에서 논의되어야 함을 강조했다. 그러나 『후한서』의 동이전 서序의 내용이 동이의 전체적인 성격과 그 역사적인 전개를 소급 서술하면서 요순 이래 삼대를 거쳐 진秦에 이르는 시기를 산동일대를 중심으로 한 동이의 역사로 기술하여 한대 이후 사서에 나오는 동이의 연원을 이들과 연결짓게 했고45) 이 문제가 중국민족과 한민족의 형성과 초기문화 성격 및 동아시아사 고대사상을 좌우하는 쟁점이 되고 있음을 지적하며 논의를 진행하고 있다.46)

먼저 이성규는 최근의 연구동향에 대한 문제제기 및 정리를 했고, 산동지역 선사문화가 북신문화北辛文化47) - 대문구문화大汶口文化48) - 산동

---

42) 金哲埈, 「山東省 및 淮河流域의 東夷族勢力의 解體와 流移民」(『한국사』 2, 국사편찬위원회, 1986), 62~66쪽.
43) 李成珪, 「先秦文獻에 보이는 '東夷'의 性格」(『韓國古代史論叢』 1, 1991).
44) 奇修延, 「東夷의 개념과 실체의 변천에 관한 연구」(『白山學報』 42, 1992) : 奇修延, 「中國文獻에 보이는 '東夷'와 '朝鮮'」(『단군학연구』 4, 2001).
45) 全海宗, 『東夷傳의 文獻的 硏究』(一潮閣, 1980) : 井上秀雄, 「『後漢書』의 東夷觀」(『小野勝年博士頌壽紀念 東方學論集』, 龍谷大學東洋史學硏究會, 1982) : 嚴文明, 「東夷文化的探索」(『文物』 1989-9, 1989).
46) 李成珪, 「先秦 文獻에 보이는 '東夷'의 성격」(『한국고대사논총』 1, 1991), 98~100쪽.

용산문화山東龍山文化-악석문화岳石文化49)로 체계화된 중국학계의 연구동향과 이를 통해 앙소-용산문화仰韶-龍山文化의 단계발전론單系發展論에 의해 부정되었던 이하동서설夷夏東西說의 재등장 및 중국문화의 동서양대계통론東西兩大系統論의 재정립을 부각했다.

이 같은 정리과정 속에 북신-대문구-산동용산-악석문화의 계기적 발전을 통해 성립된 존재가 '전국이전 동이'로서 이들이 주대에 주왕조에 편입되어 독자문화를 유지한 것으로 보았다. 이들이 요동지역과 어떠한 관계가 있는가에 대해서도 고고학적 검토를 진행하여 일부요소의 유사성50)에도 불구하고 그 관련성을 부정하고 있다. 결국 이성규는 상족商族의 이동을 매개로 상족과 '한대이후동이漢代以後東夷'의 관계를 설정하거나 상商문화를 '한대 이후 동이문화東夷文化'의 원류로 이해하기 곤란하다고 보았다.51)

또한 기수연도 같은 맥락의 입장에서 최근의 중국 고고학계의 성과를 적극 수용 소개하면서 동이논쟁의 문제점을 지적하고 선진시기 산동에 존재한 동이와 그 이후의 동이는 서로 다른 집단임을 확인했고52) 이를 연계 파악하는 중국·한국 학계의 현실적 목적성에 대한 주의를 지적했다. 이들 연구에서 지적된 문제점은 다음과 같다.

우선 문제가 되는 것은 동이관련 연구에서 중국측과 한국측의 상

---

47) 吳汝祚,「北辛文化」(『中國原始文化論集』, 文物出版社, 1989).
48) 山東省博物館,『大汶口文化討論文集』(1981).
49) 嚴文明,「東夷文化的探索」(『文物』1989-9).
50) 일부 토기 및 지석묘등 묘제의 연결성이 지적되나 시대적 낙차의 현저함 또는 부분적 요소라는 점에 의해 그 비중성이 강조되기 어렵다고 보고 있다.
51) 이성규, 전게논문(1991), 142쪽.
52) 기수연, 전게논문(1992), 74쪽.

반된 입장이다. 먼저 중국측은 '전국이전 동이'가 중국민족 형성의 중요한 요소라는 것을 기본전제로 '한대이후 동이'가 전자와 동일계통임을 강조하여 중국 민족사적 범위를 확대하고 변경지역(만주)에 대한 영유권 전통을 강조하려는 의도를 지적한다.

반면 한국측 연구자는 하夏·은殷·주周 3대에 걸쳐 중국민족의 형성 및 그 문화창조에 중요한 역할을 한 '전국이전 동이'를 한민족韓民族의 계보와 연결시킴으로써 초기민족사의 문화적 수준과 활동무대의 광역성을 과시하고자 하는 의도의 상충성을 지적하고 있다.[53]

한편 이들 두 문화를 연결하는 인식의 계기가 된 기자피봉설箕子被封說과 이를 확대한 기자집단이동설箕子集團移動說에 대한 논의[54]는 이 지역에서 발견된 일부 유물에 대한 확대해석의 문제와 시간적 차이를 고려치 않은 점 등에 대한 문제점이 지적된다.[55]

또한 부사년傅斯年의 '이하동서설夷夏東西說'[56] 이후 은족 동이계설이 확립되면서 그에 관한 고고학적 검증이 강화되어 요녕성의 홍산문화紅山文化와 은문화殷文化와의 관련성이 강조되는 중국학계의 동향에 대한 주의가 지적되고 있다.[57] 특히 동이東夷·회이淮夷 문화를 중화 고대문화 형성의 중심적 위치에서 파악하는 최근 중국학계의 입장[58]은 앞

---

53) 이성규, 상계논문(1991), 100~101쪽.
54) 千寬宇, 「箕子攷」(『東方學志』 15, 1974), 2~72쪽 ; 李亨求, 「大凌河流域의 殷末周初 靑銅器文化와 箕子 및 箕子朝鮮」(『韓國上古史學報』 5, 1991), 7~33쪽.
55) 金貞培, 『韓國古代의 國家起源과 形成』(高大出版部, 1986), 13~14쪽 ; 기수연, 전게논문 (1992), 8쪽.
56) 傅斯年, 「夷夏東西說」(『慶祝蔡元培先生六十五歲論文集』, 南京, 1935)〔『中國上古史論文選集』 上(華世出版社, 1979)〕.
57) 이성규, 전게논문(1991), 103쪽.
58) 王迅, 『東夷文化与淮夷文化硏究』(北京大學出版社, 1994).

서 지적되었듯이 비파형 동검문화의 출자와 그 확장에 대한 이해문제 및 중국 동북지역 문화와 역사에 대한 우리와의 상반된 이해관계를 염두에 둘 때 지속적인 연구와 특히 고고학적 자료에 대한 검토가 요청된다.

4. 맺음말

우리 민족에 대한 가장 일반론적 표현으로 이해되고 있는 '동이東夷'는 역사문헌 및 다양한 관련자료를 통해 활발한 논의가 있어왔다. 중국사서에 나타난 동이관련 표현은 구체적인 이민족에 대한 지칭과 중화주의적 관점에서의 범칭적 표현이 혼재하고 있다. 이들 표현 가운데 구체적인 동이종족에 대한 기록으로 중시되는 것이 『후한서』 동이전에 나타난 동이관련 인식이다. 여기서는 중국역사에 등장하는 '전국이전 동이戰國以前東夷'와 '한대 이후 동이漢代以後東夷'를 동일한 연계선상에서 파악하여 이후 동이인식의 기본축을 제시하여 동이인식의 논란을 제공했다.

한편 우리 역사상에 나타난 동이관련 인식을 검토하면 삼국시대에는 동이를 우리민족을 지칭하는 표현으로는 사용치 않았다. 대신 중국적 중화관에 입각한 동이인식을 수용하여 고구려高句麗의 경우 신라新羅를 동이東夷라 표현했고, 신라의 경우 자신들에게 복속될 존재에 대해 9이九夷관념과 연결된 9한九韓표현을 사용했다. 고려시대高麗時代에도 역시 동이를 우리 민족을 지칭하는 표현으로 사용치 않은 대신 고려 중후기 기자교화箕子敎化에 의한 새로운 문명 즉 중화中華인식이 강하게 부각되어 나타났다.

『조선왕조실록』등 조선시대朝鮮時代 기록에서는 앞서 고려는 달리 동이관련 표현이 산견되며 그 의미와 내용도 중국인의 관점에서 중화中華에 대비되는 오랑캐나 주변국에 대한 폄칭적貶稱的 표현과 함께 우리 민족에 대한 통칭적通稱的 표현으로 나타나기 시작했다. 즉 동이라는 표현이 거부감없이 우리 민족에 대한 표현으로 수용된 것은 조선시기부터였다. 또한 중국적 화이관에 입각한 동이인식이 중국과의 대등성 또는 별개의 소중화小中華로서의 '동이'인식이 형성되면서 조선을 중심한 주변국을 동이로 파악하는 양상으로까지 전개되었다.

한편 실학자들은 산동지역 동이와 요동지역 동이를 함께 망라한 『후한서』동이전 서의 내용체계를 수용한 한치윤의 견해를 바탕으로 동이인식의 시공간적 폭을 확대했다. 또한 동이의 중심거점이 요동遼東지역이었으며 단군檀君으로 상징되는 우리 민족이 이들 동이東夷의 일원이었다는 점을 인식하고 있었다. 이 같은 인식은 이후 민족주의 사학 및 재야사학으로 연계되어 산동동이와 요동동이 즉, 전국 이전 동이와 한대 이후 동이를 동일한 존재로 파악하여 그 외연과 상한을 확대 파악하는 양상으로 정형화되었다.

이 같은 동이관련 연구는 중국학계의 새로운 동이인식을 통해 큰 논란이 제기되었다. 즉 중국에서 앙소-용산문화仰韶-龍山文化의 단계발전론單系發展論에 의해 부정되었던 이하동서설夷夏東西說의 재등장 및 중국문화의 동서양대계통론東西兩大系統論의 재정립 속에서 부각된 동이인식에 의한 새로운 동이관의 제시다. 이는 동이가 중국민족 형성의 양대 축의 하나이며 산동동이의 연장선상에 요동동이가 위치해 결국 요동지역 동이도 중국민족의 한 부분이라는 논리를 전개해 2006년 요하문명이라는 개념을 만들어내고 있다.

이상에서 논의된 내용을 바탕으로 제기된 문제점을 정리하면 다음과 같다.

먼저 동이문제와 관련한 한국측 연구동향과 중국측 연구동향의 상충성이다. 중국측은 '전국이전 동이'가 중국민족 형성의 중요한 요소라는 것을 기본전제로 '한대 이후 동이'가 전자와 동일계통임을 강조하여 중국 민족사적 범위를 확대하고 변경지역〔만주〕에 대한 영유권전통을 강조하고 있다. 이에 반해 한국측 연구자는 하·은·주 삼대에 걸쳐 중국민족의 형성 및 그 문화창조에 중요한 역할을 한 '전국이전 동이'를 한민족의 계보와 연결시킴으로 초기민족사의 문화적 수준과 활동무대의 광역성을 과시하고자 했다. 이는 종래 동이는 바로 우리 민족이고 따라서 요동동이 및 산동동이까지 우리 민족으로 우리 역사의 유구성과 외연적 광대성이 이로써 증명된다는 논리와 정반대되는 견해인 것이다. 이 같은 동이관련 연구에서 중국측과 한국측의 상반된 입장은 향후 동이인식과 관련되어 매우 중요한 쟁점이라 생각된다.

한편 이들 양문화를 연결하는 인식의 계기가 된 기자피봉설箕子被封說과 이를 확대한 기자집단이동설箕子集團移動說에 대한 논의[59]는 이 지역에서 발견된 일부 유물에 대한 확대해석의 문제와 시간적 차이를 고

려치 않은 점 등에 대한 문제점이 지적된다.60)

또한 특히 동이東夷-회하문화淮夷文化를 중화 고대문화 형성의 중심적 위치에서 파악하는 최근 중국학계의 입장61)은 앞서 지적되었듯이 비파형 동검문화의 출자와 그 확장에 대한 이해문제 및 중국 동북지역 문화와 역사와 관련된 고구려 문제·발해문제 및 간도문제 등에 대한 우리와의 상반된 이해관계를 염두에 둘 때 지속적인 연구와 특히 문헌-고고학적 자료에 대한 체계적인 자료수집 및 정리 재해석 등이 시급히 요청된다.

따라서 이를 해소하기 위한 양국간 심도있는 학술검토가 문헌 및 고고학적 분야에서 진행되어야 한다고 생각된다. 특히 우리 학계의 일부에서 이 같은 중국측 논의를 간과한 채 기존의 견해를 반복 부연하는 것은 지양해야 할 부분이다.

---

59) 千寬宇, 「箕子攷」(『東方學志』 15, 1974), 2~72쪽 : 李亨求, 「大凌河流域의 殷末周初 靑銅器文化와 箕子 및 箕子朝鮮」(『韓國上古史學報』 5, 1991), 7~33쪽.
60) 金貞培, 『韓國古代의 國家起源과 形成』(高大出版部, 1986), 13~14쪽 : 기수연, 전게논문 (1992), 8쪽.
61) 王迅, 『東夷文化与淮夷文化硏究』(北京大學出版社, 1994). 관련내용은 본서의 중국학계 고조선연구 관련부분 참조.

제2장
전통 역사학계의 고조선 연구

　　단군 및 고조선의 역사적 실체를 확인하는 작업은 우리 역사의 단초를 구체화할 뿐 아니라 민족사의 기점을 확정한다는 점에서도 매우 중요한 작업이라 할 수 있다. 특히 이 문제는 분단된 민족의 현실을 극복케 하는 구심점으로서 기능한다는 점에서 그 중요성이 더욱 부각된다. 근래 한국학계에서는 1985년 '단군성전檀君聖殿' 건립문제와 관련된 사회전반의 논의가 진행되었고 북한의 경우 1993년 단군릉檀君陵 발굴 및 개건과 관련 학술회의 개최를 통하여 단군문제가 민족을 통합하기 위한 주요한 공감대로서 존재하고 있음을 재삼 확인시켜 주고 있다.

　　한편 고조선사 전반은 민족사 전개의 첫 장으로서 뿐만 아니라 이후 역사전개의 근간으로 많은 논의가 현재 진행되고 있다. 특히 고조선의 강역과 중심지 문제, 고고학적인 기반문화와 연대문제 그리고 각 역사체의 성격 등에 대한 논의는 우리 민족사의 시·공간적 범위를 새롭게 확정지워 준다는 점에서 매우 의미있는 주제이다. 한때 이 문제는 일본인들에 의해 고조선은 배제된 낙랑문제로 부각되어 논의의 중심을 차지하기도 했는바 이들 논의내용의 전반에 대한 검토와 내용정리가 요청된다. 따라서 이 장에서는 이 같은 인식과 논의가 진행되는 과정을 학설사적으로 정리하여 그 변화추이와 성격을 검토하고 차후의 과제에 대한 전망도 함께 진행하고자 한다.

1. 조선시대 고조선 연구

조선왕조는 건국시점부터 단군檀君과 기자사전箕子祀典을 정비하여 조선왕조의 정통성을 이들과 연결짓고 있었다.1) 또한 정도전의 『조선경국전朝鮮經國典』에서 단군조선-기자조선-위만조선으로 연결되는 3조선설에 입각한 국호사용이 제시되고2) 이를 바탕으로 한 역사체계화가 권근의 『동국사략』과 노사신의 『삼국사절요三國史節要』로 나타났다. 이러한 조선 계승인식이 국가적으로 법제화되면서 단군사당이 건립되었으며3) 『세종실록』 지리지4)와 『동국여지승람東國輿地勝覽』에서는5)

---

1) 『太祖實錄』卷1, 元年 壬申 8月 庚申. 趙璞은 檀君을 始受命之王, 箕子는 始興強化之王으로 지칭하여 민족국가의 시조와 문화창조로서 이들을 각각 위치시켰다.〔姜萬吉, 「李朝時代의 檀君崇拜-實錄記事를 中心으로-」(『李弘稙博士回甲紀念韓國史學論叢』, 1969)〕
2) 『帝王韻紀』에 반영된 檀樹神의 아들이 왕이 된다는 인식 즉 木子爲王은 李氏가 왕이 된다는 예언과도 연결되어 이 같은 이해가 고조선 인식의 기본줄기로서 자리잡게 되었다고 이해된다.〔朴光用, 「檀君認識의 歷史的 變遷-조선시대-」(『檀君 그 이해와 자료』, 1994)〕
3) 1412년에는 예조요청에 따라 단군은 기자묘에 합사되었다가 1425년에는 단군사당이 기

단군관련 사적史蹟에 대한 언급이 나타나기 시작하여 단군에 대한 구체적 역사성이 강조되었다. 한편 단군신화 관련내용이 『응제시應制詩』에서 단순화 합리화되어6) 『용비어천가龍飛御天歌』를 거쳐 조선왕조의 공식적 사서인 『동국통감東國通鑑』에 계승되어 이후 관찬사서의 기본 인식 내용으로 자리잡게 되었다.7)

세조대의 부국강병과 고구려에 대한 관심은 『응제시주應制詩註』에서 요동지역이 고조선의 영역임을 강조하는 인식이 나타나게 되었고 단군의 아들 부루夫婁의 도산塗山 방문기사가 새롭게 등장했다.8) 이 같은 경향은 16세기 왕도정치를 강조하는 도학적 역사인식과 연결되어 단군의 위상은 약화되고 이후 기자중심의 중화문화에 대한 비중이 증대하는 양상이 17세기 전반까지 유지되었다. 이는 이민족의 침입과 청淸에 의한 중국지배라는 상황에서 소중화小中華의식이 더욱 강화되고 주자朱子의 강목체綱目體라는 역사형식을 통해 체계화되었다.

이러한 기존 인식체계에 대해 한백겸은 『동국지리지東國地理誌』를 통

자사당과 분리할 것을 결정했고 세종 11년(1429)에는 평양의 기자묘 남쪽에 단군사당이 건립되어 동명왕과 합사했다.〔한영우, 「고려-조선전기의 기자인식」, 『한국문화』 3, 1982)〕
4) 여기서는 평양의 檀君祠, 구월산의 三聖祠, 강화도의 마니산 塹星壇·三郞城 등이 언급되고 있다.
5) 최근 문제가 북한의 단군릉에 대한 최초의 언급은 이곳에서 江東縣 서쪽에 '諺傳'이라는 표현으로 단군묘가 언급되고 있다.
6) 여기서는 熊女설화 등은 생략된 채 檀君이 직접 하늘에서 강림한 것으로 단순화되어 나타나고 있다.
7) 韓永愚, 『朝鮮前期史學史硏究』(1981).
8) 단군관련 기사로서 檀君의 태자 夫婁가 禹의 塗山會集에 참석하는 기사는 여기에서 처음 나타나고 있다. 이 같은 내용의 근거를 새로운 제3의 古記자료로 이해하거나〔한영우, 『조선전기사학사연구』(1981), 56쪽〕 추후의 가필로 보기도 한다.〔최병헌, 「고려시대 단군신화 전승문헌의 검토」, 『단군 그 이해와 자료』, 1994)〕

해 종래의 3조선설을 비판하고 조선朝鮮과 한韓이 동시대에 존재했다는 인식을 제기했다. 이 같은 새로운 역사-지리적 관점과 붕당의 입장이 역사서술에 투영되면서 17세기 후반의 역사서에는 정통론正統論에 입각9)하여 역사체계가 재정립되고 허목許穆10)·홍만종洪萬宗11) 등에 의해 단군의 위치가 다시 강화되었다. 이후 실학자들의 자주적 입장의 단군강화12)와 안정복의 동이문화-단군문화-기자문화로의 연결성이 재삼 부각되어 문화적 독자성이 강조되었다.13) 개항 이후의 개화계몽기 역사교과서 등에 반영된 단군상은 과거인식을 답습하거나 상대적으로 취약해졌고 기자와 개화를 연결시키는 인식이 나타났다.14)

2. 일본 식민사학자들의 연구

일본 역사학자들의 한국사인식은 조선의 식민지화를 정당화하기

---

9) 洪汝河, 『東國通鑑提綱』. 여기서 홍여하는 단군조선의 의미를 약화시키고 기자-마한-신라로 연결되는 마한정통론을 제기하여 정통론적 인식을 제시했다.
10) 許穆, 『東事』. 허목은 단군조선을 정통론에 입각해 정통국가로 기록하고 있으며 도교적이고 민간적인 신앙요소를 수용하여 민족자존적 인식내용을 보여주고 있다. 이는 근대 민족주의 역사학자들에게 큰 영향을 끼친 것으로 평가된다.〔박광용, 전게논문(1994), 166쪽〕
11) 洪萬宗, 『東國歷代總目』. 한편 홍만종은 『海東異蹟』을 통해 단군관련 기록에 대한 언급 등을 제시하고 있다.
12) 李種徽, 『東史』.
13) 박광용, 전게논문(1994).
14) 趙東杰, 「韓末 史書와 그의 民族主義的 虛實」 上·下(『韓國民族主의 成立과 獨立運動史硏究』, 1989) ; 서영대, 「단군숭배의 역사」(『정신문화연구』 32, 1987).

위한 왜곡과 편견으로 구성되어 있다. 특히 우리 역사의 첫 장인 단군 및 고조선古朝鮮을 이해하는 기본시각은 고조선의 본래모습과 민족시조인 단군에 대한 연구보다는 전한 무제武帝의 동방경략에 의해 멸망한 고조선 지역에 세워진 '한사군漢四郡' 문제가 위주가 된 역사이해로서 고조선에 대한 구체적인 개별연구는 거의 전무한 대신 낙랑樂浪 등을 중심한 '한사군의 역사'가 고조선사古朝鮮史를 완전히 대치한 역사인식 내용을 보여주고 있다.

또한 고고학적인 측면에서 파악되는 고조선의 문화는 한사군 설치와 함께 들어온 중국의 철기문명에 의해 한반도 지역의 석기문화가 금속기를 사용하게 되어 석기·청동기·철기를 함께 사용한 '금석병용기金石並用期'가 존재했다는 인식이 고조선에 대한 일본 고고학자들의 기본태도였다.15)

이 같은 우리 역사에 대한 부정적이고 왜곡된 인식은 결국 단군조선 관련사료의 후대성과 조작설을 바탕으로 단군檀君의 존재를 부정했고16) 대한제국을 식민화한 이후 문헌사학자들의 연구에 계승되어 한사군의 설치시기와 역사지리 연구 등이 가장 중요한 연구논점으로 한국고대사 연구가 진행되었다.

한편 낙랑의 역사지리 문제와 관련하여 가장 많은 쟁점으로 등장했던 것이 패수浿水와 열수列水의 위치문제였는바 열수의 경우 1916년

---

15) 조법종,「한사군문제(평양지역문화)에 대한 일본역사학계의 인식검토」,『송갑호선생화갑기념사학논총』, 1992).
16) 那珂通世,「朝鮮古史考」,(『史學雜誌』 5-4, 1894) : 白鳥庫吉,「檀君考」,(『學習院輔仁學會雜誌』 28, 1984,『白鳥庫吉全集』 3, 1970) : 白鳥庫吉,「朝鮮の古傳說考」,(『史學雜誌』 5-12, 1894) : 稻葉君山,「檀君說話」(『朝鮮史學』 6, 1926) : 今西龍,「檀君考」(『青丘學叢』 1, 1929).

금서룡今西龍에 의해 발견된 것으로 보고된 '점제현 비秥蟬縣碑'의 발견 위치가 평안남도 용강군으로서 이것의 존재가 대동강을 열수로 보게 한다는 점에서 더 구체적인 논의가 진행되지는 않았으나17) 패수의 경우 예성강·대동강·청천강·압록강 등으로 파악하는 다양한 견해가 제시되었다.18)

또 하나의 역사지리 문제로서 제기된 것은 "진秦의 장성이 끝나는 곳이 어디인가"라는 점이다. 이는 위만이 "패수를 건너 진나라의 옛 공지의 상하장에 거했다"라는 『사기』 조선전의 기사내용을 설명하기 위해서는 패수와 함께 진나라의 옛 장성흔적이 발견되어야 하기 때문에 이에 대한 논의가 진행되었으나 구체적 유적에 대한 이해나 조사검토가 진행되지 않고 기왕의 논의내용에 부합하는 상황이해만이 진행되었다.19)

한편 일본인들이 진행한 한국고대사 연구에 있어 우리 역사의 본래적 모습보다는 중국세력의 진출 즉 한사군 관계 연구가 위주가 되었듯이 고고학적 발굴에 있어서도 한사군 관계 유적발굴에 집중되어 고조선의 고고학적 유적에 관한 발굴조사는 진행되지 않았다. 특히 고조선의 문화실체에 대한 언급은 전혀 존재치 않고 바로 '한식유물漢式遺物'이 출현하는 '낙랑고분樂浪古墳'에 집중적인 발굴조사를 진행하여 한사군 문화의 모습부각에만 치중함을 보여주었다.

이후 1916부터 5개년 계획으로 중추원中樞院 소관으로 학술발굴조

---

17) 今西龍, 「列水考」(『朝鮮支那文化の研究』, 1929)〔『朝鮮古史の研究』(1937)〕.
18) 津田左右吉, 「浿水考」(『東洋學報』 2卷 2號, 1912.5) : 李丙燾, 「浿水考」(『靑丘學叢』 13, 1933.8).
19) 松井等, 「秦長城東部の位置」(『歷史地理』 13-3, 1909) : 稻葉岩吉, 「秦長城東端及王險城考」(『史學雜誌』 21-2, 1910.2).

사가 본격적으로 진행되었다. 첫해의 사업으로 평양平壤부근의 '한 낙랑군漢樂浪郡 시대의 고분군'에 대한 발굴을 진행했다. 이 해에 10기의 고분을 발굴하고 이에 대한 결과를 1919년『고적조사특별보고 제1책-平壤附近に於ける樂浪時代の墳墓』를 간행하여 평양지역의 한이 설치한 낙랑군 지역이며 이 곳에서 발견된 전축분 계통의 분묘는 이 지역을 지배한 중국계통 사람의 분묘임을 규정했다.

한편 1920년 평양지역에서 낙랑유물을 수집했던 산전재차랑山田財次郎이 '낙랑태수장樂浪太守章'·'점제장인秥蟬長印' 등의 봉니封泥를 제시하여 이후 이 지역에서 200여 개에 달하는 봉니가 수집된 것으로 보고 되었고[20] 이후 이를 근거로 '낙랑토성지樂浪土城址'가 낙랑군치지樂浪郡治址로 확정되게 되었다.[21] 또한 1921년 12월 10일 평양중학교에 보관중이던 '영광 3년명 효문묘 동종永光年銘銅鐘孝文廟銅鐘'을 발견하여 이 같은 낙랑치지治址에 대한 견해를 더욱 강화했다.

한편 1919년부터 1926년까지의 발굴한 자료를 정리하여 1926년도판 2책을 간행하고 1927년『낙랑군시대의 유적樂浪郡時代の遺蹟』본문 1책을 간행하여 평양일대의 중국계통 문화인 낙랑문화의 존재를 고고학적 자료로서 확정지었다.

이 같은 개별적이고 단속적인 일본인들의 낙랑지역에 대한 고고학적 조사활동은 이 시기를 전후하여 '조선고적연구회朝鮮古蹟研究會'를 구성하여 본격적인 조사활동을 진행했다. 그리하여 1933년부터『고적

---

[20] 關野貞,「樂浪土城の封泥」(『朝鮮の建築と藝術』, 1923.12): 藤田亮策,「樂浪封泥考」(『小田先生頌壽紀念朝鮮論集』, 1934.11): 동,「樂浪封泥續考」(『京城帝大創立10週年紀念論文集〈史學編〉』5, 1936.10).
[21] 梅原末治,「日韓併合の期間に行なわれた半島の古蹟調査と保存事業」(『朝鮮學報』51, 1969.5).

조사개보古蹟調査槪報』를 계속 간행하여 평양지역 고분 발굴결과를 집약했다. 즉 소화昭和 8년도(1933) 보고의 경우 정백리貞柏里 8·13·122·17·59·219·221·227호에 대한 발굴결과를 정리했고[22] 소화 9년도(1934)의 경우 장진리 45·30, 정백리 19, 석암리 212호 고분에 대한 발굴내용을 수록했다.[23] 또한 소화 10년도의 경우 석암리 255·257, 정백리 4, 남정리南井里 53, 도제리道濟里 50호에 대한 조사내용을 수록했고[24] 소화 12년도의 경우에는 낙랑토성지에 대한 조사와 오야리 25호분에 대한 조사내용을 수록하여[25] 거의 매년 이 지역에 대한 고분 발굴조사가 행해졌음을 나타내고 있다.

또한 낙랑관련 연구자 및 조선고적연구회는 발굴고분 가운데 부장유물이 풍부하거나 구체적인 피장자의 이름을 밝힐 수 있는 자료가 반출된 고분에 대해서 별도의 보고서를 간행했는바 『낙랑-오관연왕우의 분묘〔樂浪-五官橡王盱の墳墓〕』[26]와 『낙랑채협총樂浪彩篋塚』[27]·『낙랑왕광묘樂浪王光墓』[28] 등의 간행물을 호화로운 대형장정의 책자로서 보고서를 간행했다.

이 같은 발굴활동을 통해 일본 고고학자들은 전한 무제가 위만조선을 멸망시키고 설치한 한사군 가운데 낙랑군은 평양일대에 400여

---

22) 朝鮮古蹟硏究會, 『昭和8年度 古蹟調査槪報 樂浪古墳』(1934).
23) 朝鮮古蹟硏究會, 『昭和9年度 古蹟調査槪報 樂浪古墳』(1935).
24) 朝鮮古蹟硏究會, 『昭和10年度 古蹟調査槪報 樂浪古墳』(1936).
25) 朝鮮古蹟硏究會, 『昭和12年度 古蹟調査槪報 樂浪古墳』(1938).
26) 原田淑人·田澤金吾, 『樂浪-五官橡王盱の墳墓-』(東京帝國大學, 1930).
27) 朝鮮古蹟硏究會, 『樂浪彩篋塚』(古蹟調査報告 第1集, 1934) : 平壤名所舊蹟保存會, 『樂浪彩篋塚遺物聚英』(1936).
28) 朝鮮古蹟硏究會, 『樂浪王光墓』(古蹟調査報告 第2集, 1935).

년의 장구한 세월동안 존재했고 이 낙랑군의 영향을 받아 한반도 지역의 조선족이 개화 발전했다는 논지의 역사이해를 나타냈다. 한편 전한시기에 설치된 낙랑군 등이 서기 3세기경 공손씨公孫氏에 의해 낙랑樂浪·대방帶方으로 재편되어 대방군이 황해도 일대에 존재한 것으로 파악했는데 이와 관련된 고고학적 발굴도 진행되어 보고되었다.29) 이 같은 낙랑·대방군 유적에 대한 고고학적 발굴을 통한 한사군을 중심한 한국고대사 인식은 한반도 남부지역에서 나타나는 여러 금속유물 등을 한의 깊은 문화적 영향하에 형성된 문화로서 파악했다.30)

이와 함께 한사군의 일부인 현토군玄兎郡에 대한 조사는 현토의 위치가 한반도 이외의 지역이라는 인식에 따라 집중적인 발굴대상이 되지는 못했으나 이에 대한 고고학적 조사도 일부 진행되어 그 유지에 대한 추론을 진행했다.

3. 실증사학 및 민족주의 사학자들의 연구

일본인들의 한사군에 집중된 고대사 연구에 대해 민족주의 사학자 및 일부 실증사학적 성향의 역사학자들은 단군 및 고조선에 대한

---

29) 小田省吾, 『帶方郡及び其の遺蹟』(1935) : 關野貞, 「樂浪帶方兩郡の遺蹟及遺物」(『考古學講座』 11, 1936).
30) 『南朝鮮に於ける漢代遺蹟』.

집중적 연구를 진행하여 민족사 정립의 기반을 닦았다. 특히 단군연구에 있어 최남선의 역할은 독보적인 것으로 일본인들의 단군말살에 적극적인 연구로 대응하여 단군관련 전승자료 및 현존자료에 대한 연구를 강화하여 '불함문화론'이라는 거시적 역사틀 속에서 고조선사에 대한 이해를 진행했다. 최남선崔南善은 단군신화에 등장하는 곰과 호랑이에 주목하여 이들 동물을 대상한 토테미즘의 존재를 강조했다. 특히 웅모熊母의 존재를 중시하여 이를 모계적 사실의 투영으로 이해했다.

한편 단군에 대한 어원 검토를 통해 단군檀君의 어원을 무巫인 '당굴'에서 찾아 단군은 즉 사천자事天者를 뜻하며, 왕검王儉은 왕호 특히 무군巫君적 칭위라고 하여 단군왕검檀君王儉이 천군天君 또는 무군巫君을 의미한다고 했다.[31] 이 같은 최남선의 불함문화론不咸文化論[32]은 한민족의 붉사상과 그 문화의 범위 전파를 논한 것이 특징으로 지적될 수 있다.

신채호申采浩는 단군신화를 이해함에 있어 고조선의 구성을 신·불·말 조선 즉 3조선으로 구성된 역사체임을 전제하고 이들의 중심무대가 요서·요동 지역이라는 관점에서 논의를 전개했다. 특히 단군은 3조선 분립 이전인 신수두를 개창한 영웅적인 대추장이며 종교적으로는 천신인 광명신을 섬기는 존재로서 상정했다.[33] 또한 유·불에 대응하는 우리 민족의 고유신앙인 낭가사상의 연원을 단군에서

---

31) 崔南善,「檀君及其硏究」(『朝鮮及朝鮮民族』, 1927) : 李基白 編, 앞의 책(1990), 14~19쪽.
32) 崔南善,「不咸文化論」(『朝鮮及朝鮮民族』第一集, 1927).
33) 申采浩,「朝鮮上古史」(1948, 『丹齋 申采浩全集』上卷, 1972).

구하고 있다. 이를 통해 단재는 대단군왕 조사의 재구성을 추구했다.
　한편 정인보는 신채호의 논의내용을 바탕으로 요동지역 중심의 고조선 인식을 강화했고 특히 일본인들이 제시한 한사군 문제에 대한 정면반박과 논리를 제공했다. 즉 한사군 문제를 '한사군역漢四郡役'이라 표현하여 중국과의 전투상황이 계속 유지되었음을 강조했고 이른바 「낙랑출토품」들에 대해 봉니의 조작설과 점제비秥蟬碑의 문제점, 문자명 와당의 문제점 등을 국내에서는 유일하게 지적하여 반론을 전개했다. 특히 정인보의 견해는 상당수가 북한학계에 영향을 미쳤다는 점에서 그 의미가 부각된다.34)

4. 1945년 이후 일본인들의 고조선 및 낙랑연구

　해방직후 일본인들의 한사군 관계 연구는 새로이 추진된 사항보다는 기왕의 연구성과를 정리하는 내용을 보여주고 있다. 즉 1947년 매원말치梅原末治·등전양책藤田亮策 등 편저로 간행된 『조선고문화종감朝鮮古文化綜鑑』 1권과 1948년 간행된 2권, 1956년 간행된 3권이 이 같은 성격의 것으로서 언급될 수 있다.35) 이후의 연구사는 따라서 낙랑지

---

34) 정인보, 『조선사연구』(1946).
35) 梅原末治·藤田亮策, 『朝鮮古文化綜鑑』 제1책(東京: 養德社, 1947), 1쪽. 한편 「낙랑전기」로 시대명칭을 사용하면서 그 실질 내용은 군현설치 이전시기이기 때문에 '금석병용기'라는 용어로 설명되는 시기임을 지적하고 있다.

역의 문화와 대방군帶方郡의 문화로 지목된 황해도 일대의 고분·토성지 등에 대한 연구사가 식민지 전기간의 중요한 사업으로 소개되고 있으며 동시대적 문화양상으로서 위원渭原의 용연동龍淵洞, 경주 입실리立室理, 영천 은동隱洞, 및 각지 출토의 동검銅劍·동경銅鏡·다뉴경多紐鏡·동탁銅鐸 등에 대한 언급이 나타나고 있다.

한편 『조선고문화종감』 제2권과 제3권은 '한낙랑'의 문물을 집중적으로 소개하고 있어 이 같은 성격은 더욱 구체적으로 나타나고 있다. 또한 낙랑지역의 고고학적 발굴사 및 연구내용에 대한 개관으로서 「낙랑의 문화樂浪の文化」라는 항목에서 전반적인 활동내역을 소개하고 있다.36) 이와 함께 등전양책藤田亮策은 기왕에 자신이 발표한 논문과 기타 추가내용 등을 바탕으로 『조선고고학연구』(1948)를 간행했는바 낙랑문제와 관련되어서는 앞서 발표한 '낙랑봉니樂浪封泥' 관련논문이 재수록되는 등 새로운 사실의 추가는 보이지 않고 있다.37)

1950년대까지의 전반적인 연구내용은 그 내용이나 수에 있어서 극히 제한되어 있다. 1960년대에 나타나고 있는 낙랑관련 논문의 성격은 기왕의 연구가 낙랑 등 한사군에 관련된 문제가 중심이 되어 연구가 진행된 양상에서 일본과의 관련성을 염두에 두거나 그것이 위주가 된 양상으로 나타났다. 즉 비본두인榧本杜人 등의 논고에서 낙랑유적에서 발견된 인장의 특성 등을 바탕으로 일본 고대사학계의 큰 쟁점으로 논의되어 온 '한위노국왕漢委奴國王' 금인金印에 대한 검토를 진행했다.38)

---

36) 梅原末治·藤田亮策, 『朝鮮古文化綜鑑』 제2권(1948), 3~15쪽.
37) 藤田亮策, 『朝鮮考古學硏究』(東京:高桐書院, 1948).

그리고 봉니封泥문제를 중국지역 등의 경우와 비교하여 그 역사성을 강조하는 견해도 이 같은 연구와 연결되고 있다.39) 또한 단순한 한군현으로서의 낙랑에 대한 연구가 아닌 낙랑군의 실질적 지배양상과 그 정치-사회-경제적 양상까지도 추론하여 평양지역 낙랑사회의 성격과 모습을 보다 구체화하는 연구가 진행되었다. 특히 삼상차남三上次男은 일련의 연구를 통해 한군현으로서의 낙랑이 어떻게 주변 토착세력을 정치-경제-문화적으로 연결지으며 영향력을 유지했는가에 대한 연구를 진행했다.40) 또한 구정화애駒井和愛는 기왕의 낙랑지역 발굴내용을 총괄적으로 정리하면서 나름의 견해를 정리하고 있다.41)

한편 한사군 이후 공손씨公孫氏에 의해 설치된 것으로 나타나고 있는 대방군에 대한 약간의 논급이 나타나고 있는바 황해도 봉산군 문정면 석성리의 당산성唐山城을 대방군치지帶方郡治址로 비정했던 과거의 견해를 근거로 하고 기타 문헌사료의 재정리를 통해 일부에서 주장되었던 대방군의 위치가 현재의 서울지역이었다고 하는 견해는 무리가 있음을 지적하고 고고학적 유물의 부재를 지적하면서 황해도 재령강載寧江 일대에 국한된다는 견해를 보여주고 있다.42)

그런데 이 같은 일본학계의 한사군 문제에 대한 연구분위기는 일

---

38) 榧本杜人, 「樂浪古蹟の雙印-'漢委奴國王'金印の再檢討-」(『朝鮮學報』 21·22, 1961).
39) 原田淑人, 「封泥の發見とその研究について」(『朝鮮學報』 49, 1968).
40) 三上次男, 「樂浪郡社會の支配構造」(『朝鮮學報』 30, 1964.1) : 同, 「樂浪郡社會の支配構造と土着民社會の狀態」(『古代東北アジア史研究』, 1966) : 關野雄, 「樂浪王氏の富」(『法政大學』 20, 1968).
41) 駒井和愛, 『樂浪郡治考』〈考古學硏究 第3冊(東京大學 文學部, 1965) : 同, 『樂浪』(中公新書, 1972).
42) 靑山公亮, 「帶方郡攷」(『朝鮮學報』 48, 1968).

본이 패전한 이후 남북한 학계가 분단과 한국전쟁의 혼란을 극복하고 새로운 연구를 진행하면서 이룩한 연구성과와는 상당한 차이를 나타내고 있었다. 이 같은 인식차에 기인한 학문적 논쟁은 1960년대에는 아직 구체적으로 나타나지 않았으나 당시 북한에서 진행한 고고학적 발굴 성과에 대한 높은 관심을 나타내었는바 특히 '부조예군묘夫租薉君墓'와 관련한 높은 관심에서 이를 잘 나타내고 있다. 즉 북한에서 이에 관련된 거의 같은 내용의 2편의 발굴보고가 발표되자 곧 번역 소개했으며43) 그와 관련된 논문이 강기경岡崎敬에 의해 발표되었다.44)

북한은 『고조선문제연구』를 통해 평양=낙랑설에 대한 일본의 주장을 부정했다.45) 특히 여기에서는 일제시대에 발굴되어 낙랑유물로 파악된 유물의 진위여부를 한대 다른 지역의 유물 및 역사적 사실 등과의 비교를 통해 특히 문자유물들의 자체와 크기·형식 등의 여러 측면에서 많은 차이가 나며 그 이유는 평양=낙랑설을 주장하기 위한 일본인들의 위조에 의한 것이라는 관점에서 논의를 전개했다. 이 평양지역 문화의 성격과 그 문화의 실체에 대한 문제는 이후 다시 평양지역이 고조선의 별도 중심지였으며 요동지역의 고조선이 멸망한 뒤에는 고조선 유민들이 이 곳으로 이주하여 계속 그 문화를 유지했다는 견해로 수정되지만46) 일본학계에는 이 견해가 공식견해

---

43) 永島暉臣愼·西谷正 共譯, 「夫租薉君墓について(李淳鎭 著)」(『考古學硏究』 14-4, 1968) : 永島暉臣愼·西谷正 共譯, 「夫租薉君'印について(白鍊行 著)」(『考古學硏究』 14-4, 1968).
44) 岡崎敬, 「夫租薉君銀印をめくる諸問題」(『朝鮮學報』, 1968).
45) 이순진·장주협, 『고조선문제연구』(1973).
46) 최택선·리란우, 『고조선문제연구론문집』(1976).

로 소개되고 그에 대한 반론이 전촌황일田村晃一의 논문47)으로서 나타나게 되었다.48) 이 같은 입장표명은 기왕의 인식내용과 완전히 판이한 견해에 대한 일본학자의 공식적인 대응이라는 점에서 주목되는 것으로 이후 북한학계의 견해에 대한 다른 입장표명은 보이지 않고 기왕의 인식내용을 계속 유지했다.

이 당시를 전후한 시기의 연구내용은 따라서 북한학계의 연구성과를 인정하거 수용할 수 없는 상황에서 북한학계의 견해와는 일정한 거리를 유지한 채 낙랑관련 연구가 앞서와 같이 진행되었고 기왕의 연구활동 내용을 재정리하여 간행하거나 연구사적인 검토가 진행되었다. 즉 1924년도 석암리 지역 고분 발굴조사 내용이『낙랑한묘 樂浪漢墓』로서 간행되었고49) 부록으로서 낙랑유적에 대한 일본인들의 활동내용50)과 유물에 대한 검토51)가 수록되었다.

또한 한묘조영漢墓造營의 관점에서 대방군帶方郡의 위치를 논하고 그 대방군 영향력의 범위 등을 검토하면서52) 일련의 연관작업으로서 낙

---

47) 田村晃一,「樂浪郡地域出土の印章と封泥-馬韓の文化への反論」.
48) 여기서 주로 논의된 사실은 무덤에서 발견된 木印과 封泥의 위조문제에 집중되어 리순진 등이 제기한 문제에 대한 해명위주의 견해를 표명했다. 즉 '王光印과 王旴印問題의 경우 북한학자는 印의 재질이 나무라는 점이 그 당시의 사실과 부합치 않으며 보존상태의 양호성, 字體의 당시 표현법과의 차이점, 크기의 상이성 등을 들어 이들 도장의 위조가능서을 지적한 것에 대해 漢代의 전형적인 사실 이외의 특수사례들을 지적하여 그 같은 경우의 존재가능성을 주장했고 같은 논지하에서 봉니의 크기 및 내용의 문제점에 근거해 봉니가 위조되었다는 주장에 대해 예외적인 경우를 예시하여 반대했다.〔田村晃一,「樂浪郡地域出土の印章と封泥-馬韓の文化への反論」(『考古學雜誌』 62-2, 1976)〕
49) 樂浪漢墓刊行會,『樂浪漢墓』(1974).
50) 榧本杜人,「樂浪漢墓-日本學者の業績」(상게서, 1974).
51) 榧本杜人, 町田章,「漢代紀年銘□器聚成」(전게서, 1974).
52) 田村晃一,「帶方郡の位置-漢墓綜考第一一」(『韓』 3-1, 1974).

랑지역의 목곽묘에 대한 검토를 진행한 연구가 나왔다.53) 이는 북한학계에서 진행한 낙랑구역의 분묘에 대한 계속적 발굴활동을 통한 자료의 증대와 일본학계의 해석과 다른 견해에 대한 대응의 성격으로 이해된다.54)

한편 낙랑과 함께 설치되었던 현토·임둔·진번에 대한 견해가 고구려와의 관계에서 다시 논의되기도 했다.55) 특히 북한학계에서 평양지역 고분의 구조가 기본적으로 중국계통의 분묘와 차이가 존재함을 지적한 것에 대해 묘의 구조가 목관곽木棺槨을 채용하고 있음과 부장품이 시대를 내려올수록 한식제품이 주류를 이루고 있음은 한화현상漢化現想이라고 지적하는 견해도 제시되었다.56) 더욱이 북한의 낙랑군재요녕설樂浪郡在遼寧說의 근거가 되는 문헌자료인 당나라 이전의 사료 및 『삼국사기』 일부기록과 요동지역에서 한반도 북반에 걸치는 지역의 고고학적 성격 등이 일부 타당성이 있다. 그러나 낙랑토성지樂浪土城址로 추정되는 지역에서 반출된 유물과 주변의 수많은 중국식 분묘 및 반출유물 그리고 새로 확인된 진장성秦長城의 유구 등은 낙랑평양설樂浪平壤說이 더욱 근거가 있음을 보여준다. 특히 문자유물이 낙랑치지樂浪治址로 이해되는 평양의 토성지에서는 확인되고 있으나 요동설이 주장하는 지역에서는 한 점의 문자유물도 발견되지 않았다는 사실을 지적하여 낙랑군은 평양지역에 존재했음을 부정키 어렵다고 주장하는 견해가 제시되었다.57)

---

53) 田村晃一,「樂浪郡地域の木槨墓-漢墓綜考第二-」(『三上次男博士頌壽記念論集』, 1979).
54) 田村晃一,「平壤周邊における古墳調査の現況と問題點」(『青山史學』 6, 1980).
55) 首藤丸毛,「玄兎.臨屯.眞番三郡についての一私見」(『朝鮮學報』 93, 1979).
56) 町田章,「樂浪前漢墓に關する一視角」(『朝鮮史研究會論文集』 18, 1981).

한편 중국군현과 삼한지역·일본지역 정치체와의 상호교류 관계를 검토하는 논의에서 대방군의 위치문제가 논의되기도 했다.58) 그리고 종래 부정일변도의 단군문제에 대해서는 이를 퉁구스족의 동물숭배 전통과 연결시켜 파악59)하거나 단군숭배와 관련된 조선시대 전통에 대한 검토60)가 보이며 단군신화의 진위문제를 떠나 단군신화가 시대에 따라 변화된 사실을 주목하고 이것이 각각의 시대상을 반영한 결과라는 것을 강조하는 연구가 제시되고 있다.61)

---

57) 谷豊信,「樂浪郡の位置」(『朝鮮史研究會論文集』 24, 1987).
58) 西本昌弘,「帶方郡治の所在地と辰韓廉斯邑」(『朝鮮學報』 130, 1988) ; 同,「帶方郡から不彌國まこ-中國朝鮮使節ち目てみた魏志東夷傳-」(『朝鮮學報』 134).
59) 大林太郎,「朝鮮の檀君神話とツングースの熊祖神話」(『東アジアの王權神話』, 1984).
60) 桑野榮治,「李朝初期の祀典を通じてみた檀君祭祀」(『朝鮮學報』 135, 1990).
61) 野崎充彦,「檀君の位相 -固有と外來の相剋-」(『朝鮮史研究會論文集』 35, 1997.10).

제3장
북한학계의 연구

　북한학계에서 진행된 고조선 관련 연구동향은 크게 4단계의 변화가 있었음을 보여주고 있다.[1]

　1단계는 해방 이후 1960년대 초반까지로서 특히 1945년 해방 이후부터 1950년대 후반까지의 연구성과는 이후 논의의 기반과 학문적 계보를 확인시켜 준다는 점에서 의미가 있다. 2단계는 1963년부터 1973년까지, 3단계는 1973년부터 1993까지, 그리고 4단계는 1993년 단군릉 발굴 이후 현재까지로 구분된다.

---

1) 북한학계의 고조선 및 단군연구에 관한 연구사적 정리로는 다음 논문들이 있다. 이기동, 「북한에서의 고조선연구」,(『한국사시민강좌』 2, 1988) : 이광린, 「북한학계에서의 고조선연구」(『역사학보』 124,1989) : 김정배 편, 『북한이 본 우리 역사』(을유문화사, 1990) : 권오영, 「고조선사연구의 동향과 그 내용」(『북한의 고대사연구』, 1990.12) : 조법종, 「북한의 고조선사인식체계에 대한 고찰」(『북한의 우리고대사 인식』, 1991.2) : 동, 「북한학계의 고조선연구 -1945년부터 1960년대 초반까지의 연구동향을 중심으로-」(『북한의 고대사 연구와 성과』, 1994) : 김정숙, 「북한에서의 단군연구」(『단군 -그 이해와 자료-』, 1994).

1. 고조선 연구 1기(해방후~1960년대 초)

1. 1기연구의 특성

　북한학계에서 진행된 우리 역사연구는 1945년 해방과 1948년 9월 북한정권의 성립과 함께 진행된 사회주의적 국가체계 확립의 일환으로 진행된 역사의 체계화 즉 마르크스-레닌주의에 입각한 한국사의 세계사적 보편법칙에 의한 역사정리를 통하여 나타나게 되었다. 특히 이 같은 작업은 현실적인 측면에 있어서는 일본학자에 의해 식민지시대에 형성된 왜곡된 조선역사상의 극복 즉 식민사학의 극복과 이에 따른 역사왜곡의 수정 및 재구성이 중심된 양상으로서 진행되었다. 따라서 이 시기의 가장 중심된 문제로 제기된 북한 역사학계의 연구과제는 '구석기의 존부문제'·'청동기시대의 존재문제'·'고조선문제'·'삼국시기 사회성격 문제'·'자본주의 성립문제' 등 일제에 의해 부정되었던 역사상과 사적 유물론을 통한 역사발전의 합법칙성을 확인하기 위한 주제 등 다양한 문제가 산적해 있었다.
　이러한 여러 논제들 가운데 가장 초기부터 많은 논란이 진행된 문제는 '삼국시기 사회성격 문제'로서 우리 역사의 전개과정에 있어서 삼국시대의 성격이 노예제 사회였는가, 봉건제 사회였는가에 대한 논의에 대하여 북한 역사학계가 노예론자와 봉건론자로 나뉘어 일대 논쟁이 진행되었다.[2] 이 같은 논쟁이 어느 정도 노예론과 봉건론의 절충된 인식으로 정리되어 가는 동안 고조선과 관련된 논쟁이 본격화하여 북한 역사학계가 다시 한번 고조선 중심지 문제 등을 쟁점으로 '요동설'과 '평양설'로 나뉘어 1960년대 초반의 시기를 장식했다.[3]

이 때 논쟁의 중심적 내용은 고조선의 중심무대가 요동지역이라는 문헌사학자들의 견해와 평양지역 일대가 중심지라는 고고학자들의 견해로 대비되어 나타나고 있었다.[4] 이 같은 논쟁은 리지린 등이 중심된 요동설로 정리되어 이후 북한학계의 공식적 입장으로 자리잡게 된다.

그런데 이런 인식의 전개에 있어 가장 많은 논쟁점으로 부각된 사실은 1910년대 초반 이래 1940년대 중반까지 계속적인 발굴로서 드러난 평양지역 일대의 이른바 '낙랑유적 및 유물'에 대한 해석문제였다. 종래 이 유적과 그 곳에서 반출된 유물에 대한 인식은 일본인 학자들에 의하여 한무제가 위만조선을 멸망시키고 그 수도였던 왕검성에 낙랑군을 설치했던 바로 그 유적이라고 파악하여 '한사군 재한반도설'을 증명하는 요지부동의 증거로서 이해되었고 바로 고조선의

---

[2] 논쟁의 개요와 문제점 및 이후 역사인식과의 관련성은 다음 논문 참조. 송호정, 「북한사회에서의 고중세사 시기구분」,『역사와 현실』1, 1989 ; 박경철, 「림건상의 '삼국시기 사회경제구성에 관하여'와 김석형의 '3국의 계급 제관계'의 이해를 돕기 위한 소고」,『북한의 우리고대사 인식(I)』, 1991.2).

[3] 이와 관련된 북한학계의 고조선연구경향에 대해서는 다음 논문 참조. 이기동, 「북한에서의 고조선연구」,『한국사시민강좌』2, 1988 ; 김정배 편,『북한이 본 우리 역사』(을유문화사, 1990) ; 역사학회 편,『북한의 고대사연구』(1990.12) ; 조법종, 「북한의 고조선사인식체계에 대한 고찰」,『북한의 우리고대사 인식(I)』, 대륙연구소, 1991.2).

[4] 조법종, 상게논문(1991.2).

중심영역이 한반도의 평양지역이었다는 사실로 연결되어 이에 대한 완벽한 인식이 구성되었다고 자임하고 있었다.[5]

이 같은 인식은 따라서 북한학계에서 고조선 중심지 문제 논쟁이 진행됨에 있어 중요한 쟁점으로 등장했고 평양중심설을 주장하는 입장에서는 기왕의 인식내용을 인정하는 양상을 나타내었고 요동설의 경우에는 이를 부정하거나 다른 역사상과의 대응이라는 방법으로 그 연계성을 차단하고자 했다.

따라서 이 같은 북한학계의 고조선사 인식의 추이를 검토함에 있어 이른바 낙랑 유적·유물 즉 '평양지역의 고대문화'로 지칭되는 문화에 대해 북한학계의 고조선 연구가 진행되는 초기과정인 1940년대 후반 및 1950년대, 그리고 논쟁이 본격화된 1960년대 초반에서 어떠한 양상으로 이해되고 해석되었는가를 검토하여 이후 고조선 연구에서 가장 중요한 쟁점으로 부각될 이 지역문화의 이해에 대한 기반을 마련코자 한다.

2. 한국전쟁 이전 고조선 연구동향(1950년까지)

해방 이후 북한학계에서 진행된 고조선 관계연구는 북한정권의 성립을 전후한 시기에 진행된 일련의 문화유산 보호를 위한 조치와

---

5) 조법종, 「한사군문제(평양지역문화)에 대한 일본역사학계의 인식검토」(『송갑호선생화갑기념사학논총』, 1992.12).

일본 식민사학의 폐해극복을 위한 연구진행 속에서 나타나고 있다. 특히 일본식민 사학이 진행한 우리 역사에 대한 재검토는 북한정권의 성립직후 가장 중요한 당면과제로서 등장한 사적 유물론에 입각한 세계사적 보편법칙에 의한 한국사의 재구성이라는 문제와 함께 가장 중요한 문제로서 등장했다.

 이 같은 북한 역사학계의 경향은 당시 조선역사편찬위원회에서 간행한 북한의 공식 역사학술지에 수록된 논문의 내용과 성격에서 구체적으로 나타나고 있다. 특히 고대사와 관련된 문제에 대해서는 노예제 문제와 함께 고조선 및 한사군 문제가 집중적으로 논의되었다. 가장 먼저 고조선 문제에 대한 논의를 진행한 논문은 1949년 7월 간행된 『력사제문제歷史諸問題』 9호에 수록된 홍기문의 고조선 연구와 관련된 기본사료에 대한 검토를 진행하는 과정에서 나타나고 있다.6) 이 논문의 내용은 중국문헌에 나타나고 있는 고조선의 역사상을 적출하는 과정에서 각 문헌이 보여주는 모습과 특성을 지적하여 이후 연구에서의 기본지침을 확보하기 위한 것으로 각 문헌에 대한 이해를 진행하면서 쟁점에 대한 논의를 진행하고 있다. 이 논문의 목차를 잠시 인용하면 다음과 같다.

  1. 조선 고대사료로서 중국 고대문헌의 검토의 의의와 그 기준
  2. 선진문헌先秦文獻에 있어서 조선과 기자전설의 기록
  3. 『사기』와 『한서』의 조선전
  4. 조선왕 만滿의 위성衛姓

---

6) 洪基文, 「朝鮮의 古代史料로서 漢魏以前 中國文獻의 檢討」(『歷史諸問題』 9, 1949.7.25).

5. 기자의 팔조교八條敎
6. 한漢 이전 조선朝鮮의 사실로 기록된 여러가지의 사료
7. 방언과 설문說文의 사료적 가치

여기서 주목되는 점은 우선 기자동래설을 부정하고 있는 점과 정인보가 중국사료에 있어서 한사군 관련사료의 불일치와 혼란을 지적한 견해를 유지하여 동일한 연계선에서 비판을 진행하고 있는 점이다.7) 이 같은 사실은 북한학계의 고조선 및 한사군 문제에 대한 이해가 어떠한 학문적 계보를 갖고 있는 가를 이해함에 있어 중요한 시사점이다. 이에 대해서는 차후 언급될 내용이지만 기본적으로 민족주의 사학자로 분류되는 학자들의 인식내용 특히 신채호와 정인보의 역사인식이 이들의 한사군관을 형성한 기본줄기임을 확인케 된다. 우선 중심적인 인식의 방향과 체계에 있어서는 신채호의 역사인식이 중심골격으로 수용되었고8) 구체적인 사료 취급의 방법과 해석내용에 있어서는 정인보의 연구가 주로 참조되었다고 이해된다. 또한 홍기문의 논문은 이후 북한학계의 고조선 문제에 대한 입장이 요동중심설로 진행될 상황임을 예고해 주는 분위기가 강하게 나타나고 있다.

이러한 문헌자료에 대한 역사인식의 양상은 한사군 문제에 대한

---

7) 鄭寅普, 『朝鮮史硏究(上)』(1946.9), 157~216쪽. 정인보는 특히 중국군현과의 관계를 '漢四郡役'이라는 표현으로 나타내어 한사군의 존재시기가 실제로는 중국세력과 우리 민족이 계속적인 교전상태를 유지했음을 강조하는 인식내용을 보여주고 있다.
8) 申采浩, 『朝鮮上古史』(1931)〔『단재 신채호전집』 1(1971)〕. 신채호의 고조선 인식은 위치문제에 있어 '遼東說'의 대표격인 바 滿潘汗을 지금의 요동지역 海城·蓋平 부근으로 보고 浿水를 軒芋樂으로 이해하는 구체적인 역사지리 고증을 실행하여 후속하는 연구자에게 강한 영향력을 남겼다.

보다 구체화된 논의를 진행시켜 한사군의 한반도내 존재를 확정짓는 결정적 자료로 일본인들에 의해 제시된 고고학적·금석학적 자료에 대한 재검토 및 비판으로 나타났다. 즉 김무삼金武森은 바로 다음 달 간행된『력사제문제』10호(1949.8)에 점제비粘蟬碑에 대한 금석학적 고찰을 통해 이 비의 성격이 한사군의 낙랑과 관련이 있다는 일본인들의 견해를 부정했다.9)

즉 그는 '1. 한문자漢文字의 연원', '2. 고대 조선 금석문자의 개관'에서 전반적인 금석문에 대한 인식을 소개한 뒤 '3. 점제비粘蟬碑에 대한 세간의 견해'라는 절에서 소전간치小田幹治·갈성말치葛城末治가 이 비의 연대를 기원 85년(후한 章帝 元和 2년)으로 언급한 것은 근거가 없는 것이라고 비판했다. 이 당시는 동경예법東京隷法이 난숙기에 이른 시기로서 점제비 글자는 전획篆劃으로서 예자隷字의 형태를 구비한 특이한 글자로서 고구려 호태왕비好太王碑나 고구려 와전문자瓦塼文字와 비슷한 자체를 보여준다고 이해하고 있다.

이 같은 사실은 갈성말치葛城末治가『조선금석고朝鮮金石攷』에서 글자체는 전한대나 시대는 후한대라고 스스로 모순점을 인식하고 있는 사실로서도 확인된다고 했다. 따라서 이 글자체는 중국과 직접적인 연계를 갖고 있는 지역이 아닌 일정한 구별성을 유지한 특이한 지점에서 독자적으로 발전한 양상으로서 결국 고구려의 독자적 연호를 명기한 고구려 비일 가능성이 높다고 파악했다.10)

---

9) 金武森,「朝鮮金石에 對한 日帝御用學說의 檢討 -粘蟬碑의 金石學的 分析을 主로-」(『歷史諸問題』10, 1949.8.25).
10) 김무삼, 전게논문(1949), 138쪽.

한편 '4. 조선금석에 대한 일제 어용학자들의 비과학적 견해에 대한 검토'에서는 기왕의 조선실학자들의 연구에서도 전혀 언급이 없었던 비로서 일본인들이 한번의 여행으로 발견한다는 것이 이해하기 어려운 상황이며 이들의 비 발견경위 또한 발견자들의 보고내용에서도 불분명하고 위치에 있어서도 비와 관련된 아무런 시설도 없는 사실들을 감안할 때 비가 이동되어 온 것이거나 조작되었을 가능성도 상정된다는 점을 지적하여 이 비를 평양낙랑설을 입증하는 결정적 자료로서 활용하는 일본인 학자들의 태도를 비판했다.

이러한 고고학적·금석학적 검토를 통한 일본학자들의 견해에 대한 비판은 1949·1950년에 발표된 홍기문의 「조선의 고고학에 대한 일제어용학설의 검토」(상·하)[11]에서 기본입장과 방침이 구체화되고 있다. 즉 홍기문은 일본인들의 고고학을 이용한 한국고대사 연구결과 한사군 특히 낙랑의 존재를 평양지역에서 확인했다는 사실에 대하여 다음과 같이 비판적 시각으로 재검토해야 됨을 강조하고 있다.

…남조선에 있어 문헌적으로 일본의 식민지를 설정한 것이 태반 허구날조임에 비추어 보더라도 북조선에 있어 고고학적으로 한인의 식민지를 증명한 것은 그 반드시 진실하고 정확하여 학자적 양심으로부터 조금도 어긋나지 않았을 것을 보장하기 어려울 것이다.…

이 같은 지적을 바탕으로 홍기문은 일본의 낙랑연구가 문헌적으

---

11) 洪基文, 「朝鮮의 考古學에 대한 日帝御用學說의 檢討(上)」(『歷史諸問題』 13, 1949.11.15) ; 동, 「朝鮮의 考古學에 대한 日帝御用學說의 檢討(下)」(『歷史諸問題』 1950-1〈통권 14호〉, 1950. 2.20).

로나 고고학적으로 모두 문제가 있음을 지적하고 있다. 그는 특히 평양부근에서 발견된 중국계 유물과 유적이 조작되었을 가능성이 크다는 주장을 내세웠다. 이러한 북한정권 성립 직후부터 나타나고 있는 고조선 및 낙랑과 관련된 연구분위기는 이후 북한학계에서 진행되는 고조선 관계 논쟁의 방향과 성격을 극명하게 나타내 주는 것으로 이해된다.

홍기문은 앞서 행했던 문헌적 검토와 이후 제기되기 시작한 고고학적 자료에 대한 심도있는 비판을 구체적으로 검토하여 고조선의 위치문제와 한사군의 위치문제에 대한 기왕의 일본인 학자들의 견해에 대하여 고고학 관련자료에 대한 비판을 진행하여 다음에 제시된 목차에서 보이는 것처럼 전면적인 비판을 진행했다.

1. 서론
2. 낙랑과 평양의 지리적 관계
3. 소위 낙랑의 고분
4. 소위 낙랑의 봉니封泥
5. 소위 효문묘孝文廟의 종鍾
6. 소위 점제비粘蟬碑
7. 결론

여기서 홍기문은 결론적으로 낙랑군치樂浪郡治의 위치에 대하여 조선사료에서는 조선내에 있는 것으로 중국사료는 만주내에 있는 것으로 기술된 것이 많은데 이는 당대사료인 중국사료의 인식이 중요한 것이며 조선지역에서 그 위치를 찾는 견해는 역도원酈道原의『수경주水經注』에서 비롯된 것으로 이 같은 견해가 나온 이유는 기록된 내용을 잘못 이해했기 때문이라고 비판했다. 특히 일본인 학자 가운데도 일찍이 서천권西川權12) 이나 대원이무大原利武13)의 경우에 있어서도 한군현의 요동·만주 지역 존재를 인정하고 있음을 지적했다.

평양지역 고분에 대해서는 조거용장鳥居龍藏은 이를 낙랑고분으로 보았으나 관야정關野貞·금서룡今西龍의 경우 이를 부정하고 고구려 고분으로 보았다가 나중에 낙랑고분으로 수정하는 태도를 나타냈는바 적절한 근거없이 이러한 견해를 나타냈음을 지적하고 이를 비판했다. 또한 점제비秥蟬碑·봉니封泥·효문묘 동종孝文廟銅鍾·장무이전張茂夷塼 무덤에 대해서도 봉니의 위조사실과 요동지역에서 발견된 요동한현토태수遼東韓玄兔太守의 전塼 등의 예를 들면서 기존의 견해를 부정했다.

이 같은 개별사항에 대한 비판과 함께 홍기문은 일제의 이른바 낙랑고고학 자료수집 방법에 대한 전반적인 문제점을 다음과 같이 지적했다. 즉 부분적인 발굴내용으로 전체를 일반화했고 모조품을 제작했으며 한지역의 상이한 문화를 인종설로 이해하고 문헌에 대한 해석을 선입견을 가지고 진행한 점 등을 지적했다.

이 같은 일본인들의 고조선·한사군 관계연구를 전면적으로 부정하는 인식태도는 이후 북한 역사학계의 주도적인 분위기로서 유지되어 고조선과 한사군에 대한 위치문제를 중심으로 구체적인 논의가 심화되어 갔다. 즉 1950년 3월 정세호鄭世鎬는 '고조선의 위치에 대한 일고찰-문제의 제기로서'14)에서 중국측 문헌사료를 본격적으로

---

12) 西川權, 『日韓古代史ノ裏面』(東京:偕行社, 1910).
13) 大原利武, 『滿鮮に於ける漢代五郡二水考』(東京:近澤書店, 1933.10).

활용하는 내용을 보여주면서 논의를 전개했다. 우선 목차를 보면 다음과 같다.

1. 고한서古漢書에 나타난 예穢와 맥貊과 동이東夷와의 역사상 면모.
2. 소위 기자조선箕子朝鮮에 대하여.
3. 위만조선과 소위 한사군 이전 동이의 중국과의 역사적 관계.
4. 위만조선과 낙랑군의 위치에 대한 검토.
5. 소위 한사군에 대한 고찰.
6. 출토품으로 본 2·3의 견해.

정세호는 우선 상고조선의 위치는 상곡上谷으로부터 어양漁陽·우북평右北平·요서遼西·요동遼東 이동으로 압록강 이서지대에 소위 진동막眞童莫·만동한滿童汗·문반한汶潘汗의 3한汗이 있어 나중 마한馬韓·진한眞韓·변한弁韓의 삼한으로 전역轉譯되었으며, 또 그 삼한의 위치도 고조선 지역의 축소와 함께 반도 남방에 편재하게 되었다고 이해했다. 패수浿水의 위치는 양평襄平에서 요하遼河이동에서 구하면 지금의 혼하渾河 즉 소요하小遼河가 그것이라고 보았고 왕험성王險城의 위치는 '호삼성설胡三省說'에 '황수요수당재한험독현黃水遼水當在漢險瀆縣'이라는 기록이 있는바 험독險瀆은 응소應昭의 설과 같이 만滿이 도읍한 왕험성으로서 혼하 입구 부근으로 이해된다고 했다.

한편 점제비에 대해서는 이 비의 연대가 장화 원년(85)이라고 주장한 사람은 갈성말치葛成末治·소전간치小田幹治와 함께 최남선도 이 견

---

14) 鄭世鎬,「古朝鮮의 位置에 대한 一考察 -問題의 提起로서-」(『歷史諸問題』 1950-3〈통권16호〉, 1950.3.10).

해를 수용했음을 지적하여 비판하고 있다. 정세호는 이 비碑는 강서 지역 고유의 점제粘蟬의 비로서 1949년 발견된 안악 3호분에서 확인되듯이 고구려화된 지역문화라고 이해했다.

이 같은 그의 견해는 앞서 지적된 바와 같이 고조선과 관련된 북한 역사학자들의 견해 가운데 특히 단재 신채호申采浩의 삼한이동설三韓移動說에 근거한 역사인식으로서 결국 북한 역사학자들의 한국고대사 인식의 기반은 그들이 구체적으로 명시하지는 않았지만 민족주의 사학자인 단재 신채호와 위당 정인보鄭寅普에 두고 있음을 명확히 보여주고 있다.

이 같은 인식내용은 1950년 4월 발표된 정현의 「한사군고漢四郡考」15)에서 더욱 구체화되고 있다. 그는 위씨조선과 한사군은 압록강 이남 지역과는 조금도 관계가 없다는 점을 강조하고 패수에 대한 기왕의 견해를 소개하면서 압록강설鴨綠江說은 정약용丁若鏞이 주장했으나 상황에 맞지 않고 대동강설大洞江說은 역도원酈道元이 주장했으나 고평양古平壤과 금평양今平壤을 구분치 못했기 때문에 나타난 오해이며 청천강설淸川江說은 이병도李丙燾가 주장했는바 이는 한백겸韓百謙의 견해를 수용한 것으로 역시 잘못되었다고 비판했다.16) 또한 신채호가 평양·패수·낙랑 등이 '펴라'를 의미한다는 견해를 바탕으로 패수가 해성海城지역의 헌우란軒芋濼이라고 지적한 것은 참으로 탁월한 고찰방법이었으나 요하 부근이 과거에는 내해內海라는 사실을 감안할 때 이는 문제가 있다고 이해했다.

---

15) 鄭玄,「漢四郡考」(『歷史諸問題』1950-3〈통권17호〉, 1950.4.10).
16) 정현, 상게논문(1950.3), 3~6쪽.

정현은 『한서漢書』 지리지, 『요사遼史』 지리지, 『대명일통지大明一統志』와 『산해경山海經』 등의 사료를 검토해 볼 때 패수는 요양遼陽지역이 한漢 패수현浿水縣이므로 요수遼水 즉 지금의 혼하渾河가 패수라는 견해를 제시했다. 따라서 위씨조선의 영역은 요하이동 혼하 이남 압록강 이서 요동반도 북부지구이며 한사군의 위치도 이 지역 내에서 찾을 수 있다고 했다. 그런데 기원전 82년 진번·임둔 2군이 형식상 소멸되었고 현토군도 요동으로 이동했으며 기원 30년 낙랑군도 소멸되어 낙랑군은 현토와 같이 이동했는바 낙랑왕 최리의 등장으로 이들 군현은 더 이상 존재할 수 없게 되었다고 파악했다.[17]

이러한 고조선 및 한사군 문제에 대한 일본인 연구자들의 인식내용을 근본적으로 부정하는 1940년대 말 50년대 초의 북한 고대사 연구자들의 분위기는 일반 역사학계에도 비슷한 경향성을 갖게 했는바 특히 기본인식의 기반이 단재 신채호에 있음이 관련논문에서 확인 된다. 즉 최익한의 경우 우리 역사에 나타난 유교문화에 대한 전반적인 개설을 진행하는 과정에서 "소위 낙랑문화설樂浪文化說에 대한 일제의 침략성에 대해서는 신단재 등 선배의 고증을 참조할 수 있다"고 언급하는 등[18] 전반적인 분위기가 민족주의 사학자로 이해되는 신채호·정인보 등의 역사이해가 그 당시 일본의 식민사학 극복을 최우선의 과제로 삼고 있었던 북한 역사학계의 기본주류였음을 알 수 있다.

---

17) 정현, 상게논문, 19쪽.
18) 최익한, 「고대 조선문화와 유교문화와의 관계」, 『역사제문제』 1950-4(통권18호), 1950.5. 20).

3. 한국전쟁 이후 1960년까지의 연구동향

　북한정권 수립 이후 나름의 역사연구 목표를 설정하여 연구를 진행하던 초기의 분위기는 한국전쟁이 진행되는 동안 전면적으로 중단되었고 1953년 휴전 이후 각 지역의 고고학적 유물·유적 조사가 부분적으로 진행되면서 고조선 관련연구도 앞시기의 성격을 유지하면서 보다 본격적인 연구가 진행되었다. 특히 이시기부터는 앞서와는 달리 고조선의 중심지 문제를 놓고 대부분의 연구자들이 요동설을 강력히 주장하는 분위기에서 벗어나 요동중심설과 평양중심설이 본격적인 논쟁을 벌이는 양상을 나타내고 있다.

　우선 앞서의 요동설을 견지한 리여성은 1955년『력사과학』을 통해 평양낙랑설을 부정하고 고조선요동중심설을 구체적으로 주장했는데[19] 그의 견해는 같은 해 간행된『조선미술사개요朝鮮美術史槪要』에서 보다 구체적으로 언급되고 있다.[20] 리여성은 낙랑군치樂浪郡治가 대동강안에 있다고 주장하는 대표적 견해로서 관야정關野貞 등의 연구내용을 소개하고 있는데 특이하게도 고조선요동중심설古朝鮮遼東中心說을 주장한 선학의 견해로서 김두봉金枓奉의 연구를 제시하고 있어 매우 주목된

---

19) 리여성,「대동강반 한식 유적 유물과 악랑군치설치에 대하여」(『력사과학』 1955-5).
20) 리여성,『朝鮮美術史 槪要』(평양:국립출판사, 1955). 이 책의 내용은 1953.12.1. 탈고된 것으로 기록되고 있다. 여기서는 특히 제2장 '大洞江畔 漢式古墳과 美術' 부분에서 1절 '樂浪說에 對한 그 批判', 2절 '大洞江畔 漢式古墳과 그 美術', 3절 '漢人坊 美術과 그 影響'으로 구분하여 구체적인 논의를 진행했다.

다. 그는 다음과 같이 김두봉의 고조선요동중심설을 소개하고 있다.

> …백연白淵 김두봉金枓奉 선생의 연구는 역도원酈道元(『水經注』者)의 대동강설과 정다산丁茶山(『大東彊域考』저자)의 압록강설과 한백겸韓百謙(『東國地理志』저자)의 청천강설 등과 같이 조선반도 내에서 그것을 찾고자 한 것이 아니라 사료의 재발견 재검토에 의하여 요하遼河중심의 중국 동북지역에서 그것을 찾아 가장 합리하고 확증적인 위치결정에 도달하게 되었다….21)

이같이 리여성은 고조선 인식체계를 형성함에 있어 기본적으로 김두봉의 학설에 근거하고 있음을 천명했는바 전시기 논자들이 신채호와 정인보의 견해를 은연중에 수용했음을 보여준 태도와는 구분되는 사실이다. 한편 그는 이 같은 학설을 발전시킨 논문으로서 앞서 소개한 정현鄭鉉의 논문을 지적하면서 리여성 자신은 문헌적 검토는 유보하고22) 일본인 학자들이 낙랑설을 세우는 고고학적 고증에 대한 반론 및 비판을 구체적으로 진행했다.

즉 일본인들이 1922년을 전후하여 4~5차례에 걸쳐 진행한 평양일대의 발굴결과 토성리土城里 토성이 낙랑군치라는 주장을 했고 이로써 평양중심의 고조선은 한漢의 정벌을 받아 멸망하고 임나일본부설

---

21) 리여성, 상게서(1955), 25쪽. 리여성은 김두봉의 이 같은 견해가 수록된 문헌으로서 『古事辨』이라는 책자를 제시했으나 未公刊, '일부 사학자 사이에 輪讀됨'이라는 단서를 달아 그 구체적 내용은 소개치 않았다.

22) 이 문제에 대해서는 "이제 그것을 소개하기는 未遑하나 樂浪郡이 大洞江畔에 있지 않았고 遼河 저편에 있었다는 것만은 신빙할 수 있는 여러 고전기록이 그것을 증거하고 있는 것이므로 독자의 참고를 위하여 그 요령을 주하에 붙인다"라고 언급하고 참고문헌으로서 『山海經』・『史記』・『漢書』・『史記 匈奴列傳』・『戰國策』・『楊子方言』・『隋書列傳』・『大明一統志』・『讀史方輿紀要』 등을 제시했다.〔리여성, 전게서(1955), 25쪽〕

任那日本府說과 아울러 조선족은 고대부터 정치적 독립 또는 문화적 독립성을 가지지 못한 부용민족附庸民族이라는 역사적 고증을 함으로써 식민통치를 합리화했다고 파악했다.

이에 대해 리여성은 다음 내용으로 평양설의 근거를 부정했다.

1) 토성리土城里 토성내에 형성된 유적은 한인방漢人坊(특별 商賈地)의 것으로서 이 곳에서 출토되는 낙랑예관樂浪禮官·대진원강大晋元康 등의 와당은 마치 중국의 신라방新羅坊에서 신라인들이 고국풍습대로 사는 것과 다름없는 것이다.

2) 낙랑태수樂浪太守 장章·조선대위朝鮮大尉·한邯장인長印 등 봉니封泥는 313년까지 존재한 락랑군이 요하지방에서 명목상 존재하여 그 곳에서 신찰왕래信札往來한 것으로 이는 착신지着信地에서 발견되는 것이다.

3) 낙랑태수연 왕광지인樂浪太守椽 王光之印(木印)은 동인銅印이 아니므로 이는 사인私印 또는 위인僞印.

4) 황해도 사리원부근에서 '사군대방태수장무이전使君帶方太守張撫夷塼'이 발견되어 이 곳이 바로 대방군치帶方郡治라고 주장되었는데 이는 사자死者에 대한 송사예送死禮로 전관명前官名이나 허관명虛官名을 기록하는 것이 안악 3호분(고국원왕묘 추정)의 동수冬壽에게 부여된 전관직명을 볼 때 확인되는바 이것도 같은 경우로 이해됨.

5) 평양 선교리船橋里 출토로 전하는 '영광3년명 한효문묘동종永光三年銘漢孝文廟銅鍾'은 기원전 41년 한원제漢元帝 때 것인데 이는 토성리 한인방인漢人坊人이 고제기古祭器를 지래持來한 것이며 촉군서공제 거섭 3년(8 BC)명蜀郡西工製居攝三年銘 칠기도 지래품持來品이다.

6) 평안남도 용강군 해운면 용정리에서 발견되었다는 점제신사비秥蟬神祠碑는 김무삼의 논문23)에서 지적되었듯이 중국의 비라고 보기 힘들고 설혹 실물이라고 하여도 역시 지래품으로 이해된다.

7) 정백리貞柏里의 여러 한식고분漢式古墳 출토물도 토성리 낙랑군치설樂
浪郡治說에 증거될 만한 것은 없다. 단 한漢·위魏·진晉을 통하여 평양
남방에 한인방이 존재했고 수준높은 한식문화가 삼국문화에 약간의
영향을 미쳤을 뿐이라고 이해했다.24)

한편 대동강반에 존재한 한식고분은 목곽분木槨墳과 전곽분塼槨墳으
로서 이들은 2세기 초부터 4세기 초 약 200년 동안 유지된 한인방漢人
坊의 유적으로서 요하지역의 낙랑군이 본래 물자교역의 요충지였는
데 고구려의 진출에 의해 압박을 받음으로 낙랑군에 살 수 없게 된
한인호상漢人豪商들이 고구려가 평양지역을 중시하자 이 지역으로 이
동하여 토성리 한인방을 형성했다고 이해했다.

이 같은 인식은 기왕의 요동설이 갖는 가장 큰 약점이었던 평양지
역의 중국식 문화유물 유적에 대한 설명곤란을 한반도에 존재한 중
국인의 상업중심지라는 논리로서 극복코자 했다는 점에서 매우 주
목되는 견해다.25) 이는 신채호의 낙랑고분의 기명器皿 등은 전승을 통
한 노획물이나 교역물일 것이라는 견해26)나 정인보의 봉니封泥·와당
瓦當의 조작설 및 기타 유물의 유민지래설遺民持來說27) 과는 일정한 차

---

23) 김무삼, 전게논문(1949.8).
24) 리여성, 전게서(1955), 26~28쪽.
25) 이 같은 견해는 金元龍, 「三國時代의 開始에 關한 一考察-三國史記와 樂浪郡에 대한 再檢討-」(『東亞文化』 7, 1967)에서 제시된 견해와 연결된다. 즉 김원룡은 평양지역의 낙랑군을 부정하지는 않았지만 그 성격을 "해상교통을 유일한 구멍로로 하는 중국의 한 橋頭堡 내지 租界地에 지나지 않는다"라고 규정하여 기왕의 정치-군사-문화적 독립세력으로 이해하는 견해를 부정했다.
26) 신채호, 전게서.
27) 정인보, 전게서(1946).

이를 보여주고 있기 때문이다.

따라서 북한학계에서 주장되는 이후의 고조선요동중심설의 학설사적 계통을 파악함에 있어 리여성에 의해 제시된 김두봉의 연계성은 상당한 주의를 요한다고 생각된다. 이는 기왕의 연구사적 검토에서 단재 신채호와 위당 정인보와의 관련성만이 염두에 두었으나 이 같은 김두봉과의 연계성도 차후 감안되어야 함을 보여주는 것이다. 김두봉의 대표적 저술은 그가 중국으로 망명하기 전 1916년 국내에서 간행한 『조선말본』28)과 이를 보완하여 1934년 국내와 1942년 중국에서 간행한 『깁더 조선말본』29)으로서 역사와 관련된 연구활동이나 저술은 확인되고 있지 않다. 단 그의 북한에서의 행적 가운데 1946년부터 48년까지 김일성대학 총장직을 맡고 있었던 기간이 앞서 리여성이 언급한 미간행의 『고사변古史辨』이라는 역사관련 저술의 수고본이 저술되었을 시기로 추측된다. 특히 리여성도 1948년 4월 월북한 이후 김일성대학 역사학 강좌장을 맡는 등의 활동을 하면서 1920년대 중국 상해지역에서 연결되었을 김두봉과의 관계가 더욱 긴밀하게 유지되어 이 같은 입장이 나타난 것으로 이해된다.30)

한편 정세호는 1956년 앞서 그가 발표한 논문의 연계선상에서 보다 심화된 고조선요동중심설을 문헌자료 검토를 통해 제시하고 있다.31) 즉 『사기史記』 조선열전朝鮮列傳·소진열전蘇秦列傳·하우본기夏禹本紀 등을 근거로 고조선의 서계西界가 갈석산碣石山임을 지적하고, 흉노열

---

28) 金枓奉, 『조선말본』(京城 : 新文館, 1916).
29) 金枓奉, 『깁더 조선말본』(京城 : 雁東書館, 1934 [상해 : 새글집, 1942]).
30) 한겨레신문사, 「이여성-복식사와 미술사장르를 열다」(『발굴 한국 현대사인물』, 1992.3).
31) 정세호, 자료 「사기를 중심한 고조선의 위치에 관하여」(『력사과학』 1956-2).

전匈奴列傳에 나타난 진개秦開의 고조선 침략에 의해 서기전 108년경에는 예맥조선濊貊朝鮮의 종족이 대릉하大凌河 연안 및 양평襄平 이동지역에 존재했음을 강조했다. 이 같은 논증을 바탕으로 그는 다음과 같이 기왕의 고조선평양중심설에 대한 비판을 기술하고 있다.

> …이러함에도 불구하고 유교도儒敎徒들이 대통일 관념과 사대사상事大思想과 양이존주攘夷尊周의 역사관점과 왜곡된 사료에 근거한 맹종자들과 그 왜곡된 사료를 악용한 일제 어용학자들은 『사기』 조선열전에 나타난 위만조선의 지역도 한무제의 한사군 지역도 모두 지금의 조선반도 안으로 국한 편입시키려는 의도를 분명히 보여주고 있다.…32)

또한 패수를 대릉하로 이해하고 요수명칭의 변동을 지적하면서 고대의 요수는 난하灤河임을 지적했다. 특히 청나라 홍길량洪吉亮이 보찬補撰한 『십육국강역지十六國疆域志』에 진나라 때에 대릉하 하안인 창려군昌黎郡 대극성현大棘城縣에서 철축두鐵築頭 천여 개가 출토된 사실을 지적하면서 이는 이지역이 바로 강철을 생산한 곳을 나타내는 '누방현鏤方縣' 지역임을 나타내는 사실이라고 언급하고 있다. 이러한 논증을 바탕으로 정세호는 다음과 같은 고조선 영역의 변화를 지적했다.

> 첫째로 연燕나라 소왕昭王시기 이전(323~281 BC)은 상곡上谷·난하灤河 중심-동해안 압록강鴨綠江까지의 지역.
> 둘째로 진개秦開침략에 의한 서변 1·2천 리 상실 후(281~202 BC)에는 상곡

---

32) 정세호, 전게논문(1956), 61쪽.

上谷을 상실하고 양평襄平이동부터 압록강에 이르는 지역.
셋째로 진秦나라가 연燕나라를 멸하고 난 뒤 한나라가 일어나던 시기(202~194BC)는 대능하 이동에서부터 서부 조선지역.
넷째로 기원전 194년 위만조선衛滿朝鮮이 고조선의 서계인 대능하부터 압록강 이서지.

을 침략하여 고조선은 압록강 이동지역에 국한되고 한무제가 기원전 108년에 위만조선 지역을 약취하여 그 곳에 한사군을 설치한 것으로 파악했다.

이 같은 견해는 이후 전개되는 고조선 관련논쟁에서 제시되는 주요논점들을 거의 망라하고 있음이 주목된다. 즉 고조선요동중심설이 근거로 활용되는 『사기』 등의 자료분석과 정치상황 변화에 따른 영역변화 인식은 고조선의 영역변화에 대한 기본적 인식의 체계가 거의 완성되어 있음을 보여준다. 특히 결론에서 제시한 위만조선과 고조선의 구별인식은 이후 김석형에 의해 보다 강화되어 위만조선이 성립된 시기에 '위만조선衛滿朝鮮'과 '준왕準王의 조선朝鮮'이 병존하고 있다는 견해로서 정착된다. 이 같은 고조선과 위만조선의 구별인식은 이후 평양지역의 문화를 이해하는 데 중요한 역사인식체계로서 활용된다는 점에서 중시되어야 한다.

그런데 정세호의 이 같은 연구성과는 역사연구소 고대 및 중세사 연구실의 1956년도 연구방향에서 제시된 고대사분야의 논제로서 제시되어 있었다.[33] 여기서 제시된 내용은 다음과 같다.[34]

---

33) 「학계소식」,(『력사과학』 1957-2).
34) 『력사과학』 1957-2. 「학계소식」.

1. 사기를 중심한 고대조선의 역사지리.
2. 기자동래설에 대한 비판.
3. 조선고대사 시대구분.
4. 조선에서 노예제도는 과연 있었는가.
5. 조선에서 봉건제 성립에 관한 연구.
6. 광개토왕 비문고증에 대하여.

따라서 정세호의 연구결과는 당시 력사연구소의 공동연구 결과로서 이해될 수 있다는 사실이다. 즉 이미 1956년경에 북한의 과학원 산하의 역사연구 관련기관인 력사연구소와 고고학 및 민속학연구소 가운데 력사연구소는 이미 고조선에 관한 기본입장이 요동중심설로서 정리되어 있었다는 것을 확인할 수 있다.

그런데 이 같은 고조선 관련 연구분위기는 이 당시 진행된 북한 내부의 정치적 변화에 의하여 큰 영향을 받아 상당수 연구자들의 퇴진과 교체 및 평양지역의 문화에 대한 이해와 고조선 중심지 문제 등에 대한 견해가 평양설과 요동설로 나뉘어 활발한 논쟁이 진행되었다.

북한 내부에서 진행된 수차례의 정치적 숙청 가운데 고조선 연구자와 관련된 사건은 1956년 8월 당중앙위원회 전원회의(8월 전원회의)에서 발생한 연안파 중심의 반김일성 노선의 주장으로 최창익·윤공흠 등이 구금되면서 표면화된 갈등으로 비롯된 정치숙청이었다.[35] 이 같은 사건에 대한 당시 역사학계의 입장은 력사연구소에서 간행하는 『력사과학』에서 언급된 1956년 8월의 조선로동당 중앙위원회 전원회

---

35) 極東問題硏究所, 『北韓全書(1945~1980)』(1980.4), 163~164쪽.

의의 성격을 논급한 기록들에서 나타나고 있다. 여기에서 언급된 '8월 전원회의'는 박헌영·리승엽 도당으로서 최창익36)을 중심한 박창옥·리청원37)·김정도·허갑 등을 반당-반혁명 분자로 규정하는 회의였으며 이들이 역사학계에 끼친 영향극복을 강조하는 김석형 등의 논문들이 게재되고 있어 이 사건이 특히 역사학계에 많은 영향을 미쳤음을 보여주고 있다.38)

이 사건은 1958년 3월 3일부터 6일까지 진행된 조선로동당 제1차 대표자 회의에서 '8월 종파 쿠데타 사건'으로 종결되어 연안파와 소련파 중진의 대거 숙청이 단행되었으며 특히 이 종파의 두목으로 김두봉이 지목되어 축출되었다.39) 이 사건은 내부적으로는 김두봉 등과 연결된 많은 연구자들도 함께 축출되었을 가능성을 보여주는데, 특히 리여성에 대해서는 그의 연구업적에 대해 혹독한 비판이 가해져 이 같은 추론을 구체화시켜 준다. 즉 김용준은 1960년 '리여성 저『조선미술사개요』에 대한 비판'이라는 부제가 달린 일련의 논문40)을 통해 리

---

36) 崔昌益의 경우「朝鮮民族 解放運動에 對한 史的 考察」(『歷史諸問題』 6, 1949.5) 등의 역사 관련 논문을 게재하고 있었다.
37) 이청원의 경우 이미 일제시대부터 활발한 역사관련 연구결과를 발표했는바『朝鮮社會史讀本』(1937) 등이 있으며 이후 북한에서도「김일성장군 빨지산 투쟁의 역사적 의의」(『력사제문제』 2, 1948.2) :「20세기 초 조선의 대외관계와 국내 정형」(『력사제문제』 4, 1948.12. 31) 등의 논문을 발표했다.
38) 김석형,「위대한 강령적 문헌들을 같이 연구하자」(『력사과학』 1958-1) : 권두언,「우리력사학계의 통일과 단결을 위하여」(『력사과학』 1958-2) : 김후선,「반당 종파분자들의 반맑스주의적 사상의 반동성과 해독성」(『력사과학』 1958-3) : 김석형,「우리당 과학정책의 정당성과 력사학계의 임무-공화국 창건 10주년에 제하여-」(『력사과학』 1958-4).
39) 공산권문제연구소,『북한대사전』(1979), 286~287쪽.
40) 김용준,「사실주의 전통의 비속화를 반대하여-리여성 저『조선미술사개요』에 대한 비판 (1)-」(『문화유산』, 1960-2) : 동,「회화사부문에서의 방법론상 오유와 사실주의 전통에 대한 외곡 -리여성저『조선미술사개요』비판 (2)-」(『문화유산』 1960-3).

여성의 연구에 대한 통렬한 비판을 진행했는데, 앞서 소개한 '대동강 반 한식고분과 그 미술'항목에 대해서는 다음과 같이 비판하고 있다.

> …. 리여성은 1~2장에서부터 미술사 서술에 목적을 둔 것이 아니라 '평양낙랑설'을 부정함으로써 김두봉을 받들기 위한 정치적 목적에서 출발했던 것이다.

또한 낙랑군의 위치에 대하여 사료의 재발견·재검토에 의하여 요하중심의 중국 동북지역에서 그것을 찾아 가장 합리하고 확증적인 위치결정에 도달하게 되었다는 김두봉의 연구성과를 극찬한 리여성의 언급에 대하여 그 같은 견해를 수록했다는 『고사변』이라는 책이 공개도 되지 않았고 토론도 거치지 않았다는 점을 강력히 비판했다. 특히 김두봉에 대하여

> 주지하는 바와 같이 김두봉은 역사학계와 조선 인문학계에서 학문연구의 자유에 대한 무서운 폭군이었으며 리여성은 바로 그 폭군의 뒤를 받들고 다닌 추종분자였던 것이다.

라고 규정함으로써 리여성과 김두봉과의 연결성을 구체화했다.
또한 한식고분에서 나온 일체의 유물과 봉니와 효문묘 동종과 점제현신사비 등등을 모조리 위조 혹은 중국에서 배로 실어온 것이라는 점을 강조했음을 지적하고

> 이와 같은 연구는 리여성이나 김두봉의 연구도 아니고 결론도 아니며

벌써 훨씬 전에 신채호·정인보 같은 사람들이 바로 그대로 말하여 놓았던 것이다.41)

라고 하면서 이 같은 견해의 비독창성 및 표절성을 신랄히 비판했다. 이 같은 논조하에서 "리여성이 한사군의 위치에 대한 연구를 하는 것은 아무도 막지 않는다. 그러나 미술사의 명목을 이용하여 김두봉과 은밀히 결탁하고 진행했다는 것은 그 음흉한 종파적 본질은 참을 수 없는 사실이다"라고 언급하여 김두봉과 리여성의 관계와 그들의 고조선 문제에 대한 견해를 신랄히 비판하고 있다. 또한 1961년 『문화유산』 4호에서는 해방 이후 북한지역에서 이룩한 미술분야 연구성과를 언급하면서 리여성에 대해 다음과 같은 비판을 진행했다.

…그런데 우리의 청소한 미술사분야에서도 아무런 사상투쟁이 없이 평온한 길을 걸어온 것은 아니었다. 미술사 분야에서의 사상투쟁은 우리 미술의 발전력사를 외곡하며 주체적 립장을 떠난 교조주의와 민족허무주의적 경향, 사실주의 발전력사를 비속화하는 경향과의 투쟁이었다. 이와 같은 좌우경적 편향들은 주로 리여성의 저서 『조선미술사개요』에서 나타났다.… 이 저서의 방법론상 오유는 그 근저에 민족허무주의적 색채만이 아니라 또한 민족주의적 색채도 농후하다는 것으로도 특징적이다.

이러한 비판은 결과적으로 그가 『조선미술사개요』에서 언급한 모든 내용에 대한 비판·부정으로 연결되어 특히 그가 제시했던 평양지

---

41) 김용준, 전게논문(1960.2), 85쪽. 여기서 김용준은 구체적으로 신채호의 『조선사연구초』와 정인보의 『조선사연구』를 명시하고 있다.

역의 한인 상인집단의 존재 및 한군현의 재요동설 등이 같은 범주에서 취급되는 경향이 나타났다고 이해된다.

더욱이 이 시기이후 앞서 활발하게 고조선요동설에 입각한 논지를 전개했던 정세호·정현·김무삼 등의 논문이 전혀 발표되지 않고 있는 사실42)에서 이들이 김두봉의 정치적 숙청 및 그와 관련된 리여성의 숙청 이후 그들과의 연계성 때문에 모두 축출되거나 소외되었던 것으로 추측된다. 특히 주목되는 사실은 결과적으로 종래 고조선과 관련된 연구자들 가운데 이들이 모두 고조선요동중심설을 주장했다는 점에서 북한학계에서 진행되었던 고조선 연구의 분위기가 이같은 정치적 사건을 기점으로 크게 바뀌게 되었다는 점이다. 즉 기왕에 존재했던 고조선평양중심설에 대한 심정적·학문적 동의를 적극적으로 표출하는 것이 해방 이후 일본 식민사학의 청산이라는 분위기 속에서 반동시되었던 상황이 이 같은 주장을 하던 상당수의 연구자들이 정치적인 숙청을 통해 제거되자 유보하고 있던 견해들을 적극적으로 제시했던 것으로 이해된다.

이 같은 경향을 주도한 인물은 도유호로서 이 시기부터 그가 속한 고고학 및 민속학연구소는 기왕의 낙랑=평양설을 견지하는 입장을 구체적으로 피력하기 시작하여 고조선의 중심지 논쟁이 구체화됨을 보여주고 있다. 우선 이 기구를 대표하는 도유호는 고고학 및 민속학

---

42) 유일하게 김무삼의 경우에만 1965년 『고고민속』 2호에 「자료: 벼루」라는 간단한 역사유물을 설명하는 글 한 편만을 보여준 이후 전혀 논문을 수록하고 있지 않다. 이에 앞서 발표된 김무삼의 연구논문은 앞서의 「조선금석에 대한 일제어용학설의 검토」(『력사제문제』 10, 1949.8.25); 「조선서예사연구 서설」(『력사제문제』 13, 1949.11.15)과 「조선 주자사적에 대한 약간의 고찰」(『문화유산』 1958-2 ; 『문화유산』 1958-3)의 학계소식에서 소개된 김무삼연구사의 「호태왕비에 대한 연구」 등이 있다.

연구소에서 간행하는 『문화유산』 1957년도 1호에서 평양지역의 낙랑 유적 유물을 해석하는 태도에 대하여 다음과 같이 표방했다. 즉 그는 1956년 8월의 조선로동당 중앙위원회 전원회의에서 행해진 김일성의 자유로운 공개적 토론과 진지한 논쟁을 통하여 과학사업을 발전시켜야 한다는 언급을 강조하면서 중국에서 당시 활발히 전개되고 있는 백가쟁명의 원칙이 우리나라 실정에도 맞는 것이라는 언급을 하고 있다.43)

그리고 이러한 공개적 토론과 논쟁의 일환으로서 낙랑유적의 평양존재설을 부정하지 않는 입장을 공식적인 자료를 통해서는 처음으로 다음과 같이 천명했다.

…. 한계 유적·유물과 관련하여서는 한사군의 위치문제가 지금 말썽거리로 되어 있다. 그러나 이러한 문제를 론하는 데 이르러서는 우리는 덮어놓고 정치성만 운운하여 가지고 '반동리론'이라는 바가지를 상대방에 뒤집어씌우는 식의 론조는 삼가야 할 것이다. 가령 한때는 한사군의 영역이 조선의 서북방에 까지 미친 일이 있었다고 하더라도 그것이 우리 민족의 수치로 될 수는 없는 것이다….44)

이 같은 도유호의 입장은 비록 필자로서 그의 이름이 명기되어 있지는 않지만 그가 쓴 것이 확실한 「10월 혁명과 조선 고고학의 발전」이라는 글에서 계속 유지되고 있다.45)

---

43) 후보원사 도유호, 「민족문화 유산의 계승발전과 고고학 및 민속학 연구소의 당면과업」 (『문화유산』 1957-1). 이 같은 견해는 앞서 김석형 등이 이해하고 있는 이 회의의 성격과는 상당한 차이가 있음이 주목된다.
44) 도유호, 상게논문 1957-1.

일제시대에 어용학자들이 조선 고고학 연구에서 가장 큰 업적이라고 남기었다는 것은 한계漢系유적 그 중에서도 특히 그 고분조사였다. 그들이 이렇게 소위 악랑樂浪문제를 조선 고고학상에서 가장 중요한 자리에 놓고 론한 것은 조선의 식민지화를 리론적으로 정당화시키려는 그들의 발악의 단적인 표현 이외의 아무것도 아닌 것이였다.… 조선의 일부가 악랑·대방의 판도에 들어간 일이 있나 없나 하는 문제가 조선 식민지화의 정당성 문제와 아무러한 관계도 없음은 론할 필요조차 없는 일이다.

이 같은 입장은 곧 그가 책임자로 있었던 고고학연구소에서 이 시기 이후 간행된 고고학 관련자료집에서 중국계통 유적에 대한 소개가 여과없이 소개되고 있음에서 잘 나타나고 있다. 즉 정백운은 「조선고대무덤에 관한 연구」에서 "낙랑재북설을 주장하는 분이나 재남설을 주장하는 분을 막론하고 '우리나라 한식무덤'에 대하여 이 무덤이 고대 중국인들의 무덤이라는 데에는 모두 동감인 것 같다"[46]라고 언급하고 있다.

또한 이 글에서 한 이전 전국시대 유민의 존재를 상정한 '전국묘'라는 표현을 사용하여 중국세력의 존재를 강조한 인상도 보게 된다. 또한 1954년 4월 25일에 발굴된 황해남도 은률군 운성리 토광묘에 대한 1958년도 간행의 발굴보고에서는 "고분주변에서 일제시대에 발굴된 고분 2기가 한식고분임과 아울러 한식 전축우물 및 한식기와편이 널려 있는 토성지 등이 부근에 있는 것과 또는 본 고분에서 한식유물이 나온 것 등으로 보아 이 유적이 주위의 한식유적과 관련이 있

---

45) 「10월혁명과 조선 고고학의 발전」(『문화유산』 1957.5).
46) 정백운, 「조선 고대 무덤에 관한 연구(1)」(『문화유산』, 1957.2), 6쪽.

다"47)는 견해를 피력하고 있으며 1954년 6월 발굴된 황해북도 황주군 순천리 상동유적에 대한 1958년도의 조사 정리보고에서도 "순천리 유적은 청동기시대로부터 한계문화漢系文化와 고구려 문화에 이르기까지를 포괄하는 중요한 것"48)이라는 견해를 나타내어 고고학 계통의 연구자들의 분위기가 큰 부담없이 이 시기를 전후하여 피력되고 있음을 보여주고 있다.

여기서 나타나고 있듯이『문화유산』으로 대변되고 있는 고고학자들의 견해는 굳이 한반도 내에 존재하는 중국계통의 유물 또는 정치세력의 실재 자체에 대해서는 큰 문제를 제기하지 않고 있음을 감지케 된다. 당시 과학원 고고학 및 민속학연구소의 공식간행지인『문화유산』의 1958년도 2호에 실린 편집위원을 보면 도유호[책임편집위원]·김용준·김무삼·김일출·리여성·황철산·황욱 등으로 나타나고 있다. 이들의 성향은 김무삼·리여성을 제외하고는 모두 도유호와 같이 낙랑재한반도설의 논조를 보이고 있으며 김용준의 경우 앞에서 본 바와 같이 리여성에 대한 신랄한 비판을 행했다.

그런데 이 같은 분위기가 1962년도부터는 변화를 보여주고 있다. 즉 1962년『문화유산』2호에 수록된「고고학 및 민속학연구에서 주체를 확립할 데 대한 우리 당의 방침을 철저히 관철시키자」는 권두논문에서 다음과 같은 변화된 양상을 감지케 하는 언급이 나타나고 있다.

주체를 확립할 때라야만 고고학과 민속학이 혁명의 리익에 적극 복무할

---

47) 과학원출판사,『고고학자료집』1(1958), 15쪽.
48) 과학원출판사,『고고학자료집』2(1959), 25쪽.

수 있으며 더욱 높은 과학성을 보장할 수 있는 것이다. 우리 당내에 잠입했던 반당종파분자들은 민족문화유산을 계승 발전시킬 데 대한 김일성동지의 교시를 관철하려 하지 않았으며 도리여 민족허무주의 사상을 류포시키려고 시도했다…. 고조선에 관한 연구결과는 우리나라의 고대국가가 기원후에 비로소 시작되였고 그 문화에는 독자적인 것이 없다고 한 일제 어용학자와 그 영향에서 벗어나지 못한 자와 민족허무주의자·교조주의자들에게 결정적인 타격을 주었다. 고고학적 조사의 결과로 볼 때 고조선의 찬란한 문화의 영향이 쏘련의 연해주와 서부 일본에 이르는 넓은 지역에 상당한 정도 미쳤음을 잘 알 수 있다. 중국 동북지방의 동부도 그 영향하에 있었을 것이다.…

여기서 주목되는 점은 민족허무주의자로 지칭되는 일련의 역사학자들이 북한 역사학계에서 축출된 것과 고조선의 영역을 설정함에 있어 연해주와 중국 동북지역이 포함되고 있는 점이다. 이는 종래 고조선의 중심지를 평양지역으로 상정한 고고학연구소 측의 입장과 상당한 차이를 보여주는 내용이다. 특히 고고학 및 민속학연구소의 소장으로서 도유호가 여전히 존재하고 있는 상황에서 이 같은 견해가 권두논문으로 수록되고 있다는 점은 상당한 내부적 진통과 변화를 암시하고 있다. 특히 바로 후속되는 『문화유산』에서 도유호는 이와는 다른 기존의 견해를 피력했으나[49] 이후 더 이상의 평양중심설 견

---

49) 도유호, 「왕검성의 위치」(『문화유산』 5, 1962)에서 도유호는 다음과 같이 언급하고 있다. "위씨조선의 서울 왕검성(왕험성)이 평양에 있었다는 것은 지금에 와서는 하나의 상식이다.… 그러나 리지린 동무는… 왕검성의 위치를 료동쪽에서 찾는다.… 악랑군의 위치는 조선땅에 있었으며 동평이동 토성리 토성이 악랑군 치지자리일 뿐 아니라 악랑군 설치 당시부터 군 소재지 자리였다. 이는 1962년 발견된 장잠현장 왕경의 무덤으로도 확인된다고 했다."

해가 등장하지 않고 있음에서 전체적인 변화를 확인케 한다.
　이 시기도 보다 세분된 연구분위기를 보여주는바 각기 나누어 검토하면 다음과 같다.

1) 해방후:- 1950년 한국전쟁 이전[고조선요동중심설의 등장 및 강화]

　이 시기는 해방직후 일본 식민사학자들에 의해 주도된 조선사의 왜곡과 부정된 역사사실들의 시정과 복원문제가 중심적 과제로서 연구자들에게 부과되었는바 특히 고조선 문제와 관련해서는 민족주의 사학자인 신채호·정인보의 고조선 인식체계 즉 고조선요동중심설에 입각한 견해들이 일제 식민사학의 극복이라는 측면에서 강력하게 제기되었다. 특히 평양지역에서 일본인들이 중점적으로 발굴한 중국계통 유적·유물의 성격에 대한 재해석이 시도되어 나름의 논리체계를 형성하는 기틀을 마련했다.
　이 당시 논의를 주도한 중심인물은 홍기문50)·김무삼51)·정현52)·정세호53) 등으로 이들의 중심논지는 단재와 위당의 견해에 입각하고 있음을 구체적으로 명시하고 있었다. 이들의 견해는 조선력사편찬위

---

50) 洪基文,「朝鮮의 古代史料로서 漢魏以前 中國文獻의 檢討」,(『歷史諸問題』 9, 1949.7.25) : 동,「朝鮮의 考古學에 대한 日帝御用學說의 檢討(上)」,(『歷史諸問題』 13, 1949.11.15) : 동,「朝鮮의 考古學에 대한 日帝御用學說의 檢討(下)」,(『歷史諸問題』 1950-1〈통권14호〉, 1950.2.20).
51) 金武森,「朝鮮金石에 對한 日帝御用學說의 檢討 -粘蟬碑의 金石學的 分析을 主로-」,(『歷史諸問題』 10, 1949.8.25).
52) 鄭玄,「漢四郡考」,(『歷史諸問題』 1950-3〈통권17호〉, 1950.4.10).
53) 鄭世鎬,「古朝鮮의 位置에 대한 一考察 -問題의 提起로서-」,(『歷史諸問題』 1950-3〈통권16호〉, 1950.3.10) : 정세호,「자료 사기를 중심한 고조선의 위치에 관하여」,(『력사과학』 1956-2).

원회에서 간행한 『력사제문제』에 중점적으로 수록되었는바 이들의 연구는 종래 일본 식민지 상태에서 인정받을 수 없었던 고조선요동중심설이 학문적 논의의 중심으로 등장하는 토대를 마련했고 당시 고조선 인식을 새롭게 확립하는 계기로서 작용했다.

2) 1953년 한국전쟁 이후:- 1958년[요동설의 유지 및 일시적 퇴장]

한국전쟁이 1953년 휴전된 직후 북한에서의 고조선 연구분위기는 앞서의 양상과 큰 차이가 없이 유지되었다. 또한 사회과학원 력사연구소의 경우 고조선요동중심설을 연구소의 기본견해로서 표방하는 내용을 보여주고 있었다. 특히 이 시기에는 미술사학자인 리여성이 본격적인 고조선 관련논문[54]과 『조선미술사개요』에서 고조선요동중심설과 평양지역의 한식문화가 중국계통 상인집단의 유적이라는 견해를 제시하는 등 새로운 견해가 추가되기도 했다.[55]

특히 주목되는 사실은 리여성이 고조선요동중심설을 주장하면서 이 견해가 국문학자인 김두봉의 『고사변古史辨』이라는 미간행 수고본 저술에 힘입었음을 강조하여 김두봉의 존재가 부각되고 있는 점이다. 이 같은 사실은 1958년 북한에서 단행된 연안파에 대한 정치숙청에서 김두봉이 그 수괴로 지적되어 축출됨과 동시에 리여성의 숙청

---

54) 리여성, 「대동강반 한식 유적 유물과 악랑군치설치에 대하여」, 『력사과학』 1955-5).
55) 리여성, 『朝鮮美術史 槪要』(평양:국립출판사, 1955). 이 책의 내용은 1953.12.1. 탈고된 것으로 기록되고 있다. 여기서는 특히 제2장 "大洞江畔 漢式古墳과 美術"부분에서 1절 "樂浪說에 對한 그 批判", 2절 "大洞江畔 漢式古墳과 그 美術", 3절 "漢人坊 美術과 그 影響"으로 구분하여 구체적인 논의를 진행했다.

으로 연결되어 그와 관련된 것으로 이해되는 기왕의 고조선요동설의 중심학자인 정세호·정현·김무삼 등의 퇴장을 초래하여 요동설을 지지하는 학자군의 일시 공백과 교체를 야기했다.

3) 1958~1960년[평양설의 재등장]

1958년에 단행된 연안파의 숙청은 결과적으로 고조선요동중심설을 주장하던 학자들의 퇴장을 초래하는 한편 도유호 등을 중심한 고고학자들이 종래 일본학자들이 주장했던 고조선평양중심설을 다시 공개적인 논의의 장으로 이끌어내어 학문적 검토를 행할 수 있는 분위기를 형성했다.56)

이 시기 도유호를 중심한 정찬영57)·전주농·황욱 등 고고학 및 민속학연구소를 중심한 연구자들이 토광묘 유적에서 반출되는 검창문화劍槍文化가 고조선 문화이며 이 문화의 중심지는 평양지역이라는 견해가 이 연구소의 간행물인 『문화유산』을 통하여 제시되었다.

4) 1960~1963년[요동설과 평양설의 논쟁 및 요동설의 정설화]

평양설이 다시금 논의되는 분위기에서 1960년 이후부터는 앞서 50년대 후반까지 '삼국시대 사회성격 문제'에 관한 논쟁을 주도했던 백

---

56) 도유호, 「고조선에 관한 약간의 고찰」, 『문화유산』, 1960-4).
57) 정찬영, 「고조선의 위치와 그 성격에 관한 몇가지 문제」, 『문화유산』 1960-3).

남운·김석형·림건상·박시형 등이 새롭게 이 문제에 대한 관심을 표명하고 논의에 참가하면서 본격적인 중심지 논쟁이 전개되었다. 특히 김석형과 백남운·림건상 등은 '봉건론자'와 '노예론자'로 견해를 달리하여 삼국시대의 사회성격 문제에 대한 논쟁을 진행했으나 이 문제에 있어서는 견해를 같이하여 요동설을 강력히 표명했다.

특히 1960년대부터 등장한 리지린은 기왕의 실학자들과 신채호·정인보 등 선학의 연구성과를 바탕으로 방대한 문헌섭렵을 통한 논의를 전개하여 고조선요동중심설을 피력했다.[58] 이들 요동설 주장자들은 력사연구소의 간행물인『력사과학』을 통해 견해를 표명했는바 특히1961년부터 진행된 고조선 관련 토론회는 1963년까지 14차에 걸쳐 진행되어 이 과정에서 고조선요동중심설이 평양설 및 고조선중심지이동설을 배제하고 북한학계의 공식적인 견해로 자리잡게 되었다. 관련토론회의 내용을 보면 다음과 같다.

① 우리나라 고대 종족과 국가발생에 관한 과학토론회 :1959.12.23.

* 고고학 및 민속학연구소 주최
* 토론자 : 도유호[고고학 및 민소고학 연구소 소장]·전주농[고고학 연구실 조수]·김용간[고고학연구실 연구사]·채희국[고고학연구실 겸임연구사]·김석형[력사연구소 소장]·황욱[중앙력사박물관 관장]·박시형[과학원 원사]·림건상[중앙당학교 조선사강좌장].
* 토론요지 : 우리나라 고대종족 문제의 해명을 위한 중요한 고고학적 자료중의 하나인 토광묘土壙墓의 성격에서부터 시작하여 우리나라 삼

---

58) 리지린,「고조선 국가 형성에 관한 한 측면의 고찰 -한자 사용의 시기에 대하여-」상(『력사과학』1960-2) : 하(『력사과학』1960-4).

국시기 이전의 고대종족과 첫국가의 기원문제에 이르기까지 토론진행.

『문화유산』 1960-1 수록

② '고고학상으로 본 고조선'에 대한 과학토론회 :1960.4.1.

* 고고학 및 민속학 연구소 주최
* 토론자 : 황철산(부교수)·도유호·황욱·전주농·백연행(중앙력사박물관)·정찬영(고고학연구실 연구사)·김용간.
* 토론요지 : 토광무덤의 문화종태를 중심한 지난번 토론회에서 제기된 문제해결을 더욱 진전시켜 고고학적 자료를 역사문헌과의 상호관계에서 해석하여 고조선문제 해명시도. 『문화유산』 1960-3 수록

③ '기자동래설'의 허황성에 대한 과학토론회 :1961.6.21.

* 과학원 사회과학 부문 위원회주최. 과학원 력사연구소·고고학 및 민속학연구소·고전연구소 공동명의
* 토론자 : 백남운(과학원 원사)·홍희유(과학원 력사연구소)·리상호(고전연구소 고전연구실장)·김석형·박시형·도유호·림건상·리만규(언어문학연구소 연구사)·리응수(언어문학연구소 부교수)·리필근(의학과학연구소 연구사).
* 토론요지 : 주 토론자인 홍희유는 『사기』·『한서』·『삼국지』를 중심으로 소위 기자동래설의 허황성을 구체적으로 논증. 이에 대해 토론자중 8명은 찬성. 리응수·리필근은 기자동래설을 역사적 사실로 인정.

『력사과학』 1961-4 수록

④ '고조선 연구에서 제기되는 몇 가지 문제'에 대한 학술토론회 :1961.7.6.

* 과학원 사회과학부문위원회 주최

* 토론자 : 도유호〔「고조선 문화에 관하여」 발표〕· 김용간〔력사학 학사, 「조선 금속 문화의 기원」 발표〕· 리응수 · 리상호 · 정렬모〔언어문학연구소 교수〕· 림건상 · 정찬영 · 리필근 · 백남운 · 김석형.
* 토론요지 : 고조선과 관련된 고고학적 자료검토의 일환으로 철기시대 문화의 존재를 부정한 일본인들의 견해부정. 림건상 패수대릉하설 본격적으로 제기. 정찬영 압록강패수설 주장. 백남운은 리필근 · 리응수의 단군·기자조선 주장견해 부정. 또한 도유호의 고조선평양중심설 반대하고 림건상의 요동중심설 지지표명.

『력사과학』 1961-5 ; 『문화유산』 1961-4 수록

⑤ '고조선의 위치와 영역'에 대한 학술토론회 : 1961.7.18~19.

* 과학원 사회과학부문 위원회 주최
* 토론자 : 림건상 · 박시형 · 리상호 · 리필근 · 백남운 · 도유호 · 황철산 · 정찬영 · 황욱 · 김석형.
* 토론요지 : 림건상 · 리상호 · 백남운의 고조선요동중심설과 박시형 · 도유호의 평양중심설. 황철산 · 정찬영 · 황욱의 고조선중심지이동설에 대한 견해표명과 김석형의 요동중심설에 대한 동조견해 표명.

『력사과학』 1961-5 수록

⑥ '고조선의 종족구성과 시기구분에 대하여'에 관한 과학토론회 : 1961.8.18.

* 토론자 : 황철산 · 김석형 · 림건상 · 박시형 · 정찬영 · 도유호 · 리상호 · 백남운.
* 토론요지 : 황철산의 악랑군 위치 평양설, 김석형의 동호와 예맥조선의 동일성 및 위치변동 견해표명, 림건상 요동설 재차 표명, 정찬영 · 도유호 · 리상호의 김석형 견해〔동호=예맥〕부정.　『문화유산』 1961-5 수록

⑦ '고조선의 생산력과 국가형성'에 관한 과학토론회 :1961.8.29 ; 9.2.

* 토론자 : 리상호·리지린·황철산·정찬영·림건상·백남운·김석형(사회과학부문위원회 위원장).
* 토론내용 : 리상호의 문헌고증 통한 고조선 국가 형성시기 기원전 10세기설 제시, 리지린의 본격적인 요동중심설 견해표명, 황철산의 패수=압록강설 재표명, 정찬영의 평양지역 발견유물의 시대가 전한시대임을 강조, 림건상은 대동강유역의 악랑군은 해상교통을 통한 후기 악랑군으로 파악, 백남운 요동설 지지 강력표명, 김석형은 토론총괄로서 고조선의 국가형성 시기가 기원전 4세기경으로 합의를 본 것이 토론회의 성과임을 천명. 『문화유산』 1961-5 수록

⑧ '단군 건국신화'에 대한 과학토론회 :1962.7~8.

* 4차 진행
* 토론자 : 리상호·박시형·김석형·리지린·림건상·손영종·리응수·리필근·박윤원·황철산·정찬영.
* 토론요지 : 장주협정리,「단군 건국신화에 대한 과학토론회 진행」
『력사과학』 1962-6 수록

⑨ 고조선 영역에 관한 학술토론회 :1962.10.25 ; 12.17 ; 1963.2.14.

* 3차진행
* 토론자 : 리지린·도유호·박시형·리상호·림건상·김석형.
* 토론요지 : 고조선 영역에 관한 학술토론 『력사과학』 1963-2 수록

이상과 같이 북한학계의 공식적 견해로 자리잡은 고조선요동중

심설은 실학자들이 기왕에 진행한 연구결과[이익·박지원·이규경] 등과 이를 계승한 민족주의 사학자로 지칭되는 신채호·정인보 등의 견해를 계승한 것임을 알 수 있다. 또한 평양설 및 이동설을 주장한 학자들의 경우도 정약용·안정복 등 실학자들이 기왕에 정리한 인식체계를 바탕으로 일본인 학자들의 고고학적 발굴성과를 인정한 선상에서 이 문제가 민족의 자존심과는 관련지을 수 없는 문제라는 것을 전제한 주장이었음을 알 수 있다.

이후 북한에서 진행된 고조선 연구는 이 때까지의 자유로운 논의와 견해의 개진은 사라지고 요동설에 입각한 해석만이 가능하게 되어 한국고대사 인식의 도식화와 경직화 및 편향성이 뚜렷하게 나타나는 한계와 문제점을 보여주고 있다.

2. 고조선 연구 2기(1963~1973)

고조선 연구 2기의 특색은 앞서 지적되었듯이 리지린의 『고조선 연구』(1963)로 대표되는 고조선요동중심설의 견해가 평양설에 대한 구체적 비판과 함께 문헌적으로 보다 강화되고 앞서 한반도 서북부지역의 좁은 놋단검관계 유적·유물의 발굴성과를 근거로 평양설을 주장하던 고고학 계통 연구자들이 1963년 이후부터 고조선 관계 유적 발굴을 새롭게 시작하여 고고학적인 성과가 요동설에 합치함을 확인하고자 노력한 시기였다. 이 같은 사실은 『력사과학』(1963-5)에서 리지린의 「고조선연구」가 매우 훌륭한 업적으로 평가된 서평이 게재되었고 1963년 6호의 「학계소식」에서 1963년 9월 3일 과학원 력사연구소와 김일성종합대학 력사연구소 공동주최로 '공화국 창건 15주년 기념 력사과학 부문 학술발표회'에서 "조선의 고대국가는 늦어도 기원전 5~4세기에 출현한 고조선 국가로서 강력한 노예소유자국가"임을 천명하고 있어 요동설에 의해 고조선 문제가 해결되었음을 암시해 주고 있다.

이 같은 양상은 조금 뒤이기는 하지만 평양설을 주장하던 고고학 및 민속학연구소에서 간행하는 『고고민속』(1965) 4호의 권두논문, 「조선로동당 창건 20주년을 맞으며」에서 우리나라 최초의 노예소유자국가인 고조선은 비파형 단검과 그것을 계승한 좁은 놋단검 등의 청동기와 미송리형 단지·화분형 토기 등을 반출하는 문화로서 요동반도에서 서북조선에 이른 지역에 존재했음을 밝히고 있다. 따라서 1963년 이후에는 요동설을 주장하고 그 견해를 보강하는 논문이 『력사과학』에 수록되어 있으며 『고고민속』 등에도 평양설 관련논문은 더 이상 보이지 않고 있다.

이 시기의 특징적 양상은 고고학계에서 비파형 단검으로 대표되는 고조선 전기 유적발굴에 주력하여 요동지역 등의 유적지에 대해 중국학자와 공동발굴을 진행하여 『중국동북지방의 유적발굴보고』(1966)와 「기원전 천년기 전반기의 고조선 문화」(『고고민속론문집』, 1969)[59]을

---

59) 이는 김용간·황기덕, 「기원전 천년기 전반기의 고조선 문화」(『고고민속』 1967-2)를 정리 간행한 것임.

발표했다.

또한 1967~1971년까지 고조선 후기문제를 해명할 목적으로 평양시 낙랑구역 등에 대한 집중발굴을 수행하여 「기원전 천년기 후반기의 고조선 문화의 특색」(『고고민속』 1968-1), 「기원전 5세기~기원전 3세기 서북조선의 문화」(『고고민속론문집』 3. 1971), 리순진·장주협 편 『고조선문제연구』(1973) 등의 결과물을 간행했다. 결국 이 시기 북한학계의 고조선 연구는 이미 문헌사학 측면에서 정리한 고조선요동중심설을 고고학적 발굴을 통해 확립시키는 것에 중점적인 역량이 투여되고 있었음을 보여주고 있다. 이 같은 연구와 발굴을 통하여 고조선에 대한 이해가 보다 다채롭고 구체적으로 나타나게 되어다. 즉 고조선 문화의 범위를 대릉하-청천강계선으로 구획하고 고조선 문화가 기원전 8세기부터 시작된 것으로 보아 [표 2]로 정리한 바와 같이 고고학적 문화단계로서 시기구분을 제시했다.

[표 2] 고조선의 고고학적 문화양상[117]

시기구분	대표적 문화유적	대표적 문화유물	분묘양식
BC 8~7c	미송리 강상유적	전형적 비파형 동검 미송리형 토기	막돌무덤·돌상자무덤
BC 7~5c	북방리 루상유적	변형비파형 단검 묵방리형 토기	막돌무덤·변형고인돌 움무덤
BC 5~4c	이도하자 유적	초기 좁은놋 단검	돌무덤·움무덤
BC 3~2c	세죽리 연화보유형 유적	청동기무기·철농구· 명도전 다양한 토기	움무덤·조개무덤· 독무덤

또한 고조선 역사지리에서 가장 논의가 다양했던 패수에 대해서는 이를 압록강으로 이해한 견해에 대해 중국요동의 위치가 변함이

없었음에 근거한 이 견해는 사료적 근거가 박약하다는 비판과 함께 기원전 2세기 고조선 서변=패수=대릉하大凌河로 제시했고 열수列水=요하로 이해했다.

그리고 왕검성은 요하하류 해성과 개평 사이의 지역으로 상정했는바 이는 이미 리지린과 리상호 등에 의해 제시되었던 것을 반복한 것이다. 결국 이 같은 고조선 인식틀은 요동중심설이 고고학적으로 확립되었음을 보여주는 것이다. 그런데 이 시기에 진행된 고조선 연구에서 가장 독특한 점은 가장 논란이 많았던 평양지역의 문화를 '마한馬韓의 문화'로 이해하고 있는 점이다. 즉 고조선의 영역을 청천강에서 대릉하로 이어지는 지역으로 상정하는 요동설에 의하면 "청천강 이남지역에서 발전한 좁은 놋단검 관계문화를 어떻게 이해해야하는가"라는 문제가 남게 된다. 이에 대하여

1) 고조선 문화로 파악한 견해(「기원전 천년기 전반기 고조선 문화」, 『고고민속론문집』 1. 1969 : 「기원전 천년기 후반기 고조선 문화」, 『고고민속』 1968-1).
2) 요동지역에 있던 고조선의 일부사람들이 이 지역에 와서 세운 국가의 문화로 보는 견해(「기원전 5세기~기원 3세기 서북조선의 문화」, 『고고민속론문집』 3. 1971).
3) 기원전 3~2세기 청천강 이남 좁은 놋단검 관계문화는 같은 시기 청천강이북지역 고조선 문화와 구별되는 문화로서 이는 고조선 남쪽에 위치한 평양지방의 고대국가, 진국辰國 즉 마한馬韓의 문화라고 이해한 견해(리순진, 『고조선문제연구』, 1973).

로 변화했다. 이는 위만에게 쫓긴 준왕이 망명한 지점으로서 평양을

상정하여 청천강-예성강을 계선으로 갖는 지역에 독자적인 마한문화가 존속되었음을 주장한 견해로 고조선 인식에서 가장 큰 난제였던 평양지역 문화를 새롭게 이해한 독특한 견해라고 할 수 있다. 이 같은 견해는 이미 신채호의 『전후삼한고』에 나타나고 있는 전삼한 북삼한의 인식체계와 대비될 수 있는 견해로 북한학계의 고조선인식체계의 기본구도가 민족주의 역사학자로 운위되는 신채호의 견해를 기본적으로 계승하고 있는 일면을 보여준다고 생각된다. 따라서 고조선 연구 2기의 가장 큰 특징은 요동설에 대한 고고학적 검토를 통해 이를 확정지었다는 점과 평양지역의 문화를 마한의 문화로 보았다는 점에 있다.

3. 고조선 연구 3기(1974~1993)

고조선 연구 3기는 북한사회의 정치적 변화가 역사인식체계의 변화에 그대로 대응되어 나타나고 있음에서 그 특징적 양상을 볼 수 있다. 즉 북한에서 1972년 12월에 진행된 사회주의 헌법의 공포와 국가주석제의 채택은 '주체사상'으로 표현되는 이데올로기에 근거한 북한사회의 대규모 변혁의 정치적 표현이었는바 이 같은 사회전반적 변화는 역사학계에도 심각한 영향을 끼쳐 기왕의 우리 역사인식에 많은 변화를 야기했다. 특히 고조선사 인식에 있어서는 고조선 연구

[표 3] 고조선의 고고학적 양상[III기]

시기구분		문화유적	문화유물	무덤양식	특징적 양상
기원전 천년기 전반기 : 청동기문화	BC 8~7c	미송리·강상시기	전형적 비파형 단검 미송리형 토기	돌무덤(돌상자무덤) 고인돌이 지배적 일부 움무덤 존재	미송리형과 묵방리형은 무늬로 구분. 아가리겹싼 그릇은 대릉하유역·조선 전체에서 반출 미송리형은 요하 이동·청천강 유역에서 반출
	BC 7~6c	묵방리	변형비파형 동검 묵방리형 토기		
기원전 천년기 후반기 : 철기문화	BC 5~4C	정가와자·이도하자	좁은 놋단검. 청동기 우세	돌무덤·움무덤이 같은 비중 움무덤이 지배적 조개무덤·독무덤 돌무덤·움무덤· 나무곽무덤·독무덤	무덤유형과 좁은 놋단검· 질그릇의 양상에서 공통성을 보여줌. 연구 2기에 '마한문화'로 이해했던 청천강 이남의 문화를 고조선 문화로 편입시켜 이해
	BC 3~2C	1) 세죽리 연화보유형(청천강 이북·요동지방) 2) 서북조선(청천강 이남지역)	본격적 철기시대 명도전 발전된 좁은 놋단검문화		

2기에 새롭게 제시되었던 '평양지역의 고대문화=마한의 문화'라는 견해가 수정되어 평양지역이 고조선 문화의 한 중심지였음을 다시금 강조하게 되었다.

우선 이 시기에 나타난 대표적 연구성과는 『고조선문제연구론문집』(1976)이었다. 이 논저에서는 먼저 고조선의 형성시기를 기원전 7세기경의 사실로 파악한 『관자管子』의 기록과 요동반도 남단에 위치한 강상무덤의 발굴자료에 근거해 기원전 8~7세기 고조선은 노예소유자국가로서 존재하고 있었다고 확인했다. 이는 연구 1기에 리지린이 『관자』를 인용해 주장한 기원전 8세기 고조선 국가형성의 내용이 연구 2기의 강상무덤 발굴을 통해 확정된 것을 재차 확정지은 것이었다.

한편 고조선 사회 시기구분을 앞서보다는 간단히 설정하여 '기원전 천년기 전반기 문화: 청동기 문화'와 '기원전 천년기 후반기 문화: 철기문화'로 구분했고 이전 후기에 앞서 연구 2기에서 나누었던 고고학적 문화단계를 〔표 3〕과 같이 정리할 수 있다.

표에서 나타난 바와 같이 고조선 연구 3기의 고조선 인식의 가장 큰 특징은 앞서와 같이 고조선의 영역을 요동지역을 중심으로 설정하는 것은 같으나, 그 남쪽 경계선에 대해서는 청천강이 아닌 예성강으로 바뀌고 있는 점이다. 즉 종래 마한의 문화로 이해했던 평양지역의 문화를 고조선과 일정하게 구별되는 독자문화로 파악했던 인식이 수정되었던 것이다. 이는 앞서 지적했듯이 주체사상에 의한 민족사 인식의 변화에 수반되어 평양지역이 우리 문화와 역사의 중심지라는 인식을 역사적으로 증명하기 위한 필요에 따라 나타나게 된 것으로 이해된다.

물론 지역적으로 반출되는 문화유물 등의 차이를 인정하여 이 같은 차이에 근거해 별개의 문화로 이해했던 견해가 평양지역에 대한 중요성 강조를 위해 수정이 불가피해졌던 것이다. 즉『위략魏略』·『사기史記』(朝鮮列傳)에 나타난 고조선과 진국辰國과의 인접성을 부각시키고 특히『사기』의 '진번방중국眞番傍衆國'이라는 표현을 '진번방진국眞番傍辰國'으로 읽어 고조선과 진국의 경계선이 고조선의 남변이라는 전제를 도출시켰다. 또한『후한서』기록에 근거해 진국에 속한 마한은 낙랑에 접하며 기원 1~3세기 낙랑은 일명 조선이라고도 불리며 현재의 평양에 위치하는바 이 낙랑이 본래 고조선 지역이라고 보았다.

물론 북한학계는 고조선의 중심지-왕검성은 요동지방에 있었으므로 한의 낙랑군도 그 곳에 있었기 때문에 평양지역은 낙랑군과 관계없다고 이해한다. 따라서 진국인 마한의 북변은 이를 계승한 백제의 북변으로 이는 오늘날의 예성강이라고 파악하여 결국 고조선 말기의 남쪽 경계가 예성강임을 주장하고 평양지역은 고조선 지역에 자연스럽게 포함되는 것으로 보았다.

한편 「평양부근의 1~3세기 유적에 대하여」라는 별도의 장에서 고조선의 중심부였던 요동지방에 낙랑·임둔·진번·현토의 4군이 설치되었으나 이는 요동지방에 국한되고 압록강 이남의 서북조선에는 전혀 미치지 못하여 기원전 108년 이후 고조선의 중심은 요동지방에서 평양지방으로 옮겨졌으며 좁은 놋단검 문화가 이 지역에서 유지 발전되었다고 보았다. 이 같은 사실은 중국통치에 반대하고 평양지역으로 이주한 부조예군夫租薉君의 무덤에 의해서도 확인된다고 강조하고 있다. 특히 기원전 108년 이전 서북조선은 고조선 중심부는 아니나 매우 중요한 지방이었다고 보고 이 지역에 발전한 나무곽 무덤은 앞서의 움무덤을 계승한 것으로 이후 귀틀무덤·벽돌무덤 등으로 발전했다고 보았다.

결국 서북조선 지역은 기원전 천년기 전반기 이래로 고조선의 영역이었는바 고조선이 멸망한 다음에도 그 문화가 유지된 고장이었고 서북조선의 1~3세기 문화는 고조선 문화의 계승 발전이며 유적을 남긴 사람도 고조선의 후예로 이해했다. 이 같은 견해는 앞서 고조선 연구 1기에 제시되었던 김석형의 견해〔평양지역에 고조선의 일중심지를 별도로 상정한 견해〕와 일정하게 연결되고 있다는 사실이 유의된다. 이와 같은 인식은 이후 북한학계의 고조선에 대한 기본입장으로 확정되어 『조선고고학개요』(1977)에도 같은 견해의 내용으로 고조선과 관련된 내용이 나타나고 있으며 『조선전사』 2(1979)에서도 역시 반복되고 있다.

　이같이 고조선 연구 3기에 북한학계에서 진행된 고조선 연구는 예성강을 남쪽 하한으로 한 요동중심의 고조선인식체계가 각 지역고고학 발굴성과를 통해 강화 세분화됨을 보여주고 있다. 또한 1983년 간행된 『고고학자료집』 6집에서는 낙랑구역 일대에 대한 고분 발굴 보고를 계속 수록하여 앞서 보고되었던 고분들에 대한 보충자료를 제시했는바 고분유형과 시기를 다음과 같이 제시했다.

1) 나무곽무덤 : 2c BC 중반~1c BC 후반.
2) 귀틀무덤 : AD 2c 초반.
3) 벽돌무덤 : AD 2c 초반 이후.

　한편 『비파형 단검문화에 관한 연구』(1987)에서는 비파형 단검이 중국 동북지방의 요동지방·요서지방길림·장춘지방·조선반도 서북부·서남부 등에서 발견되어 비파형 단검문화가 고조선 한 나라의 문화일 뿐 아니라 전체 고대조선족의 문화라는 것이 확증되었으며 이것이 이른 시기의 조선 고대문화이었음을 보여준다고 언급하여 기왕의 인식내용에 약간의 변화가 나타났음을 알 수 있다. 즉 비파형 단검문화의 성격을 고조선에 제한치 않고 '고대조선족의 문화'로 파악한 사실은 고조선 하나에 집착하던 종래의 태도에 유연성이 나타나게 된 것으로 보인다.

　이 같은 인식변화는 수록논문인 박진욱의 「비파형 단검문화의 발원지는 창조자에 대하여」에서 잘 나타나고 있다. 즉 비파형 단검문화의 발원지는 요동지방으로 기원전 12세기경 그 문화가 시작되고 있으며 길림·장춘 지방은 기원전 11세기, 요서지방은 기원전 9세기 중엽 등에 연대를 보이고 있어 그 상한연대에 의한 지역적 선후를 제시하고 있다. 또한 이를 계승한 좁은 놋단검 문화는 기원전 5세기경 이후 나타나고 있는데 서북조선-요동지방·남부조선·길림-장춘지방 등의 지역으로 구분된다고 제시하고 이 지역적 분화가 역사적 정치체들과 일정하게 대응됨을 강조하고 있다. 즉 서북조선-요동지방은 고조선 문화로서 그 종족은 예족濊族이며, 남부조선 지방은 진국의 문화로서 한족韓族에 의해 주도되었고, 길림-장춘지방은 부여의 문화로서 맥족貊族에 의한 문화임을 강조했다.

이후 진행된 고조선 관련연구는 고조선 문화의 지역적 특성과 평양지역의 문화가 고조선의 별도중심지이면서 고조선 이후에는 유민들이 남긴 문화라는 관점에서 논지를 전개했다.60) 특히 고조선 문화의

---

60) 「최근년간 조선고고학연구에서 이룩한 주요성과」,『조선고고연구』 1986-1) : 황기덕, 「료서지방 비파형 단검문화의 성격」,『조선고고연구』 1986-1) : 리창언, 「귀틀무덤에 묻힌자들의 신분에 대하여」,『조선고고연구』 1986-2) : 한인덕, 「평양일대 벽돌무덤의 구조형식과 그 변천」,『조선고고연구』 1986-2) : 황기덕, 「길림, 장춘지방 비파형 단검문화의 연대에 대하여」,『조선고고연구』 1986-3) : 박진욱, 「초기좁은놋단검문화의 내용과 발전과정에 대하여」,『조선고고연구』 1987-1) : 황기덕, 「우리나라 청동기시대의 사회관계에 대하여」,『조선고고연구』 1987-2) : 박진욱, 「길림, 장춘지방의 좁은 놋단검관계유적유물의 성격(1)」,『조선고고연구』 1987-3) : 황기덕, 「우리나라 청동기시대의 사회관계에 대하여(2)」,『조선고고연구』 1987-3) : 박진욱, 「길림,장춘지방의 좁은 놋단검관계유적유물의 성격(2)」,『조선고고연구』 1988-1) : 한인덕, 「평양일대 벽돌칸무덤의 연대에 대하여」,『조선고고연구』 1988-4) : 한인덕, 「평양일대 벽돌칸무덤은 귀틀무덤의 계승」,『조선고고연구』 1989-1) : 박영초, 「고조선에서의 제철 및 철재 가공기술의 발전」,『조선고고연구』 1989-1) : 강승남, 「우리 나라 고대 청동가공기술에 관한 연구」,『조선고고연구』 1990-3) : 동, 「기원전 1000년기 후반기 우리나라 청동야금기술의 특징에 대하여」,『조선고고연구』 1990-3) : 리순진, 「우리 나라 서북지방에서의 나무곽무덤의 기원가 발생시기에 대하여」,『조선고고연구』 1992-1).

성격을 미송리형 토기문화61)에 기반하여 비파형 동검으로 대표되는 문화내용을 설정하고 이들 문화의 주인공인 예·맥족임을 강조했다.62)

한편 고고학적 연대측정법에 대한 일련의 소개가 제시되어 이후 고조선 인식에서 이들 연대측정법에 의한 연구결과가 문헌사적 연구 내용을 좌우하는 양상의 단초를 보여주고 있다.63)

4. 고조선 연구 4기 (1993 단군릉 발굴 이후~현재)

북한학계는 기존의 요동중심설에 입각하여 구성했던 고조선 연구의 내용을 1993년 '단군릉' 발견을 기화로 완전히 새롭게 재구성했다.64)

---

61) 로성철, 「미송리형 단지의 변천과 그 연대에 대하여」,(『조선고고연구』 1993-4).
62) 황기덕, 「비파형 단검문화의 미송리류형 -1.미송리류형의 유적 유물과 그 년대-」(『조선고고연구』 1989-3) : 동, 「비파형 단검문화의 미송리류형 -2.미송리류형의 유물갖춤새의 특징-」(『조선고고연구』 1989-4) : 동, 「비파형 단검문화의 미송리류형 -3.미송리류형문화의 주민-」(『조선고고연구』 1990-1) :
△ 고조선 문화는 미송리유형의 문화를 바탕으로 발전한 문화: 비파형 단검·비파형 창끝·부채날형 도끼·질그릇은 미송리유형 질그릇과 청동기를 계승했고 예맥족이 이들 주민으로 예와 맥이 나뉜 상태에서 점차 융합된 것으로 이해했다.
63) 김교경, 「전자스핀공명년대측정방법에 대하여」,(『조선고고연구』 1987-2) : 동, 「핵분렬흔적법에 의한 절대년대측정의 몇가지 문제」,(『조선고고연구』 1987-4).
△ 토기, 불탄 흑요석기
리윤철, 「방사성탄소에 의한 유적유물의 절대년대측정법에 대한 고찰」,(『조선고고연구』 1990-2) : 김교경, 「흑요석의 물붙임층년대측정법」,(『조선고고연구』 1990-3).
64) 「반만년의 유구한 력사와 민족의 단일성에 대한 확증 단군릉발굴보고」,(『조선고고연구』 93-4).

우선 단군릉 발굴과 이후 진행된 학술발표회 경과과정을 정리하면 다음과 같다.65)

    1993.1.22~2.5 : 단군릉 발굴:- 평양시 강동군 문흥리 대박산 기슭.
    1993.10.12~14 : 단군 및 고조선에 관한 제1차 학술발표회:- 15편 논문발표.66)
    1993.11.2 : 단군릉 발굴보고
    1993.9.~94.6 : 평양일대에서 단군 및 고조선 시기의 유적·유물에 대한 발굴사업 진행.
    1993.9.27~1994.10.11 : 단군릉 개축
    1994.10.5~8 : 단군 및 고조선에 관한 제2차 학술발표회:- 27편 논문발표67)

---

65) 이들 1·2차 학술발표회의 발표문과 관련 사진자료는 다음 자료에 소개되어 있다. 이형구 엮음, 『단군과 단군조선』(1995).
    3차 발표회의 논문제목은 이형구, 「단군과 고조선사 연구의 현황과 과제」(『단군학연구의 현황과 과제』〈단군학회 창립기념 학술회의 발표문집〉, 1997.12)에 소개되어 있다.
66) 박진욱(사회과학원 고고학연구소 연구사), 「단군릉발굴정형에 대하여」 : 장우진(사회과학원 고고학연구소실장), 「단군릉에서 나온 사람뼈의 인류학적 특징에 대하여」 : 김교경(사회과학원 고고학연구소실장), 「단군릉에서 나온 뼈에 대한 연대측정결과에 대하여」 : 리준영(금성정치대학 연구사), 「단군릉에 대한 력사자료에 대하여」 : 강인숙(사회과학원 력사학연구소 실장), 「단군의 출생과 활동에 대하여」 : 현명호(김일성종합대학 력사학부 실장), 「고조선의 성립과 수도문제에 대하여」 : 리준영, 「단군의 건국 사실을 전한 『위서』에 대하여」 : 신구현, 「단군신화의 주요특징에 대하여」 : 석광중, 「평양은 고대문화의 중심지」 : 박시형, 「일제가 감행한 단군말살책동에 대하여」 : 류렬, 「우리 민족은 고조선시기부터 고유한 민족문자를 가진 슬기로운 민족」 : 최태진, 「단군과 대종교에 대하여」 : 조대일, 「단군숭배와 관련한 의례와 풍습에 대하여」 : 손영종, 「조선민족은 단군을 원시조로 한는 단일민족」 : 전영률, 「위대한 수령 김일성 동지께서 단군 및 고조선과 관련하여 하신 교시는 역사연구에 새로운 전환의 계기를 열어놓은 강령적 지침」.
67) 김석형(사회과학원 원장 원사, 교수, 박사), 「주체의방법론을 지침으로 하여 조선력사를 체계화하는 데서 나서는 몇 가지 문제」 : 류병홍(사회과학원 부소장, 준박사), 「단군 및 고조선시기의 유적 유물 발굴에 대하여」 : 김교경(사회과학원 실장, 준박사), 「평양일대의 단군 및 고조선관계 유적 유물에 대한 연대측정 결과에 대하여」 : 장우진(사회과학원 실장, 박사, 부교수), 「평양일대의 단군조선유적에서 발굴된 사람뼈에 대하여」 : 리순진(사회과학원실장, 부교수, 준박사), 「평양일대에서 새로 발굴된 황대성에 대하여」 : 남일용(김일

1995.11. : 단군 및 고조선에 관한 제3차 학술발표회[68].

성종합대학 교원, 준박사),「평양주변의 고대토성에 대하여」: 김종혁(사회과학원 실장, 준박사),「새로 발굴된 성천군 룡산리 순장무덤에 대하여」: 석광준(사회과학원 연구사, 부교수, 준박사),「평양일대에서 새로 발굴된 고인돌무덤과 돌관무덤에 대하여」: 박진욱(사회과학원 연구사, 박사, 부교수),「고조선의 비파형 단검문화에 대한 검토」: 강인숙(사회과학원 실장, 박사, 부교수),「고조선의 건국년대와 단군조선의 존재기간」: 김병룡(김형직사범대학 강좌장 박사, 부교수),「단군조선의 중심지와영역」: 장국종(사회과학원 연구사, 후보원사, 교수, 박사),「단군조선의 정치제도」: 김유철(김일성종합대학 연구사, 박사, 부교수),「단군조선의 경제제도에 대하여」: 한인호(사회과학원 연구사, 준박사),「고조선 초기의 금제품에 대하여」: 강승남(사회과학원 연구사),「고조선시기 청동 및 철가공기술에 대하여」: 김영진(사회과학원 실장, 준박사, 부교수),「평양일대에서 발굴된 고조선의 도에 대하여」: 김인호(사회과학원 실장, 준박사),「신지글자는 고대동방문화발전에 이바지한 리 인민의 고유글자」: 김유교(김형직사범대학 교원, 준박사),「고대글자와 훈민정음에서 찾아볼 수 있는 일련의 공통성」: 정성철(사회과학원 실장, 교수, 박사),「단군조선의 철학사상에 대하여」: 정홍교(사회과학원 실장, 박사, 부교수),「단군설화의 주요 특징에 대하여」: 김봉환(사회과학원 실장, 부교수, 준박사),「강동과 성천일대에 분포되어 있는 단군 및 고조선 관계지명에 대하여」: 리철(평양미술대학 교원, 준박사),「단군관계 미술유산에 대한 고찰」: 조희승(사회과학원 연구사, 준박사),「단군설화의 일본렬도보급과 그 력사적 배경」: 손영종(사회과학원 실장, 교수, 박사),「후조선은 단군조선의 계승국」: 리승혁(사회과학원 연구사, 준박사),「만왕조의 멸망과 낙랑국에 대하여」: 송순탁(조선중앙력사박물관 실장, 박사),「우리나라의 첫 국호 조선의 기원에 대하여」: 박영해(사회과학원 연구사, 박사, 부교수),「단군릉개건과 그 의의」.

이 발표문의 내용은 일본어로 번역되어 다음과 같이 소개되었다. 在日本朝鮮歷史考古學會 編譯,『朝鮮民族と國家の原流-神話と考古學-』(1995.7).

68) 허종호(력사연구소 실장),「단군 및 고조선 력사연구에서의 몇가지 기본문제들과 그 해명」: 류병흥(고고학연구소 부소장),「고조선 문화발전의 고고학적 편년에 대하여」: 김용간(고고학연구소 연구사),「대동강유역 신석기시대의 사회관계」: 장우진(고고학연구소 실장),「단군조선성립의 사회역사적전제에 대하여」: 리호(김일성종합대학 교원),「평양지방의 자연지리적조건에 대한 역사적 고찰」: 강인숙(력사연구소 실장),「단군의 출생지에 대하여」: 황기덕(고고학연구소 연구사),「고조선의 국가형성에 대하여」: 손영종(력사연구소 실장),「고조선 3왕조의 시기구분에 대하여」: 허승종(민족고전연구소 연구사),「고조선 3왕조의 영역에 대하여」: 남일룡(김일성종합대학 교원),「평양일대 고대성곽의 특징에 대하여」: 서국태(고고학연구소 실장),「팽이그릇시기 집자리유적에 대하여」: 김종혁(고고학연구소 연구사),「표대부락터에 대하여」: 장국종(력사연구소 연구사),「고조선의 정치제도의 변화발전」: 박영해(력사연구소 연구사),「고조선 대외관계의 몇가지 특징」: 한용걸(평양건설건재대학 교원),「고인돌무덤건축에 사역된 노동의 성격에 대하여」: 김유철(김일성종합대학 교원),「고조선시기 경제발전과 노예제도의 변천」: 김은택(김일성종

이 같은 일련의 연구과정을 통해 북한학계는 기왕의 고조선 인식 체계를 전면 재개편하고 그에 후속되는 관련연구를 진행하고 있다. 그 내용이 앞서 소개한 3차례의 「단군 및 고조선에 관한 학술발표회」를 통해 소개되고 발표된 일부 논문이 다시『력사과학』·『조선고고연구』등과 같은 학술지에 게재되고 있다.

이들 논문을 검토해 볼 때 우선 주목되는 사실은 사회과학원 산하의 력사연구소와 고고학연구소 가운데 고고학연구소가 단군릉 발굴 이후 고조선 역사체계 재구성에 있어 주도적인 역할을 하고 있다는 점이다. 이는 단군릉의 발굴 및 관련유적의 성격상 문헌사학과는 일정한 거리가 있는 고고학 분야가 대부분이기 때문에 당연한 현상으

합대학교원),「일본 야요이문화의 조선적 성격을 통해 본 고대조선의경제문화의 발전」: 한인호(고고학연구소 연구사),「고조선의 귀금속유물에 대하여」: 석광준(고고학연구소 연구사),「평양일대 고인돌무덤의 변천에 대하여」: 리창언(고고학연구소 연구사),「평양일대 돌관무덤의 변천에 대하여」: 리순진(고고학연구소 실장),「고조선의 질그릇에 대하여」: 김영진(고고학연구소 실장),「고대조선의 토기에 대하여」: 박진욱(고고학연구소 연구사),「고조선의 좁은 놋단검문화에 대한 재고찰」: 조희승(력사연구소 연구사),「잠업, 제강, 벼재배 기술을 통해 본 고조선 문화의 우수성과 독자성」: 최웅선(고고학연구소 연구사),「상원군 장리 고인돌무덤을 통하여 본 고조선초기의 사회문화상에 대하여」: 리철(평양미술대학 교원),「미술유물을 통하여 본 고조선사람들의 '밝음'에 대한 숭배」: 김병룡(김형직사범대학 강좌장),「부여후국의 성립과 고조선으로부터의 분립」: 공명성(력사연구소 연구사),「고려국의 성립에 대하여」: 송순탁(조선역사박물관 연구사),「고조선에 의한 조선 중남부 지역이 통합과 진국의 분립」: 차달만(고고학연구소 연구사),「귀일리 2호 고인돌무덤에 대하여」: 김동일(고고학연구소 연구사),「별자리가 새겨진 고인돌무덤에 대하여」: 리준걸(고고학연구소 연구사),「단군조선의 천문학은 우리 나라 천문학의 시원」: 전영수(고고학연구소 연구사)·최성룡(고고학연구소 연구사),「평양일대에서 새로 발굴된 유적 유물의 연대학적고찰」: 리이철(원자력연구소 연구사)·정강철(고고학연구소 연구사),「핵분열흔적 법에 의한 고대유물의 연대측정에 대하여」: 김인호(언어학연구소 실장),「우리나라 고대글자관계의 역사유물과 자료들에 대한 고찰」: 류렬(언어학연구소 연구사),「신지글자와 '창힐문자'와의 관계에 대하여」: 김윤교(김형직사범대학 교원),「신지글자의 시대적인 쓰임과 변화」: 리기원(언어학연구소 연구사),「단군 및 고조선의 지명과 '정주읍도록'에 대하여」.

로 이해될 수 있지만 종래 고조선요동중심설을 주도한 역사학자들의 입장과 배치되는 고고학자들의 평양중심설이 다시금 부각하는 과정에서 이 같은 상황이 나타났다고 이해된다.

먼저 『력사과학』에 수록된 고대사 관련논문을 단군릉이 발굴된 1993년 이후부터 살펴보면 다음과 같다.

단군관련 논문은 1994년도 『력사과학』에서부터 나타나고 있는바 강인숙[69]과 박진욱[70]·손영종[71]이 단군이 고조선의 건국시조이며 평양이 고조선의 수도라는 개괄적 소개를 하고 있다. 또한 학계소식이라는 형식을 통해 "조선민족의 원시조이며 우리나라의 첫 고대국가인 고조선의 건국자인 단군의 유골이 발굴되었음"을 소개하고 그 연대가 1993년으로부터 5011년 전의 것임을 확정지었다고 소개했다.[72] 이후 강인숙은 이 연대치에 입각해 고조선의 건국연대는 기원전 2993년이라는 견해를 제시했고[73] 김병룡은 평양이 단군조선의 수도임을 관련사료로 정리했다.[74] 이 같은 논의 가운데 고조선의 역사체계에 대

---

69) 강인숙, 「단군은 고조선의 건국시조」, 『력사과학』 94-1), 53~57쪽.
70) 박진욱, 「평양은 고조선의 수도」, 『력사과학』 94-2), 58~60쪽.
71) 손영종, 「조선민족은 단군을 원시조로 하는 단일민족」, 『력사과학』 94-3), 51~55쪽. 이 논문은 단군 및 고조선에 관한 1차 학술발표회에서 동일한 제목으로 발표되었던 것이다.
72) 「학계소식」, 『력사과학』 94-2).
73) 강인숙, 「고조선의 건국년대와 단군조선의 존재기간」, 『력사과학』 95-1), 45~47쪽. 강인숙은 단기의 근거가 되는 戊辰年(2333 BC)이 단군유골 측정치와 일치하지 않기 때문에 이를 부정하고 1993년 기준 5011년 전에 태어난 단군이 무진년에 나라를 세웠다면 이는 기원전 2993년이 되고 이 때의 단군나이는 25살이 되며 庚寅年이라면 기원전 2971년이 되며 그 때 단군의 나이는 47살이 되는바 대체로 무진년설이 강한 것을 인정하고 25살이 맞는 것 같아 기원전 2993년으로 보고 있다. 이 같은 연대관은 측정치 자체에 대한 의문과 함께 오차가 5011±267년으로 제시된 상황에서 이를 절대연대로 결정짓는 무리를 감행하고 있다.
74) 김병룡, 「단군조선의 중심지와영역에 대하여」, 『력사과학』 95-1), 48~53쪽. 여기서 평양을 단군조선의 수도로 인정한 자료를 다음과 같이 소개하고 있다: ①『삼국사기』 동천왕

한 개괄적 정리를 '력사상식'으로 다음과 같이 공식화하여 제시했다.75)

□ 역사상식 고조선

△ 첫왕조〔전조선·단군조선〕
　· 창건연대 : 기원전 30세기 초
　· 수도 : 평양
　· 존속기간 : 기원전 14세기를 전후한 1500년 이상
△ 둘째왕조〔후조선〕
　· 존속기간 : 기원전 14세기를 전후한 시기부터 기원전 2세기 초까지 약 1300년
　· 수도 : 평양
△ 셋째왕조〔만조선〕
　· 존속기간 : 기원전 2세기 초(BC 194~180)부터 기원전 108년
　· 수도 : 평양〔왕검성〕
　· 부수도 : 왕검성〔료하 하류 동쪽 지역〕

이 같은 입장은 단군조선에 후속되는 존재들이 단군조선을 계승한 존재들임이 강조되어 유지되었고76) 단군인식의 연원이 고구려로

21년 선인왕검언급. ② 1325년 고려 충숙왕 12년 고려 리숙기찬 사공 조연수묘지명-선인왕검이 삼한이전 사람이고 1000년 이상 산 사람이며 평양성을 개창한 사람이고 그를 평양군으로도 표현(『조선금석총람』 상). ③ 『고려사』 30, 충렬왕 19 1293년 10월 고려 충렬왕이 서경에 가서 평양군을 위해 제사케 했다. ④ 장지연의 위암문고에 일인들이 단군묘도굴-네 벽면에 선인과 신기한 장수의 모습이 그려져 있었다.
75) 『력사과학』 95-1.
76) 손영종, 「후조선은 단군조선의 계승국」,(『력사과학』 95-2), 54~56쪽 : 리승혁, 「만왕조의 멸망과 낙랑국에 대하여」,(『력사과학』 95-2), 57~61쪽.

소급될 수 있음이 지적되었다.77)

한편 종래 요동지역을 고조선의 중심지로 보았던 입장과의 차이를 극복하기 위한 논리마련이 진행되어 요동지역이 부수도이며 한이 세운 낙랑군은 요동지역에 있다는 입장을 제시했다.78) 그리고 단군명칭에 대한 일본인들의 불교관련설을 비판하는 논문도 제시되었다.79) 이 같은 성과를 바탕으로 허종호는 단군 및 고조선 역사체계에 대해 다음과 같이 정리했다.80)

먼저 국가의 형성과 영역 및 수도의 위치문제에 대해 기존의 입장은 청동기시대에만 국가가 형성될 수 있다고 보고 60년대 중국 동북지방 발굴보고를 절대시 하여 요동중심설을 주장하고 국가형성 시기를 기원전 10세기경 이전으로 늦추어 보았다. 그러나 단군릉 발굴은 고대사 연구에서 우리의 사고를 교조의 낡은 틀에서 벗어나게 하고 주체의 방법론을 더욱 확립하게 한 획기적 사변이었다고 하고 단군유골의 측정결과를 믿고 논의 전개하겠다는 입장의 전환을 천명했다. 따라서 고조선은 기원전 30세기 초에 수립된 국가이며 평양을 중심으로 한 서북조선 일대에서 박달민족을 기본으로 국가를 세운 단군

---

77) 강룡남, 「단군에 대한 고구려사람들의 리해와 숭배」,(『력사과학』 96-3), 54~56쪽.
78) 박영해, 「기원전 2세기 말~기원 4세기 초의 여러 전쟁과정을 통하여 본 낙랑군의 위치」, (『력사과학』 96-4), 50~55쪽. 여기서 필자는 1993년 단군의 실재를 전제로 요동지방을 고조선의 중심지로 보아온 종래의 견해를 정정하고 평양을 단군의 출생지, 고조선의 수도로 설정하고 한이 침략한 왕검성은 부수도였고 낙랑군은 종래와 같이 요동지방에 있었다고 강조. 또한 종래 견해대로 패수: 대릉하, 열수: 요하로 보고 왕검성이 요하유역에 있던 부수도로서 지금의 개현 부근으로 비정했다.
79) 권승안, 「단군명칭의 유래에 대한 일제어용사가들의 견해비판 -「우두전단유래설」을 중심으로-」(『력사과학』 96-4), 56~60쪽.
80) 허종호, 「단군 및 고조선력사 연구에서의 몇가지 기본문제들과 그 해명」,(『력사과학』 96-2), 43~50쪽.

은 점차 영토를 확장하여 그 전성기에는 한반도의 거의 대부분 지역과 북으로는 북류 송화강 일대 길림지구, 서쪽으로는 요하 하류계선까지 자기 영토를 확장한 큰 나라로 되었고 후조선 시기에는 중국의 연나라·진나라와 우위를 다투면서 만리장성 계선까지 진출한 것으로 보았다.

또한 고조선 세 왕조의 수도는 변함없이 평양으로서 이는 사서들에 언급되어 있고 특대형 고인돌 무덤이 집중분포하며, 고대성지·금 및 금동제품과 비파형 단검문화가 서북조선에서 발원하여 요동지방으로 보급된 사실 등에 의해 평양일대가 고조선 문화의 중심지였음을 천명했다. 이와 함께 단군릉이 고구려 양식인 것은 고구려 때에도 단군을 숭배한 것을 반영하며 고려와 조선왕조에서 평양에 단군사당을 지어놓고 제례를 치른 것도 이를 계승한 것이라고 강조했다. 이같이 역사관련 연구자들의 입장과 연구성과는 주도적 역할보다는 기왕의 논지수정과 보완적 측면이 강한 내용을 보여주고 있다.

한편 『조선고고연구』 1994년 이후 호에는 앞서 3차례에 걸쳐 진행된 「단군 및 고조선에 관한 발표회」에서 발표된 논문들이 대부분 재수록되고 일부 교시에 입각한 고고학계의 연구성과를 정리 소개하는 글들이 수록되고 있다. 즉 1차 발표회의 4개 논문이 『조선고고연구』 94-1에 수록되었다.[81]

이들 논문은 주로 단군릉 발굴과 직접적으로 관련된 논문이 중심

---

81) 박진욱, 「단군릉 발굴정형에 대하여」(『조선고고연구』 94-1) : 장우진, 「단군릉에서 나온 사람뼈의 인류학적 특징에 대하여」(『조선고고연구』 94-1) : 김교경·전영수, 「강동군 단군릉에서 발굴된 사람뼈에 대한 절대년대 측정결과에 대하여」(『조선고고연구』 94-1) : 석광준, 「평양은 고대문화의 중심지」(『조선고고연구』 94-1).

이 된 것으로 구성되어 있다. 2차 발표논문은 11편[82]이 수록되었는데 이들 논문은 1차 때와는 달리 단군릉에 관한 것보다는 단군릉의 역사적 실체를 입증키 위한 방증자료적 성격의 주변 유적·유물에 대한 발굴성과 보고가 중심이 되어 있다. 이들 논문의 개요내용은 류병홍의 논문에 다음과 같이 정리되어 있다.[83] 우선 평양지역은 구석기·신석기 유적과 연결되어 평양이 고조선 수도로 연결된다는 전제하에 1993년 9월~1994년 6월까지 평양일대에서 단군 및 고조선 시기의 유적·유물에 대한 발굴사업을 진행하여 단군조선 건국시기를 확인하는 성[84]·무덤[85]·부락터[86]·노예순장무덤[87]·청동비파형 창끝[88]·좁은 놋단검[89]·금제품·도기제품·철기발굴[90] 및 인골연대의 확인[91]을

---

82) 류병홍, 「단군 및 고조선 시기의 유적 유물발굴성과에 대하여」,(『조선고고연구』 95-1) : 리순진, 「평양일대에서 새로 발굴된 황대성에 대하여」,(『조선고고연구』 95-1) : 김종혁, 「새로 발굴된 성천군 룡산리 순장무덤에 대하여」,(『조선고고연구』 95-1) : 석광준, 「평양일대에서 새로 발굴된 고인돌과 돌관무덤에 대하여」,(『조선고고연구』 95-1) : 한인호, 「고조선 초기의 금제품에 대한 고찰」,(『조선고고연구』 95-1) : 김교경, 「평양일대의 단군 및 고조선 유적 유물에 대한 년대측정」,(『조선고고연구』 95-1) : 장우진, 「평양일대의 단군조선 유적에서 발굴된 사람뼈에 대하여」,(『조선고고연구』 95-2) : 박진욱, 「고조선의 비파형 단검문화에 대한 재검토」,(『조선고고연구』 95-2) : 김영진, 「평양일대에서 발굴된 고조선의 도기」,(『조선고고연구』 95-2) : 남일룡, 「평양지방의 고대토성」,(『조선고고연구』 95-2) : 강승남, 「고조선시기의 청동 및 철가공기술」,(『조선고고연구』 95-2).
83) 류병홍, 「단군 및 고조선 시기의 유적 유물발굴성과에 대하여」,(『조선고고연구』 95-1).
84) 평양시 강동군 남강로동자구의 황대성고인돌무덤이 성위에 조성되었고 연대가 4795±215로 확인되었다고 함 또한 함북 봉산군 지탑리 토성, 평남 온천군 성현리 토성도 이 시기의 성이라고 언급.
85) 평양 주변지역에서 1만여 기 무덤이 발굴되었고 특히 고인돌이 500여 기로 초기에서 말기까지 고르게 분포하고 있음을 강조했다.
86) 평양 덕천시 남양리 유적
87) 단군릉 동북쪽 11.5킬로. 평남 성천군 룡산리 순장무덤으로 주곽중심 2개체인 주변 10개 돌칸 작은무덤 3~4개체분 뼈 연대치 5069년.
88) 평양시 상원군 룡곡리 5호 고인돌무덤(26c BC) 평남 덕천시 남양리 16호 집자리.
89) 평남 성천군 백원 로동지구 9호 고인돌에서 기원전 14세기로 확인된 좁은 놋단검 발굴

통해 그 연대와 중심지에 대한 종래 견해가 수정되었다고 주장했다. 즉 과거 청동비파형 창끝과 청동비파형 단검을 내는 유적·유물을 비파형 단검문화로 보면서 그 발원지와 중심지를 요동지역으로 설정했던 견해를 수정하여 평양지역의 고인돌 무덤과 집자리에서 처음으로 비파형 창끝이 발굴됨으로써 비파형 단검문화의 발원지와 중심지가 다름아닌 평양이라는 것이 확인되었고, 그 시기 또한 종래의 기원전 12세기가 아닌 24세기까지 상승되는 결과를 보여주고 있다. 도기 및 뼈연대에 의해 고조선 문화가 기원전 25~23세기에 이미 존재했음을 확인할 수 있다고 했다.

여기서 주목되는 사실은 종래 순장관련 무덤이 북한지역에서는 뚜렷이 확인된 것이 없었는데 성천군 용산리에서 주곽을 10개의 곽이 둘러싼 형태의 집합식 고인돌이 발견되어 순장무덤이 보고된 점이다.[92] 이 무덤은 고조선 문화를 이해하는 자료로서 뿐만 아니라 고인돌 형식과 집단무덤으로서의 양식문제·순장문제 등 다양한 논의가 제기될 수 있는 무덤으로 향후논의의 중심이 될 것으로 이해된다. 또한 고조선 시기 대표적 묘제로서 고인돌을 설정하여 이들 고인돌의 분포범위와 규모·형식 등에 의한 고조선 사회의 체계화가 진행될 것임을 보여주고 있다.[93] 특히 기존견해가 전면적으로 수정되어 고조선

을 바탕으로 종래의 연대관을 수정하고 있다.
90) 평양시 강동군 송석리 돌관무덤 뼈발굴을 통해 3104±179라는 연대가 나왔고 이 곳에서 철제품이 공반되었기 때문에 기원전 12세기 철제품생산이 확인되었다고 주장.
91) 강동군 순창리 돌관무덤떼 : 5069~4400연대치 뼈출토.
92) 김종혁, 「새로 발굴된 성천군 룡산리 순장무덤에 대하여」(『조선고고연구』 95-1).
 △ 1994년 6월 성천군의 단군조선 시기 성으로 전해지는 『신지성』전설관련 성조사시 발견.
 △ 주곽중심 10개 주검칸 마련. 고인돌 형식 개석 덮음. 순장무덤.

의 편년체계가 재조정되는 근거로서 단군릉의 유골과 함께 비파형 청동창끝의 발굴유적 연대를 제시하고 있다. 즉 기원전 26세기라는 연대를 갖는 비파형 창끝이 발견되어 종래의 요동지역에서 12세기에 비파형 청동단검이 출현했다는 견해가 수정되었다.[94]

이와 함께 북한학계는 평양지역에서 발견된 1920년대 이래 발굴된 '낙랑문화' 관련유적의 성격에 대한 일본인들의 견해 비판과 고조선 역사체계에서의 재정립을 시도했다. 우선 평양일대 낙랑유적은 고조선 종말 이후 고조선 유민의 독자적 중심지이며[95] 2,600여 개의 발굴된 묘는 나무곽무덤[96]·귀틀무덤[97]·벽돌무덤[98] 등으로 이들은

---

93) 석광준, 「평양일대에서 새로 발굴된 고인돌과 돌관무덤에 대하여」(『조선고고연구』 95-1). 여기서 한반도와 요하유역·송화강·연해주 일대가 고인돌·돌관무덤·돌무지무덤·움무덤이 집중된 지역으로 특히 고인돌의 비중성을 강조했다.
94) 박진욱, 「고조선의 비파형 단검문화에 대한 재검토」(『조선고고연구』 95-2), 6~9쪽. 박진욱은 종전 고조선의 수도가 요동지방에 있었고 비파형 단검문화의 발원지와 중심지가 요동지방이었다고 본 자신의 견해는[기존견해: 요동지방-길림·장춘·료서·남부조선으로 파급] 전혀 잘못된 것이라고 비판하고 미송리형 단지 이전 서북조선에서 발생 발전한 비파형 단검문화는 팽이그릇유적 문화이고 미송리형 단계에서 요동지방으로 보급되었고 그 연대는 기원전 26세기, 기원전 3000년기 이전(기존 12~6c BC)이라고 주장했다. 그 논거는 다음과 같다.
△1993년 가을 평양시 상원군 룡곡리 5호 고인돌에서 비파형 창끝 발굴. 바로 옆의 4호고인돌의 사람뼈 연대 4539년 전자상자성공명법: 26c BC. △ 1994년 6월 덕천시 남양리 팽이그릇 집자리 비파형 창끝 1점 발굴 돌단검·돌과 돌화살촉 공반. 종전의 상한선인 12세기보다 더 이른 기원전 26세기 연대 나옴. 팽이그릇 유적에서 출토.
95) 안병찬, 「평양일대 낙랑유적의 발굴정형에 대하여」(『조선고고연구』 95-4).
96) 리순진, 「평양일대 나무곽무덤의 성격에 대하여」(『조선고고연구』 96-1). 리순진은 낙랑군 재평양설의 부당성을 강조하고 평양일대 나무곽무덤과 중국의 목곽무덤 사이에 현저한 차이가 존재하며 따라서 중국과는 구별되는 독자적인 정치집단의 묘제임을 강조.
97) 리창언, 「귀틀무덤을 남긴 정치세력에 대하여」(『조선고고연구』 96-1). 귀틀무덤은 선행한 고조선의 나무곽무덤을 계승 발전시킨 것이며 이는 고조선의 후국이었던 '조선'·'낙랑국'의 것.
98) 한인덕, 「서북조선의 벽돌무덤의 성격에 대하여」(『조선고고연구』 95-4). 벽돌무덤은 우

중국의 것과는 명확히 구별되는 독자적인 무덤양식임을 강조했다.

특히 일본인들에 의해 낙랑군 재평양설의 논거가 되었던 봉니와 점제현비석에 대한 기왕의 위조설을 비석과 봉니의 성분분석으로 통해 재천명했고99) 무덤반출 도장에 대해서는 교역과 포로의 유류품으로 파악하는 전통견해를 답습했다.100) 또 발굴된 성곽유적과101) 비단 유물도 중국식이 아님을 강조하여102) 이 지역의 문화와 주민이 중국과는 구별되는 존재임을 주장했다.

이후 진행된 단군 및 고조선 관련 3차 발표논문은 15편이 수록되었다.103) 이들 논문은 고조선의 고고학적 편년체계와 이에 대응되는

리나라 선행 귀틀무덤의 계승과 자체 발전결과.
99) 김교경·정강철, 「물성분석을 통하여 본 점제비와 봉니의 진면모」,『조선고고연구』 95-4). △ 점제비: 1913. 룡강군 해운면 운평동현재 온천군 발견. 용강군 일대 화강석과 성분 다름 - 요하지방 화강석위조 이동. △ 봉니: 현재의 온천군 성현리 토성근방 흙이 아니고 낙랑토성 근방 흙으로 만들어졌다. 글자 비슷 현재까지 북한발굴시 한 점도 발견하지 못했다.
100) 박진욱,「낙랑유적에서 드러난 글자있는 유물에 대하여」,(『조선고고연구』 95-4). △ 중국제작지명문은 교역품한나라 왕실과 직접교역, 고구려 위협에 따른 중국과의 접촉강화. △ 봉니: 위조. △ 도장: 한나라것 아님모양 크기 다름. △ 대방군 관리 묘지명: 고구려에 포로로 잡혀와죽은 자 무덤. △ 逸民 王君벽돌은 망명자 지칭.
101) 남일룡,「평양일대 고대토성의 축조연대에 대하여」,(『조선고고연구』 96-1). △ 한사군 시기 것이 아닌 우리 선조 고유의 성곽.
102) 조희승,「평양 낙랑유적에서 드러난 고대 비단에 대하여」,(『조선고고연구』 96-1) △ 평양일대 비단 조선식 겹포·조선 석잠누에.
103) 남일룡,「평양일대 고대토성의 축조연대에 대하여」,(『조선고고연구』 96-1) : 류병흥,「고조선의 문화발전에 대한 고고학적 편년에 대하여」,(『조선고고연구』 96-2) : 박진욱,「고조선의 좁은 놋단검문화에 대한 재고찰」,(『조선고고연구』 96-2) : 장우진,「단군조선 성립의 사회력사적 전제에 대하여」,(『조선고고연구』 96-2) : 리창언,「평양일대의 돌관무덤과 그 변천에 대하여」,(『조선고고연구』 96-2) : 서국태,「팽이그릇문화의 편년에 대하여」,(『조선고고연구』 96-2) : 리순진,「고조선의 질그릇에 대하여」,(『조선고고연구』 96-3) : 한인호,「고조선의 귀금속유물에 대하여」,(『조선고고연구』 96-3) : 김영진,「고조선의 도기에 대하여」,(『조선고고연구』 96-3) : 석광준,「평양일대 고인돌무덤의 변천에 대하여」,(『조선고고연구』 96-3) : 리준걸,「단군조선의 천문지식은 고구려 천문학의 기초」,(『조선고고연구』 96-3) : 남일룡,「평양일대 고대 성곽의 특징에 대하여」,(『조선고고연구』 96-3) : 최응선,「상원군 장

물질문화의 양상을 대응시켜 제시하고 있다. 즉 과거 기원전 12세기 요동지역을 중심으로 한 미송리형 토기와 비파형 단검을 연결시켜 파악하던 고조선의 고고학적 문화구성을 기원전 25세기를 전후한 평양지역의 팽이형 토기와 초기 비파형 단검·고인돌로 구성된 새로운 구성체계를 제시하고 이에 대응되는 변화양상을 6단계로 제시했다.104)

한편 고조선 건립의 사회-경제사적 전제와 발전단계에 대한 이론화를 진행하여 평양중심의 신석기 문화인 궁산문화를 계승한 팽이그릇 문화가 단군조선을 건립한 박달종족임을 주장했다.105) 이 같은 고조선 성립의 기본문화로서 새롭게 설정된 팽이그릇 문화에 대해 서국태는 이 문화가 단군조선 성립을 전후한 시기 사람들이 평양지방을 중심으로 한 청천강 이남~한강 이북에 이르는 지역에 수천 년 동

리 고인돌무덤을 통하여 본 고조선 초기의 사회문화상에 대하여」(『조선고고연구』 96-3) : 김동일, 「별자리가 새겨진 고인돌무덤에 대하여」(『조선고고연구』 96-3) : 정강철·리이철, 「평양일대에서 새로 발견된 유적들에 대한 핵분렬흔적년대측정」(『조선고고연구』 96-3).〔1997년도 간행분까지임〕

104) 류병흥, 「고조선의 문화발전에 대한 고고학적 편년에 대하여」(『조선고고연구』 96-2). △ 우리나라 고대국가 출현은 고고학적으로 청동기시대 : 팽이그릇 대표, 청동제품반출=기원전 4천년기 후반기. △ 미송리형 단지=기원전 3천년기 전반기. 따라서 우리나라 청동기 시대는 단군조선 성립이전인 기원전 4천 년기 후반기부터 시작되며 단군조선의 존속기간은 기원전 3000년기 초~기원전 2세기 말까지 다음과 같이 6단계 발전을 한다고 제시했다. ① 기원전 3천년기 전반기: 팽이그릇·.미송리형 단지. ② 기원전 3천년기 후반기: 팽이그릇·묵방리형 단지·전반기비파형 단검. ③ 기원전 2천년기 전반기: 나팔형 팽이그릇·후반기비파형 단검. ④ 기원전 2천년기 후반기: 조형화분형 단지·좁은 놋단검. ⑤ 기원전 1천년기 전반기: 화분형 단지·좁은 놋단검. ⑥ 기원전 1천년기 후반기: 화분형 단지·배부른 단지·제일 늦은형식 좁은 놋단검.

105) 장우진, 「단군조선 성립의 사회력사적 전제에 대하여」(『조선고고연구』 96-2). 평양중심 신석기시대 궁산문화를 계승한 팽이그릇 관계문화는 이웃지역 문화와 구별되고 이 문화는 단군조선을 건립하는데 주동적 역할을 한 박달종족이 창조. 이를 중심한 종족동맹이 형성됨. 군사민주주의 단계 말기에 박달종족 동맹이 추장·군장으로 군림하여 고조선을 세운 건국시조 단군이 고대국가 건립.

[표 4] 고조선 지역 토기문화[리순진]

분류	질그릇	연대
1	팽이그릇+미송리형 단지	기원전 3천년기 전반기
2	팽이그릇+묵방리형 단지	기원전 3천년기 후반기
3	팽이그릇+목있는 납작밑 배부른 단지	기원전 2천년기 전반기
4	과도형화분형 단지+목있는 납작밑 배부른 단지	기원전 2천년기 후반기
5	화분형 단지+소뿔형 또는 나무그루형 손잡이 배부른 단지	기원전 1천년기 전반기
6	화분형 단지+배부른 단지	기원전 1천년기 후반기

안 창조한 문화로서 기원전 4천 년 후반기 평양지방에서 우리나라 최초의 금속문화인 팽이그릇 문화를 창조한 사람의 후손들이 기원전 3천 년기 초에 단군조선 문화 창조한 것으로 파악하고 4단계 문화발전단계를 제시했다[106] 또 리순진은 이 같은 토기문화의 계승관계를 보다 세분하여 6단계 발전양상을 소개했다.[107] 이는 앞서 류병흥의 구분을 보완하는 내용으로 단군조선의 전체 역사상을 토기문화의 변화 속에 새롭게 규정짓기 위한 작업의 일환으로 파악된다. 또한 단군조선의 문화가 주민이동이나 급격한 문화변화없이 후속문화로 계승되고 있다는 논조를 유지하고 있다.

한편 이 같은 평양중심의 고조선사체계가 새롭게 정리되는 과정에서 기존의 인식과의 차이와 새롭게 규명되어야 할 문제에 대한 제

---

106) 서국태, 「팽이그릇문화의 편년에 대하여」(『조선고고연구』 96-2).

팽이그릇문화 1기	팽이그릇문화 2기	팽이그릇문화 3기	팽이그릇 문화 4기
(팽이그릇만 쓴 시기)	(미송리형 단지)	묵방리형 단지	목 있는 납작밑 배부른단지
4000 BC 후반기	3000 BC 전반기	3000 BC 후반기	2000 BC 전반기

107) 리순진, 「고조선의 질그릇에 대하여」(『조선고고연구』 96-3).

기가 있었다. 그 주된 주제는 「고조선의 중심지와 영역문제에 대한 해명」으로서 특히 평양이 왕검성임을 고고학적으로 증명하는 문제가 중심 과제로 제기되었고 단군 이래 단군조선 시기의 왕릉확인 작업이 후속되어야 함을 강조했는바 특히 대형 고인돌을 그 대상으로 설정하고 있다. 또한 사회-경제사적으로 농업생산 관련 유적과 금속광물 채취현장에 대한 확인작업이 요구되며 편년체계를 위한 자연과학적 연대측정법의 도입을 주장했다.108) 이 같은 문제제기는 고조선의 역사성을 기원전 12세기경부터 설정했던 인식체계를 1000여 년 이상 인상하여 기원전 25세기를 전후한 시점부터 새롭게 구성하면서 닥친 문제에 대한 자기고민의 일부로 이해된다. 즉 전자상자성공명법이라는 새로운 연대측정 결과에 대한 한국학계의 비판109)에 대한 대응으로서 탄소연대측정법·열형광법·핵분열흔적법 등의 추가적인 연대측정법의 도입을 강조한 것은 이들이 내세운 기왕의 연대관에 대한 불안감을 반영한 것으로 이해된다.

또한 단군을 명실상부한 왕으로 규정한 이후 후속왕의 존재확인에 대한 부담을 대형 고인돌과 연결시켜 상정한 것은 자체모순을 노정한 대표적인 내용으로 이해된다. 즉 단군릉의 경우 고구려 계통의 전형적인 대형 적석총으로 설정한 상태에서 후속왕들의 무덤은 고인돌무덤과 연결짓는 시대착오적 이해를 제시하는 모순을 보여주고 있다. 물론 고구려인들에 의해 새롭게 조영되었다는 단서를 달았지만 합리적인 연결이 어려운 내용이다. 또한 19세기 이후에 저작된 자료

---

108) 류병흥, 「단군과 고조선의 력사유적에 대한 고고학적 조사 발굴사업을 힘있게 벌리는 것은 어버이수령님의 유훈을 철저히 관철하기 위한 중요한 담보」(『조선고고연구』 96-3).
109) 崔夢龍, 「단군릉 발굴에 대한 몇가지 이견」(『韓國上古史學報』 15, 1994).

로 이해되는 문헌을 그대로 단군조선의 역사체계 설정의 자료로 활용하는 문제점도 지적될 수 있다.

한편 북한학계는 단군조선의 재정립을 정치적 상징체계의 강화와 연결시켜 활용하고 있음을 보여주고 있다.110) 특히 김일성 부자의 우상화에 한국고대사 관련 연구성과를 연결시켜 이들의 교시에 의해 이들 문제가 해명되었다는 강조를 반복하고 특히 동명왕릉의 재건과 왕건릉의 개건 및 단군릉의 재건으로 연결되는 일련의 과정이 이들 부자의 지시에 의해 이루어졌음을 강조하여 고대사의 영웅적 존재와 이들을 일체화시키려는 의도를 감지케 한다.111) 즉 고조선-고구려-고려-북한으로 연결되는 나름의 역사계승체계를 설정하고 이들 국가의 시조인 단군-동명왕-왕건으로 연결되는 역사정통체계 속에 김일성 부자를 위치시켜 새로운 시조로서 이들을 우상화하고자 하는 의도가 강하게 나타나고 있다.

---

110) 북한학계가 1980년대 이후에 이룩한 성과로서 다음의 것을 제시하고 있다. ① 인류의 발생과 진화. ② 고조선 문제와 노예사회 문제. ③ 고구려의 건국연대와 단군조선의 국가기원. ④ 동명왕릉과 고국원왕릉. ⑤ 덕흥리 벽화무덤의 주인공 문제. ⑥ 삼국시기 문화발전의 중심과고구려 문화. ⑦ 대성산성과 안학궁의 성격과 연대. ⑧ 고구려 남평양의 위치와 연대. ⑨ 낙랑문화의 성격과 '한4군'의 위치. ⑩ 발해 남경남해부의 위치. ⑪ 대령강 장성의 축조연대. ⑫ '미마나미야께설'의 허황성. ⑬ 초기 조일관계의 여러 가지 문제해명.

111) 리창언, 「경애하는 수령 김일성동지는 반만년의 유구한 우리 민족사를 빛내여 주신 위대한 스승」(『조선고고연구』 94-3) : 류병홍, 「경애하는 김일성동지는 우리 민족의 원시조를 찾아주시고 빛내여 주신 민족의 위대한 어버이이시다」(『조선고고연구』 95-3) : 한인호, 「당의 현명한영도아래 찬란히 개화 발전한 조선고고학」(『조선고고연구』 95-4) : 류병홍, 「단군과 고조선의 력사유적에 대한 고고학적 조사발굴사업을 힘있게 벌리는 것은 어버이수령님의 유훈을철저히 관철하기 위한 중요한 담보」(『조선고고연구』 96-30) : 한인호, 「경애하는 김정일 장군님은 우리 고고학자들의 위대한 스승」(『조선고고연구』 97-1) : 동, 「위대한 수령 김일성동지께서 우리 고고학의 개화발전에 쌓으신 불멸의 업적」(『조선고고연구』 97-2) : 김혜숙, 「위대한 수령 김일성동지는 우리 고고학자들의 영원한 스승이시다」(『조선고고연구』 97-3).

제4장
한국학계의 연구

1. 단군 및 단군조선 문제

　한국학계에서 진행된 고조선 연구의 내용은 해방후 과거 식민지 시대에 일본인들이 중심이 되어 진행한 한사군 문제에 국한된 연구를 극복하고 고조선의 원래모습을 회복한다는 측면에서 단군문제와 고조선 중심지 문제를 중심으로 진행되었다. 우선 단군문제에 대한 기왕의 견해들을 정리하면 다음과 같다.
　먼저 김재원金載元은 산동반도 지역에서 발견된 무씨사당 화상석武氏祠堂畫像石에 나타나고 있는 그림내용을 주목하여 이를 단군신화檀君神話와 연관지어 파악했다. 그는 화상석에 나오는 그림의 내용이 호랑이로 묘사된 내용을 제외하면 상당부분 단군신화에 나오는 내용과 일치한다고 파악하여 북방계의 곰의 수조신화獸祖神話와 연결된 내용으로 단군신화를 이해했다.[1] 이는 종래 일본인들이 단군신화가 고려시대 조작되었다는 논거를 일축하는 성과였다. 현재는 이에 대한 비판에 의해[2] 그 의미는 퇴색되었지만 새로운 관점과 인식의 폭을 확대했다는 점에서 주목되는 연구였다. 이병도李丙燾는 단군신화는 천신족天神族인 환웅이 지신족地神族인 고마족의 웅녀熊女와 결혼하여 단군을 낳았다는 것을 설화화한 것이라고 했다.

또한『삼국유사三國遺事』의 웅녀를『제왕운기帝王韻紀』에서 환인桓因의 손녀라 고친 것은 동물의 '웅熊'자를 피하기 위하여 개작한 것으로 원형을 잃은 설화로 보았다. 그는 단군이라는 표현은 제사장의 의미를 더 많이 가졌고 왕검王儉은 정치적 군장의 의미가 더 크다고 보았다. 따라서 제정일치祭政一致 시대에는 단군뿐이었으나, 제정이 분리된 뒤에는 제사단체의 장은 단군이라 하고 정치단체의 장은 왕검이라 하여 각기 맡았던 지역도 달랐던 것으로 보고 있다.[3]

김정학金廷鶴은 문헌과 인류학의 성과를 연결시킨 연구를 진행했다. 단군신화를 해석할 때 삼신사상三神思想의 표현으로 보면서 구체적으로는 태양신화太陽神話와 토테미즘의 두 계통의 신화가 결합된 것이 단군신화檀君神話라고 언급했다.[4] 한편 이 신화는 고조선의 일부족적 시조신화였던 것인데 삼국통일과 고려시대를 거치면서 민족의식이 고조되어 한민족 전체의 시조신화로 확대되었다고 이해했다.

이기백李基白은 단군신화 속에서 샤머니즘의 종교적 세계를 찾아볼

---

1) 金載元,『檀君神話의 新硏究』(正音社, 1947), 45~49쪽.
2) 金元龍,「武梁祠 畵像石과 檀君神話에 대한 再考」(『考古美術』146·147, 1980)〔『韓國美術史硏究』(1987)〕.
3) 李丙燾,「阿斯達의 位置問題와 그 名稱의 意義」(『韓國古代史硏究』, 博英社, 1975), 29~34쪽.
4) 金廷鶴,「檀君說話와 토오테미즘」(『歷史學報』7, 1954).

수 있고 나아가 토테미즘이라는 사회적 요소도 찾아볼 수 있다고 했다. 한편 단군은 삼한三韓의 천군天君과 같은 의미를 지녔다고 하며 천군은 종교적 제사장이었다고 했다. 환인桓因은 불교의 동방호법신을 나타내는 불교용어라고 하며 이를 오늘날의 하느님과 같은 의미를 지닌 것으로 보고 있다. 이에 환인은 하늘 위에 있는 광명의 신으로 보고 이는 태양숭배를 나타내 준다고 했다. 그리고 환웅桓雄이 행한 일을 보면 그는 무巫로서의 기능을 가졌다고 했다.

그는 왕검을 정치적인 통치자로 보는 견해를 따르고 있다.5) 특히 이기백은 기자조선箕子朝鮮은 일체 인정하지 않고 단군조선檀君朝鮮을 곧 고조선古朝鮮으로 파악하면서 단군신화가 고조선의 건국과 더불어 성립한 것으로6) 이해하고 있다.

김정배金貞培는 단군신화에 나오고 있는 세력집단을 고고학적인 자료와 연관시켜 고조선 인식체계의 문헌사적 한계를 전환시켰다. 즉 기왕에 고조선으로 지칭되는 역사체의 사회-문화적 성격을 단군조선檀君朝鮮·기자조선箕子朝鮮·위만조선衛滿朝鮮으로 나누어 이들 시대가 반영하고 있는 고고학적 문화양상을 연결시켜 그 역사적 의의를 밝히고 있다. 우선 단군신화는 우리나라 신석기시대 사람의 사상으로 곰숭배를 하던 고아시아족의 일파가 남긴 문화임을 강조 했다. 즉 단군조선의 내용을 신석기시대에 고아시아족의 한 종족이 남긴 역사로 이해했고 이른바 기자조선의 주민은 고아시아족이 아니라 알타이계의 무문토기인들이었다고 했다. 그들은 중국사서에 자주 나오는 예맥족濊

---

5) 李基白,「檀君神話의 問題點」(『韓國古代史論』, 1975), 14~15쪽.
6) 李基白,「古朝鮮의 諸問題」(『韓國古代史論』, 探究堂, 1975).

貊族으로서 기자가 동래한 사실이 부정되었기 때문에 이들이 담당한 조선이라는 의미에서 '기자조선箕子朝鮮'을 '예맥조선濊貊朝鮮'으로 달리 불러야 한다고 했다.

한편 이들 예맥조선의 문화가 청동기 문화로서 전기간에 걸쳐 지석묘와 석관묘가 축조되었다고 했고 전국시대 이후 중국문화의 영향이 조금씩 보이고 있으나 그 이전에는 중국문화와는 관계가 없다고 했다. 기자조선에 대하여도 고고학적으로 기자의 동래에 대한 증거가 전혀 없다고 하며 그 존재를 부인하고 있다. 거기에 더하여 기자조선을 한씨조선韓氏朝鮮이라고 하는 주장도 인정하지 않고 있다. 한편 위만조선衛滿朝鮮은 중국의 영향을 받아 이루어진 철기문화를 수용했으며 그 지배자와 주민은 거석문화와 청동기 문화를 계승한 예맥인濊貊人이 틀림없다고 했다.7) 이 같은 김정배의 견해는 고조선을 단군조선·기자조선·위만조선의 셋으로 나누어 각기 고고학적 자료와 연관시키고 그 종족이 어떠했는지 다루어 종족적·문화적 접근을 진행했다는 점에서 고조선 인식의 전기를 마련했다.

천관우千寬宇는 단군신화의 내용이 선주어렵민先住漁獵民인 고아시아인과 후래농경민後來農耕民인 북몽골인의 두 계통의 동화 내지 교체가 진행되었다는 견해8)를 수용하여 한민족의 원형인 한韓·예濊·맥貊이 형성되는 과정과 농경민의 등장에 의하여 농경문화가 본격적으로 반영되었다고 했다.9)

---

7) 金貞培, 「古朝鮮의 住民構成과 文化的 複合」(『韓國民族文化의 起源』, 高麗大學校 出版部, 1973), 160~209쪽.
8) 金貞培, 「古朝鮮의 住民構成과 文化的 複合」(『韓國民族文化의 起源』, 高麗大學校 出版部, 1973), 160~209쪽.

이종욱李鍾旭은 단군관련 기록은 신화라는 점을 분명히 하고 단군신화의 연대는 후대에 소급하여 놓은 것이라고 보았다. 따라서 고조선의 국가형성기를 고조선 지역에 중국계의 이주민이 등장하여 정치적인 자극과 압력을 가하게된 기원전 12세기 말 전후로서 설정하고 있다. 또한 고조선의 선주세력은 곰집단으로 표현되고 중국계의 이주민 집단은 범집단으로 표현되고 있으면서 곰집단과 관계를 맺은 중국계 이주민 집단은 환웅집단으로 표현되었다고 보고 이들이 환웅집단이 국가를 형성했다는 견해를 제시했다.10) 이 같은 인식은 중국계의 존재를 부각하면서 단군의 성격을 중국과의 관련 속에 설정한다는 문제를 배태하고 있다.

윤내현尹乃鉉은 고조선을 단군조선만의 명칭으로 제한하고 있으며 한반도와 만주지역에 위치하여 2,300여 년 존속한 것에 대해 기자조선과 위만조선은 중국의 망명세력으로서 이에 후속된 한사군 등은 현재의 난하灤河와 요서遼西지역에 위치한 것으로 파악했다.11)

2. 고조선 중심지 문제

한편 고조선의 강역과 중심지 문제에 대한 논의가 요동설과 한반

---
9) 千寬宇, 「古朝鮮의 몇가지 問題」(『韓國上古史의 諸問題』, 1987), 121~138쪽.
10) 李鍾旭, 『古朝鮮史硏究』(一潮閣, 1993), 67~73쪽.
11) 윤내현, 『고조선연구』(1994), 831~838쪽.

도설 및 이동설로 나뉘어 진행되었다. 즉 전통 역사학자들의 고조선사 연구의 가장 중요한 쟁점으로 고조선의 위치문제가 부각된 이래 이 문제는 현재까지도 많은 논의가 유지되고 있는 문제이다.

윤내현은 기자조선과 위만조선은 중국계통의 지역정권 이해하고 단군조선이 난하와 현재의 요서지역을 중심으로 존재했음을 주장했다. 기왕의 리지린 등 북한학계의 성과를 원용한 이 견해는 고조선의 중심지 논의를 촉발하여 고조선 위치에 대한 재검토가 면밀히 진행되게 되었다. 즉 문헌자료에 대한 검토와 고조선이 기반하고 있는 비파형 동검문화와 토기·고인돌 문화 등에 대한 연구를 통해 고조선의 초기중심지가 요동지역까지 포괄하고 있다는 것에 대한 어느 정도의 합의가 이뤄졌고 후기 고조선의 중심지가 어느 지역이었는가에 따라 요동지역 유지[12], 한반도 및 대동강 지역으로의 이동이라는 측면으로 나뉘어 논의가 진행되었다. 즉 천관우는 기자족箕子族의 이동을 주장했다.[13]

김정학은 요녕遼寧지방 청동기 문화의 담당자는 조선족朝鮮族인데 연燕의 침략으로 고조선의 세력이 약해져서 동쪽으로 이동하게 되었고 기원전 4~3세기경에는 고조선의 영역이 요동에서 한반도의 서북부에 걸쳐 있게 되었다고 했다.[14] 서영수徐榮洙는 고조선이 요동지역에서 대동강大同江 유역으로 이동했을 가능성을 주장하고 있다.[15] 노태돈盧泰敦은 기원전 3세기 요서지방은 동호東胡의 지역이고 요하 이동이 고

---

12) 윤내현, 전게서(1994).
13) 千寬宇, 『古朝鮮·三韓史硏究』(一湖閣, 1989), 10~13쪽.
14) 金廷鶴, 『韓國上古史硏究』(범우사, 1990), 177쪽.
15) 徐榮洙, 「고조선의 강역과 위치」,(『한국사시민강좌』, 1988).

조선의 지역으로 기원전 3세기 초까지 고조선의 중심부는 요동이었는데 연나라의 기습적인 공격을 받은 고조선은 그 중심지를 이동하게 되었다고 한다.16) 한편 이형구李亨求는 발해연안의 청동기 문화를 강조하고17) 이 지역의 기자족단과의 관련성을 강조하여 이들의 이동성을 주목했다.

고조선과 관련된 최근의 견해는 기왕의 견해를 강화하는 한편 새로운 논쟁이 제기되고 있다. 김정배金貞培는 기존에 진행된 고조선 관련 연구성과를 바탕으로 고조선에 대한 고고학 및 문헌에 대한 종합적 정리를 진행했다.18) 이를 통해 동북아 청동기 문화 및 지석묘支石墓 문화 등 중국·한국·일본 학계의 고고학적 연구성과에 대한 검토와 비판을 통해 고조선사에 대한 체계적 인식틀을 제시했다. 특히 동북아 비파형 동검문화琵琶形銅劍文化에 대한 종합적 검토를 통해 지석묘와 석관묘의 전통이 위주가 된 요동지역의 묘제에서 전형적인 비파형동검과 미송리형 토기橫耳附鼓頸壺19) 등이 함께 나타나므로 이 지역에서 고조선 가운데 예맥조선〔소위 '箕子朝鮮'〕의 위치를 찾고 중심지를 거론해야 함을 강조했다. 또한 단군릉 발견 이후 진행된 북한학계의 고조선 관련 연구내용에 대한 비판과 문제점을 제시하여 고조선사에

---

16) 盧泰敦, 「古朝鮮 중심지의 변천에 대한 연구」(『韓國史論』 23, 1990), 42~53쪽.
17) 李亨求, 「韓國民族文化의 시베리아起源說에 대한 再考」(『東方學志』 69, 1990), 12쪽.
18) 金貞培, 「東北亞의 琵琶形銅劍文化에 대한 綜合的 硏究」(『國史館論叢』 88, 1999).
19) 이 용어는 김정배 교수가 최근의 발굴성과를 충분히 반영하지 못하는 부적절한 용어인 한국과 일본학계가 사용한 '美松里型土器'나 중국학계의 '弦紋壺'의 모호한 개념 대신 제시한 용어이다. 橫耳附鼓頸壺란 '가로손잡이가 붙은 목이 볼록한 단지'라는 의미로 遼東地域에서 琵琶形銅劍이 등장하는 시기는 弦紋이 시문된 橫耳附鼓頸壺의 출현과 관련된 것으로 파악하고 있다.〔金貞培, 위의 글(1999), 43쪽〕

대한 포괄적 이해와 구체적 역사체에 대한 이해의 방향을 정리했다.

송호정宋鎬룸은 대릉하大凌河-요하遼河를 경계로 요서지역 하가점夏家店 상층문화의 담당자는 산융족山戎族의 문화이고 요동지역 요녕식遼寧式 동검문화銅劍文化의 담당자는 예맥족 계통의 문화로 규정한 뒤 요동지역 청동기 문화를 고조선과 관련된 문화로 보았다.20) 특히 지석묘·미송리형 토기 및 팽이형 토기로 특징되는 이 지역문화는 연나라와의 관계 속에서 기원전 4세기경 고조선은 예맥족에 대한 통제력을 확보했고 기원전 3세기 연의 공략에 의해 청천강淸川江 이남지역에서 고조선은 국가적 성장을 지속한 것으로 파악했다. 서영수徐榮洙는 낙랑군의 성격이해를 새롭게 진행하여 낙랑군 설립 뒤 중국의 영향력 약화에 따라 중국계 유이민 중심의 자치적 왕국이 출현했을 가능성을 검토하여 낙랑군 이해의 새로운 측면을 제시했다.21)

한편 조법종趙法鍾은 위만조선의 완전한 붕괴시점이 기원전 108년이 아닌 기원전 107년이며 이 같은 사실은 위만조선의 도읍인 왕험성王險城이 함락되기 전에 낙랑군이 왕험성과는 다른 곳에 설치되어 왕험성과 낙랑군樂浪郡이 병존했다는 사실을 주장했다.22) 이는 낙랑군이 왕험성에 설치되었다는 기존통설에 정면으로 배치되는 것으로 왕험성은 기원전 107년 설치된 현토군玄菟郡 설치지역과 관련되었을 가능성이 오히려 높다고 파악했다. 또한 고구려벽화고분 벽화내용 분석을 통해 고구려의 전왕족인 소노부消奴部 세력이 단군신화를 시조신화로

---

20) 宋鎬晟, 「古朝鮮 國家形成 過程 硏究」(서울대 박사학위논문, 1999).
21) 徐榮洙, 「對外關係史에서 본 樂浪郡」,『史學志』31, 1998).
22) 趙法鍾, 「衛滿朝鮮의 崩壞時點과 王險城, 樂浪郡의 位置」(『韓國史硏究』110, 2000) 및 「衛滿朝鮮의 對漢戰爭과 降漢諸侯國의 性格」(『先史와 古代』14, 2000).

유지했을 가능성을 제시했다.23)

한편 김남중金南中도 문헌 및 유물분석을 통해 왕험성이 현재의 평양지역이 아닌 압록강 유역 고구려 발생지역과 연결되고 있음을 강조한 견해를 제시하여 새로운 논의가 진행되고 있다.24)

---

23) 趙法鍾, 「高句麗社會의 檀君認識과 宗敎文化的 特徵」(『韓國古代史硏究』 21, 2001).
24) 金南中, 「衛滿朝鮮의 領域과 王儉城의 位置」(전남대 석사학위논문, 2000).

제5장
중국학계의 고조선 연구

고구려사高句麗史의 역사귀속성 문제를 중심으로 진행된 중국의 '동북공정東北工程'을 통해 최근에는 그 영역과 대상이 한국고대사 전반으로 확대되어 고조선古朝鮮 및 삼한三韓 그리고 발해渤海 등이 중국사로 포괄한 연구결과가 나오고 있다.[1] 이에 대해 우리 학계는 다방면에 걸친 문제제기 및 반론과 대응을 진행했다.[2] 이 같은 상황에서

---

1) 최광식, 「'東北工程'의 배경과 내용 및 대응방안 -고구려사 연구동향과 문제점을 중심으로-」,『韓國古代史硏究』33, 한국고대사학회, 2004.3) ; 동,『중국의 고구려사 왜곡』(살림출판사, 2004.2) ; 신형식 외,『고구려는 중국사인가』(백산자료원, 2004.5) ; 尹明喆,「東北工程의 배경과 21세기 동아시아 신질서의 구축」,(『단군학연구』10, 단군학회, 2004.6) ; 鄭杜熙,「中國의 東北工程으로 제기된 韓國史學界의 몇 가지 문제」(『歷史學報』183, 歷史學會, 2004.9) ; 신종원,『중국인들의 고구려 연구 -동북공정의 논리-』〈동북아 역사총서 7〉, 한국학중앙연구원, 2005.9).
2) 중국의 동북공정에 대한 비판 및 대응논리로서 한국고대사학회 및 고구려연구회 등의 대응을 비롯한 다양한 논고에서 중국논리에 대한 비판이 진행되었다.
△ 한국고대사학회,『중국의 고구려사왜곡 대책 학술발표회』(2003.12.9). 여기에는 다음과 같은 글이 실렸고 한국고대사학회의『韓國古代史硏究』33(2004)에 수록되었다. 趙法鍾,「中國學界의 東北古民族 및 古朝鮮研究動向과 問題點」; 여호규,「고구려의 족속기원과 건국과정」; 孔錫龜,「고구려의 영역과 평양천도 문제」; 朴京哲「中國學界의 高句麗 對隋·唐 70年戰爭 認識의 批判的 檢討」; 김현숙,「고구려 붕괴 후 그 유민의 거취 문제」; 한규철.

2006년 9월 중국의 동북공정이 다시금 문제로 부각되었다.[3] 특히 두 번째로 쟁점화된 원인은 중국학계가 고조선 연구를 통해 한국사의 첫 단계까지도 중국사에 포섭시켜 한국사 전체를 중국사 범주에 포섭하려는 의도를 본격적으로 표출시킨 내용이 부각되었기 때문이었다.[4]

또한 이들 연구결과가 중국의 교과서 및 지방정부 간행물 등에 반영된 사실이 부각되면서 재차 쟁점화되게 되었다.[5] 이 과정에서 기존 고구려 연구의 문제성과 함께 논의된 고조선사 연구문제가 체계적으로 검토되어야 함을 다시금 확인시켜 주었다.

종래 고조선 문제와 관련된 중국학계의 연구상황은 2002~2005년 중국 변강사지 연구중심의 '동북공정' 고조선 관련 연구과제에 잘 나타나 있다. 즉 이 기간 연구과제로서 「箕子와 箕子朝鮮 硏究」(張碧波, 2002년 과제), 「中國 東北古民族 發展史」(李德山·欒凡, 2002년 과제), 「古朝鮮의 歷史·族源·文化硏究」(2003년 과제), 「朝鮮半島 古文明의 起源」(2004년 과제) 등이 고조선과 관련된 주제로 제시되어있고 현재 이덕산의 연구과제가 2003년

「발해의 고구려 역사계승 문제」 : 안병우, 「고구려와 고려의 역사적 계승 관계」.
△ 고구려연구회, 『고구려=중국사' 중국의 논리는 무엇인가?』(2003.12.17) 수록 글은 다음과 같다. 서길수, 「고구려=중국사이다. 중국의 논리와 국가프로젝트 "동북공정"」 : 윤명철, 「고구려와 수당간의 전쟁에 대한 중국'東北工程'의 시각」 : 서영수, 「고구려족=중국 소수민족, 그 논리는 무엇인가?」 : 한규철, 「발해=중국사, 중국의 논리는 무엇인가?」
▽ 余昊奎, 「중국의 東北工程과 高句麗史 인식체계의 변화」, 『韓國史硏究』 126, 韓國史硏究會, 2004.9).
▽고구려연구재단, 「중국의 '동북공정' 그 실체와 허구성」(2004.10) : 「고조선·단군·부여」(2004.10) : 「다시 보는 고구려사」(2004.11) : 「중국의 동북공정과 중화주의」(연구총서 12) (2005.9).
3) 고구려연구회, 『중국의 동북공정연구성과에 대한 분석과 평가』(2006.9).
4)趙法鍾, 「中國學界의 東北古民族 및 古朝鮮研究動向과 問題點」, 『韓國古代史硏究』 33, 한국고대사학회, 2004.3).
5) 2006년 9월4일 KBS보도 및 이후 9월달 각종언론에 소개된 자료 참조.

중국 사회과학출판사에서 공간된 상태이다.6)

그런데 관련자료를 검토해 보면 이들 연구주제와 내용이 동북공정이 시작된 2002년을 전후한 시기에 진행된 중국학계의 고조선 관련 연구성과와 밀접히 연결되어 있으며, 그 가운데서도 중국사로의 귀속성이 강조된 연구내용이 동북공정 과제로서 채택되어 고조선사를 중국사적 인식의 범주 속으로 더욱 고착화시켜 가고 있다. 이 시기 연구의 중심주제는 조선朝鮮명칭을 일출日出과 관련된 한자의미적 범주로 해석하여 중국의 양곡暘谷·부상십일신화扶桑十日神話,『주역周易』의 명이明夷표현 등과 연결된 개념으로 해석하는 것과 기자동래箕子東來에 의해 고조선의 역사가 시작되었다는 내용이 중심적으로 진행되었다.

한편 이 같은 인식내에서 학자들 사이에 기자조선의 위치문제에 대해 평양설平壤說과 요서설遼西說로 나뉘어 논의가 진행되고 있으며 2000년대부터 중국학계의 고조선 연구가 '한족중심주의漢族中心主義'와 극단적인 '중화민족주의中華民族主義'로 고착되는 상황이 전개되었다. 그리고 1997년 길림성 사회과학원 산하에 '고구려연구중심高句麗研究中心'이 설립되었고 2001년 중국 사회과학원과 중국공산당 길림성위원회가 함께 '동북강역 역사와 현재상황에 대한 연구좌담회'를 개최했고 곧 이어 2002년 중국 사회과학원 변강사지연구중심에서 '동북공정'이 공식적으로 시작되었다는 점에서 이 시기는 동북공정 관련 중국학계의 연구체계가 확립된 시점이라는 의미를 갖고 있다.7)

---

6) 조법종, 전게논문(2004).
7) 오강원,「현대 중국의 고조선연구와 그 맥락」(『중국의 한국 고대사연구』, 고구려연구재단, 2005.12). 42~43쪽.

이들 논의에 대한 우리 학계의 대응은 대부분 고구려·발해에 대한 중국측 논의에 대한 반론제기를 중심으로 진행되었고 고조선에 대해서도 일정한 성과가 제시되었다.8) 그런데 한국측 정리는 연구사적 정리와 핵심쟁점에 대한 소개가 진행되었지만 각 연구자별 논의의 차이와 논리전개의 문제점에 대한 검토와 정리가 필요함이 지적된다. 따라서 본고에서는 이들 중국학계의 연구성과가 1990년대부터 본격적으로 진행된 상황을 감안하여 이 시기 이후의 연구성과를 중심으로 관련쟁점별 검토를 진행하고자 한다. 특히 동북공정이 진행된 2002년 전후시기인 1990년대부터 2006년까지 진행된 중국학계의 고조선 관련연구를 핵심주제별로 분류하여 각 주제별 논점에 대한 검토를 통해 이들의 논의내용과 주장을 정리하고 이 같은 입장의 문제점을 검토하여 향후 동북공정 대응논리 체계마련의 기반을 삼고자 한다.

1. 조선명칭 문제

동북공정에서 진행된 고조선 문제와 관련하여 '조선朝鮮'명칭 문제에 대한 중국학계의 입장은 '조선'이 중국 선진문헌에 존재하는 중국

---

8) 조법종, 「동북고대종족 및 고조선 연구동향과 문제점」(『중국의 고구려사 왜곡대책 학술발표회』, 2003.12) ; 오강원, 「현대 중국의 고조선연구와 그 맥락」(『중국의 한국 고대사연구』, 고구려연구재단, 20050.12) ; 장석호, 「기자조선에 대한 중국의 최근 입장과 비판」(『중국의 한국 고대사연구』, 고구려연구재단, 2005.12). 본고를 작성하는 데 있어 필자가 확보 못한 일부 논문은 위의 논문들에서 정리된 중국학계의 연구동향에 관한 자료를 참조했음.

종족을 지칭하는 표현과 연결되었다는 점을 한자적 의미 즉 일출日出현상과 관련된 부분에 한정하여 논의를 진행시키는 특성을 보여준다. 즉 '해 뜨는 동쪽'이라는 개념을 전제로 『상서尙書』·『산해경山海經』·『주역周易』에 등장하는 우이嵎夷·양곡暘谷·부상십일신화扶桑十日神話·명이明夷 등과 관련시켜 논의를 반복하고 있다. 이 견해는 장박천張博泉 등 대부분의 중국학자가 기자조선의 중국적 연결관계를 설명하는 내용으로 활용하는 입장이다.

이와 관련되어 가장 최근의 중국적 입장을 대변하고 있는 유자민劉子敏은 기왕에 자신이 강조했던 우이嵎夷·양곡暘谷 등이 조선과 관련된 명칭으로서 조선만이朝鮮蠻夷는 동쪽으로 온 은인殷人과 기자箕子무리 및 양이良夷(樂浪)夷이 융합된 존재이며 그 가운데에 산동반도로부터 옮겨 온 동이인東夷人의 혈통도 포함된다는 논리를 최근 재차 강조했다.9) 즉 『상서』에 가장 먼저 나타난 우이嵎夷에 대한 다음 기록에 나타난 양곡暘谷과의 관련성을 강조하여 우이의 거주지역에 대한 논의를 소개하고 있다.

> …. 分命羲仲宅嵎夷曰暘谷宅居也.
> 東表之地稱嵎夷暘明也日出於谷而天下明 故稱暘谷暘嵎夷一也羲仲居治東方之官.10)

이 사료에 나타난 종래 우이嵎夷의 거주지역과 연결된 양곡暘谷의 위치에 대해 종래 요서설11)·요동설12)·조선설13)·일본설14)이 있는

9) 劉子敏, 「"嵎夷"與"朝鮮"」(『北方文物』 2005-4).
10) 『尙書』, 「虞書」 卷二, 堯典.

데 이 가운데 조선설이 가장 적절하다는 논리로 논의를 진행했다. 또한 유자민劉子敏은 우이가 중국문헌에 이미 해외의 종족으로 표현되어있는데 이는 동이문화가 산동반도의 대문구大文口문화(4300~2500 BC)와 용산龍山문화(2200~1900 BC)·악석岳石문화(1900~1600 BC)를 통해 형성되어 요동반도와 한반도로 옮겨간 것으로 파악하고 이같이 옮겨간 존재를 표현한 것이 우이嵎夷라고 보고 있다.15)

그런데 이 견해에서 주목되는 점은 '조선朝鮮'이라는 표현은 『관자管子』와 같은 춘추시기에 처음 나타난 표현이며 조선과 관련되어 나타나는 열수列水·거연鉅燕·천독天毒 등과 같은 표현은 전국시대의 일과 관련된 것이기 때문에 조선명칭은 오히려 후대에 생긴 명칭임을 강조한 점이다. 특히 한대 사서에 전하는 기자箕子가 조선으로 갔다는 내용에 나타난 조선은 고칭古稱을 쓴 것이 아니라 한대 당시의 표현을 쓴 것으로 파악하고 있다.

이 견해는 기자동래설箕子東來說이 갖고 있는 관련용어의 시대불일치라는 근본적인 문제점을 제기하고 있다.16) 이는 기자동래와 관련하여

---

11) 요서설은 許愼의 『說文解字』에서 嵎夷가 暘谷에 있고 暘谷이 首陽山이라는 해석을 제기하여 요서설이 성립된 이래 史記索隱에서 당의 司馬貞이 이를 계승되었다. 최근에는 嵎夷와 朝鮮과 明夷를 하나로 인식하는 張博泉에 의해 제기되었다. [張博泉, 『箕子與朝鮮論集』 (吉林文史出版社, 1994)]
12) 요동설은 徐文靖이 『禹貢會箋』에서 嵎夷는 嵎鐵로도 쓰이는데 이는 현재 요녕성 旅順의 鐵山이 관련지역이라고 제시했다.
13) 조선설은 대부분의 중국학자들이 暘谷을 『山海經』의 湯谷과 연결시켜 湯谷과 扶桑十日 신화를 연결시키고 이 곳이 黑齒의 북에 있다는 내용을 바탕으로 黑齒國을 백제의 黑齒常之와 연결시켜 현재의 한반도 지역으로 유추한 결론이다.
14) 呂思勉, 『讀史禮記』(上海古籍出版社, 1982).
15) 劉子敏, 상게논문(2005), 63쪽.
16) 劉子敏, 상게논문(2005), 64쪽.

가장 중요한 근거사료인 『상서대전尙書大傳』에 나타난 기자동래 관련 사료가 한대 이후 새롭게 나타난 사료임을 보여주는 것으로 비록 고칭을 신칭으로 바꾸었다는 측면에서 유자민은 논의를 진행하고 있지만 원전사료의 문제점을 근본적으로 제기하고 있다는 점에서 자체논리의 모순을 보여준다.

한편 장벽파張碧波 역시 '조선'이라는 표현은 『산해경』내용에 나타나고 있는 탕곡湯谷暘谷이 조선반도朝鮮半島의 명칭이며 『주역』에 나오는 명이明夷가 하상夏商시기 조선朝鮮의 명칭이라고 주장하여 조선명칭 또한 상주商周 때 만들어진 중국문자라고 보고 있다.17) 이 같은 논리의 근거는 왕뢰생王雷生이 지적한 것처럼 이경지李鏡池가 『주역탐원周易探源』에서 행려의 어려움을 강조한 내용으로 이를 보면서 '지之'를 '왕往'으로 명이明夷를 동방지국東方之國으로 해석한 내용으로 이 같은 이해가 현재 중국학자들의 기자동래설의 근거로서 활용되고 있다.18)

그러나 『주역』에 나타난 내용은 기자가 조선으로 갔다는 내용과는 관계없는 군자君子가 어려움을 당한 상황을 비유한 내용으로 나타나고 있다.19)

六五 箕子之明夷, 利貞 最近於晦與難爲比險莫如玆而在斯中猶闇不能沒明

---

17) 張碧波·喩權中「朝鮮箕氏考」(『社會科學戰線』 1997-6) : 張碧波,「古朝鮮研究中的誤區-東北史評之一」(『黑龍江民族叢刊』 1999-4).
18) 王雷生,「"周易·明夷卦"及其歷史故事新解」(『周易研究』 1999-1), 76쪽. 이 같은 맥락에서 明夷를 太陽鳥로 파악하고 이를 文王의 明夷와 箕子의 明夷로 대비시켜 문왕의 주왕조 건립과 기자의 朝鮮國 건립으로 연결지어 파악하기도 했다. 그런데 그 조선국의 위치를 현재의 北京 일대로 설정하는 입장이 함께 제시되고 있다.
19) 서영수,「동북공정의 고조선부여연구결과에 대한 평가」(『중국의 동북공정 연구성과에 대한 분석과 평가』, 2006), 58쪽.

不可息正不憂危故利貞也.
象曰明入地中明夷內文明而外柔順以蒙大難文王以之△利艱貞晦其明也內難
而能正其志箕子以之.
象曰 明入地中明夷 君子以位衆 用晦而明.20)

위 기록에 나타난 괘사卦辭에 대해 후한대 정현鄭鉉은 이 괘사에 대한 설명에서 '이夷'는 손상을 입은 것을 의미하는 것으로 해석하고 있다.

夷 傷也 日出之上 其明乃光 至其入地 明則傷矣 故謂之明夷.21)

또한 당나라의 공영달孔穎達은 『주역정의周易正義』에서 "군자君子가 어려움에 처한 상황을 이겨내는 모습"으로 이 괘의 의미를 설명하고 있다. 즉 본문내용을 보면 '괘卦36 지화명이地火明夷'에 대한 설명으로 기자箕子가 명이明夷〔밝음이 손상을 당한〕상태에 빠진 것을 대처한 것처럼 군자가 어려움을 극복하는 상황에 대한 설명 가운데 '명이'가 나타나고 있다. 따라서 이 내용은 고유명사가 아닌 동사적 표현으로 특히 조선과 연결지어 파악하는 것은 성립할 수 없는 내용이다.

그런데 기자와 고조선을 연결지어 주는 역사적 사건인 '기자동래'를 입증하기 위해서는 명이明夷를 조선으로 해석해야만 문제가 있다. 즉 유자민의 견해에서 소개된 것처럼 '조선'이라는 표현은 기원전 7세기경의 『관자』 이전에는 나타나지 않고 있는데 비해 기자동래箕子東來 사실은 기원전 12세기경의 사건이다. 그런데 정작 기자동래에 대한 기록은 은-주殷周교체기, 춘추전국시대 기록에서는 전혀 존재하지 않

---

20) 『周易』 卷四, 「明夷」.
21) 李鼎, 『周易集解』.

다가 갑자기 한漢이 중국을 재통일한 뒤인 기원전 1세기경 기록에 나타난다는 문제를 해결하기 위한 것이었다. 즉 기자는 기원전 12세기에 존재했고, 조선朝鮮명칭은 기원전 7세기경 출현하며, 기자동래는 기원전 1세기경 편찬된『상서대전尙書大傳』에 처음 등장한다는 시간적 차이문제를 해결하기 위해 만들어낸 방안이 관련명칭의 해석이었다. 즉 이미 조선의 별칭인 양곡暘谷·우이嵎夷·명이明夷 등의 명칭이 은-주 교체기에 존재하고 있으며 양곡과 우이는 부상십일신화扶桑十日神話와 연결되어 중국문화적 범주와 종족적 범위에 조선이 연결되며, 명이는 기자가 조선으로 간 것을 설명한다고 논의를 전개한 것이다.

그런데 이 같은 인식의 문제점은 먼저 이들 명칭이 중국 고대종족 명칭이라는 입론을 세우기 위해 조선의 명칭을 뜻으로만 해석하고 있는 점이다. 즉 중국주변의 종족명칭의 경우 한자표현은 음차音借를 통한 표현이 대부분임에도 불구하고 이를 훈차訓借로 풀고 있는 문제가 있다. 또한 중국학계에서는 기자의 실재보다는 기자동래에 대한 한국 및 북한학계의 비판을 의식하고 특히 그 근거로서『상서대전』의 후대성과 중화중의적 관점에서의 기자동래 창안가능성이 주요한 비판이 되자 이를 의식하고『주역』에 나타난 '기자지명이箕子之明夷'라는 항목의 역사성을 강조하는 논법을 제시하고 있는 것이다.

그러나 앞서 이 같은 해석의 근거가 된 이경지李鏡池의 해석은 같은 괘卦에 나타난 5개의 명이明夷관련 괘사에 대해 각기 다른 해석을 제시하는 오류를 범했고 또한 명이국明夷國이 존재하지 않는다는 문제 등에 의해 중국학계에서도 비판되고 있다.22) 이 비판의 핵심은 주역의 괘를 이해하는 방법에 있어 의역하지 말고 해석해야 하는 금칙을 넘어선 문제가 표출되고 있는 점 등이 문제로서 지적되고 있다.

또한 우이嵎夷와 양곡暘谷湯谷의 명칭을 단지 해가 뜨는 곳이라는 단순 내용을 바탕으로 바로 조선朝鮮과 연결짓는 인식이다. 관련사료를 보면 탕곡 또는 양곡暘谷에 대한 언급은 우이와 관련된 『사기』기록에 대한 공안국孔安國의 주석과 해외경海外經의 기록으로 다음과 같이 나타나고 있다.

> 分命羲仲 居郁夷 曰暘谷.
> 孔安國曰東表之地稱嵎夷. 日出於暘谷. 羲仲 治東方之官.
> 淮南子曰 日出湯谷 浴於咸池 則湯谷亦有他證明矣…
> …案 : 嵎夷 靑州也. 堯命羲仲理東方靑州嵎夷之地 日所出處 名曰陽明之谷.
> 羲仲主東方之官 若周禮春官卿.23)

위의 사료에 나타난 내용은 안설案說에 제시된 것처럼 동방 청주靑州지역에 우이가 거하며 그 곳은 해가 뜨는 곳으로 이름은 양명지곡陽明之谷[볕 잘 들고 밝은 땅]이라는 의미이다. 이 내용은 결국 중국의 동쪽 현재의 산동일대의 청주지역에 대한 표현으로 이 곳과 조선은 전혀 연결시킬 수 있는 역사적·지리적 근거가 없는 곳으로 단지 일출이라는 현상을 근거로 논지를 전개하고 있어 문제가 이 같은 인식의 근거가 박약함을 보여주고 있다.24)

이는 후속된 다음 관련사료에서도 확인된다.

---

22) 張聞玉, 「"易·明夷卦"探微」(『貴州大學學報』 1995-4), 41쪽.
23) 『史記』, 「本紀」 1, 五帝本紀1 帝堯.
24) 조법종, 전게논문(2003).

且齊東陼巨海 南有琅邪 觀乎成山 射乎之罘 浮勃澥 游孟諸 邪與肅愼爲鄰 右以湯谷爲界 秋田乎靑丘.
正義言右者 北向天子也. 海外經云湯谷在黑齒北 上有扶桑木 水中十日所浴. 張揖云日所出也. 許愼云熱如湯.25)

위의 사료에 나타난 내용은 제齊지역 관련지역을 설명하는 내용으로 탕곡에 대한 주석에서 탕곡과 부상십일신화가 언급되고 있는데 그 위치가 북으로 천자를 향해 오른쪽이며 흑치黑齒지역의 북쪽이라는 언급에서 이 지역이 앞서 지적된 산동일대와 연결되고 있음을 보여주고 있다. 즉 이 지역은 결코 현재의 요동반도나 한반도 지역과 연결지을 수 없는 일출지역에 대한 표현임을 알 수 있다 또한 조선명칭은 『사기』 조선전을 주석한 『사기집해史記集解』에서는 3세기경 위魏나라 장안張晏의 견해를 인용하여 조선에는 습수濕水·열수洌水·패수汕水 3개의 강이 있는데 이들이 합쳐 열수洌水가 되었으며 낙랑樂浪과 조선朝鮮이라는 명칭은 이 강들의 이름에서 따온 것 같다고 했다.

集解張晏曰 朝鮮有濕水·洌水·汕水 三水合爲洌水 疑樂浪·朝鮮取名於此也.26)

사료의 내용은 '조선'명칭에 대한 가장 오래된 해석으로서 고조선의 지리적 정황이 중심이 된 것으로 단순한 자구해석에 연결된 일출지역이라는 현상보다는 매우 구체적인 세 강의 합류처와 관련된 지리적 성격이 강한 명칭으로 설명하고 있다. 또 『산해경』의 주석자인

---
25) 『史記』, 「列傳」 117, 司馬相如列傳 57.
26) 『史記』 115, 「朝鮮列傳」 55.

4세기 초의 곽박郭璞은 "조선朝鮮은 요동遼東에 있던 낙랑樂浪과 동의어"라고 했다.27) 이같이 중국의 전통적 사서류에 나타나고 있는 조선명칭에 대한 이해는 지리적 성격이 중심이 된 해석을 보여주고 있다.

또한 우리 학계에서는 이를 종족명칭에서 유래한 것으로 보고 있다. 즉 조선이라는 종족명칭이 있고 그 명칭이 지명으로 정착된 것으로 중국인의 해석처럼 지역명칭이 우선이 아니라는 입장이다. 즉 조선을 신채호申采浩28)와 정인보鄭寅普29)는 조선을 '같은 소속'을 의미하는 만주어의 주신珠申에서 온 것으로 해석했고30) 이병도李丙燾는 "'조선'은 곧 고대조선의 단어 '아사달阿斯達'의 중국식 모사표현"으로 보았다.31)

한편 북한학계의 리지린은 기본적으로 장안張晏의 설을 받아들이면서 습수濕水・열수洌水・산수汕水 등의 명칭으로부터 숙신肅愼・식신息愼・직신稷愼 등의 숙신족肅愼族 제명칭이 배태되었다고 보면서, 조선은 결국 위의 수명水名으로부터 온 것이지만 직접 온 것이 아니고, 숙신이라는 종족명칭을 통하여 온 것이라고 했다.32)

이같이 조선명칭의 의미는 종족명에서 시작되어 지명으로 정착된 것으로 보는 것이 일반적 인식임에도 중국학계는 지명에서 이것이 유

---

27) 『山海經』 卷12, 「海內北經」 ; 卷18, 「海內經」.
28) 申采浩, 「朝鮮上古文化史」(『丹齋申采浩全集』 上卷, 1972.), 351~369쪽.
29) 鄭寅普, 『朝鮮史硏究』(서울신문사, 1947), 51~52쪽.
30) 『滿洲源流考』에서는 원래 만주어로 '所屬'을 의미하는 말이 珠申이라고 했는데 肅愼은 珠申이 轉音된 것이라고 기록되어 있다. 이에 근거하여 '所屬'을 '管境'과 뜻이 통하는 것으로 해석하여 珠申은 국호의 의미를 지녔을 것으로 인식했고, 옛 문헌에 보이는 朝鮮과 肅愼은 동일한 뜻을 지닌 다른 호칭이었으므로 결국 朝鮮의 명칭은 珠申에서 유래했을 것이라고 했다.
31) 李丙燾, 「檀君說話의 解釋과 阿斯達問題」(『韓國古代史硏究』, 1976), 27~43쪽.
32) 리지린, 『고조선연구』(1964), 11~20쪽.

래되었다는 전제하에 논의를 전개하는 근본적 문제점을 갖고 있다.

2. 단군문제

단군문제에 대한 중국학계의 입장을 상징적으로 나타낸 글은 중국 동북공정의 기초연구류의 과제연구 부분의 성과로 출판된 동북변강 연구총서의 하나인『중국동북변강연구中國東北邊疆硏究』에 잘 나타나 있다.33) 즉 동북변강민족 문화편에서 북한에서 진행된 1959년 '기자릉 훼파箕子陵毀破'와 1994년 '단군릉 개건檀君陵改建'이라는 두 가지 사실에 대한 입장을 '중국적 역사형상'을 훼손한 것으로 나타나 있다. 이는 기자로 상징되는 중국역사의 흔적 제거와 단군으로 상징되는 신화상의 인물이 역사적 존재로 부각된 것에 대한 중국의 비판적 입장을 반영한 표현이다. 따라서 연속된 논문에서는 '기자동래箕子東來' 및 '한사군漢四郡' 등의 사실에 의해 한족漢族의 문화가 동북지역 발전에 심각한 영향을 주었으며 문화구성의 주요부분이라는 점을 강조하여 중국학계의 기본입장을 강조하고 있다.34)

이같이 중국학계의 단군연구는 단군을 신화적 범주에서 논의하는 것을 기본전제로 하며 이 내용도 중국신화의 영향 속에서 형성된

---

33) 宗岩,「朝鮮的箕子陵與檀君陵」(『中國東北邊疆硏究』, 中國社會科學出版社, 2003), 126쪽.
34) 李春燕·王卓,「漢族文化在東北邊疆文化發展中的歷史作用」(『中國東北邊疆硏究』, 中國社會科學出版社, 2003).

것으로 보는 입장과 이를 부정하는 입장으로 나뉘고 있다.

먼저 진포청陳浦淸은 중국문화의 고조선에 대한 영향은 신화에서 잘 나타나는데, 전체적으로 상商나라의 영향이 강했다고 보았다. 단군신화에 대해서는 기본맥락이 기원전 10세기 쯤 원시 씨족사회[단군]의 신화시대가 기자조선의 문명시대로 바뀐 것을 알려주는 것이라고 보았다. 또한 단군신화가 고조선족의 원시 토템숭배 관념과 고구려족이 곰을 숭배하고 예맥족이 호랑이를 숭배하는 사실을 반영한다고 하면서 기자이동 이후 단군이 산으로 은거사실은 조선문화가 중국문화 영향을 받은 것이라는 입장을 강조하고 있다.35)

이에 반해 장벽파張碧波는 단군신화와 고구려 시조신화를 비교하여 고구려 신화는 해에 감응되어 난생卵生한 존재로 하백외손河伯外孫의 계통을 갖고 있어 화하華夏-한문화漢文化 영향에 의한 신화라고 주장했다. 반면 단군신화는 신인神人과 웅녀熊女의 결합으로 출생한 존재로 두 신화는 별개종족의 신화로 주몽이 단군으로부터 나왔다는 견해는 역사근거가 약하다고 보았다.36) 즉 그는 신화가 민족의 기원을 밝히는 중요한 열쇠가 될 수 있다고 전제하면서, 고구려高句麗와 부여夫餘의 동명東明신화가 중원의 제왕천명帝王天命 사상과 함께 상나라와 주나라 시조설화 등이 복합되어 형성된 것으로서, 기본적으로는 화하華夏의 전욱顓頊 고양高陽문화에 속하는 것이라고 보았다. 반면 단군신화는 자연숭배와 토템신앙이 결합된 것이므로 동명신화와는 전혀 다른 계열에 속하는 신화라라고 보았다. 특히 북한의 단군릉 발굴을 통

---

35) 陳蒲淸, 「古朝鮮族源神話與古代朝中文化關系」(『求索』 1996-3), 124~125쪽.
36) 張碧波, 「對古朝鮮文化的几点思考」(『北方論叢』 1998-1).

해 단군의 역사성을 강조한 북한학계의 입장을 비판하고 있다.37)

한편 장연괴張璉瑰는 중국신화와의 연결을 전제로 하는 중국학계의 분위기와는 달리 단군신화의 계통과 내용을 『삼국유사三國遺事』와 『제왕운기帝王韻紀』기록 등을 비교하여 소개하고 있다.38) 단군신화가 오랫동안 유전되어 오다가 몽고 침입이라는 국난을 맞아 『삼국유사』에 수록되었고, 이후 현대에 이르기까지 단군의 위상이 한국의 정치 및 사회상황에 따라 여러 차례 부침을 겪어왔는데, 최근 북한의 단군실재론은 북한의 정치사회적 위기감과 그로 인해 빚어진 '조선민족제일주의' 및 '북한정권정통론'과 맥락을 같이하는 것이라고 보았다. 물론 단군과 단군조선에 대해서는 신화적인 맥락으로 이해했다.39)

한편 최근 중국학계에서 본격적으로 단군에 대한 언급한 묘위苗威는 단군신화에는 곰과 호랑이 토템문화·방사方士문화·불교佛敎문화 및 한漢문화가 복합적으로 나타나고 있는데 중국 고대문화가 대동강 유역에 강하게 영향을 미친 사실을 보여준다고 보고 있다.40) 특히 화하족의 시조인 황제黃帝가 염제炎帝와 싸울 때 곰 등 동물을 훈련시켜 공격했다는 기사를 활용하고 중국의 여러 소수민족 가운데 곰과 호랑이토템 숭배전통이 존재함을 강조하여 한국학계가 고조선의 토템신앙은 알타이어계 원시종족의 샤먼문화와 연결된다는 주장에 대해 반론을 제기했다. 그러나 황제黃帝관련 사료에 나타난 내용을 보면 이는 단순한 맹수를 훈련시켜 전쟁에 활용한 것으로 파악된다.

---

37) 張碧波, 상게논문(1998), 47~48쪽.
38) 張璉瑰, 「檀君與政治」(『中共中央黨校學報』 1997-3), 122~125쪽.
39) 오강원, 전게논문(2005), 36쪽.
40) 苗威, 「檀君神話的文化解析」(『東疆學刊』 23-3, 2006.7), 26~31쪽.

軒轅之時 神農氏世衰. 諸侯相侵伐 暴虐百姓 而神農氏弗能征. 於是軒轅乃 習用干戈 以征不享 諸侯咸來賓從… 炎帝欲侵陵諸侯 諸侯咸歸軒轅. 軒轅乃 修德振兵 治五氣 蓺五種 撫萬民 度四方 教熊羆貔貅貙虎 以與炎帝戰於阪 泉之野. 三戰 然後得其志… 是爲黃帝.[41]

위의 사료에 나타난 황제黃帝와 관련된 사실은 황제가 염제와의 싸움에서 관용적 표현으로 국가와 백성을 통괄하여 싸움에 대비한다는 의미로 활용한 표현인 오기五氣·오종五種·만민萬民·사방四方과 함께 심지어 짐승들까지 교화하여 전쟁을 준비했다는 표현 속에 나오는 것으로 특별히 곰과 관련된 종족적 상징으로는 보기 어렵다. 즉 사료에 나오는 표현은 웅熊·비羆·비휴貔貅·추貙·호虎 등으로 물론 곰과 호랑이가 언급되었지만 이는 일반적인 맹수의 통칭적 표현인 비휴 등 사나운 짐승을 포괄적으로 나타낸 것이지 특별히 곰과 호랑이만을 예시한 표현은 아닌 것이다.

또한 황제黃帝를 유웅씨有熊氏로 표현한 것이 단군신화의 내용에 나타나는 곰과의 관련성이 있는 근거로 제시했다. 그러나 황제를 유웅이라 칭한 것은 황제가 유웅국有熊國의 아들로서 단지 제후국의 이름에 웅熊이 들어간 사실에 의미가 있지 황제가 웅熊과 관련이 있다는 사실은 전혀 언급되지 않고 있다.

自黃帝至舜禹 皆同姓而異其國號 以章明德. 故黃帝爲有熊 帝顓頊爲高陽 帝嚳爲高辛 帝堯爲陶唐 帝舜爲有虞. 帝禹爲夏后而別氏.

---

41) 『史記』 卷一, 「五帝本紀」 第一, 黃帝.

集解徐廣曰號有熊.… 注號有熊者 以其本是有熊國君之子故也. 亦號軒轅氏.
　　正義興地志云涿鹿本名彭城 黃帝初都 遷有熊也.
　　集解譙周曰皇甫謐曰有熊 今河南新鄭是也.42)

　위 사료에 나타나고 있듯이 황제출생과 관련된 사항은 곰과의 관련성이 없고 단지 유웅국군有熊國君의 아들로서 유웅이라 불렸고 황제가 유웅에 천도했기 때문이며 그 곳이 하남河南지역의 신정新鄭임이 적기되어 이 같은 이름이 유지된 것으로 나타나고 있다.

　한편 단군과 관련되어 환웅이 거느리고 태백산太白山으로 하강할 때 같이 온 풍백風伯·우사雨師·운사雲師가 중국신화로부터 유래된 존재라는 것을 강조하여 중국문화가 단군신화 형성에 크게 작용했음을 강조했다.43) 그러나 관련사료를 검토해 보면 이는 오히려 중국을 대표하는 황제黃帝와 대결했던 치우蚩尤와의 대결시 치우의 부하로서 풍백과 우사 등이 등장하고 있다.

　　蚩尤作兵伐黃帝 黃帝乃令應龍攻之冀州之野. 應龍畜水 蚩尤請風伯雨師 縱
　　大風雨.

　그런데 이 치우는 맥족貊族과 연결된 동이계통의 존재44)로서 중국의 시조라고 할 수 있는 황제의 적대세력으로 중국민족 구성의 요소가 아닌 비중국적 세력의 대표격인 존재이다. 따라서 치우의 부하로

---

42)『史記』卷一,「五帝本紀」第一, 黃帝.
43) 苗威, 전게논문(2006), 30쪽.
44) 金光洙,「蚩尤와 貊族」(『孫寶基博士 停年停年紀念 韓國史學論叢』, 지식산업사, 1988).

등장하는 풍백·우사 등의 존재들은 중국적 신의 개념으로 보기 힘든 대상이다.

또한 단군신화에 나오는 내용 가운데 단군이 죽지 않고 아사달 산신阿斯達山神이 되었다는 사실은 동이족東夷族의 관념 중에 사람이 죽은 뒤 영혼이 산으로 돌아가며 산악이 영혼의 최종 귀의처라는 인식45)을 감안할 때 중국민족 및 중국신화와의 연결성은 찾기 어렵다고 생각된다. 즉 단군신화의 내용과 관련문화의 속성은 하夏 및 주周 민족과 다른 존재임을 보여준다. 따라서 단군관련 사실에서 가장 중요한 내용인 곰 숭배신앙과 풍백風伯·우사雨師·운사雲師 등의 동이족과 연결된 관념의 존재로서 중국의 시조와 맞서 싸운 존재며 특히 단군이 산신이 된 사실은 동이족의 영혼귀산 관념과도 연결된다는 중국학계 자체 내의 인식만으로도 단군신화와 중국신화와의 상관성은 연결짓기 어렵다는 점에서 이 같은 주장은 근거가 약한 내용임을 보여주고 있다.

3. 기자조선 문제

중국학계는 고조선사가 실질적인 역사로 시작된 시점을 기자조선箕子朝鮮부터 구한다는 점에서 거의 대부분 동일한 태도를 보여주고

---

45) 李炳海,「東夷族靈魂歸山觀念及相關文學思想」(『社會科學戰線』 1994-3), 207~208쪽.

있다. 이 같은 입장은 중국사서에 기본적으로 전제가 된 기자동래箕子東來와 주무왕周武王의 기자조선봉국箕子朝鮮封國이라는 관점에서 형성된 관점을 부연한 것으로서 고조선 인식의 대전제로 제시되고 있다. 이 같은 중국학계의 입장은 기자동래가 부정되는 한국 및 북한학계의 대다수 연구성과와는 가장 극명하게 대립된다는 점에서 두 입장의 차이극복이 쉽지 않은 분야이다. 따라서 중국학계의 연구는 기자의 동래를 부정하는 한국·일본 학계46)를 의식하여 기자의 역사성을 기반으로 기자동래의 역사적 사실성을 문헌·고고학적으로 입증하고자 노력하고 있다.

그런데 중국학계 연구에서 주목되는 점은 기자동래 지역에 대한 위치논쟁이었다. 즉 장박천張博泉에 의해 제기된 기자조선요서설遼西說47)은 내용적으로는 이동론移動論인데 최근까지도 중국의 전통적 입장인 평양설平壤說48)과 함께 중국학계의 양대 논의축으로 진행되고 있다.

기자조선의 초봉지初封地가 요서이고 이 곳에서 점차 한반도로 이동했다는 요서-이동설遼西移動說의 대표격인 장박천張博泉은 『한서』지리지와 『동국여지승람東國輿地勝覽』 등의 관계기사를 통해 기자가 조선을 건국하기 전에는 '동쪽의 해가 뜨는 곳'이라는 뜻의 '조선朝鮮'이라는 지역명칭만 있다가 상나라 멸망직전 기자집단이 대릉하大凌河 유역의 요서지역으로 이주하면서 비로소 기씨조선이 건국되었고 상나라

---

46) 李健才, 「評『箕子朝鮮傳說考』」(『高句麗歸屬問題硏究』, 吉林文史出版社, 2000.12). 여기서는 今西龍에 의해 제기된 기자전설이 중국학에 의해 만들어졌다는 견해에 대해 집중반론을 제기하고 있다.
47) 張博泉, 『東北地方史稿』(吉林大學出版社, 1985), 41~42쪽.
48) 평양설을 대표하는 최근의 입장은 孫進己·馮永謙, 『東北歷史地理』에 잘 나타나 있다.

와 주나라의 후국侯國이자 번국藩國으로 출발했다고 보았다.49) 또 기씨 조선을 전체 3개 단계로 구분하여 제1기는 상나라 말기~서주까지, 객좌喀左일대에 위치하고 있었고, 구체적인 유물·유적으로는 객좌 북동촌北洞村의 청동예기 매납유적 등을 들고 있다. 제2기는 춘추시대 초기부터 전국 연나라 진개秦開의 침공(300 BC) 이전까지로, 요동지역에 중심지를 둔 상태에서 대릉하 유역부터 압록강까지를 강역으로 하고 있었으며, 구체적인 유적으로는 요동일대의 청동기 문화를 들고 있다. 제3기는 진개침공 이후부터 '위씨조선衛氏朝鮮' 이전까지로, 이 시기에는 연나라 등과 만번한滿番汗〔압록강〕으로 경계한 상태에서 평양에 중심을 두고 있었던 것으로 보았다.50)

결국 기씨조선은 기원전 12세기부터 기원전 2세기 초까지 그 중심지와 강역이 대릉하 유역〔객좌중심〕-요하유역〔요동중심〕-대동강 유역〔평양중심〕으로 변천하는 가운데 존속했던 셈이 된다. 한편 준왕의 조선 후 정권은 기원전 2세기 초 준왕조선의 양해 아래 압록강〔패수〕과 청천강 사이의 '진고공지秦故空地'에서 세력을 키우던 위만집단에 의해 무너지게 되고 대신 중원의 한족정권에 대해 지방정권으로서의 성격이 더욱 강화된 위씨조선이 세워지게 되었는데, 위씨조선 또한 중앙정부〔西漢〕과의 갈등으로 기원전 108년 서한의 직접적인 관할 아래 들어간 것으로 보았다.

이 같은 입장이 보다 체계적으로 제시된 것은 동북지역에 대한 전체역사의 개관 속에서 제시되었다. 즉 동동佟冬·손옥량孫玉良 등 6인이

---

49) 張博泉, 『東北地方史稿』(吉林大學出版社, 1985).
50) 張博泉, 『東北地方史稿』(吉林大學出版社, 1985).

공동집필한 『중국동북사中國東北史』51)에서 고조선의 구성을 '맥인貊人'의 갈래인 양이良夷가 세운 고조선과 기족箕族이 이주하여 세운 '기씨조선' 두 종류로 보았는데, 앞의 고조선은 한반도의 선주민족이 현재의 북한 지역에 세운 완만한 구조의 집단이고, 뒤의 기씨조선은 상商 멸망 뒤 주周에 의해 객좌喀左일대에 봉해졌다가 한반도로 이주하여 토착의 고조선을 흡수하여 건국된 정식의 국가라고 보았다.

기족箕族은 산융족山戎族의 요서지역 남하에 의한 것으로 보고 기씨조선과 요하를 경계로 요서의 산융족과 이웃하다가, 기원전 3세기 전반 전국 연燕의 침공으로 요동과 서북한의 일부를 빼앗기게 되었는데, 연장성燕長城 유적과 명도전明刀錢 관계 유적의 예를 통해 연장성의 동단이 황해도 용강에까지 이른 것을 통해서 한반도까지 진입한 것으로 보았다. 따라서 전국시대 중국과 기씨조선의 경계는 청천강淸川江이었던 셈이 되는데, 이와 같은 경계는 위만을 중심으로 한 중국망명인 집단이 세운 '위씨조선衛氏朝鮮' 때에도 큰 변동이 없었다고 한다. 기씨조선과 위씨조선의 도읍[王險城]은 평양平壤으로 보았다.

이 같은 논의에 대해 이건재李建才는 평양설 입장에서 고조선 요녕설과 이동설에 대한 비판을 진행했다.52) 먼저 요동설에 대해서는 요동설이 후한 응소應邵의 『한서』 지리지 험독현險瀆縣에 대한 주를 근거로 하고 있는 것에 대해, 응소 자신이 같은 책의 낙랑군 조선현에 대

---

51) 佟冬·叢佩遠·黃中業·崔國璽·孫玉良·趙鳴岐, 『中國東北史』(吉林文史出版社, 1987).
52) 요녕설에 대한 비판은 주로 한국학계의 이지린 설과 윤내현 설에 대한 비판이 진행되었고 이동설에 대한 비판은 주로 장박천으로 대표되는 1980년대 중국학계의 이동설 비판이 주로 진행되었다. 이건재의 이와 같은 작업은 이후 고조선에 관한 중국학계의 연구가 급선회하는 계기가 되었다는 점이 지적되었다.〔오강원, 전게논문(2005), 32~33쪽〕

해 주나라 무왕이 기자를 이 곳에 봉했다고 주석한 것과 진대晉代 신찬臣瓚이 『한서』 지리지의 응소 주에 대해 험독險瀆이 낙랑군 패수浿水 동쪽에 있다고 주한 것 등을 들어 실제로는 응소가 위만조선의 도읍인 왕험성이 대동강浿水의 남안이자 낙랑군 조선현에 있었던 것으로 이해했다고 보았다.

또한 『후한서』·『송사宋史』·『요사遼史』 등 후대 사서에 요동에 기자조선이 있었다는 착오가 발생하게 된 것은 435년 고구려 장수왕長壽王이 북위北魏의 태무제太武帝로부터 '요동군개국공고구려왕遼東郡開國公高句麗王'으로 책봉받은 뒤 고구려 전체가 요동으로 인식되었고, 여기에 평양平壤의 기자조선이 결합되면서 나타난 착각으로 보았다.

한편 이동설에 대한 비판으로는 이동설의 근거가 되고 있는 고죽국古竹國과 고구려高句麗를 동일시한 『수서隋書』 배구전裵矩傳 기록53)에 대해서는 후대에 고구려와 고죽국이 계승관계에 있는 것으로 잘못 연결된 데다가 여기에 평양의 기자조선 기록이 결합됨으로써 발생하게 된 착오로 『태평환우기太平寰宇記』 하북도河北道 평주平州 노룡현盧龍縣 조의 내용중 기자가 노룡현 내 조선성朝鮮城에 수봉受封되었다는 기록에 대해서는 기원후 313년 이후 평양의 낙랑군이 이 곳으로 옮겨지게 됨으로써 발생하게 된 착오로 보았다. 이외 고조선의 강역에 대해서는 최대 압록강을 넘지 못한 것으로 보았다.

이건재가 1980년대 중국 고조선 연구의 대표격인 장박천의 이동설을 비판하자 장박천은 바로 반론을 제기했다. 장박천은 그 자신 역시 객좌일대에서 '기기箕器'가 발견되기 전까지는 이건재와 마찬가지

---

53) 高麗之也. 本古竹國也. 周代以之封于箕子.

로 고조선평양설의 입장에 있었으나, 객좌 북동촌 등지에서 기후箕侯 관련의 청동예기가 적지 않게 발견됨에 따라 기자조선이동설의 입장을 취하게 되었다고 하면서 유물·유적의 발견 예로 보아 자신의 설이 확실하다고 했다. 또한 『염철론鹽鐵論』과 『전국책戰國策』의 관계기사로 보아 기자조선이 전국 연나라의 공격이 있기 전 요서의 일부까지 진출했던 것이 분명하다고 반론했다.54)

장박천의 반론에 대해 이건재는 먼저 두개의 패수浿水문제에 대해서는 문헌기록과 연·진장성燕秦長城의 동단 및 만번한滿番汗의 위치 등으로 보아 두 패수 모두 현재의 청천강이었다고 보았다. 윤내현에 대해서는 평양일대에서 서한대의 유물·유적이 발견되고 있다는 점 등을, 장박천에 대해서는 장박천의 문헌해석에 커다란 문제가 있다는 점을 들어 각각 비판했다. 이와 같은 이건재의 비판에 대해 장박천 또한 기왕의 이동설을 더욱 보강한 반론을 제기했는데55) 핵심적 내용은 기왕의 입장과 큰 차이가 없다.

한편 이건재의 입장과 같이한 장벽파는 객좌喀左 '기己+其후정侯鼎'의 '기'가 연나라의 분족으로 객좌 일대의 청동예기 매납유적이 결코 기후국箕侯國 초거지가 요서에 있었다거나 몇 차례의 과정을 거쳐 이동했다는 근거가 되지 못한다고 보고 기자조선은 처음부터 끝까지 평양에 있었다고 보았다.56)

한편 장벽파는 중국학계에서 그간 중국 동북사를 연구하는 데 심

---

54) 張博泉, 「關于箕子 朝鮮侯東遷及高麗遼東之地問題硏究之我見-兼與李建才先生商討-」(『博物館硏究』 1998-1).
55) 張博泉, 「箕子與朝鮮硏究的問題」(『吉林大學社會科學學報』 2000-3).
56) 張碧波, 「箕子探硏」(『博物館硏究』 2000-3).

각한 오류가 있었다고 하면서, 대표적인 오류로 장박천의 기자조선 요서설〔이동설〕을 들었다.57) 그는 앞서 제시된 것처럼 객좌의 기후방정箕侯方鼎이 기자와는 아무런 상관이 없는 동음이사同音異辭의 연燕나라 분족分族의 것이라는 점 등을 들어 고조선이 대동강 남안의 평양을 중심으로 하여 청천강으로부터 재령강 사이에 위치하고 있었다고 주장했다.

장벽파는 장박천의 고조선이동설을 다시 주장한 양군楊軍의 연구58)에 대해 비판하는 견해를 다시 제시했다.59) 또 연속된 연구에서는 고조선 문화의 표지유물인 다뉴기하학 문경 등이 중국의 상주문화에서 기원했음을 입증코자 했다.60) 그에 의하면 한반도의 고조선 문화는 청동단검·다뉴기하학문경·지석묘 등으로 압축될 수 있는데, 이 가운데 청동단검은 북방의 유목문화를, 다뉴기하학문경은 기하학적 선조문線彫文이 특징적인 상나라 동령을 기원으로 하고 있고, 지석묘는 산동의 동이문화가 북상하여 토착문화와 결합함으로써 출현하게 된 것으로 보았다.

양군楊軍은 장벽파張碧波의 비판에 대해 반박논문을 발표했다.61) 여기에서 양군은 장벽파가 자신에게 유리한 자료만을 사료로 취급하는 문제를 범하고 있다고 지적하면서 장벽파가 진국辰國이 상나라가 개척한 해외의 속지였다고 한 것에 대해서는 진국관련 사서인『삼국지三國志』에서조차 진국을 기껏해야 진秦나라와 연관짓고 있으며 장벽

---

57) 張碧波,「古朝鮮研究中的誤區-東北史評之-」(『黑龍江民族叢刊』 1999-4).
58) 楊軍,「箕子與古朝鮮」(『吉林大學社會科學學報』 1999-3), 22~26쪽.
59) 張碧波,「關于箕子與古朝鮮幾個問題的思考」(『吉林大學社會科學學報』 2000-3).
60) 張碧波,「古朝鮮銅鏡性質初探」(『黑龍江社會科學』 2001-3).
61) 楊軍,「再論古朝鮮研究中的幾個問題-答張碧波先生-」(『吉林大學社會科學學報』 2000-6).

파가 기자를 요서가 아닌 산동의 기국紀國과 연관짓는 것에 대해서는 산동의 기기己器와 요서의 기기箕器가 다를 뿐만 아니라 산동의 기국紀國은 주나라 동성제후가 분봉된 기국紀國이라는 점을 들어 각각 비판했다. 이밖에 장벽파가 문헌해석 및 갑골문과 금문판독에 심각한 문제가 있다는 점을 여러 자료를 들어 비판했다.

또한 염해閻海는 장박천張博泉-양군楊軍으로 이어지는 이동론적 입장에서 재차 논의를 진행했다.62) 염해는 기자가 이동한 조선의 위치에 대한 4가지 견해를 먼저 소개했다. 즉 첫째로 북한의 『조선전사』에 나타난 연국 동쪽 경계인 갈석碣石이 현재 난하와 연결되어 그 경계가 된다는 입장, 둘째로 김육불金毓黻의 『동북통사東北通史』에서 제시된 연장 진개가 만번한을 경계로 한 사실과 연결된 압록강설, 셋째로 장박천張博泉이 『동북지방사고東北地方史考』에서 제시한 대릉하유역설, 넷째로 손진기孫進起・풍영겸馮永謙의 『동북역사지리東北歷史地理』에서 기자조선은 한반도에 존재하고 그 서계는 청천강 서쪽 압록강 지역으로 보는 견해를 소개하고 이동론적 관점에서 기씨조선의 영역은 요서로부터 요동-요하를 거쳐 진개의 공략 이후 압록강으로 위축되었다고 보았다.63) 이 같은 요서거점설의 근거로서 여사면呂思勉의 요서일대설64)과 장박천이 기자조선 지역이 현재 대릉하로서 한의 요서지역이라는 입장을 계승했음을 밝혔다.

한편 염해閻海는 고고학적으로 요서 객좌현喀左縣 지역에서 발견된

---

62) 閻海, 「箕子東走朝鮮探因」(『北方文物』 2001-2).
63) 閻海, 「箕子東走朝鮮探因」(『北方文物』 2001-2), 75쪽.
64) 呂思勉, 『中國民族史』(世界書局, 1934).

교장청동기窖藏靑銅器65)는 이 일대가 기자조선 지역임을 보여주는 내용이며 곡인청동단검曲刃靑銅短劍이 대소릉하구大小凌河區·요하구遼河區·송화강구松花江區·요동반도구遼東半島區로 대별되며 이 문화의 담당자가 예맥濊貊·조선朝鮮·진번족眞番族과 관련되었다는 임운林沄의 견해66)와 이것이 요서에서 기원하여 심양瀋陽-길장吉長-요동遼東-기북冀北-한반도韓半島로 전파되었다는 근풍의靳楓毅의 견해67)를 연결하여 앞서 장박천의 입장인 이동론 인식을 강조했다.

기자가 조선으로 간 이유에 대해서는 부사년傅斯年의 '이하동서설夷夏東西說'68)에 입각한 상인商人의 선조가 동이東夷로부터 나왔다는 견해를 확대하여 고고학적으로 요서-적봉일대의 하가점하층 문화와 은상의 문화가 통한다는 인식으로 연결시켜 이 지역이 은상의 기원지였기 때문에 이 지역으로 왔으며 특히 이 지역이 기자의 선인인 기후箕侯의 봉국지封國地라는 논리를 제시했다.69) 이를 통해 기자조선의 영역을 대릉하 유역을 중심으로 동으로는 요하, 북으로는 시라무렌하, 서쪽으로는 고죽국古竹國〔하북의 노룡遷安 일대〕으로 설정하는 역사-지리적 입장을 제시했다.70)

이 같은 염해의 견해에 대해 장벽파는 앞서 양군楊軍에 대한 비판과 같은 맥락의 반론을 제기했다.71) 즉 기자동래지는 요서가 아닌 한

---

65)「遼寧喀左北洞村出土的殷周靑銅器」(『考古』1974-6).
66) 林沄,「中國東北系銅劍初論」(『考古學報』1980-2).
67) 靳楓毅,「論中國東北地區含曲刃靑銅短劍的文化遺存」(『考古學報』1982-4).
68) 傅斯年,「夷夏東西說」(『歷史語言硏究所集刊外篇第一種-慶祝蔡元培先生六十五歲論文集-』下篇, 1935).
69) 閻海, 전게논문(2001), 77쪽.
70) 閻海, 전게논문(2001), 78쪽.

반도이며, 요서에 간 이유가 이 곳이 은상殷商왕조의 본원지였기 때문이라는 입장에 대해 은상殷商의 해외속지는 고지진국古之辰國으로 이 곳에 기자가 왔다는 식으로 반론을 제기했다. 그런데 논쟁의 핵심은 결국 기자가 동래하여 기자조선이 역사적으로 존재하며 이 기자조선이 실질적인 고조선의 첫 출발이라는 논지에는 전혀 문제가 없고 단지 그 위치가 어디인가가 핵심임을 보여준다.

이에 대한 국내학계의 기자동래 문제에 대한 비판은 이병도의 비판72) 이래 다양하게 개진되었다.73) 특히 요서지역 청동예기靑銅禮器가 기자조선과는 관련이 없다는 연구성과를 감안할 때 더욱 그러하다.74)

4. 기자와 고지진국 관련설

중국학계에서 제기된 또 하나의 고조선 관련 인식은 은상殷商의 유

---

71) 張碧波, 「關于箕子東走朝鮮問題的論爭-與閣海先生商權-」(『北方文物』 2002-4).
72) 李丙燾, 「'箕子朝鮮'의 正體와 所謂 '箕子八敎條'에 대한 新考察」(『韓國古代史研究』, 박영사, 1976), 44~64쪽.
73) 崔南善, 「箕子는 支那의 箕子가 아니다」(『半島史話와 樂土滿洲』, 滿鮮學海社: 東京, 1943): 沈喁俊, 「箕子東來與否와 箕侯에 대하여」(『淑大史論』 2, 1965): 金貞培, 「古朝鮮의 住民構成과 文化的 複合」(『白山學報』 12, 1972[『韓國民族文化의 起源』(1973)]: 동, 「準王 및 辰國과 '三韓正統論'의 諸問題-盆山의 靑銅器文化에 관련하여-」(『韓國史研究』 13, 1976): 千寬宇, 「箕子攷」(『東方學志』 15, 1974): 尹乃鉉, 「箕子新考」(『韓國史研究』 41, 1983): 今西龍, 「箕子朝鮮傳說考」(『支那學』 2卷 10·11號, 弘文堂書房, 1922)[『朝鮮古史の研究』, 近澤書店: 東京, 1937)].
74) 宋鎬晸, 「大凌河流域 殷周靑銅禮器 사용집단과 箕子朝鮮」(『韓國古代史研究』 38, 2005), 28~32쪽.

민이 현재의 한반도로 이주했고 그 곳의 명칭이 상商을 지칭하는 다른 명칭인 '진辰'으로 불렸다는 견해이다. 이는 몽문통蒙文通이 문헌고증을 통해 상商이 대진大辰·진辰으로도 별칭되었고 진박辰亳이 기자가 세운 상국商國이라고 본 견해75)를 바탕으로 제기된 것인데 장박천은 고구려의 근거지인 현토군玄菟郡을 진번조선호국眞番朝鮮胡國이라 한 응소應昭의 주를 감안할 때 이 진번眞番이 진박辰亳으로 기자가 세운 진박의 터전에 세워졌다고 보았다.76)

또한 이를 더욱 발전시켜 유자민劉子敏은 기자가 주무왕을 피해 처음 동래한 곳이 바로 이 지역으로 뒤에 평양지역으로 진출하여 기자조선이라는 명칭이 나중에 생겼다는 견해를 제시하고 있다.77) 그런데 이는 진국辰國과 기자箕子와의 관련성은 앞서 몽문통蒙文通의 견해인 '해중고지진국즉기자지국海中古之辰國卽箕子之國'을 원용해 나계조羅繼祖가 제기한 입장78)을 수용했음을 보여주고 있다.

유자민의 견해는 즉 기자가 동래한 곳은 한반도 남부로서 그 당시 명칭은 조선이 아닌 '진辰'이었고 그 후예가 춘추시기에 북상하여 평양지역에 도착하여 국호를 고쳐 '조선'이라 했다고 보았다. 그 증거로 삼한지역을 고지진국古之辰國이라 한 것이 이를 반영한 것이라고 보는 견해를 제시했다.79) 이 같은 논의를 통해 유자민은 우이嵎夷는 산동반도에 존재하던 중원 화하민족인 동이 소호족단小昊族團으로 요동반도·

---

75) 蒙文通, 『周秦少數民族硏究』(龍門聯合書店, 1958).
76) 張博泉, 「肅愼·燕亳考」(『東北考古與歷史』 1982-1).
77) 劉子敏, 「關于古"辰國"與"三韓"的探討」(『社會科學戰線』 2003-3).
78) 羅繼祖, 「辰國三韓考」(『北方文物』 1995-1).
79) 劉子敏, 상게논문(2003), 63~65쪽.

한반도로 이동하여 신라인들이 자신을 헌원지예 소호지윤軒轅之裔少昊之胤으로 인식하게 한 근거가 되었으며 한국인이 중국인과 혈연적 유대가 존재했다고 주장했다.80)

한편 장군張軍은 이 같은 은상유민殷商遺民이 한반도 남부에 건립한 것이 진국辰國이고 『주역』 명이괘明夷卦 내용이 기자가 나라가 망한 뒤 동방지국 일출지처東方之國日出之處인 명이明夷, 즉 조선지방으로 오는 과정을 표현한 내용이라는 중국학계의 전형적 해석을 제시하고 있다.81) 그런데 명이괘와 관련해서는 이를 명사로 보는가, 합성사로 보는가에 따라 해석이 전혀 다르다. 또 같은 명사일 경우에도 이를 '일출지지日出之地'로 의역해 해석하고 다시 또 이를 '조선'이라는 지명과 연결시키는 다의적 해석에 대해서는 문제가 있음이 지적되고 있다.82)

또한 묘위苗威는 낙랑군은 다방면에서 삼한과 관계를 맺고 중원문화를 한반도 남부지역에 전파시켰음을 강조했다.83) 특히 『삼국지』 한전韓傳에 나타난 피진역避秦役 사실과 낙랑인을 본기잔여인本其殘餘人이라 부른 사실을 연결시켜 중국과의 관련성을 강조했다.

한편 그는 유자민과의 공동논문에서 기자조선의 최초국호는 '진국'이고 '조선'은 대동강 유역으로 옮긴 이후의 국호라는 유자민의 견해84)를 재부연하고 있다. 특히 '한韓'이라는 호칭도 서주-동주시기 요

---

80) 劉子敏, 상게논문(2003), 65쪽.
81) 張軍, 「箕子朝鮮硏究二題」(『東北史地』, 2005-3), 42~45쪽. 이 입장은 蒙文通의 『周秦小數民族硏究』(龍門聯合書店, 1958)에 나타난 '辰國卽箕子之國說'을 원용하고 李鏡池의 『周易通義』(中華書局, 1981)에 나타난 '箕子之明夷'를 '箕子走之朝鮮'으로 해석한 대표적인 중국적 입장의 해석을 부연한 것이다.
82) 王玉哲, 『古史集林-箕子之明夷與朝鮮』(2002), 326~327쪽.
83) 苗威, 「樂浪郡與"三韓"」(『東北史地』 2004-6), 33~36쪽.

서의 '한후지국韓侯之國' 유민이 동래하여 생긴 명칭이라고 보고 있다. 따라서 서주시기에는 조선이라는 명칭이 없었고 전국시기 제환공 시기에 나타난 것으로 보고 있다. 그런데 도흥지都興智는 기자箕子-위만衛滿으로 연결되는 중국사적 범주의 고조선 인식에 기반하면서 논란이 된 문제로서 기자조선 위치문제가 한반도북부설韓半島北部說과 이동설移動說로 나뉘어 있는데 사료검토를 정확히 하면 한반도 쪽이 아니고 기자조선의 위치는 요서지역임을 다시 한번 강조했고 아울러 진번의 위치도 연 요동군 장새지외障塞之外 낙랑군의 북쪽임을 강조했다.85) 이 같은 진번재북설眞番在北說은 중국학계에서 점차 그 입론이 강조되고 있다. 그런데 관련논의에 대해 비판이 주로 가해진 유자민은 그에 대한 반론을 기존입장에서 다시 제시했다.86)

한편 장증향張增香도 다시금 기자동래에 대한 긍정론·회의론·부정론을 소개하고 기자실재 및 기자동래를 재차 확인하고 있다.87) 이같은 논의 속에서 주목되는 것은 『주역』에 나타난 '명이明夷'에 대한 해석이다. 여기서 장박천張博泉88)을 비롯한 대부분의 중국학자가 명이明夷를 조선으로 보는 견해에 대해 적극적인 반대입장을 피력하고 있다. 즉 명이의 '이夷'는 동사로서 손상을 입은 상황을 설명하는 것으로 "밝음이 땅속으로 들어가 손상을 입은 의미"로 파악하여 이는 지명이나 국명·종족명이 아닌 괘명卦名으로 기자가 화를 당하여 그것을 피

---

84) 劉子敏, 「關于古"辰國"與"三韓"的探討」, 『社會科學戰線』 2003-3).
85) 都興智, 「關于古朝鮮硏究的幾個問題」, 『史學集刊』 2期, 2004.4), 74~78쪽.
86) 劉子敏, 「也談古朝鮮硏究的幾個問題」, 『史學集刊』 4期, 2005.10), 90~92쪽.
87) 張增香, 「有關箕子朝鮮的幾個問題新探」, 『東北史地』 2004-8), 9~12쪽.
88) 張博泉, 『東北地方史稿』(吉林大學出版社, 1985). 張博泉은 朝=昭=明과 통한다는 입장에서 明夷와 朝鮮을 동의어로 보고 있다.

하는 태도와 책략을 보여준 내용임을 강조했다.89)

이 내용에 대해 유자민은 별도의 논고에서 이 같은 인식을 재차 강조했다.90) 특히 우이嵎夷를 조선으로 보는 견해에 대한 비판도 진행하여 이는 산동반도에 존재한 소호족小昊族의 한 분지로서 훨씬 후대에 일부분이 한반도로 이동했다고 하면서 관련성을 부정했다. 또한 중국학계가 주장하는 부상십일신화扶桑十日神話 역시 조선과는 관계없다는 입장을 피력하고 산동반도 일대의 동이족 이동과 연결되어 기자가 동래한 최초지역의 명칭은 '진국辰國'이고 조선은 나중에 명칭이 바뀌어 나타난 것이라는 자신의 견해를 재차 강조하고91) 있어 중국학계 내부의 묘한 입장차이를 확인할 수 있다.

한편 주향영周向永은 같은 학술지에서 주역의 명이明夷는 갑골문이나 금문金文에 일월日月이 합쳐진 글자가 없다는 점에서 태양이 뜨는 곳은 '조朝'로 표시되었다고 보고 명이明夷는 조이朝夷라고 보았다. 따라서 우이嵎夷·양곡暘谷도 '조朝'와 통하는 것으로 보았다. 또한 고고학적 유물증거로 볼 때 기자의 첫 이동지역은 현재 요서근처로 기자가 간 지역을 현재 한반도에서 찾는 것은 불가능한 일이라고 지적하여 중국학계의 기자조선 문제와 관련된 논란이 합의점을 보지 못하고 병존함을 보여주고 있다.92)

이 입장은 앞서 소개된 유자민의 두 가지 입장 즉 명이와 조선은 관계없다는 입장과 기자조선의 첫 이동지역은 한반도 지역이라는 견

---

89) 苗威·劉子敏, 「箕氏朝鮮硏究」(『東北史地』 2004-8), 3~6쪽.
90) 劉子敏, 「論"明夷"不是"朝鮮"-以解讀『周易』"明夷"卦爲中心-」(『東北史地』 2005-5), 22~25쪽.
91) 劉子敏, 상게논문(2005), 25~26쪽.
92) 周向永, 「明夷·朝夷及其相關問題探討」(『東北史地』 2005-5), 27~32쪽.

해를 정면으로 논박한 상황으로 중국학계의 기자조선 관련논의가 근본적인 문제에 봉착했음을 보여주고 있다. 즉 동북공정을 추진하는 상황에서 자신들의 입장에 유리한 중국적 역사범주의 명칭인 명이明夷·우이嵎夷·십일신화十日神話를 조선과 연결짓고 이 곳에 기자가 갔다는 의미의 기자동래설箕子東來說을 확립시켰으며, 그 지역은 은상 유민이 먼저 이동한 한반도 지역이었기 때문에 그 곳에 기자가 이동했다는 논리를 제시했다. 그런데 이 같은 논의의 실상은 서로 다른 학자들이 서로 비판하는 견해의 일부만을 짜깁기한 허술한 구성임을 보여주고 있는 것이다.

이상에서 본 것처럼 중국학계는 기자와 기자조선은 상주사商周史의 일부로서 은과 상의 후예가 조선반도에 세운 지방정권으로 중화사에 포함되며 기자는 실재한 철학가·정치가로서 기자조선에서부터 중국동북사가 시작된다고 보고 있다. 또한 기자조선은 주에 신속했고 진에도 신속하여 주·진의 해외속국이고 위만조선은 한의 외신으로 속국이었다가 한무제의 조선공략으로 한의 변강지역으로 되었다고 보았다. 따라서 기자조선이 있으므로 위씨조선衛氏朝鮮이 있었고 한漢의 4군이 되었으며 고구려사高句麗史와 발해사渤海史로 연결되어 동북고사東北古史가 구성되어 결국 기자조선이 바로 중국 동북사의 개시라고 천명하고 있다.

그러나 앞서 논급한 것처럼 기자동래를 근거로 설명하는 이상의 논리는 기자동래설 자체가 허구이며 중화적 우위성을 부각하기 위한 역사적 가공이라는 사실에 의해 성립될 수 없는 역사적 사상누각이다. 특히 고고학적으로 중국의 청동기 문화와는 확연히 구별되는 지석묘支石墓와 비파형 동검문화로 대표되는 이 지역의 독자적 문화내용에 대해 중국학계가 구체적인 대안을 제시하지 않고 있음을 주목할 필요가 있다. 즉 적극적인 이 지역 고고학적 성과내용을 부각시켜 중국문화와의 차별성과 독자성을 부각시킬 필요가 있다고 생각된다.

5. 동북공정과 고조선

고조선 문제와 관련된 중국학계의 기본입장은 단군조선을 신화의 세계로 파악하고 있으며, 그것이 실제 역사적 사실이 아니라는 시각을 견지하고 있다. 따라서 고조선은 주나라 초 상조의 귀족 기자와 한나라 초 연나라의 위만이 건립한 조선정권을 가리키며, 기본적으로 이 정권을 주의 천자 아래에 속한 제후국이라고 보는 틀이다. 이와 같은 입장이 중국학계의 공식적인 견해라고 분명히 밝히고 있다.

먼저 관련결과물로서 공간된 것은 이덕산李德山·난범欒凡의 결과물이다. 이는 1차 동북공정 연구결과로 나온 '동북변강연구총서'로 간행된 『중국 동북고민족발전사』[93)에서 제2장 예맥계 고민족濊貊系古民族으로 기족箕族과 고조선족古朝鮮族을 설정하고 기족의 기자조선이 고조선

---

93) 李德山·欒凡, 『中國東北古民族發展史』(東北邊疆硏究叢書, 中國社會科學出版社, 2003), 99~106쪽. 이 내용중 상당수는 앞서 발표한 논문의 내용이 부연된 것이다.
　李德山, 「關于古朝鮮幾個問題的硏究」(『中國邊疆史地硏究』 12-2, 2002.6), 56~63쪽. 이에 대한 자세한 내용은 조법종, 전게논문(2004).

으로 동천하여 서로 연결된 것으로 보았다. 이덕산李德山은 기족箕族을 하나의 종족으로 설정하고 그 시원지를 산동 여현呂縣 북부 유수지원濰水之源 부근으로 설정하고 기족箕族이 은상왕조와 밀접한 관계가 있는 것은 이들이 동이족 계통이라는 것을 강조했다. 즉 은상왕조와 기족은 친척관계로서 상대商代 말기에 기족의 수령인 기자가 은이 망하자 조선으로 갔고 주왕이 봉했다는 『상서대전尙書大傳』의 내용94)을 그대로 수용하여 기족箕族과 기자조선箕子朝鮮의 연계성을 설정하고 있다.

또한 장박천張博泉의 기씨족단이동설을 인용하여 내몽고 지역인 대릉하 유역의 객좌현 지역에서 발견된 기후기箕侯器에 근거하여 요녕지역의 기씨기其氏器는 기씨족 일지파의 유물로 보았다. 그리고 기자에 의해 족민들이 요서 대릉하 유역의 고죽족 지역으로 이동하여 함께 공존한 것으로 보았다.95) 이 같은 상황에서 상이 주에 복속되고 기자가 주무왕에게 신복하지 않으면서 백성을 이끌고 고조선 지역으로 동천한 것으로 파악하고 있다.

여기서 이덕산은 기자동천시 중국인(殷民) 5천 인이 조선으로 갔으며 기족과 고조선족은 친척민족으로 기자와 그 종족은 고조선족의 왕실과 귀족계층이 되었다고 서술하고 있다.96) 특히 이 부분에 대한 근거사실을 『조선사략朝鮮史略』·『해동역사海東繹史』 등 조선시대 사서를 활용 설명하여 조선왕조의 역사인식을 부각하는 모습을 보여주고 있다.

한편 고조선족 또한 중국의 고민족古民族으로 설정하여 논의를 전

---

94) 『尙書大傳』 卷4, 「周書 洪範」.
95) 李德山·欒凡, 전게서(2003), 103쪽.
96) 李德山·欒凡, 전게서(2003), 104쪽.

개하고 있다. 즉 기왕의 고조선족이 독자적으로 존재하지 않고 기자동래에 의해 고조선족이 존재했다는 견해에 대해서는 일정한 비판을 제기하고 있다. 즉 손진기孫進起의 고조선은 기자가 이끈 동이족의 일지파인 상족과 조선반도 토착의 예인濊人이 결합하여 이루었다는 견해97)와 기자가 이끈 은인殷人과 양이良夷가 결합하여 기자조선을 이룩했다는 동동佟冬의 견해98) 그리고 양소전楊昭全의 조선지역에 존재한 맥인貊人의 일지파인 양이와 기자족단箕子族團이 결합하여 기씨조선을 이룩했다는 견해99)는 기본적으로 기자동래에 의해 토착종족인 예인 또는 양이 등의 융합에 의해 새로운 '고조선종족古朝鮮種族'이 형성되었다는 입장이다.

이에 대해 이덕산은 조선이라는 지명만이 존재한 것이 아니라 독자적인 종족이 존재했고 보았다. 이는 다른 중국학자들과는 달리 고조선의 독자성을 부각한 입장이라는 점에서 차이가 있지만 문제는 이를 기타 견해와 동일하게 역시 '중국의 고민족'으로 본다는 점이다.100) 따라서 기씨조선과 위씨조선은 통치자만 다를 뿐 기본적인 변화는 없었던 것으로 보고 있다.

또한 이덕산은 장벽파 등이 제시한 『주역』의 기자관련 표현을 통해 기자동래를 강조하는 중국학계의 논법이 그대로 수용되고 있으며 『산해경』 해외동경海外東經에 나타난 군자국君子國이 주나라의 조번국朝蕃國으로서의 고조선을 지칭한 것이며 그 영역은 요하유역이지만

---

97) 孫進起, 『東北民族原流』(黑龍江人民出版社, 1987), 233쪽.
98) 佟冬 等, 『中國東北史』 1, 164쪽.
99) 楊昭全·孫玉海, 『中朝邊界史』(吉林文史出版社, 1993), 8쪽.
100) 李德山·栾凡, 전게서(2003), 105쪽.

왕험성王險城은 평양으로 보고 있다. 한편 고조선이 중국의 제후국이었다는 것을 『삼국지』기록을 근거로 전국시기 고조선의 칭왕과 관련하여 조선후朝鮮侯가 자칭위왕自稱爲王하고 연燕을 공격하여 '이존주실以尊周室'한 사실로 주장한 김육불의 견해101)를 재차 강조하여 고조선의 독립성을 부정했다.102)

또한 위만조선의 등장은 고조선족 내에서의 왕조의 성씨변화이지 정권적 속성이 바뀐 것은 아니며 위만조선은 한의 외신으로 한의 지방정권이라는 논리를 강조했다.103) 결국 동북공정 1차 결과로 제시된 '중국 동북고민족'의 범주에 기족과 고조선족을 기자동래라는 사건을 통해 연결짓고 이 고조선족이 중국의 고민족이며 정치적으로 주나라·한나라에 복속된 존재라는 내용으로 고조선의 역사적 귀속성을 중국사로 규정하는 결론을 제시하고 있다.

아직 공간되지는 않았지만 기자조선을 집중적으로 연구한 장벽파는 동이족 계통의 기족箕族명칭이 이미 상대 갑골문甲骨文·금문金文에 존재했고 은상대殷商代를 거쳐 은말주초 기자의 동천이라는 역사적 사건이 중원민족中原民族인 기족이 '동북고민족東北古民族'의 하나로 되는 계기로서 설명하고 있다.104)

이 같은 논의를 본격화하기 위해 동북공정의 1차 기획연구인 장벽파의 『기자여기자조선연구箕子與箕子朝鮮硏究』가 진행되었다.105) 이 연

---

101) 金毓黻, 『東北通史』, 56쪽.
102) 李德山·欒凡, 전게서(2003), 115쪽.
103) 李德山·欒凡, 전게서(2003), 117쪽.
104) 李德山·欒凡, 전게서(2003), 102쪽.
105) 이 내용은 연구기획안의 내용으로 아직 출간된 결과물은 접하지 못했으나 기왕의 논

구에서는 기자문제에 대한 중국 및 한국·일본의 인식내용을 소개하고 조선반도의 고문명은 탕곡부상십일신화湯谷扶桑十日神話와 전욱顓頊 고양高陽 문화 그리고 은상문화가 한국문화에 고르게 영향을 미쳤다고 주장하고 있다.106)

한편 동북변강연구총서로 고구려 문제를 집중적으로 연구해 간행되었던『고대중국고구려역사총론古代中國高句麗歷史叢論』에 이어 2003년 10월 속간된『고대중국고구려역사속론古代中國高句麗歷史續論』에서는 고구려 정권의 중국사로의 귀속근거로서 고구려가 한사군의 범위에서 입국했다는 점을 강조하고 있다.107) 또한 왕면후王綿厚는 2000년 간행한『동북고족고국고문화연구東北古族古國古文化研究』의 연결선상에서『고구려여예맥연구高句麗與濊貊研究』를 간행했는데 이 논저에서 중국 북방의 3대지역 문화로서 요하문화·초원문화·장백산 문화를 설정하고 요하문명은 황하문명과 장강문명과 함께 중국 고대문명 발생에 있어 북방지역의 중심에 위치하는 것으로 보았다.108)

한편 환황해環黃海·발해渤海 북안과 동해 서안지역의 문화를 중화문화권의 하나인 장백산구계長白山區系 문화로 설정하고 이를 토대로 논의를 전개하고 있다. 즉 장백산문화구의 남계는 고구려의 선세인

의내용을 바탕으로 논의했음. 장벽파의 기자조선 등과 관련된 논고는 다음과 같다.
　張碧波,「朝鮮箕氏考」(『社會科學戰線』1997-6) : 同,「古朝鮮文化探源」(全國首屆東北民族與學術硏討會交流論文, 1999.7) : 同,「關于歷史上民族歸屬與疆域問題的再思考-兼評"一史兩用"史觀-」(『黑土地的古代文明』, 2000.1) : 同,「略談古朝鮮,高句麗硏究中的誤區」(『高句麗歸屬問題硏究』, 2001).
106) 조법종, 전게논문(2004).
107) 馬大正 等,『古代中國高句麗歷史續論』(中國社會科學出版社, 2003), 81~99쪽.
108) 王綿厚,「遼河文明在中華文明形成中的歷史地位」(『高句麗與濊貊研究』, 哈爾濱出版社, 2005), 351쪽.

고이高夷・맥貊・북발北發 문화로 북계는 숙신肅愼과 북옥저北沃沮 문화로 동계는 고조선古朝鮮과 이맥夷貊[南沃沮] 문화로 서계는 서단산西團山 문화로서 예계濊系의 부여선세문화夫餘先世文化로 설정했다.109) 그런데 이 장백산 동계문화에 속하는 고조선 문화는 전국의 연진문화와 같은 계통으로 화하문화의 특징을 잘 나타내고 낙랑문화 또한 같은 양상으로 결국 고조선과 낙랑군・대방국의 문화적 계보는 상商・주周・진秦・한漢 이래 중원지역의 이민移民과 중앙왕조에 의해 설치된 지방군현의 범주를 벗어나지 않는다고 보았다.110)

이는 백두산을 장백산으로 부르는 중국적 문화공간의 재편에 입각한 논리로서 향후 한국민족과 관련된 백두산을 장백산으로 변화시켜 우리 역사-문화적 연결고리를 제거하고자하는 새로운 인식틀이라는 점에서 매우 유의되는 연구동향이다. 그런데 핵심은 백두산白頭山 일대를 여진女眞문화의 중심거점으로 설정하고 고구려-발해를 여진문화의 원류로 연결짓고자 하는 자의적 역사재편의 또 다른 움직이라는 점에서 이 문제에 대해서는 신속하고도 심도있는 대응이 요청된다. 특히 장백산문화연구회長白山文化硏究會에 동북공정의 핵심인물들인 왕면후王綿厚를 비롯하여 이덕산李德山・유자민劉子敏・경철화耿鐵華 등이 관여하고 있는 상황에서 이에 대한 대응이 체계적으로 진행되어야 함을 보여준다.111)

---

109) 王綿厚, 「關于"長白山區系考古文化的歷史定位思考」(상게서, 2005), 354~355쪽.
110) 王綿厚, 「"長白山東系"的 靑銅文化與早期鐵器文化」(상게서, 2005), 407~411쪽.
111) 이 문제에 대해서는 별도의 논고에서 논의할 예정임.

6. 맺음말

이상의 검토를 통해 진행된 내용을 정리하면 단군조선檀君朝鮮부터 고조선의 인식기점으로 삼아 중국계통과는 준별되는 역사체계를 설정하여 고조선사를 전개하는 한국학계의 인식과는 달리 중국학계는 기자동래箕子東來를 역사적 사실로 재구성하고 이와 연결된 기자조선의 존재를 한반도에서 구하고 위만衛滿의 출자를 중국계로 연계시켜 기자箕子-위만衛滿-한군현漢郡縣으로 연결되는 중국사적 범주의 고조선사를 재구성하고 있다.

한편 삼한사에 대해서도 은상殷商의 유민이 한반도로 망명하여 성립시킨 역사로 연결하여 결국 '고조선-삼한' 전역을 중국사로 파악하려는 의도를 강하게 표출하고 있음을 보여주고 있다. 특히 이 같은 상황은 동북공정 진행 전후시점 즉 1990년대 이후 고구려의 역사귀속을 중국사로 체계화하는 것과 같은 맥락에서 고조선의 중국사적 체계화 작업이 진행되고 있음을 보여준다. 또한 이 시기의 중심논의 내용은 기자동래설箕子東來說을 근거로 기자조선이 실질적인 고조선의 출발이며 이를 입증하는 근거로서 '조선朝鮮'명칭을 일출日出과 관련된 '해뜨는 곳'이라는 한자의미적 범주로 해석하여 중국의 양곡暘谷・부상십일신화扶桑十日神話, 『주역』의 명이明夷표현 등과 연결된 개념으로 기자동래설箕子東來說의 취약점인 기자동래설 관련기사의 후대성을 극복하고자 노력했다.

　그러나 기자동래의 경우 기자가 동래했다는 기원전 11세기경에 정작 지명인 조선명칭이 사서에 존재하지 않는 다는 사실을 극복하기 위해 명이明夷·우이嵎夷 및 부상십일扶桑十日신화와 연결시켜 해결하려는 모순을 보이고 있다. 특히 핵심적인 명칭인 명이明夷해석과 관련하여 자체 연구자 사이에서도 심각한 문제제기 및 반론이 존재하고 있다는 점에서 논리의 취약성이 발견되며 조선의 의미부분만을 부각시켜 논의를 확대 재생산하는 문제점이 부각되고 있다.

　또한 기자조선의 위치문제에 대해서도 평양설平壤說과 요서설遼西說〔移動說〕로 나누어 논의가 진행되고 있음이 확인되고 있다. 그런데 동북공정을 통해 진행된 주제 및 결과물에서는 이 같은 문제는 전혀 나타나지 않은 채 '한족중심주의漢族中心主義'와 극단적인 '중화민족주의中華民族主義'와 연결되는 연구만이 나타나고 있으며 이에 반대되는 학자들의 연구는 상대적으로 부각되지 않거나 제외되었음을 보여주고 있다. 따라서 향후 국내학계에서는 이들 문제에 대한 문헌 및 고고학적 자료를 중국학계의 일방적 자료에 국한되지 않은 다양한 정보확보 및 해석을 진행하고 특히 중국학계의 쟁점별 사안에 대한 검토를 통해 다양한 대응논리 마련이 필요함을 보여준다.

　한편 이 시기에 진행된 또 다른 측면의 연구상황은 동북공정에 참여한 일부학자들이 한국문화의 상징공간적 성격을 갖고 있는 백두산 일대의 문화를 중국적 관점으로 재정립해 '장백산문화長白山文化'로 만들려는 작업이다. 이는 '장백산문화연구회長白山文化硏究會'라는 단체를 중심으로 관련학자들이 적극적으로 활동하면서 이와 관련된 일련의 성과에서 고조선古朝鮮·고구려高句麗·발해渤海 문화를 여진족女眞族의 문화와 연결시켜 파악하려는 시도가 진행되고 있어 향후추이에 대한 적극적 대응이 요청된다.

○ 쉼터 ○

II. 고조선사

○ 쉼터 ○

제1장
고조선의 사회와 영역

1. 고조선의 시조인식과 사회

1. 고조선의 시조인식과 계승

고조선의 건국시조인 단군관련 인식문제는 기왕의 단군관련 기록의 후대성에 의해 그 연원적 성격과 내용에 대한 추론이 중심이 되어 논의가 진행되었다. 특히 단군관련 내용이 고조선 국가체에 대한 언급에 앞서 건국시조의 탄생신화 중심으로 전승 기록되어 이후 국가적 계승성에 대한 이해는 결여된 채 성격문제와 시대성에 대한 논의가 주로 진행되었다.

최근 단군인식과 관련한 논의는 북한의 단군릉 발굴과 개건 이후 논의가 소강상태에 빠진 상황에서 단군인식의 연원을 추적하는 작업이 진행되었다. 즉 일본 식민사학자들에 의해 제기되었던 단군인식의 고려시기 창작설에 대한 적극적 반론으로 신화적 특성에 나타난 수조신앙獸祖信仰의 유구성과 고려 이전 단군이식의 존재성이 논의되어 고구려 시기 단군인식의 존재가능성이 제기되어 논의가 새로운 국면으로 진행되고 있다. 또한 단군관련 명칭이 북방 샤머니즘을 공유하고 있는 고대 민족어와 유사성이 있다는 지적 등을 감안할 때 단군인식의 공간적 영역과 문화적 계통성 및 시대성의 외연이 확대됨을 보여주고 있다.

여기에서는 이 같은 이해를 바탕으로 고조선 사회에 존재한 시조인식 즉『삼국유사』에 명시된 단군인식의 계승관계를 시대적 상관성과 지리적 연계성을 감안하여 추론하고자 한다. 특히 기왕에 진행한 고구려 사회에 존재했던 것으로 추정된 단군인식의 내용과 계승집단에 대한 내용을 함께 소개하여 이 같은 연원과 계승문제에 대한 이해를 확대하고자 한다.

먼저 고조선 사회에 존재했을 시조인식에 관한 사료는 고조선 사회 발전과정에서의 나타난 칭왕稱王기사에서 그 단초를 확인할 수 있다.

> 魏略曰 昔箕子之後朝鮮侯 見周衰 燕自尊爲王 欲東略地 朝鮮侯亦 自稱爲王 欲興兵逆擊燕以尊周室・其大夫禮諫之 乃止・使禮西說燕 燕止之 不攻.(『三國志』, 魏書 卷三十, 東夷 韓 引用『魏略』)

먼저 사료에서는 연燕과 고조선의 정치적 갈등과 군사적 충돌상황이 나타나고 있다. 그리고 그 과정에서 연燕이 칭왕하는 시기에 조선도 함께 칭왕하고 있음을 보여주고 있다. 이 시기는 연燕의 이왕易王

(332~321 BC)이 처음으로 왕 칭호를 사용하고 있어1) 이 시기가 바로 이 때일 가능성이 높은바 기원전 4세기 후반경에 고조선古朝鮮도 칭왕을 하고 연燕에 대하여 신하인 대부 예禮를 파견하여 외교적 공세를 펼치며 군사적으로 상대할 만큼의 국가적 체계를 확립했음을 보여주고 있다.

사료에 나타나고 있는 칭왕稱王의 의미는 매우 중요하다.2) 국가권력의 최고권력자는 일반적으로 왕(king)으로 표현되는 데 왕王은 이전의 군장君長과는 달리 제사권祭祀權과 군사권軍事權을 독점한다는 점이 강조되고 있다.3) 특히 왕권의 형성은 국가의 형성과정으로서 왕은 정치-인류학적으로 고대국가를 상징하는 공권력의 결정체이다.4) 왕권에서 가장 중시되는 이 같은 제사 및 군사의 두 측면5) 가운데 본고와 관련되어 주목되는 것은 제사권체계祭祀權體系의 확립이다. 제사는 결국 왕권의 토대와 전통에 대한 왕의 독점적 권한으로서 크게 천제天祭와 조상제祖上祭로 대별된다. 그런데 한국 고대사회에서 주목되는 점은 자연신 격의 하늘과 시조신이 일체화된 양상이라는 점이다. 즉 천신天神과 시조신始祖神이 일체화된 인식이 존재했으며 이는 단군신화를 필두로 고대 시조설화에서 나타나고 있다.6)

---

1) 전국시대 중국의 칭왕상황은 齊나라가 기원전 334년, 秦과 韓은 기원전 325년, 魏·趙·燕 등은 기원전 323년으로 이해되고 있다.
2) 칭왕문제는 별도로 상세하게 다룰 예정임.
3) 나카자와 신이치, 「곰에서 왕으로:국가 그리고 야만의 탄생」(동아시아, 2003).
4) 박대재, 「고조선의 왕과 국가형성」(『북방사논총』 7, 2005). 왕권의 성격과 의미에 대한 정리는 위의 논문 참조.
5) 김영하, 「삼국시대 왕과 권력구조」(『한국사학보』 12, 2000).
6) 최광식, 『고대 한국의 국가와 제사』(한길사, 1994).

또한 왕을 칭할 때는 독자적인 종묘宗廟와 관서官署체계를 설정하는 것이 기본인바 이 때 가장 중요한 것이 왕의 혈연적 계통성의 국가적 체계화이다.

○ 蓋受命而王 …改正朔 易服色 封太山 定宗廟百官之儀 以爲典常 垂之於後云.[『史記』,「書」卷二十三, 禮書 第一]

○ 王者之制 沿革迭起 方割成災 肇分十二 水土旣平 還復九州.[『北齊書』,「紀」卷四, 帝紀第四 文宣帝]

위의 사료에 나타나고 있듯이 중국사회에서 왕을 표방함에 있어 가장 중요한 국가적 체계화는 정삭正朔을 반포하고 복색을 바꾸고 태산太山에 제사하고 종묘宗廟를 건립하고, 백관百官의 체계를 정립하는 것이었다. 이 가운데 주목되는 것이 종묘건립과 왕통의 연혁을 체계화하여 이를 국가통치체계의 중심으로 설정하는 것이었다. 종묘의 의미를 보면 혈족신령의 서식처인 '示'가 건축물 '宀' 안에 모셔져 있는 모습으로 자연계의 신령을 숭배하는 곳이 아닌 조상의 신령이 계신 묘당廟堂을 의미하는 공간이다.[7] 즉 종묘는 선왕의 영靈을 제향하는 종실의 가묘家廟이다. 또한 종묘건립에서 가장 중요한 것은 묘주 즉 시조에 대한 명시였다.

臣等謹按經傳 王者之制 凡建居室 宗廟爲先 廟必有主 主必在廟.[『舊唐書』,「志」卷二十六, 志第六 禮儀六]

---

7) 허진웅, 『중국고대사회』(동문선, 1991), 533쪽.

사료에 나타난 것처럼 결국 왕을 칭한다는 것은 여러 가지 요소가 복합적으로 진행되어야겠지만 특히 왕통계승체계王統繼承體系의 확립이 매우 중요함을 보여주고 있다.

이 같은 인식에 근거할 때 고조선이 연燕의 이왕易王(332~321 BC)시기에 칭왕을 했다는 사실은 종묘체계를 확립하고 이전까지 유지 계승했던 조상들에 대한 계보의 정립과 체계화를 진행했음을 보여주고 있다. 이 같은 사실을 명확히 보여주는 것이 다음 사료에 나타나는 '사십여세四十餘世' 표현이다.

○ 昔箕子旣適朝鮮 作八條之敎以敎之 無門戶之閉而民不爲盜. 其後四十餘世 朝鮮侯準僭號稱王.〔『三國志』,「魏書」 卷三十, 東夷 濊〕

○ 及秦幷天下 使蒙恬築長城 到遼東·時朝鮮王否立 畏秦襲之 略服屬秦 不肯朝會·否死其子準立.〔『三國志』,「魏書」 卷三十, 東夷 韓〕

여기서 주목되는 것은 위만에게 축출된 준왕準王과 연결된 '40여세餘世'라는 표현이다. 이 같은 표현은 이미 준왕대에 자신의 계보를 인식하고 있었으며 이것이 대외적으로 표방되어 있었다는 점을 보여준다. 문제는 준왕을 조선후로 표현하고 이 때에 왕을 함부로 칭한 것으로 표현하고 있으나 이는 이미 앞서 칭왕稱王한 상황을 인정치 않았던 중국적 상황에서 준왕이 이미 왕을 칭하고 있는 상황을 설명한 표현이라고 생각된다. 특히 같은 사료에서 준왕準王의 부친인 부否를 부왕否王으로 표현하고 있어 이미 준왕 전단계에서 왕칭호를 공식적으로 사용한 사실을 보여주고 있다. 즉 이 사료에서 중요한 것은 앞서 전국시대 연燕이 칭왕하던 기원전 4세기 중반경에 고조선 사회에 존재했던 국가시조에 대한 인식과 체계가 완비되었고 이후 이 체계가 대내외적으로 표방되었을 가능성이 높다는 점이다.

그런데 이 『위략魏略』사료들에 공통되는 문제점은 모두 기자를 시조적始祖的 존재로 설정하고 있는 문제이다. 이 내용은 이미 우리 학계의 논의와 검토에서 파악되었듯이 기자동래箕子東來는 역사적 허구로 파악되고 있다. 즉 후속사료에 나타나듯이 준왕이 한왕韓王을 자칭하고 준왕의 아들과 친척이 한씨韓氏를 모칭한 것에 근거하여 기자동래箕子東來 및 기자조선설箕子朝鮮說을 부정한 견해가 제기되었다.[8]

또한 고고학적으로 기자동래의 흔적을 확인키 어려우며 이 시기가 한국 청동기 문화를 시작한 예맥족의 등장시점이라는 점에서 기자의 역사성이 부정되었다.[9] 그리고 사료에 나타난 한韓이라는 표현은 정치적 대군장을 의미하는 알타이어 한汗(한·칸)과 통하는 말로서[10] 결국 이들 세력은 기자인식을 보유하지 않은 북방계통의 문화적 계보를 보유한 존재임을 단적으로 보여주고 있다.

한편 북한학계도 기자동래는 부정하는데 기자관념의 존재에 대해 북한의 황철산은 '기자신箕子神'은 고조선의 지배계급들이 전국시대에 중국에서 유랑해 온 사람들을 무마하기 위하여 '기자箕子'를 가탁한 것으로서 적어도 진秦나라 말기(3c BC 말)에는 이 신화가 형성되었다고 보았다.[11] 즉 기자의 실체는 없지만 기자관념이 일부 중국계 유이민의 존재와 연결되어 형성된 것이라는 면이 유의된다.

---

8) 이병도, 『한국고대사연구』(박영사, 1976).
9) 김정배, 「고조선의 주민구성과 문화적 복합」,(『한국민족문화의 기원』, 1973).
10) 서영수, 「고조선의 위치와 강역」,(『한국사시민강좌』 2, 1988).
11) 단군 건국신화에 대한 학술토론회 진행, 『력사과학』 1962-6.

또한 '기자'라는 천자문에서 왕을 '기ᄌ왕'이라 하는 사례에서 우리나라의 고유한 왕호일 가능성이 제기되었고12) 그 발음이 중국의 기자와 동일하여 기자동래설로 결부된 것으로 파악되기도 한다.13) 따라서 한대 이후 강화된 중화주의적 인식의 반영인 『상서尙書』 등에 나타난 기자동래설에 입각한 중국적 인식틀로서 고조선의 출발을 설정한 인식의 반영이라는 점에서 기자를 시조로 상정된 인식은 수용될 수 없는 부분이다. 즉 이 사료에서 유의되는 내용은 시조로부터 40여세까지 연결되는 인식틀이 중요한 것이다. 또한 중국사료에서 부회된 '기자관념箕子觀念'이 아닌 실제시조의 존재가 누구인가를 확인하는 것이 필요함을 보여준다.

2. 고조선 사회의 시조계승

중국문헌 가운데 가장 먼저 고조선 관련명칭인 '조선朝鮮'이 등장한 기록은 기원전 7세기경 기록인 『관자管子』에 나타나고 있는 제齊나라와의 교역관련 내용이다.

桓公問 管子曰 吾聞海內玉弊有七筴 可得而聞乎 管子對曰… 燕之茲山白金一筴也 發朝鮮之文皮一筴也.(『管子』 23, 揆道)

---

12) 이기문, 「백제어 연구와 관련된 몇 문제」(『백제연구』, 1982), 260~265쪽.
13) 이기백, 「고조선의 국가형성」(『한국사시민강좌』 2, 1988), 17쪽.

위의 사료에 나타나고 있는 내용은 제환공齊桓公이 관자管子와 진행한 대화에서 고조선과의 교역이 존재했음을 보여주고 있다. 이 사료에서는 고조선의 역사적 존재가 이미 중국 춘추시대에 확인되고 있음을 알려주는 내용으로『관자』의 상당수 내용이 전국시대 저술되었다고는 하지만 이 같은 전승이 수록되었다고 이해될 때 이 시기를 내려가지는 않는다고 생각된다. 따라서 이 시기에 이미 중국의 제나라와 교역하고 있는 정치체로서 고조선이 존재했으며 이 단계에서 이미 시조인식이 존재하여 유지되었을 것을 추론할 수 있다.

蘇秦… 說燕文侯曰 燕東有朝鮮遼東.〔『戰國策』, 燕策〕

위의 사료에서는 연문후燕文侯(361~333 BC) 시기 연의 동쪽에 존재한 조선이 언급되고 있다. 이같이 조선과 연燕과 지리적 인접성이 강하게 부각되고 있으면서 '요동遼東'이 바로 함께 존재한 지명으로 나타나고 있다. 그런데 이 시기에부터 본격적인 중국세력과 고조선과의 정치-군사적 갈등이 전개되고 있음이『사기』조선전과『삼국지』한전 인용『위략魏略』에서 잘 나타나고 있다. 우선 관련부분을 인용하면 다음과 같다.

○魏略曰 昔箕子之後朝鮮侯 見周衰 燕自尊爲王 欲東略地 朝鮮侯亦 自稱爲王 欲興兵逆擊燕以尊周室・其大夫禮諫之 乃止・使禮西說燕 燕止之 不攻.〔『三國志』,「魏書」卷三十, 東夷 韓 引用『魏略』〕
○後子孫稍驕虐 燕乃遣將秦開攻其西方 取地二千餘里 至滿番汗爲界 朝鮮遂弱.〔『三國志』,「魏書」卷三十, 東夷 韓 引用『魏略』〕

위 사료에서는 고조선의 성장에 대하여 연燕의 구체적 공세과정이 나타나고 있다. 사료에서는 연장燕將 진개秦開의 고조선 서변 2천 리 공취사건이 나타나고 있다. 이 사건은 고조선의 영역을 이해하는 데 있어 매우 중요한 계기로서 이해된다. 즉 기원전 3세기경까지 요동 이서선까지 유지되던 고조선의 서쪽 경계가 진개의 공격에 의해 2천 리라는 영역을 상실하는 결과가 초래됨으로써 상당한 타격과 영토 상실이라는 결과를 초래했다.

이 시기 고조선이 연에 의해 공략되어 서방 2천여 리를 상실했다는 사실은 국가적인 위축과 영토적 재편이 진행되었을 것으로 파악된다. 그러나 서방 2천 리라는 표현만 있고 별다른 언급이 없는 점을 볼 때 이 당시 고조선의 수도까지 공략된 상황은 아니었음을 보여준다. 즉 이 결과 조선이 약해지기는 했지만 국가적 붕괴상황은 아니었고 따라서 왕통의 계승성 및 시조 인식체계에 심각한 변화가 초래되었을 상황은 아니었음을 보여준다. 이후의 고조선과 중국의 연결상황은 진秦에 의한 중국통일 시기에는 앞서 연燕의 동방침공에 의해 구축된 고조선과의 영역경계가 유지되면서 정치적 관계가 보다 밀접하게 진행되었다.

及秦幷天下 使蒙恬築長城 到遼東·時朝鮮王否立 畏秦襲之 略服屬秦 不肯朝會·否死其子準立.〔『三國志』,「魏書」卷三十, 東夷 韓 引用『魏略』〕

위 사료에서는 진秦나라가 천하를 통일한 뒤에 몽염蒙恬을 시켜 장성을 쌓게 하여 요동에까지 이르렀다. 이 때에 조선왕 부否가 왕이 되었는데, 진나라의 습격을 두려워한 나머지 진나라에 복속을 했지만 조회에는 나가지 않았고, 부否가 죽고 난 뒤 그 아들 준準이 즉위했다는 내용이다.

이 사료에서 주목되는 것은 즉 고조선 후기기록이지만 왕위의 부자상속父子相續이 진행되어 앞서 제시된 사료에 나타난 칭왕에 부응하는 국가적 권력체계가 부자상속에 의해 계승되고 있어 명실상부한 고대국가체계의 양상을 보여주고 있다.

이 같은 상황에서 발생한 국가적 위기 및 시조 인식체계 계승성의 위기가 위만에 의한 정변으로 준왕이 축출된 상황이다

○朝鮮王滿者 故燕人也.… 燕王盧綰反 入匈奴 滿亡命 聚黨千餘人 魋結蠻夷服而東走出塞 渡浿水 居秦故空地上下鄣 稍役屬眞番‧朝鮮蠻夷及故燕‧齊亡命者王之 都王險.〔『史記』,「列傳」卷一百一十五, 朝鮮列傳 第五十五〕
○及綰反 入匈奴 燕人衛滿亡命 爲胡服 東度浿水 詣準降 說準求居西界 收中國亡命爲朝鮮藩屛. 準信寵之 拜爲博士 賜以圭 封之百里 令守西邊. 滿誘亡黨 衆稍多 乃詐遣人告準 言漢兵十道至 求入宿衛 遂還攻準. 準與滿戰不敵也.〔『三國志』,「魏書」卷三十, 東夷 韓 引用『魏略』〕

『사기史記』에 나타난 내용에는 위만衛滿이 자립하여 왕이 된 것으로 되어 있지만 『위략魏略』에 나타난 내용에 의하면 위만은 고조선의 서변을 지키는 존재로서 중국망명객 등을 취합하여 자신의 세력으로 확대하고 준왕準王에게 한漢의 침입을 거짓으로 고하여 정변을 통해 왕위를 찬탈한 존재로 나타나고 있다. 이 상황에 대한 기왕의 학계연구성과로서 위만이 고연인故燕人으로서 퇴결만이복魋結蠻夷服했다는 사

실이14) 부각되어 고조선 계통으로서 과거 연의 고조선 공략시 연에 편입된 지역의 존재로 파악하고 있다.15) 따라서 그 계통성은 기존 고조선의 계통을 유지했을 가능성이 있다. 그러나 이미 준왕으로 상징되는 전대왕조의 시조 및 조상계보는 위만에 의해 단절되었다고 보는 것이 합리적이다. 즉 위만조선 단계에서 단군을 시조로 하는 고조선의 왕통 및 계승체계는 앞서 준왕의 피난으로 심각한 단절가능성에 직면했다고 파악된다. 위만세력이 종족·문화적으로는 같은 고조선 계통이지만 준왕계가 유지한 시조를 인식하는 체계가 동일했는지에 대해서는 가능성이 미약하다.

위만왕조는 별도의 시조 인식체계를 보유했을 가능성과 단군인식을 유지했을 가능성이 있지만 왕조교체라는 측면에서 볼 때 전자적 상황이 가능성이 높다. 따라서 고조선의 시조인식은 위만조선 단계에서 심각한 단절위기를 맞았음을 알 수 있다. 그러나 이 상황에서 시조인식은 몇 갈래 분화되어 유지 확산되고 있음을 발견할 수 있다. 여기서 기존 시조 인식체계를 원형인식 A라고 표현하고 이후 분화양상을 A①로 나타내면 다음과 같다. 즉 위만에게 축출된 준왕은 한지韓地로 가서 한동안 별도의 세력을 유지했음을 알 수 있다.

A①: 侯準旣僭號稱王 爲燕亡人衛滿所攻奪 將其左右宮人走入海 居韓地 自號韓王.

②: 其後絶滅 今韓人猶有奉其祭祀者. 漢時屬樂浪郡 四時朝謁.[『三國志』卷三十, 「魏書」三十, 東夷 韓]

---

14) 이병도, 전게서(1976).
15) 서영수, 전게서(1988).

위의 사료에 의하면 준왕으로 대표되고 계승된 고조선의 시조 인식체계는 준왕이 한지韓地로 망명하면서 유지되었다가 그 후손의 절멸 이후에도 그 제사체계祭祀體系가 유지되었음을 보여준다. 이는 원형이 이동과 전승과정에서 변화되었을 부분이 있어 A②로 표현하고자 한다.

한편 다음 사료는 준왕의 아들과 기존 준왕의 친척 등 잔류세력이 위만이 통치하던 고조선 지역에 존재하고 있음을 보여준다.

A①: 魏略曰 : 其子及親留在國者 因冒姓韓氏. 準王海中 不與朝鮮相往來.〔『三國志』 卷三十, 「魏書」 三十, 東夷 韓〕

이들은 앞서 준왕대까지 유지되었던 단군 시조인식〔A〕을 거의 변화없이 유지했을 가능성이 가장 크다. 따라서 이를 원형에 가까운 시조관념인 A①로 표현할 수 있다.

한편 후속하는 사료에 나타나고 있듯이 위만의 손자 우거왕 때 조선상朝鮮相 역계경歷谿卿으로 상징되는 같은 범단군시조 인식체계 보유 집단의 이동을 통해 이들이 보유한 인식이 진국辰國으로 이동하여 유지되면서 변화되었을 가능성이 있는 관념〔A③〕이 상정된다.

A③: 魏略曰 初 右渠未破時 朝鮮相歷谿卿以諫右渠不用 東之辰國 時民隨出居者二千餘戶 亦與朝鮮貢蕃不相往來.〔『三國志』 卷三十, 「魏書」 三十, 東夷 韓 引用 『魏略』〕

특히 A②와 A③집단은 "조선과 서로 왕래하지 않았다〔不與朝鮮相往來〕"·

"조선과 공물이 서로 오가지 않았다〔朝鮮貢蕃不相往來〕"라는 표현에서 서로 연결되어 교류하지 않았음을 보여준다. 이는 이들 집단이 고조선 원형집단과 분리되어 개별화된 상황으로 이후 각 토착세력 집단과 융화되어 갔으며 이 과정에서 단군시조 인식체계가 약화 내지는 변화되었을 가능성이 높다고 파악된다. 따라서 고조선의 시조인식에 대한 원형적 집단이 준왕시기까지 존속되었으나 위만정변 이후 왕실교체 및 준왕의 한지韓地이동에 따라 이들 인식보유 집단의 분화가 발생하고 있다는 점이다. 이를 정리하면 다음과 같다.

  A①: 위만조선 영역내에 계속 존재하고 있는 준왕의 아들 및 친족집단.
   ②: 한지韓地이동 준왕 및 봉기제사자奉其祭祀者 집단.
   ③: 우거왕에게 저항해 진국辰國으로 이동한 조선상朝鮮相 역계경 집단.

  A①집단 속에는 위만의 손자인 우거왕대에 존재한 니계상尼谿相·조선상朝鮮相 등으로 표현된 기존 토착세력도 공존하고 있으며 이들에 의한 인식집단의 연결도 가능성이 높다고 파악된다.[16]
  A②집단의 경우 준왕準王이 한왕韓王을 자칭하다 후손까지 절멸된 뒤 그를 제사하는 집단이 일부 존속되었지만 결과적으로 그 계통은 거의 단절되었음이 추정된다. 따라서 한지韓地 이동세력에 의한 시조인식의 경우 그 지속성은 오래가지 못했다고 추정된다.

---

16) "朝鮮相路人·相韓陰·尼谿相參·將軍王唊 相與謀曰: 始欲降樓船 樓船今執 獨左將軍幷將 戰益急 恐不能與 王又不肯降.陰·唊·路人皆亡降漢."〔『史記』,「列傳」卷115, 朝鮮列傳 第55〕즉 이들 집단은 위만계통과 대비된 토착세력으로서 한과의 전쟁과정에서 한과의 타협을 주도하다 결국 우거를 살해하고 투항한 세력으로 이후 한의 사군체제 개편시 토착적 기득권이 상대적으로 보장되어 제후로 봉해졌다.

A③집단은 진국辰國 이동세력으로서 시조인식 보유가능성이 상대적으로 약하며 굳이 표방된 내용에 의할 때 '조선朝鮮'이라는 정치체에 대한 기억이 더 강한 집단일 가능성이 높다고 파악된다.

결국 고조선 시조인식의 전승 및 유지 가능한 집단을 유추할 때 A②·A③집단의 지속력은 상대적으로 약해 그 흔적의 추론도 쉽지 않다고 파악된다. 이 같은 추론은 이들과 연결될 가능성이 높은 신라新羅·백제百濟 지역에 남은 고조선 관련사료의 미약성에서도 확인된다. 먼저 신라의 경우 고조선 관련기사는 신라의 모체인 사로6촌 형성의 기반으로서 '조선유민朝鮮遺民'이라는 표현이 단 한 차례 제시되고 있다.

先是 朝鮮遺民 分居山谷之間爲六村.[『三國史記』1,「新羅本紀」1, 赫居世 1年]

백제의 경우 동성왕東城王이 '조선朝鮮'명칭을 이용하여 태수직太守職을 사여하는 사료가 2건이 확인되고 있을 뿐이다.

○牟大又表曰 "臣所遣行建威將軍·廣陽太守·兼長史臣高達 行建威將軍·朝鮮太守·兼司馬臣楊茂 行宣威將軍·兼參軍臣會邁等三人…"[『南齊書』卷五十八,「列傳」第三十九, 東南夷 高麗]
○建武二年 牟大遣使 …又表曰: "臣所遣行龍驤將軍·樂浪太守兼長史臣慕遺 行建武將軍·城陽太守兼司馬臣王茂 兼參軍·行振武將軍·朝鮮太守臣張塞 行揚武將軍陳明 在官忘私 唯公是務 見危授命 蹈難弗顧. 今任臣使 冒涉波險 盡其至誠. 實宜進爵 各假行署. 伏願聖朝特賜除正"詔可.[『南齊書』卷五十八,「列傳」第三十九, 東南夷 高麗]

따라서 고조선 시조인식의 현실적인 계승집단은 앞서 사료에 제시되었던 A① 위만조선 영역 내에 계속 존재하고 있는 준왕의 아들 및 친족집단이라고 파악된다. 이들은 위만조선이 성립된 기원전 194년경 이후 기원전 108년 낙랑樂浪·진번眞番·임둔군臨屯郡의 설치와 기원전 107년 현토군玄菟郡 설치시기까지 상대적으로 위축되었지만 시조인식 집단으로 존속했을 것이며 한군현 및 주변 정치세력과 가장 긴밀한 공간적 연결성을 갖고 있었다고 파악된다. 이 같은 영역적 범위에 존재한 정치체는 고구려高句麗이다. 고조선과 고구려와의 실질적 연결성은 우선 기원전 107년 설치된 현토군의 속현으로서 고구려현이 등장하고 있어 상호 관련성을 보여주고 있다. 즉 고조선에 포섭되어 존재했던 여러 정치세력들이 한漢의 군현으로 재편되었는데 주목되는 것은 위만조선의 복속세력이었던 임둔臨屯·진번眞番 등의 명칭이 군郡으로 부각되고 조선이 낙랑군의 속현으로 강등되어 편재된 사례를 감안할 때 현토군의 속현으로 등장하는 고구려현도 실제는 가장 강력한 정치체였음을 추측케 한다.17)

그리고 이미 『삼국사기』에 언급된 기원전 37년이라는 고구려 건국연대보다 70년이나 앞선 시기에 고구려라는 명칭이 명확하게 존재하고 있다는 사실에서 고구려가 고조선을 구성하는 핵심적 세력으로서 이미 위만조선 당대 및 이전시기에도 존재했을 가능성을 보여주고 있다. 따라서 위만조선 붕괴 이후에 공간적 시간적 끊김없이 고구려로 포괄되는 사회에는 준왕대까지 유지되고 그 아들과 친족에 의해 유지되었던 고조선의 시조에 대한 인식체계가 존재했을 개연성이 확인된다.

---

17) 고구려현의 실체와 내용에 대해서는 별고에서 검토하고자 함.

이 같은 고조선에 대한 인식의 흔적은 중국에서 발견된 고구려 유민의 묘지墓誌에서도 유추된다. 즉 연개소문의 장남인 천남생 묘지泉男生墓誌(679)의 경우 그를 '요동군 평양성인遼東郡平壤城人'으로 표현하고 있고 3남인 천남산泉男産의 경우 요동조선인遼東朝鮮人으로 표현하고 있다. 손자인 천헌성泉獻誠(692 사망)의 묘지(701)에는 그 계통을 기선고구려국인其先高句驪國人으로 표현하고 있다.18) 한편 이들과는 계통이 다른 697년 죽은 고자高慈의 묘지(700)에는 그를 '조선인朝鮮人'이라는 표현으로 기록하고 있다.19) 이 같은 고구려 유민의 계통 및 본관에 대한 기록에서 고구려 및 조선이 동시에 사용되고 있다는 점은 고구려와 고조선의 공간적 중복성을 인식하고 있음을 반영하는 내용이다.

특히 천남산 묘지에서 "東明之裔 寔爲朝鮮 威胡制貊 通徐拒燕〔동명후예가 진실로 조선을 세웠도다. 胡를 위혁하고 貊을 제압했으며 徐州와 통하고 燕을 막았도다〕"라는 표현에서 고구려 시조 동명東明과 고조선이 연결되고 있다는 인식이 고구려 사회에 유지되어 이 사실을 중국인들도 파악하고 있는 것을 보여주고 있다.

한편 고구려 사회에 존재한 여러 가문의 족조전승에서도 10가지 이상이 고구려 건국기와 연결되는 인식을 보유했음이 지적되고 있

---

18) "君諱獻誠 字獻誠 其先高句麗國人也."
19) "公諱慈 字智捷 朝鮮人也. 先祖隨朱蒙王 平海東諸夷 建高麗國已後 代爲公侯宰相." 高慈는 자신을 朝鮮人으로 표현하고 그 선조가 주몽과 함께 고구려를 건국한 핵심세력임을 표방하여 고구려가 망한 지 708년이라는 시점과 자신의 선조대수 30여 대를 묘지명에 명시하면서 자신이 朝鮮人임을 표방하고 있다. 이것이 단순행정명일 가능성보다는 계통인식일 가능성이 있다. 즉 高慈의 20대조인 高密이 慕容庞가 침입했을 때 큰 공을 세워 高氏姓을 사성받아 高氏가 되었다는 사실은 고자의 선조가 고구려 건국의 핵심적 역할을 수행하여 10여 대를 별도의 성씨로 유지하다가 20대조인 高密단계에서 사성되어 고씨가 되어 이들 세력이 고조선 계통으로 존재했을 가능성이 큰 것을 보여주는 내용이다. 이 문제는 별도의 논의를 통해 구체화하겠다.

다.20) 이 같은 인식의 유지양상도 고조선 시조인식 집단의 존재성을 확인시켜 준다. 따라서 고조선 사회에 존재했던 시조 인식체계는 준왕대 위만의 정변에 의해 약화 분화되었지만 기존 고조선 영역에서 유지되었으며 위만조선 붕괴시점에 바로 이어지는 고구려에 의해 공간적·시간적 단절없이 고구려 사회에 연결되었다고 파악된다. 이 같은 인식체계는 이후 고구려 사회에 지속되어 고구려 붕괴시점까지도 계승 유지되었음이 고구려 묘지명에 나타난 고조선 관련 표현들에서 유추된다. 이 같은 인식의 계승성을 보다 구체적으로 보여주는 것이 최근 논의가 구체화되고 있는 고구려고분벽화에 나타난 단군신화 관련내용과 문헌적 접근을 통해 고구려의 원세력인 비류국의 송양왕과의 연결성이다.

3. 고조선의 사회구조

고조선은 기자조선 후기단계에 국가적 수준의 정치체를 구성하고 있음을 보여주고 있다.21) 즉 위만조선의 형성22) 이전 '기자조선' 후기단계부터 이미 국가로서의 조직체가 완비되어 있음이 확인된다. 이 시기의 신분양상 관련내용을 보면 '조선후朝鮮候'라는 최고의 정치

---

20) 서영대, 「고구려 귀족가문의 족조전승」(『한국고대사연구』 8, 1995).
21) 金貞培, 「衛滿朝鮮의 國家的 性格」(『史叢』 21·22합집, 1977) : 동, 「국가기원의 제이론과 그 적용문제」(『역사학보』 94·95합집, 1982)〔『韓國古代의 國家起源과 形成』(고려대출판부, 1986)〕.
22) 崔夢龍, 「韓國古代國家形成에 대한 一考察 -衛滿朝鮮의 例-」(『金哲埈華甲紀念史學論叢』, 1983) : 동, 「古代國家形成과 貿易」(『韓國古代의 國家와 社會』, 1985).

적 존재가 '왕王'을 자칭했으며 그 신하로서 '대부大夫'라는 존재가 기록되고 있다. 또한 준왕이 위만이 망명하여 오자 그를 '박사博士'로 임명하여 '규圭'를 하사하고 백 리의 땅을 봉하여 주며 서쪽 변경을 지키게 했다.

위만조선의 상층 지배체계는 중앙의 경우 세습된 왕王을23) 정점으로 태자太子를24) 포함한 왕실이 존재하며 부왕적副王的 존재인 비왕裨王이 존재했고25) 대신으로 지칭되는 상相·장군將軍 등이 중앙통치의 주요직능을 분담했다.26) 또한 지방의 경우 상相·경卿 등의 존재가 지역적 기반을 바탕으로 왕의 통치에 포섭되어 있으며 박사博士 등의 명칭을 갖는 존재들이 중앙의 통치력을 대행했다고 이해된다. 즉 이 시기에 왕 신분과 대신으로 대표되는 상층 신분집단이 존재하여 지역적 신분집단의 최상층을 형성했다.

한편 이들과는 달리 중간신분층을 상정할 수 있는데 준왕이 피난시 이끌고 간 '좌우궁인左右宮人'27)과 위만이 준왕에게 허위로 한병漢兵이 공격한다고 보고케 한 존재와 조선상朝鮮相 등이 누선장군樓船將軍과 휴전논의를 진행키 위해 보냈던 존재 등은 이들이 최고 지배집단의

---

23) "朝鮮王滿者 故燕人也…燕王盧綰反 入匈奴 滿亡命 聚黨千餘人….稍役屬眞番朝鮮蠻夷及故燕齊亡命者王之…,以故滿得兵威財物侵降其旁小邑 眞番 臨屯 皆來服屬 方數千里 傳子至孫右渠…"(『史記』,「朝鮮列傳」).
24) "右渠見使者…遣太子入謝 獻馬五千匹 及饋軍糧 人衆萬餘…."(『史記』,「朝鮮列傳」).
25) "元封二年漢使涉何誘諭右渠…,使御刺殺送何者 朝鮮裨王長…"(『史記』,「朝鮮列傳」) 裨王의 副王적 성격에 대해서는 조법종, 전게논문(1994) 참조.
26) "朝鮮大臣乃陰間使人私約降樓船 往來言…朝鮮相路人 相韓陰 尼谿相參 將軍王唊…. 故右渠之大臣成已又反…"(『史記』,「朝鮮列傳」).
27) "候準旣僭號稱王 爲燕亡人衛滿所攻奪 將其左右宮人 走入海 居韓地."(『三國志』,「韓傳」所引『魏略』).

성원은 아니나 통치의 일부로서 그 지위가 일반 피지배의 신분과는 구별되는 존재였다.28) 따라서 비록 더 구체적인 자료는 없으나 이들 사료에서 신분질서 체계에 있어 지배계층의 하위를 구성하는 중간 신분집단의 존재를 상정케 된다.

고조선 사회에 있어 피지배 일반을 구성하고 있는 것은 민이었다. 이들의 실체를 보여주는 사료를 보면 다음과 같다.

樂浪朝鮮民犯禁八條 相殺以當時相殺 相傷以穀償 相盜者男沒入爲其家奴 女子爲婢 欲自贖者人五十萬 雖免爲民 俗猶羞之 嫁取無所讐 是以其民終不相盜 無門戶之閉 婦人貞信不淫僻… 及賈人往者 野則爲盜 俗稍益薄 今於 犯禁浸多 至六十餘條.〔『漢書』28,「地理志」8〕

사료에 나타난 내용은 피지배의 대상으로서 '민民'이 존재했으며 범법자의 경우 가장 최하위 신분인 '노비奴婢'로 전락시키고 있음을 보여주고 있다. 이들 민의 성격은 기본적으로 자유로운 신분으로서 노비와의 대비성을 통해 그 위상이 구체화된다. 이들은 창해군으로 편성되었던 예군남려濊君南閭의 28만 구의 대부분을 구성한 존재였을 것이며29) 고조선과 한과의 전투시 나타나고 있는 태자를 호위한 무리 만여 명, 패수서군西軍 등 중심전투력의 대부분을 구성하고 있었을 것이다. 특히 이들의 규모는 고조선이 한에게 패한 뒤 설치된 한군현의 규모를 감안할 때30) 20~30만 내외의 규모가 한 단위로 편성되어 사

---

28) "滿誘亡 黨衆稍多 乃詐遣人告準 言漢兵十道至 求入宿衛 遂還攻準."〔『三國志』,「韓傳」所引 『魏略』〕
　"朝鮮大臣乃陰間使人私約降樓船 往來言."〔『史記』,「朝鮮傳」〕
29) "東夷濊君南閭等 口二十八萬人降 爲蒼海郡."〔『漢書』6, 武帝紀 6, 元朔元年(128 BC)〕

회구성의 주축임을 보여준다.

한편 사료에서 이들 민신분民身分 이하의 존재로 '노비奴婢'의 존재가 확인되고 있음은 주목된다.31) 이들의 양상은 형벌노비적 성격의 존재로 이외에 포로노비가 대다수를 차지하며, 출생·부채 등의 원인에 의한 노비발생 등에 의해 유지되었다. 노비의 의미와 성격은 마르크스의 유물사관에 입각한 한국사 재구성의 관점에 있어서는 노예제사회의 존재를 상정하게 하는 요소로서 기왕의 연구자들의 많은 논의가 진행되었다.

4. 고조선 사회의 범금8조의 성격

A①: 樂浪朝鮮民 犯禁八條 相殺以當時償殺 相傷以穀償 相盜者男沒入爲其家奴 女子爲婢 欲自贖者 人五十萬. 雖免爲民 俗猶羞之 嫁取無所讎 是以其民終不相盜 無門戶之閉…郡初取吏於遼東 吏見民無閉臧 及賈人往者 夜則爲盜 俗稍益薄. 今於犯禁寖多 至六十餘條.〔『漢書』,「志」卷二十八下, 地理志第八下〕

위 사료에 나타난 내용은 당시의 상황을 몇 가지 측면에서 나누어 파악할 필요가 있음을 보여주고 있다. 즉 『한서』 지리지에 나타나고 있는 낙랑조선민의 범금팔조犯禁八條의 내용은 다분히 고조선의 전통

---

30) "玄兎郡…戶四萬五千六 口二十二萬一千八百四十五…樂浪郡…. 戶六萬二千八百一十二 口四十萬六千七百四十八."『漢書』28,「地理志」8〕
31) 이에 대해서는 조법종, 전게논문(1992) 및 고경석, 전게논문(1992) 참조.

법적 내용과 중국적 처벌내용이 가미된 내용을 보여주고 있다. 먼저 범금팔조에 나타나고 있는 내용을 나누어 보면 다음과 같다.

1) 살인자 살해〔相殺以當時償殺〕
2) 상해자 곡식배상〔相傷以穀償〕
3) 도적질한 자의 경우 남자와 여자를 모두 노비로 삼고〔相盜者男沒入爲其家奴, 女子爲婢〕
4) 이를 벗어나기 원하는 자는 50만 전을 지불해야 한다.〔欲自贖者 人五十萬〕

이에 대해 당시 한대의 형벌내용과 비교해 보면 다음과 같다. 먼저 한대 초기의 율령은 한고조가 진秦의 엄한 율령을 완화시킨 3장章32)과 그 후 보완된 9장의 율律로서 언급되는데33) 이 가운데 알려진 내용 가운데 절도행위에 대한 처벌은 관물官物절도의 경우 기시棄市, 우마牛馬절도의 경우 사死 등으로 대부분 사형에 처하거나34) 죄질의 내용에 따라 발을 자르는 육형肉刑을 가했다.

A②: 盜馬者死盜牛者加.〔『鹽鐵論』, 刑德篇〕
　③: …且殺人償死 合於古制; 至於傷人 或殘毁其體而裁翦毛髮 非其理也. 若用古刑 使淫者下蠶室 盜者刖其足 則永無淫放穿窬之姦矣.〔『三國志』,「魏書」卷二十二, 魏書二十二 陳〕

따라서 한대의 율령내용에 따른 처벌내용은 상황에 따른 변화가

---
32) 『史記』,「本紀」卷8, 高祖本紀 第8 : "秦法有三族之刑, 漢但約法三章耳, 殺人者死, 傷人及盜者使之抵罪, 餘並不論其辜, 以言省刑也. 則抵訓爲至, 殺人以外, 唯傷人及盜使至罪名耳."
33) 楊鴻烈, 『中國法律發達史』(商務印書館), 92쪽.
34) 『九朝律考』卷1,「漢律考」4, 漢律雜考 上.

있지만 사형에서 발을 자르는 육형(肉刑) 등의 형벌이었고 그 성격이 공적 처벌로서 나타나고 있다. 따라서 사료에 나타난 낙랑조선 범금 팔조의 내용에 보이는 도적질한 자를 바로 그 집의 노비로 삼는 처벌조항은 한대의 처벌내용에서는 확인할 수 없는 고조선 고유의 처벌 방식으로 나타나고 있다.

한편『사기』및『한서』에 전하는 흉노(匈奴)의 처벌내용을 보면 다음과 같다.

A④: 其法 拔刃尺者死 坐盜者沒入其家; 有罪小者軋 大者死. 獄久者不過十日 一國之囚不過數人.〔『史記』,「列傳」卷一百十, 匈奴列傳 第五十〕

사료에서 주목되는 점은 죄 지은 자에 대한 처벌내용으로 칼로 얼굴을 벤 자는 사형에 처하고 도적질한 자는 그 집에 몰입시켜 노비로 삼는 내용이다. 이 같은 상황은 앞서 살펴본 고조선의 전통으로 이해되는 도적질한 자는 곧 피해자의 노비로 삼는다는 내용과 완전히 동일한 사항으로 흉노에서 유지되었던 처벌방식과 동일함을 보여주고 있다. 따라서 살인자에 대한 처벌은 보편법적 내용으로 모두 동일한 사형으로 나타나고 있지만 절도행위에 대한 처벌은 한나라와는 성격과 계통이 다른 고조선 사회의 전통내용을 보여주며 이 내용은 동시기 흉노사회에 존재했던 처벌내용과 동일하여 문화적 연결성을 보여주고 있다. 즉 한군현(漢郡縣)으로서의 낙랑체제 이전에 이미 고조선 사회에서는 독자적인 노비화가 진행되었으며 특히 이 내용이 개인재산권 보호차원의 노비화라는 점에서 당시 사회성격과 정치발전 내용이 고도로 발달된 국가적 단계에 부응하는 내용임으로 보여주고 있다.

A⑤: 其攻戰, 斬首虜賜一卮酒 而所得鹵獲因以予之 得人以爲奴婢. 故其戰人人自爲趣利 善爲誘兵以冒敵.(『史記』, 「列傳」 卷一百十, 匈奴列傳 第五十)

또한 사료 A⑤는 흉노사회에서 이미 주변세력과의 지속적인 교류 및 갈등과정에서 발생한 포로노비捕虜奴婢를 통해 이루어진 다양한 활용 및 경제적 가치에 익숙해진 상황을 보여주고 있다. 이 같이 흉노에서 진행된 자체구성원의 형벌노비화는 포로노비화가 이미 익숙한 사회에서 진행된 상황이었다. 따라서 흉노와 동일한 양상의 노비발생 양상을 보여주는 고조선 사회도 동일한 내용과 수준의 신분제 체계가 상정될 수 있다고 생각된다.

그런데 특이한 점은 이 같은 처벌을 면하기 위한 방안으로 속죄贖罪내용이 언급된 부분이다. 즉 사료에 의하면 50만 전錢의 속직가贖直價 지불을 통해 이 같은 처벌을 면할 수 있다는 내용이다. 우선 주목되는 것은 이 액수가 전한대에 시행되고 있는 사죄死罪를 감일등減一等하는 속직가로서의 50만 전과 동일한 내용을 보여주고 있는 점이다.

A⑥: 天漢四年(97 BC)秋九月 令死罪入贖錢五十萬減死一等.(『漢書』, 「本紀」 卷六, 武帝紀 第六)
⑦: 聞天漢四年 常使死罪人入五十萬錢減死罪一等 豪彊吏民請奪假貰 至爲盜賊以贖罪.(『漢書』, 「列傳」 卷七十八, 蕭望之傳 第四十八 蕭望之)

즉 사료에 나타나고 있듯이 한무제가 천한天漢 4년(97 BC) 사형에 처할 죄인에게 50만 전의 속직가로 죽음을 면하게 하는 영을 발했고 실제 이를 이용하여 도적질을 하고 50만 전으로 죄를 속죄받는 사례가 나타났다. 따라서 범금팔조의 속전내용은 당시 한나라에서 시행되었던 50만 전 속직贖直의 내용을 그대로 보여주는 상황이다. 한편 이 속직가의 실제 지급내용은 한무제대에 시행된 오수전五銖錢으로 파악된다.35)

그런데 이 5십만 전의 내용이 실제 어느 정도인가가 문제이다. 당시 물가에 대한 자료가 명확치 않아 알 수 없으나 이를 추측케 하는 내용이 다음 사료에 나타나고 있다.

> A⑧: 關中大飢 米斛萬錢 人相食. 令民就食蜀漢. 師古曰: "一斛直萬錢."〔『漢書』,「本紀」卷一上, 高帝紀 第一上〕

이는 가뭄상황의 가치이기 때문에 유추키 어려우나 50만 전이라는 액수는 가뭄시 50석에 달하는 곡식의 가치에 해당하는 엄청난 값어치로 추정된다. 즉 이 사실은 적어도 이 같은 비용을 부담하고 절도자가 자신을 노비가 되는 처지로부터 벗어나기가 현실적으로 어려웠을 것이라는 점을 보여주고 있다. 그러나 앞서 사료 A⑥의 예에서처럼 이를 실제로 활용한 사실이 있었던 것으로 보아서 결코 불가능한 액수는 아니었다. 즉 A①의 후속된 내용에 의하면 이 같은 고액의 속직가를 물고 민신분으로 복귀한 예가 있음을 보여준다.

그런데 주목되는 것은 비록 속직가贖直價를 지불하여 민民으로 신분이 회복되었다 하더라도 사람들이 부끄럽게 여겨 결혼할 상대를 얻을 수 없다는 내용이 첨가되고 있다. 종래 이 사료에 대한 해석으

---

35) 『漢書』,「本紀」卷6, 武帝紀 第6: "罷半兩錢, 行五銖錢."
　『漢書』,「志」卷24下, 食貨志 第4下: "自孝武元狩五年三官初鑄五銖錢, 至平帝元始中, 成錢二百八十億萬餘云."

로는 이는 주변인들에 의한 인식 때문에 이 같은 상황이 진행된 것으로 파악되었으나 다음 사료를 보면 범죄에 대한 육형肉刑으로서 경형黥刑이 가해졌기 때문에 이 같은 상황이 언급된 것으로 유추된다.

A⑨: 漢律 罪人妻子沒爲奴婢 黥面.[『三國志』,「魏書」卷十二, 魏書十二 毛玠]

위 사료를 보면 죄인 처자로 적몰되어 노비가 된 존재들은 얼굴에 먹으로 문신하는 경형黥刑을 가했음을 알 수 있다. 이 같은 표식이 결국 평생 동안 배우자를 얻을 수 없는 근거가 되는 내용으로 이해된다. 이것은 또한 신분으로서의 노비존재가 인식되고 있다는 점에서 주목되는 내용이다. 따라서 위의 사료에 나타난 낙랑조선민樂浪朝鮮民의 범금8조에 나타난 노비화의 양상은 도적질한 자에 대한 고조선의 전통적 처벌방식내용이었다. 이는 흉노匈奴의 범법자 처리내용과 매우 유사한 양상의 처벌조항으로서 문화·관습적 연계성을 강하게 보여주고 있다.

한편 속직가 50만 전과 죄인에 대해 가한 육형인 경면형黥面刑의 시행가능성은 한무제 때 시행된 속직내용과 한율漢律의 추가처벌 내용이 그대로 적용된 양상임을 보여주어 당시 한漢의 영향을 강하게 보여준다. 이같이 한군현의 통치를 받았던 낙랑에서는 범법자 처벌내용이 고조선 고유의 처벌내용과 한나라의 처벌내용이 이중으로 부과된 형태로 자체 구성원의 형벌노비화刑罰奴婢化가 진행되었다.

한편 더욱 흥미로운 것은 사료 A①의 후속된 부분에 나타나고 있는 중국상인 왕래에 따른 습속의 악화와 이에 따른 60여 조에 달하는 범금犯禁의 증대사실이다. 이는 고조선 고유의 관습법이 고려되면서 주로 중국인에 의한 범죄사실에 대한 처벌내용으로서 율령이 증대되어 별도의 율령체계를 갖추었을 가능성을 보여준다. 이 같은 사실은 한율漢律 가운데 별도로 낙랑의 율령체계가 존재하고 있음을 명기한 다음 사료에서 확인된다.

A⑩ : 樂浪挈令.〔『說文解字』, 手部 挈〕
⑪ : 樂浪挈令 …臣鉉等曰 挈令蓋 律令之書也.〔『漢制攷』卷4〕
⑫ : 樂浪挈令織 徐鉉曰 挈令蓋 律令之書也.〔『玉海』卷65, 律令, 漢挈令〕

『설문해자說文解字』에 나타난 이 '낙랑설령樂浪挈令'은 한대의 율령서로서 종래 학계에서는 언급되지 않았던 자료라는 점에서 매우 주목되는 내용이다. 비록 구체적인 내용은 알 수 없지만 앞서 언급된 범금 8조의 내용과 중국상인들의 절도행위 등에 의해 추가된 범금 60여 조가 포함된 낙랑지역의 별도율령이었음을 추측케 한다. 그 내용은 이 같은 상황이 상행위 및 절도행위와 관련이 있다는 점에서 한율漢律에 나타난 절도죄와 함께 보다 구체적으로 공갈취재恐喝取財・사기취재詐欺取財・취식과율取息過律・불상책不償責 등과 관련된 내용36)이 추가되었을 것으로 추정된다.

이 같이 낙랑에서 별도의 율령서律令書가 존재했다는 것은 비록 한 률령의 통제범위에 있지만 과거 고조선 이래 이 지역에서 유지된 독자적 법률체계가 존중되지 않으면 안되는 지역적 특성과 내용을 보

---

36) 양홍렬, 전게서, 139~140쪽.

여주며 이와 연결된 기존 통제체계가 유지되었음을 보여준다. 이 같은 사실은 우리 역사에서 삼국시대 이전 율령체계律令體系에 대한 논의가 없었다는 점에서 이미 이 시기에 비록 중국적 율령이 상당수 포함되었겠지만 별도의 율령서가 존재할 정도의 체계를 갖추었다는 점에서 기존인식에 대한 전면적인 수정이 요청된다.

2. 고조선 영역인식

1. 한반도중심설

한국사 전개과정에서 고조선의 역사적 성격은 민족사의 시점이라는 측면과 함께 중국문화와 문화적 대비가 뚜렷하게 부각된 첫 국가라는 점에서 매우 주목되는 존재이다. 본 연구는 우리 민족사의 통시대적 영역을 확인하고 그 문화적 연결성을 확보한다는 차원에서 그 첫 단계인 고조선의 역사 전개과정과 그에 부응한 영역범위에 대한 검토를 목적으로 한다.

고조선은 한국사의 인식체계에서는 '단군檀君'·'기자箕子'·'위만衛滿' 등 3개의 성격을 달리하는 정치체가 계기적으로 연결되어 존재한 것으로 나타나고 있다.[37] 특히 중국과는 춘추전국시대 및 진-한秦漢교

---

37) 김정배, 『한국사-초기국가』 4(국사편찬위원회, 1997).

체기에 조선이라는 존재로 다양한 정치세력과 조우했다. 또한 위만조선시대를 전후하여 흉노로 대표되는 기마유목騎馬遊牧 세력과도 교류가 있었다. 이같이 고조선은 이들과의 정치·군사·경제적 교류 속에서 다양한 형태의 경험을 축적했으며 정치적 성쇠과정을 통해 영역의 변화도 수반되었다.

한편 고조선과 관련된 고고학적 문화양상은 비파형 동검 및 지석묘支石墓와 석관곽묘石棺槨墓로 대표되는 청동기 문화였다. 이 같은 문화는 중국계 청동기 문화와는 준별峻別되어 요동반도遼東半島·동북만주東北滿洲 및 한반도韓半島에 분포했다. 따라서 본 연구에서는 먼저 문헌적 검토를 통해 고조선의 영역변화와 중국세력과의 관계변화 등을 고찰하고자 한다. 한편 고고학적 자료검토를 통해 고조선 사회의 기반문화인 청동기 문화 관련유적 및 문화내용과의 상호대응 관계를 검토하여 구체적인 문화범위를 확인하고자 한다. 이 같은 고조선의 역사-문화적 영역확인을 통해 이후 역사체와의 연결성도 검토하고자 한다.[38]

고조선의 영역에 대한 기왕의 연구경향은 위만조선衛滿朝鮮과 한漢의 갈등과 한군현 설치관련 사건이 중심이 되어 진행되었다. 이를 통해 크게 고조선 중심지 논의가 한반도중심설·요동중심설·이동설 등 세 가지 입장으로 나뉘어 진행되었다. 우선 이들 논의의 내용을 간략히 검토하고 영역문제에 대한 접근을 진행하고자 한다.

고조선의 영역을 한반도를 중심으로 대동강大同江 유역에서 찾는

---

38) 최근 이와 관련된 다음 연구가 참조된다. 徐榮洙,「古朝鮮의 對外關係와 彊域의 變動」(『東洋學』29, 1999) ; 송호정,「고조선 중심지 및 사회성격 연구의 쟁점과 과제」(『韓國古代史論叢』10, 2000).

견해는 크게 중국 측 학자들이 유지한 견해와 대부분의 우리나라 전통학자들에게서 발견할 수 있다.

중국측 학자 북위인北魏人 역도원酈道元(469~527)은 『수경주水經注』를 통해 평양平壤=낙랑군樂浪郡 조선현朝鮮縣=왕험성王險城 인식을 부각시켰다.39) 또한 『사기색은史記索隱』에 인용된 설찬薛瓚도 왕험성과 낙랑군을 연결짓고 있으며40) 이후 당대에 편찬된 『괄지지括地志』 등에서 이 같은 이해를 고착하고41) 두우杜佑의 『통전通典』에서 정설로서 자리잡게 되었다.42)

한국측 기록은 『삼국유사三國遺事』를 기록한 일연一然의 견해가 첫 견해로 나타나고 있다. 일연은 단군조선檀君朝鮮에 대한 기록에서 대부분의 지명을 평양을 중심한 지역과 연결시키고 있다.43) 또한 조선초기에 편찬된 『동국통감東國通鑑』이나 『동국여지승람東國輿地勝覽』44)에서도 고조선의 중심지는 압록강 이남으로 비정되고 있다.

고조선의 대동강중심설은 식민지시대를 통해 일본인 연구자 및 이병도李丙燾에 의해 체계화되었다. 일본인 학자들은 이를 식민지배의 역사적 설명도구로 활용하기도 했는데 특히 1930년대 집중적으로 발굴된 평양지역의 중국계 유물·유적을 결정적 근거로 활용했다.45)

---

39) 『水經注』 浿水: "浿水出樂浪鏤方縣東南過臨浿縣東入於海… 余訪蕃使 言城在浿水之陽 其水西流逕故樂浪朝鮮縣 卽樂浪郡治 漢武帝置 而西北流 故地理志曰 浿水西至增地縣入海."
40) 『史記』, 「朝鮮傳」: "臣瓚云 王險城在樂浪郡浿水之東也."
『漢書』, 「地理志」: "臣瓚曰 王險城在樂浪郡浿水之東 此自是險瀆也 師古曰 瓚說是也."
41) 『正義』, 潮仙二音·括地志云: "高驪都平壤城 本漢樂浪郡王險城 又古云朝鮮地也."
42) 『通典』, 「邊防典凡十六卷」 卷185: "邊防一 東夷上 序略. '秦幷天下 其淮 泗夷皆散爲人戶·其朝鮮歷千餘年 至漢高帝時滅·武帝元狩中 開其地 置樂浪 等郡… 高麗本朝鮮地 漢武置縣 屬樂浪郡 時甚微弱·後漢以後 累代皆受中 國封爵 所都平壤城 則故朝鮮國王險城也.'"
43) 『三國遺事』 권1, 「紀異」 古朝鮮. 일연은 阿斯達은 개성 주변, 太白山은 妙香山으로 비정하고 단군이 도읍한 평양성을 서경 즉 현재의 平壤으로 지적하고 있다.
44) 『東國輿地勝覽』 51, 平壤府 建置沿革.

한편 북한학계에서는 도유호를 중심으로 일련의 고고학 관련학자들이 60년대 초반 평양지역의 유적·유물에 입각하여 평양중심설平壤中心說을 주장했으나 요동설로 공식적 입장이 정리된 이후 이 같은 견해가 제기되지 못하다가 최근 단군릉檀君陵 발견이 공식적으로 공표되면서 새로운 입장으로 재등장하고 있다.46) 즉 북한학계는 단군조선의 초기영역이 평양을 중심으로 한반도에서 시작하여 요하遼河·송화강松化江 상류로 확대되었다고 보았다. 이후 후조선後朝鮮[箕子朝鮮] 시기에는 중국과의 경계선이 난하灤河유역으로 확대된 뒤 연燕과의 갈등, 진秦과의 갈등이 지속되었고 한대에는 현재의 대릉하를 패수浿水로 파악하여 이를 경계로 한과 대립한 것으로 보았다. 또한 한漢이 침공한 곳은 부수도인 요동지역의 왕검성으로 이 곳에 한사군이 설치된 것으로 보았다.47)

2. 요동중심설

고조선요동중심설은 중국측 기록중 위만조선의 수도인 왕험성이 험독險瀆에 위치하고 있다는 견해로 대표된다.48) 남송대 배인裵駰이 찬

---

45) 조법종, 「한사군문제 平壤지역문화에 대한 일본역사학계의 인식검토」(『송갑호선생화갑기념사학논총』, 1992).
46) 북한의 사회과학원은 平壤의 근교에 있는 강동군 강동읍의 대박산에 존재한 무덤에 대하여 1993년 10월 2일 「단군릉 발굴보고」를 발표하고 10월 12일 「단군 및 古朝鮮에 관한 학술 발표회」를 개최하여 이 무덤이 단군릉임을 확정지웠다.[이형구 편, 「단군을 찾아서」 (살림터, 1993) ; 북한문제연구소편, 『북한의 단군릉 발굴관련 자료』, 1993)]
47) 사회과학출판사, 『고조선력사개관』(1999).

술한 『사기집해史記集解』에서는 후한대 사람인 서광徐廣의 견해를 인용하여 창려昌黎에는 험독현이 있다고 했다.49) 한편 당대 사마정司馬貞이 찬술한 『사기색은』에서는 서광徐廣의 말과 후한대 응소應昭의 주를 인용하여 요동 험독현이 조선왕朝鮮王의 구도읍이라고 기록하고 있다.50) 이러한 이해는 왕험성이 요동지역의 험독현 지역에 있으며 이 곳이 조선왕의 구도읍이라는 인식으로 요약된다.

한국측 기록 가운데 고조선의 중심지를 요동지역에 설정하는 견해는 권람權擥의 『응제시주應制詩註』에 나타나고 있다. 이후 홍여하洪汝河는 『동국통감제강東國通鑑提綱』에서 진번眞番을 요양遼陽에 비정하고 패수도 요하로 비정하여 요동중심설을 보여주었다. 이와 함께 신경준申景濬·이익李瀷 등이 고조선의 중심을 요동지역으로 비정하고 있다.51) 이러한 견해는 신채호申采浩·최남선崔南善·안재홍安在鴻·정인보鄭寅普로 이어지고 있다.

이 같은 고조선의 요동중심설은 1960년대 초 이후 북한학계에서 정설로 받아들이고 있다.52) 요동설과 관련된 북한학계의 일련의 연구과정은 요동설·평양설 및 이동설로 나뉘어 진행된 논쟁의 기간을 거쳐 리지린으로 대표되는 요동설로 정착되었다.53) 그러나 이 견해

---

48) 이도남, 「중국사서의 한 낙랑군에 대한인식 -낙랑平壤설의 성립배경-」(『박영석교수화갑기념 한국사학논총』, 1992).
49) 『集解』: "徐廣曰 昌黎有險瀆縣也."
50) 『漢書』, 「志」 卷28下, 地理志 第8下: "索隱 韋昭云 '古邑名'·徐廣曰 '昌黎有險瀆縣'·應劭 注'地理志遼東險 瀆縣 朝鮮王舊都' 應劭曰 朝鮮王滿都也·依水險 故曰險瀆."
51) 韓永愚, 『朝鮮後期 史學史硏究』(一志社, 1989).
52) 徐榮洙, 앞의 논문(1988), 28~32쪽.
53) 조법종, 「북한의 古朝鮮史 인식체계에 대한 고찰」(『북한의 우리고대사 인식』 I, 대륙연구소, 1991).

는 단군릉 발굴 이후 평양중심설로 급선회되고 요동지역은 발전과 정에서 확대된 것으로 이해하는 혼란을 보여주고 있다. 한국학계에서는 윤내현尹乃鉉이 북한학계의 요동설에 일부 내용을 변화시킨 입장을 표방했다.54)

3. 이동설

고조선 중심지이동설은 요동설과 평양설의 절충적 측면이 강한 견해로서 두 지역에 공존하는 고조선 관련문헌 및 고고학적 자료의 해석을 위한 방안으로 제시되었다. 즉 전기고조선의 중심지는 요동지역으로 설정하고 후기에는 중국세력의 확장에 따른 영역축소라는 이유로서 한반도 서북지역으로 이동했다는 논리이다.

먼저 기자족단箕子族團의 존재를 중시한 견해로서 천관우千寬宇는 사료에 나타난 기자동래설을 중시하여 이를 기자족箕子族의 이동이라는 관점에서 이해했다.55) 이형구李亨求는 은말주초殷末周初에 대릉하 유역에 주족周族으로부터 밀려난 은왕족인 기자를 대표로 하는 은의 유민들이 기자조선을 건국했다고 보았다. 그리고 기자조선은 기원전 12~11세기경 기자의 이주로부터 기원전 2세기 초 조선왕 준準에 이르기까지 거의 천 년을 이어왔다고 했다.56)

---

54) 尹乃鉉, 『古朝鮮硏究』(一志社, 1995).
55) 千寬宇, 『古朝鮮・三韓史硏究』(一潮閣, 1989), 10~13쪽.
56) 李亨求, 「韓國民族文化의 시베리아起源說에 대한 再考」(『東方學志』 69, 1990), 12쪽.

서영수徐榮洙는 전성기의 고조선의 강역은 대체로 요동반도를 중심으로 서쪽으로는 대릉하 유역에서 동호東胡와 만나고 남쪽으로는 대동강 유역을 경계로 진국辰國과 이웃하며 북쪽과 동쪽으로 예맥濊貊·부여夫餘·진번眞番·임둔臨屯·숙신肅愼과 접하는 것으로 보았다.57)

노태돈盧泰敦은 기원전 3세기 초까지 고조선의 중심부는 요동에 있었다고 했다. 전기고조선의 중심지는 해성현海城縣의 서남쪽과 개평현蓋平縣을 포괄하는 지역의 어느 곳에 있었고 연燕의 기습적인 공격을 받은 고조선은 그 중심지를 한반도 지역으로 이동하게 되었다고 파악했다.58) 이와 같은 이동론적 인식은 북한학계에서는 1960년대 초반 정찬영鄭燦英 등 일부의 견해로서 나타났었다.59)

이상에서 제시된 고조선의 중심지와 영역문제에 대한 견해를 검토해 보면 결국 고조선의 위치관련 자료의 대부분이 중국과의 접촉에 관련된 지명들에 관한 것으로서 이들 자료를 어떻게 이해하는 가에 따른 해석차이가 나타나게 되었다. 이 같은 중국세력과의 관계에서 대표적으로 부각되는 지명은 고조선 관련사료에서 추출되는데, 전국시대 연과 고조선의 관계, 연대 요동의 위치, 진장성秦長城의 위치, 만번한滿番汗·패수의 위치, 왕험성의 위치 및 한漢에 의해 설치된 한사군 특히 낙랑군의 위치문제 등에 집중되어 논의가 진행되어야 함을 보여주고 있다.

---

57) 徐榮洙,「古朝鮮의 位置와 彊域」(『韓國史市民講座』 2, 1988), 45~49쪽 ; 동,「古朝鮮의 對外 關係와 彊域의 變動」(『東洋學』 29, 동양학연구소, 1999).
58) 盧泰敦,「古朝鮮 중심지의 변천에 대한 연구」(『韓國史論』 23, 1990), 42~53쪽.
59) 趙法鍾,「古朝鮮關係硏究의 現況과 課題」(『檀君學硏究』 1, 1999).

3. 고조선 영역에 대한 문헌적 검토

1. 춘추전국시기 고조선의 영역

제齊와의 교역

중국문헌 가운데 가장 먼저 고조선 관련 명칭인 '조선朝鮮'이 등장한 기록은 기원전 7세기경 기록인 『관자管子』에 나타나고 있는 제齊나라와의 교역관련 내용이다.

> A: 桓公問 管子曰 吾聞海內玉弊有七筴 可得而聞乎 管子對曰… 燕之菸山白金一筴也. 發朝鮮之文皮一筴也. [『管子』 23. 揆道]
> B: 桓公曰 四夷不服 恐其逆政 游於天下 而傷寡人… 發朝鮮不朝 請文皮毦服而以爲幣乎… 一豹之皮容金而金也 然後八千里之發朝鮮可得而朝也. [『管子』 24. 輕重甲]

위 사료에 나타나고 있는 내용은 제환공이 관자와 진행한 대화에서 고조선과의 교역이 존재했음을 보여주고 있다. 또한 고조선의 역사-지리적 거리가 '팔천 리' 이상이라는 관념적 표현을 통해 상당히 멀리 떨어진 존재라는 표현을 보여주고 있다. 이 사료에서 고조선의 역사적 존재가 이미 중국 춘추시대에 확인되고 있음을 알려주는 내용으로 『관자』의 상당수 내용이 전국시대 저술되었다고는 하지만 이 같은 전승이 수록되었다고 이해될 때 이 시기를 내려가지는 않는다고 생각된다.

연과의 인접성

C: 朝鮮在列陽東 海北山南 列陽屬燕.〔『山海經』, 海內北經〕
D: 東海之內 北海之隅 有國名曰朝鮮.〔『山海經』, 海內經〕
E: 蘇秦… 說燕文侯曰 燕東有朝鮮遼東.〔『戰國策』, 燕策〕

위 사료에서는 연문후燕文侯(361~333 BC)시기 연 동쪽에 존재한 조선이 언급되고 있다. 이같이 조선과 연과 지리적 인접성이 강하게 부각되고 있으면서 '요동'이 바로 함께 존재한 지명으로 나타나고 있다. 따라서 선진先秦문헌에 나타나고 있는 조선의 역사적 존재에 대한 인식은 적어도 기원전 7세기경 춘추시대의 중국과 교역을 진행하고 있었으며 정치적 복속문제도 염두에 두고 있는 존재로서 나타나고 있다.

또한 전국시대 문헌에서는 보다 구체적으로 연나라와의 지역적 인접성이 강조되면서 관련지명으로서 '열양列陽'·'요동遼東' 등이 나타나고 있다.

연과의 정치-군사적 갈등

그런데 이 시기에서부터 본격적인 중국세력과 고조선과의 정치-군사적 갈등이 전개되고 있음이 『사기』 조선전과 『삼국지』 한전 인용 『위략魏略』에서 잘 나타나고 있다. 관련부분을 인용하면 다음과 같다.

F①: 魏略曰 昔箕子之後朝鮮侯 見周衰 燕自尊爲王 欲東略地 朝鮮侯亦 自稱爲王 欲興兵逆擊燕以尊周室・其大夫禮諫之 乃止・使禮西說燕 燕止之不攻.〔『三國志』,「韓傳」 引用 『魏略』〕

②: 後子孫稍驕虐 燕乃遣將秦開攻其西方 取地二千餘里 至滿番汗爲界 朝鮮遂弱.〔『三國志』,「韓傳」 引用 『魏略』〕

G: 朝鮮王滿者 故燕人也・自始全燕時嘗略屬眞番 朝鮮爲置吏 築鄣塞.〔『史記』 115,「列傳」 55, 朝鮮列傳〕

먼저 사료 F에서 연과 고조선의 정치적 갈등과 군사적 충돌이 잘 나타나고 있다. 사료의 F①부분에서는 연이 칭왕하는 시기에 조선도 함께 칭왕하고 있음을 보여주고 있다. 이 시기는 연의 이왕易王(332~321 BC)이 처음으로 왕칭호를 사용하고 있어[60] 이 때일 가능성이 높은바 기원전 4세기 후반경에 조선도 칭왕하고 연에 대하여 신하인 대부 예禮를 파견하여 외교적 공세를 펼치며 군사적으로 상대할 만큼의 국가적 체계를 확립했음을 보여주고 있다.

한편 F②와 G부분에서는 이러한 고조선의 성장에 대한 연의 구체적 공세과정이 나타나고 있다. 사료에서는 연장燕將 진개秦開의 고조선 서변 2천 리 공취사건이 나타나고 있다. 이는 『사기』 흉노전에 나타나고 있는 진개가 동호東胡를 치고 천 리를 개척하여 5군을 설치했다는 내용과 다음 내용과 연결된다.

H: 其後燕有賢將秦開 爲質於胡 胡甚信之 歸而襲破走東胡 東胡卻千餘里… 燕亦築長城 自造陽至襄平 置上谷・漁陽・右北平・遼西・遼東郡以拒胡.〔『史記』110,「匈奴傳」 50〕

---

60) 전국시대 중국의 칭왕상황은 齊나라가 기원전 334년, 秦과 韓은 기원전 325년, 魏・趙・燕 등은 기원전 323년으로 이해되고 있다.

I: 燕襲走東胡 僻地千里度遼東而攻朝鮮.〔『鹽鐵論』8. 伐攻篇〕

 이 사건은 고조선의 영역을 이해하는 데 있어 매우 중요한 계기로서 이해된다. 즉 기원전 3세기경까지 요동이서선까지 유지되던 고조선의 서쪽 경계가 진개의 공격에 의해 2천 리라는 영역을 상실하는 결과가 초래되므로 상당한 타격과 영토상실이라는 결과를 초래했다. 즉 앞의 F사료에서 '만번한滿番汗'이라는 곳을 경계로 연이 2천여 리의 지역을 빼앗은 고조선과 접하고 있다는 점이 강조되었다. 이 곳은 『한서』지리지에 나타나는 전한대 요동군의 속현으로 문현文縣과 번한현番汗縣의 연칭으로 『독사방여기요讀史方輿紀要』에서는 문현고성文縣故城이 개주위蓋州衛 서쪽에 있다는 내용을 보여주고 있다. 즉 현재 요동반도의 개평 서쪽에 문현이 비정되며 번한현番汗縣의 경우 『한서』지리지 번한현番汗縣조에 패수沛水가 흐른다는 내용[61]을 참조할 때 어니하淤泥河로 이해하는 것이 적절한 바 이들 지역은 현재의 요동 해성현海城縣 및 개평일대로 파악된다.[62]
 따라서 기원전 7세기경인 춘추시기부터 나타나고 있는 고조선의 대중국 관계는 전국 초기에는 연에 대한 적극적인 공세와 대등한 정치적·군사적 역량을 보여주며 연에 대한 위협세력으로 부각되었다. 이 같은 상황은 기원전 3세기 중반 연 소왕昭王 때에 진개에 의한 동호東胡공략과 함께 고조선에 대한 공세가 급격히 진행되어 고조선 영역의 축소가 진행되었다고 보인다.

---

61) 『漢書』,「地理志」番汗縣: "沛水出塞外 西南入海."
62) 盧泰敦,「古朝鮮 中心地의 變遷에 대한 연구」(『韓國史論』23, 1990), 49~51쪽.

한편 연장성燕長城에 대한 최근의 연구성과에 의하면63) 연장성의 동단은 '의무려산醫巫閭山' 일대로 연장성은 요하를 넘지 못한 것 같다.64)

2. 진과 고조선의 관계

진秦에 의한 중국 통일시기에는 앞서 연燕의 동방침공에 의해 구축된 고조선과의 영역경계가 유지되면서 정치적 관계가 보다 밀접하게 진행되었다.

J①: 及秦幷天下 使蒙恬築長城 到遼東·時朝鮮王否立 畏秦襲之 略服屬秦 不肯朝會·否死其子準立.

진나라가 천하를 통일한 뒤에 몽괄蒙恬을 시켜서 장성을 쌓게 하여 요동에까지 이르렀다. 이 때에 조선왕 부否가 왕이 되었는데, 진나라의 습격을 두려워한 나머지 진나라에 복속을 했지만 조회에는 나가지 않았다. 부否가 죽고 그 아들 준準이 즉위했다.

J②: 二十餘年而陳 項起 天下亂 燕齊趙民愁苦 稍稍亡往準 準乃置之於西方.
〔『三國志』, 「韓傳」 인용 『魏略』〕

K: 秦滅燕 屬遼東外徼.〔『史記』 115, 「列傳」 55, 朝鮮列傳〕

---

63) 鄭紹宗, 「河北省戰國·秦·漢時期古長城和城障遺址」(『中國長城遺蹟調査報告集』, 文物出版社, 1981), 34~39쪽 ; 布尼阿林, 「河北省圍場縣燕秦長城調査報告」(『中國長城遺蹟調査報告集』, 文物出版社, 1981), 40~44쪽.
64) 김정배, 앞의 글(1999), 72쪽.

L: 孝文卽位 將軍陳武等議曰 南越 朝鮮 自全秦時內屬爲臣子 後且擁兵阻阨
   選蠕觀望.(『史記』 25,「律書」 3)
M: 秦旣幷天下 東絶沛水幷滅朝鮮 秦.(『鹽鐵論』 8,「誅秦」 44)
N: 地東至海曁朝鮮 西至臨洮 羌中 南至北嚮戶 北據河爲塞 並陰山至遼東.(『史
   記』 卷6,「秦始皇本紀」)
O: 築脩城 西屬流沙 北擊遼水 東結朝鮮.(『淮南子』 18,「人間訓」)

즉 진대 고조선의 지리적 위치를 알려주는 기본자료는 요동遼東의 위치와 진장성秦長城의 동단東端이 어디인가의 문제로 집약된다. 진장성은 기본적으로 앞서 연나라가 쌓았던 장새障塞와 연결되는 것으로 이 장성의 동쪽 끝의 위치에 대해서는 요서설遼西說・요동설遼東說・한반도 서북부설西北部說 등이 제시되어 왔다.

요서설의 경우 『수경주水經注』에 나타나고 있는 갈석산碣石山65)이 장성의 기점이라는 견해에 기인하고 있는 것으로 즉 진장성秦長城이 현재의 산해관山海關 지역의 갈석산 지역까지 연결되고 있다는 입장이다. 요동설은 『사기』 흉노전 등에 "장성이 임조臨洮에서 시작되어 요동에 이르렀는데 만여 리다"66)라는 기사를 중심으로 제기되고 있다.

종래 고조선의 영역을 압록강 이남지역에서 찾은 견해에 의하면 진・한대 요동은 현재 요하에서 압록강에 이르는 지역으로 이해하며, 또 고조선 영역을 청천강淸川江 이남으로 이해하는 견해에 따르면 요동의 위치는 요하이동에서 청천강에 이르는 지역으로 제시되고 있다. 따라서 이러한 견해에 의하면 진・한대 요동군의 영역은 요하 이

---

65) 『水經注』 1,「河水」.
66) 『史記』 110, 匈奴列傳 50: "起臨洮至遼東萬餘里."

동지역이 되며 요동과 요서의 경계가 현재의 요하로서 파악케 된다.

이와 같이 진·한대 요동의 위치에 관한 현재의 논의는 그 서변이 현재의 요하遼河라는 견해와 난하灤河라는 견해로 나누어짐을 알 수 있다. 이는 고조선의 중심지가 한반도인가 또는 현재의 요동지역인가라는 문제 및 고조선 강역의 범위가 어디까지인가 하는 문제와 연결되는 중요한 쟁점이다. 그런데 최근의 요동지역의 고고학적 발굴 성과와 문헌고증에 의거할 때 고조선의 초기중심지는 현재의 요동지역으로 이해되며, 특히 대릉하 이동지역에서 고조선의 독자적 문화와 정치적 영역을 상정케 된다.

P: 大夫曰 往者四夷具强 竝爲寇虐 朝鮮踰徼 劫燕之東地.〔『鹽鐵論』 7, 「備胡」〕

위 사료에서는 고조선이 요徼를 넘어 연燕의 동쪽 땅을 공격했음을 보여주는 사료이다. 이는 고조선이 중국세력과 끊임없는 갈등을 유지하면서 일시적인 정치복속과 대립을 견지하면서 계속 연·진燕秦 세력과 국경을 접하고 있었음을 보여준다. 이 같은 상황전개는 고조선의 정치-군사적 역량이 연·진을 상대할 만큼의 국가적 수준으로 존재했음을 나타내 주는 중요한 사항으로 인식된다.

3. 위만조선의 성립과 한과의 관계

진-한교체 혼란기에 진행된 고조선 지역으로의 대규모 유민이동과 이 시기에 진행된 위만조선의 성립과정에서 고조선의 지리적 상황이 보다 구체적으로 나타나게 되었다. 관련사료를 보면 다음과 같다.

Q①: 漢興 爲其遠難守 復修遼東故塞 至浿水爲界 屬燕.(『史記』 115, 「列傳」 55, 朝鮮列傳)
②: 燕王盧綰反 入匈奴 滿亡命 聚黨千餘人 魋結蠻夷服 而東走出塞 渡浿水 居 秦故空地上下鄣 稍役屬眞番 朝鮮蠻夷及故燕 齊亡命者王之 都王險. (『史記』 115, 「列傳」 55, 朝鮮列傳)

사료에 나타난 내용에 의하면 한과 위만조선의 경계로 나타나고 있는 지명은 패수浿水, 그리고 중심거점은 왕험王險으로 나타나고 있다. 패수는 우선 한漢과 조선의 국경으로 나타나고 있으며 위만衛滿의 망명과 한무제의 조선침공 및 한사군 설치 등과 관련하여 당시 고조선의 위치와 영역을 알려주는 중요한 지역으로 나타나고 있다.

패수의 위치에 관해서는 종래 대동강설大同江說·청천강설淸川江說·압록강설鴨綠江說, 요동방면설로는 난하灤河·대릉하大凌河·혼하설渾河說 등이 제시되고 있다.

『사기』의 내용을 세밀히 검토하면 패수는 요동고새遼東故塞[燕의 障塞]와 진고공지秦故空地 사이의 강이다. 연의 동방진출시 조선과의 국경선이었던 만번한滿番汗이 자연계선이라면 패수은 이와 병행하는 강이 된다. 만번한이 천산산맥天山山脈 주변의 지명에 비정되므로 고조선의 중심이동과 관계없이 패수는 요동지역의 강일 가능성이 높다.

한편 패수와 함께 위만의 도읍으로 등장하는 왕험성의 위치에 대해서도 많은 논란이 있었다. 왕험성의 위치는 고조선이나 위만조선

[그림 1] 중국 동북지역의 지석묘 분포도

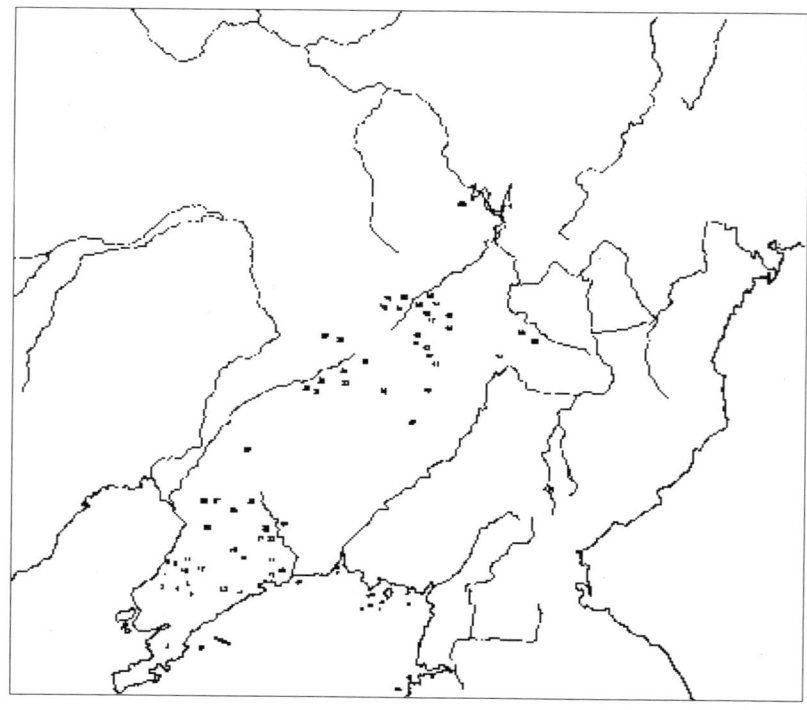

의 강역은 물론 위만조선 멸망 이후 그 지역에 설치된 한사군의 위치 비정에 있어서도 중요한 문제인데, 이러한 주석자료의 차이에 의해 왕험성의 위치에 대한 논의가 분분하다.

고려시대 이후 조선후기 실학자들에 이르기까지 왕험성의 위치는 현 평양으로, 또 고조선이나 한사군의 위치는 한반도 북부로 이해되어 왔다.[67] 이에 대해 요동군의 속현인 험독險瀆을 조선계 지명인 '검터'의 한자어 표기인 검독으로 이해하고 이를 왕험성에 비정하여

---

[67] 정약용, 『여유당전서』, 「강역고」, 朝鮮考.

고조선과 위만조선의 도읍이 계속하여 요동에 있었다고 본 견해가 있는데, 리지린은 이러한 견해를 체계화한 대표적인 학자로서 실제 현 개평蓋平지방으로 그 위치를 비정하고 있다.68)

한편 고조선의 이동설에 의하면 험독險瀆은 고조선의 도읍지를 가리키는 조선계 지명으로서, 고조선의 도읍은 요동의 험독에서 평양의 험독으로 이동했다고 한다. 따라서 고조선의 초기 도읍지는 요동의 험독이 분명하지만 그 정확한 위치는 알 수 없고 대체로 요하이동 천산이서의 어느 지역일 것으로 추정된다. 그러나 『사기』의 왕험성은 진고공지 이남에 있는 것이 분명하므로 고조선이 요동의 험독에서 그 중심을 옮긴 이후의 도읍지를 가리키는 것이다. 이러한 후기 중심지에 대해 이동론에서는 평양지역을 설정하고 있다. 그리고 최근의 연구동향에서 지적되었듯이 왕험성의 위치에 대해서는 고구려 초기 거점지역과의 연관성이 제시되어 지속적인 논쟁이 진행될 예정이다.

4. 고조선 영역의 고고학적 검토

I. 지석묘 문화

동북아시아 지석묘 문화는 중국의 요동반도와 한반도를 중심으

---

68) 리지린, 전게서(1963), 83~96쪽.

로 분포하고 있으며 특히 중국의 지석묘는 요동반도가 중심권을 형성하고 있다.69) 요동반도의 지석묘는 남으로 대련大連·금현金縣·신금新金·복현復縣·개현蓋縣·장하庄河·수암岫岩·영구營口·해성海城에서부터 북으로는 청원현淸原縣·신빈현新賓縣·개원현開原縣에 이르는 일대에 분포하고 있다.

최근에는 길림성吉林省의 화전현樺甸縣에서도 보고가 있는 것으로 알려지고 있다. 즉 중국의 지석묘 분포는 남으로는 대련大連·영구營口와 단동丹東지구이고 북으로는 길림성의 통화通化와 길림지구까지 퍼져 있다.70) 즉 요녕성 지석묘는 요하 이동지역에 분포하고 있다.

요동반도의 지석묘 형태는 한국의 이른바 북방식 지석묘와 연결되며 이 문화담당자는 예맥족濊貊族으로 파악된다.71) 한국의 지석묘가 변

---

69) 金貞培,「中國 東北地域의 支石墓 硏究」(『國史館論叢』 85, 1999a). 이하 서술내용은 본 논문은 다수 참조했다. 중국에서는 支石墓를 石棚으로 칭하며 발전형태를 大蓋石墓로 표현하고 있다.

70) 許玉林,「遼東半島石棚之硏究」(『北方文物』 3, 1985), 17쪽 ; 徐家國,「遼寧省撫順市渾河流域石棚調査」(『考古』 1990-10), 959~960쪽 ; 許玉林·崔玉寬,「鳳城東山大石蓋墓發掘簡報」(『遼海文物學刊』 1990-2), 1~8쪽 ; 陳大爲,「試論遼寧石棚的性質及其演變」(『遼海文物學刊』 1991-1), 82~89쪽 ; 金旭東,「1987年吉林東豊南部蓋石墓調査與淸理」(『遼海文物學刊』 1991-2), 12~22쪽 ; 王洪峰,「吉林南部石棚及相關問題」(『遼海文物學刊』 1993-2), 1~8쪽 ; 동,「石棚墓葬硏究」(『靑果集』, 知識出版社, 1993), 245~255쪽 ; 許玉林,「蓋縣火家窩堡石棚發掘簡報」(『考古』 1993-9), 800~804쪽 ; 동,『遼東半島的石棚』(遼寧科學技術出版社, 1994) ; 武家昌,「遼東半島石棚初探」(『北方文物』 1994-4), 13~17쪽 ; 安志敏,「浙江瑞安·東陽支石墓的調査」(『考古』 1995-7), 585~588쪽 ; 孫福海·靳維勤,「石棚考略」(『考古』 1995-7), 626~631쪽 ; 王嗣洲,「試論遼東半島的石棚墓與大石蓋墓的關係」(『考古』 1996-2), 66~72쪽.

71) 金貞培,『韓國民族文化의 起源』(고려대출판부, 1973) ; 동,「韓國和遼東半島的支石墓」(『韓國學論文集』 4, 北京大學韓國學硏究中心, 1995), 95~105쪽 ; 李亨求,「渤海沿岸地區 遼東半島의 고인돌 무덤 연구」(『정신문화연구』 32, 1987), 203~222쪽 ; 田村晃一,「遼東石棚考」(『東北アジアの考古學-第二, 槿域-』, 東北亞細亞考古學硏究會, 깊은샘, 1996), 95~120쪽 ; 金貞姬,「東北아시아 支石墓의 硏究」(『崇實史學』 5, 1988), 95~154쪽 ; 河文植,「中國 東北地域 고인돌 硏究의 成果와 現況」(『白山學報』 39, 1992), 5~30쪽 ; 동,「中國 吉林地域 고인돌 硏究」(『韓國

형지석묘 등으로 변화된 것처럼 중국도 대개석묘大蓋石墓 등으로 변화를 해 같은 문화권 내에서의 변화내용을 반영하고 있으며 비파형 동검 등이 공통의 문화요소로 등장하는 것과 석관묘가 공통의 묘제墓制로 자리잡는 것[72]도 한국과 요동반도의 청동기 문화가 동일함을 확인시켜 준다.[73]

한편 지석묘는 이후 청동검을 반출하는 석관묘로 변화 발전하는데 지석묘의 분포가 요하를 경계로 한다는 사실과 지석묘支石墓에서 석관묘石棺墓로 이행하는 계기점이 바로 요하라는 문화의 경계를 넘어가는 시기와 일치한다는 것은 이 지역이 예맥족의 활동영역에 속한다는 사실과 연결되어 고조선의 단계적인 발전을 상정케 하는 자료로서 부각된다.[74]

2. 비파형 동검문화

중국 동북지역의 고고학적인 발굴성과에 대한 연구결과 학계의 공통된 견해는 내몽고를 포함한 중국 동북지역의 청동기 문화가 중국의 청동기 문화와는 확연하게 구별되는 성격을 갖고 있다는 것이

上古史學報』 27, 1998), 27~65쪽.
72) 金貞培,「中國에서 發見되는 우리나라 靑銅遺物의 問題 -石棺墓의 劍,鏡,玉을 중심으로-」
 (『先史와 古代』 1, 1991), 55~66쪽.
73) 김정배, 앞의 글(1999).
74) 김정배, 앞의 글(1999a), 45쪽.

다. 이 지역의 청동기 문화는 통칭하여 '북방청동기문화北方靑銅器文化'라고 불리는데, 세부적으로 몇 개의 문화권으로 대별된다.

이들 가운데 고조선의 고고학적 문화성격을 설정함에 가장 중요한 논거로서 제시된 것은 '비파형 동검琵琶形銅劍'75)으로 대표되는 청동기 문화이다. 이 문화는 발생시기와 문화의 분포양상 및 담당종족의 성격이 고조선 문화의 내용과 대응되고 있다는 점에서 고조선을 대표하는 문화로서 파악되고 있다.

한편 이들 유물이 지석묘에서 발전된 석관묘 계통에서 주로 출토된다는 점은 이들 묘제가 지석묘를 계승하여 발전된 형태라는 점과 대부분 지역이 이들 지석묘 문화와 중첩되며 일부 지역적 확장형태를 나타내고 있다는 점에서 매우 주목된다. 따라서 고조선의 기반문화는 비파형 동검과 지석묘로 대표되는 고고학적 문화로 파악된다.76)

기원전 10세기경부터 요동·요서를 포괄하는 요녕지역 및 내몽고와 연결되는 지역 그리고 한반도의 청동기 문화는 은주殷周 청동기 문화와는 구별되는 비파형 청동단검 문화로 바뀌게 된다.77) 이 문화는 남부시베리아 청동기 문화와의 연결성78) 속에서 요하를 중심으로 발전된 문화로서 요서지역의 하가점夏家店 상층문화,79) 요동지역의 비파형 동검문화, 길림지역의 서단산문화西團山文化,80) 한반도 청동기 문화

---

75) 이 청동단검은 종래 滿洲式銅劍·遼寧式銅劍·曲刃劍 등으로 불려지고 있다.
76) 김정배, 앞의 글(1999).
77) 이강승, 「요녕지방의 청동기문화」(『한국고고학보』 5, 1979) 및 임병태, 「고고학상으로 본 예맥」(『한국고대사논총』 1, 1991).
78) 金貞培b, 『韓國 民族文化의 起源』(高麗大 出版部, 1973).
79) 靳楓毅, 「夏家店上層文化及其族屬問題」(『考古學報』 87-2) : 朱泓, 「夏家店上層文化居民的 種族類型及相關問題」(『遼海文物學刊』, 遼寧省博物館四十周年紀念特刊, 1989-1).

등으로 구분되는 양상을 보이며 발전했다.81)

문제는 이 문화의 발원지가 어디냐에 따라 요서설遼西說82)과 요동설遼東說83)로 나뉘고 있다는 점이다. 논의내용은 요서설의 남산근-십이대영자南山根-十二臺營子 형식과 요동설의 쌍방-이도하자雙房-二道河子 형식 사이의 크기를 중심한 형식적 선후문제가 쟁점의 초점이었다. 한편 북한학계에서는 1980년대까지 요동기원설을 주장84)하다가 최근인 1993년 평양의 단군릉 발굴 이후 평양지역 기원설로 전환했다. 이것은 1960년대 이후의 '요동기원설'을 '서북조선기원설'로 대폭 수정한 것이다.85)

그러나 이들 논의에서 유추되는 것은 요동지역을 중심으로 지석묘로 대표되는 초기 청동기 문화의 지속적 발전이 비파형 동검을 반출하는 석관묘 문화를 형성했으며 이들 문화의 영역확대가 요서·길림·한반도 지역으로 진행되었다고 이해된다. 이 같은 과정에서 예·맥·한으로 대변되는 고대 한민족의 문화범주가 형성되었으며 특히 중국과의 영역확정 과정에서 다양한 형태의 접촉이 나타났고 그 같은 전후과정이 '기자전설箕子傳說' 및 『관자』 등에 나타나기 시작한 고

---

80) 李健才, 「關于西團山文化族屬問題的探討」(『社會科學戰線』 85-2).
81) 靳楓毅, 「論中國東北地區含曲刃靑銅短劍的文化遺存」 上·下(『考古學報』 82-4, 83-1) ; 박진욱, 「비파형 단검문화의 발원지와 창조자에 대하여」(『비파형 단검문화에 관한 연구』, 과학백과사전출판사, 1987).
82) 遲雷, 「關于曲刃靑銅短劍的若干問題」(『考古』 1982-1) ; 靳楓毅, 「論中國東北地區含曲刃靑銅短劍的文化遺存(下)」(『考古學報』 1983-1).
83) 林沄, 앞의 글(1982) 및 翟德芳, 앞의 글(1988).
84) 박진욱, 앞의 책(1987).
85) 한국학계의 입장은 이와 같은 내용에 대해 古朝鮮의 영역과 중심지 문제와 관련된 각자의 입장에 따라 북한학계의 입장을 수용하거나 중국학계의 입장을 수용하는 등 정리된 입장이 설정되어 있지 않다.

조선 관련기사로 등장했다고 파악된다. 따라서 고조선의 영역은 요동를 중심으로 요하를 자연계선으로 중국의 정치적인 성쇠와 연결되어 확장과 축소의 진폭 속에 그 역사적 영역을 유지했다.

5. 맺음말

고조선 영역문제에 대한 기존의 인식은 크게 고조선요동중심설·한반도중심설·요동-한반도이동설 등으로 정리되는데 현재 학계는 전국시대 연과의 관계를 기점으로 이동론적 입장이 중심이 된 논의가 진행되고 있다. 그러나 최근 요동론적 입장에서 새로운 논의가 전개되고 있어 주목된다. 이 같은 논의의 근거는 문헌자료에 대한 해석이 기본적으로 요구된다. 그러나 중국세력과의 관계에서 단편적으로 중국적 입장의 문헌내용만으로는 그 실체파악에 문제가 있다. 따라서 전반적인 양상에 대한 검토가 필요한데 이 때의 기준점은 족속문제 및 고고학적 자료에 대한 해석 등 다양한 요소에 대한 종합적 판단이 필요하다.

기원전 7세기경인 춘추시기부터 나타나고 있는 고조선의 대 중국관계는 전국戰國 초기에는 연燕에 대한 위협세력으로 부각되었다. 이 같은 상황은 기원전 3세기 중반 연소왕昭王 때에 진개秦開에 의한 동호東胡공략과 함께 고조선에 대한 공세가 급격히 진행되어 고조선 영역의 축소가 진행되었다고 보인다. 진대秦代의 장성 위치문제 등과 관련하여 최근의 요동지역의 고고학적 발굴성과와 문헌고증에 의거할 때 고조선의 초기중심지는 현재의 요동지역으로 이해되며, 특히 대릉하 이동지역에서 고조선의 독자적 문화와 정치적 영역을 상정케 된다.

한대의 영역파악에서 『사기』의 왕험성王險城은 진고공지秦故空地 이남에 있는 것이 분명하므로 고조선이 요동의 험독險瀆에서 그 중심을 옮긴 이후의 도읍지를 가리키는 것이다. 이러한 후기중심지에 대해 이동론에서는 평양지역을 설정하고 있다. 그러나 최근의 연구동향에서 지적되었듯이 왕험성의 위치에 대해서는 낙랑군樂浪郡과 분리해 보고자 하는 입장과 고구려 초기 거점지역과의 연관성이 제시되어 지속적인 논쟁이 재연될 예정이다.

이 같은 문헌적 검토에 대한 고고학 자료에 대한 해석은 비파형동검문화와 지석묘 문화의 전개양상을 감안할 때 요하유역이 주요한 경계선으로 부각된다. 이는 앞서 문헌에서 확인된 요동지역과 관련된 지명의 빈출이 고조선의 영역설정에서 가장 중요한 요소가 된다는 점을 확인시켜 준다.

제2장
위만조선과 한의 전쟁

　　위만조선衛滿朝鮮의 성격과 정치적 영역 및 중심지 문제는 고조선 관련 영역문제 등과 연결되어 현재까지 다양한 논의가 진행되고 있다.[1] 종래 중심지 문제에 대해서는 요동중심설遼東中心說·평양중심설平壤中心說·이동설移動說 등으로 나뉘어 각각의 견해가 개진되어 현재는 이동론적 인식이 중심이 되어 진행되고 있다.[2] 한편 북한학계는 1993

---

[1] 金貞培, 「衛滿朝鮮의 國家的 性格」,(『史叢』 21·22합집, 1977)[『韓國 古代의 國家起原과 形成』 (고려대학교 출판부, 1986)] : 崔夢龍, 「韓國古代國家形成에 대한 一考察 -衛滿朝鮮의 例-」,(『金哲俊博士華甲紀念史學論叢』, 知識産業社, 1983) : 盧泰敦, 「古朝鮮 중심지의 변천에 대한 연구」,(『韓國史論』 23, 1990) : 李鍾旭, 『古朝鮮史硏究』(一潮閣, 1993).

[2] 이 문제는 전통 역사학계에서도 중요한 쟁점이었고 일제의 식민통치하에서 일본사학자들과 민족주의 사학자로 구분되어 평양설과 요동설이 대립되어 두 견해가 존재했다. 해방 후 한국에서는 평양설입장이 주류를 형성했고 북한학계는 상당한 논란 끝에 요동설이 1960년 초반 이후 정설로서 채택되어 1990년대까지 유지되었다. 이 같은 상황이 1980년대 중반에 이르러 한국학계에서 요동중심설에 대한 관심과 입장이 소개 부연되면서 새로운 논쟁과 고조선 문제에 대한 심화가 진행되어 중심지 문제에 대한 平壤說·遼東說·移動說 등이 제시되었다.
　李基東, 「北韓에서의 古朝鮮 硏究」,(『韓國史市民講座』 2, 1988) : 徐榮洙, 「古朝鮮의 位置와 彊域」,(『韓國史市民講座』 2, 1988) : 盧泰敦, 「古朝鮮 중심지의 변천에 대한 연구」,(『韓國史論』 23, 1990) : 權五榮, 「古朝鮮研究의 動向과 그 內容」,(『北韓의 古代史研究』, 一潮閣, 1991) : 趙法

년 평양지역에서의 단군릉檀君陵 발굴과 개건을 통해 기왕의 요동설과는 완전히 배치되는 평양중심설이 다시금 주장되는 양상으로 변하여 관련논문이 계속 발표되고 있다.3)

고조선 위치문제에 대한 과거의 논의는 사료분석을 통해 위만조선 붕괴 뒤에 한漢이 설치한 한사군의 위치확인이 주로 진행되었고 이를 역으로 추적하여 위만조선衛滿朝鮮 및 고조선古朝鮮의 영역을 확인하는 방법이 진행되었다.4) 최근의 논의는 고조선 관련사료의 다기성과 제약성 그리고 해석의 다양성을 극복하기 위해 고고학적 자료를 중심으로 한 재구성이 중심이 되어 나름의 입장이 제시되고 있다.5)

그런데 고조선 관련자료를 검토하는 과정에서 기왕의 자료 가운데 중요한 사료 몇 가지가 적극적으로 검토되지 못한 것을 발견케 되었다. 그 가운데 대표적인 것이 『사기』와 『한서』의 후국侯國들에 대한 표表이다.6) 따라서 이번 장에서는 우선 위만조선과 관련된 내용에

鍾, 「北韓學界의 古朝鮮研究」(『北韓의 古代史研究와 成果』, 대륙연구소, 1994).
3) 『단군 및 고조선에 관한 제1차 학술발표 론문』, 1993.10.12~13 : 『단군 및 고조선에 대한 제2차 학술발표회』, 1994.10.5~8 : 『동아시아에 있어서 원시·고대문명의 재검토-5000년 전의 동아시아』, 1995.8.4·5·6·13 : 『단군 및 고조선에 관한 제3차 학술발표회』, 1995.11 : 조법종, 「고조선연구의 현황과 과제」(『단군학연구』1, 단군학회, 1999) : 사회과학출판사, 4.『고조선 력사개관』(1999).
4) 리지린, 『고조선연구』(학우서방, 1964) : 李丙燾, 『韓國古代史研究』(博英社, 1976) : 윤내현, 『고조선연구』(일지사, 1994) : 趙法鍾, 「樂浪郡問題에 대한 日本歷史學界의 認識檢討」(『宋甲鎬敎授 停年退任記念 史學論文集』, 1993).
5) 李康承, 「遼寧地方의 靑銅器文化」(『韓國考古學報』5, 1979) : 靳楓毅, 「論中國東北地區含曲刃靑銅短劍的文化遺存」上·下(『考古學報』82-4, 83-1, 1982·1983) : 박진욱, 「비파형 단검문화의 발원지와 창조자에 대하여」(『비파형 단검문화에 관한 연구』, 과학백과사전출판사, 1987) : 吳江原, 「古朝鮮 位置比定에 관한 硏究史의 檢討(2)」(『白山學報』48, 1997), 55~108쪽 : 宋鎬晸, 「古朝鮮國家形成過程硏究」(서울대 박사학위논문, 1999).
6) 『사기』에는 전한 武帝 태초 연간까지 설치된 侯國들의 기록이 「高祖功臣侯者年表」·「惠景間侯者年表」·「建元以來侯者年表」·「建元以來王子侯者年表」와 같은 표로 남아 있고 「한

국한하여 이들 관련사료 검토를 통해 위만조선의 붕괴시기에 대한 기왕의 인식에 대한 문제제기와 왕험성과 한이 설정한 낙랑군의 위치와 성격을 재검토하는 계기를 마련하고자 한다.

1. 위만조선과 한의 전쟁경과

I. 위만조선 붕괴과정

『사기』와 『한서』 조선전 등 사료[7]에 나타난 내용은 원봉元封 3년(108 BC) 여름 전한무제의 위만조선 정벌이 종결되고 한사군이 동시에 개설된 것으로 기술하고 있다.

A①: 元封三年夏 尼谿相參乃使人殺朝鮮王右渠來降 王險城未下 故右渠之

서』에는 상·하 2권의 「王子侯表」와 「高惠高后文功臣表」·「景武昭宣元成功臣表」의 功臣表 그리고 「外戚恩澤侯表」로 나타나고 있다. 이 가운데 본고에서 집중적인 논의대상으로 삼은 것은 「建元以來侯者年表」와 「景武昭宣元成功臣表」이다. 한편 衛滿朝鮮과 漢의 전쟁내용 및 성격과 이후 한에 투항한 후예들의 위치문제에 대해서는 별고에서 논했다.[조법종, 「衛滿朝鮮의 對漢戰爭과 降漢諸侯國의 位置」(『선사와 고대』14, 2000)]

7) 본 논문에서 사용한 중국사료는 대만 中央硏究院에서 제공하는 중국원전 검색서비스를 통해 확보한 것이다.(http://www.sinica.edu.tw) 검색방법에 대해서는 조법종, 「인터넷을 이용한 한국고대사관련 자료의 검색과 활용」(『한국고대사연구』18, 2000)에 정리되어 있다. '25 史'의 경우 원문은 臺北 鼎文書局 點校本 『二十四史』를 중앙연구원에서 입력한 것임.

大臣 成巳又反 復攻吏 左將軍使右渠子長降 相路人之子最告諭其民 誅成
巳 以故遂定朝鮮 爲四郡.〔『史記』 卷一百一十五, 「列傳」 第五十五, 朝鮮列傳〕

②: 元封三年 夏 朝鮮斬其王右渠降 以其地爲樂浪 臨屯 玄菟 眞番郡.〔『漢書』
卷六, 「本紀」 第六, 武帝紀〕

③: 元封三年夏 尼谿相參 乃使人殺朝鮮王右渠來降 王險城未下 故右渠之
大臣成巳又反 復 攻吏 左將軍使右渠子 長降 相路人子最 告諭其民 誅成
巳 故遂定朝 鮮爲眞番 臨屯 樂浪 玄菟四郡.〔『漢書』 卷九十五, 「列傳」 第六十五,
西南夷兩粵朝鮮傳〕

위의 사료들을 보면 『사기』와 『한서』의 조선열전과 『한서』 무제기 武帝紀에서 모두 원봉 3년 즉 기원전 108년에 위만조선이 붕괴되고 한사군이 설정된 것으로 나타나고 있다. 특히 사료 A①을 보면 『사기』에는 단지 4군이라 하고 군郡의 명칭은 전혀 언급되지 않고 있음에 비해 『한서』에서부터는 정연하게 4군의 명칭이 등장하고 있으며 원봉 3년조의 내용으로 현토玄菟까지 함께 설치한 것으로 일괄하여 설명하고 있다. 따라서 종래 연구자들은 『한서』의 기록을 중심으로 위만조선 및 한사군 논의를 진행했고 원봉 3년(108 BC)에 위만조선이 완전 붕괴되고 낙랑군 등 한군현漢郡縣이 왕험성王險城을 포함한 기존의 위만조선 전체영역에 설치된 것으로 이해하고 논의를 전개했다.[8]

---

8) 이병도, 『한국고대사연구』(박영사, 1976), 133쪽. 樂浪郡은 기술한 바와 같이 한무제 元封 3년(108 BC), 위씨조선의 수도 王險城 평양을 함락하던 해에 眞番·臨屯의 이군과 함께 설치되었거니와 그 수부이름이 朝鮮縣인만큼 지금의 대동강 유역을 중심으로 하고 있다. 〔이종욱, 『고조선사연구』(일조각, 1993), 260쪽 : 노태돈, 「고조선의 변천」(『단군』, 1994), 37쪽〕 樂浪郡 朝鮮縣은 기원전 108년 漢이 衛滿朝鮮을 멸하고 그 중심부에 설치했다. 낙랑군은 기원전 108년 이후 高句麗에 의해 소멸되기까지 그 위치에 변동이 없었다. 조선현의 위치도 그러하여 평양지역이었으니 자연 위만조선의 王險城과 그 앞 시기의 고조선의 수도도 이 곳 평양으로 여겨진다.

이 같은 인식은 앞서 예시된 사료에서처럼 대부분 사서에 낙랑樂浪을 비롯한 한사군이 원봉 3년에 동시에 설정된 것처럼 기록되고 있었기 때문에 야기된 것으로 이해된다. 즉 『사기』 조선전에서는 장군인 성이成已의 저항이 종식된 뒤 일괄적으로 4군을 설치했다고 하고 『한서』에서는 보다 구체적으로 원봉 3년 여름에 조선이 그 왕 우거를 참하고 항복하매 그 땅을 낙랑군樂浪郡·임둔군臨屯郡·현토군玄菟郡·진번군眞番郡으로 했다고 총괄적으로 기술하고 있기 때문에 이 같은 인식에 큰 문제를 제기하지 않았다고 이해된다.9)

그런데 이 같은 종래 사료들과 달리 이 같은 인식이 정확한 것이 아님을 일부 보여주는 사료가 있다. 먼저 『한서』 오행지五行志의 내용을 보면 한군현이 동시에 개설된 것이 아니라 3개의 군이 먼저 설치되고 차후에 1군이 추가되었음을 추측케 하는 기록이 제시되고 있다.

A④: 元封六年秋 蝗 先是 兩將軍征朝鮮 開三郡.〔『漢書』卷二十七中之下, 「志」第七中之下, 五行志〔

즉 사료 A④에 나타난 내용은 한군현 설치시점인 원봉 3년으로부터 3년 뒤인 원봉 6년조의 기록으로 위만조선을 정벌하고 3군을 개설했다는 사실을 기록하고 있다. 이 사실은 『사기』 조선전 등에 나타난 동시에 4군을 설치했다는 내용과는 배치되는 내용이다. 이 같은 기록에

---

9) 서영수, 「위만조선의 형성과정과 국가적 성격」, 『고조선과 부여의 제문제』, 한국고대사연구회, 1996), 110~116쪽 : 동, 「대외관계사에서 본 낙랑군」, 『사학지』 31, 1998), 9~28쪽에서는 원봉3년(108 BC)에는 3군을 설치했다고 표현되어야 함을 지적하고 진번·임둔의 경우 이들의 실체가 모호함을 들어 도상계획일 가능성 등을 지적하여 관련기록 및 기존인식의 문제성들을 지적했다.

대해 안사고顔師古는 한『무제기武帝紀』에서는 4개의 군을 설치했다고 했는데 이 곳에서는 3개라고 했으니 아마도 기록하는 자가 오류를 범했을 것이라고 추정하여 기왕의 인식을 재강조하는 태도를 보여 주었다.10)

그러나 이는 『한서』 지리지에 나타나고 있는 낙랑군·현토군 관련 기록과 연결될 때 잘못된 기록이 아님을 알 수 있다.11)

A⑤: 樂浪郡 武帝元封三年開 莽曰樂鮮 屬幽州 戶六萬二千八百一十二 口四十萬 六千七百四十八 有雲鄣 縣二十五.〔『漢書』 卷二十八下,「志」 第八下, 地理志〕
⑥: 玄菟郡 武帝元封四年開 高句驪 莽曰下句驪 屬幽州戶 四萬五千六 口二十二萬一 千八百四十五. 縣三 高句驪 遼山 遼水所出 西南至遼隊入大遼水 又有南蘇水 西北經塞外 上殷台 莽曰下 殷 西蓋馬 馬訾水西北入鹽難水 西南至西安平入海 郡二 行二千一百里 莽曰玄菟亭.〔『漢書』 卷二十八下,「志」 第八下, 地理志〕

위의 사료 A⑤에 의하면 낙랑군은 앞서의 인식대로 원봉 3년에 설치되었다는 것을 다시 확인시켜 주는 반면 A⑥에서는 현토군이 1년 뒤인 원봉 4년(107 BC)에 개설되었음을 명확히 보여주고 있다. 따라서 이들 사료에 입각할 때 한사군은 결코 동시에 개설된 것이 아니라 '1년의 시차'를 두고 설치되었다는 것을 확인할 수 있다.

---

10) "師古曰 武紀云 以其地爲樂浪 臨屯 玄菟 眞番郡 是四郡也 而此云三 蓋傳寫志者誤."〔『漢書』 卷27中之下,「志」 第7中之下, 五行志〕
11) 후술할 내용에서 볼 수 있듯이 元封 3년에는 아직 위만조선이 완전히 복속되지 않은 상황이며 특히 왕험성이 복속되지 않았기 때문에 이 때에 설정된 한군현은 樂浪·眞番·臨屯 3개 군이었다. 따라서 五行志에 기록된 내용은 玄菟郡을 개설하지 않은 원봉 3년의 상황을 기록한 자료에 근거해 기록한 것으로 파악된다.

그런데 문제는 이 같은 1년 시차의 의미에 대해 기왕의 연구자들은 크게 주목하지 않았다. 안사고와 같이 이를 부정하거나 단지 낙랑樂浪・진번眞番・임둔臨屯 등 3군이 위만조선의 영역에 원봉 3년 설치되었고 원봉 4년의 현토군玄菟郡 설치는 고구려 등을 통제하기 위해 과거 예군남려濊君南閭가 투항하여 설치했던 창해군蒼海郡 지역에 1년 뒤 설치한 것으로 이해하는 인식이 제시되었다.12) 그러나 1년의 시차가 있는 군현설치는 위만조선과 한과의 전쟁성격과 위만조선의 붕괴시점 그리고 이후 설치된 한군현의 성격과 위치문제와 관련하여 매우 중요한 문제라고 생각된다.

필자는 이 문제에 대한 보다 구체적인 사료로서 기존에 주목받지 못했던 『사기』의 건원이래후자연표建元以來侯者年表에 나타난 내용과 『한서』의 경무소선원성공신표景武昭宣元成功臣表의 내용분석을 통해 사실의 재구성을 진행하고자 한다.

2. 『사기』 조선전과 공신표 비교를 통해본 붕괴시점

위만조선衛滿朝鮮과 한漢의 전쟁과정 중 한으로 투항한 존재들은 초기부터 한과 화의를 주도했던 자들로서 그들의 투항논의 및 과정은 『사기』와 『한서』 조선전에 주로 나타나고 있다. 『한서』의 내용은 『사기』를 기본적으로 전제한 것이기 때문에 우선 『사기』 조선전에 나타

---

12) 李丙燾, 「玄菟郡考」(『韓國古代史研究』, 博英社, 1976), 169~176쪽.

난 내용을 단락을 지어 사건 전개과정을 살펴보면 다음과 같다.

B①: 左將軍已幷兩軍 卽急擊朝鮮.
 ②: 朝鮮相路人 相韓陰 尼谿相參 將軍王唊 相與謀曰 始欲降樓船 樓船今執 獨左將軍幷將 戰益急 恐不能與 王又不肯降.
 ③: 陰·唊·路人皆亡降漢 路人道死.
 ④: 元封三年夏 尼谿相參 乃使人殺朝鮮王右渠來降.
 ⑤: 王險城未下 故右渠之大臣成巳又反 復攻吏.
 ⑥: 左將軍使右渠子長降13) 相路人之子最 告諭其民 誅成巳 以故遂定朝鮮 爲四郡.14)
 ⑦: 封參 爲澅淸侯 陰爲荻苴侯 唊爲平州侯 長降爲幾侯 最以父死頗有功 爲溫陽侯.〔이상, 『史記』 卷一百一十五, 「列傳」 第五十五, 朝鮮列傳〕

일단 이 기록에서 주목되는 사실은 한과의 화해를 주선하다가 투항한 위만조선 최고지휘부15) 및 백성들의 투항과정이 세 차례로 나뉘어져 진행되었다는 사실이다. 즉 첫번째는 조선상朝鮮相 노인路人, 〔조선〕상 한음韓陰, 장군將軍 왕겹王唊이 투항하고 두번째는 니계상尼谿相 삼參이 우거왕右渠王을 살해하고 투항했다. 세번째는 이미 투항했던 우거왕의 아들 장항長降과 노인路人아들 최最가 왕험성에서 끝까지 저항했

---

13) 『史記』와 『漢書』의 기록에서 右渠王의 아들이름이 長·長降·長咯·張咯 등으로 표시되어 있다. 본고에서는 편의를 위해 長降으로 통칭코자 한다.
14) 『史記』 조선전의 내용과 『漢書』 조선전의 내용을 비교해 보면 다른 부분의 사료내용은 거의 동일한 것에 비해 이 부분은 『한서』에서 眞番·臨屯·樂浪·玄菟라는 구체적인 명칭이 추가되어 있다.
15) 盧泰敦, 「衛滿朝鮮의 政治構造」(『汕耘史學』 8, 1998), 190~197쪽. 이 논문에서는 한과의 화의를 주도한 위만조선의 相과 將軍들은 독자적 세력을 보유한 존재로서 자체 의사결정권을 가진 존재로 파악하고 있다.

[표 5] 『한서』 경무소선원성 공신표

號諡姓名	功狀戶數	始封	玄孫위치
將梁侯 楊僕	以樓船將軍 擊南越椎鋒卻敵 侯	三月 乙酉封 四年 元封 四年 坐爲將軍擊朝鮮畏懦 入竹二萬箇 贖完爲城旦	
平州侯 王唊	以朝鮮將 漢兵至 降侯 千四百八十戶	三年 四月丁卯 封 四年薨 亡後	梁父
荻苴侯 韓陶	以朝鮮相將 漢兵圍之 降侯 五百四十戶	四月丁卯封 十九年 延和二年 薨 封終身 不得嗣	勃海
澅清侯 參	以朝鮮尼谿相 使人殺其王 右渠降 侯千戶	六月 丙辰 封 天漢二年 坐匿朝鮮亡虜 下獄病死	齊
幾侯 張咯降	以朝鮮王子 漢兵圍朝鮮降 侯	三年月 癸未封 六年 使朝鮮 謀反 咯降死	河東
涅陽康侯 最	以父朝鮮相 路人 漢兵至首先降 道死 子侯	三月 壬寅封 太初元年薨 亡後	齊

던 성이成已를 교살하고 남은 백성들이 투항하여 그 과정이 장기간이었음을 보여준다.

또한 특히 주목되는 점은 원봉 3년(108 BC) 여름 우거왕이 살해된 뒤에도 우거왕의 대신인 성이成已 등이 계속 왕험성을 장악한 채 한과 대적하고 있었던 사실이다. 그 같은 상황 속에서 좌장군 순체荀彘가 우거왕의 아들 장항長降과 노인의 아들 최最를 시켜 저항하던 위만조선의 백성들을 설득하여 성이成已를 죽이고 투항하게 했는데 이 과정이 상당기간 소요되었음을 보여준다.

그런데 이 같은 사건의 전개과정은 조선전朝鮮傳과 함께 『사기』의 건원이래후자연표建元以來侯者年表에 나타난 내용과 『한서』의 경무소선

제2장 위만조선과 한의 전쟁　253

[표 6] 『사기』 조선전과 『사기』 공신표 내용대비

『史記』 功臣諸侯表의 내용	『史記』 朝鮮傳의 내용
원봉 3년(108 BC) 4월 丁卯(13일) : 장군 王唊 　 상 韓陰 봉후	B① 원봉 3년(108 BC) 좌장군 荀彘에 의한 공격강화 B② 조선상 路人·相 韓陰·尼谿相 參·將軍 王唊의 투항논의 진행 B③ 韓陰·王唊·路人의 漢 투항과 路人의 道死
원봉 3년(108 BC) 6월 丙辰(3일) : 尼谿相 參 봉후	B④ 원봉 3년 여름, 尼谿相 參이 朝鮮王 右渠를 살해하고 投降 B⑤ 王險城은 아직 복속되지 않은 상태에서 右渠의 대신인 成已가 계속 공격진행
원봉 4년(107 BC) 3월 :癸未(4일) 右渠王子 張陷降 :壬寅(23일) 朝鮮相 路人의 아들 最 봉후	B⑥ 좌장군이 右渠의 아들 長降과 相 路人의 아들 最로 하여금 백성들을 설득시켜 成已를 주살 비로소 朝鮮을 평정하고 4군 설치. B⑦ 5후국 설치

[표 7] 『사기』 권二20, 「표」 제8, 건원이래후자연표

國名	侯功	元封	太初以後
澅州 索隱表在梁父	以朝鮮將 漢兵至降侯	三年四月 丁卯 侯唊元年 四年 侯唊薨 無後 國除	
荻苴 索隱 表在勃海	以朝鮮相 漢兵至圍之降侯	三年 四月 侯朝鮮相 韓陰 元年	
澅淸 索隱表在齊 澅音獲 水名在齊	以朝鮮尼谿相 使人殺其王右渠來降侯	三年 六月 丙辰 侯朝鮮尼谿相參 元年	
幾 索隱音機表在河東	以朝鮮王子 漢兵圍朝鮮降侯	四年 三月 癸未 侯 張陷 歸義元年 六年 侯張陷使朝鮮 謀反 死 國除	
涅陽 索隱表在齊 志屬南陽	以朝鮮相路人 漢兵至 首先降 道死 其子侯	四年 三月 壬寅 康侯子最元年	太初二年 侯最死 無後國除

원성공신표景武昭宣元成功臣表에 위만조선에서 한에 투항하여 제후로 제수된〔이하 降漢諸侯로 약칭함〕 존재들에 대한 기록에서 시간대별로 진행과정이 나타나고 있다.

우선 『사기』와 『한서』에 수록된 위만조선의 항한제후표降漢諸侯表의 내용을 보면 다음과 같다.

위의 〔표 5〕과 〔표 6〕에 나타난 『사기』와 『한서』 두 사서의 조선전과 공신표의 내용을 비교할 때 가장 주목되는 점은 한에 투항한 위만조선의 지배층들이 제후로 봉해진 시기가 각각 다르다는 사실이다. 즉 두 사서의 조선전에서는 전체적인 사건의 내용을 개관하여 서술한 반면 제후공신표諸侯功臣表에서는 구체적인 시간을 명기하여 전후 관계를 확인시켜 주고 있다. 공신표 내용에 의하면 한은 위만조선에서 자신들과 평화적 협상을 주도했던 망명세력들을 3차례에 걸쳐 항한공신降漢功臣으로 봉했는데 이를 조선전에 나타난 내용과 함께 정리해 보면 다음과 같다.16)

우선 대비표에서 확인된 가장 중요한 사실은 위만조선의 실질적인 붕괴는 원봉 4년 3월 즉 기원전 107년 3월이라는 것이다. 이 같은

---

16) 『漢書補注』에서 王先謙은 幾侯 長降과 관련된 시봉년조에 3년이라고 된 것이 3월임을 밝혀주어 『한서』 功臣表에 3년으로 기록된 것이 잘못임을 지적했다. 즉 『한서』의 공신표는 제수된 공신들의 始封내용을 같은 연도를 모아서 기록했는데 기후 장각에 앞서 小月氏 右萱王을 騠茲侯 稽谷姑로 봉한 것이 이미 元封 4년(107 BC)으로 나왔기 때문에 기후 장각과 관련된 3년이라는 표현은 3월로 수정되어야 한다는 王先謙의 지적이 옳다. 이같이 右渠王子 長降과 相路人의 아들 最가 위만조선 붕괴시점으로 알려진 元封 3년 여름 우거왕이 살해된 시점이 아닌 원봉 4년 3월에 제후로 봉해졌다는 것은 이 때에는 큰 공을 인정받지 못하여 제후로 제수되지 않았다가 1년 뒤에 제후로 봉해질 수 있는 혁혁한 공을 세웠기 때문이며 그것이 바로 계속 저항하던 成己를 죽이고 王險城 함락에 공을 세웠기 때문인 것이다.

제2장 위만조선과 한의 전쟁 255

사실은 앞서 정리한 것처럼 위만조선은 우거왕右渠王이 암살된 원봉 3년 6월에 붕괴된 것이 아니라 이후에도 왕험성王險城을 거점으로 1년 남짓 한과의 전쟁을 지속했던 성이成已가 원봉 4년 3월에 피살된 뒤에 위만조선이 완전히 붕괴되었기 때문이다.

또한 앞서 언급한 것처럼 위만조선 정벌의 주역이었던 누선장군 양복楊僕과 좌장군 순체荀彘가 원봉 4년에야 비로소 우거왕의 아들 장항長降 등에 대한 제후봉후와 함께 전투패배에 대한 처벌로서 누선장군은 서인庶人으로 강등되고 좌장군은 극형인 기시형棄市刑을 당하고 있음에서도 확인되고 있다.

B⑧: 樓船將軍楊僕 坐失亡多 免爲庶民 左將軍荀彘 坐爭功棄市.〔『漢書』卷六,「本紀」第六, 武帝紀〕

⑨〔『漢書』卷十七,「表」第五, 景武昭宣元成功臣表〕

| 將梁侯
楊僕 | 以樓船將軍 擊南越椎鋒卻敵侯 | 三月乙酉封 四年
元封四年 坐爲將軍 擊朝鮮畏懦
入竹二 萬箇 贖完爲城旦 |

즉 위의 〔표 7〕에서 확인되듯이 한漢은 투항세력에 대해 투항직후 바로 제후諸侯로 봉했다. 이 사실을 감안할 때 우거왕자 장항長降과 노인 아들 최最에 대한 제후봉후가 원봉 4년 3월에 진행되었고 누선장군 양복楊僕에 대한 처리와 좌장군 순체荀彘에 대한 처리가 원봉 4년에 이뤄지고 있다는 점에서도 위만조선의 마지막 붕괴는 원봉 4년 3월 즉 기원전 107년 3월이었다.

이 같은 사실의 확인은 단순히 위만조선의 붕괴시점이 1년 뒤로 연장되었다는 사실로 끝나는 것이 아니라 기존의 위만조선과 한과의 전쟁성격에 대한 인식의 변화를 요구하며 한사군 특히 낙랑군樂浪郡·현토군玄菟郡의 위치와 성격에 대한 기존인식이 변화되어야 함을 요구한다. 결국 위만조선 연구에서 심도있는 검토가 진행되지 않았던 전쟁의 성격과 내용 그리고『사기』의 건원이내후자연표建元以來侯者年表와『한서』경무소선원성공신표景武昭宣元成功臣表의 내용을 검토하여 종래의 연구에서 확인하지 못했던 몇 가지 중요한 사실을 확인할 수 있었다.

먼저 위만조선의 붕괴시점은 원봉 3년(108 BC)이 아니라 그보다 1년 뒤인 원봉 4년(107 BC)이라는 사실이다. 이 같은 사실은 단순히 붕괴시기가 1년 연장된다는 측면뿐만 아니라 관련된 여러 문제가 새롭게 인식되어야 함을 보여주고 있다. 특히 주목되는 점은 위만조선의 도읍인 왕험성 지역에 설치된 것으로 인식되었던 낙랑군은 위만조선의 도읍인 왕험성이 함락되지 않은 상태에서 원봉 3년 6월 우거왕이 살해되고 니계상尼谿相 참參이 투항한 시점에 개설되었다는 사실이다.

이 같은 사실은 한사군의 실체가 위만조선을 완전히 정복한 뒤에 개설하고자 했던 도상계획圖上計劃일 가능성과 함께 왕험성과는 관계없는 지역에 낙랑군이 설치되었음을 보여준다. 따라서 한漢이 설치한 낙랑군은 왕험성이 아닌 별도의 지역에 단지 위만조선을 복속했다는 선언적이고 상징적인 의미를 부각하기 위하여 조선朝鮮·패수浿水 등 관련지명을 포괄하여 설치되었을 가능성이 높다고 생각된다.

그렇다면 구체적으로 어느 지역을 대상으로 했는가가 문제이다. 이 때 설정가능한 지역이 위만조선이 교류를 차단했던 진번방중국眞

番傍衆國 지역이 주목된다. 한의 주된 관심은 위만조선과 흉노와의 군사적 연결차단과 한과의 교역을 희망하는 세력들과의 지속적 연결이었다. 위만조선의 붕괴는 군사적 위협요소의 제거로 결과되었고 주변 정치체와의 교역 및 통치체계로의 포섭은 기왕에 이 같은 역할을 수행했던 존재로서 이를 계속 수행케 했다고 생각된다. 따라서 낙랑군은 이들과의 실질적인 교류창구의 역할을 수행하기 위한 군으로서 진번방중국 중 하나인 존재였던 '낙랑樂浪'에 개설되었다고 추정된다. 한사군의 명칭은 위만조선에 복속되었던 존재들의 명칭으로 특히 현토玄菟의 경우 진번국眞番國이라는 기록이 있으며 낙랑의 경우 기원전 178년경에 이미 중국계통 유이민 세력집단이 중심이 되어 존재했음이 확인되어 이들 존재를 한군현漢郡縣 체계에 편입시켜 한사군을 형성했다고 생각된다.

한편 왕험성은 원봉 4년 즉 기원전 107년 3월경에 함락되었고 직후에 현토군이 개설되었기 때문에 종래 우리가 이해했던 것과는 달리 왕험성은 오히려 기원전 107년에 개설된 현토군과 관련될 가능성이 높다고 생각된다. 이 같은 사실은 위만조선 세력들이 복속 뒤에도 지속적인 저항을 했다는 사실이 나타나고 있는 데 그 같은 저항대상으로 현토군이 부각되었고 결국 수차례에 걸친 군치郡治의 이동이 이 같은 군사적 충돌과 항한제후降漢諸侯들의 모반사건 등의 사실을 반영하고 있다고 생각된다. 따라서 위만조선의 공식적인 붕괴시점은 원봉 4년 즉 기원전 107년으로 우리가 통상 이해하고 있는 기원전 108년보다 1년 뒤에 왕험성이 함락된 뒤이다.

한편 한漢이 개설한 한사군은 위만조선에 복속된 세력들의 명칭을 활용한 것으로 낙랑군은 왕험성 함락 1년 전에 설치되었기 때문에 왕험성과는 전혀 관계없는 지역인 '낙랑국樂浪國' 지역에 설치되었다. 이같은 이해가 수용된다면 기존의 위만조선 및 한사군 문제를 인식하는 인식틀이 수정되고 새로운 체계가 마련되어야 한다고 생각된다.

2. 왕험성·낙랑군·항한제후국 검토

1. 왕험성과 낙랑군의 병존

위에서 검토한 것처럼 『사기』 및 『한서』의 공신제후표功臣諸侯表 사료에 의할 때 낙랑군樂浪郡은 조선대신朝鮮大臣 성이成己가 왕험성을 근거로 계속적인 저항을 진행하고 있던 시기에 설치된 것으로 나타나고 있다. 즉 사건 전개과정의 내용과 공신표에 나타난 설치과정의 순서와 연월을 참고할 때 원봉元封 3년에 설치된 낙랑군은 위만조선의 수도인 왕험성을 함락하지 못한 상태에서 설치된 것이다.[표 6 참조] 따라서 당시상황을 감안할 때 낙랑군의 설치지역은 왕험성과는 관계없는 여타의 지역에 설치된 것임을 알 수 있다. 즉 전한 무제 원봉 3년에 개설된 낙랑군·진번군·임둔군은 위만조선이 완전히 복속된 상태가 아닌 상황에서 설치되었으며 특히 왕험성王險城 지역에 설정된 것으로 종래 이해되었던 낙랑군 조선현朝鮮縣은 왕험성이 복속되지 않은 상황이었기 때문에 별도의 지역에 단지 '조선朝鮮'이라는 명칭만을 부여하여 설치한 것으로 이해된다.

이러한 사실을 종합할 때 낙랑군樂浪郡·임둔군臨屯郡·진번군眞番郡의 설치는 위만조선과의 전투가 완전히 종식되지 않은 상황에서 1차로 원봉 3년 4월 장군 왕겹王唊, 상相 한음韓陰, 상 노인路人 등이 투항하고 2차로 원봉 3년 6월 니계상 참參이 우거왕右渠王을 죽이고 한에 투항한 직후 개설되었음을 알 수 있다. 그렇다면 이 때 개설된 3개의 낙랑군·진번군·임둔군은 왕험성 지역이 아닌 위만조선 영역의 별도지역에 설정되었다고 파악된다. 즉 위의 사료검토에서 확인되었듯이 우거右渠가 죽은 것은 니계상 참參의 암살에 의한 원봉 3년 6월이었고 그 후로 약 1년간의 계속된 저항이 진행된 뒤 원봉 4년 3월에 마지막 거점인 왕험성이 복속되었기 때문에 1년 전에 개설된 낙랑군樂浪郡·진번군眞番郡·임둔군臨屯郡과 왕험성王險城은 관계가 없었다.17)

이 같은 상황에 대해 이는 위만조선을 완전히 함락한 뒤에 설치하고자 계획되었던 도상계획을 우선 시행한 것으로 이해할 수도 있다. 즉 위만조선의 수도인 왕험성 등을 포함한 지역에 낙랑군을 설치하겠다는 계획이 존재할 수는 있지만 실제로 설치된 것은 함락 1년여

---

17) 이 같은 이해에 대해 王險城을 복속하면 설치할 군현이라는 관점에서 이 때의 개설은 계획이고 이후 완전히 복속된 뒤에 해당지역에 군현이 설치되었을 것이라고 이해할 수도 있다. 그러나 원봉 4년(107 BC) 위만조선이 완전히 복속된 뒤에 玄菟郡이 추가로 설치되고 있다는 사실은 이 같은 추정과는 반대되는 사실이다. 즉 도상계획을 이 때 선포했다면 굳이 1년 뒤 王險城을 완전히 복속한 바로 그 시점에 새로운 군현을 설치한다는 것은 도상계획이 아닌 실질적인 군현설치가 이전부터 진행되었음을 확인시켜 주기 때문이다. 따라서 樂浪郡 및 眞番·臨屯의 설치지역은 왕험성 지역이 아닌 위만조선의 다른 영역에 설치되었다고 파악된다.

전이기 때문에 대상지역만큼은 왕험성과는 관계없는 지역에 설치할 수밖에 없었다고 생각된다. 이는 언제 종식될지도 모르는 전투가 진행되고 있는 상황에서 왕험성에 대해 군현郡縣편제를 설정한다는 것은 현실적으로 성립되지 않기 때문이다. 따라서 종래 낙랑군이 바로 왕험성과 연결된다는 인식은 논리적 모순을 갖고 있는 인식이었음을 알 수 있다.

이같이 왕험성과 낙랑군을 분리하여 인식하는 방법은『사기史記』·『한서漢書』조선전 등에서 왕험성에 대한 다양한 주석간의 모순성을 이해할 수 있는 단서를 제공한다고 생각된다. 먼저 왕험성에 대한 주석을 정리해 보면 왕험성이 험독險瀆에 존재한다는 인식과 평양平壤에 존재한다는 인식으로 대별되어 나타나고 있다. 우선 험독에 위치하고 있다는 견해를 보면 다음과 같다.[18]

남송대 배인裵駰이 찬술한『사기집해史記集解』에서는 후한대 사람인 서광徐廣의 견해를 인용하여 창려昌黎에는 험독현이 있다고 했다.

C①:『集解』徐廣曰昌黎有險瀆縣也.[『史記』卷一百一十五,「列傳」五十五, 朝鮮列傳]

한편 당대 사마정司馬貞이 찬술한『사기색은史記索隱』에서는 서광徐廣의 말과 후한대 응소應昭의 주석을 인용하여 요동의 험독현이 조선왕의 구도읍이라고 다음과 같이 기록하고 있다.

C②:『索隱』韋昭云 古邑名 徐廣曰 昌黎有險瀆縣.… 應劭注 地理志 遼東險

---

18) 이도남,「중국사서의 한 낙랑군에 대한인식 -낙랑평양설의 성립배경-」(『박영석교수화갑기념 한국사학논총』, 1992).

險縣 朝鮮王舊都.[이상『史記』卷一百一十五,「列傳」五十五, 朝鮮列傳]
③: 應劭曰 朝鮮王滿都也 依水險 故曰險瀆.[『漢書』卷二十八下,「志」第八下, 地理志]

이 같은 이해는 왕험성이 험독현 지역에 있으며 이 곳이 조선왕의 구도읍이라는 인식으로 요약된다. 그런데 이 같은 이해와 함께 왕험성을 낙랑군과 연결지으며 또 그 위치를 고구려高句麗 수도인 평양平壤과 연결짓는 인식이 제기되어 있다. 이 견해를 대표한 존재는 5세기말 6세기초에 활동한 북위인北魏人 역도원酈道元(469~527)으로서『수경주』를 통해 평양平壤=낙랑군樂浪郡 조선현朝鮮縣=王險城 인식을 부각시켰다.19) 또한『사기색은史記索隱』에 인용된 설찬薛瓚도 왕험성과 낙랑군을 연결짓고 있으며20) 이후 당대에 편찬된『괄지지括地志』등에서 이 같은 이해를 고착하고21) 두우杜佑의『통전通典』에서 정설로서 자리잡게 되었다.22)

이같이 왕험성을 고구려高句麗의 도읍=평양성平壤城=한漢 낙랑군樂浪郡=조선朝鮮으로 연결짓는 견해와『사기색은』등에 소개된 전혀 다른 견해인 요동 험독현險瀆縣에 조선왕의 구도읍이있다는 내용 즉 한반도에 낙랑이 있다는 견해와 요동에 조선왕의 구도읍이 있다는 견해의 대립은 기왕의 고조선요동중심설과 평양중심설 논란의 가장 중

---

19) "浿水出樂浪鏤方縣東南過臨浿縣東入於海… 余訪蕃使 言城在浿水之陽 其水西流逕故樂浪朝鮮縣 卽樂浪郡治 漢武帝置 而西北流 故地理志曰 浿水西至增地縣入海…."[『水經注』, 浿水]
20) "臣瓚云 王險城 在樂浪郡 浿水之東也."[『史記』卷115,「列傳」第55, 朝鮮列傳]
"臣瓚曰 王險城在樂浪郡浿水之東 此自是險瀆也 師古曰 瓚說是也."[『漢書』卷28下,「志」第8下, 地理志]
21)『正義』: "潮仙二音 括地志云 高驪都平壤城 本漢樂浪郡王險城 又古云朝鮮地也."
22)『通典』凡16卷,「邊防典」卷185, 邊防 一 東夷上 序略: "秦幷天下 其淮 泗夷皆散爲人戶 其朝鮮歷千餘年 至漢高帝時滅 武帝元狩中 開其地 置樂浪等郡… 高麗本朝鮮地 漢武置縣 屬樂浪郡 時甚微弱 後漢以後 累代皆受中國封爵 所都平壤城 則故朝鮮國 王險城也."

요한 전거로서 활용되었던 사료들이다. 종래 이 문제는 한쪽 사료를 무시하거나 부정하는 방법으로 각각의 논지를 전개했다. 이 같은 인식의 문제점은 낙랑樂浪과 왕험성王險城을 동일지역이라고 했기 때문에 나타난 것이었다. 따라서 이를 앞서 정리한 것처럼 분리시켜 인식할 경우 이 같은 상호 모순성은 해소될 문제라고 생각된다.

정리해 보면 한漢이 원봉 3년 여름에 조선을 평정하고 4군을 설치했다는 대부분의 기록은 위만조선 내부의 갈등 속에서 위만조선왕 우거右渠가 살해된 시점을 정복시점으로 삼아 한사군의 개설시점으로 설정한 것이었다. 그러나 이 때에는 우거의 대신인 성이成已가 계속 저항하여 왕험성은 아직 함락되지 않은 상태였고 그 후 다시 1년이 지난 원봉 4년(107 BC) 성이가 살해된 뒤에 현토군玄菟郡이 설치되면서 한사군체제가 실질적으로 형성된 것이었다. 따라서 앞서의 논리대로라면 왕험성은 낙랑군과는 관련을 지을 수 없고 왕험성이 함락된 원봉 4년에 개설된 현토군과 관련이 있다는 결과가 도출된다.

먼저 기원전 108년 설치된 낙랑군樂浪郡·진번군眞番郡·임둔군臨屯郡은 왕험성王險城과 관련된 군현이 아니라 투항한 존재들과 관련되었거나 기타 위만조선의 주변 복속세력일 가능성이 높다고 생각된다. 그런데 이미 진번眞番과 임둔臨屯은 위만조선의 팽창과정에서 복속되었던 지역이기 때문에 새로이 추가된 지역이 아닌 기존지역이라고 생각된다. 또한 투항한 장군 왕겹王唊, 상 한음韓陰, 상 노인路人, 니계상 참參 등은 각각 기존의 세력권이 인정되어23) 식읍食邑이 설정된 후국을 배속받았다.24)

---

23) 金翰奎,「衛滿朝鮮關係 中國側史料에 대한 再檢討」(『釜山女大論文集』 8, 1980).

그렇다면 낙랑군 지역이 과연 어느 지역에 설정된 것인지가 문제이다. 낙랑군은 관련속현 가운데 조선현朝鮮縣·패수현浿水縣 등의 존재로 왕험성을 포괄한 위만조선의 핵심지역으로 기왕에 인식되었다. 그러나 앞서 살펴본 바와 같이 낙랑군은 왕험성이 함락되기 1년 전〔즉 언제 함락될지 알 수 없는 시점〕에 설치되었기 때문에 왕험성을 제외한 별도의 지역을 상정해야 된다.

2. 한사군 명칭의 유래와 낙랑군의 위치

한이 위만조선을 정벌하고 설정한 한4군의 명칭은 주지하듯이 낙랑·진번·임둔·현토다. 진번과 임둔은 사료 D①에서 확인되듯이 이미 위만조선에 복속되었던 진번과 임둔의 명칭을 사용한 것이었다.

> D① 會孝惠 高后時 天下初定 遼東太守卽約滿爲外臣 保塞外蠻夷 無使盜邊 諸蠻夷君長 欲入見天子 勿得禁止 以聞 上許之 以故滿得兵威財物侵降其旁小邑 眞番 臨屯 皆來服屬 方數千里.〔『史記』卷一百一十五,『列傳』五十五, 朝鮮列傳〕

문제는 낙랑과 현토인데 종래 이 명칭에 대해서는 뚜렷한 근거가 제시되어 있지 않았다. 현토의 경우 백조고길白鳥庫吉은 십이지수十二支獸의 방위와 관련시켜 낙랑의 동쪽〔兎〕이라는 의미의 명칭으로 이해했고 도엽암길稻葉岩吉은 한무제가 검은 토끼를 상서祥瑞로 했다는 견해

---

24) 趙法鍾,「衛滿朝鮮의 對漢戰爭과 降漢諸侯國의 性格」(『先史와 古代』14, 2000).

가 있으며 이병도李丙燾는 환도丸都와 연결시켜 이해했다.25) 그러나 이는 진번·임둔의 명칭 예를 감안할 때 위만조선에 복속되었던 위만조선의 지명이나 복속 정치세력의 명칭일 가능성이 높다.

또한 한漢에 대항했던 '조선朝鮮'이라는 명칭은 축소 격하시켜 낙랑의 속현명칭으로 사용하고 대신 한에 우호적이었던 존재들의 명칭을 부각하고 위상을 고양하는 방식으로 군현명郡縣名을 부여했다고 생각된다. 이 같은 입장에서 현토玄菟 및 낙랑樂浪과 관련된 다음 사료가 주목된다.

> D②: 自始全燕時 嘗略屬眞番朝鮮.… 索隱如淳云 燕嘗略二國以屬己也 應劭云 玄菟 本眞番國.〔『史記』卷一百一十五,「列傳」第五十五, 朝鮮列傳〕

위의 D② 사료에서는 후한대 사람인 응소應劭가 현토가 본래 진번국眞番國이었다는 중요한 언급을 하고 있다. 이는 현토가 진번에 예속된 지명이거나 '진번방중국眞番傍衆國' 중의 하나였음을 보여준다. 그런데 앞서 강조되었듯이 위만조선을 공략하면서 한은 협조세력에 대한 배려로서 그 명칭을 군명으로 사용했을 것이기 때문에 단순한 지명이 아닌 정치체 명칭이었을 것이고 응소가 말한 대로 '진번국眞番國' 즉 진번지역에 존재한 정치체의 명칭으로 파악된다.

낙랑 또한 이 같은 맥락에서 살펴본다면 역시 진번방중국 중의 한 존재였을 가능성이 크므로 다음 사료는 그 같은 가능성을 확인시켜 주고 있다.

---

25) 李丙燾,「玄菟郡考」(『韓國古代史硏究』, 博英社, 1976).

D③: 王景字仲通 樂浪䛁邯人也 八世祖仲 本琅邪不其人 好道術 明天文 諸
呂作亂 齊哀王襄謀發兵 而數問於仲 及濟北王興居反 欲委兵師仲 仲懼禍
及 乃浮海東奔樂浪山中 因而家焉 父閎 爲郡三老 更始敗 土人 王調殺郡
守劉憲 自稱大將軍 樂浪太守 建武六年 光武遣太守王遵將兵擊之 至遼東
閎與郡決曹史楊邑等 共殺調迎遵 皆封爲列侯 閎獨讓爵 帝奇而徵之 道病卒.
〔『後漢書』卷七十六, 「列傳」 第六十六, 循吏列傳 王景〕

사료 D③에 나타난 내용은 후한 광무제 건무建武 6년(AD 30) 낙랑에서 발생한 왕조王調의 반란을 진압할 때 협조한 왕굉王閎에 대한 기록이다. 사료에서 주목되는 사실은 왕굉王閎의 7대조가 되는 왕중王仲이 본래 낭야琅邪26) 불기인不其人 즉 지금의 산동지역 사람으로 제북왕濟北王 흥거興居의 반란사건에 연루되는 것을 피하여 바다를 건너 동쪽으로 도망와서 낙랑의 산중에서 집안을 이루어 살았다는 내용이다. 이 제북왕濟北王 흥거興居의 반란사건은 전한 문제 3년 즉 기원전 178년 가을의 사건이었다.27) 따라서 위의 사료는 낙랑이라는 지명이 이미 낙랑군樂浪郡이 설정되기 70여 년 전에 존재했음을 보여주는 매우 중요한 사료이다.28)

---

26) 琅邪는 춘추 말 越國의 도성으로 현재 산동 膠南縣 서남이다.
27) "文帝三年秋 天下旱 是歲夏 匈奴右賢王寇侵上郡 詔丞相灌嬰發車騎士八萬五千人詣高奴 擊右賢王走出塞 其秋 濟北王興居反 使大將軍討之 皆伏誅."〔『漢書』, 「志」, 卷27中之上, 五行志 第七中之上〕
28) 樂浪명칭이 기원전 178년에 존재하였음을 알려주는 사료가 『後漢書』라는 사실은 『후한서』 편찬시기에 이미 존재한 낙랑의 명칭을 전대의 사실을 설명하면서 사용했을 가능성도 상정된다. 그러나 사료내용은 보면 이 내용은 후한 明帝시 汴渠건축으로 활약한 낙랑 출신 王景과 관련된 내용을 소개하는 과정에서 언급된 부분으로 王景집안이 대대로 유지한 가문의 전승이나 기록을 바탕으로 이 내용이 소개되었을 가능성이 크다. 그렇다면 처음 망명했던 王仲이 자신의 망명지를 나름대로 선택했을 것이고 중국내 정치적 변화가

또한 이 사료의 내용은 위만조선衛滿朝鮮과 별개로 존재한 낙랑의 존재를 확인시켜주며 낙랑이 한에 의해 새롭게 만들어진 명칭이 아니라는 사실을 보여주는 중요한 내용이다. 즉 왕중王仲이 피난한 곳이 위만조선 지역이었다면 피신지역이 조선朝鮮으로 명기되었어야 한다. 그러나 이미 낙랑樂浪이 존재했기 때문에 '낙랑'이라는 표현이 사용되었으며 특히 이 곳이 중국계 피난민들이 집중된 곳이었을 가능성을 보여주고 있다. 따라서 한사군의 명칭은 기존 위만조선에 포섭되었던 정치적 존재들의 명칭이자 그들의 군현 위치설정 또한 이들의 정치적 영역이 고려되어 설정되었다고 생각된다.29)

한편 이 같은 낙랑의 위치와 성격을 확인케 하는 존재가 위만조선이 한과 '옹알불통擁閼不通'케 하여 관계를 차단했던 '진번방중국眞番傍衆國'이다. 이들은 한의 위만조선 정벌의 대표적 이유였던 경제적 교역의 실제적 대상으로서 한은 일찍부터 이 곳의 물산을 교류하고 있었다.

E①: 夫燕亦勃碣之間 一都會也 南通齊趙 東北邊胡 上谷至遼東 地踔遠 人民希 數被寇 大與趙代俗相類 而民雕捍少慮 有魚鹽棗栗之饒 北鄰烏桓 夫餘 東綰穢貉朝鮮眞番之利.〔『史記』卷一百二十九,「列傳」第六十九, 貨殖列傳〕

낙랑군은 사료에 나타나고 있듯이 한漢과의 교역활동 수행에 적합한 세력에 설치되는 것이 합리적이라고 생각된다. 즉 낙랑군은 위

영향받지 않을 곳을 선택했다고 생각된다. 그런 지리적 상황에 대응되는 곳은 중국의 영향을 상대적으로 바로 받는 위만조선지역보다는 더 내륙지역에 망명했을 것이며 그 곳이 이전부터 망명한 중국계 세력에 의해 형성된 樂浪이었다고 생각된다. 또한 이곳도 앞서 진번·임둔·현토와 마찬가지로 정치체 명칭이었다고 파악된다.
29) 樂浪과 樂浪郡에 대해서는 별고에서 논할 계획임.

만조선이 붕괴된 뒤 기왕의 진번眞番 옆의 여러 정치적 세력들이 한제국과의 교역을 진행함에 있어 중계역할을 수행할 수 있는 '진번眞番 옆의 중국衆國' 가운데 친중국적 존재와 연결되어 설치되었을 가능성이 높다고 생각된다.

한편『설문해자說文解字』에 나타나고 있는 다음 사료들은 이 같은 추정을 확인시켜 주고 있다. 즉『설문해자』어부魚部에서 설명하고 있는 여러 물고기들 가운데 대부분의 경우와는 달리 그 산출지를 밝히는 주기注記가 달려 있는 것 가운데 다음 내용이 주목된다.

鮸 魚名 出 薉邪頭國
魵 魚名 出 薉邪頭國
鱳 魚名 出 樂浪潘國
鮿 魚名 …出 遼東
鯜 魚名 出 樂浪潘國
魚末 魚名 出 樂浪潘國
䲛 魚名 出 樂浪潘國
魦 魚名 出 樂浪潘國
鱺 魚名 出 樂浪潘國
鮮 魚名 出 貉國
鯛 魚名 皮有文 出 樂浪東暆

즉 물고기의 산출지를 표현하는 방법 가운데 예사두국薉邪頭國·낙랑반국樂浪潘國·맥국貉國 등과 같이 '국國'이 붙어 이들이 독립적인 정치체임을 확인시켜 주는 존재와 요동遼東·낙랑동이樂浪東暆 등과 같이 요동군 지역 또는 낙랑군의 동이현東暆縣30)과 같이 군현의 명칭으로 표현한 존재가 명확히 구분되어 있었다. 『설문해자』가 후한 초에 만들어진 것을 감안할 때 이들 기록은 바로 당시의 상황을 기록했기 때문에 군현과 독립적인 존재로 한에 조공을 바친 존재들은 명확히 구분했다고 파악된다. 주목되는 것은 낙랑군의 동이현東暆縣과 대비되는 낙랑반국의 존재이다. 이를 진번과 연결시켜 파악한 견해도 있다.31)

또한 낙랑군에 예속된 주변정치체로 볼 수도 있다. 그러나 앞서 표현된 예사두국薉邪頭國·맥국貉國 등의 표현을 감안할 때 낙랑반국이라는 표현은 낙랑지역의 반국 또는 '낙랑반국樂浪潘國'으로서 적어도 낙랑군과는 별개의 독립적 정치체를 확인시켜 주고 있다. 즉 낙랑으로 표현된 존재는 낙랑군과 함께 낙랑반국 같은 존재가 후한시기에도 병존하고 있었다. 또한 반국이라는 표현은 이것이 진번眞番과 연결되는 표현임을 보여준다.

이 같은 사실은 낙랑과 진번이 밀접한 연결 속에 존재했음을 보여주는 내용이라고 생각된다. 즉 한나라는 기왕의 위만조선이 역할했던 기능 가운데 군사적 외신外臣의 성격은 더 이상 필요치 않게 되어 단순히 한漢과의 교역을 대행할 수 있는 정치적 존재에게 한군현의 명칭을 부여했다고 추정된다. 이 때 그 같은 기능을 수행한 존재가 기왕의 친한적親漢的 성격을 유지했던 세력 즉 한계 유이민 집단이 집중된 지역으로서 이 같은 기능을 수행한 지역에 교역거점의 기능을 부여했다고 생각되며 그 위치는 진번지역과 밀접한 지역에 위치했다

---
30) 『漢書』 卷28下, 「志」 第8下, 地理志 樂浪.
31) 今西龍, 「樂浪郡 位置考」(『朝鮮古史の研究』, 1937).

고 파악된다.

한편 현토군玄菟郡은 기왕의 인식에서는 원봉 3년에 기왕의 위만조선영역에 낙랑·진번·임둔 3군을 설치한 뒤 그 여세로 예맥濊貊의 땅 즉 앞서 원삭 원년(128 BC) 한漢에 내속한 예군남려濊君南閭의 세력에 설치한 창해군蒼海郡 지역으로 이해되고 있다.32) 그러나 앞서 사료검토에서 확인된 것처럼 오히려 현토군이 위만조선의 핵심지역인 왕험성 등과 관련되었을 가능성이 높다고 생각된다. 즉 왕험성王險城을 포함하여 한과의 투쟁에 끝까지 참여한 세력은 위만조선의 핵심적 세력들이 장악한 지역이었을 것이므로 우거대신右渠大臣 성이成巳가 살해되어 마지막 저항세력이 평정된 직후 설치된 현토군玄菟郡은 당연히 왕험성 등 핵심지역을 포함한 지역에 설치되었다고 생각된다.33)

먼저 창해군 관련사료를 보면 다음과 같다.

F①: 彭吳賈滅朝鮮 置滄海之郡 則燕齊之間 靡然發動.〔『史記』卷三十,「書」第八, 平準書〕34)

②: 東夷薉君南閭等口二十八萬人降 爲蒼海郡.〔『漢書』卷六,「本紀」第六, 武帝紀〕

사료 F①과 ②에 나타나고 있듯이 창해군은 창해군滄海郡 또는 창해군蒼海郡으로도 표현되고 있는 데 설치배경은 팽오彭吳와 관련되어 설

---
32) 李丙燾,「玄菟郡考」(『韓國古代史硏究』, 博英社, 1976), 169~176쪽.
33) 이 경우 玄菟郡의 속현인 高句麗縣과 上殷台 西蓋馬가 王險城과 관련된 곳일 가능성이 높다고 생각된다. 종래 玄菟郡의 속현인 고구려현에 대해서는 심도있는 논의가 진행되지 않았다고 생각되는바 이 고구려현의 위치와 성격이 새롭게 파악된다면 보다 구체성 있는 논의가 가능하리라 생각된다.
34) "彭吳穿穢貊 朝鮮 置滄海郡 則燕齊之間 靡然發動."〔『漢書』卷24下,「志」第4下, 食貨志〕

명되기도 하고 예군남려濊君南閭의 내항來降과 관련되어 설명되기도 한다. 기본적으로는 예군남려의 내항이 계기가 되었을 것인바 연제지간 미연발동燕齊之間靡然發動이라는 표현에서 그 위치가 연燕과 제齊가 연결된 지역이라는 점이 주목된다. 그런데 이 곳은 공손홍公孫弘의 주장에서 볼 수 있듯이 한나라에는 큰 부담이 되는 곳으로 정치-경제적인 실익이 없는 곳이기 때문에 곧 폐지된 곳이었다.

> F③: 元朔三年 張歐免 以弘爲御史大夫 是時通西南夷 東置滄海 北築朔方之郡 弘數諫 以爲罷敝中國以奉無用之地 願罷之 於是天子乃使朱買臣等難弘置朔方之便 發十策 弘不得一 弘迺謝曰 山東鄙人 不知其便若是 願罷西南夷 滄海 而專奉朔方 上乃許之.35) [『史記』 卷一百一十二, 「列傳」 第五十二, 平津侯主父列傳]

사료 F③에서 나타나고 있듯이 창해군은 폐중국敝中國의 땅으로 효용성이 없는 지역이었다. 따라서 무제武帝는 공손홍의 주청을 받아들여 군 설치 2년 만인 원삭 3년(126 BC)에 다시 폐지했던 곳이다. 이 같은 지역을 한이 위만조선을 정벌한 뒤에 다시 현토군玄菟郡으로 설정한다는 것은 의미없는 일이었으며 설혹 설정한다 하더라도 차라리 대외적 선포의 의미가 있는 원봉 3년 낙랑 등을 개설할 때 함께하는 것이 합리적이었다고 생각된다. 또한 창해군滄海郡은 한의 무제가 요동동부도위遼東東部都尉로 재편했을 것이라는 견해를 감안할 때36) 더욱

---

35) 동일한 내용이 『漢書』 公孫弘列傳에 수록되어 있다.
　　"爲内史數年 遷御史大夫 時又東置蒼海 北築朔方之郡 弘數諫 以爲罷弊中國以奉無用之地 願罷之 於是上乃使朱買臣等 難置朔方之便 發十策 弘不得一 弘謝曰 山東鄙人 不知其便若是 願罷西南夷 蒼海 專奉朔方 上乃許之."[『漢書』 卷58, 「列傳」 第28, 公孫弘卜式兒寬傳 公孫弘]
36) 권오중, 「고대 요동군의 위치문제시론」,(『길현익교수 정년기념사학논총』, 1996), 76~79쪽.

창해군이 현토군으로 전환되었다고는 볼 수 없다.

　이상에서 살펴보았듯이 한漢이 설치한 4군의 명칭은 모두 기존에 위만조선衛滿朝鮮에 복속되었거나 영향권 안에 있던 정치체의 명칭을 차용한 것이며 특히 낙랑의 경우 그 존재가 기원전 178년경에 이미 존재한 역사체였음을 보여주고 있다. 이 같은 사실은 『삼국사기三國史記』에 나타나고 있는 '낙랑왕 최리崔理'의 실체를 이해할 수 있는 결정적 자료라고 생각된다.37)

3. 위만조선의 항한제후국과 한과의 전쟁

1. 항한제후국의 설치

　『사기史記』에 나타나고 있는 내용은 국명과 제후의 공적내용 그리고 한대의 연호를 표로 정리한 뒤 각 해당시기의 사건상황을 기록하는 방식으로 표를 만들었다. 그런데 여기서 주목되는 사실은 각 국명에 대한 색은索隱의 설명에서 이들의 봉작지가 표시되고 있는데 이는

---

37) 『三國史記』 14, 「高句麗本紀」 2, 大武神王: "十五年… 夏四月 王子好童 遊於沃沮 樂浪王崔理出行 因見之 問曰觀君顏色 非常人 豈非北國神王之子乎遂同歸 以女妻之." 이 사료에서는 大武神王의 아들 好童이 沃沮지역에 가서 樂浪王 崔理를 만나는 상황을 묘사한 내용이다. 주목되는 사실은 樂浪에 王이 존재한다는 것으로서 이 문제는 낙랑이 漢의 郡이 아닌 독자적 정치체로서 존재했음을 보여주는 자료이다.

[표 8] 『한서』 경무소선원성공신표

호시	성명	功狀	호수(戶)	위치
平州侯	王唊	以朝鮮將 漢兵至 降侯	1480	梁父
荻苴侯	韓陶	以朝鮮相將 漢兵圍之 降 侯	540	勃海
澅淸侯	參	以朝鮮尼谿相 使人殺其王 右渠 降 侯	1,000	齊
幾侯	張略	以朝鮮王子 漢兵圍朝鮮降 侯		河東
涅陽康侯	最	以父朝鮮相 路人 漢兵至首先降 道死 子侯		齊

『한서漢書』에 나타난 내용에 근거한 것으로『한서』의 내용이 보다 자세하게 정리되어 있다.38) 여기서는 이들이 봉해진 제후국의 명칭과 위치를 표시한『한서』의 자료를 표로 다시 나타내면 [표 8]과 같다.

『한서』 경무소선원성공신표景武昭宣元成功臣表에서 정리된 항한공신들의 성격에 대해서는 여러 논의가 진행되었다. 특히 이들의 민족적 구성에 관한 논의에서 중국계 이주민 집단의 비중이 부각되어39) 위만조선의 지배계층은 중국계와 토착조선계가 결합된 세력집단으로 파악되고 있다. 따라서 장군 왕겹王唊과 상 노인路人에 대해서는 중국계로 파악하고 있지만 적어도 니계상 참參에 대해서는 토착세력으로 파악하는데 모든 연구자가 동의하고 있다.40) 그런데 주목되는 사실

---

38) 이 지명은 후국의 위치를 나타내는 지명이라는 데는 동의하지만 『한서』 지리지와의 차이 등으로 지명기입의 원칙에 대한 논란이 진행되고 있다.〔紙屋正和,「『漢書』列侯表考證」 上・中・下(『福岡大學人文論叢』 15-2, 1983)〕

한편 이를 列侯가 始封된 이후 다른 곳으로 徙封되었을 때 그 장소를 표시하기 위해 기록한 것으로 파악하기도 한다.〔金秉駿,「前漢 列侯 徙封考 -『漢書』列侯의 末格 郡縣名에 대한 檢討-」(『古代中國의 理解』 4, 서울대 동양사연구실, 1998)〕

39) 三上次男,「古代の西北朝鮮と衛氏朝鮮國家の政治社會的性格」(『古代東アジア史研究』, 1966).
40) 三上次男, 전게서(1966), 10쪽 ; 송호정, 전게서(1999), 243쪽.

은 이들이 제후로 봉해진 후국들의 위치에 대한 내용이다. 『한서』경무소선원성공신표의 관련지역이 니계상 참參이 후侯로 봉해진 회청澅淸은 제齊지역이고 한음韓陰이 후侯로 봉해진 적저荻苴는 발해지역이며 왕겹王唊이 봉해진 평주平州는 태산泰山지역인 양부梁父로 명기되어 있다. 또한 우거왕의 아들인 장강張長降이 봉해진 기幾는 하동河東지역이며 조선상 노인의 아들인 최最가 봉해진 열양涅陽은 제지역으로 나타나고 있다. 이들 지역을 보다 구체적으로 살펴보면41) 회청은 『한서보주漢書補注』에 의하면 『한서』 지리지의 제군齊郡 임치현臨淄縣으로 지금의 산동군 임치臨淄지역에 치수淄水의 지류인 회수澅水가 있어 이 일대가 회청으로 파악되고 있다. 적저荻苴는 발해로 『한서』 지리지의 발해군은 지금의 하북성 창주滄州〔天津〕 남방지역으로 나타나고 있다. 평주平州는 양부梁父로 『한서』 지리지의 태산군泰山郡 양부현은 지금의 산동성 태안泰安지역이다. 장강張降이 봉해진 기幾는 하동지역으로 나타나 있는데 정확한 위치는 알 수 없고 산서성 지역으로 추측된다. 열양涅陽42)은 『한서』 지리지의 남양군南陽郡 열양현으로 지금 하남성 진평鎭平지역으로 이해되어 제지역과는 다른 곳으로 파악되고 있으나43) 사료에

---

41) 천관우, 『고조선사·삼한사』(일조각, 1989), 93쪽. 천관우는 이들 지역이 발해만 일대와 산서성 지역으로 구분되어 존재하는 것에 대해 의문을 표시했으나 심도있는 논증은 진행하지 않았다.

42) 열양후로 봉한 사례는 항우가 여승을 봉한 기사에서 처음 나타나고 있는데 열수의 남쪽이라는 표현이 주목된다.

『史記三家注』,「新校本史記本紀」卷7, 項羽本紀 第7: "項王乃曰:'吾聞漢購我頭千金 六邑萬戶 吾爲若德.' 七乃自刎而死·王翳取其頭 餘騎相蹂踐爭項王 相殺者數十人·最其後 郞中騎楊喜 騎司馬呂馬童 郞中呂勝·楊武各得其一體·五人共會其體 皆是·故分其地爲 五: 封馬童爲中水侯 八封王翳爲杜衍侯 九封楊喜爲赤泉侯 一○封楊武爲吳防侯 一一封呂勝爲涅陽侯·一二" "一二集解徐廣曰:'五人後卒 皆諡壯侯', 索隱地理志南陽縣名, 正義涅, 年結反·括地志云:'涅陽故城在鄧州穰縣東北六十里, 本漢舊縣也·應劭云在涅水之陽.'"

는 제지역으로 나타나고 있다.

그런데 우리의 주목을 끄는 존재는 위만조선의 토착세력 집단으로 파악된 니계상 참參이 봉해진 지역이다. 이 곳은 제齊지역의 임치로 추정되고 있는 데 니계尼谿지역은 춘추시대에 제지역의 지명으로 존재했음이 사료에 나타나고 있다.

> H①: 景公 問政孔子 孔子曰 "君君 臣臣 父父 子子… 他日又復問政 於孔子 孔子曰 "政在節財" 景公說 將欲以尼谿田封孔子.〔『史記』, 「世家」 卷四十七, 孔子世家第十七〕
> ②: 孔某之齊見景公 景公說 欲封之以尼谿 以告晏子・晏子曰: "不可夫儒浩居而自順者也.〔『墨子』 第九卷, 第三十八至第三十九篇 非儒 第三十九篇 非儒下〕

위의 사료에는 춘추시대 제나라의 경공景公(547~490)이 공자孔子(551~479)에게 니계尼谿의 전田을 봉하려 한 사실이 나타나고 있다. 이 때가 공자가 35세 이후의 사실로 기원전 500년경의 상황이었다. 즉 니계지역이 이미 기원전 5세기경 춘추시대에 제나라의 지명으로 존재하고 있었던 것이다. 비록 위만조선과 관련된 지명으로 이 니계가 약 400년 뒤에 전개된 상황에 나타나기는 하지만 지명의 지속성은 충분히 가능하다고 생각된다.

이 같은 사실은 니계상 참參이 후侯로 봉해진 홰청지역이 제지역이라는 『한서』 공신표의 관련지역명이 단순히 이들과 무관한 지역에 설치한 것이 아니었음을 확인시켜 주는 중요한 자료이다. 이 같은 사

---

43) 湼陽은 『사기』 조선전에는 溫陽으로 나타나고 있다. 한편 湼陽과 같은 발음이 나는 列陽이 조선의 위치를 설명하는 지명으로 활용되고 있어 유의된다.
   『山海經校注』, 「海經」 卷7, 海內北經(山海經 第12) 朝鮮: "朝鮮在列陽東 海北山南・列陽屬燕."

실은 위만조선의 정치적 영역의 범위가 현재의 산동반도의 제지역까지 확대될 수도 있다는 점에서 매우 유의된다.

그러나 문제는 이들 지명이 항복한 뒤 설정된 최초 후국侯國의 위치인지 또는 옮겨진 곳의 위치인지의 문제다. 현재 이에 대한 연구성과에 의하면 오히려 사봉徙封된 곳을 나타낼 가능성이 높기 때문에44) 이에 대한 적극적인 해석은 보다 구체적인 검토를 통해 차후 확인해야 될 문제이다.

이상의 사실은 두 가지 가능성을 추측케 한다. 먼저 첫번째의 가능성은 앞서 위만衛滿이 정권을 장악하기에 앞서부터 연燕·제齊·조趙 지역의 수만 명이 준왕시기에 망명했으며 또한 위만시기에도 계속 이들을 흡수하여 방수천리方數千里의 땅을 장악했다는 기록을 감안할 때 이들 지역이 충분히 포섭가능한 지역이라고 생각된다.

두번째의 가능성은 처음에는 지금은 알 수 없는 기존영역에 후국이 설치되었다가 한무제의 제후왕諸侯王견제책의 일환으로 단행된 각 후국 위치조정과정에서『한서』공신표의 지명으로 남게 되었을 가능성이다. 문제는 이 때에도 니계尼谿라는 지명이 참고되었을 가능성인데 이 같은 입장에서 본다면 니계상 참參이라는 표현은 자신의 출신지명을 유지하여 관진명에 표현시킨 것이 되며 그 성격상 토착적 존재가 아닌 친중국적 존재로서 중국과의 화해에 가장 앞장섰던 존재로서의 성격도 일치하는 모습이 있게 된다.

한편 이들 제후국의 규모는 한무제 때 복속된 흉노와 남월 및 조

---

44) 金秉駿,「前漢 列侯 徙封考 -『漢書』列侯의 末格 郡縣名에 대한 檢討-」(『古代中國의 理解』 4, 서울대 동양사연구실, 1998).

[표 9] 『한서』 17, 경무소선원성공신표 5

濕陰定侯昆邪師古曰: '濕音吐合反. 昆音胡 門反.'	以匈奴昆邪王將衆十萬降侯 萬戶	三年七月壬午封 四月薨.	元鼎元年 魏侯蘇嗣 十年 元封五年薨 亡後.			平原

[표 10] 『한서』 17, 경무소선원성공신표 5

湘成侯監居翁	以南越桂林監聞漢兵 破番禺 諭甌駱民四十餘萬降 侯 八百三十戶.	五月壬申封.	侯益昌嗣 五鳳四年坐爲九眞太守 盜使人出買犀·奴婢 臧百萬以上 不道 誅..			堵陽

선의 항한제후에게 사여된 식읍의 내용을 비교해 보면 투항시 함께 내속한 세력 또는 기왕의 세력범위를 추정할 수 있다.

〔표 10〕에 나타난 내용을 보면 흉노의 경우 1/10의 규모로 축소되어 식읍이 하사되었고 남월의 경우 1/480의 규모로 축소되었음을 감안할 때 이들이 사여받은 식읍의 내용이 상당규모의 실제세력을 추정할 수 있게 한다. 따라서 항한제후들이 사여받은 식읍을 단순히 상정해 볼 때 이들이 통치 또는 포섭했던 세력의 규모는 예군남녀의 28만 구 이상의 규모를 각각 확보한 세력이었으며 이는 낙랑군이 포괄한 범위에 개별적으로 대응되는 내용이었다고 생각된다.

2. 위만조선 붕괴 후 한과의 투쟁

『사기』와 『한서』의 공신표에 나타난 위만조선의 항한공신 관련사료 가운데 주목되는 사실은 조선왕자인 장항張降, 그리고 니계상 참參과 관련된 봉후封侯 이후의 사실이다. 즉 기후幾侯로 봉해졌던 우거왕右渠王의 아들 장항張降은 표에 부가된 내용에 의할 때 위만조선 붕괴 이후 3년 뒤인 원봉 6년(105 BC)에 모반사건을 진행하여 죽임을 당한 사실이 기록되어 있다.

> ①: 元封 六年 侯張咯 使朝鮮 謀反 死 國除.〔『史記』,「表」卷二十, 建元以來侯者年表第八〕

이 같은 사실은 우거왕의 아들인 장항張降의 모반은 장기간 한과의 전쟁과정에서 모종의 타협이 이뤄졌고 기왕의 정치적 지위와 영향력 등이 보장되는 협상이 진행되었을 가능성이 높았다고 생각된다. 또 기원전 108년 이후 한의 군현이 설치된 이후에도 지속적인 저항과 군사적 충돌이 유지되었음을 확인시켜 주는 내용이다. 이는 한군현漢郡縣이 설치되고 기왕의 위만조선 영역을 이들 세력이 바로 장악한 것으로 파악되었던 기왕의 인식에 큰 변화가 필요함을 보여주고 있다. 이와 함께 『한서』 공신표에는 니계상 참參이 위만조선이 붕괴된 지 10여 년이 지난 천한天漢 2년(99 BC)에 조선에서 도망온 포로를 숨겨준 사건에 연루되었다가 투옥되어 죽는 사건이 기록되고 있다.

> ②: 天漢二年 坐匿朝鮮亡虜 下獄病死.〔『漢書』,「表」卷十七, 景武昭宣元成功臣表第五〕

사료에 나타나고 있는 '조선망로朝鮮亡虜'라는 표현은 위만조선이 완전히 붕괴된 기원전 107년으로부터 8년이 지난 천한 2년(99 BC)에도 한과의 전투중 잡힌 위만조선의 군대가 존재했음을 보여주고 있다. 즉 이들은 앞서 장항張降의 모반사건과 같은 사건이 이후에도 계속되었고 위만조선이 붕괴된 지 8년 후까지도 지속적으로 한과의 전투가 진행되었음을 보여주고 있다. 또한 한漢에 항복했던 지배세력 집단들이 이들을 보호하고 원조했음을 확인시켜 주고 있다. 이 같은 사실은 현토군玄菟郡이 계속된 토착세력의 공격을 받아 더 이상 과거 설치지역에 존재치 못하고 군의 위치를 옮기고 있는 사실과 연결된다.

⑬: 武帝滅朝鮮 以沃沮地爲玄菟郡·後爲夷貊所侵 徙郡於高句驪西北 更以沃沮爲縣 屬樂浪東部都尉.〔『後漢書』,「列傳」卷八十五, 東夷列傳 第七十五 ＊東沃沮〕

④: 至元封三年 滅朝鮮 分置樂浪·臨屯·玄菟·眞番四郡·三至昭帝始元五年 罷臨屯·眞番 以幷樂浪·玄菟·玄菟復徙居句驪·自單單大領已東 沃沮·濊貊悉屬樂浪.〔『後漢書』,「列傳」卷八十五, 東夷列傳 第七十五 ＊濊〕

즉 사료의 내용은 왕험성王險城을 중심으로 가장 마지막까지 저항했던 세력들이 비록 성이成已로 대표되는 저항세력이 살해되어 잠시 한 군현체계에 포섭되었다 하더라도 계속 핵심거점을 중심으로 한과의 전투를 진행했음을 보여주고 있다.

이후 고구려와의 지속적인 대립의 중심도 현토라는 사실은 기왕의 고조선·위만조선이 대중국 관계에서 차지했던 군사적 갈등양상과 연결된다. 이 같은 사실은 앞서 낙랑군樂浪郡의 성격과 현토군玄菟郡의 성격을 설정함에 있어 낙랑군樂浪郡은 왕험성과는 무관한 후방의 진번眞番 옆의 여러 세력과의 중계무역 거점이고 현토군는 군사적 성격이 강한 왕험성 등과 관련된 존재로 설정한 내용을 확인시켜 주는 사실이라고 생각된다.

4. 맺음말

이상의 검토에서 기왕의 위만조선 관련연구에서 심도있는 검토가 진행되지 않았던 전쟁의 성격과 내용 그리고 『사기』의 건원이내후자연표建元以來侯者年表와 『한서』 경무소선원성공신표景武昭宣元成功臣表의 내용을 검토해 본 결과 종래연구에서 확인하지 못했던 몇 가지 중요한 사실을 확인할 수 있었다.

먼저 한의 위만조선 정벌전쟁은 결과적으로 한의 패배였으며 위만조선 내부의 친한파親漢派의 정권장악과 투항이라는 형식으로 위만조선이 붕괴된 것이었다.

한사군의 명칭은 위만조선에 복속되었던 존재들의 명칭으로 특히 현토玄菟의 경우 진번국眞番國이라는 기록이 있으며 낙랑의 경우 기원전 178년경에 이미 중국계통 유이민 세력집단으로 존재했음이 확인되었다.

또한 위만조선의 도읍인 왕험성 지역에 설치된 것으로 인식되었던 낙랑군은 위만조선의 도읍인 왕험성이 함락되지 않은 상태에서 원봉 3년(108 BC) 6월 우거왕이 살해되고 니계상 참參이 투항한 시점에 개설되었다는 사실이다. 이는 낙랑군의 실체가 위만조선을 완전히 정복한 뒤에 개설하고자 하였던 도상계획圖上計劃일 가능성과 왕험성王險城과는 관계없는 지역에 설치되었을 가능성 등 두 가지가 상정될 수 있다.

그런데 이후 낙랑군의 역사적 계속성은 단순한 도상계획이 아닌 실제적 존재이기 때문에 왕험성이 아닌 별도의 지역에 단지 위만조선을 복속했다는 선언적이고 상징적인 의미를 부각하기 위하여 조선朝鮮·패수浿水 등 관련지명을 포괄하여 설치되었을 가능성이 높다고 생각된다. 그렇다면 구체적으로 어느 지역을 대상으로 했는가가 문제이다. 이 때 설정가능한 지역이 위만조선이 교류를 차단했던 진번방중국眞番傍衆國 지역이라고 생각된다. 즉 한漢의 주된 관심은 이들과의 교역 및 통치체계로의 포섭이었는바 낙랑군은 이들과의 실질적인 교류창구의 역할을 수행하기 위한 군으로서 진번방중국 가운데 하나인 존재였던 낙랑에 개설되었다고 추정해 보았다.

한편 왕험성은 원봉 4년 즉 기원전 107년 3월경에 함락되었고 직후에 현토군이 개설되었기 때문에 종래 우리가 이해했던 것과는 달리 왕험성王險城은 현토군玄菟郡 영역 속에 포함되었을 가능성이 높다고 생각된다. 이 같은 사실은 위만조선 세력들이 복속 후에도 지속적인 저항을 했다는 사실이 나타나고 있는 데 그 같은 저항대상으로 현토군이 부각되었고 결국 수차례에 걸친 군치郡治의 이동이 이 같은 사실을 반영하고 있다고 생각된다. 따라서 위만조선의 공식적인 붕괴는 기원전 107년이었다.

위만조선衛滿朝鮮과 한漢과의 화의를 주도했고 결국 우거왕右渠王과 대신 성이成已 등을 살해하고 한에 투항한 위만조선 지도부는 한에 의해 항한공신제후降漢功臣諸侯로 제수되었다. 그런데 이들이 제수된 제후국諸侯國들의 위치를 나타내고 있는 『한서』 공신표의 지명이 발해만渤海灣 일대에 배치되고 있다는 사실은 이들의 거점지역이 이 일대일 가능성을 상정케 한다.

그러나 이 명칭이 최초봉지가 아닌 옮겨진 사봉지 명칭일 것이라는 견해를 감안하면 발해만 일대까지로의 영역확대 이해는 차후 심도있게 검토해야 할 문제라고 생각된다. 특히 이와 관련하여 주목되는 사실은 니계상 참參과 관련된 사실이다. 종래 이 니계尼谿는 위만조선의 토착지명으로 이해되었는바 니계라는 지역명이 현재의 산동반도 지역에 위치했던 제齊나라의 지명으로 나타나고 있다는 사실이다. 이는 니계상 참의 출신지일 가능성과 실제 통치지역일 가능성 모두가 상정될 수 있다는 점에서 차후 심도있는 논의가 요망되는 문제라고 생각된다.

이와 함께 위만조선 세력은 비록 기원전 107년 한漢에 투항형식으로 붕괴되었지만 잔여세력들이 지속적으로 저항을 하여 우거왕자右渠王子 장항張降은 모반사건을 일으켰고 니계상尼谿相 참參은 붕괴된 지 10여 년이 지난 뒤에 '조선망로朝鮮亡虜' 즉 계속적인 저항과정 속에서 한에 포로가 된 존재들을 후원하고 숨겨주는 사건에 연루되어 하옥되어 병사하는 등 지속적인 저항과 투쟁을 전개했다.

또한 진번眞番·임둔군臨屯郡은 곧 개설된 지 26년 만인 소제昭帝 시원始元 5년(82 BC)에 혁파되어 사실상 존재치도 않았으며 또한 현토군에 대한 강력한 군사적 저항과 공격은 현토군치玄菟郡治가 중국내륙으로 이동하게 되어 결국 한漢의 위만조선 공략은 군사적인 실패와 전투의 지속이라는 상황이 장기간 유지되어 말 그대로 한과 고조선古朝鮮 세력의 장기전 같은 양상이었다.45) 따라서 기원전 2세기 이후 위만조선과 한의 관계는 이 같은 군사적 대립의 지속과 일부 교역거점의 확보라는 관점에서 재정리되어야 한다고 생각된다.46)

---

45) 이 문제는 이미 정인보 선생이 '漢四郡役'이라는 표현으로 강조했다.〔鄭寅普, 『朝鮮史硏究』(서울신문사, 1946)〕
46) 본고는 이상에서 지적한 바와 같이 관련문헌에 대한 재검토를 통해 기왕의 연구에서 부각되지 못했던 문제점을 지적하는 수준에서 논의를 진행했는바 차후 각각의 쟁점에 대한 논의를 보다 심도있게 진행하고자 한다. 선배제현의 많은 질정을 바란다. 한편 王險城과 낙랑군이 관련이 없으며 고구려 환인지역과 연결된다는 견해도 있다.〔金南中, 「衛滿朝鮮의 領域과 王儉城」(『한국고대사연구』 22, 2001)〕

제3장
낙랑군의 성격문제

　고대 한중관계사에서 '낙랑樂浪'문제는 단순한 역사적 존재 이상의 의미로서 우리 역사에서 논의되었다. 위만조선이 전한무제의 동방공략에 의해 와해되고 설치된 낙랑군은 역사적 실체규명보다는 존부문제 또는 위치문제가 중심이 되어 연구가 진행되었다.[47] 또한 이 문제는 근대역사학의 성립과정에서 일본 식민사학의 중요 연구대상이었으며 평양지역의 '낙랑'유적이 발굴되면서 식민사관의 중요논거로 활용되었다. 이 같은 인식은 민족주의 사학으로 대표되는 반대론적 인식이 제기되게 되었고 북한학계에서 고조선요동설과 연결되어 낙랑의 존재를 부정하거나 위치를 요동에서 찾는 인식이 해방 이후 강력히 주장되었다.
　한편 한국학계에서도 1980년대 북한학계의 입장이 소개되면서 이

---

47) 낙랑문제에 대한 전반적인 연구사는 다음 논문이 참고된다.
　조법종, 「낙랑문제평양지역문화에 대한 일본역사학계의 인식검토」,(『송갑호교수 정년퇴임 기념논문집』, 1993) ; 이영훈·오영찬, 「낙랑문화연구의 현황과 과제」,(『낙랑』, 국립중앙박물관, 2001).

같은 입장이 일부 제기되었고 특히 재야사학계에서 고조선 위치문제와 연결되어 낙랑 등 한군현 문제가 논란의 대상으로 되었다. 80년대 후반이후에는 낙랑의 성격을 중국사적 입장과 평양지역 고분문화에 대한 재해석을 통해 다채롭고 심도있는 논의가 진행되어 낙랑군 사회의 실체를 보다 구체적으로 규명하게 되었다.

이 글에서는 이 같은 연구성과를 바탕으로 최근 제기된 쟁점과 함께 낙랑의 성격문제에 초점을 맞추어 논의를 진행하고자 한다.

1. 낙랑의 성격관련 연구사 검토

1. 평양지역 낙랑군의 성격관련 연구

기원전 108년 위만조선 붕괴 후 설치된 낙랑의 역사적 성격에 대한 연구성과는 크게 정치거점설과 교역거점설로 나뉘어 파악되고 있다.[48] 정치거점설은 낙랑군樂浪郡을 한왕조의 정치적 식민지로 파악하는 입장에서 중국사의 관점에서 고대 중국적 세계질서 속에서 한漢의 군현지배의 한 유형으로 파악한 연구이다.[49]

---

48) 이영훈·오영찬, 전게논문(2001), 233쪽. 이하 내용은 위의 연구성과를 참고했음.
49) 栗原朋信, 『上代日本對外關係の硏究』(吉川弘文館, 1978) : 김한규, 『고대 중국적 세계질서

삼상차남三上次男을 중심으로 일본인 학자들은 다수 한인들이 낙랑군 설치 이전부터 존재하다가 낙랑군 지배에 의해 한인관리와 토착한인에 의한 종족적 지배가 이루어졌다고 보았다. 즉 낙랑군은 한인漢人을 지배층으로 하고 토착민을 피지배층으로 하는 이원적 종족구성을 갖는 한의 식민지로 파악했다. 이 같은 견해는 동아시아세계론에 입각하여 낙랑군의 설치는 중국 동북지방에서 한반도에 걸친 민족의 발전을 저해했지만 동아시아 제민족이 고도의 중국문명에 접촉하여 문명화로 가게 되었다는 논리로 연결된다.50) 이는 일본사의 전개과정을 동아시아 시각으로 확대시키기 위한 일본중심의 동아시아 역사인식의 변용으로 이해된다는 점51)에서 유의된다.

한편 낙랑군의 성격을 단순한 한의 식민지가 아닌 경제적 성격을 중심으로 검토한 논의는 교역거점설로 파악될 수 있다.52) 이는 낙랑군의 식민지적 의미를 축소하여 대동강변의 교역거점 한인방漢人坊으로 보거나53) 조계지租界地54)로 보는 견해가 제시되었고 낙랑과 삼한 사이의 교역55) 및 조공무역 등56)을 강조한 입장이 제시되었다. 이는 평양지역의 중국식 문화유물 유적에 대한 설명을 한반도에 존재한 중

연구』(일조각, 1982) : 권오중, 『낙랑군연구』(일조각, 1993).
50) 이성시, 『古代東アジアの民族と國家』(岩波書店, 1998), 2~3쪽.
51) 이영훈·오영찬, 전게논문(2001), 233쪽.
52) 김정배, 『한국사』 2(1998).
53) 리여성, 「대동강반 한식 유적 유물과 〈악랑군치설치에 대하여」(『력사과학』 1955-5).
54) 김원룡, 「삼국시대의 개시에 관한 일고찰 -『삼국사기』와 낙랑군에 대한 재검토-」(『동아문화』 7, 서울대학교 동아문화연구소, 1967).
55) 이현혜, 「삼한의 대외교역체계」(『이기백선생 고희기념 한국사학논총』 상, 1994)〔『한국고대의 생산과 교역』(1998)〕.
56) 윤용구, 「삼한의 조공무역에 대한 일고찰」(『역사학보』 162, 1999).

국인의 상업중심지라는 논리로서 설명했다는 점에서 주목되는 견해이지만 군현지배의 내용과 사회성격에 대한 접근이 없다는 점이 지적되고 있다.57)

낙랑의 성격문제와 관련되어 다음 연구가 주목된다. 먼저 손진태는 낙랑군의 이중적 구조를 강조하여 낙랑국이 낙랑군과 병존했음을 제기했다.58) 권오중은 이를 수용하면서 낙랑군에는 다수의 국읍國邑이 존재했고 낙랑국은 그 가운데의 하나라는 인식을 제기했다.59) 윤용구는 낙랑의 성격문제 이해를 위한 접근방법으로 낙랑지역 고분문화古墳文化에 대한 단순대응식 논의의 문제점을 지적하고 토광목곽묘土壙木槨墓에 대한 검토와 낙랑군에 대한 대규모 주민이주가 없었던 군현정책 등에 대한 검토를 통해 낙랑전기 군현 지배세력을 토착원주민으로 파악했다.60)

한편 고구건이高久建二는 낙랑사회의 구조해명을 위해 낙랑분묘의 편년·계층성·매장주체부에 대한 검토를 진행했다. 이를 통해 낙랑문화는 한문화라는 일반적 인식과는 달리 중국 한묘와 비교할 때 전한 후기에 발생한 전실묘塼室墓가 2세기경 출현하며 3세기까지 목곽묘木槨墓가 유지되는 점과 다실묘 경향과는 달리 목곽이 개조되는 양상 등의 차이를 강조했다. 그리고 본토 파견한인의 귀장歸葬풍습을 감안할 때 낙랑분묘의 피장자는 토착민 관료이며 이는 토착민의 적극적 한문화 수용결과로 설명하고 있다.61) 한편 낙랑 고분문화 분석에 의

---

57) 이영훈·오영찬, 전게논문(2001), 234쪽.
58) 손진태, 『한국민족사개설』(1964), 95~99쪽.
59) 권오중, 『낙랑군연구』(1992), 54~55쪽.
60) 윤용구, 「낙랑전기 군현지배세력의 종족계통과 성격」(『역사학보』 126, 1990).

한 파악과는 달리 서영수는 대외관계사에서 낙랑군의 역사적 성격을 검토했다.62)

　이 같은 연구성과에서 주목되는 점은 한漢의 군현인 낙랑군과 자치적 정치체인 낙랑국樂浪國의 병존성에 대해 관련 연구자들이 동의하고 있다는 점이다. 그리고 위만조선 붕괴 이후 설치된 낙랑군에 의해 '낙랑樂浪'이라는 역사체가 출현했다는 것을 기본전제로 연구자가 논의를 하고 있다는 점이다. 또한 위만조선의 수도 왕험성王險城이 곧 낙랑군의 군치지郡治地였다는 것을 전제로 삼고 있다는 점이 지적될 수 있다. 이 글에서는 이번 장에서는 낙랑의 존재시점과 낙랑국과 낙랑군의 병존성에 대한 인식을 고찰하고자 한다.

2. 『삼국사기』 낙랑에 대한 연구

　한국사에 등장하는 또 하나의 낙랑은 『삼국사기』 백제본기·신라본기에 등장하는 낙랑이다. 이는 주지하듯이 평양지역의 낙랑과는 지리적 위치문제로 그 실체에 대한 논의가 다양하게 진행되었다. 정약용은 『낙랑별고』에서 "평양의 낙랑군 세력이 춘천에 토추土酋를 내세워 분치했는바, 그 뒤에 토추土酋가 춘천을 중심으로 나라를 세워 '낙랑국'이라 하고 다스렸으니 이것이 곧 여기의 최씨낙랑국이요, 그

---

61) 고구건이, 『낙랑고분문화연구』(1995).
62) 서영수, 「대외관계사에서 본 낙랑군」(『사학지』 31, 1998).

유명한 춘천맥국설의 실체"라고 했다.63)

　손진태는 한이 조선을 멸한 뒤 원주민들에게 후속국가인 낙랑국 건립을 인정한 일 증거로서『삼국사기』등에 보이는 낙랑과 고구려, 낙랑과 부여, 낙랑과 신라, 낙랑과 백제 사이의 상호 침공도 이러한 견지에서 이해해야 한다고 했다.64) 김기섭은 낙랑의 25개 현을 이루는 단위가 되었을 소국들이 저마다 주변의 소국들에게 낙랑국 또는 낙랑군국樂浪郡國으로 통했을 가능성이 높다고 보았다. 따라서『삼국사기』의 '동유낙랑 북유말갈東有樂浪 北有靺鞨'에서 낙랑은 춘천방면 낙랑관계 국읍國邑을 지칭한 것으로 보았다.65)

　강종훈은『삼국사기』신라본기 및 백제본기 초기기록에 보이는 낙랑의 실체는 대부분 한강하류에서 성장한 백제와 강원도 북부에서 남하하는 말갈〔예맥〕의 세력에 밀려 3세기 후반 내지 4세기 전반경에 소백산맥 이남으로 분포범위가 축소되는 진한으로 보는 것이 타당하며 진한이 어떤 연유에 의해 낙랑으로 개칭되었다고 보았다. 이 이유는 통일신라시기에 진한=신라라는 인식이 형성됨에 따라 원사료에 나오는 진한의 신라침략 기사를 합리적으로 이해하기 위해『삼국지』에 나오는 진한과 낙랑관련성을 연결지어 낙랑이 진한=신라를 침범한 것으로 기술했다고 보았다. 따라서『삼국사기』상 낙랑은 진한세력에 대한 개서라는 인식이다.66)

---

63) 정약용,『여유당전서』6집 2권,「강역고」2 낙랑별고.
64) 손진태, 전게서.
65) 김기섭,「『삼국사기』「백제본기」에 보이는 말갈과 낙랑의 위치에 대한 재검토」,(『청계사학』8), 17~18쪽.
66) 강종훈,「『삼국사기』초기기록에 보이는 낙랑의 실체」,(『한국고대사연구』110, 1995).

문안식은 고구려 대무신왕대에 멸망시킨 낙랑과 미천왕이 멸망시킨 낙랑은 구별되어야 하며 최리의 낙랑은 후한 건무 6년에 옥저지역의 동부도위가 폐지된 뒤 이 지역 토착세력이 자치상태에서 군현의 상징성을 이용하여 낙랑왕으로 자칭한 것으로 보았다. 또한 백제와 대립했던 낙랑은 평양지역에 위치했던 낙랑군이며 신라와 대립관계에 있던 세력은 군현과 연결되었던 옥저지역 토착세력의 낙랑국으로 보았고[67] 이들 옥저지역 낙랑계 세력들의 남하과정이 신라와 낙랑의 충돌로 묘사된 것으로 보았다.

김태식은 낙랑에 의한 신라의 금성공격, 낙랑국 5천 인의 내투, 탈해가 중국인과의 접촉 등을 연결하여 탈해를 낙랑유민으로 본 견해를 피력했다.[68] 윤선태는 『삼국지』의 진왕辰王을 『삼국사기』의 마한왕馬韓王으로 연결지어 파악하고 245년 위魏의 예맥濊貊토벌과 246년 한韓의 대방군 기이영崎離營 공격이 서로 인과관계가 있음에 주목하여 낙랑군과 한 사이에 놓여진 예맥의 교통로적 성격이 강조된 연구를 진행했다. 즉 염사치 관련설화에 나타난 진한우거수辰韓右渠帥라는 표현은 낙랑군에서 진한에 이르는 교통로가 단단대령單單大嶺을 기준으로 좌우로 양분된 상황을 나타낸 것이며 이 중간에 존재한 예맥 또한 영동예嶺東濊와 영서예嶺西濊로 나뉘어 낙랑의 직접지배를 받는 영서예가 백제에게 낙랑으로 인식되어 『삼국사기』에 언급되었다고 보았다.[69]

이상의 '낙랑'에 대한 이해에서 부각되는 점은 이들 낙랑으로 표

---

67) 문안식, 「『삼국사기』 신라본기에 보이는 낙랑·말갈사료에 관한 검토」,(『전통문화연구』 5, 조선대, 1997).
68) 김태식, 『가야연맹사』(일조각, 1993), 54쪽.
69) 윤선태, 「馬韓의 辰王과 臣濆沽國」(『百濟硏究』 34, 2001).

현된 존재를 낙랑군으로는 보지 않지만 낙랑과 밀접한 관계가 있는 존재라는 점을 기본적인 이해의 근거로 삼고 있다. 그런데 문제가 되는 것은 대부분 연구자들이 낙랑군과의 관련성 속에서 실체를 파악하는 과정에서 낙랑에 의해 통제되는 세력들을 『삼국사기』에 나타난 낙랑으로 인식하여 상대적으로 낙랑의 세력범위와 영향력을 크게 설정하고 있다는 점이다. 이는 낙랑이 상대적으로 그 범위와 영향력의 실체가 작다는 인식과는 배치되는 인식으로 다른 측면에서 이 문제에 대한 접근이 필요하다고 생각된다.

2. 유이민의 고조선 이동과 종족적 성격

1. 유이민의 고조선 이동

사료에 나타나고 있는 고조선 지역으로의 유이민 유입에 대한 내용을 보면 다음과 같다.

A①: 魏略曰 昔箕子之後朝鮮侯 見周衰 燕自尊爲王 欲東略地 朝鮮侯亦自稱爲王 欲興兵逆擊燕以尊周室. 其大夫禮諫之 乃止. 使禮西說燕 燕止之 不攻 後子孫稍驕虐 燕乃遣將秦開攻其西方 取地二千餘里 至滿番汗爲界 朝鮮遂弱.
②: 及秦幷天下 使蒙恬築長城 到遼東. 時朝鮮王否立 畏秦襲之 略服屬秦 不肯朝會.

③: 否死 其子準立. 二十餘年而陳項起 天下亂 燕齊趙民愁苦 稍稍亡往準 準乃置之於西方.
④: 及漢以盧綰爲燕王 朝鮮與燕界於浿水. 及綰反 入匈奴 燕人衛滿亡命 爲胡服 東度浿水 詣準降 說準求居西界 收中國亡命爲朝鮮藩屛. 準信寵之 拜爲博士 賜以圭 封之百里 令守西邊. 滿誘亡黨 衆稍多 乃詐遣人告準 言漢兵十道至 求入宿衛 遂還攻準. 準與滿戰 不敵也.〔『三國志』,「魏書」卷三十, 魏書三十 東夷 韓〕

위 사료에 나타난 한무제의 조선공략 이전 사서에 나타난 대표적인 중국지역 유이민의 이동과 관련된 사항은 역사적으로 몇 단계 기점을 상정해 주고 있다. 이를 시기별로 정리한 내용을 보면 다음과 같다.

A①: 기자동래와 관련된 유이민집단의 존재 및 전국시대 초기 연과의 갈등시기 유이민.
②: 진의 통일 및 장성수축기 망명
　辰韓 耆老自言秦之亡人 避苦役 適韓國.〔『後漢書』,「列傳」卷八十五, 東夷列傳第七十五 三韓〕
③ 진한교체기 망명인 집단
　・否死 其子準立. 二十餘年而陳項起 天下亂 燕齊趙民愁苦 稍稍亡往準 準乃置之於西方.〔『三國志』,「魏書」卷三十,「魏書」卷三十 東夷 韓〕
　・陳勝等起, 天下叛秦 燕齊趙民避地朝鮮數萬口.〔『三國志』,「魏書」卷三十, 魏書三十 東夷 濊〕
④: 한의 이성제후 축출기 망명집단
　・朝鮮王滿者 故燕人也.
　・…燕王盧綰反 入匈奴 滿亡命 聚黨千餘人 魋結蠻夷服而東走出塞 渡浿水 居秦故空地上下鄣, 稍役屬眞番・朝鮮蠻夷及故燕・齊亡命者王之 都王險.〔『史記』,「列傳」卷一百一十五, 朝鮮列傳第五十五〕

・漢初大亂 燕・齊・趙人往避地者數萬口 而燕人衛滿擊破準而自王朝鮮 傳國至孫右渠.〔『後漢書』,「列傳」卷八十五, 東夷列傳第七十五 濊〕

　　이같이 다양한 시기에 걸쳐 다채로운 이유에 의해 이동한 이들 유이민 집단의 성격은 망명자 집단이라는 성격이 기본적 요소로서 한漢과 정치적으로 연결되기는 곤란한 존재였다.70)
　　또한 고고학적 자료에서도 이들 집단의 성격이 중국적 양상과는 거리가 있다. 즉 유이민 집단은 토착세력과 혼재하여 독자적인 문화와 내용을 부각하기보다는 기존 사회체제와 문화에 포용되어 지역문화에 흡수되었음을 알 수 있다.
　　이 같은 사실은 중국사회의 변경에 존재하다 중국내의 다양한 정치적 변화와 불안에 기인한 유이민이 조선의 영역내로 이동했고 이들은 그 같은 개별성과 정치적 상대성에 의해 기존의 토착정치체에 복속되었음을 알 수 있다.

2. 유이민 집단의 종족적 성격

　　한편 이들의 출신지역은 연燕・제齊・조趙 사람들로 나타나고 있다. 특히 많은 비중은 연・제 지역민으로 이들의 종족적 성격은 일반적으로 중국계로 파악되고 있다. 그러나 다음 사료에서는 이들이 정치

---

70) 권오중, 『낙랑군연구』(일조각, 1992), 21~24쪽. 여기서 권오중은 이들을 황제의 일원적 지배에 저항한 任俠집단으로 파악했다.

적으로는 연·제·조 지역민으로 분류될 수 있지만 종족적 성격은 달리 볼 여지가 있음을 보여준다.

> 辰韓在馬韓之東 其耆老傳世 自言古之亡人避秦役來適韓國 馬韓割其東界地與之. 有城柵. 其言語不與馬韓同 名國爲邦 弓爲弧 賊爲寇 行酒爲行觴. 相呼皆爲徒 有似秦人 非但燕齊之名物也. 名樂浪人爲阿殘;東方人名我爲阿 謂樂浪人本其殘餘人. 今有名之爲秦韓者. 始有六國 稍分爲十二國.〔『三國志』,「魏書」卷三十, 魏書三十 東夷 韓〕

사료에 나타난 내용은 진한지역에 존재한 사람들이 스스로를 진역秦役을 피해 온 자들이라는 인식을 갖고 있으며 낙랑인들을 '아잔阿殘'이라 불러 동류의식을 보유하고 있음을 보여주고 있다. 그런데 주목되는 것은 이들의 종족적 성격을 언어적으로 설명하고 있는데 한자 사용방식이 진秦나라 사람들과 비슷하지만 연·제 지역에서 사용하는 것과도 다르다고 설명하고 있다. 특히 '방언'에서 연의 동북지방이 조선과 같은 언어권역으로 나타나고 있는 점과 '논형'에서 요동과 나강의 머리모양이 같은 것으로 인식된 사실[71]은 문화적 동질성을 상정케 한다. 또한 '동방인東方人'이라는 표현으로 이들의 속성을 연결 짓고 있다.

동방인이라는 표현은 중국의 동쪽 지역민이라는 내용으로 사료에 나타난 내용처럼 중국인과 구별되는 존재임을 보여준다.[72] 동방인의

---

71) 윤용구, 전게논문(1989), 32쪽.
72) 동방인의 언어사용의 차이를 나타내는 사료를 보면 다음과 같다.
　『史記』,「列傳」卷89, 張耳陳餘列傳 第29: "李奇曰: '東方人以物揷地皆爲俕."

구체적 종족내용에 대해서는 사료에 따라 동이東夷를 상정하거나73) 산동의 제齊지역을 나타내고 있는바74) 중국계보다는 동이계東夷系일 가능성이 높은 표현이라고 생각된다. 즉 진한辰韓지역으로 이동한 유이민 집단의 기본속성은 진의 통일 및 장성수축기에 중국 동북부 지역에서 이동한 동이계통의 집단도 상당수 포함되었을 가능성이 높다고 생각된다.75)

그리고 그들에 의해 같은 집단으로 파악된 낙랑인들도 기본적 계통이 동이계일 가능성이 높다. 이는 앞서 살펴본 왕경의 선조인 왕중 등의 이동사례와 기타상황에서 많은 중국계 유이민을 상정할 수 있다. 그러나 상대적으로 동이계 집단의 이동비중이 훨씬 높았던 것으로 추정된다. 이 같은 상황은 다음 사료에 나타난 토인土人이라는 표현에서 더욱 구체화된다.

更始敗 土人王調 殺郡守劉憲 自稱大將軍 樂浪太守 建武六年 光武遣太守 王遵將兵擊之·至遼東 閎與郡決曹史楊邑等共殺調迎遵 皆封爲列侯 閎獨讓爵·帝奇而徵之 道病卒.〔『후한서』,「列傳」卷七十六, 循吏列傳第六十六 王景〕

사료에 나타난 '토인土人' 왕조王調의 반란은 낙랑군의 내적 체계가

『漢紀』第38卷,「漢紀」30,「王莽下」6년: "匈奴寇邊甚 莽乃大募天下丁男及死罪囚·吏民奴 名曰豬突·豨勇 以爲銳卒. 服虔曰:豬性觸突人 故以爲諭. 師古曰:東方人名豕曰豨;一曰: 豨 豕走也;音許豈翻."

73) 孔穎達曰:東方曰夷者 風俗通云:東方人好生 萬物觝觸地而出;夷者 觝也."『資治通鑑』, 「漢紀」第33卷, 漢紀 25『孝成皇帝下』綏和二年〕

74) 『漢書』,「列傳」卷99下, 王莽傳 第69下:"或謂莽曰:'城門卒 東方人 不可信.' 莽更發越騎士爲 衛 門置六百人 各一校尉." 왕망의 출신지는 산동반도인 齊北郡 지역이다.

75) 이병도,「위만조선흥망고」(『한국고대사연구』, 1976) : 노태돈,「고조선 중심지의 변천에 대한 연구」(『한국사론』 23, 1990).

완전히 지역 토착세력에 의해 장악된 것으로 주목되는 것은 토인이라는 표현이다.

먼저 토인이라는 존재는 지역민을 통칭하는 표현으로 중국인이 아니라는 표현이다. 즉 한대에 사용된 토인이라는 표현은 중국인이 아닌 존재를 표현하는 것으로 나타나고 있으며 토착적 존재를 의미하고 있다.

> 南粤王趙佗 眞定人也. 秦幷天下 略定揚粤 置桂林南海象郡 以適徙民與粤雜處三 三師古曰 "適讀曰謫 有罪者 徙之於越地 與其土人雜居."〔『漢書』,「列傳」卷九十五, 西南夷兩奧朝鮮傳第六十五 南粤〕

이는 낙랑군에 반기를 든 왕조의 성격을 명시해 주고 있다. 토인이라고 명시한 사실은 그가 중국계가 아닌 지역토착민 출신임을 알 수 있다. 그런데 그가 왕씨王氏로 나타나고 있다. 이는 왕씨토착민 집단에게 사여된 성씨일 가능성이 높다고 생각된다.76) 이는 위만조선의 장군인 왕겹王唊 및 낙랑지역 왕씨王氏를 모두 중국계로 파악하는 인식에 문제가 있음을 보여주고 있다. 따라서 중국 동북지역에서 이동한 유이민 집단은 기본적으로 동이계와 중국계가 혼재되어 있다고 파악된다.

이 같은 상황은 한반도 서북부에 전국시대 만기경에 연국燕國계통의 철기가 유입되고 있는 상황과 연결된다.77) 또한 청천강 이남지역

---

76) 한대 투항한 흉노장군 등에게 이씨성을 사성한 사실과 왕망이 흉노식 명을 포기하게 했던 사실에서 이를 확인할 수 있다.〔『漢書』 94下,「匈奴傳」〕
77) 이남규,「한반도 고대국가 형성기 철제무기의 유입과 보급」(『한국고대사연구』 16, 1999).

의 철제무기의 시대에 대해 낙랑설치 이전의 것으로 보는 견해가 주목된다.78) 그런데 이들 유물의 양상은 상대적으로 그 비중이 약한 내용을 보여주고 있다. 이는 사료에 나타난 전반적 양상과 연결되는 내용이다.

　　　燕人衛滿 魋結夷服 復來王之. 漢武帝伐滅朝鮮 分其地爲四郡. 自是之後 胡
　　　漢稍別.〔『三國志』, 「魏書」 卷三十, 魏書三十 東夷 濊〕

즉 위 사료에 의하면 한무제에 의한 군현설치 이후에 호한초별胡漢稍別했다는 사실은 이전단계까지는 이 같은 구분이 없이 이들은 기존 세력과 공존했음을 알 수 있다.

또한 다수 토착세력에 의해 이들 중국계 세력들이 예속적인 존재로 포섭되었다고 이해된다. 이는 단편적이지만 고구려 유리왕대 사실로 나타나고 있는 치희관련 기록에 '한인지여漢人之女'라는 표현과 비첩婢妾이라는 표현으로 천대하는 인식에서 그 일례를 볼 수 있으

68쪽. 대표적 유적은 평북 위연 용연동 유적이 있다.
78) 이남규, 상게논문(1999), 70~71쪽.
　△ 以前說:- 리순진, 「우리나라 서북지방의 나무곽무덤에 대한 연구」,(『고고민속론문집』8, 1983); 秋山進午, 「樂浪前期の車馬具」(『日本考古學の諸問題』, 1964); 田村晃一, 「樂浪郡の木槨墓」(『三上次男博士頌壽記念東洋史考古學論集』, 1979); 岡内三眞, 「朝鮮における銅劍の始原と終焉」(『考古學論集』, 1982; 谷豊信, 「樂浪土城址出土の土器-樂浪土城硏究その4」(『東京大學文學部考古學硏究室硏究紀要』, 1986; 辛勇旻, 「서북지방 목곽묘에 관한 연구」(『역사고고학지』 8·9, 1991·1992; 朴淳發, 「우리나라 초기철기문화의 전개과정에 대한 약간의 고찰」,(『고고미술사론』 3, 1993); 吳永贊, 「낙랑군의 토착세력 재편과 지배구조」(『한국사론』 35, 1996).
　△ 以後說:- 西谷正, 「朝鮮における土壙墓と初期金屬器文化について」(『考古學硏究』 13-2, 1966); 尹龍九, 「낙랑전기 군현지배세력의 종족계통과 성격」(『역사학보』 126, 1990); 高久健二, 『樂浪古墳文化의 硏究』(1966).

며79) 비슷한 시기 염사치설화에 나타나고 있는 집단노비화된 존재인 '호래戶來'집단과 같은 존재가 이를 보여주고 있다.80) 호래집단의 경우 그들의 성격이 한인집단으로 당시 낙랑군과의 연결성이 명확치 않은 존재로 낙랑군 세력과는 무관했던 한인집단이 낙랑군의 정착 이후 분산되었던 중국계 유이민 집단의 예속적 포용을 상징적으로 나타낸 것으로 이해된다.

한편 이들은 중국과의 경제교류에 중심적 역할을 했으며 나름의 연계관계를 유지했다고 이해된다. 그런데 이 같은 관계가 위만조선의 급성장에 의해 차단되었고 위만조선에 의해 경제교역의 이익이 독점되고 한과의 군사적 충돌위기로 고양되자 이들 기존교역의 중심세력은 축소 및 약화되었다고 이해된다. 이들 유이민의 중심역할은 상인집단이었다. 이 같은 유이민의 위치와 성격을 확인케 하는 존재가 위만조선衛滿朝鮮이 한漢과 '옹알불통擁閼不通'케 하여 관계를 차단했던 '진번방중국眞番傍衆國'이다. 이들은 한의 위만조선 정벌의 대표적 이유였던 경제적 교역의 실제적 대상으로서 중국세력은 일찍부터 이 곳의 물산을 교류하고 있었다.

○夫燕亦勃·碣之閒一都會也·南通齊·趙 東北邊胡·上谷至遼東 地踔遠 人民希 數被寇 大與趙·代俗相類 而民雕捍少慮 有魚鹽棗栗之饒·北鄰烏桓·夫餘 東綰穢貉·朝鮮·眞番之利.[『史記』, 「列傳」 卷一百二十九, 貨殖列傳第六十九]

---

79) "琉璃明王 三年 …冬十月 王妃松氏薨 王更娶二女以繼室 一曰禾姬 川人之女也 一曰雉姬 漢人之女也 二女爭寵 不相和 王於谷造東西二宮 各置之 後王田於箕山 七日不返 二女爭鬪 禾姬 罵雉姬曰 '汝漢家婢妾 何無禮之甚乎' 雉姬慙恨亡歸."[『三國史記』 卷第13, 「高句麗本紀」 第1]
80) 『삼국지』, 「한전」인용 『위략』.

○玄菟 樂浪 武帝時置 皆朝鮮濊貉句驪蠻夷.… 郡初取吏於遼東 吏見民無閉臧 及賈人往者 夜則爲盜 俗稍益薄.〔『漢書』,「志」卷二十八下, 地理志第八下〕

○論曰 : 昔箕子違衰殷之運 避地朝鮮.… 其後遂通接商賈 漸交上國. 而燕人衛滿擾雜其風 於是從而澆異焉.〔『後漢書』,「列傳」卷八十五, 東夷列傳第七十五 倭〕

사료에 나타나고 있는 내용은 중국세력이 조선 및 주변세력과의 관계에서 경제적 교역이 가장 핵심적인 관계내용이었음을 보여주고 있다. 따라서 낙랑樂浪 등 친중국계 유이민 집단들은 한과의 교역활동 수행에 주도적 존재였다. 또한 군사적 성격의 독자적 정치세력화하지 못하고 위만조선 및 기존 토착 정치세력에 예속되어 진번眞番 옆의 여러 정치적 세력들이 한제국과의 교역을 진행함에 있어 중계역할을 수행하는 존재였다고 생각된다.

3. 위만조선 주변 정치세력의 양상

한漢이 위만조선衛滿朝鮮을 정벌하고 설정한 한사군의 명칭은 주지하듯이 낙랑樂浪·진번眞番·임둔臨屯·현토玄菟이다. 그런데 진번과 임둔은 다음 사료에서 확인되듯이 이미 위만조선에 복속되었던 진번과 임둔의 명칭을 사용한 것이었다.

會孝惠·高后時天下初定 遼東太守卽約滿爲外臣 保塞外蠻夷 無使盜邊; 諸蠻夷君長欲入見天子 勿得禁止·以聞 上許之 以故滿得兵威財物侵降其旁小

邑 眞番 臨屯皆來服屬 方數千里.〔『史記』,「列傳」卷一百一十五, 朝鮮列傳第五十五〕

진번이 조선에 복속되었음은 여러 사료에서도 확인해 주고 있다.81) 또한 위만조선에 복속된 존재는 이들뿐만 아니라 다양한 정치체가 다음 사료에 제시되고 있다.

濊北與高句驪·沃沮 南與辰韓接 東窮大海 西至樂浪. 濊及沃沮·句驪 本皆朝鮮之地也.〔『後漢書』,「列傳」卷八十五, 東夷列傳第七十五 濊〕

즉 위의 사료에는 예濊·옥저沃沮·구려句麗가 모두 조선의 땅에 있던 존재임을 보여주고 있다. 이들 존재가 후속적인 존재가 아닌 위만조선 당대의 존재인 것은 예의 경우 예군남려濊君南閭가 우거右渠에 반하여 한漢에 내속한 사실82)에서 확인되며 구려句麗의 경우 현토군의 현으로 이미 고구려로 등장하고 있으며83) 응소는 구려를 '옛구려호'로 표현하여 그 실체를 더욱 구체적으로 보여주고 있다.84) 또한 옥저沃沮의 경우 이를 현토군으로 했다는 기록85)에 의할 때 이들 모두가 이미 위만조선당시에 주변소국의 명칭으로 존재했음을 알 수 있다. 또한

---

81) "燕丹散亂遼閒 滿收其亡民 厥聚海東 以集眞藩 葆塞爲外臣."〔『史記』,「列傳」卷130, 太史公自序 第70〕
   "師古曰 '儋耳本南越地 眞番本朝鮮地, 皆武帝所置也.'"〔『漢書』,「本紀」卷7, 昭帝紀 第7〕
82) "元朔元年 濊君南閭等畔右渠 率二十八萬口詣遼東內屬 武帝以其地爲蒼海郡 數年乃罷."
83) 『漢書』,「志」卷28下, 地理志 第8下: "玄菟郡 武帝元封四年開. 高句驪 莽曰下句驪. 屬幽州. 一戶四萬五千六 口二十二萬一千八百四十五. 縣三 : 高句驪."
84) "玄兎郡 武帝元封四年開.… 縣三 : 高句驪 遼山 遼水所出 西南至遼隊入大遼水. 又有南蘇水 西北經塞外. 二"二應劭曰 : '故句驪胡'"〔『漢書』,「志」卷28下, 地理志 第8下〕
85) 『後漢書』,「列傳」卷85, 東夷列傳 第75 東沃沮: "武帝滅朝鮮 以沃沮地爲玄菟郡."

이들 이외에도 다양한 존재가 위만조선과 정치적 예속 및 경제적 관계가 존재했음을 다음 사료에서 유추할 수 있다.

> 魏略曰初 右渠未破時 朝鮮相歷谿卿以諫右渠不用 東之辰國 時民隨出居者 二千餘戶 亦與朝鮮貢蕃不相往來.〔『三國志』,「魏書」卷三十, 魏書三十 東夷 韓〕

사료에 의하면 조선왕 우거와 갈등을 빚은 역계경이 '진국'으로 간 뒤 조선과 공번이 서로 왕래하지 않았다고 했다. 이는 이들 사이의 관계가 '조공번객朝貢蕃客' 즉 조공을 바치고 사신이 서로 오가는 관계를 유지했다는 것으로 정치-경제적 예속관계가 여러 정치세력과 진행되었음을 보여주고 있다.

그런데 한무제는 위만조선 공략 이후 이들 여러 유력한 정치세력 가운데 진번과 임둔의 명칭은 사용한 반면 조선 등의 명칭은 군명으로 사용치 않고 대신 낙랑과 현토를 사용하여 군명을 제정하고 있다. 그런데 이들 낙랑과 현토의 실체가 조선과 예맥·구려만이로 구성되었음을 보여주고 있다.

> 玄菟 樂浪 武帝時置 皆朝鮮濊貉句驪蠻夷.〔『漢書』,「志」卷二十八下, 地理志第八下〕

따라서 이들 낙랑과 현토의 실체는 기존 위만조선 및 주변 복속정치체들이었다. 문제는 이들 낙랑樂浪과 현토玄菟라는 명칭의 연원이다. 종래 이 명칭에 대해서는 뚜렷한 근거가 제시되어 있지 않았다. 현토의 경우 백조고길白鳥庫吉은 십이지수十二支獸의 방위와 관련시켜 낙랑의 동쪽〔兎〕이라는 의미의 명칭으로 이해했고 도엽암길稻葉岩吉은 한무제가 검은 토끼를 상서祥瑞로 했다는 견해가 있으며 이병도李丙燾는 환도丸都와 연결시켜 이해했다.86) 그러나 이는 진번·임둔의 명칭 예를 감안할 때 위만조선에 복속되었던 위만조선의 지명이나 복속 정치세력의 명칭일 가능성이 높다. 다음 사료는 이를 확인시켜 주고 있다.

○自始全燕時 嘗略屬眞番朝鮮… 索隱如淳云 "燕嘗略二國以屬己也" 應劭云 玄菟 本眞番國.〔『史記』,「列傳」卷一百一十五, 朝鮮列傳 第五十五〕
○玄菟郡 武帝元封四年開. …一 一應劭曰 "故眞番 朝鮮胡國….〔『漢書』,「志」卷二十八下, 地理志第八下〕

위의 사료에서는 후한대 사람인 응소應劭가 『사기』주석에서는 현토가 본래 진번국眞番國이었다는 중요한 언급을 하고 있다. 이는 현토가 진번에 예속된 지명이거나 진번방중국眞番傍衆國 가운데 하나였음을 보여준다. 그런데 『한서』주석에서는 현토군이 고진번 조선호국故眞番朝鮮胡國이라 하여 정치체 명칭일 가능성을 보여주고 있다.

그런데 앞서 강조되었듯이 위만조선을 공략하면서 한漢은 협조세력에 대한 배려로서 그 명칭을 군명으로 사용했을 것이기 때문에 단순한 지명이 아닌 정치체 명칭이었을 것이고 응소가 말한 대로 진번국眞番國의 소규모 정치체 명칭으로 파악된다.

낙랑樂浪 또한 이 같은 맥락에서 살펴본다면 역시 조선에 복속된 번국이거나 진번방중국 가운데 한 존재였을 가능성이 큰바 다음 사료는 그 같은 가능성을 확인시켜 주고 있다.

---

86) 李丙燾,「玄菟郡考」(『韓國古代史硏究』, 博英社, 1976).

○ 王景字仲通 樂浪䛣邯人也 八世祖仲 本琅邪不其人 好道術 明天文 諸呂作
亂 齊哀王襄謀發兵 而數問於仲 及濟北王興居反 欲委兵師仲 仲懼禍及 乃
浮海東奔樂浪山中 因而家焉 父閎 爲郡三老.
○ 更始敗 土人王調 殺郡守劉憲 自稱大將軍 樂浪太守 建武六年 光武遣太守王遵將兵
擊之・至遼東 閎與郡決曹史楊邑等 共殺調迎遵 皆封爲列侯 閎獨讓爵 帝
奇而徵之 道病卒.[『後漢書』,「列傳」卷七十六, 循吏列傳第六十六 王景]

사료에 나타난 내용은 후한 광무제 건무建武 6년(AD 30) 낙랑에서 발생한 왕조王調의 반란을 진압할 때 협조한 왕굉王閎에 대한 기록이다. 사료에서 주목되는 사실은 왕굉王閎의 7대조가 되는 왕중王仲이 본래 낭사 불기인不其人 즉 지금의 산동지역 사람으로 제북왕濟北王 흥거興居의 반란사건에 연루되는 것을 피하여 바다를 건너 동쪽으로 도망와서 '낙랑樂浪의 산중山中'에서 집안을 이루어 살았다는 내용이다. 이 제북왕 흥거의 반란사건은 전한 문제 3년 즉 기원전 178년 가을의 사건이었다.87) 따라서 위 사료는 낙랑樂浪이라는 지명이 이미 낙랑군이 설정되기 70여 년 전에 존재했음을 보여주는 매우 중요한 사료이다.88)

---

87) 『漢書』,「志」卷27中之上, 五行志 第7中之上: "文帝三年秋 天下旱・是歲夏 匈奴右賢王寇侵 上郡 詔丞相灌嬰發車騎士八萬五千人詣高奴 一擊右賢王走出塞・其秋 濟北王興居反 使大將 軍討之 皆伏誅."
88) 낙랑명칭이 기원전 178년에 존재했음을 알려주는 사료가 『後漢書』라는 사실은 『後漢書』 편찬시기에 이미 존재한 낙랑의 명칭을 전대의 사실을 설명하면서 사용했을 가능성도 상정된다. 그러나 사료내용은 보면 이 내용은 후한 明帝시 汴渠건축으로 활약한 낙랑출신 王景과 관련된 내용을 소개하는 과정에서 언급된 부분으로 왕경집안이 대대로 유지한 가문의 전승이나 기록을 바탕으로 이 내용이 소개되었을 가능성이 크다. 그렇다면 처음 망명했던 王仲이 자신의 망명지를 나름대로 선택했을 것이고 중국내 정치적 변화가 영향 받지 않을 곳을 선택했다고 생각된다. 그런 지리적 상황에 대응되는 곳은 중국의 영향을 상대적으로 바로 받는 위만조선 지역보다는 더 내륙지역에 망명했을 것이며 그곳이 이전부터 망명한 중국계 세력에 의해 형성된 낙랑이었다고 생각된다. 또한 이 곳도 앞서

또한 이 사료의 내용은 위만조선과 별개로 존재한 낙랑의 존재를 확인시켜주며 낙랑이 한漢에 의해 새롭게 만들어진 명칭이 아니라는 사실을 보여주는 중요한 내용이다. 즉 왕중王仲이 피난한 곳이 위만조선 지역이었다면 피신지역이 조선 또는 진번·예맥 등으로 명기되었어야 한다. 그러나 이미 낙랑이 존재했기 때문에 '낙랑樂浪'이라는 표현이 사용되었으며 특히 이 곳이 중국계 피난민들이 집중된 곳이었을 가능성을 보여주고 있다.

또한 이 낙랑은 이미 독립적인 '국'으로서 '낙랑국'으로 존재하고 있었다고 이해된다.[89] 따라서 한사군의 명칭은 기존 위만조선에 포섭되었던 정치적 존재들의 명칭이자 그들의 군현郡縣위치 설정 또한 이들의 정치적 영역이 고려되어 설정되었다고 생각된다.

또한 한에 대항했던 '조선朝鮮'·'구려句麗'라는 명칭은 축소 격하시켜 낙랑의 속현명칭으로 사용하고 대신 한에 우호적이었던 낙랑 및 현토 같은 존재들의 명칭을 부각하고 위상을 고양하는 방식으로 군현명을 부여했다고 생각된다.[90] 즉 한나라는 기왕의 위만조선이 역할을 했던 기능 가운데 군사적 외신外臣의 성격은 더 이상 필요치 않게 되어 단순히 한과의 교역을 대행할 수 있는 정치적 존재에게 한군현의 명칭을 부여했다고 추정된다. 이 때 그 같은 기능을 수행한 존재가 기왕의 친한적 성격을 유지했던 세력인 낙랑국樂浪國이었고 한무제는 군현체제를 낙랑국에 부여하고 교역거점의 기능을 강화했다고

진번·임둔·현토와 마찬가지로 정치체 명칭이었다고 파악된다.
89) 이는 앞서 현토를 '眞番胡國'으로 이해하고 있는 내용에서 유추된다.
90) 조법종, 전게논문(2000).

생각된다.

한편 낙랑관련 논의에서 가장 많은 논란이 되었던 것이 『삼국사기』에 존재하는 최리의 낙랑국 문제이다.[91] 이 문제에 대한 여러 논의의 핵심은 낙랑군의 속현 가운데 하나로 보는 입장[92]과 군현과 토착 국읍으로서의 낙랑국의 병존성 상정으로 정리된다.[93] 즉 낙랑군현과는 별개의 존재가능성을 사료에서 보여주고 있다는 점에서 낙랑국의 병존성은 인정되며 특히 그 연원과 성격이 위만조선 당대부터 존재했던 낙랑국에 연결된다고 생각된다.

'낙랑'이라는 존재는 중국계 유이민 집단을 중심으로 형성된 교역 거점적 성격의 집단으로서 위만조선에 복속된 주변 정치세력이었다. 이들은 '낙랑국'으로 인식되는 존재였다. 한무제는 이 낙랑국을 위만조선과 한과의 갈등 및 전쟁을 통해 이루어진 정치적 구도 재편과정에서 과거 위만조선이 수행했던 중계교역 거점으로 설정하고 기존정치세력거점 지역인 낙랑국에 군현제적 편제를 부여했다고 파악된다. 따라서 전한시기 낙랑군의 성격은 토착세력과 연결되어 중국계 유이민 세력이 함께 형성한 낙랑국이 중심이 되어 낙랑군이라는 군현제적 편제가 부여된 존재라고 파악된다. 이 같은 존재가 바로 대무신왕에 의해 붕괴된 낙랑국이었다.

그런데 이 때 붕괴된 낙랑국 및 낙랑군의 체계는 곧 후한 광무제에 의해 복구되고 이후 낙랑군 중심체계로 정립되고 낙랑군에 부응

---

91) 『삼국사기』 14, 「고구려본기」 2, 대무신왕 15년.
92) 이종욱, 『고조선사연구』(1993), 291쪽.
93) 서영수, 「대외관계사에서 본 낙랑군」(『사학지』 31, 1998), 18~19쪽.

하는 양상을 확립했다고 생각된다. 그러나 이 시기에도 앞서 낙랑국 형태의 조직은 상대적 미약해졌지만 존재했다고 생각된다.94)

3. 맺음말

　기원전 108년 위만조선衛滿朝鮮의 붕괴직후 수도인 왕험성王險城에 설치된 것으로 인식되었던 낙랑군樂浪郡 설치관련사료 검토를 통해 위만조선의 붕괴는 1년 후인 기원전 107년이며 따라서 왕험성 함락 1년 전에 설치된 낙랑군은 왕험성이 아닌 다른 곳에 설치되었다는 인식을 제기하여 새로운 이해에 대한 모색을 시도했다. 이 같은 견해는 낙랑군을 비롯하여 한무제漢武帝에 의해 설치된 한군현이 기왕에 존재했던 정치세력집단에 군현체제를 부과한 것에 다름 아니며 특히 낙랑은 친중국적 성향의 동이계 유이민 집단에 의해 구성되었을 가능성과 이 같은 성향에 따라 대중국 중계무역 거점적 성격의 세력으로 존재했을 가능성을 검토했다.
　종래 이들의 성격은 한계로 파악되었으나 '동방인'으로 통칭된 이들의 존재는 기본적으로 동이계로서 결국 이들 정치세력 집단의 핵심세력은 동이계로 통칭되는 예맥한계濊貊韓系였으며 그들 세력중 일부 한계도 포함되어 있었다고 파악된다.

---

94) 서영수, 전게논문(1998).

이와 함께 위만조선 붕괴시 성립된 것으로 이해되었던 '낙랑군樂浪郡' 관련사료 검토를 통해 '낙랑'으로 표현된 역사적 존재가 한사군 성립이전부터 존재했다고 파악했다. 즉 낙랑이라는 존재는 정치체 및 지명적 성격을 공유한 명칭으로 이미 기원전 178년 이전부터 중국에서 이동한 동이계 및 중국계 유이민 세력에 의해 형성된 정치세력이었다고 보았다. 즉 낙랑이라는 존재가 중국 동북지역 및 발해만 연안지역에서 육로와 해로로 한반도 지역으로 중국의 정치적 변동에 따라 축차적으로 유망한 친중국親中國 또는 중국문화에 익숙한 세력집단에 대한 지칭이었을 가능성이 높다고 생각된다.

이들 가운데 일부는 고조선 세력권에 포섭되어 지배층의 일부를 형성했고 위만의 경우 이들을 중심으로 고조선 준왕準王의 왕위를 찬탈했다. 또 일부는 중국과 더 격리되어 있었으나 해로로는 원활하게 연결된 현재의 평양일대에 거점을 형성하여 선진 정치문화 경험과 중국과의 연결성을 바탕으로 국가적 존재로 발전해 '낙랑국樂浪國'으로 존재했다고 파악된다. 또한 이들 유망세력은 중국과의 중계교역의 세력으로 존재했으나 위만조선의 성장으로 위축되었고 위만조선이 한과의 대립 및 전쟁으로 붕괴된 이후 친중국적 성향을 바탕으로 중계교역 거점적 성격이 재강화된 '낙랑군'이 설치되었다.

한편 『삼국사기』의 낙랑은 이들 중국계 유이민 집단중 낙랑군에 포용되지 못했던 일부 유이민집단 가운데 『삼국사기』 원전자료에 '한인漢人' 등으로 표현되었던 존재들이 『삼국사기』 정리단계에서 '중국계 세력'을 대표하는 낙랑이라는 표현으로 조정되어 수록되었다고 파악했다.

이후시기에도 각 지역의 세력에 대한 이해는 중국·왜 등이 주변 정치체에 대한 이해와 동일하게 나타나고 있다는 점이다. 즉 백제와 신라의 경우 주민구성에 있어 각각 고구려 및 신라인·백제인과 함께 중국 및 왜인 함께 포함되어있다.95)

이 같은 사실은 중국·왜로 상정되는 세력이 주변의 세력과 같은 존재로 이해되고 있었음을 알려주는 것으로 중국·왜에 대한 이해가 새롭게 설정될 필요가 있다는 것이다. 즉 한국 고대사회를 구성하는 중심종족 구성과 관련하여 이미 설정된 예·맥·한족으로 대표되는 존재와 함께 한인漢人 및 왜인倭人계통의 존재에 대한 이해가 현실적 차원에서 논의될 필요가 있다고 생각된다. 특히 중국 변경지역 유이민의 경우 종족적 계통 또한 다양하며 정치적 성쇠에 따라 소속주체가 변하는 가변성은 이들의 역사적 귀속대상이 모호할 수 있다. 따라서 이들을 어떻게 인식할 것인가에 대한 기본적 합의 또는 공감대에 입각한 논의가 필요하다고 생각된다.

---

95) "新羅者 其先本辰韓種也… 其人雜有華夏·高麗·百濟之屬兼有沃沮·不耐·韓·濊之地."〔『北史』,「列傳」卷94, 列傳 第82 新羅〕
 "其人雜有新羅·高麗·倭等 亦有中國人."〔『北史』,「列傳」卷94, 列傳 第82, 百濟 牟羅國〕

○ 쉼터 ○

III. 고구려사

○ 쉼터 ○

제1장
고구려의 고조선 계승

1. 고구려 사회의 이원적 시조인식

1. 고구려 주몽집단의 시조인식

고대사회에서 시조왕始祖王은 신의 혈통을 이어받거나 신의 세계와 관련이 있어서 신들과의 교류가 가능한 존재로 알려져 있다. 이러한 시조왕의 성격은 이후 왕들의 권위의 원천이었다. 따라서 이들 건국신화는 천신天神과 조상신祖上神을 제사하는 국가적 제사과정에서 재현되었다.[1]

그런데 고구려 시조신화의 경우 동명東明과 주몽朱蒙이 연계되어

---

1) 최광식, 『고대한국의 국가와 제사』(한길사, 1994), 142~153쪽 : 나희라, 『신라의 국가 및 왕실 조상제사연구』(서울대 박사학위논문, 1999).

백제·신라 등에 존재한 복수적인 시조인식과는 달리 별개의 시조전승 신화를 보여주지 않고 있음이 주목된다. 즉 『삼국사기三國史記』에서는 고구려 건국 이후 시조인식이 주몽 이래로 변화가 없이 지속되었다는 인식체계를 보여주고 있다. 그러나 『삼국지三國志』등 중국사서에 나타난 고구려의 왕족은 연[소]노부涓[消]奴部에서 계루부桂婁部로 왕족집단의 교체가 강조되고 있다. 이는 『삼국사기』기록이 주몽을 시조로 하는 계루부 왕통 이후의 기록이고 이전의 왕통은 생략되었을 것이라는 관점[2]을 감안하면 『삼국사기』에 나타난 시조인식은 고구려 시조신화를 주몽을 정점으로 하는 시조체계로 정착시킨 자료에 근거한 것이고, 그 이전단계의 시조신화는 배제시키고 단지 송양왕과의 대결기사 정도로 처리했기 때문에 이 같은 인식이 나타난 것으로 이해된다.

한편 주몽신화의 경우 4세기 후반 추모왕계鄒牟王系의 전승이 정립되고 태조왕계太祖王系의 전승을 합하여 추모왕을 시조로 하는 일원적인 왕계를 성립시켰으며 추모의 북부여 출자전승도 함께 정립된 것으로 파악되고 있다.[3] 따라서 추모왕을 정점으로 하는 고구려 시조신화는 적어도 몇 개의 전승이 병존한 상태에서 각 정치상황의 변화에 따른 내용상의 변화가 진행되면서 현재 전하는 것과 같은 내용체계가 정착된 것으로 파악된다. 그러므로 서기 4세기경까지는 이 같

---

2) 전미희, 「고구려초기의 왕실교체와 오부」(『박영석교수화갑기념 한국사학논총(상)』, 1992), 170~176쪽.
3) 노태돈, 「주몽의 출자전승과 계루부의 기원」(『한국고대사논총』 5, 1993), 67쪽. 또한 5세기 전반까지는 주몽의 동부여출자설이 형성되지 않았거나 적어도 고구려 사회에서 유력한 전승이 되지 못했다고 파악되고 있다.

은 몇 개의 시조전승이 존재했을 가능성이 높다고 생각된다. 즉 고구려는 건국 초기에 이미 다양한 족단族團의 시조전승을 유지하고 있었다.4) 이 같은 전승 가운데 전왕족인 소노부消奴部의 시조전승도 존재했을 것이며 그 잔영이 바로 동명왕편에 인용된 『구삼국사舊三國史』에 나타나고 있는 송양왕松讓王 관련기사로 나타나고 있다. 이 같은 시조인식의 병존성은 고구려 초기 종묘宗廟의 이원성에 의해서도 확인된다. 고구려의 시조 및 종묘에 대한 사료를 보면 다음과 같다.

A①: 涓奴部本國主 今雖不爲王 適統大人 得稱古雛加 亦得立宗廟・靈星・社稷.〔『三國志』 30, 「魏書」 30, 烏丸鮮卑東夷傳30 高句麗〕

『삼국지』에서 소노부〔연노부〕의 독자적 종묘를 언급한 사료〔A①〕을 감안할 때 국가적인 종묘도 존재했다고 이해된다. 한편 『삼국사기』에서는 동천왕 21년(247) 종묘와 사직을 환도성이 훼파되었기 때문에 평양성을 새로 쌓고 묘사를 옮기었다는 것이 종묘관련 첫 자료이다.5)

A②: 二十一年 春二月 王以丸都城經亂 不可復都 築平壤城 移民及廟社 平壤者本仙人王儉之宅也 或云王之都王儉.〔『三國史記』 권17, 「高句麗本紀」 5 東川王〕

또한 고국양왕 9년 3월 국사를 세우고 종묘를 수리했다는 기사가 나타나고 있다.

---

4) 서영대, 「고구려 귀족가문의 족조전승」,(『한국고대사연구』 8, 1995), 163~170쪽.
5) 또한 태조왕 즉위년조의 사직관련 기사가 나타나고 있으나 이는 국가를 상징하는 의례적 표현으로 실제사직과는 관계없는 표현임.

A③: 三月下敎 崇信佛法求福 命有司立國社修宗廟.[『三國史記』권18, 「高句麗本紀」6, 故國壤王]

    기왕의 연구는 A③기사가 중심이 되어 진행되었다. 먼저 이 기사를 계루부만의 종묘와 사직을 국가적 차원의 것으로 격상시키면서 계루부 출신의 초대왕에게 태조라는 묘호를 올린 것[6]으로 파악했고 국사國社의 건립은 계루부와 소노부의 이원적 사직을 하나로 통합했음을 의미하며 종묘의 수리는 고구려의 종묘제가 태조왕 중심에서 동명왕 중심으로 바뀌었음을 의미한다[7]고 보았다. 이는 계루부의 시조를 누구로 보는가에 대한 논란은 있지만 계루부와 소노부의 시조 및 사직에 대한 제사체계가 이원적으로 존재했다는 사실을 전제한 인식임을 알 수 있다. 따라서 고국양왕대에 유교·불교 수용에 따른 국가적 제사체계에 대한 정비가 진행되었으며[8] 그 중심내용은 추모를 시조로 하는 계루부의 인식이 국가적으로 정비된 것으로 이해된다.

    결국 4세기 말 고구려의 제사체계가 정비되면서 고구려 귀족가문의 족조전승 및 이를 뒷받침하는 제사체계가 왕실을 중심으로 일단 정비되었다고 이해된다.[9] 이는 기왕의 소노부 시조 인식체계가 상대적으로 급속히 약해지는 상황임을 보여주는 것이다.

    이 같은 상황에서 고구려 초기의 국가구성 및 왕족에 대한 사료를 보면 다음과 같다.

---

6) 노명호, 「백제의 동명신화와 동명묘」,(『역사학연구』 10, 1981), 75~76쪽.
7) 조인성, 「4·5세기 고구려 왕실의 세계인식 변화」,(『한국고대사연구』 4, 1991), 74쪽.
8) 조법종, 「광개토왕릉비문에 나타난 수묘제연구-수묘인의 편제와 성격을 중심으로-」(『한국고대사연구』 8, 1995), 199쪽.
9) 서영대, 앞의 논문(1995), 180쪽.

B①: 凡有五族 有消奴部 絶奴部 順奴部 灌奴部 桂婁部 本消奴部爲王 稍微
弱 後桂婁部代之.〔『後漢書』卷85,「東夷列傳」75, 高句麗〕
②: 本有五族 有涓奴部 絶奴部 順奴部 灌奴部 桂婁部 本涓奴部爲王 稍微
弱 今桂婁部代之.〔『三國志』卷30, 魏書」30, 烏丸鮮卑東夷傳30 高句麗〕

상기한 『후한서』・『삼국지』 등 중국사료에 나타난 초기 고구려 관련기사에서 주목되는 사실은 고구려 왕계의 변화이다. 즉 고구려를 구성하는 5부 가운데 왕족인 계루부桂婁部와 전왕족으로 연[소]노부涓[消]奴部가 함께 언급되고 있으며 이 같은 왕실교체 문제에 대해서는 동명왕대설과 태조왕대설10) 등이 존재하는 데 소노부는 송양왕松讓王의 비류국沸流國으로 연결지어 파악되고 있다.11) 즉 전왕조인 비류국의 송양왕 세력으로 대표된 소노부 집단이 원고구려를 구성한 이후 부여계통의 계루부 세력이 국가주도권을 장악하여 이후 왕족으로서 등장한 것으로 이해되고 있다. 그리고 적어도 『삼국지』 등이 편찬된 3세기 시점까지도 전왕족인 소노부의 정치적 독립성이 사료에 잘 나타나고 있다.

---

10) 김철준, 『한국고대사회연구』, 1975), 117~126쪽 : 김용선, 「고구려유리왕고」, (『역사학보』 94·95, 1982). 여기서는 고구려왕실이 解氏王姓인 涓(消)奴部에서 태조왕의 高氏인 桂婁部로 변화되었다고 보았다.
11) 한편 전미희는 『삼국지』에 나오는 새로운 왕족인 桂婁部를 『삼국사기』의 沸流部로 이해하고, 전왕족인 涓奴部를 消奴部로 파악하는 것에 반대하고, 『삼국사기』의 掾那部로 보았다. 또한 이 涓奴部는 기원전 2세기경 이미 존재하고 있다가 조선의 멸망 이후 현토군의 속현인 고구려현으로 편입되고 한과의 관계를 주도한 존재로 파악하는 견해를 제시했다.〔전미희, 앞의 논문(1992), 169쪽〕 이 같은 이해는 필자가 전왕족 소노부=비류국의 송양왕 세력으로 이해하는 견해와는 배치되지만 『삼국지』 등에 언급된 고구려의 왕실교체가 『삼국사기』에는 언급되지 않고 있음에 착목한 견해로서 주몽집단 이전에 존재한 고구려의 존재를 강조했다는 점에서 주목된다.

B③: 涓奴部本國主 今雖不爲王 適統大人 得稱古雛加 亦得立宗廟 祠靈星社稷.〔『三國志』30,「魏書」30, 烏丸鮮卑東夷傳30 高句麗〕

즉 사료 B③에 나타나고 있듯이 소노부〔연노부〕는 비록 왕족은 아니지만 적통대인이 고추가古鄒加 칭호를 쓰고 있으며 특히 종묘와 영성·사직에 대한 독립적인 제사권祭祀權을 인정받고 있었다. 이 같은 상황을 보다 일반화한 사료가 다음과 같다.

B④: 其俗節食 好治宮室 於所居之左右立大屋 祭鬼神 又祀靈星·社稷.〔『三國志』30,「魏書」30, 烏丸鮮卑東夷傳30 高句麗〕

즉 사료 B③과 ④를 비교해 보면 입종묘立宗廟-사영성祠靈星·사직社稷의 내용과 제귀신祭鬼神-사령성祀靈星·사직社稷이 동일한 양상에 대한 설명임을 보여주고 있다. 따라서 사료 B③에서 언급하고 있는 종묘를 세워 제사지내는 대상이 중국인들에게는 귀신에게 제사지내는 양상으로 인식되었을 가능성이 높다고 생각된다. 즉 고구려에서 행한 조상신을 모신 종묘제사를 중국인들은 귀신에 대한 제사 또는 음사淫祠로 이해하여 표현했음이 다음의 사료에서 확인된다.

B⑤: 神佛法 敬鬼神 多淫祠 有神廟二所 一曰夫餘神…..〔『北史』卷94,「列傳」82, 高句麗〕

⑥: 其俗多淫祠 祀靈星神 日神 可汗神 箕子神 國城東有大穴 名隧神 蓋十月 王者祭之.〔『舊唐書』卷199上,「列傳」149上, 高麗〕

즉 소노부에서 진행한 종묘제사의 경우 자체적인 시조신에 대한 제사권을 유지하여 제사드린 것이며 그 내용이 이미 국가적 체제 속에서 진행되고 있는 내용과는 다른 것으로 '음사淫祠'로 이해된 대상 가운데 하나였다고 생각된다.12)

여기서 소노부가 별도로 유지한 종묘에서 모신 신격이 과연 어떠한 존재인가가 우리의 관심을 끌게 된다. 이는 적어도 계루부의 시조신인 동명=주몽신과는 구별되는 것이며 같은 계통인 일신·영성신 및 중국의 사직·기자신·하백과 연결되는 수혈신隧穴神 등과는 다른 별개의 신격을 상정케 된다.

2. 비류국 송양집단의 시조인식

『삼국사기』고구려본기와는 달리『동국이상국집東國李相國集』의 '동명왕편東明王篇'에 인용된『구삼국사舊三國史』내용에는 고구려 건국초기 비류국沸流國의 송양왕松讓王과 주몽朱蒙 사이의 분쟁이 상세하게 묘사되어 있다. 먼저 비류국의 송양왕은 소노부消奴部의 수장13)으로서『삼국사기』에는 송양국으로도 나타나고 있다.14) 따라서 송양은 인명이

---

12) 한편 可汗神이 檀君일 가능성도 제시되었다.〔한영우,「고려와 조선전기의 기자조선」,『조선전기사회연구』, 1983), 232쪽〕可汗이라는 말은 연연·돌궐 등의 군주의 칭호로서 몽고어로는 王의 뜻이다. 이 말은『晉書』土谷渾條에 보이지만 이는 후대의 추기로 이해되고 실제로는 蠕蠕의 사류〔豆伐可汗〕이 첫 칭호였다.〔『大漢和辭典』2, 3244쪽〕
13) 李丙燾,「高句麗國號考」(서울대논문집 3, 1956)〔『韓國古代史研究』(박영사, 1976)〕, 359~360쪽.『구삼국사』에 나타나고 있는 松讓王은 소노부의 장을 뜻하며 주몽과 송양 사이의 대결은 고구려연맹체 내에서의 소노부와 계루부간의 주도권 교체를 압축해 상징적으로 설화화한 것으로 보았다.

라기보다는 지역정치체 이름으로 이해된다.15) 한편 『구삼국사』내용 가운데 주몽과 송양의 대립구도 내에서 가장 주목되는 부분이 서로의 계통성을 강조하는 부분이다. 관련사료를 보면 다음과 같다.

> C①: 沸流王松讓出獵 見王容貌非常 引而與坐曰 僻在海隅 未曾得見君子 今日邂逅 何其幸乎 君是何人 從何而至 王曰 寡人 天帝之孫 西國之王也 敢問君王繼誰之後 讓曰 予是仙人之後 累世爲王 今地方至小 不可分爲兩王 君造國日淺 爲我附庸可乎 王曰 寡人 繼天之後 今主非神之冑 強號爲王 若不歸我 天必殛之 松讓以王累稱天孫 內自懷疑 欲試其才 乃曰願與王射矣 以畫鹿置百步內射之 其矢不入鹿臍 猶如倒手 王使人以玉指環 於百步之外射之 破如瓦解 松讓大驚云云.〔『東國李相國集』卷3,「東明王篇」〕

사료 C①에 나타난 내용은 주몽과 송양이 서로 왕위를 다투는 내용인데 주몽과 송양이 서로의 왕계를 천제지손天帝之孫과 선인지후仙人之後로 대별하여 강조하고 있는 내용이다. 한국 고대의 시조신화는 모두 천손의식天孫意識을 강조하고 있다.16) 그런데 송양왕의 시조인식은 천손과는 거리가 있는 '선인지손仙人之孫'을 강조하고 있다. 즉 송양의 선인의식은 주몽의 천손의식과 배치되는 다른 계통의 시조인식이었

---

14) 『三國史記』卷37, 雜志6, 地理 三國有名未詳地分 '松讓國'.
15) 즉 松讓이라는 표현에서 讓=壤은 消奴에서 땅을 의미하는 奴=內=那과 연결되며 松은 음상사로 消와 연결되고 있다. 한편 沸流國이라는 명칭은 주지하듯이 백제 건국시조인 溫祚와 沸流라는 인명으로도 나타나고 있다. 이같이 國名과 王名이 혼용되는 사례를 감안할 때 송양 명칭도 정치체 명칭일 가능성 높다.
16) 노명호,「백제의 동명신화와 동명묘」,(『역사학연구』10, 전남대 사학과, 1981) : 정경희,「동명형설화와 고대사회」,(『역사학보』98, 1983) : 나희라,「신라초기 왕의 성격과 제사」,(『한국사론』23, 서울대 국사학과, 1990) : 최광식,『고대한국의 국가와 제사』(한길사, 1994).

다. 바로 이 같은 대립적 구도에서 소노부의 시조신화의 기본축은 선인仙人으로 상징되는 시조신화를 보유했음을 알 수 있다.

고구려와 관련되어 나타나는 선인仙人표현17) 가운데『삼국사기』에서 확인할 수 있는 유일한 단군관련 사료로 언급되는 것은『삼국사기』고구려본기 동천왕조의 '선인왕검仙人王儉' 기사이다.

C①: 二十一年 春二月 ㉮ 王以丸都城經亂 不可復都 築平壤城 移民及廟社 ㉯ 平壤者本仙人王儉之宅也 或云王之都王儉.〔『三國史記』卷17,「高句麗本紀」5, 東川王〕

위의『삼국사기』의 선인왕검仙人王儉은『삼국유사』의 단군왕검壇君王儉과 연결되는 존재로 파악된다.18) 그런데 앞서 논의한『구삼국사』의 선인과 단군을 연결시키는 인식은 이미 고려시대에 제시되었다.

C③ ㉮ 各自稱國相侵凌 數餘七十何足徵 於中何者是大國 先以扶餘 沸流稱.

---

17) 고구려와 관련되어 나타나는 선인·선 관련 표현은 삼국지의 관직명으로 나타난 仙人, 덕흥리 벽화의 仙人, 매산리수렵의 仙寬 등이 있다.〔東潮, 앞의 책, 279쪽〕덕흥리벽화고분 및 매산리수렵총에 나타나고 있는 仙관련 표현은 玉女와 함께 도교적인 내용으로 낙랑·대방군 지역의 역사적인 상황을 감안할 때 이 지역에서 중국의 여러 가지 문물의 등장은 당시의 정치·사회상과도 상당한 연관을 맺고 있었던 데서 기인한 것이라 여겨진다. 그것은 前漢 및 後漢의 중국문화가 樂浪郡을 통하여 이 지역에 거의 시차없이 그대로 전달되었던 사실을 통하여〔全虎兌,「5세기 高句麗古墳壁畵에 나타난 佛敎의 來世觀」,『한국사론』21, 1989), 53~54쪽〕유추해 볼 수가 있는 것이다. 이 시기 벽화고분의 제재중에 중국문물의 유입과 관련하여 생각해 볼 수가 있는 구체적인 자료는 상당수 지적되고 있다.〔강현숙,「고구려봉토석실분의 변천에 관하여」,(『한국고고학보』31, 1994) : 全虎兌,「고구려고분벽화연구-내세관표현을 중심으로-」(서울대 박사학위논문, 1997)〕따라서 이 지역에 나타난 선인은 중국적 선인관념의 표현으로 파악되어 논의 대상에서 제외한다.

또한 고구려 관직명으로 등장하는 仙人은『周書』·『北史』에는 선인으로 나와 있지만『삼국지』등에는 선인으로 나타나고 있어 논의하고자 하는 선인에서는 일단 제외코자 한다.
18) 이병도 역주,『역주 삼국사기』(1977), 267쪽.

㉔ 東明本紀曰 沸流王松讓謂曰 予以仙人之後 累世爲王 今君造國日淺. 爲我附庸可乎. ㉕ 則此亦疑檀君之後也.〔『帝王韻紀(下)』, 東國君王年代〕

사료 C③은 이승휴李承休의 『제왕운기帝王韻紀』에 나타난 비류국 송양왕에 대한 부분으로 ㉓부분은 운문체로 읊은 본문이고 ㉔부분은 『구삼국사』의 동명본기를 인용한 부분이다. ㉕부분은 이승휴 개인의 생각으로 "이 또한 단군의 후손이 아니겠는가?"라고 하여 송양왕이 단군의 후예일 가능성을 제시했다. 이는 선인과 단군을 동일한 의미로 파악한 견해로서 단군인식이 고구려 건국초기로 상승할 수 있는 견해를 제시했다는 점에서 주목된다.19)

한편 중국사에서 나타나고 있는 선仙에 대한 설명을 보면 이는 신선도神仙道와 연결된 표현으로 도교道敎로 체계화된 용어였다. '선仙'자의 고자는 '선僊'으로서 후한 말 위초에 종래 '선僊'자에 대신하여 새로이 '선仙'자가 나타나고 있다. 그 의미는 "늙어서 죽지 않는 것을 '선'이라고 한다. 선仙이라는 것은 천遷한다는 것으로 옮겨져 산山으로 들어간다는 것이다. 그러므로 그 자를 만들 때에 '인人'자 옆에 '산山'자를 쓴다"20)고 설명되고 있다.

또한 『사기』 봉선서封禪書에서는 천상세계에 머물렀던 신선神僊이 심산유곡에서 도술을 수행하는 존재로서 '선인仙人'을 설명하고 있어 천공天空보다도 지상의 산악山岳을 중시하는 의미로서의 '선仙'의미를 보여주고 있다.21) 따라서 선인의 의미는 산악에서 불노장생하는 존

---

19) 박경철, 「고구려의 국가형성연구」(고려대 박사논문, 1996). 여기서 박경철은 소노부가 고조선계일 가능성을 언급했다.
20) 劉熙, 『釋名』, 「釋長幼編」.

재를 지칭하는 표현임을 알 수 있다.22)

이 같은 사실은 단군의 성격과 상당히 유사함을 보여주고 있다. 즉 천제자天帝子 환웅桓雄과 결합한 산신적 성격의 웅녀熊女 사이에서 태어난 단군왕검壇君王儉이 나중에 아사달阿斯達 산신이 되었다는 사실23)은 바로 선인의 이미지와 연결되며 이 같은 성격 때문에 단군의 성격을 선인으로 이해하는 것이 자연스럽다고 이해된다. 또한 후대의 사실이지만 산신인 악신岳神이 거느린 시종이 '선자仙子'로 표현되고 있는 것도 이와 연결된다.24) 그리고 후대에도 '선仙'이라는 글자가 종종 다양한 신격에 부회되고 있음을 감안할 때25) 선인仙人이라는 표현은 구체화되지 않은 여러 신격에 대한 범칭적 성격과 특히 산신적 성격의 존재에 대한 표현임을 알 수 있다. 따라서 단군壇君이라는 신성한 존재를 선인으로 표현한 것으로 이해된다.

이 같은 사실은 『구삼국사』에서 송양松讓이 자처한 선인지후仙人之後의 선인이 단군과 연결된다는 사실을 더욱 확인시켜 주는 것으로 특히 주몽朱蒙은 천손을 자처했고 사후에는 승천한 사실은 천신天神과 산신山神의 성격을 대비시켜 보여준 대표적인 모습이었다.

한편 사료 C②의 내용은 두 부분으로 나뉜다. 우선 ㉮ 관구검의 침

---

21) 福永光司, 『道敎思想史硏究』(岩波書店, 1987), 480~481쪽.
22) 조법종, 「화랑관련 용어의 검토-중국의 신선사상과의 관련성을 중심으로-」(『화랑의 신연구』, 경상북도, 1995), 422쪽.
23) "壇君乃移於藏唐京 後還隱於阿斯達爲山神 壽一千九百八歲"[『三國遺事』 권1, 「紀異」 1, 古朝鮮]
24) 『三國遺事』 권4, 「義解」 5, 心地繼祖.
25) 부처를 金仙으로 표현하는 등의 예에서 仙은 이 같은 신격의 일반적 표현으로 활용되었다.

입에 의해 훼파된 환도성을 대신하여 동천왕이 평양성을 쌓고 백성과 묘사廟社〔宗廟·社稷〕을 옮겼다는 사실과 ㉯ 평양은 선인왕검의 터전이며 왕의 도읍을 왕검王儉이라고도 한다는 설명으로 나타나고 있다.

우선 문제가 되는 것은 ㉯부분의 성격으로 이는 본문이 아닌 분주分註로 파악되고 있다.26) 그러나 사료의 표현은 분명히 본문으로 되어 있으며 단지 설명형이라는 이유 외에는 이를 분주로 파악해야 할 이유가 없다고 생각된다. 우선 본문으로 볼 경우 이 같은 인식은 적어도 『삼국사기』의 저본으로 활용된 『구삼국사』 또는 고구려 당대의 인식일 가능성이 높다. 분주일 경우는 김부식 당대 즉 고려시대의 인식으로 이해된다.

그런데 두 가능성에 공통된 전제인식은 1) 선인왕검이라는 존재를 김부식이 인식하고 있었으며 2) 동천왕이 종묘와 사직을 '평양平壤'으로 옮기게 된 역사적 배경 또는 근거로서 선인왕검이 관련되고 있는 것이다. 즉 동천왕東川王이 종묘와 사직을 이 곳으로 옮긴 이유가 평양이 예로부터 선인왕검의 터전이었기 때문에 '평양'이라는 지역의 내력을 밝혀줌으로써 이 같은 조치가 역사성과 근거를 갖고 있다는 것을 표현한 것으로 이해된다. 즉 가장 빠른 시점으로는 고구려 당대를 상한으로 가장 늦게는 김부식의 찬술시점을 하한으로 평양과 선인왕검이 연결되고 있었다. 그렇다면 선인왕검과 연결되는 평양이 어느 곳인가가 문제이다. 이를 자강도 강계지방으로 보거나27) 현재의 평양으로 파악하기도 한다.28)

---

26) 李丙燾 譯註, 『譯註 三國史記』(1977), 267쪽.
27) 李丙燾, 「高句麗東皇城考」(『東國史學』 4, 1956)〔『韓國古代史研究』(博英社, 1976)〕, 370~373쪽.

그러나 중국학계에서는 국내성을 산성자산성山城子山城으로 보고 이 때 쌓은 평양성을 집안현성集安縣城으로 보고 있다.29) 당시 상황을 감안할 때 이 때의 평양성이 현재의 평양성일 가능성은 일단 미약하다고 생각된다.30) 따라서 이 기사는 평양에 대한 선인왕검인식이 고구려 당대의 것이든31) 고려시대의 인식이든32) 관계없이 종묘와 사직이라는 종교적 신성체를 모신 사당을 이동함에 있어 과거 '선인왕검지택仙人王儉之宅〔선인왕검의 집〕'이라는 평양으로 옮기는 것이 역사적 명분을 갖는다는 것을 보여주는 기사로 파악된다.

필자는 이 때 평양平壤의 위치를 좀더 구체화하여 살필 필요가 있다고 생각된다. 즉 동천왕東川王이 관구검毌丘儉의 공격을 받아 피난한 뒤에 돌아와 환도성丸都城이 대파된 상황에서 평양성을 쌓고 백성과 묘사廟社를 옮겼다는 곳은 환도성에서 멀지 않고 방어기능도 염두에 둔 지역이라고 생각된다. 이 같은 지역에 걸맞은 곳이 시조 주몽묘朱蒙廟가 있는 졸본卒本지역 부근일 가능성이 높다고 생각된다.

---

28) 金元龍, 「樂浪文化의 歷史的 位置」(『韓國史의 再照明』, 讀書新聞社, 1977), 166~168쪽 : 손영종, 『고구려사』(과학백과사전출판사, 1990), 153~155쪽.
29) 평양성을 집안현성으로, 평양동황성을 동대자유적으로 비정하는 견해가 있다.〔魏存誠, 「高句麗初中期的都城」(『北方文物』 1985-2, 1985), 28~36, 120~122쪽 : 차용걸, 「고구려 전기의 도성」(『국사관논총』 48, 1993)〕.
30) 임기환, 「高句麗前期 山城 硏究 -高句麗 山城의 기초적 검토(1)-」(『國史館論叢』 82, 1998).
31) 408년에 조영된 것으로 확인된 덕흥리벽화고분의 벽화에 쓰인 명문들 가운데 '仙人'이라는 표현이 나타나고 있어 선인에 대한 인식이 고구려 당대에도 존재했음을 보여준다. 그러나 덕흥리 벽화에 나타나고 있는 명칭은 仙人·玉女와 함께 陽光·萬歲·地軸·天馬·猩猩·牽牛·織女·吉利 등 道敎的 상상의 존재들로서 벽화가 구성되어 있다. 따라서 이곳의 선인이라는 표현은 묘사된 벽화내용과 함께 등장하고 있는 옥녀·동물 등의 명칭에서 도교적 내용을 확인할 수 있다. 이는 '선인왕검'에 대한 인식이라기보다는 선인이라는 중국의 도교적 표현이 이미 수용되어 고구려 사회에 인식되었음을 보여주는 내용이다.
32) 김성환, 앞의 논문(1998).

졸본은 역대 왕들이 9월 주몽의 기일을 전후하여 방문하던 곳[33]으로 왕이 지속적으로 방문해야 한다는 점과 고구려의 첫 도읍이자 산성방어를 위한 거점들이 많은 곳이었다.[34] 따라서 동천왕 때 쌓은 평양성은 첫 수도인 졸본 즉 현재의 환인桓仁 근처의 성일 가능성이 높으며 종묘와 사직을 모신다는 점에서 일반산성이 아닌 평지성平地城일 가능성이 높다고 생각된다. 현재 주몽의 첫 도읍인 흘승골성紇升骨城[卒本城]으로 이해되는 오녀산성五女山城 일대의 평지성은 졸본성과 연결되는 하고성자성下古城子城과 1960년대 환인댐 건설로 혼강渾江 아래로 가라앉은 '나합성喇哈城' 유적이 찾아진다.

주목되는 점은 이 나합성 유적은 부이강富爾江이 흘러드는 환인 동북쪽에 있으며 성의 형태는 사방이 방어벽과도 같은 산에 둘러싸여 있다고 한다. 특히 성 근처에 고대의 묘廟유지가 있어 1881년 지역민들이 부처이미지를 한 초상을 발견하기도 했다고 한다. 성벽은 방형의 석축으로 한 변의 길이가 약 200m의 크기였다고 한다.[35] 앞서 추정한 필자의 견해가 큰 무리가 없다면 이 지역이 '선인왕검의 터전'으로 종묘와 사직을 일시적으로 옮긴 '평양'지역일 가능성이 높은 곳으로 추정된다.[36]

---

33) 조법종, 「광개토왕릉비문에 나타난 수묘제연구-수묘인의 편제와 성격을 중심으로-」(『한국고대사연구』 8, 1995), 193~194쪽.
34) 여호규, 『고구려 성 -압록강 중상류편-』(국방군사연구소, 1998).
35) Mark E. Buyington, 「고구려 국가형성 "세 연구에 기초한 예비적 모델」(『동아세아의 국가형성』, 충남대 백제연구소 제10회 백제연구 국제학술회의 발표문, 2000), 24쪽.
36) 이 같은 견해의 문제점은 이 곳이 고구려 수도인 집안지역으로 연결되는 루트선상이라는 점이다. 특히 앞서 관구검의 침공루트가 이 곳과 연결된다는 점에서 문제가 제기될 수 있다. 그러나 기본적으로 이 곳은 잠시 사직과 종묘를 옮긴 당시 상황을 감안할 때 이 같은 사실은 큰 문제가 없다고 추측된다.

그런데 필자가 주목하는 것은 송양왕의 도읍이 이 근처에 있었다는 것이다. 송양왕의 거점에 대해서는 현재 흑구산성黑溝山城이 언급되고 있다.37) 흑구산성은 부이강富爾江의 상류에 있고 성의 축조방식이 초기의 고구려 산성에서 나타난 특징을 가지고 있으며 주변에 지석묘 및 적석총군이 있다는 점에서 주목받고 있다. 그러나 주변지역에 여러 산성들이 존재하고 있어 일단은 비정차원에서 이해되고 있다.38)

그런데 이같이 높은 산성을 송양의 거점 즉 다물도多勿都로 비정하게 되면 주몽과의 대결시 홍수를 당해 송양의 도읍이 완전히 표몰될 뻔했다는 사실과 맞지 않게 된다. 즉『동명왕편東明王篇』에 나타난 내용에 의할 때 송양의 거점은 강 주변의 평지성이 후보가 되어야 한다고 생각된다. 그러므로 이 곳은 주몽의 첫 도읍지로 파악되는 오녀산성五女山城39) 근처의 평지성이 논의대상이 되어야 하며 이 같은 조건을 갖춘 곳이 앞서 설정한 나합성喇哈城 유적이다.

이 곳은 오녀산성 또는 하고성자성지와 방향이 동서방향으로 주몽이 송양에게 자신이 서국지왕西國之王이라 표현한 사실과도 대응되며40) 환인일대에서 확인되는 두 곳의 평지성 가운데 하고성자성下古城子城을 제외한 유일한 곳이다.41) 따라서 이 곳이 현재까지는 동천왕이

---

37) 흑구산성은 요녕성 신빈현의 동남 홍묘자향 흑구촌 사도구 북쪽 700m 높이에 위치한 석축산성으로 1493m 규모이다.〔撫順市博物館, 新賓縣文化局, 「遼寧省新賓縣黑溝高句麗早期山城」,『文物』1985-2〈車勇杰, 「高句麗 前期의 都城」,『國史館論叢』48, 1993〉에서 재인용〕: 임기환, 앞의 논문(1998), 55~58쪽 : 余昊奎, 앞의 책(1998)〕.
38) 차용걸, 앞의 논문(1993), 5쪽.
39) 주몽의 첫 도읍 홀승골성은 오녀산성으로 이해되고 졸본은 산 밑 하고성자 고성으로 파악되고 있다.〔차용걸, 앞의 논문(1993), 7쪽〕
40) "王曰 寡人 天帝之孫 西國之王也."〔『東國李相國集』卷3, 「東明王篇」〕
41) Mark E. Buyington, 앞의 글(2000), 24쪽.

일시적으로 종묘와 사직을 옮겼던 곳으로 추정되는 평양이며 송양이 선인지후仙人之後를 표방하며 자신들이 모셨을 '선인' 즉 단군왕검檀君王儉의 사당을 모신 곳으로 추정된다. 따라서 선인왕검지택仙人王儉之宅에 대응되는 고구려 동천왕 시기의 평양平壤은 기왕의 송양세력의 거점지역인 다물도多勿都일 가능성이 높다고 추정된다.42)

단군檀君〔壇君〕에 대한 기왕의 인식내용 가운데 주목되는 것은 최남선의 단군壇君이라는 명칭은 무당巫堂을 지칭하는 당굴과 같은 말이며 이는 하늘·천령이라는 뜻을 나타내는 몽고어의 텡그리(Tengri)와 연결되며 마한의 천군天君도 이와 같은 의미라고 본 견해이다.43) 즉 단군으로 상징되는 문화적 내용이 하늘에 대한 제천의식과 관련된 것이며 삼한사회에 존재한 천군의 역할과 기능이 바로 이와 연결된다는

---

42) 이 같은 추정을 뒷받침하는 것으로 평양이라는 지명의 의미에 대한 『삼국사기』 자료이다. 즉 『삼국사기』에 나타나고 있는 평양은 동천왕대의 평양. 장수왕이 천도한 평양 그리고 북한산주의 평양 등 적어도 시기와 장소를 달리하며 3군데 정도 동명이처로 나타나고 있다. 종래 이에 대해서는 '펴라'의 음역으로 보는 등 몇 견해가 있었다.〔『역주 중국정사조선전 1』 참조〕

그런데 신라 헌덕왕 때 김헌창이 반란을 일으키고 도읍을 평양에 정하려 북한산주를 공격한 사건에 대한 분주에 "平壤今楊州也 太祖製庄義寺齋文 有高麗舊壤 平壤名山之句"〔『三國史記』 권10, 『新羅本紀』 10, 憲德王 17年〕이라는 설명이 나타나고 있다. 이 내용에서 주목되는 것은 高麗舊壤이다. 이는 '고구려의 옛땅'이라는 의미로 이해하는 것이 적절하다. 그러나 주목되는 것은 平壤이라는 말의 의미에 '옛땅'이라는 의미가 연결될 수 있다는 점이다. 즉 송양의 도읍을 복속한 뒤 주몽이 이곳을 多勿都라 했는데 그 의미가 '復舊土'였다. 따라서 평양이 송양의 도읍을 의미하는 한 표현이라면 오래된 땅 또는 예로부터 유서 깊은 땅이라는 의미가 평양에 포함되어 있을 수 있다고 생각된다. 이 같은 논리는 장수왕이 천도한 平壤도 예로부터 樂浪이 있었던 유서 깊은 땅이라는 의미가 부여될 수 있다. 南平壤의 경우 지금의 서울 일대가 백제 이래의 오랜 땅이라는 의미로 부여되었을 가능성이 추정된다.

한편 북한은 이 『삼국사기』 사료를 근거로 현재의 평양과 연결시키고 있다.〔김병룡, 「단군조선의 중심지와 령역에 대하여」(『력사과학』 95-1, 1995), 48~53쪽〕

43) 崔南善, 「檀君及其研究」(『朝鮮及朝鮮民族』, 1927) : 李基白編, 앞의 책(1990), 18~21쪽.

관점, 그리고 단군檀君은 음역이고 천군天君은 훈역訓譯일 가능성을 제시했다는 점에서 매우 중요한 지적이라고 생각된다.

특히 동북만주에서 '하늘'을 의미하는 'Tengri'라는 표현이 『삼국사기』에도 나타나고 있어 주목된다.

> D① : 智證麻立干立… 論曰新羅王稱居西干者一 次次雄者一 尼師今者十六 麻立干者四 羅末名儒崔致遠作『帝王年代曆』皆稱某王 不言居西干等 豈以其言鄙野不足稱也 曰『左』・『漢』中國史書也 猶存楚語'穀於菟 匈奴語 '撑犁孤塗'等 今記新羅事 其存方言 亦宜矣.(『三國史記』卷4,「新羅本紀」4, 智證王)

사료 D①에 나타난 내용은 김부식이 신라의 고유왕호를 기록하며 중국의 사서에서 변방민족의 고유명칭을 유지한 예를 든 내용이다. 이 가운데 흉노어匈奴語로 언급된 '탱리고도撑犁孤塗'가 주목된다. 이 의미는 흉노어로 천자天子를 의미하는 것44)으로 관련사료를 보면 다음과 같다.

> D② 單于姓攣鞮氏其國稱之曰 撑犁孤塗單于 匈奴謂天爲 撑犁 謂子爲孤塗.
> (『漢書』卷94上,「匈奴傳」第64上)

사료 D②에서는 흉노어로 하늘, 즉 천天을 '탱리撑犁'라 하고 자子를 '고도孤塗'라 불렀음을 보여준다. 즉 '탱리고도'가 천자天子라는 뜻이다. 주목되는 것은 김부식이 신라의 고유왕호를 설명하면서 하필이면 왜 흉노고유어 속에서 '탱리고도撑犁孤塗'라는 표현을 선택했는가이다.

---

44) 이병도, 『역주삼국사기』(을유문화사, 1977), 51쪽.

즉 흉노고유어는 이외에도 보다 일상적으로 사용된 최고의 군장을 의미하는 선우單于45)와 현賢을 의미하는 도기屠耆46)와 효孝를 의미하는 약제若鞮47) 등 여러 가지가 있기 때문이다. 또한 초어楚語인 곡어토穀於菟는 단지 '호랑이젖[虎乳]'이라는 뜻으로48) 왕 또는 천자 같은 최고지배자를 의미하는 표현이 아니기 때문이다. 이는 김부식이 『삼국사기』에서 언급치 못한 단군檀君을 의식하여 단군과 동일한 발음과 성격을 갖는 표현인 탱리고도撑犂孤塗를 예로서 사용한 것이 아닐까 추정된다.

어쨌든 중요한 사실은 흉노어에서도 하늘 즉 천天을 의미하는 표현으로 '탱리'가 존재함을 확인시켜 준다. 이는 앞서 논의된 단군과 천군을 이어주는 가장 중요한 내용으로서 단군과 천군의 성격이 기본적으로 동일함을 표현상에서도 확인시켜 주는 내용이라고 생각된다.

3. 송양과 소도명칭의 연결성

앞서 논의된 송양松讓과 소도蘇塗 관련사료를 보면 다음과 같다.

E① 信鬼神 國邑各立一人 主祭天神 名之天君 又諸國各有別邑 名之爲蘇塗 立大木 縣鈴鼓 事鬼神.〔『三國志』, 魏書 30, 東夷 韓〕

---

45) "單于者 廣大之貌也 言其象天單于然也."〔『漢書』卷94上, 「匈奴傳」 64上〕
46) "置左右賢王 …匈奴謂賢曰屠耆."〔『史記』卷110, 「匈奴列傳」 50〕
47) "單于咸立五歲 天鳳五年死 弟左賢王興立 爲呼都而尸道皋若鞮單于 匈奴謂孝曰若鞮 自呼韓邪後 與漢親密 見漢諡帝爲孝 慕之故皆爲 若鞮."〔『漢書』卷94下, 「匈奴傳」 64下〕
48) "子文初 生 棄於瞢中 而虎乳之 楚人謂乳穀 謂虎於檡 故名穀於檡."〔『漢書』卷100上, 「敘傳」 70〕

소도와 관련된 기왕의 논의에서 가장 중요한 것은 소도의 의미와 소도가 지칭하는 대상이었다. 먼저 소도의 어원적 의미에 대해 소도는 소대·솔대·소주대·소줏대 등으로 불리었던 입목명칭에서 '대'가 공통으로 사용되고 있는데 이는 죽竹·간竿·봉棒·주柱 등 긴 물체를 지칭하는 표현이며 소蘇는 소대·솟대로서 '솟'이라는 말은 용聳·용湧의 동사적·형용사적 표현으로 소도는 마한의 제소별읍 앞에 세워진 일종의 경계신境界神 성격을 갖는 용목聳木으로 보았다.[49]

한편 소도蘇塗의 한자원의적 성격을 강조한 입장에서는 '소蘇'는 부활갱생의 의미를 갖고 있으며 '도塗'는 니泥의 의미와 로路의 의미를 갖는 글자로서 소도는 부활갱생의 길, 즉 피둔처의 기능을 갖는 별읍別邑인 성역을 의미하는 것으로 보는 견해도 있다.[50] 또한 소도와 관련된 이해를 진행함에 있어 소도가 의미하는 것이 대목大木인가 또는 별읍別邑인가에 대한 많은 논의가 진행되었다.[51]

그러나 대마도의 졸토卒土 등 구체적 공간으로서의 의미를 감안할 때 소도를 일정한 신성한 공간으로 보는 것이 적절하다.[52] 즉 별읍別邑·소도蘇塗·대목大木 등은 장소의 동일성과 기능 때문에 동일시되어 파악되었다고 이해된다.[53] 따라서 소도는 신성한 종교적 제장祭場인 별읍別邑이라는 공간에서 제단적 기능을 갖는 세계수世界樹인 대목大木을 중심으로 천군天君이 제의祭儀를 진행하는 지역[54]을 지칭하는 표현

---

49) 손진태, 「소도고」, (『민속학』 4-4, 1932)〔『조선민족문화의 연구』(1948)〕.
50) 村上正雄, 「魏志韓傳に見える蘇塗の一解釋」, (『朝鮮學報』 9, 1956), 298~299쪽.
51) 최광식, 앞의 책(1994), 116~138쪽.
52) 金宅圭, 「蘇塗と卒土」, (『三上次男喜壽記念論文集』, 平凡社, 1985), 210~214쪽.
53) 김택규, 앞의 논문(1985), 212쪽.

으로 파악된다.

특히 이와 관련하여 주목되는 사실은 소도와 같은 샤머니즘적 성격으로 연결되는 송화강 유역의 혁철족赫哲族의 solo간竿55), 만주지역의 입간立竿풍속에서 신간神竿을 의미하는 색마索摩(somo)56), 그리고 일본 대마도의 제의 관련 신성구역인 졸토卒土(そっど)57), 흉노의 제천담당자인 휴도休屠(Xiutu)58) 등에 공통적 음소가 '소(so)'와 연결되어 나타나고 있음에서 소도蘇塗는 이 같은 세계수적 존재인 신간·신성지역·사제 등을 포괄할 수 있는 표현과 연결될 수 있음을 알 수 있다.

한편 이 같은 소도에 대한 인식을 바탕으로 송양명칭을 검토하면 양자사이에 매우 유사성이 많음을 확인케 된다. 먼저 송양松讓이라는 표현에서 송松의 훈과 음은 '숄송'59)으로서 고유발음은 '숄'로 나타나고 있다. 양讓은 양壤과 동치되는 표현으로60) 그 훈음訓音은 '따양'으로 '따'로 나타나고 있다. 즉 송양의 고유표현은 '숄따'로서 소도蘇塗 관련

---

54) 소도를 신목으로 이해하는 입장과 별읍으로 이해하는 입장이 나뉘어 있으나 구체적 공간 즉 성역으로 보는 것이 합리적이라고 생각된다. 또한 천군이 진행한 제의 공간이 국읍인가 또는 별읍인가에 대해서도 견해가 나뉜다. 그러나 천군과 소도로 상정되는 제의체계와 공간은 상호 연결되었다고 생각된다.[김정배, 「소도의 정치사적 의미」(『역사학보』 79, 1978)〈『한국고대의 국가기원과 형성』, 1986), 159~166쪽]
55) 赫哲族의 신간은 샤먼의 집 앞에 있는 것으로 solo 또는 solo-kan-tze로 불리는 것으로 한국의 솟대처럼 나무로 만든 새가 올라가 있다.[三品彰英, 『古代祭政と穀靈信仰』(1973), 196쪽]
56) "滿洲語稱 神竿爲索摩 與蘇塗音亦相近."[『欽定滿洲原流考』 卷18, 「國俗」, 祭祀條]
57) 김택규, 「신라상대의 토착신앙과 종교습합」(『신라종교의 신연구』, 1984), 205~209쪽 : 앞의 논문(1985), 214쪽.
58) 申采浩, 『朝鮮上古史』(1948) : 『朝鮮上古史(上)』(삼성문화문고, 1977), 79쪽. 여기서는 休屠를 光明神을 상징하는 樹林을 일컫는 '수두'의 음역으로 보았다.
59) 『訓蒙字會』, 「樹木」, 松.
60) 특히 고구려 왕호에서 이 같은 현상이 종종 발견된다.

표현들의 음에 가깝게 나타나고 있다. 또한 의미적 측면을 검토해 볼때 송松(솔)은 나무를 의미하는 일반명사적 표현으로 사용되며61) 양讓=양壤은 토지를 의미하여 앞서 검토한 소도와 관련된 가장 중요한 요소인 제장祭場으로서의 공간을 의미하는 표현과 제의祭儀중심으로서의 세계수世界樹인 대목大木의 내용을 포용한 표현이었다. 따라서 송양과 소도는 동일한 고유표현과 의미, 그리고 관련내용을 갖고 있다고 파악된다. 이 같은 사실은 마한54국 가운데 신소도국臣蘇塗國이라는 정치체의 존재에서 재차 확인된다. 즉 신소도국은 정치적 총연맹인 진왕辰王의 목지국目支國과 비견되는 종교적인 대소도大蘇塗로 이해되었다.62)

보다 구체적으로 소도는 협의적인 제의祭儀공간이 아니라 신시神市와 같이 많은 군중이 운집할 수 있는 광역의 제의공간이었다. 그리고 이 공간을 중심으로 제사장인 천군天君의 정치적 성장은 새로운 정치체인 신소도국으로까지 성장하여 국가체로의 발전이 진행된 것으로 이해되고 있다.63) 즉 종교적 신성지역인 소도가 정치적으로 성장하여 국가체로 발전했다는 사실은 송양왕으로 대표되는 소노집단의 성격과 매우 밀접하게 연결된다고 생각된다. 이는 송양왕으로 대표되는 소노부의 성격이 신소도국과 같이 소도가 정치적으로 성장하여 이룩된 국가체 즉 송양국松讓國으로 파악될 수 있기 때문이다.

한편 흉노의 경우도 제천의례祭天儀禮가 존재했는데64) 그 제천의식

---

61) 경상도 지역에서는 솔이라는 표현이 나무를 지칭하는 보통명사로 사용되고 있다.
62) 이병도, 「삼한문제의 신고찰」, 『진단학보』 1-8, 1934)〔『한국고대사연구』(1976), 282쪽〕.
63) 김정배, 「소도의 정치사적 의미」, 『역사학보』 79, 1978)〔앞의 책(1986), 166쪽〕.
64) "其明年春 漢使驃騎將軍去病將萬騎出隴西 過焉支山(一)千餘里 擊匈奴 得胡首虜萬八千餘級 破得休屠王祭天金人 集解漢書音義曰 匈奴祭天處本在雲陽甘泉山下 秦奪其地 後徙之休屠王右地 故休屠有祭天金人 象祭天人也."〔『史記』 卷110, 「匈奴列傳」 50〕

을 담당한 자가 휴도(休屠)로서 금인상(金人像)을 만들어 제천대상으로 삼았다.65) 그런데 이 휴도라는 표현은 왕호(王號)66)이며 또한 지명67)으로도 나타나고 있다. 이 같은 사실은 송양이 왕명으로도 나타나고 지명으로도 나타나고 있는 현상과 동일한 내용이며 특히 제천의례와 관련된 존재를 나타낸 표현이라는 점에서 더욱 주목된다.

2. 고구려 사회의 단군인식

1. 송양의 선인지후와 주몽의 천손의식

한국의 건국신화는 천손의식을 강조하고 있음이 신화의 기본모티브로 나타나고 있다.68) 즉 고조선의 건국신화인 단군신화를 필두로 고구려의 주몽신화, 신라의 박혁거세 신화, 가야의 수로왕 신화 등 건국신화는 모두 부계가 천신·천제, 또는 하늘로부터 하강한 존재가 왕이 된다는 내용을 담고 있다. 이처럼 한국의 건국신화는 국조의 부

---

65) "本以休屠作金人爲祭天主 故因賜姓金氏云."(『漢書』,「列傳」 68, 霍光金日磾傳 38]
66) "師古曰 休屠 匈奴王號也."(『漢書』,「志」 25下, 郊祀志 5下]
67) "雲陽 有休屠 金人及徑路神祠三所" "休屠 莽曰晏然 都尉治熊障 北部都尉治休屠城."(『漢書』,「志」 28上, 地理志 8上]
68) 서대석,「한국신화에 나타난 천신과 수신의 상관관계-천신과 수신의 갈등과 화해의 양상-」(『국사관논총』 31, 1992).

계가 하늘이라는 공통된 특징을 갖고 있다.

그러나 오히려 각 시조신화에서 주목될 것은 부계의 천손의식보다는 모계의 성격이 부각되어야 한다고 생각된다. 즉 공통적인 천손의식과 함께 실제적인 지역성은 모계의 특성을 바탕으로 파악된다고 생각된다. 그런데 시조의 모계나 처계의 성격은 단군신화를 제외하면 대체로 물과 친연성이 강한 존재들로 나타나고 있다.69) 종래 단군신화와 주몽신화를 동일한 계통의 신화로 설정하고70) 있으나 이는 구별되어야 할 신화내용이라고 생각된다.71)

단군신화의 경우 천제天帝 + 산신山神인 것에 비해 주몽신화 등은 천제天帝 + 수신水神이라는 양상으로 대별되어 파악되어야 한다. 즉 단군신화와 주몽신화는 모계와 관련하여 산신신앙과 수신신앙으로 대비됨을 알 수 있다. 이 같은 대비는 그 자손인 단군과 주몽의 사후행적에서도 뚜렷하게 구별된다. 단군의 경우 천제의 아들인 환웅과 웅녀의 결합으로 태어난 단군이 나중에 아사달신으로 정착된 반면 주몽신화의 경우 천제 해모수와 하백의 딸인 유화의 결합에서 주몽은 다시 승천하고 있다. 이 같은 대비를 간단히 정리하면 [표 11]와 같다.

한편 단군신화에서 여러 세계와의 교류에 산[태백산]이나 나무[신단수] 같은 매개체가 설정되고 있는 것은 전형적인 샤머니즘 문화와 세계관의 표현이며72) 단군의 산신적 성격과도 연결되는 사실이다. 결국

---
69) 서대석, 앞의 논문(1992), 38쪽.
70) 정경희, 「동명형설화와 고대사회」,(『역사학보』 98, 1983), 8~9쪽.
71) 주몽신화에서 주몽의 모친을 유폐시켰다는 사실이 곰이 삼칠일 동안 햇빛을 보지 않고 기했다는 점과 연결되는 것이 강조되었다. 그러나 유폐했음에도 오히려 햇빛이 유화를 쫓아왔고 그로 인해 태기가 있었다는 것은 오히려 반대되는 현상이라고 생각된다.
72) 김열규, 『한국신화와 무속연구』(일조각, 1977).

[표 11] 단군신화·주몽신화 대비표

	단군신화	주몽신화
父系	천제자 환웅	천제자 해모수
母系	熊女	河伯女
日光對應	日光避忌	日光照應
本人	檀君王儉	東明=朱蒙
死後	阿斯達山神	登龍昇天

단군檀君 = 선인仙人을 시조로 인식하고 있는 송양집단의 인식은 수신水神성격을 갖는 주몽집단의 성격과는 다른 별개집단임을 보여준다.

또한 앞서 검토했듯이 송양은 '선인지후仙人之後'를 강조했다. 선인의 성격은 앞서 보았듯이 산신적 성격이 강한 종교적 존재였다. 이와 관련된 내용은 송양왕이 주몽과 서로 우위를 다툴 때 진행된 몇 사례에서 보다 구체적으로 나타나고 있다.

F①: 松讓以王累稱天孫 內自懷疑 欲試其才 乃曰願與王射矣 以畵鹿置百步 內射之 其矢不入鹿臍 猶如倒手 王使人以玉指環 於百步之外射之. 破如瓦解 松讓大驚云云.(『東明王篇』)

위의 사료 F①에서 송양은 주몽이 스스로 천손임을 자처하고 있는 것에 대한 의구심을 확인하기 위해 활쏘기 시합을 한 내용이다. 여기서 주몽은 궁술을 과시하여 송양을 압도한 것으로 정리된다. 즉 주몽의 신이성을 부각하기 위한 설화적 내용이지만 사슴과녁을 제대로 못 맞춘 송양에 비해 주몽은 옥지환玉指環을 달아 적중시키는 신기를 보여 송양을 놀라게 하고 있다.

여기서 주목되는 사실은 과녁으로 상정된 사슴[鹿]과 옥지환의 성격이다. 주지하듯이 사슴은 한국 고대사회에서 제천희생의 대표적인 존재로서 일반적 의례와 연결될 수 있는 존재이다. 즉 사슴은 인간과 하늘을 이어주는 신령스런 매개자, 또는 하늘의 사자인 우주록宇宙鹿(Cosmic Deer)[73]으로서 사슴은 동북아시아의 고대사회에서 샤면의 보조령으로서[74] 가장 대표적 존재였다. 더욱이 샤면의 전통을 계승한 정치적 지배자와도 밀접히 연결되어 제천희생·상서·공물 등으로서의 기능을 유지했다.[75] 이들 사슴 등을 희생으로 한 수렵제의는 샤면의 전통을 계승한 왕이 의무적으로 주관하지 않으면 안되는 상징적 의미의 국가행사였다.[76]

그런데 주몽은 송양의 사슴표적을 정확히 맞추었을 뿐 아니라 이에 더하여 옥지환玉指環을 달아 이를 적중시켜 그 신이성을 강조하고 있다. 문제는 옥지환의 성격이다. 옥玉은 청동기 관련유적에서 가장 빈출하는 유물로서 검劍·경鏡·탁鐸 등과 함께 종교적 의기로서 가장 중시되는 의기였다.[77] 이 같은 전통적 의기를 과감히 표적삼아 파괴

---

73) 김열규, 앞의 책(1977), 29~30쪽.
74) M.Elide(문상희 역), 『샤머니즘』(삼성출판사, 1982), 119~124쪽.
75) 조법종, 「청산별곡에 나타난 새와 사슴의 한국고대 종교문화적 전통」(『한국고대사연구』 14, 1998), 474~481쪽.
76) 김영하, 『삼국시대 왕의 통치형태연구』(고려대 박사학위논문, 1988), 20~26쪽. 사슴과 돼지는 고구려 사회에서 가장 풍부하게 수렵될 뿐만 아니라 고구려의 경제생활에도 매우 유용한 동물이라는 점에서 제천희생용으로 활용되는 종교적 의미를 갖게 된 것으로 파악했다.
77) 김정배, 「검·경·옥과 고대의 문화와 사회」(『한국고대의 국가기원과 형성』, 1986), 212~221쪽.

하는 주몽의 행위는 송양이 유지한 전통적 종교신성성을 압도하는 새로운 신성神聖의 대두를 과시하는 것으로 이해된다.

> F②: 王曰 以國業新造 未有鼓角威儀 沸流使者往來 我不能以王禮迎送. 所以 輕我也 從臣扶芬奴進曰 臣爲大王取沸流鼓角 王曰 他國藏物 汝何取乎 對曰 此天之與物 何爲不取乎 夫大王困於扶余 誰謂大王能至於此 今大王奮身於萬死之危 揚名於遼左 此天帝命而爲之 何事不成 於是扶芬奴等三人 往沸流取鼓而來 沸流王遣使告曰云云 王恐來觀鼓角 色暗如故 松讓不敢爭而去.〔『東明王篇』〕

위의 사료 F②는 주몽이 고구려를 건국한 상황에서 송양의 비류국과 경쟁체제를 유지하고 있는 상황을 보여주는 내용이다. 사료내용 가운데 주목되는 사실은 양국의 사신왕래시 이미 국가체제를 갖춘 비류국은 고각위의鼓角威儀로서 주몽의 사신을 영접했으나 비류사자에 대해서는 주몽집단이 이를 갖추지 못해 주몽이 열등감을 토로하는 부분이다. 즉 고각위의는 왕격을 상징하는 중요한 도구였음을 알 수 있다. 고각鼓角이라는 즉 북과 뿔피리를 의미하나 여기서 부각되는 것은 고鼓 즉 '북'이었다.

시베리아 샤머니즘에서 북은 샤먼의상衣裳과 함께 가장 중요한 무구巫具였다.78) 북은 샤먼을 세계의 중심으로 데려가기도 하고 하늘을 날아가게도 하며 신령들을 잡아두기도 하는 등 가장 중요한 주술도구였다. 또한 북은 신령한 조상의 산이나 세계산世界山의 나무로 신령

---

78) 엘리아데, 『샤머니즘』, 164쪽.

의 뜻을 받들어 만들어져야 한다. 따라서 북을 획득하는 것이 샤먼이 되는 것을 의미했다. 특히 시베리아 샤머니즘에서 치러지는 '북의 재생의례再生儀禮'는 샤먼의 재생의례의 재현으로서 북은 오래된 것일수록 그 권위나 효능이 증폭된다.79)

이 같은 이해를 바탕으로 한국 고대사회에 존재한 북과 관련된 사료를 보면 다음과 같다.

> F③: 以殷正月祭天 國中大會 連日飲食歌舞 名曰迎鼓 於是時斷刑獄 解囚徒.(『三國志』卷30,「魏書」30. 東夷傳 夫餘)
>
> ④: 十五年… 夏四月 王子好童 遊於沃沮 樂浪王崔理 出行因見之 問曰 觀君顏色 非常人 豈非北國神王之子乎 遂同歸以女妻之 後好童還國 潛遣人 告崔氏女曰 若能入而國武庫 割破鼓角 則我以禮迎 不然則否 先是 樂浪有鼓角 若有敵兵則自鳴 故令破之 於是 崔女將利刀 潛入庫中 割鼓面角口 以報好童 好童勸王 襲樂浪 崔理以鼓角不鳴 不備 我兵掩至城下 然後知鼓角皆破 遂殺女子 出降或云 欲滅樂浪遂請婚 娶其女 爲子妻 後使歸本國 壞其兵物.(『三國史記』卷14,「高句麗本紀」2. 大武神王)

사료 F③에서 부여의 영고迎鼓는 제천祭天행사의 명칭으로서 북을 맞이한다는 표현에서 확인되듯이 북이 제천의식과 관련된 가장 중요한 의기儀器임을 보여주고 있다. 이 같은 상황은 사료 F④의 낙랑고각樂浪鼓角이 국가를 수호하는 신비한 성물로 나타나고 있음에서 극명하게 표출되고 있다. 즉 낙랑의 고각은 앞서 송양집단이 보유한 고각과 동일한 성격인 왕권의 위엄을 과시하는 권위재權威材이자 국가상

---

79) 장지훈, 「고대국가의 통치이념에 대한 일고찰」(『한국사연구』 98, 1997), 50~51쪽.

징의 도구였을 것인바 단순히 위
엄물 차원을 넘어 국가가 위기에
당했을 경우 스스로 소리내어 국
가의 위기를 막아주는 존재로 관
념되기까지 한 것으로 보인다.

이같이 부여 및 낙랑·고구려
에서 나타난 북의 신성성은 마한
소도馬韓蘇塗의 대목大木에 걸린 북
과 방울의 존재와 연결된다. 사료
E①에 나타나고 있듯이 천신天神과
의 통로인 대목 즉 세계수世界樹의

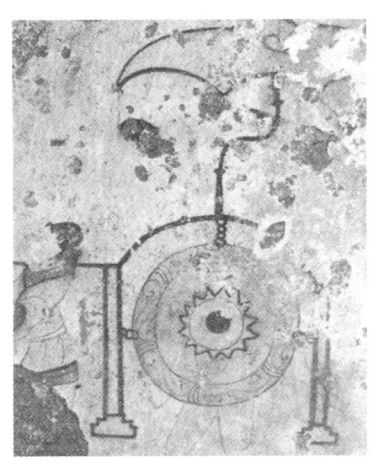

[그림 2] 수산리 벽화고분 북에
묘사된 일광문양

정점에 북과 방울을 달아 신을 맞아들이고[迎鼓] 신에게 자신들의 소원을 호소하는 의례의 과정에 이들 북과 방울이 쓰였다는 점에서 북의 신성성이 부여·고구려·낙랑 및 삼한사회까지 공통되는 현상임을 보여주고 있다. 주지하듯이 방울·거울 등도 무의巫儀에서 사용되는 신물神物이었다.80) 이 같은 북의 신성성은 고구려 고분벽화 중 수산리 벽화고분의 북그림에 묘사된 일광문양日光文樣[그림 2]에서도 확인된다.

즉 시베리아 샤머니즘과 연결된 한국 청동기 문화를 상징하는 유물인 거울과 방울 및 북에 표현된 문양을 비교해 보면 이 같은 거울·방울에 표현된 것과 동일한 일광문양이 표현되고 있다. 이는 이들과 동일한 신격神格이 북에도 표현되었고 그 전통이 고구려 사회에

---

80) 니오라쩨(이홍직 역), 『시베리아 제민족의 원시종교』(청구문고, 1976), 93~102쪽.

[그림 3] 다뉴 청동거울의 일광문   [그림 4] 청동방울에 묘사된 일광문양

서도 유지되었음을 보여주는 내용이다.

이같이 송양집단이 북을 통해 왕권의 위엄을 부각했고, 이를 주몽집단이 강탈한 사건은 청동기 문화적 전통에 입각하여 송양집단의 정치권력이 형성 유지되었음을 보여준다고 생각된다. 즉 송양집단의 왕권상징인 고각鼓角은 소도蘇塗로 대표되는 종교적 신성지역에서 유지되었던 북신앙과 같은 문화적 전통을 갖는 것이었다.

그렇다면 이 같은 송양집단의 성격은 송양세력 이전의 어떠한 정치체와 연결되는가가 문제이다. 이를 확인시켜 주는 단서가 중국이 고구려에 사여한 고취기인鼓吹技人에서 그 단서를 찾을 수 있다고 생각된다. 중국에서의 고각은 기본적으로 군사용[81]·의례용으로 나타나고 있는바, 특히 중국에서 자신들에게 복속된 북방세력에 대한 사

---

81) "鼓角橫吹曲 鼓案周禮 以鼖鼓鼓軍事 角 說者云 蚩尤氏帥魑魅與黃帝戰於涿 帝乃始命吹角 爲龍鳴以禦之."(『晉書』卷23, 「志」13, 樂下)

여물로서 고취기인을 하사했다.82)

이는 앞서 설명한 북의 상징성을 이용한 것으로 파악된다. 특히 고구려에 대해 고취기인을 하사했다는 사실은 송양집단과 주몽집단의 대립구도에서 북이 문제가 되었다는 점에서 매우 주목되는 사실이다. 이는 북에 대한 이 같은 성격부여를 파악하고 한왕조가 주변통치의 한 방편으로 이를 사여했을 가능성이 높다고 생각된다.

> F⑥: 本有五族 有涓奴部 絶奴部 順奴部 灌奴部 桂婁部 本涓奴部爲王 稍微弱 今桂婁部代之 漢時賜鼓吹技人 常從玄菟郡受朝服衣幘 高句麗令主其名籍.(『三國志』 30, 「魏書」 30, 高句麗)

사료 F⑥은 고구려 건국초기인 주몽대와 대무신왕대에 진행된 이 같은 북에 대한 쟁탈사건은 국가형성 초기에 왕권의 위엄확보와 권위체계정립이 매우 중요하며 특히 적대세력의 권위재를 약탈하거나 파괴시킴으로 상대편을 복속시켰음을 보여준다. 이와 함께 내적으로 강조된 천손집단 의식과 함께 한漢의 고취기인鼓吹技人 사여는 현실적으로 이를 인정하고 대내외적으로 확인시켜 준다는 점에서 상징성이 매우 큰 사건이었다고 생각된다.

그런데 사료의 내용을 검토해 보면 소노부涓奴部와 계루부桂婁部의 왕족교체를 언급하면서 사용한 표현이 '금今'이라는 표현이다. 즉『삼국지』편찬시점으로부터 얼마 되지 않는 시기에 이 같은 왕족교체가 진행되었을 가능성을 보여준다. 이 같은 추론이 허용된다면 후속된

---

82) "順帝永和元年 其王來朝京師 帝作黃門鼓吹 角抵戲以遣之."(『後漢書』 卷85, 「東夷列傳」 75, 夫餘)

내용인 "漢時賜鼓 吹技人"은 계루부 이전의 왕족인 소노부가 왕족으로 존재하던 시기에 진행되었을 가능성이 높다. 이를 확인시켜 주는 것이 "常從玄菟郡 受朝服衣幘 高句麗令主其名籍" 내용이다. 즉 '고구려高句麗'라는 명칭이 기원전 107년에 이미 현토군의 속현명칭으로 나타나고 있는 사실83)은 『삼국사기』의 국가성립 연대조정을 감안할 때84) 이 때 고취기인을 사여받고 현토군과의 교섭을 주도한 존재

[그림 5] 북벽하단 나무 밑 굴속의 곰(?) 칩거모습

는 소노부消奴部, 즉 송양집단松讓集團일 가능성이 높다고 생각된다. 즉 송양은 위만조선 등장으로 축출된 준왕계와 연결되는 정치세력 집단으로 추정된다. 특히 독자적 시조체계 즉 단군檀君으로 상정되는 시조신화와 의례를 보유한 집단으로서 한漢 현토군玄菟郡 속현인 고구

---

83) 『漢書』 卷28下, 「地理志」 下, 樂浪玄菟郡.
84) 북한학계는 『삼국사기』의 고구려 유국 900년설과 광개토왕릉비문의 17세손을 혈연적 세대로 인정하여 주몽에 의한 고구려의 건국연대를 기원전 277년으로 보았다. 또한 그에 앞서 존재한 정치체를 구려국으로 설정하여 이 구려국의 건국은 기원전 5세기경 이전으로 추정하고 있다. 그리고 송양=소노부의 연결을 인정치 않고 구려국의 연나부가 전왕족이었다고 파악하고 있다.[손영종, 『고구려사』(과학백과사전종합출판사, 1990), 14~57쪽]

려현으로 편제되었다고 파악된다. 따라서 이들 송양집단은 위만조선 붕괴 후 기존의 단군을 정점으로 하는 시조인식에 근거한 권위체계와 함께 한이 사여한 위신재인 고취기인 등을 독점하면서 주변 정치세력에 대한 우위를 확보했다고 파악된다.

한편 현토군은 기원전 107년 위만조선의 최후거점인 왕험성王險城에서 마지막까지 저항하던 성이成己가 피살된 이후 함락된 상황에서 설치된 군이다. 그 속현은 서개마西蓋馬・상은태上殷台・고구려高句麗 3현으로 이 때 고구려가 이미 존재했음을 알 수 있다. 필자는 이 사료 등을 근거로 위만조선의 붕괴시점을 기원전 108년이 아닌 1년 뒤인 기원전 107년으로 보았다.[85]

또한 낙랑・진번・임둔 등 3개 군이 왕험성이 함락되지 않은 상황에서 설치되었고 낙랑樂浪의 경우 현재의 평양平壤일대에 이미 존재했던 친중국적 정치세력인 '낙랑국樂浪國'에 설치되었다고 보았다. 따라서 송양집단은 기원전 107년 설치된 고구려현과 연결될 가능성이 매우 높으며 이들 세력은 위만조선 성립 이전 존재한 준왕계準王系와 연결될 가능성이 높다고 생각된다. 즉 단군신화를 시조신화로 보유한 세력은 위만에게 축출된 준왕계가 보유한 시조신화였을 가능성이 높으며 송양집단은 이 같은 인식을 함께 보유한 준왕계의 방계 또는 그 예속세력이었다고 생각된다.[86] 결국 송양집단은 이 같은 시조인

---

85) 조법종, 「위만조선의 붕괴시점과 왕험성・낙랑군의 위치」(『한국사연구』110, 2000), 11~16쪽. 위만조선의 도읍인 王險城 지역에 설치된 것으로 인식되었던 樂浪郡은 위만조선의 도읍인 王險城이 함락되지 않은 상태에서 원봉 3년(108 BC) 6월 우거왕이 살해되고 尼谿相 參이 투항한 시점에 개설되었다. 한편 왕험성은 원봉 4년 즉 기원전 107년 3월경에 함락되었고 직후에 현토군이 개설되었기 때문에 종래 우리가 이해했던 것과는 달리 왕험성은 오히려 기원전 107년에 개설된 玄菟郡과 관련될 가능성이 높다고 생각된다.

식을 위만조선 성립 이전부터 보유했고 위만조선 붕괴 이후에도 계속 이를 유지하면서 한으로부터 그 같은 지위와 역할을 인정받아 '고취기인鼓吹技人'을 하사받았다고 생각된다. 그리고 송양집단이 이 같은 역할을 관장하면서 사료 F②와 같은 상황이 연출된 것으로 보인다.

한편 다음 사료는 이 같은 송양의 종교적·정치적 성격이 주몽이라는 새로운 문화와 세력을 갖은 집단에 의해 압도됨을 상징적으로 보여주는 사건이다.

F⑧: 西水獲白鹿 倒懸於蟹原 呪曰 天若不雨而漂沒沸流王都者 我固不汝放矣 欲免斯難 汝能訴天 其鹿哀鳴 聲徹于天 霖雨七日 漂沒松讓都. 王以葦索橫流 乘鴨馬 百姓皆執其索 朱蒙以鞭畵水 水卽減 六月松讓擧國來降云云.
〔『동국이상국집』 권 3.「東明王篇」〕

사료 F⑧은 주몽의 제사장적 성격을 극명하게 보여준다. 이 사료의 내용은 결국 주몽은 부계로는 천손天孫일 뿐만 아니라 모계로는 하백의 외손, 즉 수신水神이자 농업신적 존재라는 것을 극명하게 표출함으로써 산신적 성격을 강조한 송양의 신성성과 통치역량을 부정하고 강력한 사제왕으로 자신을 드러낸 내용이다.[87] 즉 주몽은 천신 + 산신적 성격의 시조체계를 유지했던 송양집단에 대해 천신 + 수신적 성격의 시조신화 체계에 강력한 전사집단적 성격을 추가하여 이들을 압도했다고 생각된다.

---

86) 이에 대해서는 차후 보강할 계획임.
87) 이 사료와 관련된 구체적인 논의는 조법종, 「청산별곡에 나타난 새와 사슴의 한국고대 종교문화적 전통」,(『한국고대사연구』 14, 1998) 참조.

2. 고구려 고분벽화에 반영된 단군인식

한국 고대사에 있어 단군관련 연구는 우리 민족사의 출발 및 고조선古朝鮮과 관련되어 있는 문제로서 매우 중요한 연구대상이다. 이 연구에서 기본적으로 문제가 되는 것은 단군의 역사성과 관련된 단군신화 형성시기에 대한 것이다. 즉 고려시대 기록인『삼국유사』에 관련 기록이 처음 나타나고 있다는 사실은 단군인식의 역사적 상한연대를 고려시대 이전으로 소급하는 데 어려움을 제공하고 있다. 이 같은 문제는 신화학 및 고고학적 성과를 바탕으로 단군신화의 원형탐구·곰토템 등과 연결된 시베리아 신석기 문화와의 연결 등을 통해 그 상한선을 높이는 작업들이 진행되어 나름의 큰 성과를 거두었다. 그러나 구체적인 문헌자료 및 유물 등과의 연결을 통해 파악하는 새로운 인식틀의 제공에는 미흡함을 보여주었다.

최근 북학학계에서 진행된 단군릉 관련연구와 함께 고구려 고분벽화에 반영된 모티브들에 대한 분석은 단군신화와 관련된 사실이 5세기 고구려 시대에 이미 인식되고 있었을 가능성을 보여주고 있다. 그러나 이에 대한 문헌사료적 연구와 접근은 이뤄지지 못하고 있는 형편이다. 본절에서는 이 같은 최근성과를 바탕으로 고구려 사회에 존재했을 단군인식의 연원과 내용에 대한 문헌적 검토를 진행하고, 이 같은 사실이 반영하는 역사-문화적 성격을 규명하는 작업을 진행하고자 한다.

주지하는 바와 같이 단군신화檀君神話는 13세기 찬술된 『삼국유사』와 『제왕운기帝王韻紀』에서 처음 나타나고 있다.88) 일본학자들은 이 같은 단군관련 사료의 출현시기가 고려시대 후기라는 사실을 문제삼아 후대 창작설을 제기했다. 즉 나가통세那可通世와 그의 견해를 강화한 백조고길白鳥庫吉은 불교의 전단목栴檀木과 연결시켜 단군명칭의 불교유래를 강조했다.89) 특히 금서룡今西龍은 단군신화가 고려시대 몽고침입기라는 상황에서 조작되었을 가능성과 근거사서인 『위서魏書』와 『고기古記』이 존재하지 않음을 강조하여 단군의 역사적 위치를 부정했다.90)

이 같은 일본학자들의 단군신화에 대한 후대창작설에 대해 한국학계는 단군신화의 연대상승으로 대응했다. 먼저 산동성의 무씨사당 화상석武氏祠堂畵像石이 단군신화를 반영했음을 주장하여 그 시기가 적어도 후한대까지 상승할 수 있음이 제기되었다.91) 이 견해는 이후 비판적 검토가 진행되었으나92) 단군인식의 연원을 시기와 대상을 넓혀 파악했다는 점에서 매우 의미있는 작업이었다.

한편 단군신화를 고고인류학적 관점에서 해석하여 새로운 단군인식이 제시되었다. 즉 단군신화의 중심주제는 곰이 여인으로 변해 단군을 출생하는 것으로서 이는 한국의 신석기 문화를 담당한 고아

---

88) 崔南善, 「『三國遺事』解題」,(『啓明』 18, 1927)〔『新訂 三國遺事』(三中堂, 1943)〕.
89) 白鳥庫吉, 「檀君考」,(『學習院普仁學會雜誌』 28, 1894)〔『白鳥庫吉全集 3』, 1970)〕. 이에 대한 비판은 권승안, 「단군명칭의 유래에 대한 일제어용사가들의 견해비판-'우두전단유래설'을 중심으로-」(『력사과학』 96-4, 1996), 56~60쪽.
90) 今西龍, 「檀君考」(『朝鮮古史の硏究』, 1937).
91) 金載元, 『檀君神話의 新硏究』(正音社, 1947).
92) 김원룡, 「무량사화상석과 단군신화에 대한 재고」(『한국미술사연구』, 1987) : 서영대, 「단군관계 문헌자료연구」(『단군 그 이해와 자료』, 1994).

시아족의 곰 숭배사상과 연결되는 것이 지적되었다.93) 그리고 환웅桓雄과 웅녀熊女의 결합은 신석기 문화와 청동기 문화의 융합으로 파악하여 단군신화는 신석기시대의 역사적 전승을 계승한 것임이 지적되었다. 또한 단군신화의 원전이라고 생각되는 『삼국유사』의 근거사료인 고기와 『위서魏書』에 대한 논의도 진행되어 단군이 민족시조라는 인식이 삼국시대 또는 고려 초에 이미 존재했을 가능성이 제기되었다.94)

한편 단군은 평양지역을 개척한 신격神格으로서 민속종교의 신앙대상 및 풍수도참설과 관련되어 존재하다가 고려시대 몽고침입하에서 저항의 이념적 토대로서 부각되었다는 견해도 제시되었다.95)

이 같은 견해와 함께 북한학계에서는 단군릉 발굴과 개건을 통한 새로운 고조선상 구축을 통해 평양지역을 중심으로 한 단군에 대한 기존인식을 재강화·부연했으며96) 동시에 단군신화의 연대관을 고구려시기까지 소급할 수 있는 새로운 자료를 제시했다.97) 즉 현재 집안지역에 존재하고 있는 씨름그림으로 유명한 각저총角抵塚 그림에 곰과 호랑이가 나무아래에서 씨름을 구경하는 모습이 확인되었으며 장천長川1호분의 백희기악도百戱伎樂圖로 알려진 그림 속에서 중앙의 나무와 그 나무를 향한 여인의 모습에서 웅녀의 단군잉태 기원모습과

---

93) 김정배, 「고조선의 주민구성과 문화적 복합」(『한국민족문화의 기원』, 고려대 출판부, 1973).
94) 김정배, 「단군기사와 관련된 고기의 성격」(『한국상고사의 제문제』, 한국정신문화연구원, 1987) : 이강래, 「삼국유사인용 고기의 성격」(『삼국사기 전거론』, 민족사, 1996).
95) 서영대, 앞의 논문(1994), 61~64쪽.
96) 사회과학출판사 력사편집실 편, 『단군과 고조선에 관한 연구론문집』(사회과학출판사, 1994) : 김교경, 「평양일대의 단군 및 고조선 유적유물에 대한 년대측정」(『조선고고연구』 1995-1, 사회과학원 고고학연구소, 1995) : 강인숙, 「고조선 건국년대와 단군조선의 존재기간」(『력사과학』 1995-1, 1995).
97) 강룡남, 「단군에 대한 고구려사람들의 리해와 숭배」(『력사과학』 96-3, 1996).

연결짓고 있고 특히 그림 좌측에 굴속에 곰 같은 동물이 웅크리고 있는 모습이 단군신화와 연결됨이 지적되고 있다.[98]

이 같은 지적은 단군신화의 연대제한을 극복하기 위한 기왕의 연구성과와 함께 매우 주목되는 내용이다. 즉 단군신화가 고구려와 구체적으로 연결되고 있으며 그 시기가 적어도 5세기로 편년되는 벽화고분에 등장하고 있기 때문에 단군신화 연대논의를 더욱 높이며 종래 고려시대 창작설 등을 일거에 말소할 수 있는 결정적인 자료로 활용될 수 있기 때문이다.

단군신화 관련소재가 포함된 것으로 파악된 각저총과 장천1호분은 5세기 초~중반으로 편년되고 있다.[99] 주목되는 점은 각저총과 장천1호분에서 모두 생활풍속 계통의 그림부분에서 이 같은 내용이 확인되고 있다는 점이다.

각저총은 현재 중국 길림성 집안현 태왕향 우산촌의 우산하 고분군에 속한 고분으로 1935년 조사[100] 이후 1966년 다시 실측되면서 집안 통구고분군 우산묘구 제457호묘(JYM457)로 명명된 무덤이다. 무덤의 외형은 절두방추형이며 직경 15m, 둘레 44m, 높이 4m로 집안지역 고분 외형을 4등급으로 구분했을 때 가장 작은 4등급[하급관리급] 규모다.[101]

---

98) 강룡남, 앞의 논문(1996), 54~56쪽.
99) 전호태, 『고구려 고분벽화연구』(사계절, 2000). 한편 주영헌은 각저총의 연대를 4세기 말로 추측하고 있다.[조선화보사, 『고구려벽화고분』(1985)]
100) 池内宏·梅原末治, 『通溝(下)』(日滿文化協會, 1940).
101) 최택선, 「고구려의 인물풍속도 무덤과 인물풍속 및 사신도무덤 주인공들의 벼슬등급에 대하여」(『력사과학』 88-1, 1988) ; 武家昌, 「미창구 장군총벽화 및 제벽화 피장자연구」(『고구려연구』 4, 1997). 이들 논문을 참조할 때 고구려 고분은 왕릉급-왕족급-상류귀족급-하급관리급 등 4단계로 구분된다.

[그림 6] 각저총 씨름그림

구조는 2실무덤 형식으로 5세기 초반으로 편년되고 있다.102)

　벽화내용은 앞방의 왼칸과 오른칸의 각 벽에 한 그루씩의 큰 나무를 그렸고 이음 길에는 사나운 개 한 마리를 그렸다. 널방에는 왼벽에는 화면 한가운데 커다란 나무를 그리고 그 왼편에는 부엌건물과 사람을, 오른편에는 씨름하는 역사와 심판을 보는 노인을 그렸다. 그리고 나무 밑동 좌우에는 곰과 호랑이 한 마리씩이 나무에 등을 기댄 채 서 있으며 나뭇가지에는 검은 새 여러 마리가 앉아 있다.

　장천1호분은 1970년 조사된 것103)으로 공식명칭은 집안 통구고분군 장천묘구 제1호묘(JCM001)이다. 무덤의 외형은 절두방추형이며 둘레

---

102) 강현숙, 「고구려 봉토석실분의 변천에 관하여」,(『한국고고학보』 31, 1994).
103) 吉林省文物工作隊·吉林省文物保管所(陳相偉·方起東), 「輯安長川一號壁畵墓」,(『東北考古與歷史』 1, 1982)〔崔武藏 編譯, 『增補 高句麗·渤海文化』(集文堂, 1985)〕.

제3장 고구려의 고조선 계승 349

[그림 7] 각저총 나무 밑의 곰과 호랑이 그림

88.80m, 높이 약 6m로 2실무덤 형식이다. 규모는 앞서의 4등급 구분에 의할 때 3등급에 속하는 상류귀족급 규모이다. 축조연대는 5세기 중반경으로 파악되고 있다.

벽화내용은 앞 방벽은 생활풍속도로, 고임부는 불·보살·천인·연꽃을 주요 제재로 삼아 장식했고, 널방벽과 고임은 연꽃으로 가득 채워 불교사원과 같은 느낌을 주는 구성을 보여주고 있다. 널방 천장석은 일월성수도로 그려져 있다.104) 각저총에 나타난 동물을 곰과 호랑이와 연결시켜 파악한 인식105) 이후 북한학계에서는 장천1호분에 나타난 중앙의 나무에 기원하는 여인의 모습과 곰의 동굴칩거 모습

---

104) 전호태, 앞의 책(2000), 45~50쪽.
105) 齊藤忠,「角抵塚の角抵(相撲)·木·熊·虎とのある畵面について」(『壁畵古墳の系譜』第三章)[『日本考古學硏究』二(學生社, 1989)].

등의 내용을 함께 연결시켜 고구려시기에 이미 단군신화적 인식이 존재했음을 강조했다.106)

　장천1호분 북벽벽화를 검토해 보면 그림의 내용이 크게 상하로 구분되어 구성되어 있음이 주목된다. 즉 상단은 이른바 백희기악百戲伎樂의 내용에 대응되는 내용이다. 백희百戲는 일종의 오락을 통칭한 것으로 중국사회에서 유행한 연희·오락적 행사였다.107)

　하단은 수렵도가 기본내용으로 되어 있다. 주목되는 점은 상단·하단 모두 큰 나무가 한 그루씩 묘사되어 있으며 상단의 경우 이 나무를 중심으로 좌우로 등장인물들이 서로 조응하는 형식으로 화면이 구성되어 있다. 하단의 경우는 좌측 끝 부분에 역시 나무가 그려져 있고 매사냥·기마수렵도가 화면내용을 구성하고 있는데 방향성은 상호 조응의 형식이기는 하지만 꼭 대응되는 것은 아니다.

　문제는 사냥대상물이다. 벽화에 나타난 동물은 꿩·사슴·호랑이·멧돼지 등 수렵대상과 함께 곰은 보호대상 같은 모습으로 나타나고 있다. 즉 이 벽화내용은 기존에 지적된 것처럼 백희기악도 속에서 신단수神檀樹와 연결될 수 있는 나무에 기원하는 형태가 인정되며 특히 동굴 속에 곰이 칩거하고 있는 모습은 단순한 칩거가 아닌108) 세계수世

---

106) 강룡남, 앞의 논문(1996), 56쪽.
107) "(天興)六年冬 詔太樂 總章 鼓吹增修雜伎 造五兵 角觝 麒麟 鳳皇 仙人 長蛇 白虎及諸畏獸 魚龍 辟邪 鹿馬仙車 高絙鈴咘埵長趫 緣橦 跳丸 五案以備百戲 大饗設之於殿庭 如漢晉之舊也 太宗初 又增修之 撰合大曲 更爲鍾鼓之節."(『魏書』 卷109, 「志」 14, 樂志)
　"始齊武平中 有魚龍爛漫 俳優 朱儒 山車 巨象 拔井 種瓜 殺馬 剝驢等 奇怪異端 百有餘物 名爲百戲 周時 鄭譯有寵於宣帝 奏徵齊散樂人 並會京師爲之 蓋秦角抵之流者也."(『隋書』 卷15, 「志」 10, 音樂下)
108) 이 모습을 단순히 곰의 동면모습으로 파악할 수 있다는 지적이 있다. 그러나 벽화의 동물묘사가 인간과의 관계에서 유지된 역할이 부여된 모습으로 즉 수렵대상 또는 수렵

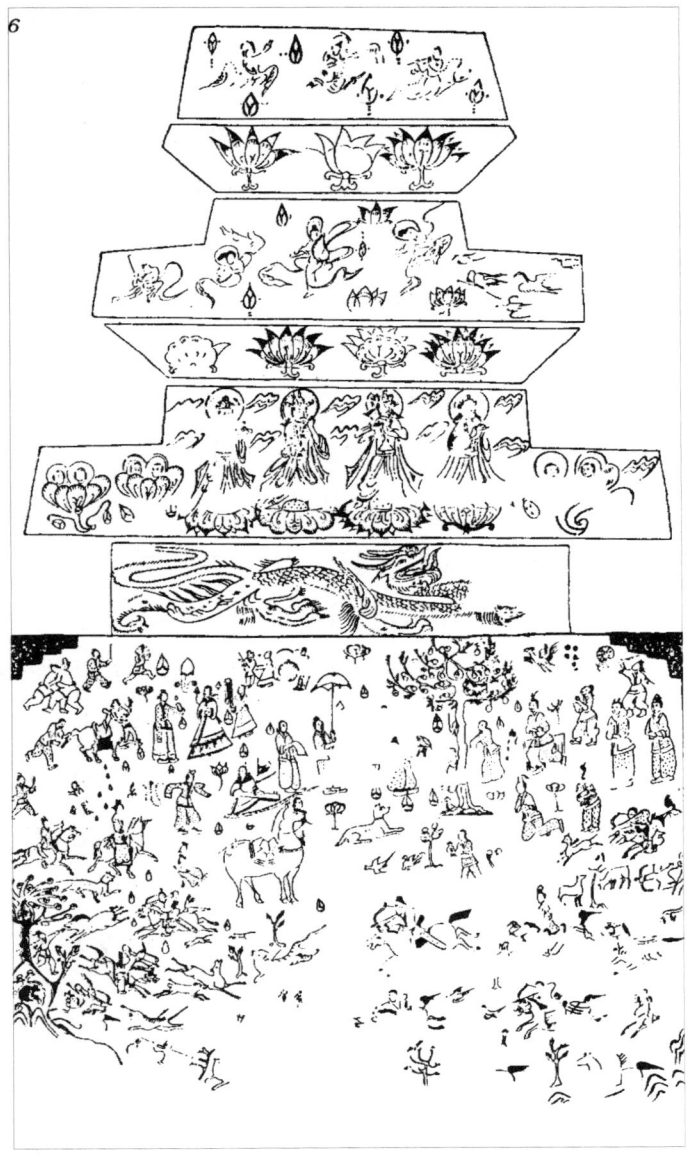

[그림 8] 장천1호분 북벽에 나타난 곰의 칩거모습
왼쪽 하단 나무 밑

界樹 성격을 띤 나무와 연결된 형태라는 점에서 특히 주목된다. 이는 바로 단군신화의 내용과 연결될 수 있는 중요한 모티브라고 생각된다.

또한 벽화고분에 나타난 내용이 전체 벽화내용과 어떻게 연결되는가에 대해서는 아직 구체적인 논고가 없으나 각저총의 곰과 호랑이가 단군신화의 소재와 연결된다는 사실은 대부분 공감하고 있다. 우선 주목되는 점은 두 사례이기는 하지만 집안集安일대에서는 이 같은 단군신화 관련소재가 벽화 속에 나타나고 있는 반면 평양주변 및 황해도 일대에서는 이 같은 소재가 확인되지 않고 있다는 점이다. 즉 단군과 평양과의 관련성109)은 현재까지 확인된 벽화고분의 내용으로는 연결지을 수 없다는 점이 지적될 수 있다.110) 따라서 벽화내용에 근거할 때 집안지역에서의 단군인식이 부각된다.

또한 두번째로 주목되는 점은 이들 고분의 연계성이다. 장천고분군은 5세기 전반경에 벽화고분이 축조되기 시작했는데 장천1호분은 단구상에 입지하여 고분군 가운데 최대·최고의 고분이다.111) 그 서쪽의 구릉 위에는 장천2호분이 위치하며 그 구릉 아래 평지에 적석총군積石塚群이 분포하고 있다. 이 장천고분군은 집안의 산성하山城下, 환인의 미창구米倉溝 고분군과 공통의 벽화모티브를 보여주고 있다는 점에서 동일 조묘집단造墓集團의 존재와 공통된 조영사상造營思想을 갖

매개말·매 등으로 나타나고 있음을 감안할 때 곰의 동굴칩거 및 세계수와의 연결은 신앙적 측면의 연결성을 상정케 된다.
109) 김성환, 「고려시대 평양의 단군전승」,(『문화사학』 10, 1998).
110) 이 같은 사실은 단군을 평양지역과 관련된 존재로 파악한 고려시대 이래의 인식과 상충되는 내용이다. 따라서 단군과 평양지역과의 연결은 장수왕대의 평양천도 이후 일정 시간이 경과된 상황에서 이루어졌을 가능성이 높다고 생각된다.
111) 崔武藏 編譯, 앞의 책(1985), 119쪽.

고 있었다고 볼 수 있으며 이는 평양의 감신총龕神冢 벽화에도 영향을 미친 것으로 파악되고 있다.112)

이 같은 사실은 환인-집안(장천·산성하)-평양으로 연결되는 특정집단의 연결성을 추측케 한다. 즉 환인지역에서부터 출발한 고분 조영집단이 집안-평양으로의 수도이전에 따라 나름의 독자적 성향을 유지하면서 고분조영에 이 같은 동일 조묘집단造墓集團의 특성을 나타낸 것이 아닌가 추정되며 그 내용 속에서 단군신화의 내용과 같은 부분이 유지 표현된 것으로 파악된다.

3. 맺음말

이 글에서는 고구려 사회에 존재한 단군인식에 대한 검토를 진행하여 단군인식이 집안지역 고구려 고분벽화에 반영되어 있으며 고구려 초기 왕통을 계승했던 소노부消奴部 즉 송양松讓집단의 시조인식이 단군檀君인식과 연결될 수 있음을 검토했다.

이같이 단군인식의 존재와 연원을 고구려 건국 초기단계로 상승시킴으로서 『삼국유사』 고조선조에 의해 제한되었던 단군신화의 형성시점 및 역사적 인식시점을 최소한 고구려 건국시점까지 연장할 수 있는 근거를 확보하게 되었다. 또한 이는 문화적으로 천군天君과 소도

---
112) 東潮, 「高句麗における橫穴式石室墳の出現と展開」(『高句麗考古學硏究』, 1997), 178~179쪽.

蘇塗로 대표되는 삼한지역의 샤머니즘적 종교문화와 연결될 가능성이 높음을 확인했다. 즉 단군과 관련된 기반문화는 삼한사회에 존재한 소도문화와 동일한 문화적 연계성을 갖고 있음을 확인할 수 있었다.

이는 종래 단군연구에서 가장 큰 문제였던 단군신화의 출현시기를 앞당길 뿐만 아니라 왜 단군신화가 삼국의 시조신화와 같은 전승과정을 갖지 못하고 후대에 부각되었는가를 해명해 주는 계기를 마련해 준다고 생각된다. 즉 주몽집단에 앞서 존재한 송양집단의 단군 시조인식이 고구려 사회에서는 비주류적 인식으로 유지되다가 통일신라-고려를 거친 뒤 전민족적 시조인식으로 새롭게 확산 재정립되었다고 파악된다. 단군신화는 송양의 시조인식 체계로서 천신天神과 산신山神적 성격이 복합된 존재인 단군을 정점으로 하는 시조신화였다고 이해된다. 이 단군은 삼한사회에 존재한 천군天君과 동일한 성격의 사제를 지칭하는 일반명사적 표현으로서 최초의 단군이 시조로서 추앙되었다고 이해된다.

이 같은 '단군'은 정치적 성장을 통해 자신들의 신성공간인 소도蘇塗를 중심으로 국가체로 발전해 송양국松讓國으로까지 발전했다. 이 같은 상황은 마한사회에 존재한 '신소도국臣蘇塗國'에 대응하는 양상으로 파악된다. 그러나 이들 송양집단 수렵-유목적 성향이 강한 산신적 성격의 단군 시조신화를 보유한 상태에서 새롭게 등장한 천신 및 농업신적 성격인 수신적 성향이 결합된 시조신화를 보유한 주몽집단에 의해 점차 압도되고 국가주도권을 상실했다고 생각된다. 즉 고구려 사회가 계루부를 중심한 왕족체계가 확립되고 추모鄒牟[朱蒙]으로 대표되는 건국신화를 체계화하면서 소노부의 단군 시조신화는 약화되었고 고구려 사회의 비주류적 인식으로 남게 되었다고 이해된다. 그 잔영이 각저총 및 장천1호분에 나타난 단군신화 관련소재의 표현으로 나타났다고 이해된다.

또한 광개토왕릉비문에 나타난 것과 같은 부여계통을 추가하는 추모신화의 정립은 이 같은 인식을 더욱 약화시켜 고구려 사회에서도 매우 미약한 인식체계로 남았다고 이해된다. 이 같은 상황에서 단군은 현재 평양지역의 지역신적 존재로 그 자취를 남겼다가 고려시기 새롭게 부각 강조되어 우리 민족의 전체 시조인식 체계로 정립되었다고 이해된다.113)

---

113) 단군인식의 이후 전개과정 및 재부상 과정에 대해서는 차후 별고에서 논의할 예정임. 한편 필자와는 다른 측면에서 단군신화가 고구려시기에 존재했음을 논한 김성환, 「단군신화의 기원과 고구려의 전승」(『단군학연구』 3, 2000)를 접하여 이에 소개한다.

제2장
고구려의 마한계승

1. 머리말

　　삼국의 삼한계승 문제는 신라의 삼국통일을 표방하는 '일통삼한—統三韓'인식과 최치원崔致遠의 견해가 제시된 이후 우리 역사의 체계확립이라는 측면에서 많은 논의가 진행되어 왔다. 일통삼한—統三韓이라는 고구려·백제·신라 '삼국'을 삼한에 대응시켜 삼한을 하나로 통일한다는 의미로서 삼한과 삼국이 대응되는 최초의 내용을 보여주는 표현이다.
　　그런데 이들 삼국이 구체적으로 삼한과 어떻게 대응되는가에 대한 내용은 최치원이 제시한 대응관계에서 확인되고 있다. 그런데 그 내용은 '마한馬韓-고구려高句麗', '변한卞韓-백제百濟', '진한辰韓-신라新羅'의 대응형식으로 나타나고 있어 현재의 인식내용과 상당한 차이를 나타내고 있음을 보여준다. 주목되는 사실은 이 같은 국가계승 인식이 김부식金富軾의 『삼국사기三國史記』, 일연一然의 『삼국유사三國遺事』 등에서 수용되었고 이승휴李承休의 『제왕운기帝王韻紀』에서는 보다 구체적으로 강조되고 있는 점이다. 즉 삼국시대와 가장 가까운 시기에 존재한 최치원·김부식·일연 및 이승휴 등 통일신라·고려시기 최고의 지식인들이 마한-고구려, 진한-신라, 변한-백제의 대응관계를 당연한 국가계승 관계로서 이해하고 있는 것이다.

그러나 이 같은 내용은 조선 중기이후 특히 실학자들의 우리 역사체계화 과정에서 비판되어 '삼한三韓=삼국三國'의 대응관계는 부정되고 마한馬韓-백제百濟, 진한辰韓-신라新羅, 변한卞韓-가야加耶로 연결되는 계통론적 인식체계가 확립되어 마한이 고구려로 연결되었던 이전시기의 인식이 수정되었고, 그 내용이 현재까지 연결되고 있다.

그렇다면 문제는 삼국시대에 가까운 통일신라·고려시대의 역사가들이 무슨 근거로 마한-고구려라는 대응사실을 비판없이 수용 소개하고 있는가라는 점이다.[1] 이를 비판한 실학자 이래의 연구에서 이 문제에 대한 논의가 있었지만 본격적인 검토와 이 같은 인식변화에 내포된 의미 등에 대해서는 구체적으로 논급하지 않았다. 따라서 본고에서는 현존사료상 가장 최초로 이 같은 인식을 제시한 최치원 이래 고려시대 역사가들에게서 나타나고 있는 마한-고구려로 연결되는 계통론적 인식이 어떻게 형성되었으며 이후 어떤 양상으로 정착 변화되었는가를 검토하고자 한다.[2] 이를 통해 우리 역사인식의 기본

---

[1] 물론 卞韓-百濟의 대응관계도 많은 논란이 있지만 본고에서는 마한-고구려의 대응관계를 중심으로 논의를 진행하고자 한다.
[2] 특히 고려시기의 역사서에 집중적으로 이 같은 이해가 소개되고 있다는 사실은 고구려 계승을 표방한 고려의 입장에서 그 전대의 역사체로서 마한을 상정 수용하고 있다는 점

체계에서 이 같은 사실이 발생한 원인으로서 첫째로 고구려의 고조선 계승인식古朝鮮繼承認識의 존재, 둘째로 고조선-고구려 계승인식과 고조선 준왕準王의 마한馬韓지역 피난사건의 연결, 셋째로 이 같은 사실을 적절히 활용한 신라의 통일정책 등에 있음을 확인할 수 있었다.

2. 고구려와 마한

1. 고구려 시기의 마한인식

고구려와 마한이 연결될 수 있는 사료는 『후한서』 안제기安帝紀에 등장하는 다음 기록과 『후한서』 고구려조의 내용에 나타나고 있다.

> ○冬十二月 高句麗馬韓穢貊圍玄菟城 夫餘王遣子 與州郡幷力 討破之.〔『後漢書』, 「安帝紀」 建光 元年(121)〕
> ○春二月 夫餘王遣子將兵救玄菟 擊高句麗·馬韓·穢貊 破之 遂遣使貢獻.〔『後漢書』, 「安帝紀」 延光 元年(122)〕
> ○建光 元年 秋 宮率馬韓濊貊數千騎 圍玄菟 夫餘王遣子尉仇台 將二萬餘人 與州郡幷力討破之 斬首五百餘級.〔『後漢書』, 「東夷傳」, 高句麗〕

이들 기록은 『삼국사기』에는 태조왕 69·70년의 기록으로 나타나

에서 고려시기의 마한인식에 대한 검토는 차후 천착코자 한다.

고 있다.

○太祖王 六十九年 十二月 王率 馬韓·穢貊 一萬餘騎 進圍玄菟城. 扶餘王 遺子尉仇台 領兵二萬 與漢兵幷力拒戰 我軍大敗.(『三國史記』 15, 「高句麗本紀」 3)
○太祖王 七十年 王與 馬韓·穢貊 侵遼東 扶餘王遺兵救破之. 馬韓以百濟溫祚 王二十七年 滅 今與麗王行兵者 盖滅而復興者歟.(『三國史記』 15, 「高句麗本紀」 3)

사료에 나타난 내용은 고구려 태조왕이 마한馬韓·예맥穢貊을 동원하여 현토와 요동에 대한 공격을 진행하는 내용이다.3) 이 내용은 고구려와 마한과의 관계를 확인시켜 주는 첫 자료로서 나타나고 있다. 이를 고구려에 복속된 고조선계古朝鮮系로 파악한 견해가 있으나4) 이는 한예韓穢로 축약될 수 있는 표현으로 고구려에 복속된 존재로서 '마한馬韓'으로 지칭된 정치세력이 존재한 것으로 이해하는 것이 적절하다고 생각된다.5) 즉 마한의 시공적 범위가 고구려와 연결될 수 있다는 점에서 고구려와 마한연결의 첫고리로 이해된다.

한편 고구려인들의 마한에 대한 당대인식을 볼 수 있는 자료는 광개토왕릉 비문에 나타나고 있는 신래한예新來韓穢라는 표현, 백잔남거한百殘南居韓·두비압잠한豆比鴨岑韓 등 '○○한韓'으로 표현된 존재들이다. 이는 종족명을 활용한 표현6)으로서 광개토왕시 마한馬韓 또는 한韓에

---

3) 여기서 특히 주목되는 사실은 『三國史記』의 찬자인 김부식이 마한이 백제에 의해 이미 온조왕 27년에 멸망했음에도 다시 고구려와 관련되어 군사행동을 하고 있음에서 약간의 혼란을 느꼈고 이를 해결하기 위한 합리적 해석으로서 다시 부흥된 마한을 상정하고 있다.
4) 강종훈, 「백제 대륙진출설의 제문제」,(『한국고대사논총』 4, 1992), 436~439쪽.
5) 조법종, 「광개토왕릉비문에 나타난 수묘제 연구」,(『한국고대사연구』 8, 1995).
6) 韓穢라는 의미는 고구려에 예속되었던 시기의 百濟지역을 포괄하는 용어로서 고구려에

대하여 고구려가 어떠한 종족적 연결성이나 명칭적 우대 등은 나타나고 있지 않음을 보여준다. 그러나 광개토왕廣開土王이 이들을 구민舊民과 함께 수묘인守墓人으로 차정하고 있음에서 이들에 대한 동일한 통치이념이 형성되었음을 알 수 있다. 따라서 고구려인들은 마한과 자신들을 바로 연결시키는 인식이 광개토왕대에는 존재하지 않았으나 여러 연결고리에 의한 연계성이 형성되었음을 보여주고 있다.

그런데 장수왕대長壽王代의 평양천도平壤遷都는 '선인왕검仙人王儉'에 대한 새로운 이해와 고구려사와의 연결성을 찾게 해준다. 즉 김부식의 『삼국사기』에서 평양의 역사성에 대해 유일하게 언급하고 있는 내용이 동천왕東川王이 일시적으로 평양으로 피신한 사건에 대한 주기로서 평양이 선인왕검지택仙人王儉之宅이라는 관점에서 언급되고 있음이 주목된다.7) 즉 고구려의 평양천도를 설명하면서 언급될 수 있는 내용이 선인왕검仙人王儉과의 관련성이라는 점이 중시되고 있다. 또한 역도원酈道元과 대화를 나누었던 고구려 사신도 평양이 낙랑지역이라는 사실을 언급하고 있어8) 그 전단계인 고조선에 대한 이해와 역사적

서 인식되었던 것으로 이해된다. 광개토왕릉비문에서 백제와 관련된 표현으로인 '百殘'·'殘主' 등은 백제라는 정치체를 무시 비하하는 고구려의 입장이 반영된 것으로서 백제라는 표현을 쓰지 않고 과거의 연고성을 강조하며 이들이 새로이 편입된 '新民'임을 강조할 목적으로 '韓濊'가 사용되었다고 이해된다.〔조법종, 「광개토왕릉비문에 나타난 수묘제연구 -수묘인의 편제와 성격을 중심으로-」(『한국고대사연구』 8, 1992)〕

7) "二十一年 春二月 王以丸都城經亂 不可復都 築平壤城 移民及廟社 平壤者本仙人王儉之宅也 或云 王之都王險."〔『三國史記』 17, 「高句麗本紀」 5, 東川王〕 이 기록은 관련사항을 중국사료 등에서는 존재하지 않는 내용으로 고려 이전 즉 고구려 시기에 이 같은 인식이 이미 존재했다고 상정된다.

8) "余訪蕃使 言城 浿水之陽 其水西流逕故樂浪朝鮮縣 卽樂浪郡治 漢武帝置 而西北流 故地理志曰 浿水西至增地縣入海 又漢興 以朝鮮爲遠 循遼東故塞 至浿水爲界 考之今古 於事差謬 盖經 誤證也."〔『水經注』〕

대응관계도 인식하고 있을 것이라는 사실을 확인시켜 주고 있다.

한편 고구려인들의 고유신앙 형태에 대한 기록에서 『주서周書』에는 "敬神佛法 又好淫祀"라 하고 『북사北史』에서는 "信佛法 敬鬼神 多淫祀", 『수서隋書』에서는 "敬鬼神 多淫祀"라 했는바 구체적 내용으로 『구당서舊唐書』에서 "其俗多淫祀 祀靈星神 日神 可汗神 箕子神"이 나타나고 있다. 즉 평양천도 이후 고구려인들은 적어도 선인왕검仙人王儉에 대한 이해와 고조선의 존재에 대한 구체적인 입장이 확립되기 시작했으며 특히 기자사당箕子祠堂이 존재하고 잡신雜神에게 제사드린다는 『구당서』의 내용은 기자숭배가 전체 사회적으로 인식되고 있음을 확인시켜 준다. 또한 기자箕子와 함께 숭상된 '가한신可汗神'이 단군檀君일 가능성도 지적되고 있는바9) 적어도 고구려 당대에 기자에 대한 숭배의식이 존재했음을 보여주고 있다.

그뿐 아니라 기자를 숭배했다는 사실은 기자동래箕子東來에 관한 사료와 기자를 계승한 고조선 준왕準王의 남천, 그리고 그의 국가적・혈연적 계승성이 삼한三韓 특히 마한馬韓으로 연결되었다는 사실에 대한 인식도 『위략魏略』・『삼국지三國志』 등의 사서를 통해 갖고 있었다고 파악된다. 특히 기자사당의 존재와 이에 대한 공식적인 제사가 진행된 사실10)은 중국과의 대등성을 부각한다는 점에서 오히려 고구려인들

고구려 文咨王代(492~519) 당에 간 고구려 사신의 언급에서 平壤이 樂浪朝鮮縣과 연결되고 있다는 사실을 인식하고 있다는 사실은 적어도 고조선의 역사성과 이 지역의 선인왕검과의 관련성을 인식하고 있다는 추정이 가능하다고 생각된다.

위의 사료에서 고구려 사신의 말이 어디까지인지가 논란이지만 역도원이 낙랑의 위치에 대한 나름의 관심이 있었던 점을 감안할 때 낙랑관련 언급도 고구려사신의 언급일 가능성이 높다고 생각된다.

9) 韓永愚, 「高麗와 朝鮮前期의 箕子認識」(『朝鮮前期社會研究』 1983), 232쪽.

이 이를 적극적으로 활용하고 부각했을 가능성도 높다고 생각된다.11)

이 같은 가정이 성립된다면 고구려인들은 평양천도 이후 종래 한韓으로 지칭되는 존재들에 대한 인식이 변화되거나 최소한 이적시夷狄視하는 관점은 수정었을 가능성이 높다고 생각된다.12) 즉 광개토왕에 의한 한예 등 한반도 중남부 지역민에 대한 포용정책이 적극적으로 추진되었고 이를 바탕으로 장수왕의 평양천도平壤遷都 이후 마한馬韓 등지에 대한 새로운 이해와 입장이 강화되었다고 파악된다. 이와 함께 기자와의 관계가 재정립 강화되면서 기자교화箕子敎化의 실천장인 조선13)과 고조선의 마지막 수도인 왕검성을 수도로서 계승한 고구려는 고조선과의 연결고리를 확보케 되었고 고조선의 마지막 왕 준왕準王이 남하한 마한에 대한 새로운 인식과 연결이 자연스럽게 형성될 수 있었다고 추측된다.

---

10) 『三國史記』 권32, 「지」 1, 제사 12: "『唐書』云: '高句麗俗多淫祠, 祀靈星及日・箕子・可汗等神. 國左有大穴, 曰神隧, 每十月, 王皆自祭.'"
11) 「고구려본기」 8, 영양왕: "十八年, 初 煬帝之幸啓民帳也, 我使者在啓民所. 啓民不敢隱, 與之見帝. 黃門侍郞裵矩說帝曰 '高句麗本箕子所封之地, 漢・晉皆爲郡縣. 今乃不臣, 別爲異城, 先帝欲征之久矣.'"
   배구의 언급은 단지 중국인들의 견해일 뿐만 아니라 고구려가 중국과 상대하는 과정에서 중국에 대한 자존적 차원에서 기자의 존재를 강조했을 소지가 강한 내용으로 이해된다.
12) 예컨대 韓穢로 지칭되던 표현이 중원고구려비에서는 東夷로 바뀌고 있음에서 그 단초를 확인케 된다. 즉 과거 광개토왕대의 韓穢로 포괄되던 한반도 중남부 지역의 세력에 대한 표현이 비록 대상이 신라로 바뀌기는 했지만 東夷라는 표현으로 대치되고 있은 사실은 매우 주목되는 표현의 변화라고 이해된다. 신라의 경우도 9韓이라는 표현으로 주변 전체의 외적에 대한 개념을 유지하고 있는 것에 비해 고구려는 동이라는 보통명사적 표현과 개략적 표현을 활용하고 있는 것이다.
13) 한편 고구려 후기에는 중국영향에 의해 상당한 사상계의 변화와 중국 전통신관 등이 고구려벽화에 반영되고 있는데 이는 箕子東來와 箕子에 의해 새로운 문명이 창조되었다는 사실을 나름대로 문명권의 근거로 활용할 가능성이 높고 이를 계승한 마한의 역사적 의미를 재해석하거나 의미부여를 했을 가능성이 높다.

이 같은 논리는 앞서 언급된 이승휴의 『제왕운기帝王韻紀』에서 마한과 고구려를 연결짓는 이유로서 마한왕검성馬韓王儉城에서 고구려가 개국했다는 사실과도 연결된다. 또한 일연이 고구려에 마읍산馬邑山이 있기 때문에 고구려를 마한이라 한다는 논리[14]도 같은 맥락에서 제시된 견해이다. 즉 평양에 존재한 마읍산의 존재는 고구려의 평양천도가 전제되어야 형성될 수 있는 개념이며 고구려가 마한으로 인식되기 위한 전제인 마읍산馬邑山이 평양부근이라는 사실은 고구려가 평양지역으로 천도한 이후에야 이 같은 마한馬韓과의 연결고리가 생길 수 있었다는 사실을 반증하는 자료로서 이해된다.

결국 고구려高句麗와 마한馬韓의 연결단서는 평양지역의 선인왕검에 대한 숭배의식과 그 계승성속에 위치한 기자숭배箕子崇拜와 그 후손으로 인식되는 준왕準王과의 관련성이 전제된 연결고리로서 파악된다. 이 같은 관점에서 볼 때 고조선의 국가적 정통성이 준왕으로 이어져 마한이 이를 승계했다는 인식이 이미 고구려 당시에도 형성되어 있을 가능성이 높음을 추찰케 한다. 또한 각저총의 벽화내용 속에 나무 밑에서 씨름구경하고 있는 곰·호랑이 모습과 장천1호분 벽화에서 마치 웅녀가 햇빛을 피해 굴속에 들어가 있는 모습을 연상시키는 '굴속의 곰모습' 등에서 고구려인들이 단군신화檀君神話에 대한

---

14) 마읍산에 관한 자료는 『삼국사기』에 두 자료가 나타나고 있는데 당의 소정방이 고구려를 공략할 때 패강에서 고구려 군을 파하고 마읍산을 빼앗자 평양성을 포위할 수 있었음을 보여주고 있다.
"秋八月 蘇定方破我軍於浿江 奪馬邑山 遂圍平壤城."[『三國史記』22, 「高句麗本紀」10, 寶藏王二十年]
"三國有名未詳地分. 馬邑山."[『三國史記』36, 「志」6, 地理 4]
따라서 마읍산은 평양성 방어의 최대거점이자 인근지역임을 보여주고 있다.

인식이 존재했음을 추측케 한다.15) 이러한 자료들은 고구려가 표방한 동명신화에 입각한 시조 전승설화와 함께 단군檀君-기자箕子-준왕準王-마한馬韓으로 연결되는 계통을 고구려高句麗가 계승했다는 인식이 존재했다는 가능성을 상정할 수 있다고 생각된다.16)

　이 같은 사실은 고구려가 멸망한 뒤 안승安勝과 고구려高句麗 유민들을 금마저金馬渚에 옮기고 보덕국報德國을 건립케 한 사실과도 밀접히 연결되어 있다. 즉 고구려 유민들을 하필이면 왜 금마金馬지역에 옮겨 보덕국報德國을 세우게 했는가라는 문제가 제기될 수 있기 때문이다. 기본적으로 이 문제는 이이제이책以夷制夷策 즉 고구려 유민을 통해 백제유민을 제어하기 위한 것이라는 논리로서 설명할 수도 있지만17) 다음 사료의 내용은 고구려 유민들을 상당히 유화적으로 포용하고 있으며 안승에 대해 주몽朱蒙 이래의 전통과 특히 제사祭祀의 계승에 대해 강조하고 있음에서 금마지역이 이 같은 측면에서 고려될 소지가

---

15) 이 문제에 대해서는 왜 단군으로 이해되는 선인왕검에 대한 인식은 평양지역에 있는 데 반해 단군신화의 내용과 연결되는 벽화는 집안지역에만 존재하는 가에 대한 반론이 제기될 수 있다. 이는 고구려 국가형성과 관련된 주도세력 문제와 관련된 것으로 파악되는바 고구려의 고조선 계승성 문제에 대한 별고에서 상론하고자 한다.

16) 한편 仙人王儉에 대한 인식이 평양중심으로 유지된 사실과 檀君神話 관련내용으로 추측되는 벽화내용이 평양이 아닌 集安 일대에 존재하고 있어 지역적 상치성을 보여준다는 문제가 제기된다. 그러나 이 같은 전승자료의 지역적 불일치 문제는 東明神話를 시조신화로 유지했던 집단과 함께 檀君神話를 시조 전승신화로 유지한 집단의 약화와 이동에 의한 현상으로 추측되는바 「고구려의 고조선 계승인식」과 관련된 별도논문에서 검토하고자 한다.

17) "太宗武烈王 八年 六月 大官寺井水爲血, 金馬郡地流血廣五步. 王薨. 諡曰武烈."(「三國史記」5, 「新羅本紀」5) 이 사료는 태종무열왕의 죽음을 암시한 징조들이 금마군에서 일어나고 있다는 점에서 신라에게는 강한 저항세력의 거점으로 이 지역이 인식되었을 가능성이 높다. 따라서 고구려 유민을 통해 이 지역을 통제하고자 하는 정치적 의도가 강할 것이라는 점을 추측케 한다.

있음을 보여주고 있다.

文武王十年 六月 高句麗水臨城人 牟岑大兄 收合殘民 自窮牟城 至浿江南 殺唐官人及僧法安等. 向新羅行 至西海史冶島 見高句麗大臣 淵淨土之子安勝 迎致漢城中 奉以爲君 遣小兄多式等 哀告曰 興滅國 繼絶世 天下之公義也 椎大國是望. 我國先王目失道見滅 今臣等得國貴族安勝 奉以爲君 願作藩屛 永世盡忠." 王處之國西金馬渚… 遣沙湌須彌山 封安勝爲高句麗王. 其冊曰: "維咸享元年歲次庚午秋八月一日辛丑 新羅王致命高句麗嗣子安勝. 公大祖中牟王 積德比山 立切南海 威風振於靑丘 仁敎被於玄菟. 子孫相繼 本支不絶 開地千里 年將八百. 至於津·産兄弟 禍起蕭墻 釁成骨肉 家國破亡 宗社湮滅 生人波蕩 無所託心. 公避危難於山野 投單身於隣國 遊離辛苦 迹同晉文 更興亡國事等衛侯. 夫百姓不可以無主 皇天必有以眷命 先王正嗣 唯公而已 主於祭祀 非公而誰 謹遣使一吉湌金須彌山等 就披策命公 爲高句麗王 公宜撫集遺民 紹興舊緖 永爲隣國 事同昆弟 敬哉敬哉.〔『三國史記』 6, 「新羅本紀」 6〕

사료에 나타난 내용은 고구려 유민을 모아 검모잠劍牟岑이 안승安勝을 왕으로 추대하고 신라에 귀부한 내용이다.[18) 신라는 이들을 환대하고 현재의 익산지역인 금마저金馬渚 지역에 이들을 안치시켜 안승을 고구려왕高句麗王으로 책봉하고는 보덕국報德國을 건립시켰다.[19) 여기서 강조된 명분은 안승을 통해 고구려의 계통을 계승하고 제사祭祀를 유지케 한다는 것이다. 물론 이 같은 처리내용은 특히 백제百濟와 대비

---

18) 『三國史記』, 「高句麗本紀」 10, 寶藏王27年: "是高宗摠章元年戊辰歲也. 二年 己巳二月 王之庶子安勝 率四千餘戶 投新羅. 夏四月… 劍牟岑欲興復國家 叛唐 立王外孫安舜爲主. 唐高宗遣大將軍高侃 爲東州道行軍摠管 發兵討之. 安舜殺劍牟岑 奔新羅."

19) "文武王 十四年… 九月 命義安法師爲大書省 封安勝爲報德王十年 封安勝高句麗王 今再封 不知報德之言 若歸名等耶 或地名耶."〔『三國史記』 7, 「新羅本紀」 7〕

되는 것으로 고구려에 대한 우호적인 태도를 확인시켜 주고 있다.

이 같은 상황에서 신라가 고구려의 유민들을 금마지역으로 유치시킨 것은 이들에게 이 지역이 고구려와 밀접한 연결관계가 있음을 부각시키고 그 같은 제사계승 차원에서 이 지역이 고구려가 계승성을 인식하고 있는 고조선의 준왕準王이 남래한 지역이라는 사실을 제시했을 가능성이 높다고 생각된다. 즉 신라는 고구려 유민에게는 준왕의 남래지점으로서의 금마의 역사성을 부각시키고 실질적으로는 백제의 가장 중요한 거점중의 하나를 고구려인들이 장악케 함으로써 이들을 서로 통제하는 명분과 실리를 확보할 수 있었다고 생각된다.

특히 금마산金馬山은 견훤甄萱과 일연一然의 언급에서 강조된 것처럼 마한의 역사성을 준왕과 연결시켜 주는 중요한 지역이라는 점에서 이를 확인케 한다.20) 즉 견훤과 일연 모두 마한이 준왕의 정통성을 계승했다는 사실을 금마산의 존재와 연결짓고 있다는 사실은 이 같은 인식이 단지 통일신라시대적 관점에서 형성된 것이 아니라 이미 『위략魏略』・『삼국지三國志』・『후한서後漢書』 등에 언급되고 있는 준왕의 남천사실이 삼국시대부터 강하게 인식되고 있었음을 반증한다고 생각된다.

한편 이상의 추론을 바탕으로 확인된 마한馬韓=고구려高句麗라는 인식은 기왕에 해석키 곤란한 마한인馬韓人이 진한辰韓의 왕으로 존재했다는 다음 사료에 대한 해명이 가능하리라고 생각된다.

---

20) 報德國도 결국 신라에 대한 모반을 진행하다가 와해되고 그 주민들도 다시 국남주군에 분산배치되어 고구려 유민의 결집력이 사라지게 되었다.
『三國史記』8,「新羅本紀」8, 神文王四年:"冬十月, 自昏及曙, 流星縱橫. 十一月, 安勝族子將軍大文 在金馬渚謀叛, 事發伏誅. 餘人見大文誅死, 殺害官吏, 據邑叛, 王命將士討之, 逆鬪幢主逼實死之. 陷其城, 徙其人於國南州郡, 以其地爲金馬郡."

『三國志』弁辰傳: …辰王常用馬韓人作之 世世相繼 辰王不得自立王 魏略曰 明其流移之人 故爲馬韓所制.

이 기록은 변진조에 기록되고 있으나 진한에 관한 내용으로 이해되는바 이후 『진서晉書』21)·『양서梁書』22) 등에 계속되고 있다. 이 사료가 갖는 문제는 마한인이 진한의 왕이 된다는 사실에 대한 명확한 답이 제시되지 않고 있는 점이다.

이는 앞서 진행한 마한=고구려 인식을 통해 문제해결의 가능성이 있다고 생각된다. 즉 『수서隋書』 신라전의 신라 건국관련 기록 가운데 관구검毌丘儉 침입시 옥저沃沮로 피한 고구려 잔류민들이 신라를 건국했다는 내용은 고구려계 사람이 신라의 왕으로 존재했다는 내용으로 연결된다.23) 이 같은 인식이 마한馬韓=고구려高句麗 계승인식과 연결될 때 마한인이 진한왕辰韓王이 되었다는 표현으로 연결될 수도 있다고 생각된다.24)

---

21) 『晉書』 97, 「列傳」 67, 辰韓: "辰韓常用馬韓人作主 雖世世相承 而不得自立 明其流移之人 故爲馬韓所制也."
22) 『梁書』 54, 「列傳」 48, 新羅: "又辰韓王 常用馬韓人作之 世相系 辰韓不得自立爲王 明其流移之人故也. 恒爲馬韓所制."
23) 이는 이후 전개된 고구려-신라 사이의 사건 즉 내물왕·실성왕·눌지왕대의 고구려 영향력[『삼국유사』 1, 「기이」 2, 내물왕 김제상, 제18 실성왕] 내용과 신라에 주둔한 고구려 군의 존재[『日本書紀』 14, 雄略紀 8年: "於是 新羅王乃知高麗僞守 遣使馳告國人曰 人殺家內所養鷄之雄者 國人知意 盡殺國內所有高麗人"] 그리고 중원고구려비에 나타난 고구려의 위상 등을 통해 확인되는 내용이다.
24) 이 문제는 陳壽(233~297)가 편찬한 『三國志』의 연대가 중국의 삼국시대(220~267)를 대상으로 하고 있다는 점에서 東川王 18~20년(244~246) 사이에 전개된 위의 毌丘儉과의 항전 시기와 너무 근접해 있다는 점에서 문제가 지적될 수 있다. 즉 이 때 도피한 고구려 유민이 신라왕위를 장악했다 하더라도 대대로 계승했다는 내용을 설명하기는 곤란하기 때문이다. 그러나 이 때 신라를 장악한 고구려 유민들이 자신들의 연고성을 소급하거나 일부

이상에서 살펴본 것처럼 고구려인들은 평양천도 이후 고조선의 역사성 즉 단군檀君·기자箕子 등의 존재에 대한 이해가 새롭게 강화되었다고 생각된다. 이 같은 인식은 고조선의 역사적 계통성이 준왕의 남래라는 사실과 연결되어 마한과의 연결고리를 형성시켰으며 영토적 계승보다는 국가계승인식이라는 측면에서 마한과의 연결이 형성되었다고 사료된다. 이 같은 인식은 삼한이라는 표현이 우리 민족을 통칭하거나 고구려만을 지칭하는 용어로서 사용된 경우에서 보듯이 신라의 일통삼한一統三韓 의식과 연결되어 삼한을 삼국과 일대일 대응시키는 인식으로 발전 고착화되었다고 생각된다.

특히 신라는 고구려 유민들로 하여금 금마金馬지역에 보덕국報德國을 건립시켜 준왕準王의 남래 이래 형성된 마한馬韓과의 관념적 연결고리를 현실적으로 계승케 함으로써 신라의 일통삼한의 명분을 더욱 고착화하는 체계로서 활용했다고 생각된다. 이를 통해 이 같은 인식은 더욱 설득력을 얻고 통일신라시대에는 일반적인 인식체계로 확립되어 이후 고려-조선에 이르는 한국 고대국가 계승인식의 기복축으로서 기능했다고 파악된다.

2. 중국사서에 나타난 삼한·삼국 대응양상

중국자료에 나타나고 있는 삼한관련 표현은 『삼국지』와 『후한서』

확대했을 가능성을 상정한다면 전혀 불가능하다고 생각되지는 않는다.

에 역사-지리적 상황에 대한 자세한 기록을 제시한 이후 비교적 정확하게 우리 민족을 지칭하는 표현으로 사용되었다.

> 韓在帶方之南 東西以海爲限 南與倭接 方可四千里. 有三種 一曰馬韓 二曰辰韓 三曰弁韓. 辰韓者 古之辰國也. 馬韓在西. 其民土著.(『三國志』 30, 「魏書」 30, 韓)

이 같은 사실은 중국의 역대사서에서 언급되고 있는 각 국가의 선후계승관계에 대한 인식내용에 잘 나타나고 있다. 이들 내용을 정리하면 〔표 12〕과 같다.

[표 12] 중국사서에 나타난 삼국의 계통

	고구려	백제	신라	
梁書	北夷 橐離國	三韓國= 馬韓·辰韓·弁韓	辰韓種=秦韓秦亡人	남사 북사 한원
魏書	夫餘	夫餘		
周書	夫餘	馬韓屬國 夫餘別種 始國於帶方		
北史	夫餘	馬韓之屬國 出自索離國 帶方故地	辰韓種=秦韓秦亡人 漢時樂浪地	
南史	夫餘	三韓國= 馬韓·辰韓·弁韓	辰韓種=秦韓秦亡人	北史 내용인용
隋書	夫餘	高麗國 帶方故地	毌丘儉 침입 피난 高句麗殘留民 通典· 文獻通考	
舊唐書	夫餘之別種 漢樂浪郡之故地	夫餘之別種 馬韓故地	弁韓之苗裔 漢時樂浪之地	
新唐書	夫餘別種 漢樂浪郡	夫餘別種	弁韓苗裔冊府元龜 漢樂浪地	

표에 나타나고 있듯이 중국인들은 기본적으로 고구려高句麗 = 부여 夫餘, 백제百濟 = 부여별종夫餘別種, 마한馬韓, 신라新羅 = 진한辰韓[中國流民], 고구려 유민高句麗遺民, 변한弁韓의 대응관계를 유지했다. 주목되는 사실은 마한은 고구려와 연결짓지 않고 백제와 연결지어 파악하고 있는 점이다. 또한 역사-지리적 상황파악에서도 삼한三韓지역이 백제와 신라에 의해 장악되었음을 명확히 언급하고 있었다.25) 이 같은 사실은 당唐이 백제를 붕괴시킨 뒤 설치한 5개의 도독부都督府의 명칭에 있어서도 마한馬韓이 설정된 사실에26) 의해 당대唐代까지의 중국인들의 삼국의 역사 연결체계에 대한 혼란은 없다고 생각된다.

그런데 7세기경 이후의 자료에서는 삼한三韓이 역사적 실체와는 관계없이 요하遼河 이동지역 또는 삼국을 통칭하는 용어로서 활용되어 삼한三韓 = 삼국三國이라는 대응인식의 단초를 제공했다. 그러나 이는 삼한의 개별적 대응국가를 염두에 둔 표현이라기보다는 범칭적 성격이 강한 것으로 이해되고 있다.27) 이 같은 내용을 보여주는 사료는 다음과 같다.

…漢高祖挺神武之宏圖 掃淸禍亂 矯秦皇之失策…逮于孝武 務勤遠略 南兼百越 東定三韓 通笮之險塗 斷匈奴之右臂.[『隋書』29,「志」24, 地理上 序言]

사료에서는 수대隋代에 과거 한대漢代에 위만조선을 공격한 사실을

---

25) 『通典』185,「邊方」1, 東夷上 弁辰: "… 三韓蓋爲百濟 新羅所呑幷."
26) 『구당서』199상, 『열전』149상, 백제.
27) 이는 수와 당이 삼국을 그들의 封國으로 인식하고 삼국의 영역을 그들의 군현이 있던 지역이라고 간주한 데서 나타난 三韓・五郡이라는 표현의 연장선에서 나타난 것으로 파악되고 있다.[盧泰敦,「三韓에 대한 認識의 變遷」,『韓國史硏究』38, 1982.9)]

설명하면서 삼한이 사용되어 삼국에 앞서 고조선까지도 삼한이라는
표현으로 망라되고 있음을 볼 수 있다.

至如海東三國 開基自久 並列疆界 地實犬牙 近代已來 遂構嫌隙 戰爭交起
略無寧歲 遂令三韓之氓 命懸刀俎.〔『舊唐書』199上,「列傳」149上, 百濟〕

위의 사료에서는 당대唐代에 우리의 정치상황을 설명하면서 삼국과 삼한을 대응시켜 설명하고 있다. 그런데 다음 사료들의 내용은 삼한이라는 표현이 수隋나라가 고구려를 공격하기 위한 논의를 하는 가운데 요동지역 또는 고구려를 지칭하는 표현으로 사용되고 있음을 보여주고 있다.[28]

о『北史』94,「列傳」82, 高句麗:"自魏迄隋 年移史代 時方爭競 未遑外略 洎
開皇之末 方征遼左 天時不利 師遂無功 二代承基 志苞宇宙 頻踐三韓之地
屢發千鈞之弩 小國懼亡 敢同困獸 兵不載捷 四海騷然 遂以土崩 喪身滅國
兵志有之曰 務廣德者昌 務廣地者亡 然遼東之地 不列於郡縣久矣."
о『隋書』76,「列傳」41, 文學 虞綽:"來蘇興怨 帝自東征 言復禹績 乃御軒營
六師薄伐 三韓肅淸 襲行天罰 赫赫明明."
о『隋書』81,「列傳」46, 東夷:"史臣曰 …今遼東諸國 …開皇之末 方事遼左
天時不利 師遂無功 二代承基 志包宇宙 頻踐三韓之域 屢發千鈞之弩 小國
懼亡 敢同困獸 兵連不載 四海騷然 遂以土崩 喪身滅國 兵志有之曰 務廣

---

28) 三韓이라는 표현이 고구려를 대상으로 한 것으로 이해될 수 있는 표현에 대해 『文館史林』664(『貞觀年中撫慰百濟王詔』) 참조. 이것을 요하 이동의 삼국을 지칭하는 표현으로 파악하여 구체적 대응은 인정하지 않는 입장도 있다.〔노태돈, 전게논문(1982), 132쪽〕
이 자료에 대해서는 朱甫暾,「『文館史林』에 보이는 韓國古代史 관련 外交文書」(『慶北史學』15, 1992.8) 참조 바람.

德者昌 務廣地者亡 然遼東之地 不列於郡縣久矣."

특히 다음 사료들은 삼한이 바로 고구려와 대응되어 사용되고 있음을 보여주고 있다.

○『舊唐書』80,「列傳」30, 都遂良: "時太宗欲親征高麗…. 帝曰 誠如卿言 由魏徵誤計耳 朕不欲以一計不當而尤之." "後有良算 安肯矢謀 由是從勣之言 經畫渡遼之師 遂良以太宗銳意三韓 懼其遺悔."
○『通典』186,「邊方」2, 東夷下 高句麗: "臣請罷薛訥 廢安東鎭 三韓君長 高氏爲其主."

이 같은 경향은 후대자료에서도 유지되었는데 삼한이라는 표현이 범칭이 아닌 구체적인 구별인식과 고구려와 마한이 연결되고 있음을 언급하고 있다. 즉 발해의 후속체인 정안국定安國이 마한종馬韓種이며 마한馬韓의 땅에 거하고 있다는『송사宋史』이후의 자료가 그러하다.

○定安國本馬韓之種 爲契丹所攻破 其酋帥糾合餘衆 保于西鄙 建國改元 自稱定安國.〔『宋史』491,「列傳」250, 外國 7 定安國〕
○上答以詔書曰 定安國王烏玄明 女眞使至 得所上表 以朕嘗賜手詔諭旨 且陳感激 卿遠國豪帥 明王茂緖 奄有馬韓之地 介于鯨海之表 疆敵呑倂 失其故土.〔『宋史』491,「列傳」250, 外國 7 定安國〕
○三韓縣 辰韓爲夫餘 弁韓爲新羅 馬韓爲高麗 開泰中 聖宗伐高麗 俘三國之遺人置縣.〔『遼史』39,「地理志」3, 中京道 中京大定府〕

따라서 중국사서에 나타나고 있는 삼한 및 마한 관련표현을 검토해 보면 『삼국지三國志』와 『후한서後漢書』에서는 삼한의 역사-지리적 위치와 계통에 대한 논의내용이 중심이 되어 유지되다가 7세기경부터 '삼한三韓'이라는 표현이 고구려와 관련된 표현으로 활용되어 요금대遼金代에는 '마한馬韓'이 고구려高句麗와 연결되는 양상까지로 변화하고 있음을 보여주고 있다. 물론 이 같은 인식이 주된 흐름으로 바뀐 것은 아니었고 기왕의 중심 인식줄기는 삼국지 이래의 내용이 유지되면서 이 같은 내용이 추가되었다.

결론적으로 마한이 고구려와 연결되는 인식체계는 중국사료에서는 우리 민족을 범칭汎稱으로 표현하는 명칭으로 삼한이 활용되면서 종종 고구려에게 적용되었지만 고구려 당대에 해당하는 수당대까지의 자료 가운데는 마한을 고구려와 직접 연결짓는 자료는 나타나고 있지 않음을 알 수 있다.

3. 한국 역사인식에 나타난 마한·고구려

1. 통일신라시기의 마한·고구려 인식

통일신라에서 형성된 삼한삼국의 대응인식은 삼국을 통일한 신라의 '일통삼한—統三韓' 의지에서 잘 나타나고 있다.29) 그런데 이 같은 표현 역시 구체적으로 삼한과 삼국을 대응시키는 인식이라기보다는 앞서 중국사료에서 나타나고 있는 것처럼 우리 민족에 대한 범칭적 의미 즉 우리나라[我邦]라는 성격이 강한 내용을 보여주고 있다.

그런데 이 같은 양상은 최치원崔致遠에 이르러 구체적인 대응을 통해 삼한과 삼국을 연결시키는 인식이 나타나고 있다.

가) 최치원

삼한과 삼국을 구체적으로 대응시켜 인식하는 내용은 최치원의 기록이 가장 앞선 기록으로 제시되고 있다.[30] 그 내용은 『삼국사기三國史記』·『삼국유사三國遺事』와 『최문창후전집崔文昌侯全集』 등에 동일한 내용이 반복되고 있는바 그 핵심적 내용은 고구려高句麗=마한馬韓, 변한卞韓=백제百濟, 진한辰韓=신라新羅라는 내용이다. 이 사실은 앞서 살펴본 바처럼 『삼국지三國志』를 필두로 형성된 중국사료에 나타나고 있는 역사체들 사이의 대응양상과는 상당한 차이가 있는 내용이다. 관련사료를 보면 다음과 같다.

○新羅疆界 古傳記不同… 新羅崔致遠曰 馬韓則高麗 卞韓則百濟 辰韓則新羅也. 此諸說, 可謂近似焉 若新舊唐書 皆云卞韓苗裔在樂浪之地.〔『三國史記』

---

29) 一統三韓을 표방한 자료는 『三國史記』 金庾信傳에 나타난 "三韓爲一家"(673), 『淸州市 雲泉洞 寺蹟碑』의 "民合三韓"(686), 『三國史記』 神文王 12년조의 "一統三韓"나타나고 있다.〔盧泰敦, 「三韓에 대한 認識의 變遷」(『韓國史硏究』 38, 1982.9)〕

30) 최치원의 역사인식 문제 등에 대한 논고는 金福順, 「孤雲 崔致遠의 思想硏究」(『史叢』 24, 1980) ; 趙仁成, 「崔致遠의 歷史敍述」(『歷史學報』 94·95합, 1982) ; 李賢惠, 「崔致遠의 歷史認識」(『明知史論』 1, 1983) 참조.

34. 『志』 3 地理 1]
  ㅇ故其文集有上大師侍中狀云 伏聞 東海之外有三國 其名馬韓・卞韓・辰韓. 馬韓則高麗 卞韓則百濟 辰韓則新羅也.〔『三國史記』,「列傳」 6. 崔致遠]

이 견해는 『삼국사기』 지리지에 채택된 이후 『삼국유사』 및 고려高麗-조선朝鮮시대 대부분의 역사지리서에 영향을 미쳤다.31)

나) 견훤 및 궁예

최치원의 견해와는 별도로 통일신라 말 후삼국이 형성되는 상황에서 후백제와 후고구려의 시조인 견훤甄萱과 궁예弓裔 관련기사에서도 삼한과 삼국을 대응시키는 역사계승론적 인식이 제시되고 있다. 먼저 견훤의 인식내용을 보여주는 관련사료를 보면 다음과 같다.

  萱西巡至完山州 州民迎勞. 萱喜得人心 謂左右曰: "吾原三國之始 馬韓先起 後赫世勃興 故辰・卞從之而興 於是 百濟開國金馬山六百餘年.〔『三國史記』 50, 「列傳」 10. 甄萱]

견훤은 후백제를 건국하기위한 명분으로서 백제 의자왕의 숙분을 설욕하기 위한 것이라는 점을 언급하면서 삼국의 건국에 대한 고

───────
31) 한편 조선 초 權近 등이 찬술한 『東國史略』에서는 변한=고구려, 마한=백제, 진한=신라라는 새로운 견해를 보여주고 있으나 『新增東國輿地勝覽』에서 최치원의 설을 정론으로 소개하고 있다. "臣按 馬韓爲高句麗 辰韓爲新羅 弁韓爲百濟 崔致遠已有定論 此非致遠創爲之說 自三國初相傳之說也." 특히 여기서 주목되는 사실은 이 견해가 최치원이 만들어낸 것이 아니라 삼국 초부터 이미 전해지는 견해라는 사실이다.

찰을 했음을 보여주고 있다. 여기서 문제가 되는 내용은 삼국의 건국 사실을 검토한 나름의 견해를 개진한 다음 내용이다.

> 내가 삼국의 시초를 살펴보건데 마한이 먼저 일어났고 뒤 혁거세赫居世가 일어났다. 고로 진한辰韓과 변한卞韓이 따라서 일어난 것이다. 이에 백제가 금마산金馬山에서 나라를 열어 600여 년이 되었다.

견훤이 언급한 내용의 핵심은 마한이 먼저 건국하고 진한과 변한이 후속했다는 것과 백제가 금마산金馬山에서 개국하여 600여 년이 되었다는 것이다. 이 사료의 내용이 견훤이 자신의 후백제後百濟 건국과 그 역사의 유구성을 강조하고자 한 것이라는 점에서 백제가 마한을 계승했다는 것을 전제한 발언일 것인바 결국 견훤이 파악하고 있는 삼국의 계승관계는 고구려는 명확치 않지만 마한馬韓=백제百濟, 진한辰韓=신라新羅라는 인식으로 파악된다.

이같이 통일신라 말에 이미 삼한삼국의 대응내용에 대한 견해가 마한을 어느 나라가 계승했느냐의 문제로 두 가지 입장이 나뉘어 있음을 보여주고 있다. 그런데 마한과 백제를 연결시켜 주는 고리가 '금마산金馬山'이 제시되고 있다는 점이 주목된다. 즉 마한의 역사적 정통성을 백제가 계승한 근거가 금마산에서 백제가 건국했다는 것으로 제시한 점이다. 즉 마한이 금마산에서 개국했고 백제 또한 금마산에서 개국했기 때문에 그 정통성이 연결된다는 논리를 제공하고 있는 것이다. 그런데 문제는 금마산이 왜 이 같은 연결고리의 핵심으로 부각하는가이다.

여기서 우리가 착목케 되는 것이 준왕準王의 남래지점으로서의 금마산金馬山이다. 즉 마한이 가장 먼저 역사적 실체로 등장할 수 있는 배경은 위만衛滿에게 축출된 준왕準王의 남쪽 망명으로 그 남래지역에 대한 인식이 견훤 당시에도 이미 존재했음을 확인케 하며 이는 후술할 일연의 설명근거로서 제시된다. 우선 준왕의 남망에 관한 사료를 보면 다음과 같다.

ㅇ『三國志』,「魏書」, 東夷傳 韓傳 인용『魏略』: "候準旣僭號稱王 爲燕亡人 衛滿所攻奪 將其左右宮人 走入海 居韓地 自號韓王."
ㅇ『後漢書』,「東夷傳」, 韓: "朝鮮王準爲衛滿所破 乃將其餘衆數千人走入海 攻馬韓 破之 自立爲韓王."

사료에 나타난 내용을 검토해 보면『삼국지三國志』에서는 준왕의 남래지점이 한지韓地로 표현되어 있고 스스로 한왕韓王이라 칭했다고 한 것에 대해『후한서』는 마한지역을 공격하여 스스로 한왕이 되었다는 내용을 보여주고 있어 약간의 차이를 보여주고 있다.

준왕의 남래지역에 대해서는 모든 전통지리서들이 익산지역이라는 사실에 대해 공통된 견해를 보이고 있는바 익산군을 바로 '마한국馬韓國'으로 이해하고 있다.32) 이는 고고학적 자료와의 연결 속에서도 확인되었다.33) 이 문제는 뒤에 보다 구체적으로 논의하고자 한다.

---

32)『世宗實錄地理志』: "全羅道 益山郡 本馬韓國 後朝鮮王箕準 避衛滿之難 浮海 西南至韓地 開國 號馬韓."
33) 金貞培,「準王 및 辰國과 三韓正統論의 제문제-익산의 청동기문화와 관련하여-」(『韓國史硏究』13, 1976)[『韓國 古代의 國家起源과 形成』(1986)].

한편 견훤과 함께 후삼국後三國의 주역으로 등장하고 있는 궁예弓裔와 관련된 다음 기록에서도 삼한三韓명칭으로 삼국三國에 대응시키는 인식이 존재했음을 보여주고 있다.

『三國史記』50, 「列傳」10, 弓裔: "鏡面有細字書… 其略曰 上帝降子於辰馬 先操鷄後搏鴨 於巳年中二龍見 一則藏身靑木中 一則顯形黑金東 昌瑾初不知有文 及見之 謂非常 遂告于王. 王命有司 與昌瑾物色求其鏡主 不見. 唯於敎颯寺佛堂 有鎭星塑像 如其人焉. 王嘆異久之 命文人宋含弘‧白卓‧許原 等 解之. 含弘等謂曰 "上帝降子於辰馬者 謂辰韓‧馬韓也. 二龍見 一藏身靑木 一顯形黑金者 靑木 松也 松岳郡人 以龍爲名者之孫 今波珍飡侍中之謂歟. 黑金 鐵也 今所都鐵圓之謂也. 今主上初興於此 終滅於此之驗也. 先操鷄後搏鴨者 波珍飡侍中 先得鷄林 後收鴨綠之意也."

사료내용은 궁예가 왕창근王昌瑾이 헌상한 경鏡에 기록된 문장내용을 확인하는 과정을 기술한 것으로 거울에 기록된 문장은 "上帝降子於辰馬者", "二龍見 一藏身靑木 一顯形黑金者", "先操鷄後搏鴨者" 등으로서 진한辰韓과 마한馬韓이 하늘로부터 건국된 존재임을 강조하고 그것을 계승한 계鷄[鷄林]과 압鴨[鴨綠=高句麗]을 장악할 것이라는 계시로 이를 해석하고 있는 내용이다. 이를 해석한 자들은 송함홍宋含弘‧백탁白卓‧허원許原 등으로서 당시에 이 같은 거울에 문장이 새겨진 사실과 이를 해석하는 문인들 모두 진한辰韓=계鷄=계림鷄林[新羅]과 마한馬韓=압鴨=압록鴨綠[高句麗]라는 대응인식에 전혀 의문을 제기하지 않고 있다는 점에서 당시의 일반적인 인식내용임을 확인할 수 있다. 여기서 주목되는 것은 이 내용이 최치원崔致遠이 제시한 삼한‧삼국 대응내용과 동일한 것으로서 이 같은 인식이 단순히 최치원 개인의 생각이 아니라 후삼국시대의 일반식자층에 보편화된 인식이었음을 알 수 있다.

이같이 통일신라-후삼국시대에 이미 삼한과 삼국을 대응시켜 이해하는 역사계승 인식이 존재했으며 마한馬韓이 중심이 되어 이를 고구려로 연결시키는 인식이 주종을 이루고 있었다. 한편 견훤의 경우 마한을 백제百濟와 연결시키는 견해를 제시하여 최소한 두 가지 이상의 견해가 존재했음을 알 수 있다.

2. 고려시기의 마한-고구려계승론

가) 김부식

고려시대에 존재한 삼한-삼국의 대응인식에 대한 최초의 기록은 『삼국사기三國史記』에 나타난 김부식의 견해이다.

> 杜佑通典云 其先本辰韓種…新羅崔致遠曰 馬韓則高麗 卞韓則百濟 辰韓則新羅也. 此諸說 可謂近似焉 若新舊唐書 皆云卞韓苗裔在樂浪之地.(『三國史記』卷34,「志」3, 地理 1]

김부식이 찬한 『삼국사기』의 각국 본기에 나타나고 있는 삼국의 국가계승 관계는 시조의 건국신화에 의할 때 부여夫餘 ⇒ 고구려高句麗, 고구려高句麗 ⇒ 백제百濟, 진한辰韓〔朝鮮遺民〕 ⇒ 신라新羅로 요약된다. 그런데 김부식은 앞서 소개한 바처럼 지리지에서 이 같은 내용과는 배치되는 최치원崔致遠의 견해를 소개하면서 "『삼국사기』에 소개한 이들 여러 설〔최치원설 등〕이 가히 근사하다고 말할 수 있다"는 견해를 밝히고 있다. 이는 마한=고구려, 변한=백제, 진한=신라라는 대응관계를 인정한다는 것으로 삼국의 건국신화를 익히 알고 있는 김부식이 이 같은 입장을 표방했다는 것은 당시 이 같은 인식이 건국신화와는 별개로 국가계승 차원의 입장에서 당연한 내용으로서 인지되고 있었음을 확인케 된다.

특히 김부식을 '고금古今에 통한 자'로 송나라 사신인 서긍徐兢이 기록하고 있음에서[34] 이 같은 언급이 김부식의 역사인식에 근거한 것임을 알 수 있다. 즉 고구려는 시조 동명이 부여계통이라는 사실과 함께 마한馬韓과도 연결된다는 사실을 인정하고 있음을 보여주고 있다. 그렇다면 이 같은 이중적 인식은 무엇을 근거로 했는가가 문제인바 다음에 소개할 일연一然의 언급에서 나름의 논리가 제시되고 있다.

나) 일연

삼한·삼국의 대응관계에 대한 언급에 있어 일연은 적극적으로 『삼국유사』에서 마한馬韓=고구려高句麗 계승관계를 강조하고 있다. 관련사료를 나누어 보면 다음과 같다.

『三國遺事』1,「紀異」2,馬韓:
㉮ 魏志云 魏滿擊朝鮮 朝鮮王準率宮人左右 越海而南至韓地 開國號馬韓.

---

[34] 『高麗圖經』8,「人物」,金富軾: "金氏世爲高麗大族…然博學强識 善屬文 知古今."

㈏ 甄萱上太祖書云 昔馬韓先起 赫世勃興 於是百濟開國於金馬山.
㈐ 崔致遠云 馬韓 麗也 辰韓 羅也.
㈑ㄱ: 據本紀 則羅先起甲子 麗後起甲申 而此云者 以王準言之耳.
　　ㄴ: 以此知東明之起 已竝馬韓而因之矣 故稱麗爲馬韓.
　　ㄷ: 今人或認金馬山 以馬韓爲百濟者 盖誤濫也 麗地自有邑山 故名馬韓也.

일연은 마한馬韓의 역사성을 보여주는 사료로서 『삼국지』 한전韓傳의 자료와 견훤甄萱의 언급 및 최치원崔致遠의 언급 등 세 사료를 제시하고 있다. 우선 ㉮부분에서 마한의 기원을 위만衛滿에게 축출된 조선왕朝鮮王 준準에게서 찾고 있으며 ㉯부분에서 견훤전에 기록된 내용을 소개하면서 마한이 먼저 건국된 존재라는 점을 재차 부각하여 역사의 유구성을 강조했고 ㉰부분에서는 최치원의 견해를 소개하면서 그 마한이 고구려로 연결되고 있다는 사실을 강조하고 있다. 이 같은 논리적 대응에 대해 ㉱부분에서 이를 종합한 자신의 견해를 제시하는 방식으로 마한에 대한 견해를 밝히고 있다.

이 같은 '고조선(준왕)-마한-고구려'의 연계성에 대한 근거로서 일연은 ㉱ㄱ)에서 『삼국사기』에 의하면 신라가 먼저 건국하고 고구려가 나중에 건국했는데도 고구려가 앞서 건국한 것으로 이해된 것은 조선왕 준이 남래한 곳에서 마한이 개국되었다는 『삼국지三國志』의 내용을 바탕으로 설명하고 있다. 즉 고조선이 마한으로 연결되며 이 마한이 고구려와 연결된다는 전제하에 고구려가 신라에 앞설 수 있다는 논리를 제시하고 있다.

또한 ㉱ㄴ)에서 고구려를 마한으로 지칭케 된 이유를 고구려 건국 시조인 동명이 마한을 병합하고 건국했기 때문에 고구려를 마한이라 한 것이라고 설명하고 있다. 이 같은 사실은 사료상에서는 확인되지 않고 있는바 태조왕 때에 마한馬韓과 예맥濊貊을 동원하는 기사와 연결된 것으로 보인다.35)

㉣ㄷ)에서는 견훤이 제시한 이래 당시에도 유지되고 있는 마한馬韓=백제百濟로 이해하는 다른 견해36)에 대한 비판과 근거제시를 했다. 즉 일연은 고구려에 마읍산馬邑山이 존재하므로 고구려를 마한이라 칭할 수 있다는 입장을 재삼 강조하여 일단 마한=고구려를 기본 대응관계로 설정했다. 그런데 마한=백제라는 견해는 금마산에 근거한 것으로 마한馬韓=금마산金馬山=백제百濟라는 등식이 성립할 수 있음을 보여주는 내용이다.

다) 이승휴

『제왕운기』는 중국과 우리나라의 역대왕조의 상호 계승관계를 중시하여 그 계통을 밝힌 자료로서 앞서 논의된 『삼국사기』및 『삼국유사』에 언급된 삼한삼국의 대응인식을 완결적으로 보여주는 자료이다. 우선 관련내용을 보면 다음과 같다.

---

35) "太祖王 六十九年 十二月 王率 馬韓·穢貊 一萬餘騎 進圍玄菟城. 扶餘王遣子尉仇台 領兵 二萬 與漢兵幷力拒戰 我軍大敗."〔『三國史記』15,「高句麗本紀」3〕

"太祖王 七十年 王與 馬韓·穢貊 侵遼東 扶餘王遣兵救破之. 馬韓以百濟溫祚王二十七年 滅 今與麗王行兵者 盖滅而復興者歟."〔『三國史記』15,「高句麗本紀」3〕

사료에 나타난 내용은 태조왕 때보다 앞선 시기에 이미 마한과 예맥이 복속되었다는 전제하에 성립될 수 있는 사실이다. 따라서 일연은 이 같은 정치적 예속관계가 태조왕대에 앞선 어느 시기에 마한의 복속이 진행되었을 것으로 상정했고 그 시기를 동명왕대로 확정하여 이 같은 논리를 전개했다고 이해된다.

36) 박성봉,「마한인식의 역대변화」(『마한·백제문화』12, 1990).

『帝王韻紀』下: "辰馬弁人終鼎峙 羅與麗濟相次興." "新羅始祖赫居世…. 開國辰韓定疆界." "麗祖姓高 諡東明…. 開國馬韓王儉城." "今西京也 以高句麗縣名立國 五代史曰 高句麗夫餘別種也." "百濟始祖名溫祚…. 開國弁韓原 膴膴."

사료에서 나타나고 있듯이 이승휴李承休는 진한辰韓=신라新羅, 마한馬韓=고구려高句麗, 변한弁韓=백제百濟의 대응관계를 명확하게 언급하고 있다. 단지 고구려의 경우 부여와의 연결성에 대한 약간의 의문 또는 논란성을 의식한 주기注記가 부가되고 있으나 적극적인 논의를 전개하지 않고 마한=고구려의 내용을 강조하고 있다. 특히 고구려와 마한과의 관계에서 고구려가 마한과 연결되는 단서로서 '왕검성王儉城'이 제시되고 있어 주목된다. 즉 고구려가 마한과 연결될 수 있는 단서는 고구려의 평양천도와 관련이 있음을 알 수 있다.

이상에서 살펴본 바처럼 통일신라-후삼국-고려시대에 나타나고 있는 삼한·삼국 대응인식의 주된 내용은 마한이 고구려와 연결되는 사실로서 최치원·궁예 시기의 문인 김부식·일연·이승휴 모두 이를 수용하거나 적극적으로 주장하고 있다.

한편 고구려 계승을 강조한 고려高麗[37]는 여성들에게 봉호를 사여

---

37) 고구려는 장수왕의 평양천도 이후 국호를 고려로 개칭했음이 지적되었다.〔鄭求福,「高句麗의 高麗 國號에 대한 一考-三國史記의 기록과 관련하여-」(『호서사학』 19·20합, 1992. 11), 43~66쪽〕
　이 같은 사실을 전제할 때 高麗가 高句麗를 계승했다는 사실은 태조가 즉위하면서 국호를 고려로 했고 서희가 소손녕과의 담판에서 고려가 고구려의 계승국임을 강조하고 있는 사실 등에서 명백하다.
　"孫寧語熙曰 汝國興新羅也 高句麗之地 我所有也 … 熙曰 非也 我國則高句麗之舊也 故號高麗 都平壤."〔『高麗史』 94, 「徐熙傳」〕

함에 있어 진한국대부인辰韓國大夫人과 변한국대부인卞韓國大夫人의 호칭은 빈번하게 사용한 것에 비해 마한馬韓이라는 명칭이 들어간 봉호는 결코 사용하지 않았으며38) 또한 관작을 사여함에 있어서도 마한이라는 표현은 사용되고 있지 않다.39) 이는 고려의 관작 및 봉호사여에서 의문으로 제시되던 사항인바 고구려를 계승한 고려로서는 고구려가 역시 계승한 것으로 인식되는 '마한馬韓'을 관작이나 봉호명으로 사용할 수 없었기 때문이었을 것으로 이해된다.

이상과 같은 사실은 마한馬韓⇒고구려高句麗라는 인식이 고려사회의 일부 지식인층에 한정된 것이 아니라 일반 사회전반에서 공감되고 있는 의식이었음을 확인시켜 주는 내용이다.

한편『고려도경高麗圖經』에 나타난 고려성립에 이르기까지의 역사적 배경에 대해 언급한 건국시봉조建國始封條에서는 기자조선箕子朝鮮-위만조선衛滿朝鮮-고구려高句麗-발해渤海 및 검모잠儉牟岑과 안승安勝의 부흥전쟁 순서로 간략한 언급을 제시하고 고려조 성립에 관한 기사를 수록하고 있다. 이는 서긍徐兢이 고려에서의 견문을 바탕으로 작성한 것이라는 점에서 고려귀족들의 역사계승 의식을 반영한 것으로 파악되고 있다.40) 여기서 주목되는 것은 안승安勝의 고구려 부흥노력까

조인성, 전게논문(1994), 730쪽.
38) 卞韓國大夫人·卞韓國夫人 등의 봉호는 모두 9차례 고려묘지명에서 확인되고 辰韓國大夫人의 경우 1차례 나타나고 있다.〔金龍善 編,『改訂版 高麗墓地銘集成』(1997.9)〕
39) 김용선, 상게서(1997).
40) 조인성,「고려 초·중기의 역사계승의식과 발해사 인식」,(『이기백선생고희기념한국사학논총상-고대편·고려시대편』, 1994). 조인성은 이를 계승관계로 보기보다는 병렬적 나열이라는 측면으로 파악하고 있다. 그러나 서긍이 고려라는 나라가 건국되기에 앞서 존재한 여러 국가들 가운데 이들만을 제시했다는 사실은 그 자체로서 고려와 계승관계가 존재한다는 것을 염두에 둔 기록이라고 파악된다.

지도 고려건국의 연원으로 파악하고 있는 점이다. 즉 안승의 보덕국 報德國에까지도 그 계통적 연결성이 있음을 확인할 수 있다.

이상의 내용을 정리할 때 마한⇒고구려로 연결되는 국가계승 인식은 기왕의 논고에서 주로 지적되었듯이 최치원의 개인적인 인식 오류로서 이해할 수 없음을 확인할 수 있다. 또한 통일신라·후삼국 및 고려시대 대부분의 식자층이 동일한 인식내용을 보여주었다는 사실은 이 같은 사실을 확인할 뿐만 아니라 이 같은 인식이 최치원에 앞선 시기에 형성되었음을 상정케 한다. 이 같은 전제가 성립된다면 마한⇒고구려 계승관계는 적어도 신라의 삼국통일을 전후한 시점에서 형성되었거나 또는 이에 앞선 삼국시대 즉 고구려인 스스로 이 같은 인식을 유지했을 가능성 두 가지로 압축된다. 그런데 『신증동국여지승람新增東國輿地勝覽』에서는 이 같은 사실에 대해 삼국시대부터 이미 이 같은 이해가 존재했음을 지적하여 주목된다.[41]

이후 삼한인식 문제는 조선 중·후기 삼한三韓의 위치문제에 대한 역사지리 관련연구와 우리 역사에 대한 정통론적 인식체계의 수립과정에서 실학자들에 의해 비판되기 시작하여 한백겸韓百謙의 『동국지리지東國地理志』에서 마한馬韓-백제百濟, 진한辰韓-신라新羅, 변한卞韓-가야加耶로 대응되는 인식이 역사-지리적 인식과 연결되어 정설로서 자리 잡게 되었다.

이후 삼한 위치문제는 이병도李丙燾에 의해 진한辰韓 위치문제가 새롭게 제기되었으나[42] 김정배金貞培의 비판에 의해[43] 한백겸韓百謙의 견

---

41) 『新增東國輿地勝覽』 卷6, 京畿: "臣按 馬韓爲高句麗 辰韓爲新羅 弁韓爲百濟 崔致遠已有定論 此非致遠創爲之說 自三國初相傳之說也."

해가 정당함이 확인되었고 한국고대정치발전단계론의 소개와 고고학적 성과와의 연결 등을 통해 새로운 차원의 연구가 진행되게 되었다. 이와 함께 노태돈盧泰敦에 의해 삼한인식三韓認識 변화에 대한 검토가 진행되었다.44) 이 같은 이해는 큰 비판없이 현재까지 유지되고 있다.

한편 북한학계에서는 리순진 등이 1970년대 평양지역의 고대문화를 '마한의 문화'로 파악하여 마한馬韓-고구려高句麗 연결인식의 재등장을 보여주었다.45) 그러나 이 견해는 평양의 역사성 강화에 따라 이후 수정되어 이 지역 문화를 요동지역 고조선 문화와 병존한 고조선의 다른 중심문화로 이해하고 고구려가 고조선 문화를 계승했다는 인식으로 변화했다가 최근 단군릉 발견 이후로는 평양이 다시 고조선의 발원지라는 내용으로 수정되어 북한학계의 정설로 자리잡고 있다.46)

그런데 이 같은 최치원 이래 김부식·일연·이승휴 등에 의해 제기된 고구려高句麗의 마한馬韓 계승문제에 대한 비판은 역사-지리적 대응관계를 중심으로 진행하여 이 같은 관계가 무슨 이유에서 나타났는가에 대해서는 구체적인 검토를 진행하지 않았다. 즉 이 같은 인식이 내포하고 있는 역사적 배경과 의미는 간과하고 종래의 비판과 연구는 역사-지리적 대응관계라는 범주에 집중된 검토를 진행하여 국가계승 인식차원의 검토는 소홀히 한 측면을 보여주고 있다.

---

42) 李丙燾, 「三韓問題의 新考察」(『震檀學報』 1-8, 1934~37).
43) 金貞培, 「三韓位置에 對한 從來說과 文化性格의 檢討」(『史學硏究』 20, 1968).
44) 盧泰敦, 「三韓에 대한 認識의 變遷」(『韓國史硏究』 38, 1982.9).
45) 리순진, 『고조선문제연구』(1973).
46) 조법종, 「북한의 고조선사 인식체계에 대한 고찰」(『북한의 우리고대사 인식(1)』, 1991) : 동, 「고조선연구의 현황과 과제」(『단군학연구의 제문제』〈단군학회 2차 학술회의 발표논문〉, 1998.4).

4. 맺음말

　한국 고대사에 존재한 정치체들의 역사계승 관계에 대한 기왕의 인식에서 가장 문제가 되었던 것은 현존 자료상 가장 오래된 최치원의 인식내용이었다. 즉 마한馬韓⇒고구려高句麗, 진한辰韓⇒신라新羅, 변한弁韓⇒백제百濟로 연결되는 삼한三韓·삼국三國의 1 : 1 대응인식은 이후 후삼국-고려시기-조선 초기까지 정설로서 인식되어 『삼국사기』·『삼국유사』·『제왕운기帝王韻紀』 및 『신증동국여지승람新增東國輿地勝覽』에 이르기까지 채택 강조되었다.

　그러나 이 같은 인식은 한백겸韓百謙의 『동국지리지東國地理誌』 이후 비판받아 마한馬韓⇒백제百濟, 진한辰韓⇒신라新羅, 변한卞韓⇒가야加耶로 연결되는 인식이 정착케 되었다. 종래 학계에서는 이 같은 문제가 왜 발생했고 통일신라 이래 조선중기까지 유지되었는가에 대한 천착을 깊이있게 진행치 않았다. 필자는 이 같은 인식이 고구려의 고조선 계승인식이 평양천도 후 형성 강화되었고, 특히 '기자조선箕子朝鮮'의 마지막 왕인 준왕準王이 위만에게 축출되어 마한지역으로 남래한 사실을 주목하여 조선후기 실학자들에 의해 강조된 마한정통론적 인식과 같은 역사 계승인식이 이 시기에 형성되었을 가능성을 검토했다. 즉 광개토왕廣開土王에 의한 한예韓穢집단의 포용과 장수왕長壽王의 평양천도에 의한 한반도 중남부에 대한 관심증대는 평양에 기왕에 유지되었던 '선인왕검仙人王儉'에 대한 재인식의 터전이 확보되었으며 기자숭배 사실은 단군檀君-기자箕子-준왕準王-마한馬韓으로 연결되는 국가계승인식의 고리를 제공했다고 파악된다.

그러나 이 같은 사실은 관련사료 등에 고구려 멸망시기까지 주몽으로 대표되는 고구려 시조인식이 유지되었던 사실을 볼 때 고구려 당대에는 중심적 인식체계로 인식되지는 않았을 가능성이 높았다.

그런데 이러한 사실이 새롭게 부각된 것은 고구려 멸망 이후 안승安勝에 의한 '보덕국報德國'이 금마金馬지역에 설치되면서부터였다고 생각된다. 이 같은 배치는 한편으로는 신라의 이이제이적 정책에 의한 백제구지百濟舊地에로의 고구려 유민高句麗遺民 배치에 의한 통제방식이었고 한편으로는 준왕準王의 남래南來지역으로 인식되어 온 금마金馬지역에 고구려 유민에 의한 고구려 계승국인 '보덕국報德國'을 설립케 함으로써 기자箕子 이래 고조선의 계승성을 보덕국이 승계했다는 인식을 부각시켜 이들의 배치명분을 강조했다. 따라서 고구려의 마한 계승인식은 고구려의 평양천도를 통해 형성된 고조선 계승인식의 고리가 준왕의 남래南來에 의해 마한으로 연결되었고 다시 고구려 멸망에 뒤이은 보덕국報德國의 금마지역 건립과 연결되어 '마한馬韓⇒고구려高句麗'로의 국가계승 인식이 확립되었다고 생각된다.

제3장
고구려 수묘제와 광개토왕대 사회변화

1. 고구려 수묘제와 사회변화

　우리 학계에서 진행된 고구려 광개토왕릉 비문廣開土王陵碑文에 나타난 수묘제도守墓制度와 고구려왕릉 능원체계陵園體系 연구는 논의의 대상인 광개토왕릉이 확정되지 않은 상황에서 진행됨에 따라 그 실체 파악에 많은 어려움과 한계가 있었다. 그런데 2003년 중국의 고구려 유적 세계문화유산 등재를 위한 정비과정에서 대규모 유적발굴이 환인桓仁·집안集安 지역에서 진행되었고 태왕릉太王陵 및 장군총將軍塚 등 논의대상 유적이 새롭게 정비되었다. 이 과정에서 '호태왕好太王' 명문銘文 청동방울 등 관련유물들이 발굴 보고되어 고구려사를 새롭게 정립할 수 있는 중요한 자료들이 제공되었다.[1]

---

[1] 吉林省文物考古硏究所·集安市博物館編, 『集安高句麗王陵-1990~2003年集安高句麗王陵調査報告』(2004).

이번 장에서는 기존의 광개토왕 수묘인 관련연구2)를 호태왕명문 好太王銘文 방울 등3)과 최신자료를 바탕으로 논의하고자 한다. 따라서 이 연구는 광개토왕릉 비문에 나타난 수묘인 연호烟戶구성 및 운영방식을 검토하고 최근 중국의 고구려 유적 정비과정에서 확인된 유적·유물 내용을 바탕으로 광개토왕릉의 위치를 확정하고자 한다. 특히 호대왕명문 방울에 나타난 호대왕이 광개토왕을 지칭하는 호태왕 표현으로서 이 방울을 통해 태왕릉이 광개토왕릉임을 확인하는데 핵심적 자료임을 확인코자 한다.

또한 광개토왕의 수묘제 개편과 장수왕의 수묘제 보완에 나타난 내용을 검토하여 고구려 사회가 정복민 가운데 신래한예新來韓穢만을 기존의 구민舊民과 동질적인 수준으로 포섭했다는 점에 주목하여 그 의미와 특성을 파악하고자 한다. 그리고 고구려 왕릉의 능원陵園체계에 대한 최근자료를 바탕하여 수묘제와 연결 파악함으로써 광개토왕 및 장수왕대에 진행된 수묘제 정비의 특성과 왕릉王陵 및 능원陵園 구성내용 등을 검토하고자 한다.

1. 초기 고구려 수묘제 양상

고구려의 국가적 수묘제가 언제부터 실시되었는가는 명확치 않다. 이는 물론 시조사후 2대 왕인 유리왕대에 시조의 능묘조성과 동

---

2) 조법종, 「광개토왕릉비문에 나타난 수묘제연구」(『한국고대사연구』 8, 한국고대사학회, 1995).
3) 조법종, 「중국 집안 박물관 호태왕명문방울」(『한국고대사연구』 33, 한국고대사학회, 2004.3).

시에 되었을 가능성이 상정되나 시조묘가 동명왕의 장지葬地에 3대 대무신왕대에 건립되어 이 때에 초기의 수묘제가 설정되었을 가능성이 있다.

가① 『삼국사기』, 시조14년 : "秋八月 王母柳花 薨於東夫餘 其王金蛙 以太后禮葬之 遂立 神廟."
　② 『삼국사기』, 유리28년 : "…解明…乃往礪津東原以槍揷地…以太子禮葬 於東原立廟."
　③ 『삼국사기』, 대무신3 : "春三月立東明王廟."
　④ 『주서』, 고구려전 : "…又神廟二所 一曰夫餘神 刻木作婦人之像 一曰高登神 云是其始祖夫餘神之子 置置官司 遣人守護 蓋河伯女與朱蒙云."
나① 『삼국사기』 유리왕37 : "王子如津溺水死…後沸流人祭須得之以聞 遂以禮葬於王骨嶺賜祭須 金十斤田十頃."
　② 『삼국사기』 대무신왕5 : "…十月 怪由卒…葬於北溟山陽 命有司以時祀之."
　③ 『삼국사기』 고국원왕12년 : "…發美川王廟 載其尸."

사료 가①의 경우 동명왕의 어머니 유화가 동부여지역에서 죽자 그 장례지에 '신묘'를 세우고 있으며, 가②의 경우 태자 해명이 동원지역에서 자살하자 그 곳에 장례지내고 '묘廟'를 세우고 있는바 이는 모두 분묘가 조영된 그 곳에 '묘廟'가 건축되었음을 알려주는 것이다. 그런데 사료 가③에 나타나고 있는 대무신왕대의 시조묘 건립기사와, 사료 나②에서 신하 괴유가 죽자 그를 그의 고향지역인 북명지역에 장사케 하면서 '유사有司'에게 명하여 때를 따라 제사를 지내게 했음은 이 때에 국가적인 상장례와 관련한 체계가 기본적으로 마련되

없을 가능성을 보여주고 있다.

시조 동명묘의 건립은 기본적인 수묘제의 성립과 연결된다는 점에서 그 같은 추론을 더욱 강화시켜 준다. 즉 '묘廟'는 단순히 선조의 영정을 모신 별도의 건축물이 아닌 '묘墓' 위에 세워진 '침寢'의 의미로서[4] 고구려에서 사용되었을 가능성이 높다.

특히 후연後燕 모용황慕容皝의 침입시 미천왕의 '묘廟'를 파서 그 시신을 가져갔다는 나③ 기사는 '묘廟'가 바로 묘墓 위에 세워진 구조물을 총괄해서 지칭한 명칭임을 알려준다.[5] 이는 고구려 전기의 전형적인 묘제인 적석총[6]의 최상층 부분에 구조물이 존재했다는 조사결과와 합치하는 것으로[7] 고구려의 능묘는 계단식 구조의 상층부분에

---

[4] 중국에서 전개된 陵寢制度의 양상은 陵과 廟와 寢이 구분되어 존재하다. 전국시대 전한대에는 '陵傍立廟'의 체제가 확립되어 종묘와 능묘의 결합양상이 나타났고 후한 明帝(57~75)대에는 '陵傍立廟'제도를 폐지하고, 1人1廟 방식을 지양해 선조의 위패를 하나의 祖廟 太廟에 제사지내는 '同堂異室' 방식을 채택하여 이후 기본적인 방식으로 유지되었다. 따라서 陵園에는 寢殿과 관련된 구조물만이 존재하게 되었다.[楊寬, 「中國古代陵寢制度的起源及演變」[西島定生監譯·尾形勇·太田有子共譯, 『中國皇帝陵の起源と變遷』(學生社, 1981.11), 17~63쪽]

[5] 이 같은 양상은 후대이기는 하지만 首露王廟도 같은 의미를 보여준다.
『삼국유사』권2, 「기이」 2, 가락국기: "…又有賊徒 謂廟中多有金玉 將來盜焉…猛士一人從廟中出 四面雨射…有大弩長三十餘尺 眼光如電 自廟旁出 咬殺八九人…."
『新增東國輿地勝覽』권31, 金海陵墓 「首露王陵」: "後有群盜 謂陵中必藏金銀寶器 欲發塚 有猛士被甲從陵中出射之…有弩長三十餘尺 眼光如電 自陵旁而出 咬殺九人…."
두 사료에서 묘사된 표현을 비교해 보면 『삼국유사』상에서 '廟'로 표현된 것이 『동국여지승람』에서는 '陵'으로 표현되고 있다. 사료의 후대성에 문제는 있지만 유사의 내용의 기존의 사료를 정리한 점 등에서 볼 때 '廟'라는 표현이 陵墓를 포괄한 명칭임을 알 수 있다.

[6] 정찬영, 「기원4세기까지의 고구려묘제에 관한 연구」(『고고민속론문집』5, 1973) ; 李殿福, 「輯安高句麗墓硏究」(『考古學報』, 1980-2) ; 田村晃一, 「高句麗の積石塚」(『東北アジアの考古學』, 1990).

[7] 『輯安縣鄕土志』(1915년 간행)의 지리부분에서 '將軍墳'에 대한 설명으로 "碑之東二里 全用大石切成…極上一層 四面石條 均有柱眼 其下敗瓦堆積…"이라는 기록이 나타나고 있다. 이는 최상층에 기둥구멍의 존재와 기와의 존재를 언급하는 것으로 건축물이 조영되어

'묘'의 기능을 갖는 구조물이 조성되어 있어 그 명칭이 큰 구별없이 사용되었다고 이해된다.8)

따라서 동명왕묘東明王廟의 건립은 동명왕의 묘상墓上 및 주변에 제사 등과 관련된 '묘廟'를 건립한 것으로서 동명묘의 설치는 이를 보호 관리할 관사官司 및 수묘인守墓人의 존재가 필수적으로 수반된다는 점에서 대무신왕대에 고구려의 공식적 수묘제 개시를 상정케 된다.

이 때 설정된 수묘제의 구체적 양상은 동명묘의 관사官司와 관인官人의 존재를 언급한 기록 외에 정확한 내용을 알 수 없다. 단 신대왕 15년(179) 국상 명림답부가 죽자 그의 식읍인 질산에 장례지내게 하고 수묘인 20가를 설치케 함으로써 그 편린을 유추케 할 단서를 제공하고 있다.

다①『삼국사기』 신대왕 15 : "國相答夫卒…以禮葬於質山 置守墓二十家."

있었음을 보여주고 있다. 關野貞은 장군총 7층에 만들어진 작은 구멍들을 欄干용 구멍으로 추정했고,〔關野貞,「滿洲輯安縣及び平壤附近に於ける高句麗時代遺蹟」(『考古學雜誌』 5-3·4, 1914)〕 李殿福은 정상부에 어떤 건축물이 있었을 것으로 보았다.〔李殿福, 앞의 논문(1980)〕 한편 李亨求는 난간의 존재와 함께 亨堂의 존재를 상정했는데〔李亨求,「高句麗의 亨堂制度 研究」(『東方學志』 32, 1982)〕 난간의 존재는 장군총 근처에서 28cm 크기의 쇠사슬 22마디가 발견되어 확인되고 있다.〔吉林省考古研究室 集安縣博物館,「集安高句麗考古的新收穫」(『文物』 第1期, 1984) : 崔武藏譯,「高句麗·渤海文化」(集文堂, 1985), 168쪽)〕

또한 集安山城下 1411호분과 禹山下 1080호분의 정상에서 無文字石碑가 발견되어 이들 구조물을 비각과 연결시켜 이해하는 견해도 있다.〔方起東·林至德,「集安洞溝兩座樹立石碑 的高句麗古墓」(『考古與文物』 1983-2)〕 어쨌든 집안일대의 고구려 분묘의 정상부에서 발견되는 구조물의 흔적과 다량의 와전은 墓上에 구체적인 건축물이 존재했음을 알려주며 이는 앞서 지적된 '寢廟'의 성격을 갖는 구조물일 가능성이 높다. 이는 최근 고구려왕릉조사보고에서도 확인되고 있다.

8) 능묘상에 존재하는 구조물의 성격에 대해서는 이를 '형당'으로 이해하는 견해와 '묘상입비의 원칙이 광개토왕대에 설정된 점을 감안하여 비각 등으로 이해하는 견해가 있는바 앞서 사료에 나타나고 있듯이 이는 '묘'로서 표현된 '묘·침'의 기능을 수행하는 건축물로서 후에는 '비각'의 기능도 포함한 구조물이었다고 이해된다.

따라서 일단 최초로 정비된 수묘제의 내용은 선왕의 능묘를 관리하는 관사의 존재와 이를 관리하는 관인의 존재가 상정되며 구체적인 수묘역을 수행하는 수묘인을 확인할 수 있으며, 특히 왕릉지역에서 실질적인 수묘역을 담당하는 수묘인의 경우 20가라는 기본단위를 상정할 수 있다.

이후 왕대에 나타난 수묘제의 양상은 큰 변화없이 유지되다가 광개토왕의 선왕인 고국양왕대에 이르러 이와 관련된 제도의 대폭적인 개편이 진행되었음을 보여주고 있다.

바① 고국양왕 9년: "三月 下敎崇信佛法求福 命有司立國社 修宗廟."

사료의 구체적 내용은 확인할 수 없지만 "국사國社를 입立하고 종묘宗廟를 수修했다"는 기사는 전왕인 소수림왕대의 태학설립을 통한 유교의 본격적인 권장, 불교의 수용과 깊은 관련이 있다고 생각된다. 즉 기왕의 고유신앙 체계로서 유지되던 국가의 지배체계에 유교와 불교라는 고등종교를 수용함으로써 국가전반에 걸친 대규모의 변화가 적극적으로 진행되었으며, 이는 특히 고국양왕이 적극적으로 "불법을 잘 믿어 복을 받으라"는 하교를 내릴 정도로 고구려 사회의 종교및 제사제도에 상당한 변화가 진행되고 있음을 보여준다. 또한 선왕인 고국원왕대에 모용씨의 침입으로 훼파된 미천왕릉과 기타 왕릉에 대한 체계적인 정비도 단행되었을 가능성이 보인다.

따라서 광개토왕 이전의 수묘제는 3대 대무신왕대에 국가적 수묘제가 성립되어 유지되다가 18대 고국양왕대에 유교·불교의 수용에 따른 큰 변화가 진행되었다고 이해된다. 이는 이원적 종묘체계가 국가적으로 정리되고9) 국사國社가 세워져 일원적인 국가적 제사체계가 확립되었다고 생각된다. 또한 각 왕릉단위로 유지되었던 수묘체계는 기존의 양상이 유지되었다고 생각된다.

한편 각 왕릉에 배치된 실질적 수묘역을 수행한 수묘인의 규모는 기본적으로 20가家로 보인다. 이는 국상 명림답부에게 20가의 수묘호가 설정되고, 신라의 경우이기는 하지만 소지왕 7년 시조묘에 수묘호守廟戶 20가 증치되고, 문무왕 4년 제왕능원에 20호를 사민하는 등 20가 단위로 수묘호가 설정되고 있어 20가 단위의 수묘인 체계가 공통적인 내용으로 나타나고 있다.

2. 중국의 수묘제 양상

중국에서는 역대 황제의 능을 조성하고 이를 지키고 관리하는 기구를 구성했다. 능의 경우 능침陵寢과 능묘陵廟·능읍陵邑·배장묘陪葬墓 등으로 조성하고, 관리기구로서 능령陵令을 책임자로 하는 능서陵署를 구성했다.10) 이 제도는 한대에 이르러 체계화·구체화되고 있는데 후한대에 이르러서는 상릉上陵의 예禮가 정착되고 1인1묘一人一廟에서 동당이실同堂異室의 종묘가 확립되었으며 수릉인과 관련된 규모와 내용

---

9) 이전에 존재했던 소노부의 독자적 종묘체계가 이 시기 정리된 것으로 파악된다.
10) 楊寬, 『中國皇帝陵の起源と變遷』(學生社, 1981), 28~29쪽.

에 변화가 있었다.11)

먼저 한대 황제의 능은 능과 능침·능묘陵廟와 함께 능읍陵邑이 구성되었는데, 여기서 능을 지키는 능호陵戶와 관련된 표현은 한대에는 능읍 또는 원읍園邑으로 나타나고 있다. 능읍의 규모는 초기에는 새로운 도시를 구성하는 규모로 최대 만여 호[長陵·茂陵]가 사민되어 형성되었다.12) 그러나 이 같은 능읍구성은 곧 규모가 대폭 축소되어 혜제惠帝 안릉安陵의 경우 5천 호 등으로 나타나고13) 점차 규모에 대한 언급이 생략되고 있다.

제후왕諸侯王의 경우도 원읍園邑을 구성하여 수원읍인守園邑人과 관련된 구체적 언급이 나타나고 있다.

…是爲孝宣帝. 帝初卽位 下詔曰…. 諡法曰 "諡者 行之迹也" 愚以爲親諡宜曰悼 母曰悼后 比諸侯王園 置奉邑三百家. 故皇太子諡曰戾 置奉邑二百家. 史良娣曰戾夫人 置守冢三十家. 園置長丞 周衛奉守如法.14)

위의 사료에 보면 제후왕의 무덤을 지키는 원읍은 300가, 태자는 200가, 공주는 30가를 설치하고 있다.

한편 후한대까지 유지되던 능묘관리 체계는 위진남북조魏晉南北朝 시기에 이르러 대폭적인 능침제도의 개편이 진행되었다. 위문제 조비曹丕는 왕조가 바뀌고 나면 능묘가 발굴 훼손되는 것을 목격하고

---

11) 叶驍軍, 『中國墓葬歷史圖鑑』 上(甘肅文化出版社, 1994), 287~309쪽.
12) 『長安志』 卷13 引用 『關中記』長陵, 茂陵各萬戶.
13) 『長安志』 卷13 引用 『關中記』徙關東唱優樂人五千戶以爲陵邑.
14) 『漢書』, 『列傳』 卷63, 武五子傳 第33, 戾太子劉據.

이를 방지하기 위해 상릉上陵의 예禮를 폐지하고 능침건립과 원읍조성·신도神道조영을 하지 않았다.

> ○ 冬十月甲子 表首陽山東爲壽陵 作終制曰 : 禮 國君卽位爲椑 椑音扶歷反. 存不忘亡也. 昔堯葬穀林 通樹之 禹葬會稽 農不易畝 故葬於山林 則合乎山林. 封樹之制 非上古也 吾無取焉. 壽陵因山爲體 無爲封樹 無立寢殿 造園邑 通神道. 夫葬也者 藏也 欲人之不得見也.15)
> ○ 及文帝自作終制 又曰 : 壽陵無立寢殿 造園邑. 自後至今 陵寢遂絶.16)

위의 사료에 나타나듯이 이 시기 이후 능묘에 조영되었던 능침은 제거되고 상릉上陵의식도 폐지되게 되었다. 위문제魏文帝에 의한 개혁은 이후 진대晉代 및 남북조南北朝시대를 통해 큰 영향을 미쳐 동진東晉 황제의 능묘 대다수는 산 중간 남쪽에 묘갱을 뚫어 구축하고 분구를 축조하지 않은 채 묘실은 숨겨졌다.17) 즉 고구려 광개토왕 시대의 중국 능침제도는 쇠퇴하여 더 이상의 대형분구와 능침·능묘 등을 조영하지 않고 가급적 능묘임을 부각하지 않는 상황이 중국 남북조시기의 분위기였다.

한편 능을 관리하는 책임자인 능령陵令은 한대에 설치되었고 각 능마다 1인씩 배치되었으며18) 용모가 단정한 자를 특별히 골라 선발했

---

15) 『三國志』, 「魏書」 卷2, 魏書 2 文帝조.
16) 『宋書』, 「志」 卷16, 志 第6 禮3.
17) 예를 들면 남경시 부귀산에서 발굴된 진의 恭帝(418~420) 冲平陵은 산 사이 움푹 패인 땅을 선택하여 매장한 뒤 흙을 채워 양측 산과 같은 높이로 되어 있다.[南京博物院, 「南京富貴山東晉墓發掘報告」(『考古』 1963-6, 1963)]
18) "陵令 每陵各一人. 漢舊官也."[『宋書』, 「志」 卷39, 志 第29 百官上]

다.19) 그런데 간혹 능령은 고위관리의 좌천직이기도 했다. 또한 능령陵令은 한대漢代에 체계화되었으나 확실한 자료는 후대인 당대唐代 능의 관리기구인 능서陵署내용을 통해서 유추된다.20) 그 내용으로 볼 때 능령陵令의 정확한 직임은 선제先帝의 산릉을 장악하고 능호陵戶를 이끌어 수위하는 것이 기본임무였다.21) 산릉에서는 삭망朔望과 원정元正·동지冬至에 제향을 올렸다. 이와 함께 능과 관련된 여러 사항, 특히 상서로운 사건 등을 조정에 보고하는 책임자였다.22)

○諸陵署 : 令一人 從五品上. 錄事一人 府二人 史四人 主衣四人 主輦四人 主藥四人 典事三人 掌固二人.
○陵戶 乾·橋·昭 四百人 獻·定·恭 三百人.
○陵令掌先帝山陵 率戶守衛之. 丞爲之貳. 凡朔望·元正·冬至 皆修享於諸陵. 凡功臣密戚陪葬者聽之 以文武分爲左右列.23)

또한 위의 사료로 볼 때 능을 관리하는 행정부서인 능서陵署에는 능령을 책임자로 하고 녹사錄事·부府·사史·주의主衣·주련主輦·주약主藥·전사典事·장고掌固 등 행정적 기능을 수행하는 구성원과 함께 능호가 포함되어 있다. 주목되는 것은 당대 황제릉을 지키고 관리하는

---

19) "蔡質漢儀曰: '出府丞·長史·陵令 皆選儀容端正 任奉使者.'"「『後漢書』,「志」第25, 百官2 光祿勳]
20) 來村多加史,『唐代皇帝陵野の研究』(學生社, 2001), 15~17쪽.
21) "初 建武二年 以皇祖·皇考墓爲昌陵 置陵令守視 ; 後改爲章陵 因以春陵爲章陵縣. 十八年 立考侯·康侯廟 比園陵 置嗇夫. 詔零陵郡奉祠節侯·戴侯廟 以四時及臘歲五祠焉. 置嗇夫·佐吏各一人."[『後漢書』,「列傳」卷14, 宗室四王三侯列傳第四 城陽恭王祉]
22) "元嘉二十二年十二月丁酉 甘露降長寧陵 陵令包誕以聞."[『宋書』,「志」卷28, 志第18 符瑞中 甘露]
23) 『舊唐書』,「志」卷44, 志第24 職官3 太常寺.

능호의 수가 건릉乾陵·교릉橋陵·소릉昭陵은 400호, 헌릉獻陵·정릉定陵·공릉恭陵은 300호로 배정되어 있는 점이다. 그런데 이러한 능호배정은 예외적인 상황이었고 당대의 선세제왕의 능호는 20호가 기본이었다.

○帝又詔武氏陵及諸武墓皆置守戶 紹謂 : 昊·順二陵守戶五百 與昭陵同. 在令 先世帝王陵戶二十 今雖崇奉外家 宜準附常典. 又親王墓戶十 梁·魯乃追贈 不可踰眞王.24)
○諸太子陵 …有府各一人 史各二人 典事各二人 掌固各一人 陵戶各三十人.25)

위의 사료는 당나라 시대 측천무후의 부모능父母陵에 능호 500호를 설치하자 영令에 의하면 "선세제왕의 능호는 20호이고 친왕묘親王墓에는 10호로 한다"는 점을 강조하며 이를 비판한 손소孫紹의 언급이다.

또한 다음 내용을 보면 수릉인을 구성함에 있어 궁인 가운데 자식이 없는 사람을 수릉인으로 설정하고 있어 능의 주인공과 기본적인 친연성이 유지되고 있음을 보여준다.

謂宮人無子守園陵者也.26)

또한 후한대에 황제의 행차시에 행차 대상지역민에 대한 곡식하

---

24) 『新唐書』, 「列傳」 卷113, 列傳第38 唐臨 孫紹. 이 내용을 구체적으로 『구당서』에서는 다음과 같이 표현하고 있다.
"又則天父母二陵各置守戶五百人 武三思及子崇訓墓各置守戶六十人. 以武氏外戚乃與昭陵禮同 三思等復逾親王之制 又上疏切諫. 當時雖皆不從 深爲議者所美."[『舊唐書』, 「列傳」 卷八十五, 列傳第三十五 唐臨 孫紹]
25) 『新唐書』, 「志」 卷48, 志第38 百官3 宗正寺 諸太子陵.
26) 『後漢書』, 「本紀」 卷5, 孝安帝紀第5.

사시 대상지역과 통과지역민에 대한 차별적 시혜를 베풀면서 원릉인園陵人들에게 중간수준의 곡식하사를 행한 기록도 보인다.

十二月己巳 至自長安 賜長安民粟人十斛 園陵人五斛 行所過縣三斛.27)

이는 이들 원릉인園陵人 즉 수릉인守陵人들이 신분적 차별이 존재하는 집단이 아니라는 점을 보여주고 있다. 오히려 일반지역민들보다 우대받는 인상을 줌으로써 이들의 위상을 가늠케 한다. 즉 이들 수릉인들은 집단적으로 통제된 신분집단이 아니라 일반민으로서 단지 황제의 능을 지키는 직역에 투여된 존재이며 이에 따른 일정한 혜택이 부여되고 있음을 보여준다.

이상의 사료에서 주목되는 점은 전한대 확립되고 후한대에 체계화된 중국의 능침·능묘 수호체계는 점차 규모와 내용이 조정되어 황제능의 경우 한대에 능읍陵邑이 구성되었고 제후의 경우 원읍園邑이 구성되었으며 능읍의 경우 1만~5천 호, 원읍園邑의 경우 300~200호 및 30~20호 등의 규모로 설정되어 점차 축소되어 정리되었다. 다만 수릉인의 구성단위가 10·100단위로 설정되고 있는 점이 특색이다.

또한 당대에도 각 능에 대한 수릉인의 구성단위가 선세제왕의 경우 20호이고 황제릉의 경우 100호에서 500호까지 신축적으로 나타나고 있지만 기본적인 구성방식이 20호 단위를 기준으로 진행하고 있음을 보여준다. 그리고 수릉인에는 기본적으로 왕과의 개인적 친연성이 있는 존재들인 궁인宮人도 포함되고 있어 개인적 관계가 중요함도

---

27) 『後漢書』, 「本紀」 卷7, 孝桓帝紀第7.

보여주고 있다.

한편 중국의 황제능묘와 관련된 능읍구성시 수릉인에 대해 금전 및 토지가 제공되고 있음이 매우 유의가 된다.

五年春正月 作陽陵邑. 夏 募民徙陽陵 賜錢二十萬.[28]

위의 사료는 한 경제景帝가 양릉陽陵을 조성하면서 양릉읍陽陵邑으로 옮기는 백성에게 20만 전을 제공하는 내용이다. 한무제가 자신의 능인 무릉茂陵으로 옮기는 사람들에게 20만 전과 함께 토지 2경씩을 지급한 예도 있다.

賜徙茂陵者戶錢二十萬 田二頃.[29]

이러한 정황은 후한대 능묘의 내용을 규정한 사료에서 보다 구체적으로 확인된다.

光武原陵 山方三百二十三步 高六丈六尺. 垣四出司馬門. 寢殿·鍾虡皆在周垣內. 隄封田十二頃五十七畝八十五步.[30]

위의 사료는 광무제의 원릉園陵규모를 설명하고 있는데, 주목되는 것은 원垣이 있고, 침전寢殿과 함께 제봉전隄封田이라는 토지가 별도로 설정되어 있는 점이다. 이 제봉전은 후한대 각 능에 모두 설치되어

---

28) 『漢書』, 「本紀」 卷5, 景帝紀第5.
29) 『漢書』, 「本紀」 卷6, 武帝紀第6.
30) 『後漢書』, 「志」 第6, 禮儀下 大喪.

있는 것[31])으로 능역관리와 관련된 토지로 파악된다. 중국에서는 능묘구성에서 토지가 하사되고 있었던 것이다.

토지사여土地賜與와 함께 특히 주목되는 점은 한대에 황제릉의 토지를 신하가 매입했다가 발각되어 자살하는 사건이다

> 元朔五年四月丁未 侯李蔡元年…元狩五年 侯蔡以丞相盜孝景園神道壖地罪 自殺 國除.[32])

위의 사료를 보면 안악후安樂侯인 이채李蔡는 승상으로서 원릉의 신도神道의 옆 공지를 매입한 사실이 발각되어 자살하고 있다. 이에 대한 보다 구체적인 사실을 보면 다음과 같다.

> …李蔡以丞相坐詔賜地陽陵當得二十畝 蔡盜取三頃 頗賣得四十餘萬 又盜取神道外壖地一畝葬其中 當下獄 自殺.[33])

위의 내용은 이채가 한 경제의 능인 양릉陽陵지역으로 옮기는 것에 따른 대가로 20묘의 땅을 받아야 하는데 3경의 땅을 도적질해 얻었고 40여만 묘를 사고 있다. 또한 신도 밖의 연지壖地[공지] 1무를 절취하여 그 속에 포함시켰는데 이것이 발각되어 하옥될 상황에서 자살했

---

31)『後漢書』,「志」, 志第6 禮儀下 大喪: "光武原陵…. 隄封田七十四頃五畝…. 章帝敬陵…. 隄封田二十五頃五十五畝…. 和帝愼陵…. 隄封田三十一頃二十畝二百步. …殤帝康陵…. 隄封田十三頃十九畝二百五十步…. 安帝恭陵…. 隄封田一十四頃五十六畝…. 順帝憲陵…. 隄封田十八頃十九畝三十步. …沖帝懷陵…. 隄封田五頃八十畝. …隄封田十二頃五十四畝…."
32)『史記』,「表」 卷20, 建元以來侯者年表第 8.
 "李蔡… 元狩五年 坐以丞相侵賣園陵道壖地 自殺."(『漢書』,「表」 卷17, 景武昭宣元成功臣表第5)
33)『漢書』,「列傳」 卷54, 李廣蘇建傳第24 李廣.

다. 이 사실은 한 경제의 능인 양릉陽陵조영시 사민徙民을 하고 이들에게 주변토지를 하사하고 능읍인陵邑人들에게 돈을 내리고 사면령을 내리는34) 조치와 연결되어 나타난 사건이었다. 특히 사민된 존재들에게 주변토지를 하사했는데 승상이었던 이채李蔡가 추가로 토지를 매입하고 능역내의 토지를 절취한 사건에 대한 처벌내용을 보여주고 있다.

여기서 주목되는 점은 경제의 능인 양릉의 토지를 비록 극히 일부이지만 절취할 수 있었고 이것이 발각되어 처벌받고 있는 사실이다. 즉 중국의 한대에 능읍陵邑이 조영되면서 승상이 대규모 토지매입과 일부 절취까지 감행하는 상황이 발생했던 것이다.

한편 위진남북조시기 남조南朝인 양대梁代의 사실로서 분묘조성을 위해 왕실에서 토지를 매입하고 있는 점이 주목된다.

　　初 丁貴嬪薨 太子遣人求得善墓地 將斬草 有賣地者因閹人俞三副求市 若得三百萬 許以百萬與之.35)

사료에 의하면 양무제梁武帝의 태자가 정귀빈丁貴嬪이 죽자 그녀를 위한 묘를 토지매입을 통해 조성하고 있다. 이 같은 사실은 비록 고구려와는 시대와 상황이 다르지만 수묘인과 관련되어 발생한 매매관련 사실을 이해하는 데 매우 유의된다. 즉 중국사회에서는 수묘인 또는 수릉인과 관련된 매매사실은 발견할 수 없고 오히려 관련 토지

---

34) 『漢書』, 「本紀」卷5, 景帝紀第5: "秋 赦徒作陽陵者死罪 ; 欲腐者 許之." "五年春正月 作陽陵邑. 夏 募民徙陽陵 賜錢二十萬."
35) 『南史』卷53, 「列傳」第43, 梁武帝諸子 昭明太子統 昭明太子統長子歡.

절취 및 매매사실이 나타나고 있다는 점에서 광개토왕릉 수묘인 관련 매매문제에 대한 이해의 구체적 자료로 파악된다.36)

2. 고구려 수묘제 개편과 의의

1. 광개토왕·장수왕의 수묘제 개편

광개토왕릉 비문에 나타난 수묘제 개편내용 사료는 다음과 같다.

A① 國罡上廣開土境好太王存時敎言 祖王先王但敎取遠近舊民 守墓洒掃.
국강상광개토경호태왕께서 살아계셨을 때에 말씀하시기를 할아버지왕과 아버지왕께서는 예전에 하시던 대로 단지 원근의 구민들만을 취하시어 자신들의 묘를 지키고 청소하게 하셨다.
② 吾慮舊民轉當羸劣 若吾萬年之後 安守墓者.
내(광개토왕)가 걱정하는 것은 구민들이 약해지고 적어지는 것이니 만약 내뒤로 만년이 지난 뒤에는 누가 수묘하겠는가?
③ 但取吾躬巡所略來韓濊 令備洒掃 言敎如此.
그러므로 단지 내가 직접 순행하여 데리고 온 한예들을 취하여 그들로 하여금 나의 무덤을 지키고 청소하게 하라. 명하신 바가 이와 같았다.

---

36) 한편 백제 무녕왕 매지권에 나타난 토지매매 의식의 내용도 그 같은 토지매매를 통한 장지확보의 의식을 보여주는 일례일 수 있다.

B① 是以如敎令 取韓穢二百卄家.
　장수왕이 이에 명하신 바와 같이 한예 220가를 취하고
② 慮其不知法則 復取舊民一百十家 合新舊守墓戶 國烟卅看烟三百 都合三百卄家.
　장수왕이 그들이 법칙을 알지 못할 것을 염려하여 다시 구민 110가를 취하여 신구민 수묘호를 국연 30가와 간연 300가, 모두 합쳐 330가로 삼았다.
C① 自上祖先王以來 墓上不安石碑 致使守墓人烟戶差錯.
　예로부터 조선왕祖先王 이래로 묘에 석비를 안치하지 않아 수묘인 연호들로 하여금 어긋나고 틀리게 했는데.
② 唯國罡上廣開土境好太王盡爲祖先王墓上立碑 銘記烟戶 不令差錯.
　오직 국강상광개토경호태왕께서 모든 조선왕祖先王을 위하여 묘에 비를 세우시고 연호를 새기시어 그들로 하여금 어긋나고 틀리지 않게 하셨다.

　광개토왕은 기존 왕들의 능묘수묘를 위해 조선왕祖先王의 묘墓에 비碑를 세우고 연호烟戶를 명기하여 수묘인으로 하여금 착오를 일으키지 않게 했다. 여기서 문제가 되는 것은 조왕祖王・선왕先王・조선왕祖先王이라는 표현이다. 종래 이를 해석함에 있어 대부분 학자들은 이를 동일개념으로 전제하고 일반적 조상祖上표현으로 보거나[37] 구체적으로 조祖와 부父로 구분해 광개토왕의 조부인 고국원왕과 고국양왕으로 보기도 한다.[38]

---

37) 박시형, 『광개토왕릉비의 연구』(1966), 222쪽 : 王健群, 『好太王碑硏究』(吉林人民出版社, 1984).
38) 浜田耕策, 「高句麗廣開土王陵墓比定の再檢討」(『朝鮮學報』 119・120합집, 1986), 97쪽.

그런데 문장을 구분해 보면 A①②③은 광개토왕이 수묘인이 구민만으로 구성되었다는 문제를 지적한 부분이고 B①② 부분은 장수왕이 따라서 수묘인을 광개토왕의 유지를 받들어 신래한예와 구민으로 수묘인을 구성한 부분, 그리고 다시 C①②③ 부분은 광개토왕이 역대왕들의 무덤에 비를 세우는 내용으로 나뉘어 있다. 그런데 조왕선왕祖王先王은 A부분에서만 사용되고 조선왕祖先王은 C부분에서 사용되고 있다. 즉 조왕선왕은 광개토왕이 수묘인 구성이 구민舊民만으로 구성되었다는 내용을 설명하는 부분에서만 사용되었고, 조선왕祖先王은 광개토왕이 묘에 비를 세우는 문제와 관련하여 사용하고 있다. 따라서 종래 조왕선왕의 약칭으로 조선왕을 보고 이를 동일 개념으로 이해했는데 이는 분리해서 해석되어야 할 부분임을 보여주고 있다. 따라서 A·C부분은 광개토왕이 주어이고 B부분은 장수왕이 주어라는 점을 감안하여 관련부분을 해석하야 한다.

위에 제시된 구분방식과 번역내용이 용인된다면 위의 C①부분의 조선왕祖先王은 앞서 조왕·선왕의 약칭으로 보고 할아버지와 아버지로 인식할 수 없다. 즉 이는 광개토왕 이전의 일반적 상황을 설명하는 표현이라는 점에서 이 내용은 조상들의 무덤이라는 의미이지 구체적인 조부·선친을 의미하는 것은 아니다. 이를 구체화시켜 주는

한편 이 견해를 수용한 이도학은 광개토왕이 평양지역에 각별한 관심을 가졌던 고국원왕과 연결되는 직계만을 강조하여 평양천도의 근거에 대한 부각을 의도한 표현으로 이를 해석하기도 한다.〔이도학, 「광개토왕릉비의 건립배경-평양성천도와 관련해서」, 『백산학보』 65, 2003), 59쪽〕

이인철은 조왕은 소수림왕, 선왕은 고국양왕으로 보고 수묘인 330가가 광개토왕릉을 포함한 3왕의 능묘수묘인으로 차정되었다고 보았다.〔이인철, 「4~5세기 고구려의 수묘제-광개토왕비의 수묘인연호조를 중심으로-」(『청계사학』 13, 1997)〕

내용이 ⓒ②의 진위조선왕盡爲祖先王이라는 표현이다. 즉 단지 조왕祖王·선왕先王 두 왕만을 위한 묘비건립이라면 '모든'이라는 의미의 '진盡'을 쓸 이유가 없다는 점에서 이 표현은 조상왕祖上王 전체를 포함하는 표현임을 알 수 있다.

또한 국강國岡지역 즉 고국원故國原 지역에는 서천왕西川王의 무덤도 존재하고 있었다.39) 따라서 국강지역에 조부와 선친의 능묘비만을 세워서 수묘제의 혼란을 바로잡는다는 것40)은 현실적으로 불가능한 일이었다. 즉 조선왕祖先王은 기본적으로 국내성 지역에 있는 역대왕들을 포괄한 조상이라는 표현 즉 선조先祖라는 일반적 의미로 파악되어야 한다.41) 그렇다면 광개토왕은 역대왕들의 능묘에 각각 비를 세워 수묘인 체계를 정비한 것으로 파악된다.42)

2. 수묘인 구성변화와 고구려 사회의 변화

광개토왕의 수묘제 관련 개혁에서 가장 주목되는 점은 사료 A·B 부분에서 강조된 것처럼 수묘인 집단의 교체였다. 즉 광개토왕은 '수

---

39) "五年 秋八月 慕容廆來侵 至故國原 見西川王墓 使人發之 役者有暴死者 亦聞壙內有樂聲 恐有神乃引退."〔『삼국사기』 17,「고구려본기」 5, 봉상왕〕
40) 이 같은 입장은 이도학 등이 제시했다.
41) 박시형,『광개토왕릉비의 연구』(1966), 222쪽 : 王健群,『好太王碑硏究』(吉林人民出版社, 1984).
42) 현재 국내성지역에서 확인된 능비는 광개토왕릉비 이외에는 확인되지 않고 있다. 1983년 방기동 등에 의해 보고된 1411호·1080호에서 발견된 두 비는 그 형태나 무자비적 성격 등으로 비문으로 보기 어렵다.〔김현숙, 전게논문(1999), 164쪽〕

묘쇄소守墓洒掃' 즉 묘를 지키고 청소하는 것이 주된 임무인 구민으로 구성된 수묘인들이 "약해지고 감소(羸劣)"하는 것이 가장 걱정스러운 상황이었고 그럴 경우 만년이 지난 뒤 누가 수묘할 것인가를 걱정했다. 그리고 이 같은 상황이 발생하지 않을 존재로서 자신이 직접 약래한 '한예韓穢'를 지목하여 그들로 하여금 그 역할을 대치하도록 유언을 남겼던 것이다. 또한 그 수효는 국연 20가, 간연 200가로 설정되어 있었다. 따라서 두번째 광개토왕대 수묘제 개혁의 가장 큰 핵심은 수묘인을 구민舊民에서 신래한예新來韓穢로 교체하는 구성집단의 변화로 나타나고 있다. 즉 구민중심의 수묘인 집단의 지속성에 문제가 생겨 광개토왕이 직접 약래略來한 한예韓穢들로 새로이 수묘인 집단을 구성했다.

그리고 그 규모는 기존의 내용이 유지되었음을 암시하고 있다. 수묘인을 구민에서 신래한예로 바꾸기는 했지만 규모적으로 조정했다는 내용은 나타나고 있지 않다. 즉 광개토왕이 설정한 수묘인 220가가 기왕의 왕릉수묘인 규모와 내용이었다고 파악된다.

이 구성에서 주목되는 것은 앞서 중국의 수묘제와 관련되어 나타나는 수효와의 상관성이다. 즉 제후왕 등에 대한 수묘인 즉 원읍의 구성에서 규모가 100가家·200가·300가 등 100가 단위로 나타나는 내용과는 달리 국연國烟 20가와 간연看烟 200가가 합쳐져 220가로 구성되는 고구려의 양상이다. 이는 당대 선세제先世帝 왕릉에 설정된 20가 등의 수릉인 수효와도 대비되어 주목되는 점이다. 즉 중국 수묘인 구성이나 고구려 수묘인 구성에서 10단위 100단위 수묘인 구성의 특징에서 공통점이 보이지만 실제구성에 있어서는 역할이 다른 국연·간연이 1 : 10 비율로 구성되는 독특성을 고구려가 보여준다.

한편 구민舊民이 약해지고 감소〔羸劣〕되는 것에 대해 이를 기존수묘인의 약화로 제한해서 보거나 구민의 전체상황으로 보는 입장으로 나뉜다.43) 필자는 종래 광개토왕이 신래한예로 자신의 수묘인을 선택이유로서 첫째로 신래한예가 보유하고 있는 농업생산 기술력의 우수성과 둘째로 고구려 종족과의 언어-문화적 동질성 때문이라고 보았다.44) 이들 고구려 구민의 문제점은 신래한예가 보유한 특성과의 대비를 통해 부각될 수 있다고 생각된다. 또한 구민이 갖고 있던 문제점은 수묘역 수행자만이 아닌 전체구민들에 해당하는 사항으로서 당시 구민의 사회-경제적 상황을 보여주는 사료에 의하면 고구려는 농업생산 문제가 매우 심각했음을 짐작케 한다.

    소수림왕 8년(378);"旱民饑相食."
    고국양왕 5년(388);"夏四月大旱 秋八月蝗."
    고국양왕 6년(389);"春饑人相食 王發倉賑給."
    광개토왕 15년(405);"秋七月 蝗旱."

또한 광개토왕 때부터 평양지역으로 수도를 옮기고자 한 의지45)에도 이 같은 농업생산성 문제가 고려되었다고 파악된다. 즉 광개토

---

43) 김현숙·조인성·이인철 등은 수묘인의 약화측면에서 이를 보고 있으나 임기환·조법종은 구민의 상황에서 접근하고 있다. 김현숙은 특히 구민과 신래한예의 경제적 차이가 확인되지 않은 상황에서 성급한 결론은 문제가 있음을 지적하고 있다.〔김현숙, 전게논문(1999), 151쪽〕
  그런데 구민과 신래한예의 차별성을 이들의 농업 생산기술 이외의 부분에서 찾기 어렵다는 점에서 필자의 입장을 견지하고 있다.
44) 조법종, 전게논문(1994). 이와 관련하여 최근 필자가 제기했던 경제적 특성부분에 대해서는 고구려의 평양천도 문제 등과도 연결되어 큰 이론은 제기되지 않고 있다.
45) 이도학, 전게논문(2003).

왕이 즉위하기 직전의 양왕대 및 당대에 걸쳐 고구려 사회의 농업생산 문제가 심각한 상황이었음이 관련사료에 나타나고 있다.

한재旱災 등의 문제는 고구려에만 국한된 양상은 아니었으나 동일한 자연환경 악화에 대하여 상대적 취약성을 갖고 있는 재래의 '구민舊民'에 비하여 광개토왕이 직접 전투에 참가하면서 확인한 한반도 중·남부지역민인 '신래한예新來韓穢'의 발전된 농업생산력 및 기술의 차이에 의한 우월성은 매우 뚜렷하게 나타났다고 생각된다.46) 즉 4세기 이후 본격적으로 발전된 백제지역의 한전旱田 및 수전水田농업 및 농업생산력의 차이47)와 농기구 개량 등을 통한 농경기반의 차별화가 부각되었다고 생각된다.48) 이 같은 고구려 지역민과 한반도 중남부 지역민의 농업생산 등과 관련된 상대적 차이는 이후 고구려의 국가적 발전방향의 남진지향49)과 관련한 변화를 초래했다고 이해된다.

따라서 광개토왕이 단행한 수묘인의 신래한예로의 교체는 수묘인 집단의 자생력을 바탕으로 상대적으로 농업생산력이 취약한 구민을 배제하고 새로이 편입된 농업생산 능력이 뛰어난 신래한예로서 수묘제를 유지하게 했다고 생각된다. 즉 수묘인 교체에서 가장 중요한 이유중의 하나가 수묘인 집단의 지속가능한 경제적 토대확보였다

---

46) 한반도 중남부지역에서 출토되는 철제농기구의 존재는 특히 서기 4~5세기에 이르러 대량으로 반출되고 있어 이 시기의 농업생산 기술 등에 걸친 대규모 변화가 상정된다.〔東潮,「朝鮮三國時代の農耕」(『彊原考古學硏究所論集』, 1983) : 李賢惠,「三韓社會의 농업생산과 철제 농기구」(『歷史學報』 126, 1990)〕

47) 全德在,「백제 농업기술 연구」(『韓國古代史硏究』 15, 1999).

48) 김재홍,「살포와 鐵鋤를 통해서 본 4~6세기 농업기술의 변화」(『科技考古硏究』 제2호, 아주대학교 박물관, 1997).

49) 朴性鳳,「廣開土王期 高句麗南進의 性格」(『韓國史硏究』 27, 1979).

고 생각된다.

이와 관련하여 주목되는 점이 수묘인守墓人 매매문제다. 이에 대해 대부분 연구자들은 수묘인들 사이의 매매행위나 국연國烟에 의한 간연看烟매매 등 수묘인 자체를 매매대상으로 설정하고 있다.50) 그러나 매매의 대상은 수묘와 관련하여 지급된 토지임을 필자는 기존논고에서 상세한 사례史例와 관련용어 해석을 통해 논증했다.51) 즉 고구려 사회의 상시적 토지부족52)과 토지확보 의지와 함께 신라 등의 예에서 원성왕릉으로 추정되는 괘릉의 영역, 신라 김유신의 경우 수묘인53)과 자복전資福田 30결結이 제공되었던 것이다.54)

한편 고려 성종대(991)에 가야 수로왕릉首露王陵의 묘속전廟屬田으로 약 30여 결의 토지가 존재했던 사실에서도 수묘 및 제사 등을 위한 기반으로서 토지가 배속되어 있었음을 알 수 있다.55)

---

50) 김현숙, 전게논문(1999).
51) 조법종, 전게논문(1995).
52) "多大山深谷 無原澤 隨山谷以爲居 食澗水 無良田 雖力佃作 不足以實口腹 其俗節食."(『三國志』, 「高句麗傳」)
    "土田薄脊 蠶農不足以自供 故其人節飮食."(『魏書』, 「高句麗傳」)
53) 『삼국사기』 권43, 『열전』 3, 김유신 하: "庚信…至秋七月一日 薨于私第之正寢 享年七十有九 大王聞訃震慟 贈賻彩帛一千匹 租二千石 以供喪事 給軍樂鼓吹一百人 出葬于金山原 命有司立碑 以紀功名 又定人民戶以守墓焉."
54) 『삼국사기』 권43, 『열전』 3, 김유신 하: "夏四月 旋風盆起 自庚信墓至始祖大王之陵 塵霧暗冥 不辨人物 守陵人聞 其中若有哭泣悲嘆之聲 惠恭大王聞之恐懼 遣大臣致祭射過 仍於鷲仙寺納田三十結 以資冥福 是寺庚信平麗濟二國 所營立也."
    원성왕이 김유신을 위하여 김유신이 세운 취선사에 30결의 토지를 납입했는바 이 내용이 수묘와 관련된 토지지급과 연결될 수 있는 가에 대한 의문이 제기될 수 있다. 그러나 삼국시대 후기부터는 이들 수묘제의 내용이 점차 변하여 사찰이 수묘의 중심적 역할을 수행한 것으로 이해된다. 특히 통일신라시대의 경우 그러한 경향이 농후한 것으로 이해되는바 원성왕의 취선사에 대한 토지사여는 김유신묘의 수묘를 책임지고 있던 취선사에 그 자용으로서 토지가 지급된 것으로 이해된다.

수묘제 관련 두번째 개혁은 수묘인 관련 매매금지賣買禁止 명령제정이다.

> D①: 又制守墓人 自今以後 不得更相轉賣 雖有富足之者 亦不得擅買 其有違令 賣者刑之 買人制令守墓之.
> 또 제정하기를 수묘인은 지금이후로 다시 서로 옮겨 팔 수 없다. 비록 부유하고 풍족한 자가 있어도 또한 함부로 살 수 없다. 명령을 어기는 자가 있으면 판 자는 형刑을 받을 것이고 산 자는 그로 하여금 수묘토록 할 것이다.

종래 이 내용에 대해 대부분의 연구자는 수묘인을 매매대상으로 보아 국연이 간연을 판다거나 수묘인이 스스로를 판다고 보았다. 그러나 위의 내용을 보면 수묘인이 아닌 별도의 대상을 매매하고 있으며 그 대상은 수묘와 관련되어 국가가 지급한 토지를 판매한 것으로 파악된다.

이를 설명하는 근거로 왕릉의 수묘와 제사 등과 관련된 경제적 기반으로서 토지가 지급된 사실은 명림답부가 죽자 그의 식읍56)에 장지가 설정되고 수묘인이 제공된 점에서 그 일단을 유추할 수 있다. 비록 고구려의 경우는 아니지만 신라 원성왕릉元聖王陵인 구원九原조성과 관련된 최치원의 「숭복사비문崇福寺碑文」에서도 능묘조영과 관련하여 토지지급이 있었음을 확인할 수 있다. 즉 구원九原은 기왕의 숭복

---

55) 『三國遺事』 권2, 「紀異」 2, 駕洛國記: "淳化二年金海府量田使 中大夫趙文善 申省狀稱 首露陵王廟屬田結數多也 宜以十五結仍舊貫 其餘分折於府之役丁."
56) 『삼국사기』 권16, 「고구려본기」 4, 신대왕 8년: "…王大悅 賜答夫坐原及質山爲食邑."

사를 옮기고 그 터와 함께 100결의 땅을 매입해 추가한 지역에 조영되었다는 사실이 그 비문에 나타나고 있다.57)

또한 연烟이라는 표현은 국가가 토지를 지급하고 이를 매개로 통제하는 가호에 대한 표현이라는 관점에서58) 국연國烟은 광개토왕릉에 대한 실제 수묘역守墓役을 수행하고 간연看烟은 지급된 토지를 경작하여 그 결과물을 국연에 지급하는 관계로 파악된다. 즉 신라장적문서의 공연孔烟·계연計烟·중상연中上烟···. 하하연下下烟 등의 표현, 그리고 단양적성비赤城碑의 적성연赤城烟 등 연烟으로 나타난 표현은 '연수유전답烟受有田畓'·'적성전사법赤城佃舍法'과 연결되는 명칭59)으로 '연烟'이라는 표현은 국가적인 토지지급과 연결된 호구를 지칭하는 표현이었다.

더욱이 적성지역의 경우 고구려 영역을 신라가 장악하고 기왕의 고구려적 토지지배 및 지배체제를 유지·개편한 내용이 적성비에 반영되고 있을 것이라는 이해60)를 감안할 때 국연과 간연이라는 표현도 토지지급이 전제된 국가적인 수묘역의 설정을 나타낸 표현으로 이해된다. 즉 '수묘인 연호守墓人烟戶'라는 표현의 의미는 '수묘역守墓役'을 수행시키기 위해 국가가 토지를 지급한 가호家戶로 파악된다. 이는 각 지역의 '가家'로 표현된 단위들을 '연烟'으로 굳이 달리 표현된 이유

---

57) 崔柄憲, 「大崇福寺碑文」(『史料로 본 韓國文化史』 古代篇, 1985) : 李佑成, 「新羅時代의 王土思想과 公田」(『趙明基博士華甲記念 佛敎史學論叢』, 1965). 특히 위의 논문에서는 기왕의 비문해석에 있어 추가로 매입해 보탠 토지의 결수를 2백 결로 이해한 부분이 일백결의 잘못임을 지적하고 있다.
58) 조법종, 전게논문(1995).
59) 李宇泰, 「丹壤赤城碑 建立의 背景-也爾次의 功績과 恩典의 性格을 中心으로-」(『泰東古典研究』 8, 1992).
60) 邊太燮, 「丹壤眞興王拓境碑의 建立年代와 性格」(『史學志』 12, 1978).

였다. 이 때 이들에게 지급된 토지를 수묘인이 팔 경우 형벌을 가하고 대신 취득한 자는 그 대가로 수묘인 역할을 수행케 한 것으로 파악된다.

수묘와 관련하여 토지가 지급되었을 것이라는 사실은 앞서 중국의 수릉제守陵制와 관련하여 원릉園陵·원읍園邑이 조영될 때 금전과 토지가 지급되었음에서 확인되고 있다. 더욱이 능읍陵邑조성시 관련관리가 자체적으로 더 많은 토지를 매입하고 일부 묘역의 땅을 절취하다 처벌받았던 사례는 수릉守陵과 관련된 토지가 기존의 관리마저 탐을 낼 정도의 땅이었고 이를 적극적으로 확보하는 행위까지 존재한 점은 광개토왕비문廣開土王碑文에 나타난 수묘인 관련 매매내용의 본질을 이해하는 데 가장 유의되는 점이다. 물론 중국과의 제도적 차이가 있으며 내용적 차이도 뚜렷하지만 수묘와 관련된 경제적 토대제공이라는 점에서 이들 토지가 가장 중요한 관심사항이었다고 파악된다.

또한 중국의 경우 수릉관련 민들이 신분적으로 차별받지 않고 있음도 곡식하사 관련사료에서 확인되었다. 이는 중국수묘제와 고구려 수묘제가 기본적으로는 연결된다는 점61)에서 수묘인들의 신분이 일반민적 존재이며 토지까지 지급된다는 점에서 매매대상으로 설정될 수 없다고 파악된다.62)

---

61) 고구려수묘제 양상은 한 대의 수묘제 양상과 일부 연결됨을 보여준다.
62) 종래 구민으로 구성된 수묘인들 가운데 간연들은 지급된 토지를 매매를 통해 대가를 확보한 뒤 기왕의 자신들의 연고지 등으로 도망했을 것이며, 국연들은 이들로부터의 물자공급 등 지속적인 보조가 진행되지 못함에 따라 '羸劣'의 상태로 전락했다고 이해된다. 이러한 사정을 해소하기 위한 방법으로 광개토왕은 수묘인들의 매매행위를 강력하게 금지하는 내용을 남긴 것이며, 앞서 수묘인들을 구민이 아닌 신래한예로 교체한 이유도 이것과 관련이 깊다고 생각된다. 즉 구민의 경우 토지를 팔고 자신의 연고지 등으로 피할

세번째로 수묘제 개편에서 주목되는 점은 장수왕이 신래한예新來
韓穢가 법칙을 모를 것을 우려하여 새로이 구민국연舊民國烟 10가, 간연
看烟 100가, 총 110가를 차출하여 신래한예와 1 : 2 비율로 배치하는 수
묘제를 보완하는 조치이다.

> B② 慮其不知法則 復取舊民一百十家 合新舊守墓戶 國烟卅看烟三百 都合
> 三百卅家.

우선 장수왕의 수묘제도 보완에서 가장 주목되는 점은 고구려 구
민舊民과 신래한예新來韓穢를 차별하지 않고 동질적인 역할을 하는 수
묘역제도를 운영하고 있는 점이다. 그리고 이것이 앞서 광개토왕이
수묘인 구성을 신래한예만으로 구성하고자 했던 내용을 보다 명확
하게 확인시켜 주는 조치로서 큰 의미가 있다. 즉 광개토왕이 신래한
예만으로 수묘인을 구성케 한 '존시교언存時敎言'에 대해 이들의 '부지
법칙不知法則'을 해결하기 위해 구민舊民과 함께 동등한 자격으로 수묘
역을 수행케 했다는 점은 광개토왕이 신래한예를 광의적 동족으로
인식하는 단계를 넘어 동일한 종족으로 이해하는 관념이 구체적 현
실로 구현된 내용이었다.
 이 문제는 장수왕의 수묘제 보완이라는 형태로 진행된 수묘인 구
성변화로서 필자는 고구려와 백제지역민의 언어-문화적 동질성에
근거하여 이 같은 신래한예만이 수묘인으로 차출되었다고 보았다.

여지가 있지만 새로이 낙래되어 온 신래한예의 경우 고구려의 다른 영역으로 피신할 근
거가 없어 수묘역에만 전념할 수밖에 없다는 점도 고려되었다고 생각된다.

즉 근거로서 개로왕이 북위北魏에 보낸 국서國書에 나타난 고구려·백제 부여 출자인식 및 돈독했던 상황에 대한 언급63)과 장수왕이 개로왕에게 파견한 간첩 도림사건에 나타난 고구려 승려 도림道琳과 개로왕蓋鹵王이 개인적으로 은밀한 이야기를 나눌 수 있는 언어적 동질성64), 개로왕 시기의 백제의 편호소민編戶小民이었던 일반백성 도미都彌와 도미부인이 개로왕의 요구를 거역하여 고구려 지역으로 피난하고 그 곳의 고구려 사람들의 도움을 받는 이야기65), 『일본서기日本書紀』에 나타난 백제 성왕聖王의 아들 위덕威德과 고구려 장수의 전투 중 대화장면에 나타난 직접적인 대화상황66) 등이 참고가 된다.

이러한 입장에 대해, 단순한 교류차원에서 진행되었을 뿐으로 언어적 동질성을 확인하기 어렵다는 지적도 있다.67) 그러나 수묘인의

---

63) "十八年 遣使朝魏 上表曰… 又云 '臣與高句麗 源出扶餘 先世之時 篤崇舊款.'"[『삼국사기』 25, 「백제본기」 3, 개로왕]
64) "二十一年 秋九月 麗王巨璉 帥兵三萬 來圍王都漢城 …先是 高句麗長壽王 陰謀百濟 求可以間諜於彼者 時 浮屠道琳應募曰 '愚僧旣不能知道 思有以報國恩 願大王不以臣不肖 指使之 期不辱命' 王悅 密覓謀百濟 於是道琳佯逃罪 奔入百濟 時 百濟王近蓋婁 好博24) 道琳詣王門 告曰 '臣少而學碁 頗入妙 願有聞於左右' 王召入對碁 果國手也, 遂尊之爲上客 甚親之 恨相見之晩 道琳一日侍坐 從容曰 '臣異國人也, 上不我疎外 恩私甚渥 而惟一技之是效 未嘗有分毫之益 今願獻一言 不知上意如何耳.'"[『삼국사기』 25, 「백제본기」 3, 개로왕]
65) "都彌 百濟人也 雖編戶小民 而頗知義理 其妻美麗 亦有節行 爲時人所稱 蓋妻王聞之 召都彌與語曰…. 忽見孤舟隨波而至 乘至泉城島 遇其夫未死 掘草根以喫 遂與同舟 至高句麗蒜山之下 麗人哀之 丐以衣食 遂苟活 終於羈旅."[『삼국사기』 48, 「열전」 8]
66) "會明有着頸鎧者一騎 挿鐃者二騎 珥豹尾者二騎幷五騎連 來到問曰 小兒等言於吾野中客人 有在何得不迎禮也 今欲早知 與吾可以禮問答者姓名年位 餘昌對曰 姓是同姓 位是扞率年二十九矣 百濟反問 亦如前法而答焉 遂乃立標而合戰."[『일본서기』 19, 흠명기 14년]
67) 예컨대 김춘추의 당나라 사신행차시 통역언급이 없었음을 지적하며 동일한 논리를 전개할 수도 있다는 반론이 있으나 이는 각 개별상황에 대한 정확한 인식이 결여된 지적이다. 즉 격식과 통역인력이 갖추어진 사신행차에서의 상황과는 전혀 다른 차원의 돌발적 상황을 비교하는 것은 적절한 이해가 아니다.

실질역할이 왕의 생시에 이미 설정되는 것에서 확인되듯이 개인적 친연성이 전제되고 있음68)은 확실한 사실이다. 그러므로 언어적 동질성과 의사소통이 전제되지 않고는 곧바로 수묘인으로 차출한다는 사실은 불가능해 보인다.

이상의 사실에서 광개토왕廣開土王과 장수왕長壽王은 포로로서 약래된 한예韓穢를 차별없이 기존구민과 같은 신분과 성격으로 파악하는 조치를 단행했던 것이다. 이는 이들 신래한예가 다른 복속세력과 달리 바로 고구려 국가구성의 일반민적 존재로 파악되었으며, 신래한예新來韓穢가 비록 지역적 편차를 존재했겠지만 기본적으로 동일언어·동일문화를 공유하고 있는 존재로서 고구려가 장악한 다양한 이종족집단異種族集團들과는 뚜렷이 구별되는 동족적 존재로서 파악된다. 이는 앞서 『일본서기』 인용기록에서 확인되듯이 "성이 부여씨夫餘氏로 서로 같다"라는 백제 위덕威德왕자의 표현대로 동족인식이 광개토왕대 대외확장 과정에서 거란契丹·후연後燕·숙신肅愼·왜倭 등 다양한 이종족과의 차별적 관계에서 더욱 뚜렷하게 인식되어 강화되었다고 생각된다. 이 때문에 광개토왕은 과감하게 과거 구민에게서만 차출했던 수묘인을 이들 신래한예에서 선정했던 것이고 장수왕은 더 나아가 구민을 함께 수묘인 집단으로 추가구성을 하여 동질적 존재로 확인시켜 주고 있다. 이 같은 고구려-백제 사이의 언어소통은 고구려-신라 사이에서도 동일한 상황이었다고 보인다.69)

---

68) 조인성, 전게논문(1988).
69) 한편 신라의 거칠부(502~579)는 젊었을 때 고구려지역에 가서 혜량법사를 만났을 때 서로간의 대화에 전혀 문제가 없었다.(『삼국사기』 44. 「열전」 4 거칠부) 즉 거칠부의 청년기인 20대는 520년대로서 이는 고구려 평양천도(427)로부터 100년 후의 상황이지만 이 시

결국 광개토왕·장수왕의 수묘인 구성은 고구려인高句麗人과 한예韓穢로 표현된 백제인百濟人 및 예맥濊貊·마한馬韓계통의 존재들이 고구려와 동일 언어·문화로 연결된 존재로서 4세기 말 5세기 초반경에 고구려 사회에서 인식되었음을 확인시켜 준다. 따라서 이 같은 사실은 중국 및 기타 주변종족과는 구별되는 하나의 역사공동체로서 이들이 존재했음을 보여준다.70)

3. 광개토왕 능원과 수묘인

1. 광개토왕릉 비정과 호대왕동령

고구려의 2번째 수도인 집안集安지역의 고구려 고분 가운데 유리

기에 고구려인들이 신라사람과 바로 대화하고 있는 것은 이 시기에 언어가 일반대중에서 전혀 이질적인 상황에서 융합되었다고 볼 수 없는 상황이다. 단지 이들 간에는 사투리가 차이가 나서 다른 사람들이 알아볼 수 있을 것이라는 말이 오간 점으로 보아 지금과 같은 사투리의 존재는 상정된다. 이는 이종간의 언어차이가 아닌 지역적 사투리 차이 수준의 내용으로 결국 고구려와 신라 사이에도 언어소통에 문제가 없었음을 알 수 있다.
70) 한편 고구려사를 요동사라는 관점에서 우리 역사체계에서 분리파악하려는 인식이 제기되었고 그 논리로서 고구려와 백제 등과의 언어차이를 제기했었다. 그러나 이는 앞서 소개한 것처럼 명확한 사실인식이 부족한 상황에서 제기된 논리라고 생각된다.[김한규, 『요동사』(문학과지성사, 2004.2) : 조법종, 「학문적으로 창작된 제3의 역사공동체, '요동사'」 (『北方史論叢』1, 2004.12)]

왕瑠璃王의 국내성國內城 천도 이후 장수왕長壽王의 평양천도까지 존재한 18명에 달하는 고구려 왕들의 무덤은 구체적인 대상분묘가 확인되지 않은 채 단지 규모 등을 감안하여 대형고분들이 왕릉급王陵級으로 분류되어 논의되었다. 이 가운데 광개토왕릉廣開土王陵은 광개토왕비가 엄연히 존재함에도 그 위치와 방위 등에 대한 논란이 존재하여 광개토왕릉에 관해서는 종래 장군총將軍塚이나 태왕릉太王陵으로 지목하는 2가지 설이 양립한 상태에서71) 한국 및 중국학계는 태왕릉을 광개토왕릉으로 보는 입장이 다수를 차지하고 있다.72)

이와는 달리 주변 여러 대형고분을 광개토왕 전후의 왕들과의 관계에서 태왕릉을 고국원왕릉故國原王陵으로, 장군총을 광개토왕릉廣開土王陵으로 보는 등의 입장이 제기되었다.73) 또한 북한학계에서도 태왕릉을 광개토왕릉으로 파악하는 분위기가 대부분이다.74) 그런데 2003

---

71) 關野貞·梅原末治·永島暉愼臣·田村晃一 등은 장군총을 광개토왕릉으로 보는 입장이다. 이에 비해 池內宏·藤田亮策·三上次男과 浜田耕策은 태왕릉을 광개토왕릉으로 보고 있다. 〔魏存成, 『高句麗考古』(吉林大學出版部, 1994)〔頌巖美術館(1996), 162쪽〕

72) 광개토왕릉 비정문제는 비문 발견단계부터 논의된 문제로 최근 이와 관련된 일부 연구 성과만을 제시했다.
方起東,「千秋墓, 太王陵和將軍墳主人公推定」(『博物館硏究』1986-2, 長春, 1986) : 浜田耕策,「高句麗廣開土王陵墓比定の再檢討」(『朝鮮學報』119·120, 1986) : 김현숙, 「廣開土碑를 통해 본 高句麗守墓人의 社會的 性格」(『한국사연구』65, 1989) : 동,「광개토왕비문의 수묘제와 수묘인」(『廣開土王碑文의 新研究』, 서라벌군사연구소, 1999) : 손수호, 「집안일대 왕릉급 돌각담무덤들의 주인공문제에 대하여」(『조선고고연구』1999-2, 사회과학원 고고학연구소:평양, 1999) : 魏存成, 『高句麗遺跡』(2002) : 김창호,「고구려 태왕릉의 주인공」(『백산학보』67, 백산학회, 2003.12).

73) 박진석,「好太王陵에 대한 考證」(『中國境內 高句麗遺蹟研究』, 예하, 1995) : 이도학,「광개토왕릉비문의 國烟과 看烟의 性格에 대한 再檢討 -被征服民 施策과 관련하여-」(『한국고대사연구』28, 2002).

74) 박진욱,『조선고고학전서』(중세편 고구려(과학백과사전종합출판사, 1991) : 손수호,「집안일대 왕릉급 돌각담무덤들의 주인공문제에 대하여」(『조선고고연구』1999-2, 사회과학

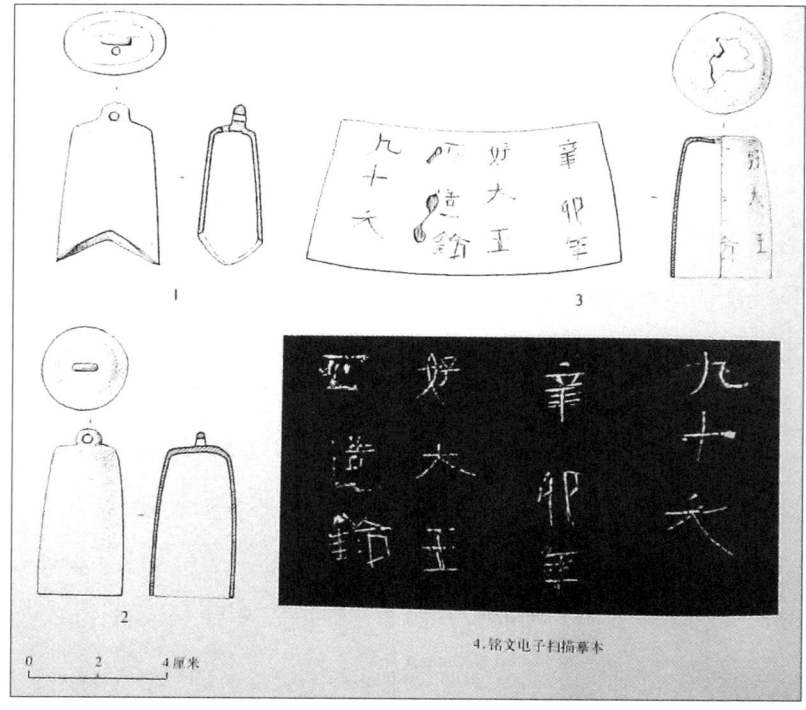

그림 9 태왕릉 출토 청동방울
A형:종형, B형:원통형, 명문방울과 명문내용

년 중국이 고구려 유적을 세계문화유산으로 등재하기 위해 대대적인 발굴조사를 진행하고 유물유적 정리과정에서 관련유물이 출토되고, 태왕릉의 능역관련 자료가 정리되면서 중국학계는 태왕릉을 광개토왕릉으로 확정했다.[75]

원 고고학연구소:평양, 1999) : 동, 「고구려돌각담무덤의 등급과 관련한 몇 가지 문제」(『조선고고연구』 2000-3, 사회과학원 고고학연구소:평양, 2000).
75) 吉林省文物考古研究所·集安市博物館編, 『集安高句麗王陵-1990~2003年集安高句麗王陵調査報告』 12節 太王陵(2004).

제3장 고구려 수묘제와 광개토왕대 사회변화 421

    이 같은 태왕릉이 광개토왕릉으로 확정되는 데 있어 결정적 자료로서 소개된 것이 "辛卯年 好太王 …" 명문이 있는 방울이다.76) 필자는 이 방울을 국내에 소개하는77) 과정에서 이 방울에 나타난 명문의 성격이 광개토왕과 관련된 방울로 소개했다.

    그런데 이 같은 자료에 대한 다른 입장이 제기되고78) 광개토왕릉을 장군총으로 이해하는 입장이 재천명되어79) 이에 대한 구체적 보완이 필요하게 되었다. 이 방울은 2003년 5월 태왕릉 정리과정에서 발견된 것으로 남쪽 제1계단석 중앙호석의 서쪽에서 2.9m 떨어진 곳에서 발견되었다.80)

    먼저 방울에 새겨진 명문銘文내용을 보고서에서는 "辛卯年 好大王 □造鈴 九十六"으로 해독하고 있으며 대大와 태太는 상통하는 것으로 보고 있다. 빈칸의 글자는 무표로 보는 중국학계의 입장과 소所 등으로 읽힐 가능성 등이 제기된 상태이다.81)

    이 유물을 근거로 중국학계는 태왕릉이 광개토왕의 무덤임을 확정지었다. 즉 광개토왕비에 의하면 왕위등극이 신묘년(391)에 해당하기 때문에 이 동령銅鈴은 왕이 된 이후에 곧 제작에 착수된 것임을 보

---

76) 吉林省文物考古硏究所·集安市博物館編, 『集安高句麗王陵-1990~2003年集安高句麗王陵調査報告』 12節 太王陵(2004).
77) 조법종, 「중국 집안 박물관 호태왕명문방울」,(『한국고대사연구』 33, 2004).
78) 서영수, 「廣開土太王碑 新釋文과 '好大王'銘銅鈴」,(『고구려연구회 2004년 추계학술대회』, 2004.11).
79) 이도학, 「환인, 집안지역 고구려유적 발굴성과의 검토」,(『고구려연구회 2004년 추계학술대회』, 2004.11).
80) 吉林省文物考古硏究所·集安市博物館編, 전게서(2004), 232.쪽. 한편 銅鈬는 서쪽으로부터 2번째 호석 아래에 案足 등 다양한 유물과 함께 발견되었다.
81) 조법종, 전게논문(2003).

여준다고 파악했다. 이보다 앞서면 호태왕이라는 호를 쓸 수 없고 이후에 만들면 "신묘년辛卯年이라는 글자가 적합치 않다"라는 점에서 태왕릉 옆에서 발견된 '辛卯年 好太王' 명문의 동령銅鈴은 태왕릉의 묘주인이 호태왕임을 확인시켜 준다82)고 본 것이다.

필자는 이 문제와 관련하여 기왕의 소개자료에서 다음과 같은 논지를 전개했다.83) 즉 중국측 보고자의 견해가 인정되기 위해서는 명문에 나타난 호대왕 명칭이 사후 시호諡號인지 생존시에 사용된 존호尊號인지에 대한 정리가 필요하다. 이를 위해 광개토왕과 관련된 금석문에 나타난 왕호의 성격과 신묘년 연대문제를 서체 등을 통해 검토하고자 한다.

[표 13] 광개토왕의 왕호를 보여주는 금석문 자료

금석문	A: 능묘위치	B: 대외적 공적	C: 대내적 공적	D:개인성향, 또는 존칭호?
광개토왕릉비문비문	國罡上	廣開土境	平安	好太王
호우총 호우명문호우	國罡上	廣開土地		好太王
모두루묘지묘지	國罡上	大開土地		好太聖王

먼저 사료에 나타난 광개토왕의 왕호王號를 보여주고 있는 3개의 금석문金石文 자료를 비교해 보면 왕호가 고구려 왕호의 원칙을 반영하여 능묘의 위치부터 시작해 왕의 공적이 중심이 되어 표현되고 있

---

82) 길림성문물고고연구소·집안시박물관편, 『집안고구려왕릉-1990~2003년집안고구려왕릉조사보고』(2004), 334쪽.
83) 조법종, 「중국 집안박물관 호태왕명문방울」(『한국고대사연구』 33, 2004).

음을 알 수 있다.

　위의 금석문 자료는 비문이 414년, 호우壺杅가 415년에 제작되었고 모두루 묘지 또한 거의 비슷한 시기로 파악되어 고구려 당대왕호에 대한 인식을 잘 보여주고 있다. 여기에 표현된 광개토왕의 공식적인 왕호의 내용을 보면 왕의 A:무덤위치 + B:대외적 공적 + C:대내적 공적 + D: 개인적 성향 또는 존칭을 나타낸 것으로 파악된다. 이를 해석하면 "국강國岡 위에 무덤이 있는 나라의 영토를 넓히시고 백성을 평안하게 하신 ㉮ 큰 것을 좋아하시는 왕王 또는 ㉯ 좋은 태왕太王"으로 파악된다. 따라서 광개토왕의 공식왕호의 내용을 풀이할 때 두 가지 가능성 즉 ㉮의 경우처럼 왕의 개인적 특성이나 성향을 반영하는 표현일 가능성과 ㉯의 경우처럼 극존칭極尊稱의 의미를 담은 표현일 가능성이 모두 가능하게 된다.

　문제는 ㉮의 경우에는 왕의 성향을 반영한 왕의 생존시 칭호가 유지된다는 점이 제기될 수 있으며 ㉯의 경우에는 앞서 A·B·C 부분처럼 사후추증인 시호諡號일 가능성과 생존시 극존칭으로서 왕의 개인적 특성과는 별개의 존칭으로 풀이되게 된다. 이와 관련하여 공식적인 왕의 명칭 전체를 보여주는 자료가 고구려의 경우 광개토왕의 경우 외에는 다른 표현이 없다는 점에서 더 이상 비교의 대상을 통한 검증이 어렵다. 그러나 비록 시기와 국가의 차이는 있지만 백제 무녕왕武寧王 지석誌石에 나타난 왕의 공식적 왕호가 비교의 가능성을 보여주고 있다.

　　寧東大將軍百濟斯 麻王年六十二歲癸 卯年五月丙戌朔七 日壬辰崩到乙巳

年八月 癸酉朔十二日 甲申安厝 登冠大墓立志如左.[84]

위의 묘지명에 나타난 무녕왕의 공식적 시호는 '영동대장군백제사마왕寧東大將軍百濟斯麻王'이었다. 여기서 '영동대장군寧東大將軍'은 무녕왕이 재위 21년(521) 양무제梁武帝에게 받은 '사지절도독백제제군사영동대장군백제왕使持節都督百濟諸軍事寧東大將軍百濟王'의 약칭이고[85] 사마왕斯麻王은 왕의 생존시 이름을 그대로 사용한 내용이다. 다시 말해서 사마라는 표현은 『삼국사기』에 나타나고 있는 왕의 이름으로서 마麻가 마摩로 표현되어 나타나 다음의 사료에서 보듯이 동일함을 보여준다.

武寧王 諱斯摩或云隆 矣大王之第三子也.[86]

그런데 주목되는 것은 왕의 이름이 사마斯摩와 융隆이라는 상관성을 알기 어려운 두 종류의 이름이 존재하고 있다는 점이다. 사마斯麻라는 이름의 유래는 『일본서기日本書紀』에 나타나고 있듯이[87] 무녕왕의 출생과 관련된 특기할 사실이 이름이 되었다는 점이다. 즉 도嶋[섬]

---

84) 한국고대사회연구소, 『역주 한국고대금석문』 1 (가락국사적개발연구원, 1992).
85) 『梁書』卷54, 「列傳」第48, 諸夷 東夷 百濟: "…普通二年 王餘隆始復遣使奉表 稱'累破句驪 今始與通好'. 而百濟更爲强國. 其年 高祖詔曰:'行都督百濟諸軍事 · 鎮東大將軍百濟王餘隆 守藩海外 遠脩貢職 誠款到 朕有嘉焉. 宜率舊章 授茲榮命. 可使持節 · 都督百濟諸軍事 · 寧東大將軍 · 百濟王.'"
86) 『삼국사기』 26, 「백제본기」 4, 무녕왕 1년.
87) 『日本書紀』자료에는 麻가 誌石과 같은 麻로 표현되고 있다.
"是歲 百濟末多王無道 暴虐百姓國人遂除而立嶋王 是爲武寧王" "百濟新撰云 百濟末多王無道 暴虐百姓國人共除 武寧立 諱斯麻王 是昆支王之子也… 昆支向倭時至筑紫嶋生斯麻王 自島還送 不至於京産於嶋 故因名焉."[『일본서기』, 무열천황조]

에서 출생했기 때문에 이름이 사마斯麻로 불렸다는 것인데 도島의 우리말은 '섬'이고 일본에서는 도嶋가 'しま'로 현재도 읽히고 있는 점에서 이는 같은 내용으로 파악된다. 즉 무녕왕의 이름은 섬에서 태어났기 때문에 백제어의 '섬〔시마〕'의 원발음이 그대로 이름〔斯麻〕이 되었고 이것이 그대로 왕의 존호로 사용되어 도왕嶋王 즉 사마왕斯麻王으로 되었으며 사후에는 시호로 연결되었음을 보여주고 있다.

또한 『삼국사기』에는 이 사마와는 별개로 왕의 이름으로 '융隆'이라는 표현이 제시되고 있다. 이는 상당히 아화雅化된 한자명으로 추측되는 명칭으로 대중국 관계 등에서 활용되었을 명칭으로 보인다. 즉 ① 백제왕은 어려서 붙여진 개인특성을 반영한 이름과 한자적 표현으로서의 이름 두 가지를 갖고 있었으며, ② 개인특성이 반영된 어린시절 이름이 왕의 생시존호로도 사용되었고, ③ 생시이름이 사후시호의 일부로서 유지되었다. ④ 한편 무녕왕 지석에는 당시 왕의 상장례와 관련하여 무녕왕이 계묘년癸卯年 5월(523)에 돌아가시고 을사년乙巳年 8월(525)에 장례가 진행되었음을 보여주어 3년상을 진행했음을 보여주고 있다.

이 같은 사실은 광개토왕의 왕호를 이해하는 데 매우 중요한 참고 사항이라고 생각된다. 종래 우리는 『삼국사기』가 전하는 장지명칭과 연결된 시호성격의 왕명만으로 고구려 왕의 왕호를 파악했으나 적어도 고구려와 문화적 맥을 같이하는 백제에서 이 같은 ① 이중적 명칭 유지, ② 생존시 이름의 존호사용, ③ 존호의 시호사용이라는 특성을 유추할 수 있다.

이 같은 특성을 바탕으로 광개토왕의 왕호 마지막 부분을 분석해 보면 '호태왕好太王' 표현은 태왕太王에 대한 극존칭의 의미와 함께[88] 왕의 실제성향을 지칭한 생시 왕과 관련된 표현일 가능성 두 가지 모두 상정된다. 그런데 이는 광개토왕에 대한 『삼국사기』 기록에 나타난 왕의 개인적 특성을 표현한 "生而雄偉 有倜儻之志〔태어나시매 몸이 크고 뛰어나시며 대범하고 빼어난 뜻을 갖고 계시다〕"라는 표현에서 큰 것을 좋아한다는 개인적 성향과 특성이 잘 나타난 표현이라고 생각된다. 즉 광개토왕의 명칭에 나타나고 있는 맨 마지막 '好太王'은 생존시에 이미 왕의 개인적 특성을 반영한 극존칭으로 사용되었던 표현일 가능성이 높다.

이 같은 이해에 대해 고구려 왕의 이름에 집중적으로 등장하는 '호왕好王'표현을 왕에 대한 미칭美稱으로 이해하고 호태왕好太王도 같은 계통으로 이해해야 한다는 견해가 있다.[89] 물론 이 같은 인식도 가능한 인식으로 이미 제기된 바 있다.[90] 그런데 미칭으로 보이는 '호好'자를 사용한 왕은 명치호왕明治好王·양강상호왕陽岡上好王·평강상호왕平岡上好王으로서[91] '○○好王'이라는 표현으로 정형화된 미칭으로서의 동일한 형식을 유지하고 있다.

---

88) 임기환, 「100년 동안의 논쟁, 광개토왕릉비」(『고대로부터의 통신』, 2004.1).
89) 이도학, 「태왕릉과 장군총의 피장자문제」(『백산학보』 69, 2004.11), 111~112쪽.
90) 임기환, 「高句麗 王號의 변천과 성격」(『韓國古代史硏究』 28, 한국고대사학회, 2002.12).
91) 여기서 美川王을 지칭한 好壤王은 美와 好가 통용된 경우로 유사한 표현이지 왕에 대한 미칭으로서의 '好王'계통 표현과는 상관없는 표현이다. 아울러 浜田耕策, 「일본 고대문헌에 나타난 고구려상」(『白山學報』 67, 2003), 440쪽에서 지적한 王好臺와 好臺王 표현의 일반성을 지적한 언급은 오히려 호대왕이라는 표현의 지속성일 가능성에서 살펴볼 필요도 있다고 생각된다. 이는 일본기록 가운데에 백제의 速古王·辰斯王·避流王 등 역대왕의 후손을 자칭하는 표현에서도 유사한 경우가 있기 때문이다.〔百濟文化開發硏究院, 『百濟史料集』(1985), 396~400쪽〕

또한 이들이 모두 광개토왕 이후의 왕들이라는 점에서 이 표현은 광개토왕의 성향이 반영된 극존칭인 호태왕好太王이라는 표현에 대한 향수와 왕들의 귀감으로서 호왕好王표현이 후대왕들에게서 일반화되어 사용되었을 가능성이 높다. 그러나 호태왕이라는 표현은 명확하게 광개토왕廣開土王의 경우에만 해당되는 표현이었다.[92]

이를 극명하게 보여주는 내용이 모두루 묘지牟頭婁墓誌에 나타난 내용이다. 이 묘지에서 광개토왕은 호태성왕好太聖王으로 불려지고 있다. 이는 같은 문장에서 시조인 추모왕鄒牟王을 추모성왕鄒牟聖王으로 부르고 있는 사실과 연결될 때 '성왕聖王'이라는 존칭호를 제외한 부분이 왕의 호칭임을 보여주고 있다. 즉 왕의 존칭호가 추모鄒牟 + 성왕聖王, 호태好太 + 성왕聖王으로 구분되어 추모와 호태가 왕에 대한 구체적인 호칭임을 보여준다.

그런데 앞서 호왕好王을 보통명사적인 표현으로 보는 입장에서 호好 + 왕王이라는 미칭표현을 염두에 둘 경우 호태왕好太王의 구성은 호好 + 태왕太王이 된다. 그렇다면 모두루 묘지에서 사용한 성왕聖王이라는 표현이 적용되려면 성聖 + 호태왕好太王이나, 호好 + 성聖 + 태왕太王이라는 표현이 되어야 적절한 표현이 된다. 그러나 모두루 묘지에서는 '호태성왕好太聖王'으로 나타나고 있다. 즉 '호왕好王'과 같은 계열로 호태왕好太王을 일반미칭의 보통명사로 보기는 곤란하며 이는 광개토왕에만 국한된 고유명사적 존칭이었다고 파악된다.[93]

---

92) 魏存成, 전게서(1994).
93) 이는 聖자를 쓴 백제 및 신라의 왕호에서도 확인되는 내용으로 백제 聖王의 경우 『일본서기』에는 聖明王으로도 나타나 이름인 明을 수식하고 있고 울주 천전리 석각에 나타난 聖法興大王이라는 표현에서도 聖은 法興大王 전체를 수식하는 미칭이다. 즉 성은 이름

이를 결정적으로 확인해 주는 표현이 같은 모두루묘지에 나오는 "國罡上聖太王之世"라는 표현이다.94) 이는 고국원왕故國原王을 지칭하는 것으로 파악되는바95) 성태왕聖太王이라는 표현에서 나타나듯이 만일 호태왕이 일반미칭이었다면 앞서 설정한 성호태왕聖好太王이라는 표현이 사용되어야 했다. 그러나 모두루묘지에 나타난 광개토왕에 대한 성왕聖王표현은 호태성왕好太聖王으로 광개토왕에만 국한된 표현임을 보여준다.96)

한편 앞서 ④번째 특성인 무녕왕의 상장례喪葬禮에서 보이는 3년장葬의 전통 또한 광개토왕의 경우에도 동일하게 412년 10월97)에 돌아가신 뒤 갑인년(414) 9월 장례를 치러 3년장의 전통이 동일하게 존재했음을 확인할 수 있다. 이 같은 상장례 문화의 동일성 또한 시호법에서의 유사성을 추론케 한다. 그리고 고국원왕의 이름이 사유斯由와 쇠釗로 나타나고, 고국양왕의 이름이 이련伊連과 어지지於只支로 두 개씩 언급되고 있는 상황을 감안할 때98) 광개토왕의 이름도 『삼국사기』에는 담덕談德 한 가지만 나와 있지만 '호태'와 관련된 이름이 존재할 가능성이 있다.

이상의 추론이 허용된다면 동령銅鈴에 나타난 '호대왕好大王'의 표현

사이에는 삽입되지 않고 있음을 보여준다.
94) 이 표현이 추존호일 가능성을 근거로 태왕호는 고국원왕~고국양왕대에는 사용되었다고 보고 있다.〔余昊奎, 「1~4세기 고구려 政治體制 연구」(서울대 박사논문, 1997), 154~157쪽〕
95) 浜田耕策, 「高句麗廣開土王陵墓比定論의 再檢討」, 『朝鮮學報』 119·120합집, 1986), 106쪽.
96) 한편 태왕릉을 광개토왕릉으로 비정할 경우 태왕릉명 문전에 나타난 태왕이라는 명칭이 문제가 될 수 있다. 그러나 이는 광개토왕비에도 왕을 약칭하여 태왕으로 표현한 사례가 있기 때문에 태왕릉이라는 표현이 사용될 수 있다.
97) 『삼국사기』 18, 「고구려본기」 6, 광개토왕 22년.
98) 『삼국사기』 18, 「고구려본기」 6, 고국원왕 원년·고국양왕 원년.

은 광개토왕릉 비문에 나타난 광개토왕 시호의 마지막 부분인 호태왕好太王과 동일한 표현으로 광개토왕을 지칭하는 표현이다. 또한 이 명문방울은 광개토왕과 관련된 방울이라고 파악된다.99) 따라서 이 경우 신묘년辛卯年은 391년이 된다.

한편 이 같은 인식과는 달리 금석문에 나타난 왕호 3개의 경우 모두 사후의 유적·유물에서 시호성격의 명칭으로 나타나고 있기 때문에 이를 모두 사후에 붙여진 명칭으로 보는 입장도 설정될 수 있다. 그렇다면 방울에 나타난 호태왕은 광개토왕 사후의 명칭이며 연대는 자연스럽게 사후연대인 451년(장수왕 39)이 된다. 그러나 이같이 파악하는 것에 문제가 있다. 먼저 451년이라는 시점은 광개토왕이 돌아가신 지(412) 39년이 되는 해로서 이 때에 새롭게 방울을 만들어 광개토왕릉에 유물을 부장副葬하거나 또는 의기儀器로 활용했다고 보기에는 무리가 있다. 특히 3행의 첫 글자를 '所'로 볼 경우는 돌아가신 상황에서 광개토왕이 만들었다고 해야 됨에 따라 논리적 설명이 불가능하다. 또한 무巫로 볼 경우에도 돌아가신 지 39년이나 지난 전왕을 위해 "전왕前王인 광개토왕廣開土王의 무巫"가 방울을 만들어 바치는 경우가 되기 때문에 이 같은 상황도 상정하기 곤란하다.

또한 451년으로 연대를 설정할 경우 동령에 나타난 글자와 능비문에 나타난 글자와의 상관성에서도 시대적 선후관계가 맞지 않는 점에서100) 이는 성립키 어려운 내용이다.

---

99) 한편 永樂이라는 독자연호를 최초로 사용했다는 점에서 永樂大王으로도 왕을 호칭했다. 그런데 왕의 공식시호에서는 이 표현이 보이지 않는 점에서 이는 별칭적 의미로 파악된다.
100) 조법종, 전게논문(2004).

 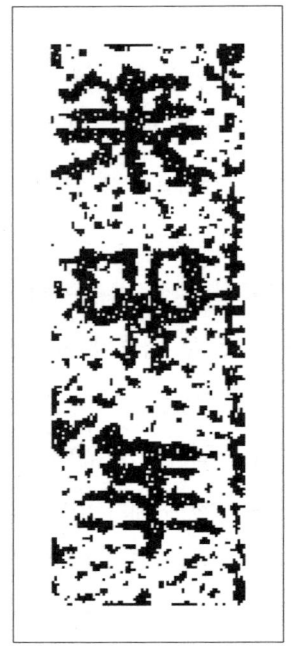

[그림 10] 호대왕 동령 신묘년   [그림 11] 광개토왕릉 비문(414) 신묘년

2. 호태왕 관련 금석문 비교

동령에 새겨진 신묘년辛卯年을 비문의 신묘년과 비교해 보면 다음 그림들과 같다. 먼저 동령의 '신辛'자는 정자체正字體에 가깝게 밑 부분에 가로획이 하나 더 그어진 모습으로 새겨져 있는 반면 광개토왕릉 비문에서는 약자略字성격이 있는 이체자異體字로 신辛을 '뢰耒' 비슷한 모습으로 표현하고101) 있다. '묘卯'자의 경우 두 글자체가 큰 차이없이

표현된 것으로 보인다. '연年'자의 경우에도 네 줄의 가로획을 중심으로 마지막 가로획 옆에 세로점이 없이 둘 다 표현하고 있는 점에서 역시 같은 유형의 자체로 보인다. 따라서 '신辛'자에서만 유일한 차이를 보이는데 자체 변화양상을 감안하면 동령銅鈴이 정자체이고 비문碑文은 약자화되는 단계의 모습으로 보인다.

그런데 408년이라는 절대연대가 확인된 덕흥리 고분 묘주墓主의 묵서명墨書銘에 나타난 '신유辛酉'라는 간지干支 글자체의 '신辛'자를 살펴보면 동령과 같이 위에 점이 있는 '신辛'자가 희미하게 확인된다.102) 이는 덕흥리德興里 고분단계까지는 '신辛'자가 정자체에 가깝게 쓰였다는 것으로 보여주는 내용이다. 즉 신묘년辛卯年 표현방식에서 '신辛'자를 중심으로 살펴볼 때 동령이 비문보다 약간 앞 시기에 쓰인 글자일 가능성이 높다.

또한 비문보다 약간 후시기에 쓰인 모두루묘지牟頭婁墓誌의 서체를 보면 동령銅鈴에 묘사된 서체보다 훨씬 유려하게 쓰여 있음을 보여준다. 특히 왕호인 호대왕好大王·호태왕好太王·호태성왕好太聖王이라는 표현 가운데 '호好'자103)를 비교해 보면 절대연대가 확실한 비문과 호우壺杅 그리고 모두루묘지를 순서대로 배열하여 동일글자를 비교하면 글자체의 시대적 선후성을 추론케 한다. 이들 글자를 시간적 선후관계로 배열하면 동령의 '호好'자가 가장 앞서는 자체형태를 보이고 있다.

이는 동한대東漢代 예서체隷書體 형태를 유지하고 있다.104) 먼저 '호好'

---

101) 이형구·박노희, 『광개토왕릉비문 신연구』(동화출판사, 1986).
102) "…太歲在戊申十二月辛酉朔二十五日…"(『高句麗古墳壁畵』(朝鮮畵報社, 1986)]
103) 정수암, 「광개토왕비문의 서법에 관하여」(『광개토왕비문의 신연구』, 서라벌군사연구소, 1999).

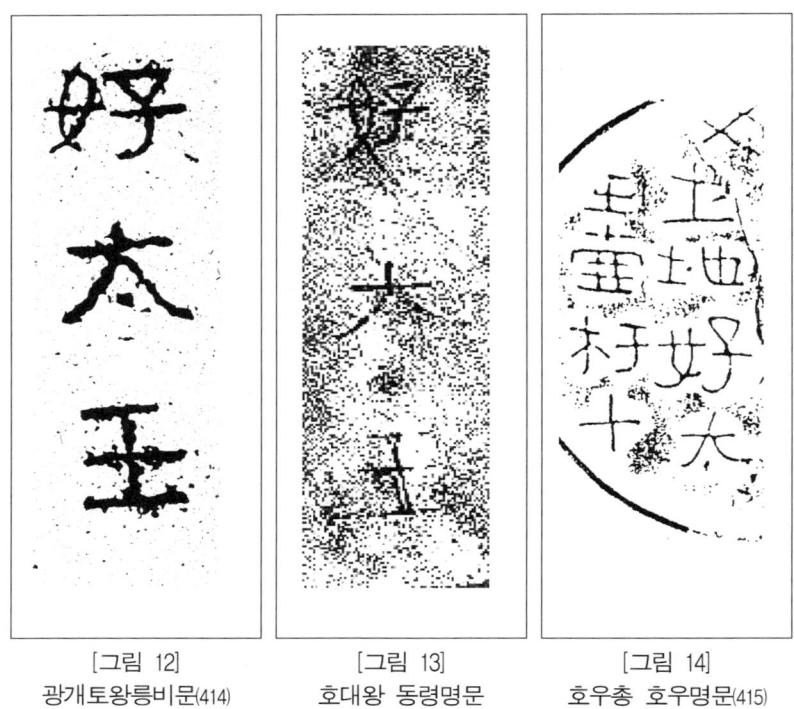

[그림 12]　　　　　[그림 13]　　　　　[그림 14]
광개토왕릉비문(414)　호대왕 동령명문　호우총 호우명문(415)

자 구성부분 가운데 '여女'자의 경우 동령에서는 '자子'자보다 유일하게 길고, 크게 쓰여 있으며 오른쪽으로 뻗친 획이 '자子'자를 받치는 형상이다. 이에 비해 비문 이하의 '호好'자에서 '여女'자는 '자子'와 같은 크기 또는 작아지며 삐침 또한 짧게 끝나고 있다. 따라서 '여女'자 자형이 동령이 가장 고형으로 파악된다.

한편 '호好'를 구성하는 아들 '자子'자의 형태를 비교해 보면 동령의 '자子'가 가장 고형古形의 자체로 나타나고 있다. 특히 밑부분 획이 한대

---

104) 동령에 나오는 好자는 중국 漢代의 대표적 碑帖인 北海相景君銘에 나오는 好자와 매우 유사하다.〔徐无聞, 『甲金篆隸大字典』(四川辭書出版社, 1991), 867쪽〕

예서체의 자형字形에 가깝게 나타나고 있다. 이미 연대가 정확한 비문과 호우壺杆 및 모두루 묘지에 나타난 동일자형을 비교해 보면 동령의 글자가 가장 고체에 속함을 알 수 있다. 따라서 동령의 글자는 비문보다 앞선 제작시기를 보이며 이 경우 금석문 자료를 시대순으로 서열화하면 동령-광개토왕릉 비(414) = 호우총(415)-모두루 묘지로 순서가 매겨진다. 그리고 앞서 신묘년을 감안하면 이는 391년이 된다.

또한 비문과 호우에서 이미 국國·개開·연年·강罡·을乙 등의 약자가 사용되고 있는 점105)도 비문의 연대가 동령보다 후대에 속한다는 것을 보여주고 있다.

한편 동령의 신묘년辛卯年이 451년이 아닐 경우 331년으로 볼 수 있는 가능성이 역시 있다. 이 경우의 문제는 고국원왕故國原王의 즉위년이라는 문제가 있다. 그럴 경우 먼저, 고국원왕이 호대왕好大王이 되어야 하는데 이는 명칭과의 관련성에서 문제가 된다. 즉 고국원왕은 사후 장지가 국강國罡이기 때문에 '국강상왕國罡上王'은 될 수 있으나 호태왕이라는 극존칭의 시호106) 또는 생존시의 명칭과의 연관성을 찾을 수 없다. 즉 고국원왕의 이름은 사유斯由와 쇠釗로서 왕호나 왕의 이름 등 전체적인 내용에서 호대왕이라는 표현이 고국원왕 즉위시에 붙여진 명칭으로는 볼 수 없다고 파악된다. 따라서 동령에 나타난 '호태왕好太王' 표현은 사후시호가 아닌 생시존호일 가능성이 매우 높다. 이 경우 종래 이해되었던 광개토왕의 명칭 가운데 맨 마지막 표현이 사후에 추존된 명칭이 아니라 생시의 명칭일 가능성이 높다고 생각된다.

---

105) 이형구·박노희, 『광개토왕릉비문 신연구』(동화출판사, 1986).
106) 임기환, 전게서(2004), 375쪽.

한편 중국학계에서도 호태왕好太王이라는 명칭이 왕 통치시기에 사용되었다는 것을 전제한 해석을 제시하고 있다.107)

이같이 '호태왕好太王'은 자연스럽게 광개토왕의 존호尊號로서 이해될 수 있다. 즉 광개토왕릉 비문에 나타나고 있는 "國岡上廣開土境平安好太王"의 호태왕과 호우총壺杅塚의 호우에 나타난 "國岡上廣開土地好太王"의 호태왕 그리고 모두루 묘지에 나타난 "國岡上大開土地好太聖王" 표현에서 호태왕은 일반적인 대왕·태왕 같은 일반존칭호가 아니라 광개토왕만을 지칭하는 '호태왕好太王'으로 고유명사적 성격일 가능성이 높다고 생각된다.

한편 호대왕 명문 방울과 함께 최근에 소개된 고구려 유물 가운데 또 다른 방울이 보고되고 있어 주목된다. 즉 태왕릉에서 발견된 방울은 A형과 B형 두 종류로 나뉜다. A형은 구연부가 안으로 들어간 형태의 종형 모습으로 윗부분은 타원형으로 중간에 구멍이 뚫려 있고 옆에 구멍이 있는 꼭지가 있는 형태의 방울이다.〔높이 5cm×폭 2.4~3cm〕

B형은 구연부가 평평한 원통형 방울로 측면모습은 사다리꼴이다. 윗부분에 구멍이 있는 꼭지가 있는 것03JYM541:123과 상부가 탈락된 호태왕명문방울03JYM541:92 2개로 나뉜다.〔높이 5.2cm×폭 2.5~2.9cm〕108) 그런데 태왕릉 발견 방울들은 기본적으로 방울 안의 설舌을 방울 위부분에서 끈으로 연결하여 부착하는 형태의 방울이었음을 보여주고 있다.109)

---

107) 길림성문물고고연구소·집안시박물관편, 『집안고구려왕릉-1990~2003년 집안 고구려 왕릉조사보고』(2004), 216쪽.
108) 보고서 270. 주목되는 것은 보고서에는 윗부분에 별다른 특이사항을 지적하지 않았으나 도판에 나타난 사진보고서 도판 80을 검토해 보면 B형의 첫번째 방울 03JYM541:123의 상단부에 A형 방울과 같은 구멍이 방울 내부 쪽으로 뚫려있는 것이 뚜렷이 보인다. 그러나 이 부분에 대해서는 보고서에는 전혀 언급하지 않고 있어 유의된다.

한편 A형의 방울이 천추총에서도 3개 발견되어 보고되었다. 전체 크기나 내용이 태왕릉에서 발견된 것과 동일하다는 점에서 주목된다.110) 이 같은 사실은 이들 방울이 A형과 B형으로 나뉘어 각각 다른 형태로 제작되었고 사용용도 또한 다른 것이었을 가능성이 높다고 생각된다.

먼저 방울이 사용된 대표적인 경우는 말방울이다. 고구려 유적에서 보고된 말방울은 집안 만보정 242호 고분과 우산하 195호, 산성하 181호 고분111)에서 보고되었다. 형태가 명확하지 않으나 A·B형과는 바로 연결되지는 않는다. 백제 및 신라에서 출토된 말방울은 구형球形으로 역시 형태적 연결을 찾기는 쉽지 않다. 그러나 가야의 창녕 교동校洞고분군112), 합천의 옥전玉田고분군에서 나온 방울들은 구연부가 안으로 들어간 A형의 형태와 매우 흡사하다. 특히 꼭지의 돌출형태 등 기본형태가 거의 동일한 유형임을 보여주고 있다. 따라서 A형의 경우는 일반적으로 마탁馬鐸의 모양과 연결되어 말장식의 방울로 보인다. 이는 태왕릉에서 발굴된 부장유물 가운데 마구馬具가 상당히 많았다는 점과 연결된다.

명문이 있는 방울인 B형의 방울은 원통형으로 장식적 효과는 전

---

109) 중국식 방울의 상당수는 방울 안에 별도로 고리를 만들어 설을 연결하는 형태인데 이것과는 형태와 방식이 다르다.〔藤森榮一,「銅鐸」(學生社, 1997)〕
110) 크기는 다음과 같다. 1) 높이 5.1cm×폭 2~3.4cm (2) 잔고4.2cm×폭3.8cm (3) 5.4cm×2.4~3.4cm.
111) 송태호,「삼국시기 마구에 관한 연구」,(『평양일대의 벽돌칸무덤 삼국시기 마구에 관한 연구』, 사회과학출판사, 2002), 234쪽.
112) 穴澤和光·馬目順一,「昌寧校洞古墳群」,(『考古學雜誌』60-4, 1974) ; 慶尙大學校博物館 편,『陜川 玉田古墳群 Ⅱ M3號墳』(慶尙大學校博物館 調査報告書 제6집, 1990).

1. 銅鈴 (03JMM1000：1)   2. 銅鈴 (03JMM1000：37)   3. 銅鈴 (03JMM1000：34)

[그림 15] 천추총에서 발굴된 A형 방울

혀 없는 방울이라는 점이 우선 주목된다. 이는 앞서 A형이 장식적 기능이 형태에 반영된 것과는 구별되는 모습이 특징적이다. 이 형태의 방울모습은 청동기시대 이래로 발견되는 부장용 청동방울과 형태와 구성방식에서 매우 흡사함을 보여주고 있다. 즉 현존 동탁銅鐸중 가장 고형인 대전 괴정동 출토 동탁 및 부여 합송리에서 출토된 청동방울113)은 호대왕 명문 청동방울과 형태면에서 거의 동일한 모습을 보여주고 있다. 특히 탁설鐸舌을 고정하는 방법으로 측면에 구멍을 내어 고정하는 형식으로 중국의 방울이 안에 별도의 고리를 만드는 것과는 달리 구멍을 통해 연결하는 호대왕 동령[구멍위치는 상단]과 같은 형식을 보여주어 방울의 계통성을 이해하는 데도 매우 중요한 단서를 제공하고 있다.

이외에도 평양 상리출토 동령도 같은 형식이고 대구 평리동 출토의 방울 또한 같은 형식이다.114) 특히 방울에 명문이 있다는 점에서

---
113) 국립중앙박물관·국립광주박물관, 『한국의 청동기문화』(범우사, 1992), 108쪽.
114) 국립중앙박물관, 『고고유물로 본 한국고대국가의 형성』(1998), 14·27·54쪽.

이는 마탁馬鐸용 방울과는 달리 의식용 동령으로 무구巫具성격이 강한 방울로 파악된다.

이 같은 방울의 복수형태는 기능과 성격에 의해 이미 방울이 별도 제작되었으며 특히 방울에 구체적인 간지와 왕명, 그리고 숫자까지 기록했다는 것은 이 방울이 단순무구巫具 차원을 넘어 국가적인 상징 행사에 사용되기 위해 특별히 제작된 방울이라고 이해된다. 특히 국가적 의식과 관련된 행사에서 사용되었을 가능성을 연결짓는다면 신묘년辛卯年 즉 391년이라는 시점은 매우 중요한 의미가 점철된 시기로 파악된다. 즉 이해는 광개토왕의 즉위년일 뿐만 아니라 비문에 나타난 것처럼 광개토왕의 첫 출전을 통해 대승을 거둔 해라는 점에서 이 방울은 왕의 즉위의례卽位儀禮와 관련된 방울이거나 전승의례戰勝儀禮 등과 연결될 수 있기 때문이다.115)

한편 동령의 명문내용 가운데 세번째 구절 첫글자를 현재 '무巫' 또는 '소所'의 고자古字로 보는 입장으로 나뉘어 있다. 중국의 최종보고서에서는 알 수 없는 글자로 처리해 향후 논의가 더 필요한 부분이지만 이 같은 장례습속과 관련하여 고구려 사회에서는 무巫의 존재가 확인된다는 점에서 주목된다.

八年 … 秋九月 太后于氏薨 太后臨終遺言曰 妾失行將何面目見國壤於地下 若群臣不忍擠於溝壑 則請葬我於山上王陵之側 遂葬之如其言 巫者曰 國壤降於予曰 昨見于氏歸于山上 不勝憤悲 遂與之戰 退而思之 顔厚不忍見國人

---

115) 특히 고구려는 생시 활용유물을 기본적으로 부장하고 있는 전통을 감안 할 때 이 방울의 성격과 내용이 적절하게 맞는다고 생각된다. 즉 즉위 등을 기념한 기념물적 성격의 물건을 부장했다고 보인다.

爾告於朝 遮我以物 是用植松七重於陵前.116)

위 사료는 고국천왕故國川王의 부인 우씨于氏가 산상왕山上王과 재혼한 뒤 임종에 즈음하여 고국천왕의 무덤에 합장하지 않고 산상왕릉 옆에 장례지내 달라는 소원대로 장례 치르는 과정에서 무巫가 돌아간 고국천왕의 뜻을 전달하여 무덤 앞을 소나무로 가리는 사건이다.

사료에서 주목되는 것은 고국천왕의 뜻을 전하는 무巫의 존재이다. 이 무巫는 돌아간 왕의 의견을 조정에 전하는 존재로서 왕실 자문 역할의 무巫이거나 고국천왕의 능을 관리하는 무巫일 가능성이 있는 존재로 결국 능 앞에 소나무를 7겹을 치게 했다. 따라서 이 무는 고국천왕릉을 관리하는 성격과 함께 왕에 대한 자문과 국정에 일정하게 참여하는 무巫로 파악된다.117) 즉 사료에 나타난 무巫는 고국천왕과 매우 친밀한 무巫로서 왕의 능을 관리하는 책임자인 중국의 능령陵令과 성격과 기능이 연결되는 존재이다.

○ 元嘉二十三年(446)九月丙子 甘露降長寧陵 陵令華林以聞.118)
○ 泰始四年(468)十一月辛未 崇寧陵令上書言 自大明八年至今四年二月 宣太后陵明堂前後數有光及五色雲 又芳香四滿 又五采雲在松下 狀如車蓋.119)

위의 사료를 보면 황제릉의 관리책임자인 능령陵令이 황제능에서

---

116) 『삼국사기』17, 「고구려본기」5, 동천왕.
117) 이 같은 사례는 유리왕 19년의 왕의 병을 낫게 하는 巫와 차대왕 3년 변괴를 설명하다 죽임을 당하는 巫 등에서 같은 성격의 존재가 확인된다.
118) 『宋書』, 「志」卷28, 志第18 符瑞中 甘露.
119) 『宋書』, 「志」卷29, 志第19 符瑞下.

일어난 상서로운 사건들을 조정에 보고하고 있다. 이는 고국천왕 혼령魂靈의 뜻을 전하는 무巫의 기능과 연결되고 있다. 따라서 동령에 나타난 글자가 무巫로 읽힐 경우 왕의 생시에는 왕의 자문역으로, 사후에는 왕의 능을 관리하는 존재로서 사후에도 왕의 뜻을 전달하는 존재였다고 파악된다. 이 경우 이 무가 수묘인守墓人을 관리 감독하는 능령 같은 존재로서 기능했을 가능성이 높다고 생각된다.

따라서 이 같은 무의 역할 등을 감안할 때 동령銅鈴의 명문銘文이 무巫로 읽힌다면 동령의 성격은 왕의 즉위 및 전승기념 행사 등과 관련되어 의식용으로 제작된 방울일 가능성이 가장 높다고 파악된다. 특히 이 방울이 2개 발견된 것은 태왕릉에 이들 방울이 부장되었던 것임을 알려준다.

이상의 검토에서 확인되었듯이 태왕릉에서 발굴된 호대왕 명문 방울은 광개토왕릉 비문에 묘사된 왕의 존호 마지막 부분인 호태왕과 같은 표현인 호대왕의 왕호가 쓰인 방울로서 광개토왕의 즉위년인 391년 제작되어 왕의 즉위의례 등에 사용된 의례용 방울이었다고 이해된다. 이 같은 사실은 태왕릉의 주인공이 바로 광개토왕이었음을 확인시켜 준다.

3. 광개토왕 능원과 수묘제

중국학계는 태왕릉을 광개토왕릉으로 확정하고 이를 기준으로

하여 24기의 무덤에 대한 조사를 진행하여 이 가운데 15기에 대해 왕릉으로 추정하고 있다.120) 최근 진행된 고고학적 조사내용을 보면 1990년 묘상의 도굴갱과 묘실에 대한 정리를 진행했고 2003년 4월28일~7월 31일까지 태왕릉에 대한 재차조사를 진행하여 묘하낙석·묘상계단·도굴구멍·묘역·능원유적을 조사했다. 이 때 금식金飾·철기鐵器·동기銅器·유금제품鎏金製品·기와 등 1천여 건 유물을 정리한 것으로 보고되고 있다.121)

태왕릉은 통구고묘군 가운데 우산묘구의 대형 계단적석석실분으로 우산하묘구 541호묘·JYM0541로 표기되고 있다.122) 묘의 동북 360m에 태왕비太王碑가 존재하고 있다. 능의 위치는 해발 198m, 능의 높이는 14m이며 사용된 석재는 화강암·석회암·산낙석·강돌 등으로 구분하고 있다. 능의 주체는 계단階段·묘실墓室로 구분되고 능 바깥에는 배수와 관련된 산수散水·함관涵管이 설치되어 있고 능역의 주위에는 배장묘陪葬墓·능장陵墻·제대祭臺가 둘려 있는 것으로 보고되고 있다. 묘실 남쪽 담과 계단은 도굴로 파괴된 형태를 보여주고 있다. 능의 크기는 동 62.5m, 북 68m, 서66m, 남 63m이다. 주위 500m 내외에는 이른 시기의 우산540호 대형 계단광실묘階段壙室墓만 있고 700m 거리에 임강총臨江塚, 900m 거리에 우산 992호가 있다.

---

120) 조사표에 나타난 내용에 의하면 추정왕릉은 다음과 같다. 이들의 공통사항은 모두 기와가 출토되며 제단9곳·능침·묘역·배장묘·능담 등이 섞여서 나타나고 있다. 장군총 능침·임강총·태왕릉·우산992호·우산2110호·우산?0호·산성하전창36호·칠성산211호·칠성산871호·마선2378호·마선2381호·천추총·마선2100호·마선626호·서대묘.
121) 길림성문물고고연구소·집안시박물관편, 『집안고구려왕릉-1990~2003년 집안 고구려왕릉조사보고』(2004), 6쪽.
122) 묘 중심의 지리좌표는 동경 126도 12분 35.5초, 북위 41도 8분 30.76초이다.

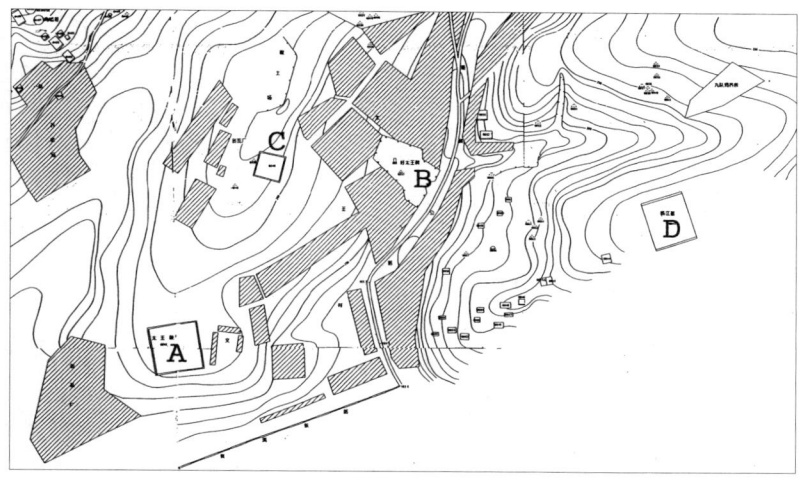

[그림 16] 1997년 조사된 태왕릉 주변 고분실측도[97능역도]
A: 태왕릉, B:광개토왕릉비 C:우산하540호 고분계단형적석분 D: 임강총

앞서의 검토에서 광개토왕릉으로 확인된 태왕릉 주변에 대한 세부적인 공간도면이 제시된 것은 1997년 동구고묘군에 대한 조사실측도면이 2002년 간행된 것이 가장 상세한 도면이었다.[123] 또한 중국이 집안유적을 세계문화유산으로 등재하기 위해 2003년 조사한 집안지역 고구려 왕릉에 대한 종합발굴보고에서 고구려 왕릉급 고분들에 대한 구체적인 도면 및 사진자료를 정리했다.[124] 먼저 이들 두 자료를 비교하면 〔그림 16〕〔그림 17〕와 같다.

〔그림 16〕 태왕릉 97능역도에 나타난 내용을 보면 광개토왕릉 비는

---

123) 吉林省文物考古硏究所·集安市博物館編, 『洞沟古墓群-1997年調查測繪報告』(科學出版社, 2002).
124) 吉林省文物考古硏究所·集安市博物館編, 『集安高句麗王陵-1990~2003年 集安 高句麗王陵 調查報告』(2004).

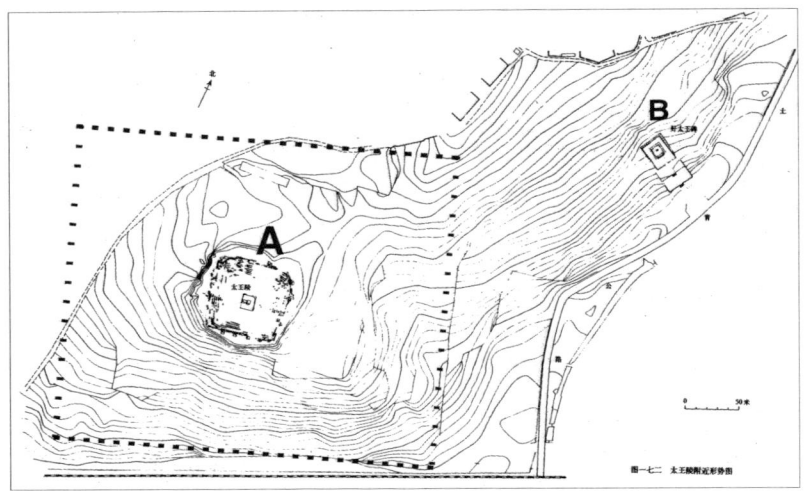

[그림 17] 2003년 태왕릉묘역 추정복원도[이하 03능역도]
A: 태왕릉, B: 광개토왕릉비, 점제부분은 남쪽, 동쪽 담장유구를 연장하여 추정한
능역범위도임.[340m×280m 내외]

태왕릉으로부터 360m 거리에 위치하며 종래 비와 능이 같은 능역내에 위치한 것으로 볼 경우 그 사이에 C로 표시된 우산하 540호 계단적석석실 묘가 능역 내에 위치하는 문제가 제기되기도 했다. 그러나 태왕릉 발굴을 통해 남쪽과 동쪽의 담이 확인되면서 능역 내에 능비를 포함하지 않고 있으며 정방형에 가까운 구역으로 구성되어 있음이 확인되었다.

그런데 이는 능 비문에 언급된 묘상입비 표현과 연결지어 볼 때 묘측墓側이라는 개념과 연결되어 위치문제를 새롭게 파악하게 된다. 즉 중국의 전통 능원체계와는 달리 광개토왕릉의 비는 묘역 바깥에 위치했음을 보여준다. 이것 또한 고구려적 전통으로 파악될 소지가 크다. 또한 수묘제와 연결지어 볼 때도 비와 능 사이 공간은 비록 참도 參道는 확인되지 않지만 수묘관련 공간으로서의 의미를 상정해 볼 수 있다고 생각된다.

우선 능역과 관련해 중국측 보고서에 나타난 동쪽과 남쪽 원垣 유구를 중심으로 볼 때 방형의 능역이 상정된다. 규모는 현재의 보고서 축적에 의할 때 동서면은 약 340m, 남북면은 280m 내외로 추정된다. 이 경우 능역내의 규모는 9만 5,200㎡, 즉 2만 9,400여 평에 해당하는 규모이다. 동릉원東陵垣 유구와 남릉원南陵垣 유적을 연결하면 현재 태왕릉 안에 남아 있는 건축지와 제대祭臺로 명명된 유적이 포함되는 능역이 그려진다.([그림 18] 참조) 집안고분군에서 능원陵垣이 확인된 유적은 천추총 千秋塚·마선麻線 2100호 묘로 같은 형식의 방형 담장이 능묘의 주변을 둘렀음을 알 수 있다. 능원 담 안에 남아 있는 유적은 건축지와 제대로서 능침의 기본구조물인 제사공간과 관련 시설공간을 갖추었을 가능성이 높다.

한편 보고서에서는 왕릉급 고분의 특징으로서 규모와 배장묘·묘역·상징유물·기와사용 구조물의 존재 등을 제시하고 있다.125) 기존 검토에서 묘상墓上에 와편瓦片이 존재한 것은 향당享堂이 존재했을 가능성이 높은 것으로 보았는바126) 제대祭臺로 지칭된 새로운 공간의 구체적 용도와 함께 고려하여 전반적인 구조에 대한 검토가 필요하게

---

125) 吉林省文物考古研究所·集安市博物館編, 『集安高句麗王陵-1990~2003年集安高句麗王陵調査報告』(2004), 4쪽.
 1) 왕릉은 동시기 墓葬중 규모가 가장 크다. 2) 능묘위에 기와를 사용했다. 3) 陪葬墓와 祭臺가 있다. 4) 묘지는 전통관습과 풍수사상이 결합되어 선정되었다. 5) 묘장은 독립적인 묘역을 갖고 있다. 6) 유물 가운데 왕권을 상징하는 儀狀遺物이 있다.
126) 조법종, 전게논문(1995).

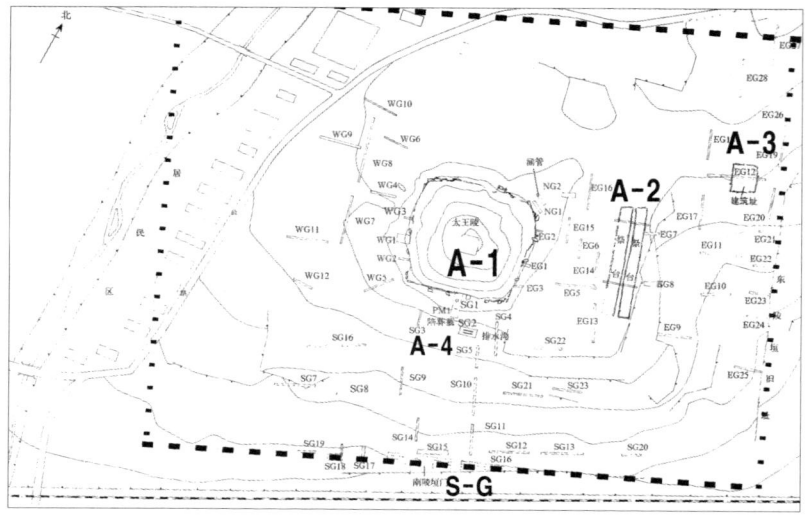

[그림 18] 태왕릉 능역추정도

점제(…)은 남쪽, 동쪽 능원유구를 근거로 능역을 재구성한 것임. A-1 태왕릉, A-2 제사의식용 시설[제대?] A-3 수묘시설(?) A-4 의식용 제물관련 시설[배장묘?] S-G 남문유구[SG1부근에서 호대왕방울 출토]

되었다.

현재 확인된 광개토왕릉원 안의 유적 가운데 가장 논란이 되는 유적이 능 동쪽 면에 존재하는 '제대祭臺'[127]로 명명된 공간이다. 태왕릉의 제대는 능의 동쪽 50~68m 사이에 위치하고 있으며 두 개의 장방형 유구遺構가 능의 동쪽 변 길이와 같은 크기로 위치하고 있다.

동측 제대는 동변74m, 서변 72m, 북변7.5m, 남변 7.8m, 중간폭 8.8m 이고 서측 제대는 동변 70.2m, 서변 51.5m[일부 유실, 현존부분], 북변 8m, 남변 7.6m, 폭 8.5m로 두 유적 사이는 1.5m이다. 주목되는 것은 이 공

---

[127] 길림성문물고고연구소·집안시박물관편, 『집안고구려왕릉-1990~2003년집안고구려왕릉조사보고』(2004), 260~262쪽.

간의 사방 윤곽부분에 1단의 석축기단이 돌려 있고 내부는 폭 20cm 내외의 자갈돌이 고르게 깔려 있는 점이다. 즉 건물 주춧돌이나 지대석 같은 구조물은 확인되지 않고 자갈만이 깔려 있어 구체적인 용도가 명확치 않다. 중국측의 보고대로 제사관련 공간이었을 가능성이 높지만 향후 면밀한 조사가 필요한 부분이다.

그런데 문제는 이 공간이 태왕릉에만 존재하는 것이 아니라 왕릉급 고분으로 추정되는 고분에 대다수 존재하며 그 형식이 거의 유사하다는 점이다.128) 특히 이들 각 고분의 제대祭臺는 특이하게도 묘실 입구의 반대편이나 측면에 위치하고 있는데 관련유물은 발견되지 않았고 단, 동대 남북 양측과 서대 중간 이북의 표층자갈이 고르게 흑회색으로 나타나 희생동물의 동물지방이나 그을림 흔적일 가능성이 높다는 지적이 보고자에 의해 제기되었다.129)

이 경우 제사의식과 관련된 공간이 가능성이 크다고 파악된다. 따라서 앞서 상정된 향당享堂은 능묘陵廟개념의 공간으로서 능묘의 주인공을 상징하는 위패位牌 등을 모셨을 가능성이 높고 새로 발견된 제대공간은 제사의식을 실행하는 실제공간일 가능성이 추측된다.

한편 이 제대祭臺의 위치와 성격에 대해 전통적인 능묘구성 방식에 있어 이 같은 묘실과 반대 또는 측면방향에 제사관련 공간이 설정된 예를 찾기 어렵다는 지적이 제기되었다.130) 그런데 주목되는 것은 고

---

128) 길림성문물고고연구소·집안시박물관편, 전게서(2004), 5쪽. 제대로 지칭된 유구가 확인된 고분은 태왕릉·장군총·임강총·우산992호·칠성산211호·칠성산871호·마선626호·서대묘 등이다.
129) 길림성문물고고연구소·집안시박물관편, 전게서(2004), 260쪽.
130) 이도학, 「태왕릉과 장군총의 피장자 문제재론」,『환인집안지역 고구려유적 발굴성과의 검토』, 2004.11), 109~110쪽.

[표 14] 집안 고구려 고분의 묘실과 제대양상

고분명칭	제대위치	묘실입구와의 관계	특징
장군총	북동	묘실반대면	배장묘와 연결
태왕릉	동	반대	제대 병렬 2개
임강총	동	반대	
서대묘	동	측면	
칠성산 211호	북	측면	구릉지
칠성산 871호	북	반대	구릉지
우산 2110호	동	반대	
우산 992호	동·서	반대+입구면	제대 2개 양존 서쪽은 건물구획 흔적존재

구려 고분유적 가운데 적석총積石塚 고분에서만 이 같은 유구遺構가 확인되었다는 점이 주목되어야 한다. 즉 봉토석실분封土石室墳이라는 중국적 묘제가 아닌 전통적 적석계단석실분積石階段石室墳 형태의 고분에서만 이 같은 별도의 시설이 확인되고 있다는 점이 매우 주목되는 점이다. 현재 제대가 확인된 고분양상은 위의 표와 같다.

[표 14]에서 확인되듯이 우산 992호를 제외한 고분에서 모든 제대祭臺가 묘실의 반대 또는 측면에 위치하고 있다. 그 방향은 동쪽이 대부분이고 북쪽의 경우 구릉지의 현지입지 상황이 고려된 듯한 양상이 나타나고 있다. 특히 광개토왕릉 비문과의 상관성이 문제였던 태왕릉을 비롯하여 상당수 왕릉급 고분에서 이 같은 시설이 확인되었다는 점은 이 같은 형식이 고구려만의 독특한 제사관련 공간으로서 존재했을 가능성이 높다고 생각된다.

이와 함께 제사관련 유구와 함께 건축지建築址가 발견되었다. 이는 능 동편 북쪽 120m. 동쪽 9m 담장 옆에 길이, 폭 9m의 정방형 모습으로, 북고남저 형태로 산돌과 강돌이 0.2~0.8m 내외 퇴적된 상태로 사방 1~0.5m 내외의 돌로 주변을 쌓았다. 이는 건축의 기초부분으로 후대교란으로 주춧돌 등 확인은 불가한 상태인데. 위치와 규모로 보았을 때 담에 가깝고 능 비문방향에 있다는 점에서 이는 제사관련 유적이라기보다는 왕릉수호와 관련된 수위守衛공간일 가능성이 추론된다.

또한 능의 담장은 현재 남쪽 100m 지점에서 확인되고 있다. 산돌과 황토 및 자갈이 소량 섞인 상태로 하부흔적이 확인된다. 그리고 7m 간격의 남문흔적이 존재한다.[131] 또한 꺾인 담장의 길이와 동측 담장에서 발견된 기와편에 의해 문루門樓 또는 문궐門闕의 존재가 상정가능[132]하다. 그리고 동쪽 능 담장은 능의 150m 거리 비탈면 옆에 존재했는데[133] 1950년대까지 부분적으로 존재하다가 마을이 확대되면서 소멸되었고 서쪽과 북쪽의 담장은 민가가 존재하여 조사가 불가한 것으로 보고되었다.

한편 태왕릉 남측 제1계단 3m에 위치하는 길이 2.5m, 폭 2.3m의 소규모 석관묘가 능역 안에 존재한다.[134] 묘 안에서 일부 짐승뼈와 분

---

131) 길림성문물고고연구소·집안시박물관편, 전게서(2004), 256쪽.
    서단담장 길이 19m, 폭0.95~1m, 꺾인담장 3.6m, 폭0.9m
    동단담장 길이 10m, 폭 0.9~1m, 꺾인담장 4m, 폭 0.8~0.9m
132) 길림성문물고고연구소·집안시박물관편, 전게서(2004), 257쪽.
133) 한편 1940년대 藤田亮策이 담장흔적을 조사했을 때 사다리꼴 형태의 평단면 모습이 있었던 것으로 파악된다.
134) 길림성문물고고연구소·집안시박물관편, 『집안고구려왕릉-1990~2003년집안고구려왕릉조사보고』(2004), 257쪽 유적번호 03JYM541P1. 모습은 石棚墓와 유사한데 황토층에 조성되었고 자갈 및 묘역판석이 함께 사용되어 태왕릉과 동시축조된 것으로 묘주인은 호태왕과 상관관계가 존재하는 것으로 파악되고 있다.

쇄된 인골·회도잔편·와편·미두未豆 글자가 새겨진 전돌, 1개의 금장식이 나왔는데 현지에서는 배장묘로 파악하나 그 성격과 내용은 향후 검토가 필요하다.135)

태왕릉의 묘실의 구조는 복두형覆斗形 묘실을 중앙에 건축하여 형성된 쌍중복두형雙重覆斗形의 새로운 형식의 대형 계단적석석실묘階段積石室墓로 파악되었다.136) 태왕릉은 기존의 계단형 적석석실분의 형태를 유지하면서 묘실이 새롭게 가옥형으로 추가된 형식으로 현재 묘실이 확인되는 장군총과도 대비되는 독특한 구조를 보여주고 있다. 또한 태왕릉은 앞서 묘역추정도에서도 나타나듯이 담으로 둘러싸인 능역을 보유하고 있고 광개토왕릉 비는 그 범위 안에는 들지 않고 있다. 또한 신도神道나 참도參道 등 일정한 교통로가 보이지 않는데 이를 통해 광개토왕릉비가 묘표墓表라는 설을 부정하고 있다.

한편 태왕릉 능역에서 제대祭臺로 명명된 유구는 고구려 전통, 즉 생시유물을 묘측에 모시는 전통과 관련된 공간일 가능성이 높다고 생각된다. 그 경우 이들 자갈이 깔린 공간은 이 같은 기능에 맞게 큰 건물이 마련된 것이기보다는 이 같은 전시에 치중된 자갈이 깔린 공간으로서의 의미가 더 있었다고 생각된다.

배장묘와 제대와 관련하여 고구려 초기왕릉은 단지 배장묘만 있고 제대는 없었는데 발전과정 중에 제대가 배장묘와 구분되었고 우

---

135) 이미 사라진 석붕형태의 묘가 태왕릉에 수반된 것은 이것으로 선조에 대한 추념을 표시한 것 동시에 이 뼈는 호태왕의 직계혈족일 가능성이 큰 것으로 보고자는 파악하고 있다.
136) 길림성문물고고연구소·집안시박물관편, 『집안고구려왕릉-1990~2003년집안고구려왕릉조사보고』(2004), 334쪽.

산 992호에서 제대祭臺가 정립되어 태왕릉에서 제대가 최대규모의 제대가 나타난 것으로 보고 있다. 그리고 장군총將軍塚의 제대와 배장묘陪葬墓의 혼합현상은 복고현상으로 보았다.137) 이 같은 해석은 집안集安 고분군에서 처음으로 진행된 본격적 고분영역 발굴에 의한 해석이라는 점에서 유의된다. 특히 이들 제대祭臺로 파악되는 공간은 고구려의 상장례와 관련된 다음 사료와의 관련성을 추측케 한다.

○高句麗…. 男女已嫁娶 便稍作送終之衣. 厚葬 金銀財幣 盡於送死 積石爲封 列種松柏.138)

○死者 殯在屋內 經三年 擇吉日而葬. 居父母及夫喪 服皆三年 兄弟三月. 初終哭泣 葬則鼓舞作樂以送之. 埋訖 取死者生時服玩車馬置墓側 會葬者爭取而去. 有神廟二所: 一曰夫餘神 刻木作婦人像; 一曰高登神 云是其始祖 夫餘神之子. 竝置官司 遣人守護 蓋河伯女·朱蒙云.139)

위의 사료에 의하면 고구려의 상장례 관련된 내용을 정리하면 생시 수의壽衣마련, 3년장葬, 후장厚葬, 특히 금은재폐金銀財幣를 모두 장례의례에 사용한다는 풍습 등을 보여주고 있다. 또한 장례시에는 고무작악鼓舞作樂하는 행렬의례와 장례 이후 고인의 유품 특히 복완차마服玩車馬를 묘 옆에 진열하여 참가자들이 가지고 가도록 하는 풍습, 적석위봉積石爲封·열종송백列種松柏의 고분축조와 능역조성 모습 등을 유추할 수 있다.

---

137) 길림성문물고고연구소·집안시박물관편, 『집안고구려왕릉-1990~2003년집안고구려왕릉조사보고』(2004), 362쪽.
138) 『三國志』, 『魏書』 卷30, 魏書30 東夷 高句麗.
139) 『北史』, 『列傳』 卷94, 列傳第82 高麗.

여기서 주목되는 것은 장례시 묘측墓側에 생시에 사용하던 물건을 전시하여 장례에 참가한 사람들이 이를 가져가게 하는 풍습이다. 이는 평양천도 이후의 상황이기는 하지만 고구려의 장례풍습 가운데 이 같은 독특한 풍습은 기왕의 전통이었을 것으로 특히 옷과 생시 애용하던 기물을 묘 옆에 두는 것은 고인의 유품 등을 모시는 침寢의 기능과 연결될 수 있다.140) 따라서 이 같은 묘측공간은 사료에 나타난 묘측에서의 장례행사와 연결될 수 있다고 추측된다.

이상에서 볼 때 광개토왕릉은 능역陵域·배장묘陪葬墓·제대祭臺·능비陵碑·능장陵墻 등의 시설을 갖춘 대표적 왕릉으로 대규모 석재사용과 외곽계단석의 요철표현·배수시설·호석의 설치 등을 통해 고구려 고분 속에서 최고의 위치를 나타내고 있다. 또한 당시 위문제魏文帝 이후에서 대규모 능묘조영을 지양하고 관련시설을 거의 하지 않는 상황과는 반대로 대규모 계단적석석실분과 제사관련 시설, 능역 및 수묘인 관련조직과 시설을 조영함으로써 동시대적 중국의 장묘문화와는 독자형태의 장묘문화를 유지하여 고구려적 독자성을 부각했다.

한편 3~4세기 중국의 능침제陵寢制 양상은 위魏나라에서 능침조영을 축소하거나 폐지하는 양상이 진행되었다.141) 이에 반해 고구려는

---

140) 楊寬, 전게서(1981), 29~30쪽.
141) 후한 초기 성대하고 또 대규모인 上陵禮가 실행되어 朝拜儀禮와 각종 제사를 내용으로 한 능침제도가 확립되었는데, 위문제 曹丕(220~226)는 조를 내려서 "옛날에는 묘제를 행하지 않고 모두 묘에 설치한다"고 한 것을 이유로 고릉의 위에 '殿'을 파괴하여 "車馬를 마구간에 보내고, 의복을 부에 저장하라"[『晉書』, 「禮志」中]는 내용이 나타나고 있다.
  晉代의 제도는 기본적으로는 魏를 답습하고 있다. 서진에서는 司馬懿를 추존해서 선제로 됨에서 惠帝 司馬衷(290~306)까지 전후하여서 다섯 개의 능묘를 조영했지만 결국 능묘제도와 상릉의식은 부활되지 않았다. 동진시대에는 상릉의 예가 부활했는데 능침의 규모는 이전과 같이 회복되지 않았다. 동진 여러 황제의 능묘 대다수는 산 중간 남쪽에 묘갱을 뚫어

더욱 장대한 능묘조영을 진행했다. 광개토왕 능역에 나타난 양상을 정리하면 공간구성은 능과 능 위의 향당享堂·침전寢殿적 성격의 제대祭 臺(제사 및 의례공간?)·배장묘陪葬墓(또는 의식공간)·건축물建築物(수묘관련 건물?)·능 원陵垣·남문지南門址가 능역 안에 조성되어 있고 광개토왕비가 능역을 벗어나 능의 동향에 위치하고 있다. 이들 구성관계에서 가장 논의가 되었던 부분은 광개토왕비가 태왕릉太王陵의 묘도墓道방향인 서향의 반대되는 동쪽에 있어 서로의 상관성에 많은 문제가 제기되었다. 즉 중국적 장묘문화의 공간구조상 묘도 앞에 묘비가 위치되어야 한다는 통념과 반대되는 위치 때문에 비碑가 묘도 전면에 위치하는 장군총이 광개토왕릉으로 파악되면 논란이 진행되었던 것이다.

그런데 이번 집안지역 발굴을 통해 고구려 왕릉으로 파악되는 무덤 모두에서 묘도의 반대편 또는 측면에 제대가 마련되어 종래 중국적 묘도墓道·참도參道개념에 입각한 묘역 구성방식이 고구려와는 맞지 않는다는 사실이 확인되었다. 이를 통해 광개토왕비의 위치가 태왕릉과 연결되는 것에 문제가 없게 되었다.

중국측 조사보고에 의할 때 태왕릉은 광개토왕릉으로서 능역에 무덤과 제단유적·관련건축물·배장묘 등이 존재하는 고구려의 독특한 장묘문화와 내용을 보여주는 유적이다. 특히 광개토왕비와 호태왕 명문방울의 출토를 통해 그 주인공이 명확해지면서 관련내용을 구체적인 공간과 대응시켜 살펴볼 수 있다는 점에서 매우 주목된다.

즉 광개토왕릉 비문에 나타난 수묘제도와 관련하여 330가에 달하

구축되어 분구를 축조하지 않고 묘실을 숨겼다. 이같이 후한까지 유지되던 능침제도는 위-진대에는 능침제도를 거의 실행하지 않아 대규모 능침조영 등이 진행되지 않았다.

는 수묘인 집단의 존재방식과 활동방식에 대한 기본적 이해를 진행할 수 있게 되었다. 우선 주목되는 점은 남쪽 100m, 동쪽 130m 에 능역을 구분짓는 담장의 존재확인이다. 북쪽과 서쪽은 주민 거주공간 때문에 더 이상 확인되지 못했지만 약 100~150m 내외의 공간이 광개토왕릉의 능역으로서 존재했다.

또 남쪽 담장에서 남문유적이 확인되어 적어도 남쪽으로 출입한 흔적과 내용을 확인할 수 있다. 그리고 이 영역 내에 제대 2곳과 건축유지 1곳만이 확인되어 기타 건물은 존재하지 않았음을 알 수 있다. 이 같은 사실은 수묘인守墓人들의 수묘활동의 공간과 내용 및 거주공간에 대한 구체적 내용이 제시된다는 점에서 매우 중요하다.

우선 이 능역 안에는 수묘인들이 거주하지 않았다는 점에서 이들의 거주공간이 현재의 주민 거주지역 또는 그보다 더 먼 공간에 위치되어야 한다. 즉 동으로는 집안集安에서 청석靑石으로 가는 도로와 남으로는 집안-만포진 철로에 의해 구획된 공간일대, 그리고 북쪽은 과거 태왕향소학교 뒷길로 구획된 공간 주변지역이 이들 수묘인들이 거주했을 공간으로 추정된다.

문제는 이들의 역할내용에 따른 존재형식으로 앞서 파악한 것처럼 국연國烟과 간연看烟의 기능적 공간분리를 염두에 둘 때 국연은 광개토왕릉이 있는 국강國岡지역에 존재하면서 실질적인 수묘역守墓役을 수행했을 것이고 간연은 별도의 지역에서 국연을 경제적으로 담보했을 것으로 보인다는 점이다.[142] 즉 태왕릉의 경우 국연 30가만이 실제로 수묘쇄소守墓洒掃하는 역할을 이 지역에서 진행한 것으로 파악된

---

142) 조법종, 전게논문(1995).

다. 이 경우 주변의 여타 능묘에 대한 수묘인들이 함께 거주하는 상황이 발생할 경우 광개토왕의 우려하는 상황이 발생할 수 있음이 추론된다.

이 때 간연은 어디에 존재했는가가 문제이다. 이는 사료에 나타난 원園관련 표현이다.

> 二十二年 冬十月 王遷都於國內 築尉那巖城 十二月 王田于質山陰 五日不返 大輔陜父諫曰 王新移都邑 民不安堵 宜孜孜焉 刑政之是恤 而不念此 馳騁田獵 久而不返 若不改過自新 臣恐政荒民散 先王之業墜地 王聞之震怒 罷陜父職 俾司官園 陜父憤去之南韓.143)

위의 사료는 유리왕대에 새로이 국내성으로 천도한 상황에서 유리왕이 정사에 힘쓰지 않자 이를 공박한 대보大輔인 협보陜父의 직을 파하고 관원官園을 맡기자 협부가 남한으로 가는 상황을 설명하고 있다. 여기서 주목되는 것이 관원이다. 이는 다음사료를 참조할 때 능원과 연결될 소지가 크다.

> 十九年 春正月 大風拔木 二月 修葺歷代園陵 夏四月 祀始祖廟.144)

사료에서 확인되듯이 왕릉王陵을 원릉園陵으로 표현하고 있다. 이는 신라사료에 나타난 중국적 표현이기는 하지만 고구려의 관원官園이라는 공간의 성격이 능원과 연결될 소지가 크다고 파악된다. 문제는 이 시기가 동명왕의 사후 아직 시조묘가 만들어지지는 않은 시기인

---

143) 『삼국사기』 13, 「고구려본기」 1, 유리왕.
144) 『삼국사기』 3, 「신라본기」 3, 눌지마립간.

데 앞서 시조묘와는 별개의 시조릉과 관련된 공간으로서의 기능이 추측된다. 특히 협보는 동명왕과 함께 동부여를 탈출해 고구려를 건국한 건국공신으로서 유리왕에 의해 축출되면서 과거 동명왕의 무덤을 지키는 역할을 수행케 하는 것이 진노한 왕이 건국공신을 대하는 방안으로서 명분이 있었다고 보인다. 즉 왕릉과 연결될 수 있는 관원官園 즉 능원공간이 존재했을 가능성이 확인된다.

중국의 경우 이들 능원의 위치는 대체로 왕릉을 포함한 공간이지만 현재 집안의 고분 분포양상을 볼 때 이 같은 능원이 위치할 수 있는 공간은 바로 고분 옆에서 찾기는 힘들다. 즉 앞서 중국의 능원·능읍구성에서 보이듯이 수묘관련 인력의 거주 및 토지를 사여받은 공간을 상정할 경우 현재 집안지역에서는 상정하기 곤란하다. 따라서 이들 수묘인은 국연 30가가 국강지역에서 광개토왕릉을 수묘하고 간연은 별도의 능원에서 경작활동을 통해 수묘관련 재원을 조달했다고 파악된다.[145]

4. 맺음말

이번 장에서는 고구려 광개토왕릉 비문碑文에 나타난 수묘제도守墓

---

[145] 조법종, 전게논문(1995). 이와 관련되어 간연의 집단경작지적 성격의 공간문제 등에 대해서는 차후 보완을 통해 별고에서 논하고자 한다.

制度와 고구려 왕릉高句麗王陵 능원체계陵園體系에 대한 논의를 '호태왕好太王' 명문銘文 청동방울 등 관련 유적·유물에 대한 발굴보고 등을 바탕으로 검토하여 다음과 같은 결론을 도출했다.

먼저 광개토왕릉은 새로운 능역확인과 특히 묘도와 제대의 방향이 서로 반대에 위치하고 있는 고구려 고분들의 특성, 호태왕 방울 등 유물의 발견을 통해 기존 광개토왕 비의 위치문제가 해결되어 태왕릉임을 확인할 수 있었다. 특히 묘역구성에서 당시 중국의 능침제 폐지 및 축소경향과는 반대로 더욱 장대한 묘역을 구성하는 경향과 묘도와 제대위치의 차이 등 중국의 장묘문화와는 상당히 차이가 나는 내용을 보여주고 있다. 중국이 한대 이래 체계화된 수묘관련 문화와 형식 등에서 상당한 영향을 받았음이 추론되지만 내용과 변화양상은 고구려만의 독자적 형식을 유지 발전시킨 것으로 파악된다.

또한 광개토왕·장수왕대 고구려 사회는 대외 복속활동을 통해 다종족 국가체계多種族國家體系를 확립하여 다양한 다수종족이 국가구성원으로 존재하고 있었다. 그런데 주목되는 사실은 고구려의 여러 복속세력 가운데 광개토왕이 유일하게 '신래한예新來韓穢'만을 자신의 무덤을 수묘守墓하는 담당자로 선정한 점과 장수왕 또한 이들 신래한예와 함께 '고구려 구민高句麗舊民'을 차별없이 왕릉수묘인王陵守墓人으로 차정했다는 점을 통해 '신래한예新來韓穢'가 언어·문화·종족적으로 '고구려 구민'과 동질적인 존재로 인식되었다는 확인할 수 있었다. 이는 고구려 광개토왕대에 이미 백제 및 마한계통의 '백잔남거한百殘南居韓', 예맥계통의 한예韓穢 등의 존재들이 고구려 동족인식의 범위에 포섭되어 존재했으며 이는 현재 한국사를 구성하는 역사계통 내용과 동일하다는 점을 확인할 수 있었다. 즉 현재의 한국 역사인식 범주에 포섭되는 역사대상이 이미 광개토왕대에 존재했다고 파악된다.

한편 광개토왕의 수묘역守墓役 체계개편은 기존의 수묘인 구성문제와 이들에 대한 지속가능한 지원시스템에 문제가 있었기 때문에 수묘인 집단의 안정적 지원체계 구축이 개편의 핵심이었다고 생각된다. 광개토왕은 이 같은 문제점 극복을 위해 수묘인의 경우 농업생산기술력이 상대적으로 우수한 신래한예집단新來韓穢集團으로 수묘인 구성을 바꾸었다. 그리고 수묘역을 안정적으로 진행시키기 위한 방안으로 기존에 지급되었던 토지관리를 강조하여 매매행위 등에 대한 처벌을 강화하여 경제적 안정성을 확보하는 개편을 단행했다고 생각된다. 즉 수묘인 관련 매매기사는 종래 수묘인을 매매하는 것으로 대부분 파악했으나 토지지급이라는 측면에서 볼 때 매매대상은 토지였다.[146] 그리고 이에 대한 통제 및 처벌이 미흡했던 과거의 상황을 개선하는 방안이 수묘역에 연결된 토지매매 금지 및 처벌강화로 나타나 수묘제 개혁의 중요사항이었다.

또한 '묘상입비墓上立碑'를 통해 수묘인 연호烟戶에 대한 소속관계를 명시한 것은 수묘인이 한곳에 집단거주를 한 것이 아니라 지역이 나뉘어 분산되어 존재했음을 보여준다.[147] 또 국연國烟-간연看烟의 역할은 이 같은 토지를 매개로 국연은 광개토왕릉이 있는 국강國岡지역에서 수묘역을 수행하는 존재들이었고 간연은 이들의 수묘역을 안정적으로 수행하게 하기 위해 지급된 토지를 경작하여 봉족奉足처럼 생산

---

146) 조법종, 전게논문(1995).
147) 조법종, 전게논문(1995).

물을 1 : 10의 관계로 국연의 수묘활동을 지원하는 존재로 파악했다고 이해된다.

　이와 함께 능역에 대한 검토를 통해 제대로 명명된 제사관련 공간이 고구려의 전통 분묘양식인 기단식 적석분에 집중적으로 존재하고 있으며 이를 통해 고구려의 상·장례 문화가 중국의 장묘문화와 능묘의 공간적 구성에서도 차별화되고 있었음을 추론할 수 있었다. 특히 광개토왕릉으로 확인된 태왕릉의 묘역에 나타난 내용을 통해 고구려 왕릉의 구조가 개략적으로나마 파악되었으며 수묘인들의 활동공간에 대한 이해가 심화될 수 있게 되었다.

제4장
중국의 고구려 연구

1. 중국영역 내의 고구려 유적·유물

1. 고구려 도성·산성 유적

　　중국 동북3성 지역 즉 길림성·요녕성·흑룡강성 지역은 과거 고구려의 중심영역으로서 고구려 유적은 도읍유적으로서 환인지역의 흘승골성, 집안지역 국내성 유적과 이들 지역의 고분 및 생활유적이 존재하며 기타지역의 산성유적으로 크게 대별된다. 유물의 경우 이들 유적에서 발굴된 다양한 유물로서 특히 고분유적에서 발굴된 부장유물과 건출물 등에서 출토된 생활유물 등으로 분류되고 있다. 고구려의 유물은 특히 고구려 고분벽화에 나타난 생활모습과 연결된 유물들이 출토되므로 그 성격과 내용에 대한 이해가 풍부하다는 특징을 들 수 있다.

　　중국학계의 고구려 유적·유물에 관한 연구는 고고학계를 중심으로 진행되었다. 따라서 대부분이 고고학 발굴보고 및 정리와 관련된 간보형식의 정리보고가 관련논저의 중심을 이루며 이를 종합한 고고학 관련 전문학술서, 역사관련 연구논문 및 저서 등이 간행되었다.[1) 이들 연구논저는 대부분 1960년대 이래 진행된 각 지역의 고구려 유적 조사 및 발굴과정에서 확보된 유물소개가 중심으로 각 분야별 전문 연구를 위한 정리작업이라고 파악된다. 즉 고구려 유물에 대한 연구는 대부분 산성 및 고분유적 정리조사 관련보고에서 수습된 유물을 소개하는 차원의 연구가 진행되어 학술지에 관련논고가 수록되었다.[2)

　　이들 논문들을 종합한 『중국고고집성中國考古集成』 동북 9-13권, 『고구려발해연구집성高句麗渤海研究集成』 1-3권이 전체 연구상황을 파악케 한다. 고구려 고고문물에 대한 연구사 소개는 이전복의 『고구려고고학高句麗考古學』 및 위존성魏存成의 『고구려고고高句麗考古』 등에서 고구려의 고고학 자료를 종합 소개하고 있다.

　　한편 국내에서는 김영진의 『고구려 유적高句麗遺蹟과 유물연구遺物研究』(《高句麗遺物篇》, 백산자료원, 2003), 국방군사연구소의 『고구려 성』 I·II(1999), 고

---

1) 손진기, 「고구려고고연구종술」,(『고구려유적발굴과 유물』, 학연문화사, 2001) : 손홍, 「요녕지구고구려유물연구종술」,(『고구려유적발굴과 유물』, 학연문화사, 2001) : 동, 「길림지구고구려문물연구종술」,(길림성고구려학술연토회2002년논문, 2002) : 위존성, 「고구려유적」(문물출판사, 2002) : 경철화, 『중국고고려사』(길림인민출판사, 2002) : 정연진, 『고구려발해말갈묘장비교연구』(연변대학출판사, 2003) : 왕면후, 『고구려고성연구』(문물출판사, 2002) : 경철화, 『고구려와당』(길림인민출판사, 2001).
2) 관련잡지는 『考古』·『文物』·『遼寧文物』·『北方文物』·『沈陽文物』·『遼海文物學刊』·『中國考古學年鑑』·『博物館研究』·『北方史地研究』 등이다.

구려연구회의 『고구려고분벽화』(1997) 등 관련 유적·유물에 대한 소개가 진행되어 참고된다.

1) 고구려 도성유적

(1) 흘승골성

고구려의 첫도읍은 시조 주몽이 부여에서 남하하여 처음 정착한 기원전 37년 졸본지역에서 건도한 흘승골성으로 나타나 있다. 이에 대한 자료로서 광개토왕릉 비문과 『삼국사기』·『위서』 등에는 표현이 조금씩 달라 홀본·졸본·흘승골성 등으로 나타나고 있지만 첫 도읍지인 흘승골성은 현재의 환인지역의 오녀산성으로 파악되고 있다.

오녀산성은 해발 804m에 남북 1,540m, 동서 350~550m, 주위 4,754m의 암벽산성으로 그 위용은 고구려의 성격을 대변하는 유적이다. 동·서·남의 3개 성문과 1~3호의 대형 건축유적·병영·초소·거주유적·저수지·요망대 등 다양한 산성시설이 확인되었고 관련유적도 시대별로 다량 출토되었다. 그런데 실제의 산성규모와 지리적 여건 등을 고려할 때 주몽이 실제로 활용한 첫 도성유적은 환인현 주변에 존재하는 평지성인 하고성자성下古城子城으로 파악되고 있다.3)

하고성자 유적은 환인현 서북쪽 3km 하고성자촌에 위치하고 혼강이 성 동쪽에서 북-남으로 흐르며 주변에 상고성자 고분군이 위치하

---

3) 진대위, 「환인현고고조사발굴간보」,(『고고』 1960-1, 1960) : 위존성, 「고구려초중기적도성」, (『북방문물』 1985-2, 1985) : 이전복·속옥량, 「고구려적도성」,(『박물관연구』 1990-1, 1990) : 양지룡, 「환인지구고구려성지개술」,(『박물관연구』 1992-1, 1992).

고 있다. 규모는 동 226m·서 264m·남 212m·북 237m로 강의 퇴적 및 주민 생활공간이 중첩되어 많은 부분이 훼손되었고 일부 고구려 시기 유물이 출토되었다.

(2) 국내성

고구려 2대 유리왕은 재위 22년(AD 3)에 고구려의 수도를 흘승골성에서 국내성으로 천도했다. 국내성과 관련하여 위나암성·환도성 등의 명칭이 나타나고 있는데 국내성은 현재 집안의 평지성이고 환도성은 성 북쪽의 산성으로 파악되고 있다.

국내성은 방형으로 동 554.7m×남 751.5m×서 664.6m×북 715.2m, 총 2,686m, 남은 성벽높이 2m다. 성문은 6개이고 동·서에 2개씩이며 성문에는 모두 옹성이 있다. 2003년까지 진행된 국내성 부분발굴을 통해 왕궁지는 명확히 확인되지 않았지만 귀면와당·연화문와당·권운문와 및 동진자기·도기·무기·금속세공품 등 다양한 유물이 출토되었다.

환도산성은 위나암성·산성자산성 등으로 불린 것으로 파악되는데[4] 국내성 북쪽 2.5km에 있는 산성으로 평지성인 국내성에 대응되는 전시의 방어산성 개념의 성이다. 유리왕 시기에 위나암성으로 축성되었고 산상왕 2년(198)에 증축하여 임시수도로 활용되었으며 고국원왕 12년(342)에 도성으로 활용되었다. 환도산성은 천연의 산 능선을 따라 이룩된 석성으로 5개의 성문이 있고 동 1,716m×서 2,440m×남 1,786m×북 1,009m, 총 6,951m의 크기이다. 성내에는 남문지가 잘 남아

---

[4] 이전복, 「고구려환도산성」(『문물』 1982-6) : 차용걸, 「고구려전기의 도성」(『국사관논총』 48, 1993) : 박진석, 「환도성유지에 대한 고증」(『중국경내고구려유적연구』, 1995). 이에 대해서는 이론도 있다.

있고 궁궐지·음마지·점장대 등 대규모 시설유적이 최근 발굴을 통해 확인되었다.

2) 고구려 산성유적

고구려 산성에 대한 논저에서는 각 지역별 산성의 내용이 논자에 따라 다르게 제시되고 있다.

진대위陳大爲는 1988년 「요녕고구려산성초탐」에서 요녕지역의 고구려 산성이 87성이라고 밝히고 87개의 규모에 따라 대·중·소형으로 구분하고 있다. 이후 1995년에 『요녕고구려산성재탐』5)에서는 산성은 70~80개이고 소규모 요망대를 합하면 100여 곳이라고 파악했으며 성지가 확인된 67개의 목록을 제시하고 있다.

손진기孫進己 등은 1989년 『동북역사지리東北歷史地理』에서는 요녕 54성, 길림 43성, 도합 97성을 제시하고 있다.6) 풍영겸馮永謙는 「고구려성지집요高句麗城址輯要」(1994)에서7) 요녕 및 길림지역 고구려 성지[산성+평지성] 126성에 대해 정리하고 있고 왕면후王綿厚는 2002년 『고구려고성연구高句麗古城研究』8)에서 압록강 우안 즉 요녕·길림 지역에 대형성지가 120곳이 있다고 파악하고 산성 38곳에 대한 구체적 자료를 제시하고 있다.

한편 위존성魏存成은 2002년에 발표한 『고구려유적高句麗遺蹟』9)에서

---

5) 진대위, 「요녕고구려산성재탐」,(『북방문물』 1995-3).
6) 孫進己, 『동북역사지리』 2(흑룡강인민출판사, 1989).
7) 馮永謙, 「高句麗城址輯要」,(『北方史地研究』, 1994).
8) 王綿厚, 『高句麗古城研究』(文物出版社, 2002).

요녕성 68곳, 길림성 28곳, 도합 96곳을 제시하고 있다. 이 같은 연구자 사이의 일부차이는 산성규모 및 위치에 따라 하거나 부속산성을 독립적으로 이해하는 내용으로서 큰 차이는 없다. 여기서는 위존성의 자료를 바탕으로 산성 분포내용을 제시한다.

(1) 요녕성의 고구려 산성

요녕성 지역의 고구려 산성은 요하유역 동쪽을 중심으로 68곳이 보고되고 있다.

○ 환인현桓仁縣: 고검지산성高儉地山城·성장랍자산성城墻磖子山城·와방구산성瓦房溝山城·마안산산성馬鞍山山城·수려산성愁濾山城.

○ 신빈현新賓縣: 흑구산성黑溝山城·전수호산성轉水湖山城·오룡산성五龍山城·태자성산성太子城山城·삼송산성杉松山城.

○ 청원현淸源縣: 영액문산성英額門山城·남산자산성南山子山城.

○ 본계시本溪市: 굴륭산성窟隆山城·변우산성邊牛山城·하보산성下堡山城·이가보산성李家堡山城.

○ 무순시撫順市: 고이산성古爾山城新城·남장당산성南章黨山城·마화사산성馬和寺山城·성자구산성城子溝山城·서산성西山城.

○ 서풍현西豊縣: 성자산산성城子山山城·천덕성자산산성天德城子山山城·장가보산성張家堡山城.

○ 개원시開原市: 용담사산성龍潭寺山城·고성자산성古城子山城·마가채산성馬家寨山城.

○ 철령시鐵岺市: 최진보산성催陣堡山城·청룡산산성靑龍山山城.

○ 심양시沈陽市: 석대자산성石臺子山城·탑산산성塔山山城.

---

9) 위존성, 『고구려유적』(문물출판사, 2002).

○요양시遼陽市: 석성산산성石城山山城岩州城山城

○해성시海城市: 영성자산성英城子山城.

○영구시營口市: 마권자산성馬圈子山城.

○개주시蓋州市: 청석령산성靑石岺山城・분동산성奮東山城・적산산성赤山山城・성자구산성城子溝山城破臺子山城・손가와보산성孫家窩堡山城・고력성산성高力城山城・연통산산성煙筒山山城.

○와방점시瓦房店市: 용담산산성龍潭山山城得利寺山城・강고산성崗崓山城・고력성산성高力城山城・마권자산성馬圈子山城.

○보란점시普蘭店市: 고력성산성高力城山城・오고산성吳姑山城巍覇山城・노백산산성老白山山城.

○금주구金州區: 대금산산성大金山山城.

○장하시庄河市: 성산산성城山山城・선성산산성旋城山山城.

○수암현岫岩縣: 마권자산성馬圈子山城・낭랑성산성娘娘城山城・청량산성淸凉山城・노성구산성老城溝山城・송수구산성松樹溝山城・노성산산성老城山山城・이도령산성二道岺山城・남연자산성南碾子山城・요구산성閙溝山城・남구산성南溝山城・고성산산성古城山山城・유가보산성劉家堡山城・소자산성小茨山城.

○봉성시鳳城市: 봉황산산성鳳凰山山城烏骨城・산성구산성山城溝山城.

○관전현寬甸縣: 호산산성虎山山城・고력성산성高力城山城灌水山城.

(2) 길림성의 고구려 산성

길림성 안의 고구려 산성은 주로 휘발하輝發河 유역에서 제2송화강松花江 유역에 이르는 요원・길림 이동지역에 분포되어 있다. 길림성 지역 고구려 산성은 28곳이 보고되고 있다.

○관전집안시集安市: 패왕조산성覇王朝山城・관마산성關馬山城・대천초소

산성大川哨所山城.
- ○통화시通化市: 자안산성自安山城.
- ○통화현通化縣: 남대산성南臺山城·태평구문산성太平溝門山城·건설산성建設山城·의목수산성依木樹山城·영과포산성英戈布山城.
- ○백산시白山市: 동마고성東馬古城東馬鹿泡子·협피구산성夾皮溝山城·화피전자고성樺皮甸子古城.
- ○유하현柳河縣: 나통산성羅通山城·조어대고성釣魚臺古城.
- ○휘남현輝南縣: 휘발성輝發城·조어대고성釣魚臺古城.
- ○반석현盤石縣: 과회산산성鍋盔山山城紙房溝覇城·대마종령산성大馬宗岺山城·성자구패성城子溝覇城.
- ○무송현撫松縣: 대방정자산성大方頂子山城.
- ○요원시遼源市: 용수산성龍首山城·공농산성工農山城·성자산산성城子山山城.
- ○길림시吉林市: 용담산성龍潭山城·동단산성東團山城·삼도령자산성三道岺子山城.
- ○교하시蛟河市: 횡도자남산산성橫道子南山山城·소립자산성小砬子山城·동산산성東山山城.
- ○도문시圖們市: 성자산산성城子山山城.
- ○혼춘시琿春市: 살기성薩基城·'정암산성亭岩山城'·'성장랍자산성城墻磖子山城'.
- ○임강시臨江市: '임성초잡臨城哨卡'.

2. 고구려 고분유적

　중국내 고구려의 대표적 유적인 고분유적은 현재 환인과 집안지역 2개 지역에 집중되어 있다. 특히 이들 고분에 벽화가 있는 고분벽화 유적은 1600여 년 전 고구려의 실상을 뚜렷이 보여주는 타임캡슐 같은 유적으로 그 가치는 매우 크다. 고구려 고분은 적석총과 봉토석실분으로 대별되는데 환인과 집안지역에는 이들 유형의 무덤이 공존하고 있다. 지역별 특성을 보면 다음과 같다.[10]

(1) 통구고분군

① 하해방下解放고분군:- 통구洞溝고분군 속에서 동쪽 위치. 1962년 조사 당시 50여 기가 남아 있었으나 현재는 30여 기만 남아 있다. 모두루무덤·환문무덤·31호 벽화무덤 등이 있다.

② 우산禹山고분군:- 북쪽은 우산, 남쪽은 압록강, 서쪽은 통구하洞溝河, 동쪽은 용산龍山에 이른다. 통구고분군 가운데서 가장 큰 고분군로 수천 기의 무덤이 모여 있다. 이 고분군에 광개토태왕릉·장군총과 벽화무덤 가운데 각저총·춤무덤·삼실총·통구12호분·오회분의 4호·5분 등이 있다.

③ 산성하山城下고분군:- 우산 북쪽 기슭, 환도산성 밑의 통구하 골짜기 양쪽 가에 위치해 있는데, 약 1천여 기가 있다. 절천정무덤·형무덤·동생무덤·귀갑무덤·연화무덤·왕자무덤 등이 있다.

④ 만보정萬寶汀고분군:- 환도산성 서남, 칠성산 동쪽 기슭, 통구하 계곡에 위치하며 1천여 기의 무덤이 있다.

⑤ 칠성산七星山고분군:- 집안현성[국내성] 서쪽, 칠성산 남쪽 비탈에 위치하며 1천여 기가 있다.

---

10) 고구려고분군에 대해서는 中國地圖出版社,『中國文物地圖集·吉林分冊』(1992) : 이전복, 「집안고구려무덤연구」(『중국경내 고구려유적연구』, 1995) : 서길수, 「홀본과 국내성 지역의 새로운 고고학적 성과」(『高句麗研究』 15, 2003)를 참조했다.

제4장 중국의 고구려 연구 467

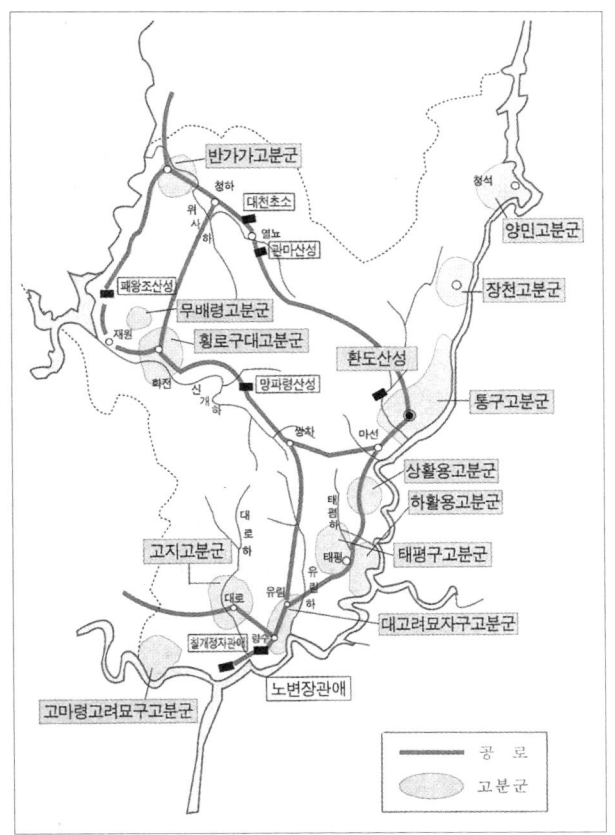

[그림 19] 집안지역 고구려 고분군
신형식, 『집안고구려유적의 조사연구』(국편, 1996) 인용

⑥ 마선고분군:- 동쪽은 칠성산, 서쪽으로는 마선구하麻線溝河 양안에 이른다. 2천여 기 무덤 가운데 천추총·서대묘·마선1호분 등이 있다.

(2) 장천고분군

장천長川고분군은 황백향黃柏鄕 장천촌長川村에 위치하는데 집안에서 동북쪽으로 25km 지점에 있다. 1962년 6월 15일 집안현 문화재보호지구로 지정되었다. 장천고분군은 1983년 5월 문화재 조사당시 105기의 무덤이 있었는데, 현재 50여 기만 남아 있다. 적석묘積石墓·방단적석묘方壇積石墓·방단계단적석묘方壇階段積石墓 및 약간의 봉토묘封土墓들로 구성되어 있었다. 이 고분군에서는 장천1·2호의 벽화고분이 유명하다.

(3) 양민고분군

집안에서 동북쪽으로 45km 떨어진 청석진靑石鎭에 운봉雲峰댐이 건설되어 있다. 운봉댐에서 북쪽으로 3.5km 지점의 수몰지구에 원래 고구려 시기의 고분군들이 있었다.

1964년 5월 길림성박물관 문화재 발굴대가 댐 건설공사장을 조사 발굴한 결과 모두 10여 곳의 고분군를 발견했다. 그 가운데 양민良民·추피秋皮·석호石湖·화피樺皮 등 네 곳이 집안현 지역 안에 있었는데, 모두 205기의 무덤이 발견되었다. 그 가운데 가장 중요한 곳이 양민고분군로서 모두 170기의 무덤이 있었다. 양민고분군는 압록강 오른쪽 언덕의 충적평원沖積平原 위에 있었는데 길이 1km, 동서넓이 1.5km의 규모였다. 170기의 묘 가운데는 적석묘와 방단적석묘가 155기, 봉토묘가 15기 보고되었다.

(4) 상하활용고분군

통구하 하구에서 압록강을 따라 밑으로 8km를 내려가면 마선향麻線鄕 상활용촌上活龍村이 나오고, 다시 8km를 내려가면 하활용촌下活龍村이 나온다. 이 두 개 마을 주위에 분포된 고구려 묘를 상하활용上下活龍

고분군라고 부른다. 1977년 겨울 집안현 문물조사대가 이 두 곳을 조사했고, 1982년 5월 노호초老虎哨수력발전소 건설당시 수몰 예정지구를 조사하면서 무덤들을 발굴했다.

상활용 고분군는 모두 14기인데 적석묘 3기, 방단적석묘 5기, 봉토동실묘 6기 등이 발굴되었으며, 하활용천에서는 모두 34기의 무덤을 발굴했는데 모두 적석묘였다.

(5) 태평구고분군

이 고분군는 집안으로부터 27km 떨어진 태평교太平橋 동쪽에 있는데, 태평구하太平溝河가 흐르면서 형성한 삼각주 위에 위치하며, 길이 450m 넓이 100m의 길쭉한 지대이다. 1962년 집안 고고조사대가 조사할 때, 60여 기의 무덤을 조사했고, 1983년 5월 31일 집안현 문물조사대가 다시 조사할 때는 74기를 찾았으나 대부분 파괴되고 실제로 남아 있는 것은 26기밖에 없었다. 묘장형태는 적석묘[11기]·방단적석묘[40기]·방단계단적석묘[4기]·봉토동실묘[19기] 등이다.

(6) 대고려묘자구고분군

대고려묘자구大高麗墓子溝 고분군은 집안에서 서남쪽으로 45km 떨어진 유림향楡林鄕 대전자촌大甸子村 동남쪽 700m 지점에 있다. 이 고분군는 길이 680m에 넓이 110m의 좁고 길쭉한 지대에 분포되어 있다. 1917년 일본인 관야정關野貞이 조사하여 조사보고서를 발표했다. 1962년 4월 길림성박물관과 집안 고고조사대가 조사했을 때 113기의 무덤이 있었다. 1983년 5월 11일 집안현 문화재조사단이 다시 조사를 할 때,

보존상태가 비교적 좋은 곳은 59기밖에 안되어 62년 조사 때에 비하여 54기가 감소되었다는 것을 알 수 있었다. 묘장형태는 적석묘積石墓·방단적석묘方壇積石墓[4기]·방단석실묘方壇石室墓[3기]·방단계단적석묘方壇階段積石墓[3기]·봉석동실묘封石洞室墓[10기]·봉토동실묘封土洞室墓[23기] 등이다.

(7) 고지고분군

고지촌高地村[원명: 高麗墓子]은 집안에서 서남쪽으로 75km 지점에 있는 대로향 동북쪽에 있다. 분포면적이 2만㎡에 달하는 상당히 큰 고분군으로서 1962년 조사당시 145기가 있었으나 1962년 조사 때는 불과 21기만 남아 있었다. 묘장형태는 대부분이 돌로 된 무덤이었는데 쌍실묘와 단실묘로 나뉘어지고, 일부 소형 석관묘도 있었으며, 봉토묘도 일정한 비율을 점하고 있었다. 이 지점은 집안에서 환인으로 넘어가는 도로변에 있는 것으로 보아 고구려 때 국내성에서 흘승골성으로 왕래하는 육로섶에 있었을 가능성이 크며, 그 규모로 보아 상당히 많은 주민이 살고 있는 주거지였을 가능성이 크다.

(8) 고마령고려묘구 고분군

고마령고려묘구古馬嶺高麗墓區 고분군은 집안에서 서남쪽으로 90km 떨어진 고려묘구에 있는데 행정상으로는 대로향大路鄕 고마령촌古馬嶺村 12대隊이다. 고마령촌에서 남쪽으로 3.5km 지점이며 혼강渾江에서 북쪽으로 250m 지점이다. 1962년 집안 고고조사대가 첫조사를 하고, 1983년 4월 24일부터 6월 23일까지 집안현 문물조사대가 두 차례에 걸쳐 조사를 한 결과 70여 기의 무덤이 있었다. 현재 약 50기의 무덤이 남아 있는데 그 가운데 36기의 무덤이 비교적 보존상태가 좋다. 묘장형태는 적석묘(6기)·방단석실묘(9기)·방단계단적석묘(7기)·봉토동실묘(13기) 등이다.

(9) 횡로구대 고분군

집안에서 서북쪽으로 85km 떨어진 화전향花甸鄕 횡로구대橫路九隊 서산 비탈 아래 강언덕 평지 위에 있다. 1983년 5월 3일 집안현 문물조사대가 조사할 당시 121기가 있었다. 대부분의 묘가 적석묘인데 그 가운데는 약간의 방단적석묘도 보이고 봉토석실묘도 있다.

(10) 모배령고분군

모배령母背嶺은 노령산맥의 지맥인 보마천산報馬川山 줄기를 따라 내려가다가 혼강渾江 좌측 언덕에 있는 평탄한 산허리에 있는데, 모저배령母猪背嶺이라고도 부른다. 재원향財源鄕 천안촌泉眼村에서 서쪽으로 약 2.5km 지점이다. 1962년 문화재 조사당시 50여 기의 무덤이 발견되었으나, 1983년 다시 조사할 때는 20여 기밖에 남아 있지 않았다. 봉토동실묘가 많고 약간의 방단적석묘와 적석묘도 남아 있다. 이 고분군의 동쪽에는 고구려의 패왕조霸王朝산성이 있는 것을 보아 모배령 고분군는 남도南道상의 방어거점일 가능성이 높다.

(11) 반가가고분군

집안에서 서북쪽으로 80km를 가서 두도향頭道鄕 반가가촌潘家街村 북쪽 들판에 있다. 주위는 모두 논이며 고분군의 동쪽에는 대위사하大葦沙河

가 흐르고 400m 지점에 집안에서 통화로 가는 도로가 지나간다. 1965년 12월 집안현박물관에서 처음 조사가 시작되었다. 1983년 집안 문화재 조사대가 조사할 당시 44기의 무덤이 남아 있었으나 80% 정도가 심하게 파괴되었다. 방단적석묘 4기, 적석묘 14기, 봉토동실묘 24기로 판명되었다.

1) 집안의 고구려 벽화고분

고분군	고분수	벽화고분
下解放고분군	3	모두루총·하해방31호분·환문총
禹山下고분군	9	우산하41호분·각저총·춤무덤·통구12호분·산연화무덤·삼실총·사신총·오회분(五盔墳) 4호분·오회분 5호분
山城下고분군	5	산성하332호분·산성하983호분·미인총·산성자귀갑총·산성하절천정묘
萬寶汀고분군	1	만보정1368호분
麻線溝고분군	1	마선구1호분
長川고분군	3	장천1호분·장천2호분·장천4호분
총 계	22	

2) 환인의 고구려 고분

(1) 고력묘자고분군

고력묘자高力墓子고분군이 있는 연강향連江鄕 고력묘자촌高力墓子村은 환인에서 동쪽으로 15킬로 지점인 혼강 서안에 자리잡고 있으며, 고분군에서 동쪽으로 5㎞ 지점에 고구려 초기도성인 오녀산성이 있다. 1956년 4월 전 동북박물관에서 고분군를 조사했으며, 1958년 10월 초~11월 하순과 1959년 3월 말~5월 초 고분군 가운데 일부만 발굴했다. 고분군의 남북길이가 1천m였고, 남단에 비교적 규모가 큰 적석묘군이 있었는데 큰 묘가 70기 정도였다. 이 때 31기를 발굴했다.

고력묘자 고분군은 환인에서 가장 큰 고분군이다. 수량과 규묘면에서 최대일 뿐 아니라 묘장형식도 적석묘積石墓·방단적석묘方壇積石墓·계단적석묘階段積石墓·봉석동실묘封石洞室墓·방단봉토묘方壇封土墓·봉토동실묘封土洞室墓 등 다양하다. 이 고분군는 혼강에 댐을 막아 모두 수몰되고 현재는 발굴이 불가능하다.

(2) 상고성자 고분군

육도하자향六道河子鄕 상고성자촌上古城子村 동북 100m 밭에 있다. 동쪽으로 1.8㎞ 지점에 혼강이 흐르고, 동북 1.5㎞ 지점에 육도하六道河가 서북에서 남으로 흘러 혼강으로 흘러들어 간다. 남쪽으로 1.5㎞ 지점에는 고구려 초기토성인 하고성자下古城子가 있다.

60년대 조사당시 200여 기의 묘가 있었고, 면적도 남북의 길이가 200m이고 동쪽의 도랑에서 서쪽으로 산기슭까지 이어져 대단히 넓었다. 그러나 문화대혁명 기간 동안 토지정리를 하면서 고분군는 심하게 훼손되고 면적도 크게 축소되었다. 현재 남북길이 150m, 동서길이 200m, 총면적 3만㎡ 정도이며, 1988년 조사당시 묘는 27기밖에 남지 않았고 남아 있는 묘도 심하게 훼손되어 있다.

(3) 대파고분군

향양향向陽鄕 화평촌和平村 서쪽 500m 지점에 있다. 비교적 넓은 곳에 분포되어 있는데 가장 많이 집중되어 있는 고분군는 한 곳의 넓이가 1만 3,750㎡〔길이 275m, 넓이 50m〕나 되며, 80여 기의 묘가 모여 있다. 묘의 절대다수가 방단적석묘인데 일반적으로 정방형으로 한 변의 길이가 6m 정도이고 큰 것은 10m 크기도 있다.

(4) 양가가고분군

육도하자향六道河子鄕 양가가楊家街 동북쪽 200여m의 밭에 있다. 고분군 동쪽 500m 지점에 육도하가 동남쪽으로 흘러가고 본계本溪-환인桓仁 간 도로가 고분군의 서쪽을 지나간다. 현존하는 옛무덤은 모두 9기인데 두 줄로 나란히 서 있다.

(5) 동선영고분군

아하향雅河鄕 동선영촌董船營村에 있다. 환인진에서 남쪽으로 7㎞, 아하향에서 동남쪽으로 2.5㎞ 지점이고, 혼강渾江 남류가 마을 서쪽 언덕 밑을 흐르며, 아하雅河의 동류가 마을 남쪽 700m 지점에서 혼강으로 흘러 들어간다.

1987년 봄 본계시本溪市·환인현桓仁縣 고고조사대가 이 곳에서 고구려 때의 고분군를 발견하고 동선영고분군라고 이름을 붙였다. 현지 주민들의 말에 따르면 50년대 초에는 고분군의 규모가 상당히 커서 마을 동북쪽 산기슭 평지 위에 약 20~30기의 무덤이 있었다고 하며 현재 10여 기가 남아 있다.

(6) 연합고분군

아하향雅河鄕 연합촌聯合村 동남쪽 25m 지점에 있는 밭 가운데 있다. 북쪽 약 500m 지점에 아하雅河가 흐른다. 고분군는 원래 상당히 넓은 지점을 차지하여 50년대 초에는 수백 기에 이르렀으나 토지정리와 건물신축으로 무덤들이 많이 없어져 현재는 30여 기밖에 남지 않았다.

(7) 만만천고분군

아하향雅河鄕 만만천촌灣灣川村 남쪽 밭 가운데 있다. 고분군와 북구둔北溝屯 사이에 환인-관전寬甸간 도로가 통과한다. 50년대 문화재 조사 당시 1백 기가 넘는 무덤이 있었으나 거의 파괴되고, 현재는 11기 밖에 남지 않았다. 묘장형태는 방단적석묘이다.

(8) 대청구고분군

보락보진普樂堡鎭 대청구촌大靑溝村에 있다. 보락보진에서 서쪽으로 3km, 대천구촌에서 동북쪽으로 500m에 위치한다. 현지주민들의 말에 따르면 50년대 초기에는 무덤의 수가 수백 기가 넘었으며, 고분군는 울창한 숲속에 있었다고 한다. 현재는 18기 정도가 남아 있다. 이 곳의 묘장형태는 방단적석묘와 방단계단적석묘가 섞여 있다. 현재 약 3기의 비교적 완전한 방단계단적석묘가 남아 있는데 환인지방에서는 방단계단적석묘가 그다지 많이 발견되지 않았기 때문에 상당히 주목받고 있는 고분군이다.

(9) 사도영자고분군

환인에서 이책전자二柵甸子로 가는 도로를 따라 12km쯤 가면 도로변에 낮은 산이 나오는데, 그 산을 반쯤 오르다 밑을 내려다보면 산기슭에 마을이 보이고, 마을 밖에 있는 밭 가운데 고분군들이 보인다. 이것이 사도영자四道嶺子고분군으로 상당수가 훼손되어 5기밖에 남아 있지 않다.

(10) 대황구고분군

괴마자진拐磨子鎭에서 남쪽으로 7km쯤 내려가서 있다. 부이강富爾江의 상류인데 약 30여 기의 무덤이 있다. 1980년 11월 본계시 환인현 문화재 조사대가 처음 발견한 뒤 수차례 조사가 진행되었다. 고분군는 길이 150m, 넓이 50m, 면적 7,500㎡이며, 묘장형태는 대부분 소형 적석묘다.

(11) 천리고분군

화첨자진鏵尖子鎭 천리촌川里村에 있다. 화첨자진에서 서쪽으로 약 6km, 천리촌에서 약 360m 지점에 있다. 1980년 4월 제1차 문화재조사 때, 확인된 것으로 당시 고분군는 이미 거의 파괴된 상태였다. 현재 약 9기의 무덤이 남아 있는데, 대부분 적석묘 형태이다.

(12) 미창구고분군

아하향雅河鄕 미창구촌米倉溝村 북쪽 약 500m 지점의 낮은 산 위에 있다. 산꼭대기는 해발 272m이고, 산언덕 아래는 혼강이 동쪽으로 흐르고 있으며, 주위는 산수가 수려하고 경치가 아주 좋은 곳이다. 기록에는 대부분 봉토석실묘로 약 10여 기가 남아 있었다고 한다. 미창구 고분군는 환인지역에서 비교적 큰 고분군이며 장군묘는 환인지방에서 가장 큰 무덤이다.

(13) 대전자고분군

사도하자향四道河子鄕 대전자촌大甸子村 북쪽 약 1km 지점에 있다. 고분군는 14기인데 모두 봉토묘이다. 대전자고분군는 대부분 봉토묘로서 봉토석실묘 또는 봉토동실묘라고 부르는데 이러한 형태의 묘장형태는 환인의 고려묘자고분군, 집안의 통구고분군 및 노호초고분군 등에서 대량으로 발견된 것이다.

3) 환인의 벽화고분

환인지방에서 지금까지 발견된 벽화고분은 미창구米倉溝 장군묘뿐이며, 이 고분은 또한 만주지방에서 집안을 빼놓고는 처음 발견된 것이기 때문에 그 의의가 대단히 크다. 장군묘는 미창구 고분군에서 다른 무덤보다도 크기가 가장 크고 가장 높은 곳에 위치하고 있다.

무덤의 외형은 절두방추형이며, 둘레 150m, 높이 8m로, 널길, 2개의 곁방, 이음길·널방으로 이루어진 외칸무덤이다. 무덤칸 안에 백회를 칠하고 그 위에 벽화를 그렸다. 벽화주제는 '왕王'자 무늬와 연꽃무늬 중심의 장식무늬이다. 장군묘는 환인에서 발굴된 유일한 벽화무덤으로서 '왕王'자가 나온 것으로 보아 묘의 주인이 고구려의 왕인 것을 알 수 있다. 국내성으로 옮기기 이전의 왕은 동명왕뿐이기 때문에 이 무덤이 동명왕의 무덤일 가능성이 크다.

3. 고구려의 유물

고구려 유적의 출토유물은 도성 및 산성 등의 주거활동 유물과 고분유적의 부장유물로 크게 구별되면서 다양한 형태로 남아 있다. 생활용구·무기류·경제활동 용구·장신구 등 그 쓰임에 따라서도 엄청난 종류와 내용을 보여주고 있다. 이들 고구려 유물에 대해서는 관련지역 시·현 문물지 즉『집안현문물지集安縣文物志』(1984)·『환인만족자치현문물지桓仁滿族自治縣文物志』(1990)·『안산지방사연구鞍山地方史硏究』(1995)·『영구지방사연구營口地方史硏究』(1995) 등에서 포괄적인 언급이 진행되었다.

고구려 유물 각론과 관련해서 살펴보면 고구려 무기류·와당류·도기류·금속제품 등 다양한 유물에 대한 연구가 진행되었다.[11] 전체

---

11) △ 토기·기와:- 耿鐵華,「高句麗彩釉陶器的類型與分期」(『考古與文物』2001-3, 北京) ; 동,『高句麗瓦當硏究』(中國, 2001) ; 耿鐵華·任至德,「集安高句麗陶器的初步硏究」(『文物』1984-1, 北京) ; 喬梁,「高句麗陶器的編年與分期」(『北方文物』1999-4, 哈爾賓) ; 嚴長祿·楊再林,「延邊地區高句麗-渤海時期紋飾板瓦當初探」(『博物館硏究』1988-2, 長春) ; 王純信,「金蛙傳說與蛙紋瓦當」(『高句麗歷史與文化硏究』, 吉林文史出版社, 長春, 1997) ; 魏存成,「高句麗四耳展沿護的演變及其有關的幾個問題」(『文物』1985-5, 北京) ; 李殿福,「集安卷雲紋銘文瓦當考辨」(『社會科學戰線』1984-4, 長春) ; 任至德, 耿鐵華,「集安出土的高句麗瓦當及其年代」(『考古』1985-7, 北京) ; 周榮順,「高句麗無釉陶器修復」(『高句麗硏究文集』, 延邊大學出版社, 延吉, 1993).

△ 무구·마구:- 耿鐵華,「高句麗兵器初論」(『遼海文物學刊』, 1993-2, 瀋陽) ; 耿鐵華·孫仁杰·遲勇,「高句麗兵器硏究」(『高句麗硏究文集』, 延邊大學出版社, 延吉, 1993) ; 董高,「公元3至6世

적으로 보면 길림성은 고구려 문물을 연구한 논고가 많고 각 시·현 문물지에서도 길림성 고구려 문물을 드물게 볼 수 있다. 요녕성은 고구려 문물을 전문적으로 연구한 논고는 매우 적고 다만 고구려 산성·고분에 대한 논고에서 부분적으로 언급하고 있다.

한편 중국은 고구려 유적을 세계문화유산으로 2003년 1월 등재신청하고 대대적인 발굴 및 정리작업을 진행하여 2004년 7월 세계문화유산으로 등재했다. 이 과정에서 환인지역과 집안지역이 집중적인 조사정리가 되었고 다음과 같은 4개의 보고서가 간행되었다.

○ 遼寧省文物考古研究所,『五女山城-1996~1999, 2003年桓仁五女山城調査發掘報告』(文物出版社, 2004).
○ 吉林省文物考古研究所·集安市博物館,『集安高句麗王陵-1990~2003年集安高句麗王陵調査報告-』(文物出版社, 2004).
○ 吉林省文物考古研究所·集安市博物館,『國內城-2000~2003年集安國內城與民主遺址試掘報告-』(文物出版社, 2004).

紀慕容鮮卑,高句麗,朝鮮,日本馬具之比較硏究」(『文物』 1995-10, 北京) : 魏存成, 「高句麗馬具的 發現與硏究」(『北方文物』 1991-4, 哈爾賓).
　△ 장신구:- 孫仁杰, 「集安出土的高句麗金飾」(『博物館硏究』 1985-1, 長春).
　△ 기타:- 朴眞奭·姜孟山, 『高句麗遺物和遺物硏究(朝文)』(東北朝鮮民族敎育出版社, 延吉, 1994) : 耿鐵華, 「集安市新出土幾件高句麗文物」(『博物館硏究』 1998-2, 長春) : 馬洪, 「從高句麗 的一方銅印談隸書印的出現年代」(『博物館硏究』 1995-1, 長春) : 孫仁杰, 「高句麗積石墓葬具硏 究」(『高句麗硏究文集』, 延邊大學出版社, 延吉, 1993) : 梁志龍·王俊輝, 「遼寧桓仁出土靑銅遺物 墓藏及相關問題」(『博物館硏究』 1994-2, 長春) : 王鵬勇, 「高句麗之釘履」(『博物館硏究』 2000-1, 長春) : 遠生, 「高句麗的鎏金銅釘鞋」(『博物館硏究』 1983-2, 長春) : 李樂瑩, 「古代高句麗印章文 化初探」(『長春師範學院學報』2001-2, 長春) : 李緖雲, 「前所未見的好太王陵有文字塼」(『中國文 物報』 1989-8-25, 北京) : 趙書勤, 「集安出土的高句麗鐵鍋」(『高句麗硏究文集』, 延吉, 1993) : 趙書勤, 「集安兩件館藏文物名稱小考」(『博物館硏究』 1997-2, 長春) : 華嚴·杰勇, 「集安出土的 幾件銅印」(『北方文物』 1985-4, 哈爾賓) : 三宅俊成, 「輯安縣城附近的高句麗の遺跡と遺物」(『東 北アジア考古學硏究』, 國書刊行會, 東京, 1975) : 東潮, 「高句麗文物關編年の考察」(『橿原考古 學硏究所論文集』 10, 吉川弘文館:東京, 1998).

○ 吉林省文物考古硏究所·集安市博物館, 『2001~2003年集安丸都山城調査 試掘報告-』(文物出版社, 2004).

이들 보고서에는 1990년대 조사된 관련지역의 기존성과와 2003년 집중 발굴조사시 확인된 유물들에 대해 종합 정리형식의 보고내용을 보여주고 있다. 특히 고구려 왕릉유적의 경우 태왕릉에서 부장유물로 파악되는 다량의 유물이 출토되어 고구려 문화인식에 매우 중요한 전기를 제공했다.

이 글에서는 기존 연구성과[12]와 이들 2003년 간행보고서를 중심으로 관련유물에 대한 소개 및 논의를 진행하고자 한다.

1) 환인지역

고구려 첫 도읍인 오녀산성에서는 청동기시대의 주거유적 4처에서 71건의 도관陶罐·도호·방추차·어망추·석검·석촉·동기유물이 출토되어 고구려 이전부터 활용된 공간임을 보여주고 있다. 고구려 초기유물로는 오수전五銖錢·대천오십전大泉五十錢 등의 화폐와 도관陶罐·도분陶盆·방추차紡錘車 등 도기류 철제갑편·철제재갈·등자·차축관·거할 및 철촉·철대구·철조판·철준 등 다양한 무기와 마구류가 출토되었다.

한편 주변유적에서 출토된 유물을 포함하여 '오녀산사적진열관'

---

[12] 백산자료원, 『高句麗遺蹟과 遺物硏究』(1999) : 김영진, 『高句麗遺物篇』(백산자료원, 2003) : 嚴長祿, 『高句麗遺物硏究』(延邊大學出版社, 1994).

에 진열된 유물은 도기류는 통형관筒形罐·도관陶罐·도두陶豆·도옹陶瓮·도증陶甑·망추網錘·석검石劍·석착石鑿, 무기는 철족鐵鏃·철갑편鐵甲片·철대구鐵帶鉤·철부鐵斧·철추鐵錘·철만鐵彎, 장신구는 동패식銅牌飾, 마구는 철등자鐵鐙子·철안교鐵鞍橋·철거할鐵車轄, 생활도구는 쇠스랑·낫·철삭·철삽·철부·철수·철제양권·철부·철착·철설자 등이 전시되어 있다.

한편 오녀산성 주변에서는 고려묘자묘군에서는 도관陶罐·도호陶壺·도쌍이배陶双耳盃·철제환두도鐵製環頭刀·철마함鐵馬銜·철모鐵矛·동탁銅鐸·은탁銀鐸, 미창구의 장군묘에서는 유도釉陶·황유사이호黃釉四耳壺·유도조釉陶灶·유금동대식鎏金銅帶飾·철관정鐵棺釘·철산鐵鏟·철부鐵斧가 출토되어 최고신분층의 무덤임을 보여주고 있다.

2) 집안지역

왕릉유적

고구려 왕릉유적의 경우『삼국사기』기록에 환인桓仁지역에 시조 동명왕묘東明王廟가 존재하고 있어 1대 왕인 주몽릉은 환인지역에 존재하고 있다. 2대 유리왕이 현재 집안지역의 국내성으로 천도한 이래 평양으로 천도한 20대 장수왕 시기까지 18기[장수왕 수릉포함시 19기]의 왕릉이 역사적으로 집안지역에 상정되고 있다. 이들 왕릉에 대한 본격적인 조사는 1980년대에 자료수집 및 각 무덤의 특징을 비교 정리하는 것을 중심으로 진행했다. 이들 왕릉급 고분에 대한 본격조사는

1960년대부터 진행되다가 2003년 전면적으로 진행되었다. 그 과정을 보면 다음과 같다.

- 1961년 국무원이 통구고묘군에 대해 전국중점 문물보호 단위로 공포.
- 1966년 길림성박물관 1차 대규모조사. 1만여 기 고분조사 기록 도면표시.
- 1970년대 고분 관리번호 부여 조사유지.
- 1980년대 문물고고학적 연구조사 진행.
- 1992년 집안지역 고분정황정리『중국문물지도집·길림분책』(중국지도출판사, 1992) 간행.
- 1994~1997년 한국 일본 고구려왕릉 등 연구성과 학술대회 개최.
- 1997~1998년 길림성문물고고연구소·집안시문물보관소 장군총·태왕릉 조사진행.
- 2002년 『동구고묘군』(과학출판사, 2002) 출판.
- 2003년 국가 문물국 지원 집안 고구려 중요유적 정치작업 진행.

출토유물 내용

(1) 도기陶器

① 유도기釉陶器: 칠성산211호·마선2100·서대묘·국내성.
② 사이호四耳壺: 마선구1호·산성하332호·우산하41호·장천2호·삼실묘.
③ 관罐·병瓶·옹瓮·발鉢·증甑·호壺·개완盖碗 등. 각지 출토.

(2) 와전瓦塼

① 와당瓦當: ① 권운문와당卷雲紋瓦當: 서대묘·우산992호·마선2100호·천추묘. ② 연화문와당蓮花紋瓦當: 천추묘·태왕릉·장군총·우산2112호.

2 문자전文字塼: ① 천추묘千秋萬歲永固, 保固乾坤相畢, 刻字瓦‥/□浪趙將軍 : □未在 永樂 ‥/將軍: 長安 등등. ② 태왕릉願太王陵安如山固如岳. ③ 권운문와당太寧四年 (325?)太歲□□閏月六日己巳造吉保子宜孫

(3) 마구馬具 및 수레부속

1 인형청동거할人形靑銅車轄: 임강총·우산2110호. 수레의 차축과 바퀴를 고정하는 빗장으로서 사람형상 빗장으로 나타나고 있다.
2 ① 류금마등鎏金馬鐙: 칠성산 M96호·만보정 M78호·우산하 M41호·태왕릉. ② 유금안교鎏金鞍橋: 만보정M78호·칠성산M96·우산하M41호. ③ 행엽: 마선구M1호·장천M2호·칠성산M96호·패왕조산성·만보정M78호·태왕릉.

(4) 금속생활구

1 정鼎·부釜:- 칠성산M96호.
2 합盒·초두鐎斗:- 우산68호.

(5) 금속장식

1 보요식步搖飾·관식冠飾:- 칠성산211호·서대묘·우산992호·마선2100호·천추묘·태왕릉·장군총.
2 휴칠기봉문철경髹漆夔鳳紋鐵鏡:- 마선2100.
3 유금안족鎏金案足:- 태왕릉.
4 문양금속文樣金屬:- 태왕릉 귀갑문루공관식-주작·용·호.
5 동령銅鈴:- 태왕릉·천추총에서 방울의 구연부가 평평한 것과 안으로 들어가 뾰족하게 마무리된 두 종류가 발견되었다.
6 동조銅灶:- 이동형 부뚜막으로서 삼실묘·장천3호묘·태왕릉에서 출

토되었다.

(6) 무기

① 철정리鐵釘履:- 만보정고분군·승리·환도산성·마선구·우산고분군·칠성산고분군·우산고분군M3109출토. 이는 삼실묘·마조묘·장천2호묘 벽화에 나타난 무사의 신에 묘사된 것과 같은 형태로서 고구려시기 무기로서 활용된 유물임을 보여주고 있다.

고구려 왕릉유적에서 공통으로 발견되는 유물은 기와류 즉 와당과 문자전 등이 대표적이다. 이들 유물의 특성 가운데 주목되는 것은 와당의 경우 국내성이나 환도산성 등에서 발견된 와당 가운데 귀면와가 존재하지 않고 있는 점이다. 즉 모든 추정왕릉에서 기와류가 다양하게 출토되고 있지만 귀면와당은 발견되고 있지 않는 독특한 상황을 보여준다. 이는 고구려의 상장례 및 내세관과 깊은 연관이 있는 사실로 주목된다.

또한 광개토왕릉으로 파악되는 태왕릉에서 일괄로 발견된 유물의 경우 그 제작수준과 내용에 있어 당대최고의 걸작품으로 파악되고 있다. 태왕릉 유물은 지난 2003년 5월 21일 태왕릉 주변 정리과정에서 태왕릉 남쪽 오른쪽 모서리 2번째 호석주변 돌 밑에 청동제 부뚜막에 30여 점의 유물이 일괄로 매장된 상태로 발굴되었다. 중국학자들은 이들 유물이 상당히 오래 전에 태왕릉에서 도굴되어 남쪽 호석의 돌 밑에 은닉된 뒤 여러 사정에 의해 회수되지 못한 채로 방치되다가 발견된 것으로 추정하고 있다.

이들 유물은 태왕릉 남쪽 4번째 호석 주변에서 발견되었는데 약

30여점의 유물이 함께 나왔으며 현재 집안박물관에 전시 소개된 것은 다음과 같은 5종류 10여 점이다.

① 호대왕명 청동령好大王銘靑銅鈴:- ① 명문내용:"辛卯年 好太王 □造鈴 九十六." 말 장식용 또는 의례용 방울 추정.
② 유금안족鎏金案足[금도금 상다리]:- 4개 1세트. 작은 다리 7개 함께 발굴 가운데 비어 있음.
③ 유금호문마식鎏金虎紋馬飾:- 말안장 고정 금도금 장식
④ 유금투각금판등자鎏金透刻金瓣鐙子:- 마구류 가운데 가장 화려한 발걸이.
⑤ 유금장구鎏金帳鉤[휘장고리] 3개.

이밖에 보고서에 소개된 유물 가운데 주목되는 것은 다음과 같다.

⑥ 동조銅灶[이동형 부뚜막]:- 이는 고구려 유적에서 간혹 발견된 이동형 취사용 부뚜막으로 매우 정교한 형태로 제작되어있다. 이 안에 나머지 유물이 보관되어 있었다.
⑦ 금동관식·금동대 형식:- 영락이 달린 관식으로 봉황날개 부분과 머리관장식 부분이 남아 있어 화려한 금동관을 주인공이 쓰고 있었을 가능성이 높다. 또한 영락장식이 있는 허리 관대형식의 금동제품도 같은 의미의 장식으로 보인다.
⑧ 유금만가鎏金幔架:- 이 유물은 길이 2.68m의 금도금 장식구조물로서 크기와 내용으로 볼 때 무덤 내부 또는 관을 장식했던 부장유물로 보인다. 특히 매우 정교한 누공기법으로 화려한 문양이 시문되어 고구려 고분 부장유물 가운데 가장 화려한 유물중의 하나로 보인다.
⑨ 각종 금제장식.

기타 금제품인 영락형태의 '보요식步搖飾'이 다수 출토되었고 허리

꾸미개 및 말안장 꾸미개 등 다수의 금동장식품이 출토되었다.

3) 국내성 유적

국내성에 대한 본격적인 조사는 1975~1977년 동·서·북벽에 대한 조사 및 1985~1988년 국내성 안 구역, 1990년에는 동측 마면지 등에 대한 고고학적 조사를 진행했다. 그리고 2000~2003년까지 국내성의 국내성과 성내지역에 대해 발굴조사를 진행했다. 이 가운데 2000년 이후 자료에 대해 최근 간행된 보고서에서 내용을 소개하고 있다.

출토유물은 철련형추鐵鏈形錘·철모鐵矛·철족鐵鏃, 각종와당[귀면와·연화문와·권운문와] 도기류 각종이 출토되었다. 특히 국내성 체육관지역에서 동진시기의 유도완釉陶碗·옹瓮·호壺·분盆이 거의 완형으로 발견되어 주목된다. 또한 능형문전菱形紋塼·용문전龍紋塼·청동패식 등 왕궁유적으로 추정되는 공간에 대응되는 유물이 출토되었다. 이와 함께 다양한 건축물에서 사용되었던 유물과 생활유물 및 일부 장식 등이 출토되었다.

4) 환도산성 유적

1958년 환도산성 보호기구를 설치하고 1962년 길림성박물관 고고대가 환도산성에 대한 현지조사를 진행했고 1982년 환도산성을 위나암성으로 확인하고 전국중점 문물보호 단위로 선정하고 1983년 주민을 소개한 뒤 1997년부터 개방했다. 2001~2003년 길림성의 고구려·발해 '십오'연구계획에 따라 환도산성에 대한 전면 발굴조사 및 정리사업을 진행하여 궁전지·요망대·저수지 및 1·2·3호 문지 등을 발굴 정리했다. 이 때 발굴된 유물로는

- 문지:- 1호문지에서는 목조건축 관련유물이 많이 출토되었는데 귀면와를 중심으로, 연화문와·당초문와·철정·철모·철착·철제부속 등 2호문지 판와·통와·문자 및 도형와[天下·九·大·与]연화문·귀면와철정·철촉·철제부속·철거할 등 발견.
- 궁전지:- 건축과 관련된 철기·동기·도기가 다수 발견되었고 마구·무기 생활용구가 발견되었다. 철정·철환[문고리]·환비[고리걸이]·판형장식·절협折叶[경첩]·철정리마장馬掌[편자?]·혁대와 대구·철촉·철재갈·유금동기·화판형장식·귀면와·연화문와·인동당초문와·설형기와·문자[小兄·大用·天·九·鳥·中·不] 및 도형와 도기류 관罐·분盆·반盤 등 다양함.
- 요망대:- 귀면와·연화문와·철정·철촉·환비環鼻·유금동리정鎏金銅履釘. 문자와佛·도형와.

5) 집안박물관 전시유물

- 집안출토 중국화폐 일괄 전시: 명도전·화천·오수전·대천오십 등.
- 신출토 각종와당 출토정황 모습으로 전시, ① 국내성지: 용문전龍紋塼, ① 환도산성 귀문와. ② 반경문와: 승리촌 출토·동대자유적.
- 서대묘 출토 권운문명문수막새.

○ 금제장식품: ① 우산고분군YM1080호 출토 금제관식, ② 산성하 SM725 금도금목걸이.

○명문도장: ① 집안지역수습태산향정 양면인장, ② 癸亥年正月中 棲?天如郎□□)-예서[광개토태왕비체], ③ 도인모陶印模[칠성산 발견] 1cm 내외.

○ 동진자기: ① 우산하 YM3319호[丁巳명 357년 고국원왕 27년, 와당발굴] 발굴 동진자기, ② 사이호四耳壺 3: 대 2, 소 1, ③ 이배耳盃 1, ④ 청자단구호靑瓷短口壺 1, ⑤ 채도발彩陶鉢 1.

○청동인형 수레 금속장식車轄: 머리에 고깔 쓴 모습: 차축車軸 + 차륜車輪 고정용 고리, ① 임강묘 2개, ② 우산고분군 YM2110호 2개.

○ 철정리鐵釘履 산성하SM1515.

○ 우산 YM3319 철갑편.

○ 집안출토 화살촉 일괄 정리소개.

○ 산성하 SM159 사릉四菱화살촉.

○ 우산하 YM3283호 낚시바늘 40개.

6) 고구려 고성 출토유물

도기

(1)와당

① 권운문와당(3c 말~4c 초)

② 연화문와당(4c 후반)

③ 수면문와당(5c 이후)

④ 인동문와당(5c 이후)

⑤ 연주유정문와당
○태왕릉 유물(2003.5.21. 발굴)13)

4. 중국 집안박물관 호태왕명문 방울

　　필자는 지난 2003년 12월 23일에서 28일까지 중국 고구려사 왜곡 대책위원회의 일원으로 중국의 고구려 관련 최근자료 및 유적정비 현황을 조사하기 위해 심양 및 집안·환인 등지를 답사했다. 중국당국은 2003년 4월에서 9월까지 6개월 동안 집안일대의 고구려 유적에 대한 대대적인 조사 및 정비를 진행했으며 특히 태왕릉 유적과 국내성 성벽유적 등에 대한 발굴을 진행하여 새로운 유물을 발굴하고 집안박물관에 새롭게 전시했다.

　　답사기간 중 확인된 신출유물 가운데 태왕릉에서 새롭게 출토 전시된 유물내용에 대해 1월 13일 고려대학교 BK21 한국학 특강에서 진행된 중국의 동북공정 관련 특강에서 소개했고 이 내용은 1월 14일 국내 일간지를 통해 공식적으로 보도되었다.14)

　　이들 유물 가운데 가장 주목받은 내용은 태왕릉에서 발굴된 유물들이었으며 특히 호태왕 명문이 있는 동령銅鈴이 가장 많은 주목을 받았다. 본고에서는 이들 유물내용을 중심으로 집안박물관에 새롭게

---

13) 상기내용 참조.
14) 2004년 1월 14일 『동아일보』·『조선일보』 등.

소개된 유물을 소개하고자 한다.

1) 집안박물관 정비현황

집안박물관은 기존건물 및 주변을 통채로 리모델링하고 2003년 10월 1일자로 새롭게 재개관했다. 주목되는 점은 전시유물을 전면적으로 교체하고 새로 출토된 유물을 전시하여 기존 전시내용을 일신했다. 특히 주목되는 점은 중앙로비에 광개토왕릉 비문탁본을 전시하고 입구좌우에 고구려고분벽화에 묘사된 수문장 그림을 전시한 대신 과거 게시했던 고구려벽화 모사도과 고구려 왕 상상도는 철거하여 사실성을 높였다. 또한 기념품 판매장을 없애고 전문 유물설명인을 배치하는 등 박물관의 본래성격에 부응한 내용을 보여주었다.

한편 광개토 왕릉 비문탁본에 대한 설명문에는 고구려는 중국 동북지역의 소수민족이며 중국 지방정권의 하나라는 점을 중문과 영문으로 간결하지만 명확하게 제시하고 있었다. 특히 주목되는 것은 동서로 나뉜 2개 전시실 출입구 좌우 총 4곳에 중국과 고구려 관계를 부각하는 설명판넬을 새로 제작한 것이다. 서쪽 전시실 입구에는 고구려의 출현이 중국과의 관계 특히 현토 및 낙랑군과의 예속상황에서 진행되었다고 강조하고 있었다. 또 출구에는 고구려와 중원 역대 왕조의 연대대조표를 게시하여 고구려가 중국사 속에 포함된 존재인 것처럼 보여주고 있었다.

한편 동쪽 전시실 입구에는 고구려가 중국에 조공한 사실을 표로 정리했고 출구에는 고구려 유민들의 중국 귀속정황을 사료로서 설명하여 고구려가 중국에 자연히 귀속되었다는 식의 설명틀을 강조하고 있었다.

이 같은 내용은 중국의 동북공정에서 추구하고 유도하는 결론내용들로서 이미 집안박물관은 중국 동북공정의 전시장으로서 기능하도록 정비되어 있었다.

2) 태왕릉 주변 출토유물

태왕릉 유물은 지난 2003년 5월 21일 태왕릉 주변 정리과정에서 태왕릉 남쪽 오른쪽 모서리 2번째 호석주변 돌 밑에 청동제 부뚜막에 30여 점의 유물이 일괄로 매장된 상태로 발굴되었다.[15] 중국학자들은 이들 유물이 상당히 오래 전에 태왕릉에서 도굴되어 남쪽 호석의 돌 밑에 은닉된 뒤 여러 사정에 의해 회수되지 못한 채로 방치되다가 발견된 것으로 추정하고 있다.

[그림 20]에 묘사된 내용은 박물관 전문안내인의 설명을 정리한 것으로 태왕릉 남쪽 모서리 4번째 호석주변에서 유물들이 발견된 상황을 그린 것이다. 주목되는 것은 약 30여 점의 유물이 함께 나왔는데 현재 박물관에 전시 소개된 것은 5종류 10여 점으로 다른 유물들은 구체적으로 소개되지는 않았다.

---

15) 집안박물관의 전문유물 안내원이 관련내용을 소개했다.

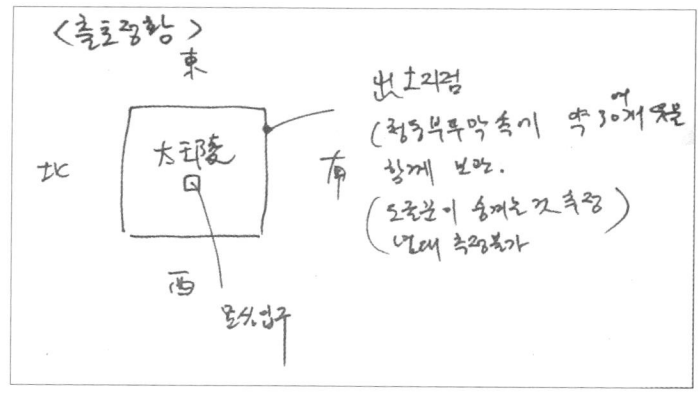

[그림 20] 태왕릉 유물 출토정황 설명도

① 호대왕명 청동령好大王銘靑銅鈴:- 말 장식용 또는 의례용 악기 추정, 고고연구소측은 말장식 방울로도 추정.
② 유금안족鎏金案足〔금도금 상다리〕:- 4개 1세트, 작은 다리 7개 함께 발굴, 가운데 비어 있음.
③ 유금호문마식鎏金虎紋馬飾:- 말안장 고정 금도금 장식.
④ 유금투각금판등자鎏金透刻金瓣鐙子:- 마구류 가운데 가장 화려한 발걸이.
⑤ 유금장구鎏金帳鉤〔휘장고리〕 3개.

3) 호대왕명 청동방울 분석

(1) 현황

본 방울은 서쪽 전시실에 소개된 것으로 나머지 출토유물들과 함께 전시되고 있다. 크기는 높이 4.5cm 내외, 폭 3~2.5cm 내외의 위가

제4장 중국의 고구려 연구 493

[그림 21] 태왕릉 남면의 정비된 모습
유물은 오른쪽 2번째 호석 주변에서 출토된 것으로 소개되었다.

생략된 원추형 방울모양으로 약간은 길쭉한 검은색의 청동방울이었다. 상당부 중심에서 밑으로 길이 5mm, 폭 1~2mm 내외의 균열이 있다. 이는 주조단계부터 있었던 것인지 사용과정에서 생긴 것인지는 명확치 않으나 방울을 걸 수 있는 꼭지부분이 보이지 않고 있어 꼭지 떨어지면서 생겼을 가능성과 방울추를 연결하기 위한 구멍을 내기위한 과정에서 생긴 것일 가능성이 추측된다.

가장 주목되는 것은 표면에 음각으로 사방에 세 자씩 총 12자의 글자가 새겨진 것이다. 명문의 크기는 약 5mm 내외이며 뾰족한 송곳 같은 것으로 긁어서 글씨를 썼으며 박물관 측에서 글씨를 잘 보이게 하기 위해 호분을 칠해 글씨는 비교적 잘 볼 수 있다.

이 명문을 처음 보았을 때 필자와 동행한 연구자들은 잠시 유물의 진위를 의심할 정도로 당황했고 이 방울이 던져줄 파장에 대해 흥분했다. 즉 이 명문방울의 존재는 태왕릉묘 주인이 호대왕이라는 사실을 보여주어 종래 태왕릉 피장자 논쟁을 끝낼 뿐만 아니라 '신묘년'

이라는 간지의 연대문제, 호대왕 호칭의 성격문제 등 매우 다양한 문제에 대한 의문제기 및 해답을 주고 있다.

(2) 명문내용

먼저 박물관에서 제시한 명문의 내용은 다음과 같다.

辛卯年 好大太王 □造鈴 九十六

명문의 자체는 광개토왕릉 비문에 나타나고 있는 글자체와 상당히 유사했다.16) 글자판독과 관련하여 1행 '신묘년辛卯年'과 2행 '호대왕 好大王', 그리고 4행 '구십육九十六'에에 대해서는 별다른 이론이 없는 상황이다. 2행 호대왕好大王의 경우 '대大'자가 '태太'자가 아닌가 재차 확인했으나 현재 상태로는 '대大'자로 파악된다. 그런데 종종 '태太'와 '대大'는 혼용된다는 점에서 '호대왕好大王'은 '호태왕好太王'으로 파악되는 것에 문제가 없다고 생각된다.

문제는 3행의 첫 글자이다. 처음 글자를 접했을 때 '소所'자의 고자古字로 볼 가능성도 있었다. 이 경우 해석은 '호대왕이 만든 방울'이라는 뜻으로 새기게 된다. 그런데 중국현지의 입장을 확인한 결과 중국학자들은 '무巫'로 파악하고 있었다. 필자는 우선 현지해석을 존중하여 '무巫'로 소개했고 이 경우 해석은 '호태왕의 무巫가 만든 방울'이라

---

16) 답사팀의 일원인 원광대 고광의는 이 글자체가 광개토왕릉비문 및 호우총의 호우글자체와 연결되고 있음을 강조하고 이들 사이의 전후 상관관계가 연대파악에 중요한 요소가 될 수 있음을 지적했다.

제4장 중국의 고구려 연구 495

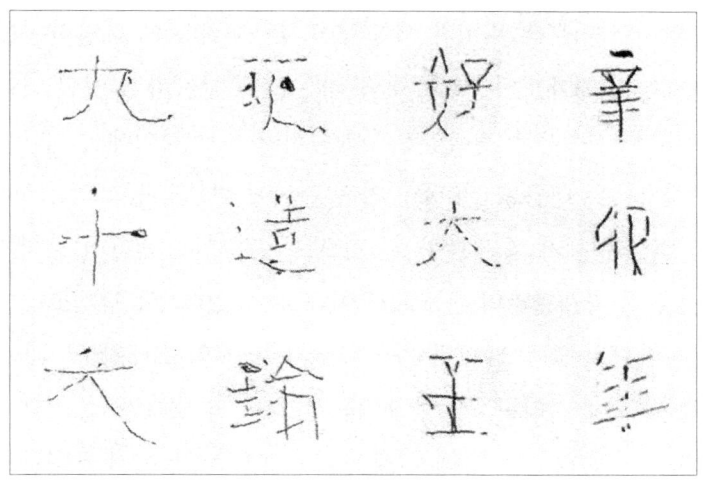

[그림 22] 위의 명문 묘사내용은 동행한 고광의[원광대 동양학대학원
강의교수] 모사작.
점제는 묘사를 구체화한 것으로 실제는 실선임

는 뜻이 된다. 이 글자는 향후 좀더 면밀한 검토를 통해 확인해야겠지만 현재는 '무巫'자로 보는 입장에서 논의를 진행하고자 한다.

(3) 호대왕 및 연대문제

한편 이 명문을 해석하기 위해서는 우선 호태왕이 누구인가를 확정해야 한다. 이는 태왕릉 피장자 문제와도 연결되는 것으로 종래 태왕릉 피장자를 고국양왕故國壤王 또는 광개토왕廣開土王으로 추정하고 있었다. 이 문제는 태왕릉에서 태왕명문전太王銘文塼이 출토되어 태왕의 무덤임은 확인되었지만 존호로서의 태왕표현이 나타나고 있어 명확한 주인공 확정에 문제가 있었다. 특히 광개토왕릉 비문이 비록 200m 거리에 있지만 비문의 위치가 서향의 묘실입구의 뒤에 해당하는 동쪽에 위치하여 광개토왕릉으로 확정하는 것에 문제가 있었던 것이다.

그러나 이번 유적 정비과정에서 능비와 능묘 사이에서 제단祭壇유구로 파악되는 대규모 건축유지가 발견되어 비문과 능과의 방향문제는 더 이상 문제가 되지 않게 된 것으로 보인다. 그렇다면 '호태왕'은 자연스럽게 광개토왕의 존호로서 이해될 수 있다. 즉 광개토왕릉 비문에 나타나고 있는 "國岡上廣開土境平安好太王"의 호태왕好太王과 호우총壺杆塚 호우에 나타난 "國岡上廣開土地好太王"의 호태왕, 그리고 모두루牟頭婁 묘지에 나타난 "國岡上大開土地好太聖王" 표현에서 호태왕은 일반적인 대왕·태왕 같은 존칭호가 아니라 광개토왕만을 지칭하는 고유명사적 표현이었다고 생각된다.

한편 문제는 이 명칭이 사후시호인지 생존시에 사용된 존호尊號인지의 문제이다. 즉 앞서 3개 사용례의 경우 모두 사후의 유적·유물에서 시호적 성격의 명칭으로 나타나고 있기 때문에 이를 모두 사후에 붙여진 명칭으로 보고 있다. 그렇다면 방울에 나타난 호태왕은 광개토왕 사후의 명칭이며 연대는 자연스럽게 사후연대인 451년으로 파악되게 된다.

그러나 이 같이 파악하는 것에 문제가 있다. 먼저 451년이라는 시점은 광개토왕이 돌아가신 지(412) 39년이 되는 해로 이 때에 새롭게 방울을 만들어 광개토왕릉에 유물을 부장副葬하거나 또는 의기儀器로 활용했다고 보기에는 무리가 있다. 특히 3행의 첫 글자를 '소所'로 볼 경우는 돌아가신 상황에서 광개토왕이 만들었다고 해야 됨에 따라 논리적 설명이 불가능하다. 또한 무巫로 볼 경우에도 돌아가신 지 39

년이나 지난 전왕前王을 위해 '전왕인 광개토왕廣開土王의 무巫'가 방울을 만들어 바치는 경우가 되기 때문에 이 같은 상황도 상정하기 곤란하다. 따라서 방울에 나타난 '호대왕好大王' 표현은 사후시호가 아닌 생시 존호일 가능성이 매우 높다. 이 경우 종래 이해되었던 광개토왕의 명칭 가운데 맨 마지막 표현이 사후 추증된 명칭이 아니라 생시의 명칭일 가능성이 높다고 생각된다.

사료에 나타난 광개토왕의 명칭을 분석해 보면 다음과 같다.

표현의미	무덤위치	대외적 공적	대내적 공적	개인성향?
광개토왕릉비문	국강상	광개토경	평안	호태왕
모두루묘지	국강상	대개토지		호태성왕
호우총 호우	국강상	광개토지		호태왕

각 왕호의 내용을 보면 왕의 무덤위치 + 대외적 공적 + 대내적 공적 + 개인적 성향을 나타낸 것으로 파악된다. 이를 해석하면 "국강위에 무덤이 있는 나라의 영토를 넓히시고 백성을 평안하게 하신 큰 것을 좋아하시는 왕"으로 파악된다. 이렇게 해석할 경우 '호태왕'은 태왕호에 대한 극존칭이라기보다는 왕의 실제성향을 지칭한 것일 가능성이 높다. 이는 광개토왕에 대한 『삼국사기』 기록에 나타난 왕의 개인적 특성을 표현한 "生而雄偉 有倜儻之志〔태어나시매 몸이 크고 뛰어나시며 대범하고 빼어난 뜻을 갖고 계시다〕"[17]라는 표현에서 큰 것을 좋아한다는 개인적 성향과 특성이 잘 나타나고 있다고 생각된다. 즉 광개토왕

---

17) 『삼국사기』 18, 「고구려본기」 6, 광개토왕.

의 명칭에 나타나고 있는 맨 마지막 '호태왕'은 생존시에 이미 왕의 개인적 특성을 반영한 명칭으로 사용되었던 표현일 가능성이 높다고 생각된다. 이 경우 신묘년은 391년으로 해석될 수 있다.

한편 이 글자를 어떻게 보는가의 문제는 신묘년의 연대해석과도 연결되고 있다. '소所'로 볼 경우 방울의 제작시점을 보여주는 신묘년은 호태왕이 제작의 주체로서 그 연대는 391년이 된다. '무巫'로 볼 경우 이 역시 호태왕의 '무巫'가 만든 것이기 때문에 391년이 문제가 없다.

(4) 신묘년의 의미

또 하나의 문제는 '신묘년辛卯年'의 의미이다. 신묘년은 유물의 출토 정황과 유물의 성격을 함께 고려할 때 331·391·451년 등 3가지 연대추정이 가능하다.

○ 331년은 미천왕이 죽고 고국원왕이 즉위한 해로서 미천이라는 왕호와의 상관을 염두에 두면 호태왕은 미천왕일 가능성이 높다. 그러나 이 경우는 태왕릉이 후연에 의해 도굴된 미천왕릉이 되어야 하는 등 전후상황과는 연결되지 않아 가능성이 가장 약하다.
○ 391년은 고국양왕이 죽고 광개토왕이 즉위한 해이다. 이 때 호태왕을 누구로 보는 가에 따라서 성격이 달라진다.

먼저 호대왕을 고국양왕으로 볼 경우 아버지 고국양왕을 위해 광개토왕이 부장용 의물로 이 방울을 만들어 함께 묻은 경우이다. 이는 태왕릉이 고국양왕릉이 되고 호태왕도 고국양왕이 되는 경우이다.

그러나 이는 광개토왕릉 비문과의 관계에서 피장자 가능성이 가장 높은 광개토왕을 제외하는 상황과 맞지 않는 문제가 있어 역시 가능성은 낮아진다.

필자는 이미 이 신묘년 방울제작의 의미를 '방울을 만든 것은 무엇인가를 기념할 만한 일이 있었기 때문'이며 이는 본인이 즉위한 해라는 점에서 즉위와 관련되어 만들어진 방울로 이해할 수 있다.

그런데 이 신묘년의 의미를 보다 적극적으로 이해하기 위한 방안으로서 이 연대에 대해 광개토왕 비문에 언급된 내용과 연결지어 파악하는 것이 필요하다. 광개토왕 비문에 나타난 '신묘년辛卯年'에 관한 기사내용은 주지하는 바와 같이 학계에서 많은 논란이 있었던 다음 내용이다.

百殘新羅舊是屬民 由來朝貢 而倭以辛卯年來渡□破百殘□□ 斤羅以爲臣民.

종래 위의 내용에 대해서는 일본학자들을 중심으로 '도渡' 다음 글자를 '해海'로 보고 다음과 같이 해석했다.

백제와 신라는 옛날부터 속민으로 대대로 조공을 바쳤다. 왜가 신묘년에 바다를 건너와서 백제와 신라를 신민으로 삼았다.

이 해석은 일본이 임나일본부 문제 등과 관련된 문장으로 활용했다. 그러나 필자는 이 내용이 정인보 선생에 의해 제기된 고구려가 주어가 되는 방법에 입각하여 김석형 선생의 해석과 같이 다음과 같이 해석해야 한다고 생각된다.

백제와 신라는 고구려의 속민으로서 대대로 조공을 바쳤는데 왜가 신묘년에 와서 고구려가 바다?를 건너가 백제·□□·□라를 파하고 신민으로 삼았다.

이같이 해석할 경우 금번 발견 소개된 신묘년 명문 방울이 바로 이 같은 역사적 사실을 해석하는 데 중요한 역할을 할 수 있다고 생각된다. 즉 "신묘년에 호태왕이 무당을 시켜서 방울 96개를 만들었다"는 방울 명문내용은 광개토왕 자신이 즉위한 해에 왜 및 백제 등을 공파하고 이들을 신민으로 만든 업적을 기념하는 대규모 의식을 진행했을 가능성이 높다. 이 때 뜻 깊은 신묘년을 기념하기 위해 왕의 무巫가 또는 왕의 명에 의해 방울을 만들었다고 추정되는 것이다. 그리고 광개토왕이 돌아가셨을 때 부장유물로서 뜻 깊은 이 때의 유물이 부장품으로서 함께 매장된 것으로 추측된다.

한편 방울의 상태가 이 유물의 성격과 관련하여 주목되는 점이 있다. 현재 방울은 상단의 일부가 약간은 금이 가 있고 구멍이 난 상태이다. 이 흠이 주조단계에서 청동주물이 충분히 들어가지 않아 생긴 것인지, 제작 후 사용과정에서 생긴 것인지는 확인 할 수 없었지만 균열형태로 남아 있었다. 또 방울에 있어야 할 꼭지도 보이지 않았다. 그런데 이것이 실제 사용되기 위해서는 방울 안에 추가 달려야 하고 이를 고정하는 부분과 의물에 부착하는 부분 등이 필요하다는 점에서 오히려 상단부의 균열 또는 구멍은 의도적인 부분으로 추정된다.

그렇다면 이 방울은 사용되었던 방울이며 나머지 부속품들은 부장이후 연결부분이 없어지고 몸체만 남은 것으로 이해된다. 즉 이 방

울은 사용되었던 방울일 가능성이 높아 부장용 의물이 아닌 실제사
용품으로 파악된다.

이는 이 방울이 의식용 기물 또는 말방울로서 광개토왕 당대에 장
식에 부착되어 사용되었다 왕이 돌아가시자 부장된 것으로 이해된다.

2. 중국의 장백산문화론과 고구려

중국의 동북공정東北工程에 의해 제기된 고구려 및 고조선·발해 등
의 귀속문제는 2003년 이후 한국학계의 다방면에 걸친 문제제기와
반론18) 및 일반시민의 적극적 항의를 통해 문제가 표면화되었고 현
재 양국의 잠정적 외교합의에 의해 문제가 잠복된 상태로 진행되고

---

18) 중국의 동북공정에 대한 비판 및 대응논리로서 한국고대사학회 및 고구려연구회 등의
대응을 비롯한 다양한 논고에서 중국논리에 대한 비판이 진행되었다.
한국고대사학회, 『중국의 고구려사 왜곡대책학술발표회』(2003.12.9). 여기에는 다음과 같
은 글이 실렸고 한국고대사학회의 『한국고대사연구』 33(2004)에 수록되었다. 조법종, 「중
국학계의 동북고민족 및 고조선연구동향과 문제점」 : 여호규, 「고구려의 족속기원과 건국
과정」 : 공석구, 「고구려의 영역과 평양천도 문제」 : 박경철, 「중국학계의 고구려 대수·당
70년전쟁 인식의 비판적 검토」 : 김현숙, 「고구려 붕괴 후 그 유민의 거취 문제」 : 한규철,
「발해의 고구려 역사 계승 문제」 : 안병우, 「고구려와 고려의 역사적 계승 관계」 : 고구려
연구회, 『고구려=중국사' 중국의 논리는 무엇인가?』(2003.12.17) : 여호규, 「중국의 東北工
程과 高句麗史 인식체계의 변화」(『韓國史研究』 126, 韓國史研究會, 2004. 9) : 고구려연구재
단, 『중국의 '동북공정' 그 실체와 허구성』(2004.10) : 동, 『고조선·단군·부여』(2004.10) : 『다
시 보는 고구려사』(2004.11) : 『중국의 동북공정과 중화주의』(연구총서 12)(2005.9) : 조법종,
「중국학계의 고조선연구검토-동북공정 전후시기 연구를 중심으로-」(『한국사학보』 25,
2006).

있다.19) 그러나 중국의 동북공정으로 표출된 만주지역에 대한 역사적 영유권 확보의지는 중국 사회과학원 변강사지연구중심邊疆史地研究中心만이 진행한 것이 아니라 다양한 연구집단 및 학자들에 의해 표출되었으며 현재도 진행되고 있다. 이 같은 양상은 지방정부 차원에서 더욱 본격화되고 있다.

먼저 요녕성 박물관에서는 탐원공정探源工程의 범주 속에서 '요하문명전遼河文明展'을 통해 '요하문명遼河文明'을 새롭게 정립하여 중국의 황하黃河 및 장강長江 문명과 함께 중국문명을 구성하는 3대 문명으로 제시했다.20) 그런데 그 핵심적 내용에는 한국 청동기 문화를 구성하는 지석묘支石墓·비파형 동검琵琶形銅劍 문화 등을 이른바 중국 '요하문명遼河文明'의 중심내용으로 설정하여 우리 민족의 뿌리를 중국문명에 포함시키고 있다. 또한 길림성을 중심으로 한 '장백산문화연구회長白山文化硏究會'에서는 한민족의 영산靈山이자 상징인 백두산白頭山을 중국적 표현인 장백산長白山으로 표현하고 이 일대가 여진족女眞族의 발상지라는 것을 강조하며 여진족의 문화연원을 재구성하고 있다.

그런데 그 핵심적 내용을 보면 고구려高句麗가 바로 이들의 뿌리며 고조선古朝鮮·발해渤海가 역시 장백산문화長白山文化를 구성하는 핵심적

---

19) 최광식, 「東北工程의 배경과 내용 및 대응방안-고구려사 연구동향과 문제점을 중심으로-」(『韓國古代史硏究』 33, 한국고대사학회, 2004.3) ; 동, 『중국의 고구려사 왜곡』(살림출판사, 2004.2) ; 신형식 외, 『고구려는 중국사인가』(백산자료원, 2004.5) ; 尹明喆, 「東北工程의 배경과 21세기 동아시아 신질서의 구축」(『단군학연구』 10, 단군학회, 2004.6) ; 鄭杜熙, 「中國의 東北工程으로 제기된 韓國史學界의 몇 가지 문제」(『歷史學報』 183, 歷史學會, 2004.9) ; 신종원, 『중국인들의 고구려 연구-동북공정의 논리-』, 동북아역사총서 7(한국학중앙연구원, 2005.9) ; 고구려연구회, 『중국의 동북공정연구성과에 대한 분석과 평가』(2006.9).
20) 2006년 3월에서 9월까지 중국 심양 요녕성박물관에서 "遼河文明特別展" 개최.

역사체라는 주장을 제기하고 있다. 이 같은 사실은 중국민족의 만주滿洲지역에 대한 역사적 연고권이 존재하지 않는다는 사실을 보완하기 위하여 청淸과 연결된 여진족의 역사를 내세우면서 한민족韓民族의 역사를 배제한 채 억지로 중화패권주의적 역사해석을 통해 중국사로 편입시켜 해결하려는 의도에서 나타나고 있다. 이는 동북공정 추진과정에서 발생한 한국과의 충돌을 회피하면서 중국의 의도대로 이 지역을 장악하려는 우회전략으로 파악된다.

특히 장백산문화연구회의 활동은 중국의 장백산개발사업長白山開發事業과 연결되어 이 지역의 역사문화에 대한 새로운 논리틀을 만들어 내고 있다는 점에서 학계의 주의가 요청되고 있다. 이 글에서는 이 같은 움직임을 파악하고 관련연구자 및 주장을 검토하고 문제점 지적을 통해 향후 대응을 위한 기반마련을 진행하고자 한다.[21]

I. 장백산문화연구회와 동북공정

'장백산문화長白山文化' 논의를 주도하고 있는 길림성 장백산문화연구회吉林省長白山文化硏究會는 2000년 10월 성립된 학술단체로서 길림성 문학예술연합회[길림성 작가협회]가 업무를 주관하는 조직이다.[22] 연구회의

---

[21] 본고에서는 白頭山을 長白山으로 지칭하는 중국학계에 대한 분석인 까닭에 백두산의 중국적 표현인 長白山 명칭을 그대로 논문에서 사용했음.
[22] 길림성의 장백산문화연구회와는 별개로 길림시의 장백산문화연구회, 백산시의 장백산문화연구가 유사한 목적으로 발족되어 활동하고 있으며 이 모임과 상호 연관되어 있다.

주요목적은 장백산문화 연구를 통해 '장백산문화권長白山文化圈'을 탐색하고 이것이 중화문화中華文化의 정수임을 선전 홍보하여 장백산 문화가 길림성을 대표하는 문화이자 중국의 대표문화로 만드는 것을 목표로 하고 있다. 연구회 회원은 100여 명으로 문학·예술·민족·민속·역사·고고 등 다방면에 걸쳐 있으며 중국 동북3성의 제일명산인 장백산으로 상징되는 문화설정이 주목표다. 이 문화를 구성하는 여러 요소에 대한 연구를 이미 진행했는데 인삼문화人蔘文化, 샤머니즘과 만족문화滿族文化·장백산시사 장백산민속문화長白山詩詞長白山民俗文化 등 문화·경제 분야와 함께 고구려문화高句麗文化·발해국문화渤海國文化·조선족문화朝鮮族文化가 주요 연구내용으로 적시되고 있다.23)

이 모임의 회장은 장복유張福有24)는 길림성 집안集安출생의 한족漢族 출신으로 중앙당교연구생을 졸업하고 집안集安·통화通化 등지에서 공무원을 역임한 서예가로서 문화예술 분야에서 중심활동을 한 사람이다. 특히 서법연구 및 작품활동을 진행했는데 장백산 문화와 관련된 핵심적 인물로서 현장활동을 주도하고 있다. 그는 현재 길림성문련吉林省文聯, 작협당조서기作協黨組書記, 부주석겸성위선전부부부장副主席兼省委宣傳部副部長으로 활동하고 있다. 특히 최근 일련의 고구려관련 유적조사 및 이들 유적의 성격이 중국의 한나라 유적과 연결된다거나 고구려 중심거점이 환인·집안 지역이 아닌 주변 중국계통 유적과 연결

길림시 및 백산시 홈페이지 참조.
23) 장백산문화연구회 홈페이지.
24) 1950년생. 吉林省 集安縣委辦公室副主任, 通化地委辦公室副主任, 吉林省委硏究室副主任, 吉林省委副秘書長兼辦公廳副主任, 亘山市委副書記兼政協主席을 역임하고 현재 吉林省文聯, 作協黨組書記, 副主席兼省委宣傳部副部長으로 활동하고 있다.

되는 공간으로 파악된다는 논지의 논문 및 활동을 주도하고 있다.25)

한편 장백산문화연구회의 부회장은 유후생劉厚生으로 동북사범대학東北師範大學을 졸업하고 중앙민족대학中央民族大學에서 만어문滿語文을 전공하고 1980년 이래 동북사범대학 역사계에서 명청사明淸史를 연구하고 있다. 우리 학계에는 발해사 관련논저26)로 학계에 알려졌지만 만주어문滿洲語文 전공자이자 명청사 전공자로서 주요역할을 수행하고 있다. 학문 초기에는 만주어 관련연구 및 샤머니즘과 관련된 저술활동이 특징적으로 나타나고 있다.27)

주목되는 점은 사회학술 분야 활동으로서 길림성 장백산문화연구회長白山文化研究會 부회장과 함께 중국 사회과학원社會科學院 중국변강지구력사여사회연구동북공작참 부참장中國邊疆地區歷史與社會研究東北工作站副站長 상무를 맡고 있는 점이다.28) 즉 중국 사회과학원의 동북지역 변

---

25) 최근 압록강 雲峰댐 수몰유적의 성격을 漢代유적으로 파악하는 결과를 제시하거나 고구려 관련유적에 대한 적극적인 조사활동을 통해 『東北史地』 등 자료를 통해 이를 부각하는 활동의 중심역할을 수행하고 있다.
  張福有·孫仁傑·遲勇, 「朱蒙所葬之'龍山'及太王陵銅鈴'峻'字考」(『東北史地』, 2006.2) : 張福有·孫仁傑·遲勇, 「豆穀,豆穀離宮及琉璃明王陵」(『東北史地』, 2006.2) : 張福有·遲勇·孫仁傑, 「集安楡子沟墓地調査與東川王陵考」(『東北史地』, 2006.3)
26) 「渤海遺跡考察紀實」(『北方民族』 2000-3) : 「渤海大祚榮建都敖東城」(『吉林日報』, 2000.12.1) : 「渤海國首都上京龍泉府」(『吉林日報』, 2001.2.24) : 「渤海國與唐王朝的宗藩關系」(『吉林日報』, 2001.6.25 : 「輝煌的"海東盛國"」(『中國邊疆史地硏究』 2001-4).
27) 「薩滿跳神是滿族文化傳統和民族的根基」(『長白學圃』 1991-2) : 「一部鮮爲人知的薩滿敎典籍…」(『滿洲跳神在還願典例評介 滿學硏究』 1(1992.7〈제1판〉) : 「滿洲薩滿敎的祭神與祝詞」(『北方民族』 1992-3) : 「淸代宮廷薩滿祭祀初探 載於」(『淸代宮廷薩滿祭祀硏究』, 吉林文史出版社 1992.12 : 「滿族薩滿敎是典型的民族宗敎」(『東北師大學報』 1993-1) : 「滿族薩滿神詞的語言特色」(『東北師大學報』 1993年 증간) : 「東北亞-薩滿敎的搖籃」(『滿語硏究』(1994-1) : 「試論薩滿敎起源於東北亞」(『東師史學』, 1994.5) : 「關於薩滿敎的界定·起源與傳播」(『世界宗敎硏究』 1995-1) : 「滿族薩滿敎神詞的思想內涵與藝術魅力」(『民族硏究』 1997-6) : 「中國人民大學複印報刊資料」(『民族硏究』 1998.1. 轉載) : 「薩滿敎是世界性的硏究課題」(『滿語硏究』 1999-1).

강사 연구의 실무책임을 맡고 있어 '동북공정東北工程' 관련지역 책임자임을 보여주고 있다. 그런데 같은 인물이 장백산문화연구회長白山文化硏究會의 부회장을 맡고 있다는 사실은 결국 그 역할과 내용이 동일한 입장에서 진행되고 있으며 두 사업이 상호 연결되어 상보적인 관계임을 보여준다. 이 같은 사실은 유후생劉厚生의 연구논저에서 잘 나타나고 있다. 즉 최근의 논저를 보면 다음과 같다.

『東北民族與疆域硏究』(吉林省委宣傳部〈合作項目〉, 1999)
『東北疆域沿革史硏究』(2001)
『長白山地區曆史與文化及其歸屬問題硏究』(中國社會科學院 "東北邊疆曆史與現狀系列硏究工程", 2002)

위의 자료의 내용은 동북민족 및 변강에 대한 연구가 중심이고 특히 '동북공정'에서 장백산 지구에 대한 본격적인 연구 및 이론화 작업을 수행했음을 보여주고 있다. 그리고 구체적으로 장백산으로 통칭되는 지역이 고대로부터 중국의 영역이었음을 이 같은 작업에 앞서 학술 및 언론자료를 통해 활발하게 공표했다.

「長白山-滿族的聖山」(『新文化報』, 1995.11.28)
「長白山與滿族的祖先崇拜」(『淸史硏究』1996-3 ; 台灣 : 『滿族文化』1996-1)
「東北民族與疆域硏究亟待加强」(『吉林日報』2001.3.17)
「東北古代華夏族系」(『吉林日報』2001.3.24)
「長白山自周秦以來就是中國的領土」(『吉林日報』2002.3.29〈理論版〉)

---

28) 동북사범대학 홈페이지 참조 http://yjsy.nenu.edu.cn

위의 논문 등을 보면 유후생은 장백산 지역은 만주족의 성산이자 발상지이며 이들을 포괄하는 동북지역의 고민족은 화하족華夏族〔中國族〕 계통임을 부각하고 따라서 장백산 일대는 주周나라, 진秦나라 이래로 중국의 영토라는 논리로 논의를 진행하고 있다. 이 같은 사실은 후술할 '장백산 문화'의 개념과 포괄내용과 그대로 연결되는 것으로 유후생이 이 같은 논리작업을 주도했음을 알 수 있다.

또한 동북지역을 여진女眞으로 상징되는 만주족을 설정하고 이들이 중심이 되는 공간과 역사를 설정했는데 시대에 따른 이들 역사체의 연결성을 다음과 같은 개별역사서 출간으로 부각하는 작업을 주도했다.

『高句麗史話』(合著, 1999.7, 遠方出版社)
『黑土地的古代文明』(主編, 2000.1, 遠方出版社 490千字)
『大淸皇室史軼』(策劃·撰稿, 2000.3, 遼海出版社)
『大遼國史話』『參編, 2000.8, 吉林人民出版社 200千字)
『中國東北民族與疆域研究』(主編, 2001.10, 時代文藝出版社)
『大金國史話』(合著, 2002.3, 吉林人民出版社)

여기서 주목되는 것은 장백산 문화로 통합되는 실질적인 첫 역사체를 고구려로 설정하여 논의를 전개하고 있는 점이다. 이 같은 작업은 또다른 관련연구자에 의해 더욱 구체화되고 있다.

장백산연구회를 주도하는 실무책임자격인 존재는 이덕산李德山이다.29) 그는 유후생과 같은 동북사범대 출신으로 원래는 고적연구古籍研究가 주전공으로 현재 동북사범대학 고적소古籍所 부소장인데 최근 동북고민족 관련 연구활동을 진행하고 있다.

그런데 이덕산은 사회학술활동 내용 가운데 장백산문화연구회의 주요직책을 갖고 있다. 즉 여러 관련 학회활동[30]과 함께 유후생이 연결되어 있는 장백산문화연구회의 상무이사와 부비서장을 맡고 있으며 중국 사회과학원 중국변강사지연구중심中國邊疆史地研究中心의 '변강역사여사회연구동북공작참邊疆歷史與社會研究東北工作站' 부비서장을 맡고 있다. 사회주의 국가에서는 직함에 '부副'자가 붙은 사람들이 실질적인 책임자임을 감안할 때 앞서 유후생과 함께 이덕산이 이 연구회 및 변강사 연구의 실무책임자임을 알 수 있다.

이 같은 사실은 다음에 예시한 것과 같은 최근(1996~2006) 진행한 연구결과 및 추진중인 연구내용에 잘 나타나 있다.

▽ 기추진 연구
  ○ "東北古民族與東夷的淵源關係"
  ○ "東北邊疆歷史與現狀系列研究工程"項目"中國東北古民族發展史"
▽ 현재진행연구
  ○ "東北邊疆歷史與現狀系列研究工程"項目"朝鮮半島古代民族與國家的起源與發展"
  ○ 吉林省社科基金, "中國古朝鮮族研究"

위의 자료에 의하면 이덕산은 '중국동북고민족中國東北古民族'·'동이東

---
29) 1962년생.
30) 中國歷史文獻研究會會員, 中國博物館學會會員, 中國近代史史科學會會員, 吉林省歷史學會 常務理事, 長白山文化研究會副秘書長, 中國社會科學院中國邊疆史地研究中心"邊疆歷史與社會研究東北工作站"副秘書長, 吉林省社會科學院客座教授, 長春師範學院客座教授, 通化師範學院客座教授.

夷'·'조선반도고민족朝鮮半島古民族'·'중국고조선족中國古朝鮮族'이라는 표현에서 나타나고 있듯이 중국적 입장에서 동북지역의 고민족을 파악하는 대표적인 논자임을 보여주고 있다. 이 같은 사실은 특히 동북공정 과제를 두 가지나 수행하고 있는 모습에서도 확인된다. 즉 대부분의 연구자가 1개 주제를 중심으로 동북공정 관련연구를 수행하고 있는 사실에 비추어 볼 때 이덕산의 경우는 특이한 경우이며 특히 이미 공표된 내용을 감안할 때31) 매우 우려되는 결과들이 이들 연구에서 표출될 것으로 추정된다. 특히 결과로서 이미 간행된 연구결과에서 이를 잘 알 수 있다.

李德山, 『東北古民族與東夷淵源關系考論』(東北師範大學出版社, 1996)
李德山, 『中國東北民族與疆域研究』(時代文藝出版社, 2001)
李德山·欒凡, 『中國東北古民族發展史』(中國社會科學出版社:北京, 2003.8)

또한 이미 진행했거나 연구중인 연구내용을 보면 다음과 같다.

1. 中國東北古民族發展史, "東北工程課題", 2002.1~2003.5.
2. 朝鮮半島民族·國家的起源與發展, "東北工程課題", 2003.8~2006.6.
3. 中國東北邊疆歷史研究:東北地區民族歷史, "東北工程課題", 2006.1~2006.6.
4. 中國古朝鮮族研究, 吉林省哲學社會科學基金研究課題, 2003.6~2006.6.
5. 高句麗與歷代中央王朝關系史研究, 吉林省哲學社會科學基金研究課題, 2005.6~2006.12.
6. 『中國東北邊疆問題研究』, "東北工程課題".

---

31) 조법종, 전게논문(2004).

위의 내용에 의하면 이덕산은 동북공정 과제를 2006년까지 4과제를 수행하고 있는바 이 분야의 핵심적 인물임을 알 수 있다. 특히 2001～2006년 사이에 진행된 이덕산의 관련논문을 보면32) 최근 그의 연구대상은 고조선古朝鮮·진국辰國·삼한三韓·고구려高句麗·말갈靺鞨로서 이덕산의 주요연구가 '동북공정'의 핵심적 내용과 연결되어 있으며 장백산 문화관련 연구내용에서 확인되듯이 이들 연구내용이 그대로 장백산문화를 설명하는 도구로 전용되고 있음을 보여주고 있다.

2. 장백산문화론과 고조선·고구려 귀속문제

장백산 문화의 개념을 만들어낸 유후생은 그의 2003년 장백산문화에 대한 초기논고에서 장백산 문화에 대한 기본틀을 제시했다. 먼저 장백산 문화의 구역범위를 광의적 개념의 장백산 구역 문화로 설정하여 요녕성遼寧省·길림성吉林省·흑룡강성黑龍江省을 포괄하는 공간적 범위를 제시하고 있다.33) 이는 현재의 동북3성을 포괄하는 과거 만주

---

32) 李德山,「東北邊疆和朝鮮半島古代國族硏究」(『中國邊疆史地硏究』 4, 2001.12) ; 동,「關於古朝鮮幾個問題的硏究」(『中國邊疆史地硏究』 2, 2002.6) ; 동,「辰國新考」(『學習與探索』 3, 2003.6) ; 동,「當前高句麗史硏究中的幾個問題」(『中國邊疆史地硏究』 2, 2003.6) ; 동,「三韓考」(『中國東北邊疆硏究』, 中國社會科學出版社, 2003.8) ; 동,「試論長白山文化的特點」(『中國邊疆史地硏究』 4, 2003) ; 동,「唐朝對高句麗政策的形成·嬗變及其原因」(『中國邊疆史地硏究』 4, 2004.12) ; 동,「高句麗族人口去向考」(『社會科學輯刊』 1, 2006) ; 동,「白山靺鞨史論」(『社會科學戰線』 1, 2006) ; 동,「再論高句麗民族的起源」(『東北史地』 3, 2006) ; 동,「粟末靺鞨史跡考」(『學習與探索』 4, 2006) ; 동,「黑水靺鞨史論」(『史學月刊』 5, 2006).

33) 劉厚生,「長白山文化的界定及其他」(『中國邊疆史地硏究』 13-4, 2003.12), 71쪽.

영역에 대한 지리적 표현으로 파악된다. 따라서 장백산 문화를 동북문화의 상징으로 설정하고 있다. 그리고 장백산에 대한 중국사서상의 표현을『산해경山海經』대황북경大荒北經에 나타나고 있는 "東北海之外… 大荒之中有山名曰不咸 有肅愼之國" 사료에서 불함산不咸山을 유추하여 제시하고 있다. 한위漢魏시기에는『後漢書』東夷傳 東沃沮條下曰: "東沃沮 在高句麗 蓋馬大山之東 東濱大海" 사료에서 개마대산蓋馬大山, 남북조시기에는 도태산徒太山・종태산從太山・태황산太荒山으로 불리다가 수당시기에는 태백산太白山으로 불렸고 요금시기에는『金史』"黑水靺鞨居古肅愼之地 有山曰白山 蓋長白山"이라는 내용에서 장백산長白山이라는 표현이 처음 등장한 것으로 보고 있다. 따라서 장백산 문화라는 개념은 요금遼金시대의 역사적 표현을 염두에 두고 있으며 이에 대응하는 종족문화를 기본적 토대로 전제하고 있음을 보여준다.

특히 장백산의 첫 명칭이라고 제시한 불함산 명칭에 대해서는 불함不咸이라는 표현이 몽고족의 선세先世종족인 동호東胡족의 말인 '불이간不爾幹'의 전음으로 파악하고 "不爾幹卽爲神巫 尊長白山爲有神之山"이라 하여 불이간不爾幹은 신성한 무당을 뜻하는 데 장백산을 신산神山으로 인식하고 붙인 명칭으로 해석하고 있다.[34]

또한 종족적 구성에 있어서는 장백산 지구에 숙신족肅愼族・예맥족濊貊族・동호족東胡族・화하족華夏族 4개 종족이 존재한 것으로 보고 이들의 분포를 숙신족은 목단강牧丹江・흑룡강黑龍江 유역, 예맥족은 송화강松花江・눈강嫩江 유역, 동호족계는 대흥안령大興安嶺 호륜패이呼倫貝爾 지

---

34)「長白山史話」, 長白山網.(인터넷 홈페이지)

구, 화하족계는 요서주랑遼西走廊·노합하老哈河·서랍목륜西拉木倫시라무렌하河에 존재한 것으로 파악하고 있다. 그런데 토착 중심종족은 숙신족이 중심이 되는 인식틀을 제공하여 숙신인肅愼人-읍루인挹婁人-물길인勿吉人-여진인女眞人-만주인滿洲人과 부여인夫餘人·고구려인高句麗人이 이를 구성하고 부여국夫餘國-고구려국高句麗國-발해국渤海國-대금국大金國-후금국後金國-청淸정권으로 이어지는 '정권'을 건립했다고 보고 있다.35) 이 같은 역사진행을 근거로 유후생은 장백산 문화를 장백산 지구라는 공간적 범위에서 숙신족계와 예맥족계 문화를 기초로 하고 화하문화를 주체로 하면서 이룩된 문화로 규정하고 있다.

그런데 이 같은 주장은 논리적인 문제가 발생하는 것이 앞서 숙신肅愼-읍루挹婁-말갈靺鞨-여진女眞 계통의 종족과 관련문화를 기본 축으로 설정한다고 했으나 실제 이들을 역사구성은 고조선古朝鮮-부여夫餘-고구려高句麗-발해渤海의 예맥계가 2천여 년에 달하는 역사를 유지했고 동호계의 거란契丹이 일부를 계승한 몽고계蒙古系의 원元 이후 이후 실제 여진계가 역사를 계승한 것은 후금後金부터 산정하여도 800여 년에 불과한 상황이다.

이 같은 단순 역사시기 대비만을 통해 본다 해도 주류민족의 설정과 국가체의 승계 및 역사공간의 설정을 감안할 때 이 같은 장백산문화권의 설정과 내용은 자체 모순을 발생하고 있음을 보여주고 있다.

한편 장백산 문화의 특점에 대해서는 다음과 같이 6개의 내용을 제시하고 있는데36) 이는 이후 대부분의 연구자들이 인용하는 기본내

---

35) 劉厚生, 상게논문(2003), 72쪽.
36) 劉厚生, 전게논문(2003), 73~74쪽.

용으로 자리하고 있다.

1) 어렵·채집·목축·농경이 결합된 다원적 물질문화.
2) 소박하고 솔직하며 기사騎射에 뛰어나고 용맹한 상무정신.
3) 학습에 뛰어나 선진문명을 수용하는 의식.
4) 만물이·영을 갖고 있으며 다신을 숭상하는 샤먼문화 습속.
5) 외세반항의 애국주의 정신.
6) 동북아 각국 문화의 창구.

이 가운데 3번의 경우 '문화전파와 수용의 일반적 현상을 마치 이 지역민들이 중국문화를 수용해 중화일체가 되었다'라는 식으로 설명하는 견강부회적 역사해석을 보여주는 문제를 보이고 있다. 5번 내용은 중국 최근세 시기 이 지역이 서양침입과 일본침입의 주무대였고 결과적으로 저항의 거점이었다는 점을 강조한 것으로 이 지역의 문화습속과는 거리가 먼 해석이다.

또한 6번의 경우 장백산 지구가 조선과 일본 및 북미에 중국문화를 전파하는 교량역할을 했다는 논리로서 이 지역의 문화 및 역사가 한국사 범주로 포섭되는 것을 막기 위해 교량개념을 통해 현재의 국경선 격인 압록강-두만강 선을 전제한 고대강역 인식을 구성한 비역사적 해석임을 보여주고 있다.

한편 이덕산李德山도 같은 시점에 장백산 문화의 특징에 대해 유사한 인식을 제기했다.[37] 그는 앞서 유후생劉厚生과 같이 불함산不咸山 이래의 명칭부동을 지적하고 장백산은 금대金代 이후 여진인이 정한征漢

---

37) 李德山, 「試論長白山文化的特點」(『中國邊疆史地研究』 2003-4).

이래 827년의 역사를 갖고 있다고 했다. 또 역사기록 이후 기족箕族·고조선족古朝鮮族·예족濊族·맥족貊族·부여족夫餘族·고구려족高句麗族·옥저족沃沮族·숙신족肅愼族·읍루족挹婁族·진번족眞番族·발족發族·물길족勿吉族 및 여진족女眞族이 장백산 문화를 배태하고 발전시켰다고 보고 있다.

특히 이 지역의 문화특질로서 농경과 어렵이 결합된 문화임을 강조하면서 장백산 남록의 고조선古朝鮮·진辰·삼한三韓과 북록의 예濊·부여夫餘·고구려高句麗·옥저沃沮·여진女眞의 농경문화가 어렵·채집과 함께 발전한 사실을 제시하고 있다. 이는 한국고대사 전체를 장백산 문화의 영역에 포섭시켜 논의를 진행하며 결국 한국고대사 이래의 문화적 속성을 장백산 문화라는 중국 변방문화에 용해시키려는 의지를 명확히 보여주고 있다. 이는 이미 이덕산의 논저에서 발견되는 상황으로 이들의 논리가 여과없이 재반복되어 중국학계의 각종 논고에 재수록되고 있는 점이 문제로 부각된다.[38]

또한 이 지역의 문화로서 군사민주제적 유풍을 설명하며 고조선의 범금팔조, 부여·고구려의 합의제적 전통과 각 사서의 물길전勿吉傳와 『금사金史』 기록 등을 활용하고 있다. 또 자연순응적 민속과 의리중시전통을 역시 고구려·발해·부여·예·고조선 상황 등을 실례로 제시하고 있다. 이 같은 사례는 기사중시 풍속·천숭배 종교문화·산악숭배사상·샤머니즘 속성 등을 제시하며 역시 동일한 양상을 보여주고 있다.

---

38) 李德山·欒凡, 『中國東北古民族發展史』(中國社會科學出版社: 北京, 2003.8).

한편 장백산 지구에서 발생한 동북 고민족의 신화는 중원지역의 신화를 원초형태로 삼아 중원문화에 융입되었다는 관점에서 장백산이라는 명칭으로 정착하기까지의 4단계를 검토하는 논의를 제기했다.39) 그런데 그 같은 인식의 전개과정을 1) 불함不咸[『山海經』大荒北經] - 2) 개마蓋馬·단단單單[『後漢書』] - 3) 도태徒太·태백太白·태황太皇·태백산太白山[『魏書』·『北史』·『新唐書』] - 4) 백산白山·장백산長白山[『括地志輯校』·『金史』]으로 진행되었다고 하면서 흑수말갈 자료와 고구려·옥저 자료를 활용하여 설명하고 있다. 그런데 이 문화의 원천단계에서 숙신족과 관련된 존재로 산동동이山東東夷인 주루족朱婁族·박고족薄姑族이 '박亳'과 '진번眞番'과 연결된다고 보고 특히 고구려 자료에 나타난 개마蓋馬를 춘추시기 노魯나라에 복속된 근모족根牟族이 이동해서 생긴 지명이라 하면서 이 문화의 토대가 중국문화에 기반했다는 근거로서 제시하고 있다. 이 같은 인식은 결국 중원문화에 기반한 숙신계통이 위주가 되고 고구려 계통을 이에 종속시켜 장백산문화권長白山文化圈을 설정하는 인식틀을 신화로 정리한 것임을 보여주고 있다.40)

한편 장백산의 첫 명칭인 불함산不咸山을 '유신지산有神之山'으로 보고 『봉천통지奉天通志』에 기록된 "藏天然之秘 蘊萬古之靈"에 부응하는 신화의 중심지임을 강조하며 이것이 중국전통임을 강조하는 논의도 같은 맥락에서 제기되었다.41)

이 같은 인식을 바탕으로 장복유張福有는 고구려와 발해가 장백산

---

39) 喩權中,「長白山神話與中國東北諸族的文化取向」,『學習與探索』2003-1).
40) 喩權中, 상게논문(2003), 122~123쪽.
41) 李昌善,「長白山神話傳說的文化解讀」(『東疆學刊』20-3, 2003.7), 16~18쪽.

문화 구성에 중심적 존재임을 구체적으로 표명하고 있다.42) 여기에서 장복유는 동북공정에서 주장하는 내용을 그대로 인용하여 "고구려는 중국의 고족명古族名이자 고국古國명칭으로 중국 동북맥족東北貊族의 일 지파로 전국시에는 연燕에 속했다가 서한西漢시대에는 현토군玄菟郡에 속했다는 점을 강조하고 중국과 조공책봉朝貢冊封 관계에 있었다는 점을 강조했다.

특히 광개토왕릉 비문의 첫 표현인 "惟昔始祖 鄒牟王之創基也 生而有聖德"이 후한 영강永康 원년(167) 제양태수濟陽太守 맹울孟鬱이 지은 요묘비堯廟碑의 내용인 "惟昔帝堯 聖德慶苞" 내용을 차용한 것이라면서 이 비문을 지은 자가 고도로 한화漢化된 고구려인이라 하고 있다. 이를 근거로 고구려가 중국문화에 속했다는 논거로 제시하고 있다.

그러나 이 같은 주장은 한자漢字를 이용해 문장을 표현하는 형식을 따른 것일 뿐임에도 불구하고 한자를 사용하면 무조건 중국인 또는 중국문화에 속한다는 억지주장을 보여주는 대표적 사례이다. 또 발해에 대해서도 713년 당 현종이 파견한 최흔崔忻이 대조영大祚榮을 책봉한 사실을 강조하면서 발해말갈渤海靺鞨이라 표현한 것이 물길勿吉과 연결된다는 논리를 강조하고 있다.43) 결국 장백산 문화라는 새로운 개념을 정립하는 과정을 보면 이들 논자들이 결국 현재의 만주지역을 숙신계통의 여진문화권으로 설정하면서도 한민족과의 관련성을 염두에 두고 고구려·발해를 핵심으로 하는 문화내용을 재구성하는 의도를 드러내고 있다.

---

42) 張福有, 「高句麗,渤海國與長白山文化」(『長春師範學院學報』 23-4, 2004.7).
43) 張福有, 상게논문(2004), 4~5쪽.

이 같은 내용의 체계화가 장복유張福有가 사장으로 있는 『동북사지東北史地』에 구체적으로 수록되었다. 즉 '중국장백산문화본원론中國長白山文化本原論'44)에서 장백산문화는 한문화가 주체인 다원복합 문화로서 연燕이 가장 먼저 한족漢族으로서 장백산 문화를 개발했고 한문화漢文化가 장백산 지구 민족발전의 생명공간이라는 중화민족 중심주의를 극명하게 표출했다. 그런데 그 근거로서 주무왕周武王이 연소공燕昭公을 연燕지역에 봉한 이래 이 지역이 중국지역이 되었다고 파악하고 있다. 그리고 고구려·발해의 여러 유적과 비문 및 묘지가 한문화를 반영하고 있다고 설명하면서 중원문화의 범주로 설정하고 있다.

그런데 주목되는 사실은 이 같은 논거로서 고조선과 관련된 기자조선箕子朝鮮과 한군현漢郡縣 이야기는 거의 배제되고 있는 점이다. 이는 고조선 영역을 한반도로 국한시켜 이해하는 일군의 중국학자들의 견해를 준용한 것으로 보이지만 실제로 장백산 문화를 논하는 이덕산李德山 및 이론의 근거인 장박천張博泉은 이 같은 주장과는 크게 거리가 있는 고조선의 요서遼西-한반도韓半島 이동설을 주장하고 있어 논리 전개의 문제를 보여주고 있다.45)

또한 중국학계에서도 인정하듯이 장백산 문화 후기를 구성하는 요遼·금金·원元·청淸 문화가 중원문화와는 다르다는 주장46)에 대해서도 이들 정권이 한유국가학설漢儒國家學說에 의해 중화일체中華一體의 국가로서 중화문화에 속한다고 보았다. 따라서 중국 장백산 문화는

---

44) 田子馥, 「中國長白山文化本原論」(『東北史地』 2005-1).
45) 조법종, 「중국학계의 고조선연구검토-동북공정전후시기 연구를 중심으로-」(『韓國史學報』 25, 2006.11).
46) 田子馥, 「中國長白山文化本原論」(『東北史地』 2005-1), 11쪽.

한문화를 주체로 고구려문화高句麗文化·발해문화渤海文化·만족문화滿族 文化가 복합된 다원복합형 문화로 보았다. 이 경우 결국 고구려·발해를 중국민족·중국문화로 보는 동북공정 인식틀이 전제로 진행된 내용임을 보여주고 있다. 이 같은 장백산 문화의 이론화는 유후생의 장백산 지구 역사귀속 문제와 관련된 논고를 통해 확립되었다.47) 이 논고에서도 앞서 진행된 논거와 내용이 반복되어 언급되었다.

한편 왕면후王綿厚는 2000년 간행한『동북고족고국고문화연구東北古族古國古文化硏究』의 연결선상에서『고구려여예맥연구高句麗與濊貊硏究』를 간행했는데 이 논저에서 중국북방의 3대 지역문화로서 요하문화·초원문화·장백산문화를 설정하고 요하문명은 황하문명黃河文明과 장강문명長江文明과 함께 중국 고대문명 발생에 있어 북방지역의 중심에 위치하는 것으로 보았다.48)

또한 환황해環黃海·발해渤海 북안과 동해東海 서안지역의 문화를 중화문화권의 하나인 장백산구계長白山區系 문화로 설정하고 이를 토대로 논의를 전개하고 있다. 즉 장백산 문화구의 남계는 고구려의 선세先世인 고이高夷·맥貊·북발北發 문화로 북계는 숙신肅愼과 북옥저北沃沮 문화로 동계는 고조선古朝鮮과 이맥夷貊〔南沃沮〕문화로 서계는 서단산西團山 문화로서 예계濊系의 부여선세 문화로 설정했다.49)

그런데 이 장백산 동계문화에 속하는 고조선古朝鮮 문화는 전국戰國

---
47) 劉厚生,「長白山考-關於長白山地區歷史上的歸屬問題硏究-」(『中國歷史地理硏究』, 2006.2.28), 專題論壇.
48) 王綿厚,「遼河文明在中華文明形成中的歷史地位」(『高句麗與濊貊硏究』, 哈爾濱出版社, 2005), 351쪽.
49) 王綿厚,「關于"長白山區系考古文化的歷史定位思考」(상게서, 2005), 354~355쪽.

의 연진燕秦문화와 같은 계통으로 화하華夏문화의 특징을 잘 나타내고 낙랑樂浪문화 또한 같은 양상으로 결국 고조선과 낙랑군樂浪郡·대방군帶方郡의 문화적 계보는 상商·주周·진秦·한漢 이래 중원지역의 이민移民과 중앙왕조에 의해 설치된 지방군현의 범주를 벗어나지 않는다고 보았다.50)

이상의 논고들을 감안할 때 장백산 문화의 개념과 내용에 대해 장복유의 다음과 같은 언급은 그 문화가 추구하는 내용의 실체를 명백히 보여주고 있다. 즉 2006년 7월 길림성 백산시白山市에서 진행된 장백산 관련 논의에서 장복유는 장백산 문화는 농경문화·어렵문화·유목문화 등이 결합된 문화로서 숙신문화肅愼文化·고구려문화高句麗文化·발해문화渤海文化·계단문화契丹文化·여진문화女眞文化 등으로 구성되어 있으며 고고학 측면에서 보면 우하량문화牛河梁文化·소하연문화小河沿文化·백차하문화白岔河文化·무송문화撫松文化·장백문화長白文化 등등이라고 제시하고 있다. 그리고 장백산 문화는 『산해경山海經』의 불함산不鹹山으로 등장하고 『시경詩經』에 기추기맥其追其貊으로 그 종족이 등장하며 『사기史記』의 숙신의 고시석노枯矢石砮와 부여의 '인기이잉因氣而孕'東明說話·고구려 주몽설화高句麗朱蒙說話, 숙신의 천여욕궁天女浴宮 등의 전설이 문화의 근거라고 제시하고 있다.

특히 고고학적 근거로 홍산문화紅山文化부터 그 연원이 소급되는데 통화通化의 왕팔패자王八覇子 유지 등이 그 근거이며 연燕의 진개秦開

---

50) 王綿厚, 「"長白山東系"的 靑銅文化與早期鐵器文化」(상게서, 2005), 407~411쪽 : 조법종, 「중국학계의 고조선연구검토-동북공정전후시기 연구를 중심으로-」(『韓國史學報』 25, 2006.11), 39~40쪽 인용.

가 요동군을 설치한 이래 이 지역은 중원왕조의 관할하에 존재했다고 강조하고 있다. 이 같은 논의에서 결론적으로는 장백산구長白山區의 민족적 특성이 선진先秦시대 숙신에서 금대의 여진 및 청淸의 만족으로 연결되는 일개종족이 중심이라고 부각하여 여진문화로 상징되는 '장백산 문화'를 구성하고 있다. 그런데 중요한 사실은 장백산구의 고구려문화가 이들에게 일정한 영향을 미쳤고 발해문화 또한 일정영향을 미쳤음을 강조하면서 이들 문화가 결국 장백산 문화의 일원임을 강조하고 있다. 이 같은 사실은 '장백산구 개발사중 중대문제'라는 항목 가운데 제시된 다음 내용을 통해 극명하게 부각된다.51)

　一. 長白山區開發史中的幾個重大問題
　1. 關於箕子和檀君的問題
　2. 關於衛士和朝鮮的問題
　3. 關於高句麗和高麗的問題
　4. 關於渤海國的問題
　5. 關於韓國人・朝鮮人和朝鮮族的問題
　6. 關於間島的問題
　7. 關於淸朝踏査長白山留下的墓室的問題

위의 내용에 의한 부분은 앞서 제시된 여진女眞중심의 장백산 문화 개념을 구성하면서도 실제 핵심적인 문화구성 요소로서 우리 민족의 시원 및 고대사 체계 전반을 이들 문화구성의 일부분으로 포섭하

---

51) 張福有,「弘揚長白山文化和長白山精神促進二次創業」(『長白山網站』, 中共吉林省白山市委 組織部).

여 논의하고 있음을 명백히 보여주고 있다. 즉 단군檀君·기자箕子·위사衛士衛滿 및 고구려高句麗·발해渤海·한국인韓國人-조선인朝鮮人北韓-조선족朝鮮族 관계, 그리고 간도間島문제까지 총 6가지를 중대문제로 논의하고 오직 청조淸朝관련 논의는 1개만을 제시하고 있는 사실은 이들의 장백산논의의 실체가 무엇인지 잘 보여주고 있다.

3. 장백산문화론의 문제점

이상에서 정리된 것처럼 '장백산 문화長白山文化'는 완성된 개념이기라기 보다는 '문화론文化論' 즉 개념정립 과정이라고 파악된다. 그런데 그 핵심적 사항은 여진女眞-만주족滿洲族 계통의 문화를 주된 내용으로 구성하면서 고구려-발해 문화를 예속시킨 문화개념을 만드는 작업으로 파악된다. 또한 그 구성내용은 한민족의 영산인 백두산白頭山의 역사-문화적 성격을 배제한 채 청왕조의 종족적 계통을 기반으로 그 지역에 존재한 역사체를 모두 망라해 하나의 지역문화론적 성격의 개념을 만드는 것이다. 이 같은 중국학계의 논의내용은 학문적 토대와 내용이 박약하기 때문에 일일이 대응할 필요는 없다. 그러나 현재 진행되고 있는 '장백산문화長白山文化'론은 종족문화적 접근이 아닌 현재의 동북지역 및 만주족 중심거점 지역에 대한 현지영토주의現地領土主義에 입각한 논리라는 점에서 '동북공정'과 동일한 양상을 보여주고 있어 우려된다.

또한 '장백산 문화'로 설정된 내용은 일제가 우리 민족의 역사·문화적 독립성을 부정하고 한반도와 만주를 하나의 역사문화 단위로 설정했던 만선사관滿鮮史觀의 중국적 변형이라는 점에서 중국적 역사왜곡의 또 다른 공세로 파악된다.

그런데 중국학계가 주장하는 장백산문화론長白山文化論의 내용은 이미 최남선崔南善에 의해 제시된 '불함문화론不咸文化論'의 내용과 상당히 흡사함을 발견할 수 있다. 최남선은 1920년대 동이족의 거주지에 다수 분포되어 있는 '백산白山'은 태양신께 제를 지내던 곳이었으며, 여러 지역에 있는 이 신산神山 가운데 태백산太白山 즉 백두산白頭山이 가장 중심적인 곳임을 논했다. 그리고 조선이 불함문화권不咸文化圈의 중심임을 논증하기 위해 조선의 도처에 분포되어 있는 태백산과 소백산小白山 등 '백白'자 계열의 땅이름에 주목했다. 그리고 '백白'은 Park의 대자對字로서 태양·신·하늘을 뜻하는 옛말이며, 태양신을 숭배하던 고대문화를 반영하는 어휘로 파악하고 불함문화의 잔존요소가 오늘날 이 지역에 분포되어 있는 샤머니즘을 통해 검출될 수 있다고 주장했다.[52]

이 같은 내용은 실상 중국학계가 장백산으로 설정한 백두산을 중심으로 진행된 샤머니즘적 요소와 여진의 신단神壇 등의 사례와 연결되는 내용이다. 따라서 이 문제는 오히려 한민족이 중심이 된 역사문화적 문화권론이 제기되어야 할 상황임을 보여주고 있다.[53]

또한 장백산 문화와 관련된 논의는 단순히 이 지역의 독자문화 설정으로만 국한되지 않고 동북지역의 문화개발 및 경제개발 사업과도

---

52) 崔南善, 「壇君論」(1926); 동, 「兒時朝鮮」(1926); 동, 「壇君及其研究」(1928); 동, 「崔南善全集」 1.
53) 향후 이 문제는 별고를 통해 비교 검토할 예정임.

관련되어 진행되는 양상을 보여주고 있다.

먼저 중국은 장백산 지역을 UNESCO의 세계자연유산世界自然遺産으로 등재하기 위한 작업을 진행하고 있다.54) 즉 세계문화 및 자연유산 기준에 부응하는 내용정리 및 조사를 진행했는데 그 가운데 문화가치항목으로서 '장백산 문화長白山文化'의 연구성과가 활용되도록 준비하고 있다. 이 같은 작업은 앞서 고구려사를 중국사로 귀속시키는 동북공정 작업과 함께 고구려 유적의 세계문화유산 등재를 추진하고 이를 관철했던 사실과 동일한 양상을 보이는 것으로 백두산으로 상징되는 한국의 문화적 영유권을 박탈하는 중대한 또 다른 역사문화 강탈의 대표적 사례로 나타나고 있다.

더욱이 장백산 문화개념을 활용하여 이 지역의 경제활성화를 기도하는 것이 구체화되고 있다. 즉 장백산문화박람성長白山文化博覽城을 2006년 7월 안도현성安圖縣城 소재지인 명월진明月鎭에 준공하여 문화관광적 활용성을 높이고 있다. 이 곳에는 장백산의 역사와 신화 등을 소개하는 공간을 마련하여 일반인에게 장백산 문화로 상징되는 중국 문화를 소개하고 있다는 점에서 이 같은 역사왜곡이 일반에게 전달되는 형장을 확보하고 있다는 점에서 매우 유의된다.

특히 장백산문화박물관을 2006년 6월 8일 장춘시에서 개관하여 전방위적인 장백산 관련 활동이 진행됨을 보여주고 있다.55) 박물관은 3,300㎡의 규모로 이 곳에는 동북지역의 문물과 민속작품을 전시하고

---

54) 溫艶玲·王慧玲,「關於長白山申報世界遺産可行性分析」,『吉林地質』 23-3, 2004.9).
55) 이 때 장백산문화연구회 회장인 張福有와 동북사대 교수인 劉厚生, 박물관장 王松林 등이 제 4차 연토회로서 '長白山非物質文化遺産의 발굴과 보호'를 주제로 회의를 진행했다.

있으며 특히 '장백산문화종합전청長白山文化綜合展廳'·살만지여전제전청薩滿之旅專題展廳·'동북노작방전청東北老作坊展廳'·'장백산도자예술전청長白山陶瓷藝術展廳' 등 4개 전시관이 구성되어 만족민속滿族民俗이 중심이 된 구성내용을 보여주고 있다. 앞서 논의된 장백산 문화 전체의 내용이 다 포용되지는 않았지만 향후 전체범위로의 확대가 추측된다는 점에서 우려된다.

이 같은 여진-만주족계통의 문화를 주된 내용으로 구성하면서 고구려-발해 문화를 예속시킨 문화 '장백산 문화'가 이들 공간을 통해 홍보되는 상황은 고구려를 큰 범위에서 중국사에 포용시켜 파악한 동북공정 단계를 넘어 이를 여진문화의 중요 구성요소로 구체화·고착화시키려는 중국학계의 의도를 파악할 수 있다. 물론 이 같은 중국학계의 논의내용은 학문적 토대와 내용은 앞서 지적했듯이 현재 진행되고 있는 '장백산문화'론은 종족문화적 접근이 아닌 현재의 동북지역 및 만주족 중심거점 지역에 대한 현지영토주의에 입각한 논리라는 점에서 '동북공정'과 동일한 양상을 보여주고 있어 우려된다.

3. 맺음말

중국은 최근 중국의 정치-경제적 위상제고에 부응하는 중화주의 역사문화 체계를 재구성하는 과정에서 고조선사古朝鮮史 및 고구려사高句麗史를 중국사에 포함시키는 동북공정東北工程을 중국 사회과학원 변강사지연구중심의 특별 프로젝트로서 2002~2007년 사이에 진행하고 있다. 또한 이를 대외적으로 홍보하는 계기로서 고구려 유적을 2004년 세계문화유산으로 등재시켰다. 이 같은 과정에서 한국 역사학계 및 한국국민의 비판과 문제가 제기되자 외교적 중재로서 이를 무마하는 한편 각 지방정부가 진행한 관련된 작업은 별개로 추진하는 양상을 보여주고 있다. 즉 동북공정과는 일정한 거리를 두면서 중국 중화문명中華文明의 상한연대를 올리는 하상주夏商周 단대공정斷代工程과 그 이전시기를 역사화하기 위한 탐원공정探源工程 및 이와 연동된 '요하문명遼河文明' 및 '장백산 문화長白山文化'라는 개념을 새롭게 만들어 중국이 추구하는 역사팽창주의를 선사先史와 역사歷史시대에 걸쳐 전방위적으로 진행하고 있다.

특히 과거 중국문명을 설명하는 '황하문명黃河文明' 개념에 새로이 '장강문명長江文明'이 추가되고 과거 중국문명을 위협하고 대립했던 동이문명東夷文明의 내용을 현재의 영토범주에 속한다는 이유만으로 요하문명이라는 개념으로 새롭게 만들어 중국화하고 있다. 이는 요서遼西·요동遼東·만주滿洲 일대의 한민족韓民族의 토대가 되는 청동기 문화 등 문명적 현상을 요녕성遼寧省 중심으로 중국문명을 구성하는 요소로 바꾸어 '요하문명' 개념을 만들어내고 있으며, 길림성을 중심으로 한민족의 민족적 상징공간인 백두산白頭山 지역을 여진족女眞族과 연결된 공간으로 변질시켜 우리 민족의 역사적 연고권을 제거하기 위해 진행되고 있는 작업이 '장백산 문화' 논의다.

이 글에서 검토한 '장백산 문화'는 길림성의 장백산문화연구회長白山文化硏究會에 의해 주도되고 있는데 관련인물 가운데 유후생劉厚生・이덕산李德山・왕면후王綿厚 등은 중국 동북공정 관련연구에 적극 참여하며 중국적 역사인식을 고대사에 투영하는 경향이 가장 강한 인물들로서 동북공정 연구결과와 연동된 내용이 장백산 문화를 설명하는 핵심사안으로 나타나고 있다. 또한 회장인 장복유張福有와 현지사학자들은 이 같은 입장에서 고구려 관련유적에 대한 조사와 연구를 통해 재정리하고 있다.56) 이 같은 사실은 결국 '장백산 문화長白山文化' 논의를 통해 앞서 동북공정東北工程을 통해 설정된 중국적 역사관을 지역적으로 적용하기 위한 작업이 이들의 연구내용임을 알 수 있다. 따라서 향후 이들의 연구작업에 대해 학문적으로 문제를 제기하고 이에 대응하는 다양한 논리와 방안이 전시대적으로 시급히 진행되어야 한다.

---

56) 최근 이들이 주도하여 편찬하고 있는『東北史地』에 이 같은 경향의 논고가 집중적으로 수록되고 있다.

책을 끝내며

　한국고대사에서 고조선사와 고구려사는 기존연구에서는 각각 개별적 역사로서 파악되어 상호 연결된 역사로 체계화시킨 연구는 상대적으로 미약했다. 그러나 고려시대 이래 우리 역사체계를 구성함에 있어서는 단군 이래 고조선 역사가 삼국의 역사로 계승되어 민족사적 역사체계의 근간으로 정립되어 조선시대로 계승되었다. 이 같은 인식은 그러나 일제시대 근대적 역사방법론을 활용한 연구가 진행되면서 단군신화로 대표되는 고조선의 역사와 주몽신화로 대표되는 고구려신화의 계통 및 내용 차이 등에 의해 단절론적 이해가 상대적으로 우위를 점하고 있었다. 인식은 고구려가 고조선과 시·공적으로 공존했고 영토적으로 계승했지만 종족계통 및 문화적 측면의 다른 점이 부각되는 이해를 낳게 되었다. 또한 위만조선의 붕괴 이후 한군현의 통치와 영향에 의해 고조선의 역사와 문화는 단절되었다는 인식으로 연격되었다.
　그러나 본 연구에서 검토한 것처럼 고조선은 고구려를 중심으로 한 후속역사체에 계승되었다. 이는 다음에 의해 확인된다.

먼저 고조선은 국가성립을 반영하는 기원전 4세기 칭왕稱王을 통해 기왕에 전승되던 시조始祖인식을 국가적 제사체계로 정립했다. 이때 단군시조인식이 국가제사 체계로 확립된 것으로 파악된다. 그리고 고조선의 시조인식을 유지한 정치세력집단이 준왕準王시기까지 존속되었으나 위만衛滿정변 이후 왕실교체 및 준왕의 한지韓地이동에 따라 시조인식 보유집단의 분화가 진행되었다. 그 가운데 일부가 비류국沸流國 송양왕松讓王 세력 즉, 원고구려 세력인 고구려 소노부消奴部로 존재하여 단군인식이 고구려 사회로 계승했다.

이를 통해 단군인식의 원형이 고조선 사회로부터 고구려 사회로 계승되었으며 한국고대사의 고조선-고구려 체계가 확립되는 기반이 마련되었고 삼국통일과 고려의 재통합을 통해 삼국의 시조를 통합하는 민족의 시조개념으로 정립되었다.

한편 고구려는 광개토왕과 장수왕대의 복속민 통합과정에서 과거 고구려인으로만 구성했던 왕릉 수묘인守墓人을 한반도 지역의 백제와 주변지역 복속민인 한예韓濊를 고구려 구민舊民과 동일하게 취급하여 구성했다. 이는 고구려가 주변의 여러 복속세력들〔숙신·거란과 중국의 후연, 왜 등〕과는 달리 이들을 언어-문화적 공동체로서 인식하고 있음을 극명하게 보여주는 대표적 사례이다. 이러한 사실은 고구려·백제·신라를 하나의 역사체로 설정하는 한국고대사 구성체계가 이 시기에 이미 확립되었음을 보여주는 것이다.

이는 또한 고조선-고구려의 요동 및 만주지역과 백제·신라 등 한반도 지역이 하나의 역사 단위체로서 인식될 수 있는 토대를 제공하고 있다. 따라서 최근 중국학계가 고조선·고구려 역사의 중국사 체계로의 편입을 시도하는 '동북공정' 등 일련의 작업이 우리 민족의 역사적 사실을 왜곡하는 것임을 증명하고 있다. 특히 언어-문화적 동일성은 현재의 민족 구성요소에서도 가장 중요한 것인바 고대사회의 경우 가장 중요한 공동체 인식의 요소였다. 그런데 고조선-고구려 및 백제, 신라로 연결되는 역사체는 앞서 논의된 것처럼 공간적으로 뿐만 아니라 언어-문화적으로 연결된 공동체로 파악되며 중국과는 준별되는 별도의 문화권을 구성하고 있음을 보여준다.

한편 중국학계는 고구려를 중심으로 고조선·부여·발해 등 한국 고대사의 대부분을 중국사로 바꾸려는 동북공정과는 일정한 거리를 두면서 중국 중화문명中華文明의 상한연대를 올리는 하상주夏商周 단대공정斷代工程과 그 이전시기를 역사화하기 위한 탐원공정探源工程 및 이와 연동된 '요하문명遼河文明' 및 '장백산 문화長白山文化'라는 개념을 새롭게 만들어 중국이 추구하는 역사팽창주의를 선사先史와 역사歷史시대에 걸쳐 전방위적으로 진행하고 있다.

이 같은 논의는 향후 한·중 역사갈등의 대표적 논점으로 부각될 것으로 파악된다. 그러나 이들 중국측의 논의는 상대적인 논리의 취약성 및 근거박약으로 인해 역사적 사실논의보다는 정치논리로서 진행되는 측면이 강하다. 따라서 이 문제는 향후 논의의 전개과정을 주의 깊게 검토하면서 한국학계의 전방위적 대응이 요청된다.

한편 낙랑樂浪에 대한 검토를 통해 낙랑이라는 존재는 정치체 및 지명적 성격을 공유한 명칭으로 이미 기원전 178년 이전부터 중국에서 이동한 동이계 및 중국계 유이민 세력에 의해 형성된 정치세력임을 확인했다. 즉 낙랑은 중국 동북지역 및 발해만 연안지역에서 육로와 해로로 한반도 지역으로 중국의 정치적 변동에 따라 축차적으로 유망한 친중국親中國 또는 중국문화中國文化에 익숙한 세력집단으로 존재했다. 이들 세력은 현재의 평양平壤일대에 거점을 형성하여 선진 정치문화 경험과 중국과의 연결성을 바탕으로 국가적 존재로 발전해 '낙랑국樂浪國'으로 존재했다고 파악된다. 이들 유망세력은 중국과의 중계교역의 중심세력으로 존재했으나 위만조선의 성장으로 위축되었고 위만조선이 한漢과의 대립 및 전쟁으로 붕괴된 이후 친중국적 성향을 바탕으로 중계교역 거점적 성격이 재강화된 '낙랑군樂浪郡'이 설치되었다.

이와는 별도로 『삼국사기』의 낙랑은 이들 중국계 유이민 집단중 낙랑군에 포용되지 못했던 일부 유이민 집단 가운데 『삼국사기』 원전 자료에 '한인漢人' 등으로 표현되었던 존재들이 『삼국사기』 정리단계에서 '중국계 세력'을 대표하는 낙랑이라는 표현으로 조정되어 수록되었다고 파악된다. 그런데 이들은 삼국시대 고구려 및 신라·백제인과 함께 존재하였던 중국 및 왜인 집단으로서 우리 역사의 포섭범위에 대한 새로운 논의의 필요성을 제기한다. 즉 한국 고대사회를 구성하는 중심종족 구성과 관련하여 이미 설정된 예濊·맥貊·한韓으로 대표되는 존재와 함께 한인漢人·왜인倭人 및 숙신肅愼 등 다양한 계통의 존재를 포섭하는 역사범주의 설정논의가 필요하다.

특히 중국 변경지역 유이민의 경우 종족적 계통 또한 다양하며 정치적 성쇠에 따라 소속주체가 변하는 가변성은 이들의 역사적 귀속대상이 모호할 수 있다. 따라서 이들을 어떻게 인식할 것인가에 대한 기본적 합의 또는 공감대 마련이 필요하다고 생각된다.

이 같은 사실은 고구려 사회가 이미 다종족적 성격을 띠고 있으며 이들을 통제하기 위한 제국적 국가 운영방식을 시도했다는 점에서 향후 본격적인 논의가 필요한 내용이라고 생각된다. 이는 앞서 제시한 고조선-고구려로 연결되는 역사문화계통론적 체계논의와는 다른 차원에서 정치운명공동체로서의 국가구성에 참여한 다양한 종족을 국가사로서 설명하는 논거마련에 대한 제안이다. 이 문제는 특히 고구려 사회를 설명하고 이를 계승한 발해渤海사회의 성격을 설명하는 우리 나름의 역사체계 논리확립을 위한 향후과제로서도 필요하다.

○ 쉼터 ○

부록

참고문헌
찾아보기

○ 쉼터 ○

참고문헌

사료 및 역주

『三國史記』　　　　　　『三國遺事』
『高麗史』　　　　　　　『朝鮮王朝實錄』
『世宗實錄地理志』　　　『新增東國輿地勝覽』
『東史綱目』　　　　　　『東國通鑑提綱』
『東國歷代總目』　　　　『東史』
『訓蒙字會』　　　　　　『山海經』
『史記』　　　　　　　　『漢書』
『後漢書』　　　　　　　『三國志』
『宋書』　　　　　　　　『高麗圖經』
『南史』　　　　　　　　『通典』
『尙書大傳』　　　　　　『長安志』
『水經注』　　　　　　　『周易集解』
『日本書紀』　　　　　　『欽定滿洲原流考』

논저

□국문·한국□

강만길, 「이조시대의 단군숭배-실록기사를 中心으로-」(『이홍직박사회갑기념한국사학
　　　논총』, 1969)
강종훈, 「백제 대륙진출설의 제문제」(『한국고대사논총』 4, 1992)
＿＿＿, 「삼국사기 초기기록에 보이는 낙랑의 실체」(『한국고대사연구』 110, 1995.)
강현숙, 「고구려 봉토석실분의 변천에 관하여」(『한국고고학보』 31, 1994)
경상대학교박물관 편, 『합천 옥전고분군 Ⅱ M3호분』 경상대학교박물관 조사보고서
　　　제6집, 1990)

高久健二, 『낙랑고분문화연구』(1995)
고구려연구재단, 『고조선·단군·부여』(연구총서 12, 2004.10)
_____, 『다시 보는 고구려사』(연구총서 12, 2004.11)
_____, 『중국의 '동북공정' 그 실체와 허구성』(연구총서 12, 2004.10)
_____, 『중국의 동북공정과 중화주의』(연구총서 12, 2005)
고구려연구회, 「고구려=중국사' 중국의 논리는 무엇인가?」(2003.12.17)
_____, 『중국의 동북공정연구성과에 대한 분석과 평가』(2006.9)
고동영, 『한국상고체육사』(뿌리, 1995)
공석구, 「고구려의 영역과 평양천도 문제」(2004)
국립중앙박물관·국립광주박물관, 『한국의 청동기문화』(범우사, 1992)
국립중앙박물관, 『고고유물로 본 한국고대국가의 형성』(1998)
권오영, 「고조선사연구의 동향과 그 내용」(『북한의 고대사연구』, 1990)
_____, 「고조선연구의 동향과 그 내용」(『북한의 고대사연구』, 일조각, 1991)
권오중, 「고대 요동군의 위치문제 시론」(『길현익교수 정년기념 사학논총』 76-79, 1996)
_____, 『낙랑군연구』(일조각, 1993)
극동문제연구소, 『북한전서(1945-1980)』(1980)
김교헌, 『신단민사』(대종교총본사, 1946)
김남중, 「위만조선의 영역과 왕검성」『한국고대사연구』 22, 2001.
김남중, 「위만조선의 왕권과 지방통치체제」『한국고대사연구』 33, 2004.
김두봉, 『깁더 조선말본』(경성:안동서관, 1934)
_____, 『조선말본』(경성:신문관, 1916)
김병준, 「전한 열후 사봉고 -『한서』열후의 말격 군현명에 대한 검토-」(『고대중국의 이해』 4, 서울대동양사연구실, 1998)
김복순., 「고운 최치원의 사상연구」(『사총』 24, 1980)
김상기, 「한예맥이동고」(『사해』 창간호, 1948)
김용선편, 『개정판 고려묘지명집성』(1997.9)
김원룡, 「낙랑문화의 력사적 위치」(『한국사의 재조명』, 독서신문사, 1977)
_____, 「무양사 화상석과 단군신화에 대한 재고」(『고고미술』 146·/147, 1980)[『한국미술사연구』(1987)
김재원, 『단군신화의 신연구』(정음사, 1947)
김정배, 「고조선의 주민구성과 문화적 복합」(『백산학보』 12, 1972)[『한국민족문화의 기

_____, 원』 1973]
_____, 「검·경·옥과 고대의 문화와 사회」(『한국고대의 국가기원과 형성』, 1986)
_____, 「고조선의 주민구성과 문화적 복합」(『한국민족문화의 기원』, 고려대출판부, 1973)
_____, 「단군기사와 관련된 고기의 성격」(『한국상고사의 제문제』, 한국정신문화연구원, 1987)
_____, 「동북아의 비파형동검문화에 대한 종합적 연구」(『국사관논총』 88, 1999)
_____, 「삼한위치에 대한 종래설과 문화성격의 검토」(『사학연구』 20, 1968)
_____, 「소도의 정치사적 의미」(『역사학보』 79, 1978)(『한국고대의 국가기원과 형성』(1986)]
_____, 「위만조선의 국가적 성격」(『사총』 21·22합, 1977)(『한국고대의 국가기원과 형성』(고려대출판부, 1986)]
_____, 「준왕 및 진국과 삼한정통론의 제문제 -익산의 청동기문화와 관련하여-」 (1986)(『한국고대의 국가기원과 형성』(1976)]
_____, 「중국 동북지역의 지석묘 연구」(『국사관논총』 85, 1999a)
_____, 「중국에서 발견되는 우리나라 청동유물의 문제 - 석관묘의 검,경,옥을 중심으로-」(『선사와 고대』 1, 1991)
_____, 『한국 민족문화의 기원』(고려대 출판부, 1973)
_____, 『한국고대의 국가기원과 형성』(고대출판부, 1986)
_____, 『한국사-초기국가』 4(국사편찬위원회, 1997)
_____편, 『북한이 본 우리역사』(을유문화사, 1990)
김정학, 「단군설화와 토오테미즘」(『력사학보』 7, 1954)
_____, 『한국상고사연구』(범우사, 1990)
김정희, 「동북아시아 지석묘의 연구」(『숭실사학』 5, 1988)
김철준, 「산동성 및 회하류역의 동이족세력의 해체와 유이민」(『한국사』 2, 국사편찬위원회, 1986)
김한규, 「위만조선관계 중국측사료에 대한 재검토」(『부산여대론문집』 8, 1980)
기수연, 「동이의 개념과 실체의 변천에 관한 연구」(『백산학보』 42, 1992)
_____, 「중국 문헌에 보이는 '동이'와 '조선'」(『단군학연구』 4, 2001)
김광수, 「치우와 맥족」(『손보기박사 정년정년기념 한국사학론총』,지식산업사, 1988)
김기섭, 「삼국사기 백제본기에 보이는 말갈과 낙랑의 위치에 대한 재검토」(청계사학 8)

김성환, 「고려시대 평양의 단군전승」(『문화사학』 10, 1998)
김열규, 『한국신화와 무속연구』(일조각, 1977)
김영진, 『고구려유물편』(백산자료원, 2003)
김영하, 「삼국시대 왕과 권력구조」(『한국사학보』 12, 2000)
_____, 『삼국시대 왕의 통치형태연구』(고려대 박사학위논문, 1988)
김용선, 「고구려유리왕고」(『역사학보』 94·/95, 1982)
김원룡「삼국시대의 개시에 관한 일고찰-삼국사기와 낙랑군에 대한 재검토-」(『동아문화』 7, 서울대학교 동아문화연구소, 1967.)
_____, 「무량사화상석과 단군신화에 대한 재고」(『한국미술사연구』, 1987)
김재홍, 「살포와 철서를 통해서 본 4~6세기 농업기술의 변화」(『과기고고연구』 2, 아주대학교 박물관, 1997)
김정숙, 「북한에서의 단군연구」(『단군-그 이해와 자료-』, 1994)
김창호, 「고구려 태왕릉의 주인공」(『백산학보』 67, 백산학회, 2003.12)
김철준, 『한국고대사회연구』, 1975)
김태식, 『가야연맹사』(일조각, 1993)
김택규, 「신라상대의 토착신앙과 종교습합」(『신라종교의 신연구』, 1984)
김한규, 『고대 중국적 세계질서연구』(일조각, 1982)
_____, 『요동사』(문학과지성사, 2004.2.)
김현숙, 「고구려 붕괴 후 그 유민의 거취 문제」(2004)
_____, 「광개토왕비를 통해 본 고구려수묘인의 사회적 성격」(『한국사연구』 65, 1989)
_____, 「광개토왕비문의 수묘제와 수묘인」(『광개토왕비문의 신연구』, 서라벌군사연구소, 1999)
나카자와 신이치, 『곰에서 왕으로:국가 그리고 야만의 탄생』(동아시아, 2003)
나희라, 「신라초기 왕의 성격과 제사」(『한국사론』 23, 서울대 국사학과, 1990)
_____, 『신라의 국가 및 왕실 조상제사연구』(서울대 박사학위논문, 1999)
노명호, 「백제의 동명신화와 동명묘」(『역사학연구』 10, 전남대 사학과, 1981)
노태돈, 「고조선 중심지의 변천에 대한 연구」(『한국사론』 23, 1990)
_____, 「고조선의 변천」(『단군』, 1994)
_____, 「삼한에 대한 인식의 변천」(『한국사연구』 38, 1982.9)
_____, 「위만조선의 정치구조」(『산운사학』 8, 1998)
_____, 「주몽의 출자전승과 계루부의 기원」(『한국고대사논총』 5, 1993)

_____, 「5세기 금석문에 보이는 고구려인의 천하관」,『한국사론』 19, 1988)
이성규, 「선진문헌에 보이는 '동이'의 성격」,『한국고대사논총』 1, 1991)
이훈섭, 「한국전통의 동이족에 관한 연구」,『한국전통상학연구』 9, 1996)
임균택, 「동이 한민족의 근원사적 고찰」,『인문과학론문집』 22, 대전대학교, 1996)
문상희 역,『샤마니즘』(삼성출판사, 1982)
문안식, 「삼국사기 신라본기에 보이는 낙랑·말갈사료에 관한 검토」,『전통문화연구』 5, 조선대, 1997)
문정창,『한국고대사』(상문당, 1964)
박경철, 「림건상의 '삼국시기 사회경제구성에 관하여'와 김석형의 '3국의 계급 제관계'의 이해를 돕기 위한 소고」,『북한의 우리고대사 인식(I)』, 1991)
_____, 「중국학계의 고구려 대수·당 70년전쟁 인식의 비판적 검토」(2004)
_____,『고구려의 국가형성연구』(고려대박사논문, 1996)
박광용, 「단군인식의 력사적 변천 -조선시대-」,『단군 그 이해와 자료』, 1994)
박대재, 「고조선의 왕과 국가형성」,『북방사논총』 7, 2005)
박문기,『맥이』(정신세계사, 1987)
박성봉, 「광개토왕기 고구려남진의 성격」,『한국사연구』 27, 1979)
_____, 「마한인식의 역대변화」,『마한·백제문화』 12, 1990.\
박순발, 「우리나라 초기철기문화의 전개과정에 대한 약간의 고찰」,『고고미술사론』 3, 1993)
박용숙,『지중해 문명과 단군조선』(집문당, 1996)
박진석, 「호태왕릉에 대한 고증」,『중국경내 고구려유적연구』 예하, 1995)
_____, 「환도성유지에 대한 고증」,『중국경내고구려유적연구』, 1995)
박진욱, 「비파형단검문화의 발원지와 창조자에 대하여」,『비파형단검문화에 관한 연구』, 과학백과사전출판사, 1987)
_____,『조선고고학전서』(중세편 고구려)(과학백과사전종합출판사, 1991)
백산자료원,『고구려유적과 유물연구』(1999)
백제문화개발연구원,『백제사료집』(1985)
북한문제연구소편,『북한의 단군릉 발굴관련 자료』, 1993)
산 호,『대쥬신제국사』 전3권(동아출판사, 1993)
서길수, 「홀본과 국내성 지역의 새로운 고고학적 성과」,『고구려연구』 15, 2003)
서대석, 「한국신화에 나타난 천신과 수신의 상관관계─천신과 수신의 갈등과 화해의

양상―」(『국사관논총』 31, 1992)
서영대, 「고구려 귀족가문의 족조전승」(『한국고대사연구』 8, 1995)
____, 「단군관계 문헌자료연구」(『단군 그 이해와 자료』, 1994)
____, 「단군숭배의 역사」(『정신문화연구』 32, 1987)
서영수, 「고조선의 강역과 위치」(『한국사시민강좌』 2, 1988)
____, 「고조선의 대외관계와 강역의 변동」(『동양학』 29, 동양학연구소, 1999)
____, 「광개토태왕비 신석문과 '호대왕'명동령」(『고구려연구회 2004년 추계학술대회』, 2004.11)
____, 「대외관계사에서 본 악랑군」(『사학지』 31, 1998)
____, 「동북공정의 고조선부여연구결과에 대한 평가」(『중국의 동북공정 연구성과에 대한 분석과 평가』, 2006)
____, 「위만조선의 형성과정과 국가적 성격」(『고조선과 부여의 제문제』, 한국고대사연구회, 1996)
손진기, 「고구려고고연구종술」(『고구려유적발굴과 유물』, 학연문화사, 2001)
손 홍, 「요녕지구고구려유물연구종술」(『고구려유적발굴과 유물』, 학연문화사, 2001)
송태호, 「삼국시기 마구에 관한 연구」(『평양일대의 벽돌칸무덤 삼국시기 마구에 관한 연구』, 사회과학출판사, 2002)
송호정, 「고조선 국가형성 과정 연구」(서울대 박사학위논문, 1999)
____, 「북한사회에서의 고중세사 시기구분」(『역사와 현실』 1, 1989)
____, 「고조선 중심지 및 사회성격 연구의 쟁점과 과제」(『한국고대사론총』 10, 2000)
____, 『한국 고대사 속의 고조선사』(푸른역사, 2003)
____, 「요동~서북한 지역에서 세형동검문화의 발생과 고조선의 국가형성 연구」 『한국상고사학보』 40, 2003
____, 「대릉하유역 은주 청동예기 사용집단과 기자조선」(『한국고대사연구』, 2005)
신용민, 「서북지방 목곽묘에 관한 연구」(『역사고고학지』 8·9, 1991·1992)
신종원, 「중국인들의 고구려 연구―동북공정의 논리―」(동북아역사총서 7, 한국학중앙연구원, 2005.9)
신채호, 『조선상고문화사』(『단재신채호전집』 상권, 1972)
____, 『조선상고문화사』[『단재 신채호전집』 중]
____, 『조선상고사』(1948)[『조선상고사(상)』(삼성문화문고, 1977)]
____, 『조선상고사』(1971)[『단재 신채호전집』(1931)]

신형식 외, 『고구려는 중국사인가』(백산자료원, 2004)
심우준, 「기자동래여부와 ■후에 대하여」(『숙대사론』 2, 1965)
안병우, 「고구려와 고려의 역사적 계승 관계」(2004)
안호상, 『배달·동이겨레는 동아문화의 창조자』(배영출판사, 1975)
____, 『배달·동이의 한 옛역사』(배영출판사, 1971)
엘리아데, 『샤마니즘』.
여호규, 「고구려의 족속기원과 건국과정」(2004)
____, 「중국의 동북공정과 고구려사 인식체계의 변화」(『한국사연구』 126, 한국사연구회, 2004.9)
____, 『1-4세기 고구려 정치체제 연구』(서울대박사논문, 1997)
____, 『고구려 성 I(압록강 중상류편)』(국방군사연구소, 1998)
오강원, 「고조선 위치비정에 관한 연구사적 검토(2)」(『백산학보』 48, 1997)
____, 「현대 중국의 고조선연구와 그 맥락」(『중국의 한국 고대사연구』, 고구려연구재단, 2005)
오영찬, 「낙랑군의 토착세력 재편과 지배구조」(『한국사론』 35, 1996)
오재성, 『우리는 동이민족이다』(려민족사연구회, 1995)
유창균, 『문자에 숨겨진 민족의 연원』(집문당, 1999)
윤내현, 「기자신고」(『한국사연구』 41, 1983)
____, 『고조선연구』(일지사, 1995)
윤명철, 「동북공정의 배경과 21세기 동아시아 신질서의 구축」(『단군학연구』 10, 단군학회, 2004)
윤선태, 「마한의 신왕과 신고국」(『백제연구』 34, 2001)
윤용구, 「낙랑전기 군현지배세력의 종족계통과 성격」(『역사학보』 126, 1990)
____, 「삼한의 조공무역에 대한 일고찰」(『역사학보』 162,, 1999)
이강래, 「삼국유사인용 고기의 성격」(『삼국사기 전거론』, 민족사, 1996)
이강승, 「요령지방의 청동기문화」(『한국고고학보』 5, 1979)
이광린, 「북한학계에서의 고조선연구」(『역사학보』 124, 1989)
이기동, 「북한에서의 고조선 연구」(『한국사시민강좌』 2, 1988)
이기문, 「백제어 연구와 관련된 몇 문제」(『백제연구』, 1982)
이기백, 「고조선의 국가형성」(『한국사시민강좌』 2, 1988)
____, 「고조선의 제문제」(『한국고대사론』, 탐구당, 1975)

_____, 「단군신화의 문제점」(『한국고대사론』, 1975)
이남규, 「한반도 고대국가 형성기 철제무기의 유입과 보급」(『한국고대사연구』 16, 1999)
이능화, 「고조선 단군」(『동광』, 1927)
이도남, 「중국사서의 한 낙랑군에 대한인식 -낙랑평양설의 성립배경-」(『박영석교수 화갑기념 한국사학논총』, 1992)
이도학, 「광개토왕릉비문의 국연과 간연의 성격에 대한 재검토 -피정복민 시책과 관련하여-」(『한국고대사연구』 28, 2002)
_____, 「광개토왕릉비의 건립 배경-평양성 천도와 관련해서」(『백산학보』 65, 2003)
_____, 「태왕릉과 장군총의 피장자문제」(『백산학보』 69, 2004.11)
_____, 「환인.집안지역 고구려유적 발굴성과의 검토」(『고구려연구회 2004년 추계학술대회』, 2004.11)
이병도, 「'기자조선'의 정체와 소위 '기자팔교조'에 대한 신고찰」(『한국고대사연구』, 박영사, 1976)
_____, 「고구려국호고」(『서울대논문집』 3, 1956)〔『한국고대사연구』(박영사, 1976)〕
_____, 「고구려동황성고」(『동국사학』 4, 1956)〔『한국고대사연구』(박영사, 1976)〕
_____, 「단군설화의 해석과 아사달문제」(『한국고대사연구』, 1976)
_____, 「삼한문제의 신고찰」(『진단학보』 1-8, 1934)〔『한국고대사연구』(1976)〕
_____, 「아사달의 위치문제와 그 명칭의 의의」(『한국고대사연구』, 박영사, 1975)
_____, 「위만조선흥망고」(『한국고대사연구』, 1976)
_____, 「한국민족형성사」(『한국문화사대계』 I, 고려대 민족문화연구소, 1970)
_____, 「현토군고」(『한국고대사연구』, 박영사, 1976)
_____, 『한국고대사연구』(박영사, 1976)
이성규, 「선진문헌에 보이는 '동이'의 성격」(『한국고대사논총』 1, 1991)
이순진·장주협, 『고조선문제연구』(1973)
이영훈·오영찬, 「낙랑문화연구의 현황과 과제」(『낙랑』, 국립중앙박물관, 2001)
이인철, 「4-5세기 고구려의 수묘제-광개토왕비의 수묘인연호조를 중심으로-」(『청계사학』 13, 1997)
이종욱, 『고조선사연구』(일조각, 1993)
이전복, 「집안고구려무덤연구」(『중국경내 고구려유적연구』, 1995)
이현혜, 「삼한사회의 농업생산과 철제 농기구」(『력사학보』 126, 1990)

_____, 「삼한의 대외교역체계」,(『이기백선생 고희기념 한국사학논총』 상, 1994)〔『한국 고대의 생산과 교역』(1998)〕
_____, 「최치원의 력사인식」,(『명지사론』 1, 1983)
이형구·박노희, 『광개토왕릉비문 신연구』(동화출판사, 1986)
이형구 편, 『단군을 찾아서』(살림터, 1993)
이형구, 「대릉하류역의 은말주초 청동기문화와 기자 및 기자조선」,『한국상고사학보』 5, 1991)
_____, 「발해연안지구 요동반도의 고인돌 무덤 연구」,(『정신문화연구』 32, 1987)
_____, 「한국민족문화의 시베리아기원설에 대한 재고」,『동방학지』 69, 1990)
이홍직 역, 『시베리아 제민족의 원시종교』(청구문고, 1976)
임기환, 「100년동안의 논쟁,광개토왕릉비」,(『고대로부터의 통신』, 2004.1)
_____, 「고구려 왕호의 변천과 성격」,(『한국고대사연구』 28, 한국고대사학회, 2002.12)
_____, 「고구려전기 산성 연구 -고구려 산성의 기초적 검토(1)-」,(『국사관론총』 82, 1998)
임병태, 「고고학상으로 본 예맥」,(『한국고대사논총』 1, 1991)
장석호, 「기자조선에 대한 중국의 최근 입장과 비판」,(『중국의 한국 고대사연구』, 고구려연구재단, 2005)
장지훈, 「고대국가의 통치이념에 대한 일고찰」,(『한국사연구』 98, 1997)
전덕재, 「백제 농업기술 연구」,(『한국고대사연구』 15, 1999)
전미희, 「고구려초기의 왕실교체와 오부」,(『박영석교수화갑기념 한국사학논총(상)』, 1992)
전해종, 『동이전의 문헌적 연구』(일조각, 1980)
전호태, 『고구려 고분벽화연구』(조선화보사, 1985)〔『고구려벽화고분』(2000)〕
정경희, 「동명형설화와 고대사회」,(『역사학보』 98, 1983)
정구복, 「고구려의 고려 국호에 대한 일고 - 삼국사기의 기록과 관련하여 -」,(『호서사학』 19·20합집, 1992.11)
정두희, 「중국의 동북공정으로 제기된 한국사학계의 몇 가지 문제」,(『력사학보』 183, 력사학회, 2004.9)
정인보, 『조선사연구 (상)』(1946)
정수암, 「광개토왕비문의 서법에 관하여」,(『광개토왕비문의 신연구』, 서라벌군사연구소, 1999)

정약용, 『여유당전서』
정옥자, 『조선후기 조선중화사상연구』(일지사, 1998)
정인보, 『조선사연구』 상(1946)〔『담원정인보전집』 3〕
정일영, 『고대사 동방대제국』(대구: 마당, 1997)
조동걸, 「한말 사서와 그의 민족주의적 허실」 상·/하(『한국민족주의 성립과 독립운동사연구』, 1989)
조법종, 「고구려사회의 단군인식과 종교문화적 특징」(『한국고대사연구』 21, 2001)
_____, 「고조선관계연구의 현황과 과제」(『단군학연구』 1, 1999)
_____, 「광개토왕릉비문에 나타난 수묘제 연구」(『한국고대사연구』 8, 1995)
_____, 「광개토왕릉비문에 나타난 수묘제연구 -수묘인의 편제와 성격을 중심으로-」(『한국고대사연구』 8, 1992)
_____, 「낙랑문제(평양지역문화)에 대한 일본역사학계의 인식검토」(송갑호교수정년퇴임기념논문집, 2000)
_____, 「동북고대종족 및 고조선 연구동향과 문제점」(『중국의 고구려사 왜곡대책 학술발표회』, 2003)
_____, 「백제별칭 '응준'고」(『한국사연구』 66, 1989)
_____, 「북한의 고조선사 인식체계에 대한 고찰」(『북한의 우리고대사 인식』 I, 대륙연구소, 1991)
_____, 「북한학계의 고조선연구」(『북한의 고대사 연구와 성과』, 대륙연구소, 1994.)
_____, 「북한학계의 고조선연구-1945년부터 1960년대 초반까지의 연구동향을 중심으로-」(『북한의 고대사 연구와 성과』, 1994)
_____, 「위만조선의 대한 전쟁과 항한제후국의 성격」(『선사와 고대』 14, 2000)
_____, 「위만조선의 붕괴시점과 왕험성, 낙랑군의 위치」(『한국사연구』 110, 2000)
_____, 「중국 집안 박물관 호태왕명문방울」(『한국고대사연구』 33, 한국고대사학회, 2004.3)
_____, 「중국학계의 고조선연구검토-동북공정 전후시기 연구를 중심으로-」(『한국사학보』 25, 2006)
_____, 「중국학계의 동북고민족 및 고조선연구동향과 문제점」(『한국고대사연구』 33, 한국고대사학회, 2004)
_____, 「청산별곡에 나타난 새와 사슴의 한국고대 종교문화적 전통」(『한국고대사연구』 14, 1998)

_____, 「학문적으로 창작된 제3의 역사공동체, "요동사"」(『북방사논총』 1, 2004.12.)
_____, 「한사군문제(평양지역문화)에 대한 일본역사학계의 인식검토」(『송갑호선생화갑기념사학논총』, 1992)
_____, 「화랑관련 용어의 검토-중국의 신선사상과의 관련성을 중심으로-」(『화랑의 신연구』(경상북도, 1995)
조인성, 「4·5세기 고구려 왕실의 세계인식 변화」(『한국고대사연구』 4, 1991)
_____, 「고려 초·중기의 역사계승의식과 발해사 인식」(『이기백선생고희기념한국사학논총 「상」-고대편·고려시대편』, 1994)
_____, 「최치원의 력사서술」(『력사학보』 94·95합, 1982)
주보돈, 「『문관사림』에 보이는 한국고대사 관련 외교문서」(『경북사학』 15, 1992.8)
지 승, 『부도(부도)와 단(환단)의 이야기-단군 이전의 역사』(대원출판사, 1996)
차용걸, 「고구려 전기의 도성」(『국사관논총』 48, 1993)
천관우, 「고조선의 몇가지 문제」(『한국상고사의 제문제』, 1987)
_____, 「기자고」(『동방학지』 15, 1974)
_____, 『고조선·삼한사연구』(일조각, 1989)
최광식, 「'동북공정'의 배경과 내용 및 대응방안-고구려사 연구동향과 문제점을 중심으로-」(『한국고대사연구』 33, 한국고대사학회, 2004.3)
_____, 『고대 한국의 국가와 제사』(한길사, 1994)
_____, 『중국의 고구려사 왜곡』(살림출판사, 2004)
최남선, 「기자는 지나의 기자가 아니다」(『반도사화와 락토만주』, 동경: 만선학해사, 1943)
_____, 「단군급기연구」(『조선급조선민족』, 1927)
_____, 「단군론」(1926) : 「아시조선」(1926) : 「단군급기연구」(1928)〔『최남선전집』 1〕
_____, 「불함문화론」(『조선급조선민족』 1, 1927)
_____, 「『삼국유사』해제」(『계명』 18, 1927)〔『신정삼국유사』(삼중당, 1943)〕
_____, 「불함문화론」〔『육당최남선전집』 2, 1973)〕
최 동, 『조선상고민족사』(동국문화사, 1966)
최몽룡, 「한국고대국가형성에 대한 일고찰-위만조선의 예-」(『김철준박사화갑기념사학논총』, 지식산업사, 1983)
───, 「고대국가형성과 무역」(『한국고대의 국가와 사회』, 1985)
───, 「국가기원의 제이론과 그 적용문제」(『역사학보』 94·95합, 1982)

　　　　　상 편역, 『증보 고구려·발해문화』(집문당, 1985)
최병헌, 「고려시대 단군신화 전승문헌의 검토」(『단군 그 이해와 자료』 4, 1994)
최재인, 『상고조선삼천년사』(정신문화사, 2000)
하문식, 「중국 길림지역 고인돌 연구」(『한국상고사학보』 27, 1998)
_____, 「중국 동북지역 고인돌 연구의 성과와 현황」(『백산학보』 39, 1992)
한겨레신문사, 「이여성 -복식사와 미술사장르를 열다.-」(『발굴 한국 현대사인물』, 1992)
한국고대사학회, 『중국의 고구려사왜곡 대책 학술발표회』(2003.12.9)
한국고대사회연구소 편, 『역주 한국고대금석문』 1(가락국사적개발연구원, 1992)
한규철, 「발해의 고구려 역사 계승 문제」(2004)
한영우, 「고려와 조선전기의 기자인식」(『조선전기사회연구』, 1983)
_____, 「고려-조선전기의 기자인식」(『한국문화』 3, 1982)
_____, 『조선전기사학사연구』(1981)
_____, 『조선후기 사학사연구』(일지사)
허진웅, 『중국고대사회』(동문선, 1991)
Mark E. Buyington, 「고구려 국가형성 "세 연구에 기초한 예비적 모델」(『동아세아의 국가형성』(충남대 백제연구소 제10회 백제연구 국제학술회의 발표문, 2000)

□국문·북한□

「10월혁명과 조선 고고학의 발전」(『문화유산』, 1957)
「반만년의 유구한 력사와 민족의 단일성에 대한 확증 단군릉발굴보고」(『조선고고연구』
「최근년간 조선고고학연구에서 이룩한 주요성과」(『조선고고연구』, 1986)
강룡남, 「단군에 대한 고구려사람들의 리해와 숭배」(『력사과학』 1996-3)
강승남(사회과학원 연구사), 「고조선시기 청동 및 철가공기술에 대하여」
_____, 「고조선시기의 청동 및 철가공기술」(『조선고고연구』)
_____, 「기원전 1000년기 후반기 우리나라 청동야금기술의 특징에 대하여」(『조선고고연구』, 1990)
_____, 「우리 나라 고대 청동가공기술에 관한 연구」(『조선고고연구』, 1990)
강인숙(력사연구소 실장, 박사, 부교수), 「단군의 출생지에 대하여」

_____, 「단군의 출생과 활동에 대하여」
_____, 「고조선 건국년대와 단군조선의 존재기간」,(『력사과학』1995-1)
_____, 「단군은 고조선의 건국시조」,(『력사과학』)
공명성(력사연구소 연구사), 「고려국의 성립에 대하여」
공산권문제연구소, 『북한대사전』(1979)
과학원 출판사, 『고고학자료집』1(1958)
_____, 『고고학자료집』2(1959)
권승안, 「단군명칭의 유래에 대한 일제어용사가들의 견해비판-『우두전단유래설』을 중심으로-」,(『력사과학』)
김무삼, 「조선금석에 대한 일제어용학설의 검토 -점선비의 금석학적 분석을 주로-」,(『력사제문제』, 1949)
김교경·전영수, 「강동군 단군릉에서 발굴된 사람뼈에 대한 절대년대 측정결과에 대하여」,(『조선고고연구』)
김교경·정강철, 「물성분석을 통하여 본 점제비와 봉니의 진면모」,(『조선고고연구』 95-4)
김교경(사회과학원 고고학연구소실장), 「단군릉에서 나온 뼈에 대한 연대측정결과에 대하여」
_____, 「평양일대의 단군 및 고조선관계 유적 유물에 대한 연대측정 결과에 대하여」
_____, 「전자스핀공명년대측정방법에 대하여」,(『조선고고연구』, 1987)
_____, 「평양일대의 단군 및 고조선 유적유물에 대한 년대측정」,(『조선고고연구』 1995-1, 사회과학원 고고학연구소)
_____, 「핵분렬흔적법에 의한 절대년대측정의 몇가지 문제」,(『조선고고연구』, 1987)
_____, 「흑요석의 물붙임층년대측정법」,(『조선고고연구』, 1990)
김동일(고고학연구소 연구사), 「별자리가 새겨진 고인돌무덤에 대하여」,(『조선고고연구』 96-3)
김병룡(김형직사범대학 강좌장 박사, 부교수), 「단군조선의 중심지와 령역」
_____, 「부여후국의 성립과 고조선으로부터의 분립」
_____, 「단군조선의 중심지와 령역에 대하여」,(『력사과학』)
김봉환(사회과학원 실장, 부교수, 준박사), 「강동과 성천일대에 분포되어 있는 단군 및 고조선 관계지명에 대하여」
김석형(사회과학원 원장 원사, 교수, 박사), 「주체의방법론을 지침으로하여 조선력사

　　　　　를 체계화하는 데서 나서는 몇 가지 문제」
_____, 「우리당 과학정책의 정당성과 력사학계의 임무-공화국 창건 10주년에 제하여
　　　　　-」(1958)
_____, 「위대한 강령적 문헌들을 깊이 연구하자」(1958)
김영진(사회과학원 실장, 준박사, 부교수), 「고대조선의 토기에 대하여」
_____, 「평양일대에서 발굴된 고조선의 도에 대하여」
_____, 「고조선의 도기에 대하여」(『조선고고연구』 96-3)
_____, 「평양일대에서 발굴된 고조선의 도기」(『조선고고연구』)
김용간(고고학연구소 연구사), 「대동강유역 신석기시대의 사회관계」
김용준, 「사실주의 전통의 비속화를 반대하여 -리여성 저『조선미술사개요』에 대한
　　　　비판(1)-」(『문화유산』, 1960)
_____, 「회화사부문에서의 방법론상 오유와 사실주의 전통에 대한 외곡 -리여성저
　　　『조선미술사개요』 비판(2)-」(『문화유산』 1960-3)
김유철(김일성종합대학 연구사, 박사, 부교수), 「고조선시기 경제발전과 노예제도의
　　　　변천」
_____, 「단군조선의 경제제도에 대하여」
김윤교(김형직사범대학 교원, 준박사), 「고대글자와 훈민정음에서 찾아볼 수 있는 일
　　　　련의 공통성」
_____, 「신지글자의 시대적인 쓰임과 변화」
김은택(김일성종합대학 교원), 「일본 야요이문화의 조선적 성격을 통하여 본 고대조
　　　　선의 경제문화의 발전」
김인호(사회과학원 실장, 준박사), 「신지글자는 고대동방문화발전에 이바지한 리 인
　　　　민의 고유글자」
_____, 「우리나라 고대글자관계의 역사유물과 자료들에 대한 고찰」
김종혁(사회과학원 실장, 준박사), 「표대부락터에 대하여」
_____, 「새로 발굴된 성천군 룡산리 순장무덤에 대하여」(『조선고고연구』 95-1)
김혜숙, 「위대한 수령 김일성동지는 우리 고고학자들의 영원한 스승이시다」(『조선고
　　　　고연구』 97-3)
김후선, 「반당 종파분자들의 반맑스주의적 사상의 반동성과 해독성」(『력사과학』,
　　　　1958)
남일룡(김일성종합대학 교원), 「평양일대 고대성곽의 특징에 대하여」

_____, 「평양일대 고대성곽의 특징에 대하여」(『조선고고연구』 96-3)
_____, 「평양일대 고대토성의 축조연대에 대하여」(『조선고고연구』 96-1)
_____, 「평양지방의 고대토성」(『조선고고연구』)
_____, 「평양주변의 고대토성에 대하여」
도유호, 「고조선에 관한 약간의 고찰」(『문화유산』, 1960)
_____, 「왕검성의 위치」(『문화유산』, 1962)
로성철, 「미송리형단지의 변천과 그 연대에 대하여」(『조선고고연구』, 1993)
류 렬(언어학연구소 연구사), 「신지글자와 '창힐문자'와의 관계에 대하여」
류병홍(사회과학원 부소장, 준박사), 「경애하는 김일성동지는 우리 민족의 원시조를 찾아주시고 빛내여 주신 민족의 위대한 어버이이시다」(『조선고고연구』 95-3)
_____, 「단군 및 고조선시기의 유적 유물 발굴에 대하여」
_____, 「고조선의 문화발전에 대한 고고학적 편년에 대하여」(『조선고고연구』 96-2)
_____, 「단군 및 고조선 시기의 유적 유물발굴성과에 대하여」(『조선고고연구』 95-1)
_____, 「단군과 고조선의 력사유적에 대한 고고학적 조사발굴사업을 힘있게 벌리는 것은 어버이수령님의 유훈을 철저히 관철하기 위한 중요한 담보」(『조선고고연구』 96-3)
리기원(언어학연구소 연구사), 「단군 및 고조선의 지명과 '정주읍도록'에 대하여」
리순진(사회과학원실장, 부교수, 준박사), 「고조선의 질그릇에 대하여」
_____, 「평양일대에서 새로 발굴된 황대성에 대하여」
_____, 「고조선의 질그릇에 대하여」(『조선고고연구』 96-3)
_____, 「우리 나라 서북지방에서의 나무곽무덤의 기원가 발생시기에 대하여」(『조선고고연구』, 1992)
_____, 「우리나라 서북지방의 나무곽무덤에 대한 연구」(『고고민속론문집』 8, 1983)
_____, 「평양일대 나무곽무덤의 성격에 대하여」(『조선고고연구』 96-1)
_____, 「평양일대에서 새로 발굴된 황대성에 대하여」(『조선고고연구』)
_____, 『고조선문제연구』(1973)
리승혁(사회과학원 연사사, 준박사), 「만왕조의 멸망과 락락국에 대하여」(『력사과학』)
리여성 「대동강반 한식 유적 유물과 「악랑군치」설치에 대하여」(『력사과학』 5, 1955)
_____, 『朝鮮美術史 槪要』(평양:국립출판사, 1955)
리윤철, 「방사성탄소에 의한 유적유물의 절대년대측정법에 대한 고찰」(『조선고고연구』, 1990)

리이철(원자력연구소 연구사)·정강철(고고학연구소 연구사), 「핵분열흔적 법에 의한 고대유물의 연대측정에 대하여」
리준걸(고고학연구소 연구사), 「단군조선의 천문학은 우리나라 천문학의 시원」
_____, 「단군조선의 천문지식은 고구려 천문학의 기초」(『조선고고연구』 96-3)
리준영(금성정치대학 연구사), 「단군릉에 대한 력사자료에 대하여」
리지린, 「고조선 국가 형성에 관한 한 측면의 고찰 -한'자 사용의 시기에 대하여-」 상(『력사과학』, 1960)
_____, 『고조선연구』(학우서방, 1964)
리창언(고고학연구소 연구사), 「평양일대 돌관무덤의 변천에 대하여」
_____, 「경애하는 수령 김일성동지는 반만년의 유구한 우리 민족사를 빛내여 주신 위대한 스승」(『조선고고연구』 94-3)
_____, 「귀틀무덤에 묻힌자들의 신분에 대하여」(『조선고고연구』, 1986)
_____, 「귀틀무덤을 남긴 정치세력에 대하여」(『조선고고연구』 96-1)
_____, 「평양일대의 돌관무덤과 그 변천에 대하여」(『조선고고연구』 96-2)
리 철(평양미술대학 교원, 준박사), 「미술유물을 통하여 본 고조선사람들의 '밝음'에 대한 숭배」
_____, 「단군관계 미술유산에 대한 고찰」
리 호(김일성종합대학 교원), 「평양지방의 자연지리적조건에 대한 역사적 고찰」
박시형, 『광개토왕릉비의 연구』(1966)
박영초, 「고조선에서의 제철 및 철재 가공기술의 발전」(『조선고고연구』, 1989)
박영해(사회과학원 연구사, 박사, 부교수), 「고조선 대외관계의 몇가지 특징」
_____, 「단군릉개건과 그 의의」
_____, 「기원전 2세기말-기원 4세기초의 여러 전쟁과정을 통하여 본 락랑군의 위치」
박진욱(사회과학원 연구사, 박사, 부교수), 「고조선의 좁은 놋단검문화에 대한 재고찰」
_____, 「단군릉발굴정형에 대하여」
_____, 「고조선의 비파형단검문화에 대한 검토」
_____, 「고조선의 좁은 놋단검문화에 대한 재고찰」(『조선고고연구』 96-2)
_____, 「길림, 장춘지방의 좁은 놋단검관계유적유물의 성격(1·2)」(『조선고고연구』, 1987·1988)
_____, 「단군릉 발굴정형에 대하여」(『조선고고연구』)
_____, 「락랑유적에서 드러난 글자있는 유물에 대하여」(『조선고고연구』 95-4)

_____,「평양은 고조선의 수도」(『력사과학』)
_____,「초기좁은놋단검문화의 내용과 발전과정에 대하여」(『조선고고연구』, 1987)
사회과학출판사 력사편집실 편,『단군과 고조선에 관한 연구론문집』(사회과학출판사, 1994)
_____,『고조선 력사개관』(1999.4)
서국태(고고학연구소 실장),「팽이그릇시기 집자리유적에 대하여」
_____,「팽이그릇문화의 편년에 대하여」(『조선고고연구』 96-2)
석광준(사회과학원 연구사, 부교수, 준박사),「평양일대 고인돌무덤의 변천에 대하여」
_____,「평양일대에서 새로 발굴된 고인돌무덤과 돌 관무덤에 대하여」
_____,「평양은 고대문화의 중심지」(『조선고고연구』)
_____,「평양일대 고인돌무덤의 변천에 대하여」(『조선고고연구』 96-3)
_____,「평양일대에서 새로 발굴된 고인돌과 돌관무덤에 대하여」(『조선고고연구』 95-1)
손수호,「고구려돌각담무덤의 등급과 관련한 몇 가지 문제」(『조선고고연구』 2000-3, 평양:사회과학원 고고학연구소)
_____,「집안일대 왕릉급 돌각담무덤들의 주인공문제에 대하여」(『조선고고연구』 1999-2, 평양: 사회과학원 고고학연구소)
_____,「집안일대 왕릉급 돌각담무덤들의 주인공문제에 대하여」(『조선고고연구』 1999-2, 평양:사회과학원 고고학연구소)
손영종(사회과학원 실장, 교수, 박사),「고조선 3왕조의 시기구분에 대하여」
_____,「조선민족은 단군을 원시조로 하는 단일민족」(『력사과학』)
_____,「후조선은 단군조선의 계승국」(『력사과학』)
_____,『고구려사』(과학백과사전종합출판사, 1990)
손진태,「소도고」(『민속학』 4-4, 1932)〔『조선민족문화의 연구』, 1948)〕
_____,『한국민족사개설』(1964)
송순탁(조선중앙력사박물관 실장, 박사),「고조선에 의한 조선 중남부 지역이 통합과 진국의 분립」
_____,「우리나라의 첫 국호 조선의 기원에 대하여」
안병찬,「평양일대 락랑유적의 발굴정형에 대하여」(『조선고고연구』 95-4)
장국종(사회과학원 연구사, 후보원사, 교수, 박사),「고조선의 정치제도의 변화발전」
_____,「단군조선의 정치제도」

장우진(사회과학원 실장, 박사, 부교수), 「단군조선성립의 사회역사적전제에 대하여」
____, 「단군릉에서 나온 사람뼈의 인류학적 특징에 대하여」(『조선고고연구』 94-1)
____, 「단군조선 성립의 사회력사적 전제에 대하여」(『조선고고연구』 96-2)
____, 「평양일대의 단군조선 유적에서 발굴된 사람뼈에 대하여」(『조선고고연구』)
전영수(고고학연구소 연구사)·최성룡(고고학연구소 연구사), 「평양일대에서 새로 발굴된 유적 유물의 연대학적고찰」
정강철·리이철, 「평양일대에서 새로 발견된 유적들에 대한 핵분렬흔적년대측정」(『조선고고연구』 96-3)
정백운, 「조선 고대 무덤에 관한 연구 (1)」(『문화유산』, 1957)
정성철(사회과학원 실장, 교수, 박사), 「단군조선의 철학사상에 대하여」
정세호, 「고조선의 위치에 대한 일고찰-문제의 제기로서-」(『력사제문제』, 1950)
____, 〈자료〉「사기를 중심한 고조선의 위치에 관하여」(『력사과학』, 1956)
정찬영, 「고조선의 위치와 그 성격에 관한 몇가지 문제」(『문화유산』, 1960)
정 현, 「한사군고」(『력사제문제』 1950-3〈통권 17호〉)
정홍교(사회과학원 실장, 박사, 부교수), 「단군설화의 주요 특징에 대하여」
조희승(사회과학원 연구사, 준박사), 「잠업, 제강, 벼재배 기술을 통해 본 고조선문화의 우수성과 독자성」
____, 「단군설화의 일본렬도보급과 그 력사적 배경」
____, 「평양 락랑유적에서 드러난 고대 비단에 대하여」(『조선고고연구』 96-1)
차달만(고고학연구소 연구사), 「귀일리 2호 고인돌무덤에 대하여」
최응선(고고학연구소 연구사), 「상원군 장리 고인돌무덤을 통하여 본 고조선초기의 사회문화 상에 대하여」(『조선고고연구』 96-3)
최익한, 「고대 조선문화와 유교문화와의 관계」(『역사제문제』, 1950)
최택선, 「고구려의 인물풍속도 무덤과 인물풍속 및 사신도무덤 주인공들의 벼슬등급에 대하여」(『력사과학』 1988-1)
한용걸(평양건설건재대학 교원), 「고인돌무덤건축에 사역된 노동의 성격에 대하여」
한인덕, 「서북조선의 벽돌무덤의 성격에 대하여」(『조선고고연구』 95-4)
____, 「평양일대 벽돌무덤의 구조형식과 그 변천」(『조선고고연구』, 1986)
____, 「평양일대 벽돌칸무덤은 귀틀무덤의 계승」(『조선고고연구』, 1989)
____, 「평양일대 벽돌칸무덤의 연대에 대하여」(『조선고고연구』, 1988)
한인호(사회과학원 연구사, 준박사), 「고조선의 귀금속유물에 대하여」

____, 「고조선 초기의 금제품에 대하여」

____, 「경애하는 김정일 장군님은 우리 고고학자들의 위대한 스승」(『조선고고연구』 97-1)

____, 「고조선 초기의 금제품에 대한 고찰」(『조선고고연구』)

____, 「고조선의 귀금속유물에 대하여」(『조선고고연구』 96-3)

____, 「당의 현명한 령도아래 찬란히 개화 발전한 조선고고학」(『조선고고연구』 95-4)

____, 「위대한 수령 김일성동지께서 우리 고고학의 개화발전에 쌓으신 불멸의 업적」 (『조선고고연구』 97-2)

허승종(민족고전연구소 연구사), 「고조선 3왕조의 영역에 대하여」

허종호(력사연구소 실장), 「단군 및 고조선 력사연구에서의 몇가지 기본문제들과 그 해명」

____, 「단군 및 고조선력사 연구에서의 몇가지 기본문제들과 그 해명」(『력사과학』)

현명호(김일성종합대학 력사학부 실장), 「고조선의 성립과 수도문제에 대하여」

홍기문, 「조선의 고고학에 대한 일제어용학설의 검토(상)」(『력사제문제』, 1949)

____, 「조선의 고고학에 대한 일제어용학설의 검토(하)」(『력사제문제』 1950-1〈통권 14호〉)

____, 「조선의 고대사료로서 한위이전 중국문헌의 검토」(『력사제문제』 9, 1949)

황기덕(고고학연구소 연구사), 「고조선의 국가형성에 대하여」

____, 「길림,장춘지방 비파형단검문화의 연대에 대하여」(『조선고고연구』, 1987)

____, 「료서지방 비파형단검문화의 성격」(『조선고고연구』, 1986)

____, 「비파형 단검문화의 미송리류형 -1·2 미송리류형의 유적 유물과 그 년대-」(『조선고고연구』, 1989)

____, 「비파형 단검문화의 미송리류형 -3.미송리류형문화의 주민-」(『조선고고연구』, 1990)

____, 「우리나라 청동기시대의 사회관계에 대하여(1·2)」(『조선고고연구』, 1987)

□일본□

剛崎敬, 「夫租薉君銀印をめぐる諸問題」(『朝鮮學報』, 1968)

岡內三眞, 「朝鮮における銅劍の始原と終焉」(『考古學論集』, 1982)

谷豊信, 「樂浪土城址出土の土器-樂浪土城研究その4」(『東京大學文學部考古學研究室研究

紀要』, 1986)

谷豊信, 「樂浪郡の位置」(『朝鮮史研究會論文集』 24, 1987)

關野貞, 「樂浪土城の封泥」(『朝鮮の建築と藝術』, 1923)

＿＿＿, 「樂浪帶方兩郡の遺蹟及遺物」(『考古學講座』 11, 1936)

駒井和愛, 「樂浪郡治考」(『考古學研究』 3, 東京大學 文學部, 1965)

今西龍, 「箕子朝鮮傳說考」(『支那學』 2-10·11, 1929)

＿＿＿, 「樂浪郡 位置考」(『朝鮮古史の研究』, 1937)

＿＿＿, 「檀君考」(『靑丘學叢』 1, 1929)〔『朝鮮古史の研究』(1937)〕

＿＿＿, 「列水考」(『朝鮮支那文化の研究』(1929)〔『朝鮮古史の研究』(1937)〕

那珂通世, 「朝鮮古史考」(『史學雜誌』, 1894)

大林太郎, 「朝鮮の檀君神話とツングースの熊祖神話」(『東アジアの王權神話』, 1984)

大原利武, 『滿鮮に於ける漢代五郡二水考』, (東京: 近澤書店, 1933)

稻葉君山, 「檀君說話」(『朝鮮史學』 6, 1926)

稻葉岩吉, 「秦長城東端及王險城考」(『史學雜誌』 21-2, 1910)

東潮, 「高句麗文物關編年的考察」(『橿原考古學研究所論文集』 10, 東京: 吉川弘文館, 1998)

＿＿＿, 「高句麗における橫穴式石室墳の出現と展開」(『高句麗考古學研究』, 1997)

＿＿＿, 「朝鮮三國時代の農耕」(『彌原考古學研究所論集』, 1983)

藤田亮策, 『朝鮮考古學研究』, (東京: 高桐書院, 1948)

＿＿＿＿, 「樂浪封泥考」(『小田先生頌壽紀念朝鮮論集』, 1934)

樂浪漢墓刊行會, 『樂浪漢墓』

梅原末治·藤田亮策, 『朝鮮古文化綜鑑』(1947)

白鳥庫吉, 「檀君考」(『學習院普仁學會雜誌』 28, 1894)〔『白鳥庫吉全集』 3, 1970〕

＿＿＿＿, 「朝鮮の古傳說考」(『史學雜誌』 5-12, 1984)

＿＿＿＿, 「朝鮮の古傳說考」(『史學雜誌』 5-12, 1984)

福永光司, 『道教思想史研究』(岩波書店, 1987)

榧本杜人, 「樂浪古蹟の雙印-漢委奴國王金印の再檢討-」(『朝鮮學報』)

＿＿＿＿, 「樂浪漢墓 - 日本學者の業績」, 1974)

榧本杜人·町田章, 「漢代紀年銘□器聚成」, 1974)

浜田耕策, 「高句麗廣開土王陵墓比定の再檢討」(『朝鮮學報』 119·120합집, 1986)

三崎良章, 「東夷校尉考-その設置と「東夷」への授與」(『東アジア史の展開と日本』, 2000)

三上次男, 「古代の西北朝鮮と衛氏朝鮮國家の政治社會的性格」(『古代東アジア史研究』, 1966)

_____,「樂浪郡社會の支配構造」(『朝鮮學報』30, 1964)
三宅俊成,「輯安縣城附近の高句麗の遺跡と遺物」(『東北アジア考古學研究』, 東京: 國書刊行會, 1975)
三品彰英,『古代祭政と穀靈信仰』(1973)
桑野榮治,「李朝初期の祀典を通じてみた檀君祭祀」(『朝鮮學報』135, 1990)
西谷正,「朝鮮における土壙墓と初期金屬器文化について」(『考古學研究』13-2, 1966)
西本昌弘,「帶方郡治の所在地と辰韓廉斯邑」(『朝鮮學報』130, 1988)
西川權,『日韓古代史ノ裏面』,(東京: 偕行社, 1910)
小田省吾,『帶方郡及び其の遺蹟』(1935)
松井等,「秦長城東部の位置」(『歷史地理』13-3, 1909)
首藤丸毛,「玄菟.臨屯.眞番三郡についての一私見」(『朝鮮學報』, 1979)
野崎充彦,「檀君の位相 -固有と外來の相剋-」(『朝鮮史研究會論文集』35, 1997)
永島渾臣愼·西谷正共譯,「'夫租薉君墓について(李淳鎭著)」(『考古學研究』, 1968)
_____,「'夫租薉君'印について(白鍊行著)」(『考古學研究』, 1968)
原田淑人,「封泥の發見とその研究について」(『朝鮮學報』49, 1968)
原田淑人·田澤金吾,『樂浪 -五官橡王旰の墳墓』(東京帝國大學, 1930)
栗原朋信,『上代日本對外關係の研究』(吉川弘文館, 1978)
李成市,『古代東アジアの民族と國家』(岩波書店, 1998)
田村晃一,「樂浪郡の木槨墓」(『三上次男博士頌壽記念東洋史考古學論集』, 1979)
_____,「帶方郡の位置 - 漢墓綜考第一」(『韓』3-1, 1974)
_____,「樂浪郡地域出土の印章と封泥-馬韓の文化への反論」(『考古學雜誌』, 1976)
_____,「樂浪郡地域の木槨墓-漢墓綜考第二-」(『三上次男博士頌壽記念論集』, 1979)
_____,「遼東石棚考」(『東北アジアの考古學-第二 槿域-』, 東北亞細亞考古學研究會, 깊은샘, 1996)
_____,「平壤周邊における古墳調査の現況と問題點」(『靑山史學』6, 1980)
井上秀雄,「『後漢書』の東夷觀」(『小野勝年博士頌壽紀念 東方學論集』, 龍谷大學東洋 學硏究會, 1982)
町田章,「樂浪前漢墓に關する一視角」(『朝鮮史研究會論文集』18, 1981)
白南雲,「第二章 檀君神話に對する批判的見解」(『朝鮮社會經濟史』, 1933)
齊藤忠,「角抵塚の角抵(相撲)·木·熊·虎とのある畵面について」(『壁畵古墳の系譜』第三章『日本考古學研究』二, 學生社, 1989)

在日本朝鮮歷史考古學會編譯, 『朝鮮民族と國家の原流 - 神話と考古學-』(1995)
朝鮮古蹟研究會, 『樂浪彩篋塚』(古蹟調査報告 第1集, 1934)
_____, 『樂浪王光墓』(古蹟調査報告 第2集, 1935)
_____, 『昭和10年度 古蹟調査概報 樂浪古墳』(1936)
_____, 『昭和12年度 古蹟調査概報 樂浪古墳』(1938)
_____, 『昭和8年度 古蹟調査概報 樂浪古墳』(1934)
_____, 『昭和9年度 古蹟調査概報 樂浪古墳』(1935)
池內宏·梅原末治, 『通溝(下)』(日滿文化協會, 1940)
紙屋正和, 「『漢書』列侯表考證」上·中·下(『福岡大學人文論叢』 15-2, 1983)
津田左右吉, 「浿水考」(『東洋學報』 2-2, 1912)
靑山公亮, 「帶方郡攷」(『朝鮮學報』 48, 1968)
秋山進午, 「樂浪前期の車馬具」(『日本考古學の諸問題』, 1964)
平壤名所舊蹟保存會, 『樂浪彩篋塚遺物聚英』(1936)
穴澤和光·馬目順一, 「昌寧校洞古墳群」(『考古學雜誌』 60-4, 1974)
弘文堂書房, 『朝鮮古史の研究』(東京: 近澤書店, 1937)
金宅圭, 「蘇塗と卒土」(『三上次男喜壽記念論文集』, 平凡社, 1985)
來村多加史, 『唐代皇帝陵野つ研究』(學生社, 2001)

□중문□

耿鐵華·孫仁杰·遲勇, 「高句麗兵器硏究」(『高句麗硏究文集』, 延邊大學出版社, 1993)
耿鐵華·任至德, 「集安高句麗陶器的初步硏究」(『文物』 1984-1, 北京)
耿鐵華, 「高句麗兵器初論」(『遼海文物學刊』 1993-2, 瀋陽)
_____, 「高句麗彩釉陶器的類型與分期」(『考古與文物』 2001-3, 北京)
_____, 「集安市新出土幾件高句麗文物」(『博物館硏究』 1998-2, 長春)
_____, 『高句麗瓦當』(吉林人民出版社, 2001)
_____, 『高句麗瓦當硏究』(中國, 2001)
_____, 『中國高句麗史』(吉林人民出版社, 2002)
喬 梁, 「高句麗陶器的編年與分期」(『北方文物』 1999-4, 哈爾賓)
靳楓毅, 「論中國東北地區含曲刃青銅短劍的文化遺存」上·下(『考古學報』 82-4, 83-1)
_____, 「夏家店上層文化及其族屬問題」(『考古學報』 87-2).

金旭東, 「1987年吉林東豊南部蓋石墓調査與淸理」(『遼海文物學刊』 1991-2)
金毓黻, 『東北通史』
吉林省文物考古硏究所·集安市博物館編, 『洞溝古墓群-1997年調査測繪報告』(科學出版社, 2002)
_____, 『集安高句麗王陵-1990-2003年集安高句麗王陵調査報告』(2004)
吉林省文物工作隊·吉林省文物保管所(陳相偉·方起東), 「輯安長川一號壁畵墓」(『東北考古與歷史』 1, 1982)
羅繼祖, 「辰國三韓考」(『北方文物』, 1995)
南京博物院 「南京富貴山東晋墓發掘報告」(『考古』 1963-6)
都興智, 「關于古朝鮮硏究的幾個問題」(『史學集刊』 2, 2004.4)
董 高, 「公元3至6世紀慕容鮮卑,高句麗,朝鮮,日本馬具之比較硏究」(『文物』 1995-10, 北京)
李德山, 「高句麗族人口去向考」(『社會科學輯刊』 1, 2006)
_____, 「關於古朝鮮幾個問題的硏究」(『中國邊疆史地硏究』 2, 2002.6)
_____, 「當前高句麗史硏究中的幾個問題」(『中國邊疆史地硏究』 2, 2003.6)
_____, 「唐朝對高句麗政策的形成, 嬗變及其原因」(『中國邊疆史地硏究』 4, 2004.12)
_____, 「東北邊疆和朝鮮半島古代國族硏究」(『中國邊疆史地硏究』 4, 2001.12)
_____, 「白山靺鞨史論」, 『社會科學戰線』 1, 2006)
_____, 「三韓考」(『中國東北邊疆硏究』, 中國社會科學出版社, 2003.8)
_____, 「粟末靺鞨史跡考」, 『學習與探索』 4, 2006)
_____, 「試論長白山文化的特點」(『中國邊疆史地硏究』 4, 2003)
_____, 「再論高句麗民族的起源」, 『東北史地』 3, 2006)
_____, 「辰國新考」(『學習與探索』 3, 2003.6)
_____, 「黑水靺鞨史論」, 『史學月刊』 5,, 2006)
馬大正 等, 『古代中國高句麗歷史續論』(2003)
馬 洪, 「從高句麗的一方銅印談隸書印的出現年代」(『博物館硏究』 1995-1, 長春)
蒙文通, 『周秦少數民族硏究』(龍門聯合書店, 1958)
苗威·劉子敏, 「箕氏朝鮮硏究」(『東北史地』, 2004)
苗 威, 「樂浪郡與"三韓"」(『東北史地』 2004-6)
_____, 「檀君神話的文化解析」(『東疆學刊』 23-3, 2006)
武家昌, 「遼東半島石棚初探」(『北方文物』 1994-4)

朴眞奭·姜孟山, 「高句麗遺物和遺物研究(朝文)」(延吉: 東北朝鮮民族敎育出版社, 1994)
方起東, 「千秋墓, 太王陵和將軍墳主人公推定」(『博物館研究』 1986-2)
傅斯年, 「夷夏東西說」(『慶祝蔡元培先生六十五歲論文集』, 南京, 1935)〔『中國上古史論文選集』
       上·下(華世出版社, 1979)〕
山東省博物館, 『大汶口文化討論文集』(1981)
徐家國, 「遼寧省撫順市渾河流域石棚調査」(『考古』 1990-10)
徐无聞, 『甲金篆隷大字典』(四川辭書出版社, 1991)
孫福海·靳維勤, 「石棚考略」(『考古』 1995-7)
孫仁杰, 「高句麗積石墓葬具研究」(『高句麗研究文集』, 延邊大學出版社, 1993)
_____, 「集安出土的高句麗金飾」(『博物館研究』 1985-1, 長春)
_____, 『東北民族原流』(黑龍江人民出版社, 1987)
_____, 『東北歷史地理』 2(黑龍江人民出版社, 1989)
孫　弘, 「吉林地區高句麗文物硏究綜述」, 吉林省高句麗學術硏討會2002年論文, 2002)
安志敏, 「浙江瑞安·東陽支石墓的調査」(『考古』 1995-7)
楊　寬, 『中國皇帝陵の起源と變遷』(學生社, 1981)
楊　軍, 「箕子與古朝鮮」(『吉林大學社會科學學報』, 1999)
_____, 「再論古朝鮮硏究中的幾個問題-答張碧波先生-」(『吉林大學社會科學學報』, 2000)
楊昭全·孫玉海, 『中朝邊界史』(吉林文史出版社, 1993)
梁志龍·王俊輝, 「遼寧桓仁出土靑銅遺物墓藏及相關問題」(『博物館研究』 1994-2, 長春)
梁志龍, 「桓仁地區高句麗城址槪述」(『博物館研究』 1992-1)
嚴文明, 「東夷文化的探索」(『文物』 1989-9)
嚴長祿·楊再林, 「延邊地區高句麗-渤海時期紋飾板瓦當初探」(『博物館研究』 1988-2, 長春)
嚴長祿, 『高句麗遺物研究』(延邊大學出版社, 1994)
呂思勉, 『讀史禮記』(上海古籍出版社, 1982)
_____, 『中國民族史』(世界書局, 1934)
閻　海, 「箕子東走朝鮮探因」(『北方文物』, 2001)
吳汝祚, 「北辛文化」(『中國原始文化論集』, 文物出版社, 1989)
溫艶玲·王慧玲, 「關於長白山申報世界遺產可行性分析」(『吉林地質』 23-3, 2004)
王健群, 『好太王碑研究』(吉林人民出版社, 1984)
王雷生, 「『周易·明夷卦』及其歷史故事新解」(『周易研究』, 1999)
王綿厚, 「"長白山東系"的 靑銅文化與早期鐵器文化」(『高句麗與濊貊研究』, 哈爾濱出版社,

        2005)
_____, 「關于"長白山區系考古文化的歷史定位思考」(『高句麗與歲貊研究』, 哈爾濱出版社, 2005)
_____, 「遼河文明在中華文明形成中的歷史地位」(『高句麗與歲貊研究』, 哈爾濱出版社, 2005)
_____, 『高句麗古城研究』, 文物出版社, 2002)
王鵬勇, 「高句麗之釘履」(『博物館研究』 2000-1, 長春)
王嗣洲, 「試論遼東半島的石棚墓與大石蓋墓的關係」(『考古』 1996-2)
王純信, 「金蛙傳說與蛙紋瓦當」(『高句麗歷史與文化研究』, 長春: 吉林文史出版社, 1997)
王 迅, 『東夷文化与淮夷文化研究』(北京大學出版社, 1994)
王玉哲, 『古史集林-箕子之明夷與朝鮮』(中華書局, 2002)
王洪峰, 「吉林南部石棚及相關問題」(『遼海文物學刊』 1993-2)
_____, 「石棚墓葬研究」(『靑果集』, 知識出版社, 1993)
『遼寧喀左北東村出土的殷周靑銅器』(『考古』)
遠 生, 「高句麗的鎏金銅釘鞋」(『博物館研究』 1983-2, 長春)
魏存成, 「高句麗馬具的發現與研究」(『北方文物』 1991-4, 哈爾賓)
_____, 「高句麗四耳展沿壺的演變及其有關的幾個問題」(『文物』 1985-5, 北京)
_____, 「高句麗初中期的都城」(『北方文物』, 1985)
_____, 「高句麗考古」(吉林大學出版部, 湖巖美術館, 1996)
_____, 『高句麗遺跡』(文物出版社, 2002)
喻權中, 「長白山神話與中國東北諸族的文化取向」(『學習與探索』 1, 2003)
劉子敏, 「"嵎夷"與"朝鮮"」(『北方文物』, 2005)
_____, 「關于古"辰國"與"三韓"的探討」(『社會科學戰線』, 2003-3)
_____, 「論"明夷"不是"朝鮮"-以解讀『周易』"明夷"卦爲中心-」(『東北史地』, 2005)
_____, 「也談古朝鮮硏究的幾個問題」(『史學集刊』 4)
_____, 「長白山考 -關於長白山地區歷史上的歸屬問題硏究-」(中國歷史地理硏究, 2006)
_____, 「長白山文化的界定及其他」(『中國邊疆史地硏究』 13-4, 2003.12)
劉 熙, 『釋名』 釋長幼編
李健才, 「關於西團山文化族屬問題的探討」(『社會科學戰線』 1985-2).
_____, 「評『箕子朝鮮傳說考』」(『高句麗歸屬問題研究』, 吉林文史出版社, 2000)
李樂瑩, 「古代高句麗印章文化初探」(『長春師範學院學報』 2001-2, 長春)
李德山·欒凡, 『中國東北古民族發展史』(東北邊疆研究叢書, 中國社會科學出版社, 2003)
李德山, 「試論長白山文化的特點」(『中國邊疆史地研究』 4, 2003)

李炳海, 「東夷族靈魂歸山觀念及相關文學思想」(『社會科學戰線』, 1994)
李展福·孫玉良, 「高句麗的都城」(『博物館研究』 1990-1)
李殿福, 「高句麗丸都山城」(『文物』 1982-6)
_____, 「集安卷雲紋瓦當考辨」(『社會科學戰線』 1984-4, 長春)
李縉雲, 「前所未見的好太王陵有文字磚」(『中國文物報』 1989-8-25, 北京)
李昌善, 「長白山神話傳說的文化解讀」(『東疆學刊』 20-3, 2003.7)
李春燕·王卓, 「漢族文化在東北邊疆文化發展中的歷史作用」(『中國東北邊疆研究』, 中國社會科學出版社, 2003)
林 沄, 「中國東北系銅劍初論」(『考古學報』, 1980)
任至德·耿鐵華, 「集安出土的高句麗瓦當及其年代」(『考古』 1985-7, 北京)
張 軍, 「箕子朝鮮研究二題」(『東北史地』, 2005)
張聞玉, 「"易·明夷卦"探微」(『貴州大學學報』, 1995)
張博泉, 「關于箕子 朝鮮侯東遷及高麗遼東之地問題研究之我見-兼與李建才先生商討-」(『博物館研究』, 1998)
_____, 「箕子與朝鮮研究的問題」(『吉林大學社會科學學報』, 2000)
_____, 「肅愼,燕亳考」(『東北考古與歷史』, 1982)
_____, 『箕子與朝鮮論集』(吉林文史出版社, 1994)
_____, 『東北地方史稿』(吉林大學出版社, 1985)
張碧波, 「古朝鮮銅鏡性質初探」(『黑龍江社會科學』, 2001)
_____, 「古朝鮮文化探源」(全國首屆東北民族與學術研討會交流論文, 1999)
_____, 「古朝鮮研究中的誤區-東北史評之-」(『黑龍江民族叢刊』, 1999)
_____, 「關于箕子東走朝鮮問題的論爭-與閻海先生商榷-」(『北方文物』, 2002)
_____, 「關于箕子與古朝鮮幾個問題的思考」(『吉林大學社會科學學報』, 2000)
_____, 「關于歷史上民族歸屬與疆域問題的再思考-兼評"一史兩用"s史觀-」(『黑土地的古代文明』, 2000)
_____, 「箕子探研」(『博物館研究』, 2000)
_____, 「略談古朝鮮,高句麗研究中的誤區」(『高句麗歸屬問題研究』, 2001)
_____, 「朝鮮箕氏考」(『社會科學戰線』, 1997)
張福有·孫仁傑·遲勇, 「豆穀,豆穀離宮及琉璃明王陵」(『東北史地』, 2006.2.)
_____, 「朱蒙所葬之'龍山'及太王陵銅鈴"峻"字考」(『東北史地』, 2006.2.)
張福有·遲勇·孫仁傑, 「集安楠子泃墓地調査與東川王陵考」(『東北史地』, 2006.3.)

張福有, 「高句麗, 渤海國與長白山文化」(『長春師範學院學報』 23-4, 2004.7)
_____, 「弘揚長白山文化和長白山精神促進二次創業」(長白山網站, 中共吉林省白山市委組織部)
張璉瑰, 「檀君與政治」(『中共中央黨校學報』, 1997)
張增香, 「有關箕子朝鮮的幾個問題新探」(『東北史地』, 2004)
田子馥, 「中國長白山文化本原論」(『東北史地』, 2005)
鄭延鎭, 『高句麗渤海靺鞨墓葬比較研究』(延邊大學出版社, 2003)
趙書勤, 「集安兩件館藏文物名稱小考」(『博物館研究』 1997-2, 長春)
_____, 「集安出土的高句麗鐵鍋」(『高句麗研究文集』, 延吉, 1993)
宗 岩, 「朝鮮的箕子陵與檀君陵」(『中國東北邊疆研究』, 中國社會科學出版社, 2003)
周榮順, 「高句麗無釉陶器修復」(『高句麗研究文集』, 延邊大學出版社, 1993)
周向永, 「明夷・朝夷及其相關問題探討」(『東北史地』, 2005)
朱 泓, 「夏家店上層文化居民的種族類型及相關問題」(『遼海文物學刊』, 遼寧省博物館四十周年紀念特刊, 1989-1).
中國地圖出版社, 『中國文物地圖集・吉林分冊』(1992)
遲 雷, 「關于曲刃靑銅短劍的若干問題」(『考古』 1982-1)
陳大爲, 「試論遼寧石棚的性質及其演變」(『遼海文物學刊』 1991-1)
_____, 「桓仁縣考古調査發掘簡報」(『考古』 1960-1)
_____, 「遼寧高句麗山城再探」(『北方文物』 1995-3)
陳蒲淸, 「古朝鮮族源神話與古代朝中文化關系」(『求索』, 1996)
佟多・叢佩遠・黃中業・崔國璽・孫玉良・趙鳴岐, 『中國東北史』(吉林文史出版社, 1987)
布尼阿林, 「河北省圍場縣燕秦長城調査報告」(『中國長城遺蹟調査報告集』, 文物出版社, 1981)
馮永謙, 「高句麗城址輯要」(『北方史地研究』, 1994)
許玉林・崔玉寬, 「鳳城東山大石蓋墓發掘簡報」(『遼海文物學刊』 1990-2)
許玉林, 「蓋縣伙家窩堡石棚發掘簡報」(『考古』 1993-9)
_____, 「遼東半島石棚之研究」(『北方文物』 3, 1985)
_____, 『遼東半島的石棚』(遼寧科學技術出版社, 1994)
叶驍軍, 『中國墓葬歷史圖鑑』 上(甘肅文化出版社, 1994)
華嚴・杰勇, 「集安出土的幾方銅印」(『北方文物』 1985-4, 哈爾賓)
張碧波・喻權中, 「朝鮮箕氏考」(『社會科學戰線』, 1997)
張碧波, 「古朝鮮研究中的誤區—東北史評之一」(『黑龍江民族叢刊』, 1999)

_____, 「對古朝鮮文化的几点思考」(『北方論叢』, 1998)

金貞培, 「韓國和遼東半島的支石墓」(『韓國學論文集』 4, 北京大學韓國學研究中心, 1995)

鄭紹宗, 「河北省戰國・秦・漢時期古長城和城障遺址」(『中國長城遺蹟調査報告集』, 文物出版社, 1981)

부록: 찾아보기 563

찾아보기

[ㄱ]

가한신可汗神 361
각저총角抵塚 346-347 363
간연看烟 405 408 413 453
갈석碣石 175
갈석산碣石山 97 233
감신총龕神冢 353
강상무덤 121
개로왕 416
개마蓋馬 515
거란契丹 417
검모잠儉牟岑 365 384
견훤甄萱 366 375
계단광실묘階段壙室墓 441
계단적석석실묘階段積石石室墓 440 448
계루부桂婁部 312 314 340
계림鷄林 378
고각鼓角 336 339
고구려高句麗 209 341 370 373 415 510
고구려高句麗=마한馬韓 374
고구려高句麗⇒백제百濟 379

고구려현 342
고국양왕 405
고국원故國原 407
고국원왕 405 420 433
고국천왕 438
고대조선족의 문화 124
고려高麗 383
고려대왕高麗大王 38
『고려도경高麗圖經』 384
고사변古史辨 97 102 110
고시楛矢 33
고아시아족 144 345
고조선古朝鮮 197 210 502 510 517
고조선 연구 117
고조선요동중심설古朝鮮遼東中心說 93 99 109
고조선이동설古朝鮮移動說 174
고조선중심지이동설古朝鮮中心地移動說 112
고조선평양중심설古朝鮮平壤中心說 104 111
고죽국古竹國 176
고지진국古之辰國 177 178

고추가古鄒加 316
고취기인鼓吹技人 339 340-343
곰과 호랑이 348
곰 숭배사상 346
곰토템 344
공자孔子 54
관구검毌丘儉 323
관자管子 201 228 241
광개토왕 406 427
광개토왕릉廣開土王陵 419 420 439
광개토왕릉 비 433 441 448
광개토왕릉 비문廣開土王陵碑文 389 451 516
구려句麗 299
구려만이句麗蠻夷 300
구민舊民 408
구원九原 412
구이九夷 31
구한九韓 39
국내성國內城 418 461
국사國社 394 395
국연國烟 405 408 413 452
군사권軍事權 197
궁예弓裔 375
궁인宮人 400
『규원사화揆園史話』 54
금마산金馬山 366 376 376
금마저金馬渚 364 365
기자교화箕子敎化 42 45

기자箕子 49 178 156
기자동래箕子東來 163 169 176 180 200 291 361
기자동래설箕子東來說 113 156
기자숭배箕子崇拜 363
기자신箕子神 200 317
기자조선箕子朝鮮 169 183 186 384
기자조선요서설箕子朝鮮遼西說 174
기자족箕子族 226
기족箕族 171
기후箕侯 173
김교헌金敎獻 53
김두봉金枓奉 93
김무삼金武森 86
김부식金富軾 379 380
김상기金庠基 55
김정학金廷鶴 55

[ㄴ]

나합성喇哈城 324 325
낙랑樂浪 20 161 266 300
낙랑=평양설 104
낙랑고각樂浪鼓角 337
낙랑고분樂浪古墳 68
낙랑국樂浪國 258 286 342
낙랑군樂浪郡 149 179 256-259 284 297 490
낙랑군국樂浪郡國 288
낙랑군재요녕설樂浪郡在遼寧說 78

낙랑군치樂浪郡治 88
낙랑동이樂浪東暆 267
낙랑문화樂浪文化 136
낙랑반국樂浪潘國 268
낙랑봉니樂浪封泥 74
낙랑설령樂浪挈令 220
낙랑-오관연왕우의 분묘 70
낙랑왕樂浪王 92 271
낙랑왕광묘樂浪王光墓 70
낙랑조선민樂浪朝鮮民 219
낙랑채협총樂浪彩篋塚 70
낙랑태수연 왕광지인樂浪太守掾 王光之印 95
낙랑토성지樂浪土城址 69
낙랑평양설樂浪平壤說 78
난하灤河 98 224 234
낭가사상郎家思想 72
낭야琅邪 34
내이萊夷 36
노비奴婢 213
노인路人 272
누선장군樓船將軍 212 255
능령陵令 397 438
능묘陵廟 395 400
능서陵署 398
능읍陵邑 395 403
능읍인陵邑人 403
능침陵寢 395 397 400
능침제陵寢制 450

능호陵戶 395
니계상尼谿相 20 207 251 259 272 274

[ㄷ]

다물도多勿都 325
단군檀君 49 72 165 196 321 328 333 341 361
단군릉檀君陵 63 127 130 163 165 241 344
단군사당檀君祠堂 133
단군시조인식檀君始祖認識 206
단군신화檀君神話 142 164 347
단군왕검壇君王儉 319
단군조선檀君朝鮮 139 141 144
단단대령單單大嶺 289
단대공정斷代工程 17
단양적성비赤城碑 413
담덕談德 428
당굴 72
대개석묘大蓋石墓 239
대동강大同江 35 222
대동강중심설大同江中心說 223
대릉하大凌河 119 176 224
대무신왕 391
대문구문화大汶口文化 56 156
대방帶方 71
대방군 기이영帶方郡崎離營 289
대방군치지帶方郡治址 75
대부大夫 197 212

덕흥리 고분 431
도림道琳 416
도미都彌 416
도유호 104 107
「동국지리지東國地理志」 385
동래東來 178
동령銅鈴 422 428 430-432 489
동명東明 210 311
동명왕묘東明王廟 393
동방인東方人 293
동북고민족東北古民族 186
동북공정東北工程 17 152 183 491 501 506 509
동북사지東北史地 517
『동사강목東史綱目』 49
동이東夷 17 55 174 176 294
동이강국東夷强國 37
동이교위東夷校尉 37
동이구종東夷九種 52
동이매금東夷寐錦 38
동이왕東夷王 45
동이전東夷傳 49
동이족東夷族 168 184
동이중랑장東夷中郞將 37
동이총기東夷總記 48
동이호군東夷護軍 37
동탁銅鐸 436
동호東胡 147
두비압잠한豆比鴨岑韓 359

[ㄹㅁ]

리여성 93
리지린 112
마읍산馬邑山 363
마한馬韓 359 370 373 378 379 382 384 418
마한국馬韓國 377
마한馬韓=고구려高句麗 356 380 383
마한馬韓=백제百濟 376 382
마한소도馬韓蘇塗 338
마한왕검성馬韓王儉城 363
마한왕馬韓王 289
마한의 문화 121 386
만번한滿番汗 173
만선사관滿鮮史觀 522
만주족滿洲族 521
말갈靺鞨 510
명도전明刀錢 171
명림답부 393 412
명이明夷 153 155 157-159 179-181
명치호왕明治好王 426
모두루 묘지牟頭婁墓誌 423 427 431-433
모용황慕容煌 392
목곽묘木槨墓 286
목지국目支國 331
묘도墓道 451
묘실墓室 445

부록: 찾아보기　567

무녕왕　423　425
무릉茂陵　401
무巫　438
무씨사당 화상석武氏祠堂畵像石　142
　345
미송리형 토기문화　126
미송리형 토기　148
미창구米倉溝 고분군　352
미천왕　392

[ㅂ]

박달종족　138
박사博士　212
발해渤海　148　372　384　502
발해만渤海灣　36
방언方言　293
배장묘陪葬墓　395　448　450　451
백두산白頭山　502　525
백잔남거한百殘南居韓　359
백제百濟　370　379　415
범금팔조犯禁八條　214
범엽范曄　32
변강사지연구중심邊疆史地研究中心
　502
변한弁韓　370
변한卞韓＝백제百濟　356　374　380
변한弁韓＝백제百濟　383
별읍別邑　329
보덕국報德國　364　365　368　385

봉니封泥　69　73　89　102
봉토석실분封土石室墳　446
부상십일신화扶桑十日神話　155
부여夫餘　370
부여夫餘⇒고구려高句麗　379
부여씨夫餘氏　417
부이강富爾江　325
부조예군묘夫租薉君墓　76
북[鼓]　336　338
북신문화北辛文化　56
불함문화론不咸文化論　52　72　522
불함산不咸山　511　515
비류국沸流國　211　315　317　336
비왕裨王　212
비파형 단검琵琶形短劍　124
비파형 단검문화　133　135
비파형 동검琵琶形銅劍　240　502
비파형 동검문화　148　183

[ㅅ]

『사기史記』　254
사마斯麻　424
사마왕斯麻王　424
사슴[鹿]　335
산동동이山東東夷　515
산동반도山東半島　36
산동성　56
산상왕　438
산성자산성　461

산신山神 321 333
『산해경山海經』 185
『삼국사기三國史記』 287 290 357
『삼국유사三國遺事』 344 357
『삼국지三國志』 32 377
3조선三朝鮮 72
3조선설三朝鮮說 64 66
삼한三韓 370-371 510
삼한三韓=삼국三國 357 370 379
삼한이동설三韓移動說 91
『상서대전尙書大傳』 157 159
색마索摩(somo) 330
샤머니즘 196 333 338
샤먼 335
서단산문화西團山文化 240 518
서언왕徐偃王 51-52
서천왕 407
석관묘 239 241
선비鮮卑 50
선인仙人 320 334
선인왕검仙人王儉 319 322 360 361 363
선인지손仙人之孫 318
선인지후仙人之後 318 334
설찬薛瓚 261
성왕聖王 427
성이成已 248 252 255 262 342
『성호사설星湖僿說』 48
세계산世界山 336

세계수世界樹 329 331 338 350
소노부消奴部 313-315 317 340 341
소도蘇塗 328 330-331 339
소수림왕 394
소중화小中華 46-47 65
소호금천少昊金天 54
소호족단小昊族團 178
솔로간竿 330
송양松讓 328 330 343
송양왕松讓王 312 317
『수경주水經注』 88 223 233 261
수릉인守陵人 399-400
수릉제守陵制 414
수묘인守墓人 394 411 439 452
수묘인 연호守墓人烟戶 413
수묘제 390 392 442
수묘제도守墓制度 389 451
수묘호守墓戶 395
수산리 벽화고분 338
수신水神 333 343
수원읍인守園邑人 396
수조신화獸祖神話 142
수혈신隧穴神 317
숙신肅愼 162 188 417
숙신족 512
순舜임금 45 49
순장무덤 135
순체荀彘 252 255
숭복사 비문崇福寺碑文 412

부록: 찾아보기 569

시조신始祖神 197
시조왕始祖王 311
시호諡號 422-425 433
식읍食邑 412
신·불·말 조선 72
신단민사神檀民史 53
신도神道 397 448
신라新羅 289 370
신라매금新羅寐錦 38
신라장적문서新羅帳籍文書 413
신래한예新來韓穢 359 408 410 415 417
신묘년辛卯年 422 430 437
신소도국臣蘇塗國 331 354
신시神市 331
신채호申采浩 51

[ㅇ]

아사달阿斯達 162 321
아잔阿殘 293
악석문화岳石文化 56 156
안승安勝 364 365 384
안정복安鼎福 49
안호상安浩相 54
압록鴨綠 378
앙소-용산문화仰韶-龍山文化 57
양강상호왕陽岡上好王 426
양곡暘谷 155 159
양곡暘谷-부상십일신화扶桑十日神話

153
양릉陽陵 401 403
양복楊僕 255
여진女眞 50 507 512 514 520 521
여진족女眞族 191 502 525
역계경歷谿卿 206 300
연수유전답烟受有田畓 413
연장성燕長城 171
연호烟戶 405
열수列水 67 119
열양涅陽 273
염제炎帝 165
영고迎鼓 337
영동대장군寧東大將軍 424
예禮 197
예濊 299
예군남려濊君南閭 250 269 299
예맥濊貊 269 289 300 382 418
예맥濊貊 359
예맥조선濊貊朝鮮 145 148
예맥족濊貊族 126 149 238 239 512
예맥한濊貊韓 29
오수전五銖錢 218
옥玉 335
옥저沃沮 289 299
옥전玉田고분군 435
왕검王儉 143
왕검성王儉城 82 119 122 140 362 383
왕겹王唊 251 272 295

왕경　294
왕굉王閎　265
왕씨王氏　295
왕조王調　265 294
왕중　294
왕험성王險城　90 149 186 223-224 235
　247 255 269 287
왜倭　417
요녕식遼寧式 동검문화　149
요동遼東　82 202 229
요동동부도위遼東東部都尉　270
요동설遼東說　82 100 112 241
요동조선인遼東朝鮮人　210
요동중심설遼東中心說　119 261
요서설遼西說　153 169 233
요하遼河　36 224 234
요하문명遼河文明　17 525
요하문명전遼河文明展　502
요하문화　187
용산문화龍山文化　56 156
우거右渠　248 299
우거왕右渠王　251 255
우이嵎夷　36 155 159 182
우주록宇宙鹿　335
웅녀熊女　143 321 333 346
웅모熊母　72
원릉인園陵人　400
원성왕　412
원읍園邑　396

위나암성　461
위덕威德　416
위만조선衛滿朝鮮　99 144 266 297 384
위씨조선衛氏朝鮮　170-171 182
유리왕　390
유웅국有熊國　166
유인궤劉仁軌　38
유화　333 391
유후생劉厚生　505 507 518
율령律令　221
『응제시주應制詩註』　65 225
이덕산李德山　507 513
이동설移動說　172 237
이성규　56
이승휴李承休　383
이익李瀷　48
이하동서설夷夏東西說　57 58 176
『일본서기日本書紀』　424
일연一然　366 381
일통삼한一統三韓　356 368 373
임둔臨屯　20 78 209 298

[ㅈ]

자복전資福田　411
장군將軍　251 272
장군총將軍塚　389 419 449
장무이전張茂夷塼　89 95
장백산長白山　188 513 515
장백산 문화　187 502 503 516-521 525

장백산문화권長白山文化圈 504 515
장백산문화연구회長白山文化硏究會
 188 190 502-505 508 526
장복유張福有 504 515
장성長城 68
장수왕 415 419
장천長川1호분 346 348 352
장항張降 277
적석계단석실분積石階段石室墳 446
적석총積石塚 446
적성연赤城烟 413
적성전사법赤城佃舍法 413
적저荻苴 273
전실묘塼室墓 286
전욱고양顓頊高陽 54
전욱고양 문화 164
전자상자성공명법 140
점제비秥蟬碑 86 89-90
점제현비秥蟬縣碑 68
점제현신사비 102
정백리貞伯里 70
정안국定安國 372
정약용丁若鏞 50
정인보鄭寅普 51
정통론正統論 66
제대祭臺 444 445 448 450
제봉전隄封田 401
제사권祭祀權 197 316
『제왕운기帝王韻紀』 320 357 382

제천희생祭天犧牲 335
제후공신표諸侯功臣表 254
조거용장鳥居龍藏 89
조계지租界地 285
조상신祖上神 311
조선朝鮮 153 156 158 208
조선망로朝鮮亡虜 277
『조선사연구朝鮮史研究』 51
『조선상고민족사朝鮮上古民族史』 53
『조선상고사朝鮮上古史』 51
조선상朝鮮相 207 251
조선열전朝鮮列傳 247
조선왕祖先王 406
조선유민朝鮮遺民 208
조선인朝鮮人 210
조선중화의식朝鮮中華意識 51
조선현朝鮮縣 259
조선후朝鮮候 211
조왕선왕祖王先王 406
존호尊號 422-425 433-434
졸본卒本 323
졸토卒土 329
좁은 놋단검 116
종묘宗廟 198 313 316
좌장군左將軍 252 255
주몽朱蒙 311
주몽묘朱蒙廟 323
주몽신 317
주신珠申 162

준왕準王 199 204-207 358 361 368 377
중국인中國人 293
중원고구려비中原高句麗碑 38
지석묘支石墓 148 238 240 502
진개秦開 98 170 203 230
진국辰國 174 179 206 300 510
진번眞番 20 78 178 209 225 298
진번국眞番國 20 257 264
진번방중국眞番旁衆國 21 122 256 264 297
진번재북설眞番在北說 180
진왕辰王 289
진한辰韓 288 294 370 378
진한辰韓=신라新羅 356 374 376 379-380 383
진한왕辰韓王 367
진한우거수辰韓右渠帥 289
집안集安 418 452
집안고분군 443
집안박물관 491

[ㅊ]

참參 259 272 274
참도參道 448 451
창녕 교동校洞고분군 435
창해군蒼海郡 250
창해군滄海郡 269
천군天君 144 326
천남생 묘지泉男生墓誌 210

천손의식天孫意識 333
천신天神 197 311 321 338
천제지손天帝之孫 318
천추총千秋塚 443
최남선崔南善 52
최동崔棟 53
최리崔理 92 271
최씨낙랑국 287
최치원崔致遠 356 374
추모왕鄒牟王 312 427
치우蚩尤 167 54
침전寢殿 401
칭왕稱王 197 199

[ㅌㅍ]

탈해脫解 289
탐원공정探源工程 502 525
태백산太白山 167
태왕릉太王陵 389 419-420 439 442 445 446 451
태왕비太王碑 440
탱리고도撑犁孤塗 327
텡그리(Tengri) 326
토인土人 294
패수浿水 67-68 92 98 172 173 224 235
팽이그릇 문화 138 139
편호소민編戶小民 416
평강상호왕平岡上好王 426
평양平壤 134 261 322 409

평양설平壤說 100 111 153
평양중심설平壤中心說 224 261
평주平州 273
풍백風伯 167
풍수도참설風水圖讖說 346

[ㅎ]

하가점夏家店 상층문화 149 240
하고성자성下古城子城 324
하백河伯 317 333
하백외손河伯外孫 164
한군현漢郡縣 216 247
한무제 291
한백겸韓百謙 385
한사군漢四郡 67 163 187 247 256 263
한사군역漢四郡役 73
『한서漢書』 249 254
한씨조선韓氏朝鮮 145
한예韓穢 359 408
한왕韓王 200 207 377
한인방漢人坊 285
한인지여漢人之女 296
한치윤韓致奫 48
항한제후降漢諸侯 257
『해동역사海東繹史』 48 52
해명왕자 391
험독險瀆 172 224 236 260-261
현토玄菟 20 78 300
현토군玄菟郡 149 178 209 250 256 341

호대왕好大王 390 428
호대왕 동령 436
호래戶來 297
호우총 433
호우壺杅 423
호태성왕好太聖王 427 428
호태왕好太王 390 425 426 434
호태왕 명문銘文 청동방울 389
홍기문 84
홍산문화紅山文化 519
화이론華夷論 50
화하華夏 51
환도성丸都城 323 461
환웅桓雄 321 333 346
환인桓因 144
황룡사黃龍寺 9층탑 39
황제黃帝 165 167
황하黃河 36
회이淮夷 36
회청澮淸 273
효문묘 동종孝文廟銅鍾 69 89 102
후백제後百濟 376
후연後燕 417
『후한서後漢書』 122
『후한서』 동이전東夷傳 32 48 52 54
휴도休屠(Xiutu) 330 332
흉노匈奴 216 257 331
흑구산성黑溝山城 325
흘승골성紇升骨城 324 460

○ 쉼터 ○